U0930119

襄陽年鑒

XIANGYANG YEARBOOK

2010

中共襄阳市委 襄阳市人民政府主管

襄阳市地方志编纂委员会编

湖北长江出版集团
湖北人民出版社

编　辑　说　明

一、《襄阳年鉴》是中共襄阳市委、襄阳市人民政府主管，襄阳市地方志编纂委员会办公室编纂的大型综合性、资料性市情政刊，旨在全面系统地记述襄阳行政区域自然、政治、经济、文化、社会等方面的年度情况。《襄阳年鉴》创刊于1988年，连续出版至今。《襄阳年鉴》(2010)收录和反映2009年襄阳市经济和社会发展的基本情况，为社会各界了解和研究襄阳市情提供基本资料。

二、本卷年鉴在往年的基础上增设附录卷，记载襄阳市援建"5·12"四川汶川大地震情况和全市省级以下开发区现状。全卷除特载、附录、统计资料外，基本内容采用分类编辑法，由部类、分目、条目三个层次组成。部类原则以行业划分，条目构成资料信息的基本单元。本卷年鉴设特载、大事记、襄樊概貌、市级领导机构、组织人事·纪检监察、民主党派·工商联·群众团体、军事·政法、社会事务·人民生活、农业、工业、城乡建设·环境保护、交通、信息产业、商贸·饮食服务·旅游、经济管理、财政·税务·审计、银行·证券·保险、科学技术、教育、卫生、文化·体育·社会科学、新闻出版·广播电视、城区·开发区、县(市)、人物、统计资料、附录共27个部类、下设145个分目。

三、彩色图片专版为年鉴资料的重要组成部分。本卷年鉴彩版设有"党政机关、企事业单位风采展示"、"襄阳十大经济人物及企业展示"、"示范学校"、"和谐社区"等栏目，以突出彩版资料的整体感和生动性。

四、本卷年鉴中凡属统计部门统计范畴的数据均以襄阳市统计局提供的为准，其他数据则以各撰稿单位提供的为准。

五、2010年11月26日，中华人民共和国国务院国函[2010]129号批复襄樊市更名为襄阳市(襄阳区更名为襄州区)，《襄樊年鉴》随之更名为《襄阳年鉴》。鉴于该卷年鉴文字版内容为2009的内容，具体表述仍保留襄樊称谓。卷中彩版的单位名称，除个别企业暂时不更名外，其他均与《襄阳年鉴》称谓一致。

六、《襄阳年鉴》(2010)的编辑出版工作，得到全市各级领导的关心和各县(市)区、各部门以及相关单位的大力支持与协助，各撰稿人也付出了辛勤的劳动，在此表示衷心的感谢。

襄阳市地方志编纂委员会

《襄阳年鉴》顾问、主编、副主编、编委

顾　　问	施真强	中共襄阳市委常委、常务副市长
主　　编	李肃清	襄阳市人民政府秘书长
副 主 编	叶长卫	中共襄阳市委副秘书长、市党史和地方志办公室主任
编　　委	胡颐新	襄阳市财政局局长
	杨国林	襄阳市统计局局长
	郭雅琴	襄阳市保密局局长

《襄阳年鉴》编辑部

主　　任	段兰锦		
编　　辑	（以姓氏笔划为序）		
	叶长卫	孙天银	汪　云
	李　安	李福平	李月文
	吴忠秀	张　俭	洪　军
	赵乾文	胡肖玲	段兰锦
	高　健	郭　炜	秦盛丽
	梁发双	黄立平	曾　晖
工作人员	吕喜全	杜红波	胡广海
	赵　堃		
目录翻译	周　喆		
索　　引	杨　敏		
文字照排	襄阳龙邦文化传播有限公司		

目　录
CONTENTS

《襄阳年鉴》封面题字——中国北宋书法家米芾
市内环线汉江三桥项目开工(赵兴沛摄)……封面
湖北百盟投资集团有限公司…………………封底

特　载
SPECIAL RECORDS

在全市经济工作会议上的讲话
——中共襄樊市委书记、市人大主任　唐良智……1
政府工作报告
——襄樊市人民政府市长　李新华………………5

大　事　记
MILESTONE EVENTS

·2009年·
2009

1月……………………………………………13
2月……………………………………………13
3月……………………………………………14
4月……………………………………………15
5月……………………………………………16
6月……………………………………………17
7月……………………………………………19
8月……………………………………………19
9月……………………………………………20
10月…………………………………………21
11月…………………………………………22
12月…………………………………………23

襄樊概貌
A GENERAL PICTURE OF XIANGFAN

·地理·
Geography

地理位置…………………………………………25
地形地貌…………………………………………25
行政区划…………………………………………25
人口………………………………………………25
民族………………………………………………25
宗教………………………………………………26
气候特征…………………………………………26
气温………………………………………………27
降水量及雨日……………………………………27
日照时数…………………………………………27
大雾………………………………………………27
冬旱………………………………………………27
大风冰雹…………………………………………27
暴雨………………………………………………28
连阴雨……………………………………………28
水文………………………………………………29
雨情………………………………………………29
水情………………………………………………29
水资源……………………………………………29
水环境……………………………………………30
土地资源…………………………………………30
表1　土地利用现状一级分类面积………………30
矿产资源…………………………………………31
表2　全市主要矿种保有资源储量………………31
野生植物资源……………………………………31
野生动物资源……………………………………32

自然保护区……33
湿地资源……33
·经济和社会发展·
Economic and Social Development
综合情况……33
经济发展……33
人文事业情况……35

市级领导机构
THE MUNICIPAL GOVERNMENTAL ORGANIZATIONS

·中共襄樊市委员会·
Xiangfan Municipal Committee of the CPC
市委十一届十次全会……36
统筹城乡发展……37
招商引资……38
解决民生问题……38
·襄樊市人大常委会·
The Standing Committee of Xiangfan Municipal People´s Congress
第十五届人代会第二次会议……39
常委会……39
·襄樊市人民政府·
Xiangfan Municipal People´s Government
市政府常务会议……40
市政府专题会议纪要……41
2009年市政府十件实事……45
市政府全体(扩大)会议……45
全市经济工作会议……45
市厅共建……46
·政协襄樊市委员会·
Xiangfan Municipal Committee of the CPPCC
概况……46
市政协十二届二次会议……46
市政协常委会议……46
开展"协商在决策之前"活动……47
画展……47
到农村开展"六送"活动……47
专项视察……47
重要提案选登……47
重点社情民意选登……48
·市级领导机构负责人·
Persons in Charge of the Leading Organizations
中共襄樊市委……48
襄樊市人大常委会……48
襄樊市人民政府……48
政协襄樊市委员会……48

纪检监察·组织人事
INSPECTION AND SUPERVISION, ORGANIZATION AND PERSONNEL

·纪检监察·
Discipline Inspection and Supervision
概况……49
优化经济发展环境……49
党风政风建设……49
纠正不正之风……50
惩治和预防腐败体系建设……50
·组织·
Ministry of Organization
概况……50
党内基本情况……51
公务员情况……51
基层组织建设……51
干部监督工作……52
干部教育培训……53
人才工作……53
干部工作……53
党员电化和远程教育……54
·人事·
Ministry of Personnel
公务员管理……54
表3 人才资源供给信息……55
专家选拔……54
博士后科研工作站……54
农村拔尖人才选拔……54
毕业生见习基地……55
高校毕业生就业……55
人才市场……55
面试考官人才库……56
军转安置工作……56
人事人才合作……56
组建人力资源和社会保障局……56

民主党派·工商联·群众团体
DEMOCRATIC PARTIES·ASSOCIATIONS OF INDUSTRY AND COMMERCE,MASS ORGANIZATION

·民主党派·

Democratic Parties

民革襄樊市委员会……57
民盟襄樊市委员会……57
民建襄樊市委员会……57
民进襄樊市委员会……57
农工党襄樊市委员会……58
致公党襄樊市支部委员会……58
九三学社襄樊市委员会……58

·工商联·

Associations of Industry and Commerce

概况……58
非公经济人士参政议政……58
民营企业招聘会……58
商会建设与发展……59

·襄樊市总工会·

All Trade Union of Xiangfan Municipality

概况……59
“保增长促发展”劳动竞赛……59
创建和谐企业……59
困难职工帮扶工程……59
发展区域性行业性工会组织……59
女职工组织建设……59

·共青团襄樊市委员会·

Xiangfan Municipal Committee of the Chinese Communist Youth League

概况……60
捐助希望小学……60
支持青年就业创业……60
青年志愿者活动……60
关爱青少年……60
纪念五四运动 90 周年……60

·襄樊市妇女联合会·

Xiangfan Municipal Women′s Federation

概况……60
支持妇女创业就业……61
创建“巾帼示范村”……61
创建和谐家庭……61
妇女儿童维权工作……61
农村妇女现场招聘会……61
女大学生村官成才支持行动……61
百万家庭知识竞赛……61
襄樊市“十佳”和谐家庭……61

军事·政法
MILITARY·POLITICS AND LAW

·襄樊军分区·

Xiangfan Military Subarea

概况……62
军事训练……62
保障过境部队……62
调整民兵组织……62
警备工作……63
征兵工作……63
营院建设……63
“国防之星”—朱慧……63
全国征兵先进单位……63

·武警襄樊市支队·

Xiangfan Municipal Armed Police Detachment Squad

概况……63
扑灭山林火灾……63
二等功臣侯军军……63

·社会治安综合治理·

Comprehensive Treatment of Civilvorder

概况……63
落实综治工作责任制……63
基层综治建设……64
社会治安防控……64
综合治理……64
表彰慰问见义勇为人员……64

·公安·

Public Security

概况……65
打击违法犯罪……65
公安行政管理……65
公安信息化建设……65
国庆安保……65
集中整治酒后驾驶……65
侦破特大黄金首饰被盗案……66

破获杀人碎尸案……66
破获特大抢夺银行储户案……66
抓获重大犯罪嫌疑人……66
·检察·
Procuratorial Work
概况……66
专项活动……66
预防查处职务犯罪……66
·法院·
Court
概况……67
执行案件……67
申诉上访案件……67
便民服务……67
规范对外委托鉴定……67
建立法律文书提前评查制度……67
·司法·
Judicial Administration
人民调解工作……67
社区矫正帮教安置……67
法律援助……67
法律服务……67
年度国家司法考试……67
基层基础建设……67

社会事务·人民生活
SOCIAL AFFAIRS·CIVILIAN LIFE

·计划生育·
Birth Control
概况……68
表4 计划生育情况……68
落实计生优惠政策……68
·民政·
Civil Affairs
概况……68
完善城乡社会救助体系……69
落实优抚政策……69
规范专项社会事务管理……69
移民安置……69
·劳动和社会保障·
Laboring & Social Security
概况……69
表5 再就业培训和创业培训情况……70
表6 襄樊市社保基金收支情况……71
劳动关系调整……69
劳动保障监察……69
职业技能培训……71
·民族宗教·
Nationalities & Religions
概况……71
民族团结示范区(村)建设……71
规范少数民族村(社区)名称……71
支持民族用品定点企业发展……71
全国民族团结进步模范集体……71
宗教团体帮扶济困……72
市天主教第三次代表会议……72
·外事·
Foreign Affairs
概况……72
招商引资……72
引进境外人才……72
外国专家获奖……72
友好城市交往……72
市厅共建……73
·侨务·
Overseas Chinese Affairs
概况……73
襄樊市第五次侨代会……73
慰问归侨侨眷……73
海内外联谊……73
艾格公司援建南漳小学……73
"炳先珍珠班"开班……73
服务新农村建设……73
全国第八次侨代会……73
·老年人工作·
Work for Senior Citizen
落实老干部政治待遇……73
落实老干部生活待遇……74
老年大学……74
老干部文体活动……74
老年优待工作受省表彰……74
敬老感恩主题教育……74
十万老人颂祖国歌咏大赛……74

·残疾人事业·
Cause for the Disabled
“需求调查连心”行动……74
“劳动就业春风”行动……74
“康复治疗温暖”行动……74
“贴心服务建家”行动……75
残疾人文体活动……75
残疾人维权法律援助……75
·人民生活·
Civilian Life
城市居民生活……75
农民生活……76
·精神文明建设·
Civil Spirituality Construction
公民道德建设……76
创建全国文明城市……76
中国企业公民道德建设论坛……76
文明单位创建……77
志愿服务活动……77
未成年人思想道德建设……77
文明办系统素质建设……77
市直机关干部培训教育……77
市直机关党组织建设……77
帮扶困难党员……77
市直机关“两评”活动……77
重温入党誓词……77

农　业
AGRICULTURE

·农村经营管理·
Rural Business Management
概况……78
表 7 秋播油菜品种布局……79
表 8 水稻品种布局……80
表 9 蔬菜及特种作物生产情况……81
表 10 农作物病、虫、草、鼠发生和防治情况……82
清理整顿农资市场……78
信息化服务……78
农产品加工……78
农民工就业创业……78
襄南新农村示范区建设……83
发展农民专业合作社……83
农村土地承包经营权流转……83
农村“三资”委托代理服务……83
“三村”产权制度试点……83
农村“一事一议”筹资筹劳……83
农场经营……83
·农作物生产·
Crop Production
粮棉油生产……83
经济作物……84
农业科技……84
农业项目建设……84
农业抗灾救灾……84
农产品质量安全……84
板块农业……84
生态农业……84
·畜牧·
Animal Husbandry
概况……84
重大动物疫病防控……84
养殖小区建设……85
争取资金……85
健全县级畜牧兽医管理体制……85
·水产·
Aquatic Product
概况……85
名特优水产品养殖……85
“三网”养鱼……85
汉江禁渔……85
休闲渔业……85
·水利·防汛抗旱·
Water Conservancy ·Flood Prevention ·Drought Fighting
概况……85
表 11 襄樊行政分区水资源总量……86
河道堤防管理局成立……86
谷城 4.6 万人战旱魔……86

宜城生态甲鱼专业合作社……86
南渠清淤……86
汉江专项整治行动……86
水库除险加固……86

·农业机械·
Agro-Machinery
概况……86
农机机构……86
农机服务效益……87
农机购置补贴政策……87
农机科技推广……87
农机跨区作业……87
农机安全生产……87

·林业·
Forestry
概况……87
林业投资……87
襄南新农村示范区建设……87
林业重点工程……87
生态公益林建设……87
森林资源保护管理……87
林地专项清理……88
全国森林公安机关"三考"……88
联合开展"护蛙行动"……88
政府科技奖励……88
省市林业合作备忘录……88
保康县发生松材线虫病……88
主要林副产品……88
林业产业化龙头企业……88
森林资源二类调查……89
城市森林生态工程……89
森林食品科技产业园建设……89
森林生态旅游……89
国有林场……89
林业专业合作组织……89
自然保护区建设……89
集体林权制度改革……89
林业志愿服务队成立……89

工　业
INDUSTRY

·工业·
Industry
概况……90
县域工业经济……90
行业类别……90
表 12　分行业产值……91
表 13　企业类型分类产值……94
表 14　产值 10 亿元以上企业……95
产业结构……90
重点企业……90
固定资产投资……94
科技创新……95
经济效益……96

·汽车·
Automobile Industry
概况……96
企业成长工程……96
重点项目建设……96
东风第一百万辆商用车下线……96
"新天籁"销量突破 10 万辆……96
汽车电机产品配套世博交通……96
东风股份"汽车下乡"……97

·机械·
Machine Manufacturing Industry
概况……97
改制后再生企业……97
技改和研发……97
上市创业板……97
招商引资……97
国企改制……97

·纺织·
Textile Industry
概况……98
产品研发成果……98
技改项目投资……98
招商引资……98

·轻工·食品·
Light Industry and Food
概况……98
技术改造……98
企业改制……98
招商引资……98

·燃化·医药·

Fuel and Chemical and Medicine
概况……99
招商引资……99
重点项目建设……99
·建材·冶金·
Construction Materials and Metallurgy
概况……99
主要产品产量……99
节能减排……99
国企改制……99

城乡建设·环境保护
URBAN AND RURAL CONSTRUCTION · ENVIRONMENTAL PROTECTION

·城乡基础建设·
Urban Planning
概况……100
工业园区基础设施建设……100
城市污水处理……100
村庄环境整治……100
建筑管理……100
建设科技与节能……101
清理和规范法制程序……101
职业技能培训……101
·城市规划与管理·
Town Planning and Management
规划编制与管理……101
规划审批流程第三步改革……101
基础测绘……102
规范游散摊点……102
推进“垃圾不落地”工程……102
查处违法建筑……102
规范户外广告设置……102
规范市区停车秩序……102
实行城管处罚“一口价”……102
·房地产与住房保障·
Real Estate and the Housing Ensure
概况……102
房地产开发……102
市区居民住房保障……103
房地产交易市场管理……103
物业管理……103
住房公积金管理……103
·供电·
Power Supply
概况……103
电网建设和发展……104
安全生产……105
转变生产管理方式……105
报装业务与营销……105
全国电力行业优秀企业……105
新农村电气化县(市)验收……105
·园林绿化·
Gardening and Afforestation
概况……105
国家级园林城市复查……106
义务植树……106
绿化进社区……106
国庆60周年摆花扎景……106
·环境保护·
Environmental Protection
概况……106
环境质量监测……106
表15 汉江干流年度水质类别……106
表16 汉江支流年度水质类别……107
表17 城区水体年度水质类别……107
表18 年度酸雨监测……107
污染减排……107
生态示范区建设……107
环保专项行动……107
环境监管……107
清洁能源……107

交　通
TRANSPORTATION

·公路·
Highway
概况……108
交通基础设施建设……108
争取交通建设项目……108
内外环线工程……108
春运……108
谷竹高速公路开工建设……109

207 国道襄樊城区段改建……109
政府还贷二级公路收费站停止收费……109
援建灾区公路竣工通车……109
运输市场培育和管理……109
公路养护……109
交通运输安全……109
市公交总公司……109
表 19 农村道路客运……110
表 20 公路客货运输量……110
表 21 公路旅客营运车辆拥有量……111
表 22 公路货物营运车辆拥有量……112
表 23 道路客运线路班次……113

·水运·

Water Carriage

概况……109
汉江崔家营航电枢纽……110
港航建设……110
行业监管……113

·铁路·

Railway

概况……113
襄樊车站……113
襄樊至昆明增开旅客列车……113
襄樊北车站……113
编组站 2.0 系统投入使用……114
襄樊北机务段……114
机车转产换型……114
襄樊供电段……114
襄樊工务段……115
襄樊电务段……115
武汉至襄樊电气化复线开通……115
武康二线开行动车组……115
襄樊北至重庆西货物列车……115
焦柳铁路洛张线电力机车……116

·机场·

Airport

概况……116
航空器飞行事故征候……116
春运……116
南远台及二回路重建工程……116
跑道道肩工程……116
襄樊至北京航班每日一班……116
跑道边灯系统工程……116
襄樊—武汉航班开通……116
机场进场路建设……116

信息产业
INFORMATION INDUSTRY

·信息管理·

Information Management

概况……117
项目建设……117
信息化建设……117

·无线电·

Telecommunication

概况……117
排除无线电干扰事件……117

·移动通讯·

Mobile Communication

襄樊移动分公司……117
《信息化建设框架合作协议》……118
12580“求职热线”……118
移动分公司“五条禁令”……118
联通襄樊分公司……118
联通 3G 试商用到正式商用……118

·电信·

Telecommuntcation

概况……118
战略合作框架……118
移动警务信息综合应用系统……119
“CDMA”手机通话单向收费……119
3G 网络首期工程投入运行……119

·邮政·

Posts

概况……119
市邮政速递物流公司成立……119
国内 EMS 推出限时承诺服务……119
“爱心包裹”活动……119
发行《唐诗三百首》特种邮票……119

商贸·饮食服务·旅游
TRADE·CATERING SERVICE·TURISM

·对外经济贸易·

Foreign Trade
概况……120
厅市商务事业合作共建……120
推进“大通关”建设……120
襄樊口岸协会成立……120
中巴经济合作推介会……120
国有外贸企业改制……120
·进出口贸易·
Import and Export
概况……121
表 24 全市出口商品结构……121
出口逐渐回暖……121
加工贸易出口份额扩大……121
出口龙头企业……121
新兴企业拉动出口作用明显……121
机电产品出口下滑……122
主要出口贸易伙伴稳中有变……122
进口持续下滑……122
参加 19 届华交会……122
参加第 105 届广交会……122
参加第 106 届广交会……122
贸易反倾销应诉……122
·利用境外资金·
Foreign Funds Delegation and Utilization
概况……122
表 25 全市新批外商投资企业明细……123
表 26 全市外商直接投资分国别(地区)……124
规模项目增多……122
外商出资比例提高……123
实际利用外资逆势增长……123
香港投资占总投资的五成……123
制造业仍占据主导地位……123
开发区聚集效应增强……123
外商投资企业联合年检……123
外包产业园规划合作协议……123
赴新加坡开展招商……124
参加第十三届西洽会……124
引进埠外资金……125
·国际经济技术合作·
International Economic and Technical Cooperation
概况……125
国际工程承包……125
外派劳务服务验收……125
核准境外投资企业……125
表 27 全市国际劳务合作……125
·国内贸易与流通·
Domestic Trade and Logistics
概况……125
表 28 社会消费品零售总额分县(市)区……126
家电下乡……125
限额以上贸易业销售……126
住房相关类商品消费加快……126
完善市场监测体系……126
储备猪肉保障市场供应……126
成品油市场管理……126
酒类流通管理……126
生猪定点屠宰管理……126
拍卖行业监督管理……126
表 29 拍卖行业基本情况……127
标准化菜市场示范工程……126
表 30 市区标准化菜市场示范工程……128
第十八届中国食品博览会……127
鄂港(粤)采购对接洽谈会……128
襄樊成为家政服务试点城市……128
·市场体系建设·
Market System Construction
概况……128
“万村千乡市场工程”……128
“农超对接工程”试点……128
新型流通业态……128
两地农产品进超市对接会……128
跨国零售集团采购洽谈会……129
再生资源回收利用试点城市……129
商务综合行政执法试点城市……129
·供销合作·
Supply and Marketing Cooperatives
概况……129
襄樊与省社签订合作备忘录……129
·粮食流通·
Eorcrops Logistics
概况……129
粮油仓储建设……129
惠农补贴……129
放宽小麦收购不足粒率……129
全市最大粮食储备库启建……129
清仓查库……129

招商引资……130
品牌建设……130
·烟草专卖·
Tobacco Monopoly
概况……130
烟叶生产……130
专卖换证……130
·石油供应·
Petroleum Supply
概况……130
开征燃油税……130
加油站拓宽经营范围……130
与市政府签订战略合作协议……130
·旅游·
Tourism
概况……130
大型团队到樊旅游奖励办法……130
“春游襄樊”行动……130
襄樊旅游资源开发合作协议……130
导游大赛……131
参加国际旅游商品博览会……131
第四届旅游商品大赛……131
旅游产业提档升级……131
旅游招商引资……131
·饮食服务·
Catering Service
概况……131

经济管理
ECONOMIC ADMINISTRATION

·综合管理·
Comprehensive Administration
概况……132
项目促进年……132
企业上市……132
开发区建设……132
项目审批……133
节能降耗……133
·工商行政管理·
Administration of Industry and Commerce
概况……133
返乡农民工创业就业……133
农资市场监管……133
文明诚信市场……133
商品零售场所限塑整治……133
商品交易市场信用分类监管……133
整治食品市场……133
消费投诉……134
落实就业再就业优惠政策……134
市场主体大普查……134
个体工商户贴花验照……134
整治无照经营……134
查处取缔无证无照网吧……134
整治食品添加剂……134
农村市场食品消费安全保障……134
食品质量不定向监测……134
家电汽车摩托车下乡……134
完善12315执法体系建设……134
推行“七二一”登记模式……135
·物价·
Pricing
概况……135
市殡葬基本服务项目调整收费……135
表31 襄樊殡葬基本服务项目收费标准……136
邮资明信片型门票价格……135
招投标中心服务项目及标准……135
表32 招投标服务项目及标准……136
市中医院申报进修费标准……135
普通公路清障施救标准……136
表33 普通公路清障施救收费项目、收费标准……137
污水处理费标准……136
英语四六级口语考试费标准……136
道路主要干线客运票价……136
表34 襄樊市区至县(市)干线票价及燃油附加……138
修订医疗服务项目价格……136
表35 襄樊市新增和修订医疗服务项目价格……139
城镇职工医保结算服务费……138
·国土资源·
Terrainial Resources
概况……138
全市第二次土地调查……142
表36 襄樊土地利用现状一级分类面积……142

市厅合作共建……142
规范用地行为……142
第二次土地调查……142
征地补偿区片综合价……142
表 37 襄樊征地补偿区片综合地价……143
表 38 襄樊远城区征地统一年产值标准……144
矿业权核查……143
矿产资源开发利用……143
地灾防治规划……143

·质量技术监督·

Quality and Technical Control

概况……143
表 39 湖北名牌产品……145
质量和安全年活动……143
标准化工作……145
食品检验工职业技能大赛……145

·食品药品监管·

Food and Drugs Administration

概况……145
整治食品添加剂……145
整治餐饮业食品安全……146
药品安全责任体系建设……146
整治药品安全……146
日常监管……146
农村药品两网建设……146
药品不良反应监测……146
药品检验……146
医疗器械抽验……146
药品检测车运行管理……146
药品稽查打假……146

·安全生产监管·

Production Safety Control

概况……146
表 40 襄樊安全生产事故四项指标对比……147
安全生产治理行动……147
安全生产执法行动……147
创建标准化企业……147
安全生产事故责任追究……147

·国资监管与国企改革·

Nationalized Assets Control and Nationalized Enterprises Transformation

概况……147
表 41 国有资产总量及资产负债有关指标情况……148
完善国资监管体系……147
规范国有产权管理……149
国有资产监管……149
国企改革重组……149
国有资产营运效率……149
表 42 国有资产总量……150

·出入境检验检疫·

Entry-Exit Inspection and Quarantine

概况……150
供港活猪、牛……150
中药材出口……150
进口棉花……150
口岸医学媒介生物疫情监测……150
截获检疫性害虫……150
实蝇监测……150
认证认可……150
产地证签证……150
绿色通道……150

财政·税务·审计

FINANCE·TAXATION·AUDIT

·财政·

Finance

概况……151
表 43 襄樊市一般预算收支决算……152
表 44 襄樊市一般预算收支决算分级……153
表 45 襄樊市一般预算财政基本数字……154
表 46 行政事业单位收入分项……159
表 47 行政事业单位支出分项……159
表 48 非税收入征缴情况……160
社会保障基金征管……161
改善办学条件……161
支农补贴……161

廉租住房建设……161
支持文化事业……161
压缩一般性支出……161
“小金库”治理……161
·国税·
State Taxation
概况……161
表 49 全市国税收入完成情况……162
第二期消费发票摇奖……161
增值税行业精细管理……161
规范流通领域税收秩序……161
构建会计核算软件备案查验机制……162
以案说查……162
·地税·
Local Taxation
概况……162
表 50 地税收入分产业分行业分单位……163
表 51 全市地税各项收入分单位分税种分级次……164
市区办税实行“一城通”……162
推行网上办税……162
打击制售假发票……162
·审计·
Auditing
概况……162
财政审计……165
金融外资审计……165
固定资产投资审计……165
企业审计……165
经济责任审计……165
专项资金审计与审计调查……165

银行·证券·保险
BANK·SECURITY·BUYINSURANCE

·中国人民银行襄樊市中心支行·
People´s Bank of China Xiang Fan City downtown subbranch
概况……166
搭建政银企合作平台……166
金融扶弱工程……166
优化金融生态环境……166
完善外汇管理服务体系……166
·中国银行业监管会襄樊监管分局·
China Banking Regulatory Commission XiangFan City Substation
概况……166
银行业改革……166
防控金融风险……166
小企业金融服务……167
金融创新……167
·中国农业发展银行襄樊市分行·
The Chinese agriculture development bank, Xiang Fan City subbranch
概况……167
经营业绩考核……167
存款余额实现历史性突破……167
全程管控风险……167
收购资金非现金结算试点……167
·中国工商银行股份有限公司襄樊分行·
Icbc incorporated company Xiang Fan City Subbranch
概况……167
支持地方经济发展……167
首创专利权质押贷款……167
5 家贵宾理财中心投产……167
优质服务“神秘人”制度……167
·中国农业银行股份有限公司襄樊分行·
Agricultural Bank of China incorporated company Xiang Fan City subbranch
概况……168
政银合作……168
整合城区网点……168
支持农村青年创业……168
银邮合作协议……168
贷款农户会员制管理……168
实施“富民兴社诚信创业计划”……168
“传世之宝”实物黄金业务……169
·中国银行襄樊分行·
Xiang Fan City branch of Bank of China
概况……169
创新产品组合……169

·中国建设银行股份有限公司襄樊分行·
China Construction Bank incorporated company Xiang Fan City Subbranch
概况……169
税费代理服务……169
搭桥贷款……169
中小企业“信贷工厂”……169
发起首起银团贷款……169
信贷产品创新……169
零售网点二代转型……169
国际业务逆势增长……169
电子银行网点建设……170
·交通银行股份有限公司襄樊分行·
The Bank of Communications incorporated company Xiang Fan City Subbranch
概况……170
提升市场份额……170
支持地方经济……170
拓展电子银行业务……170
·襄樊市商业银行·
Xiang Fan City Commercial Bank
概况……170
支持地方经济建设……170
汉江借记卡业务……170
汉江信托理财产品……170
完善电子渠道……170
网点建设……170
产品创新……171
增资扩股……171
信贷授信……171
·中信银行襄樊分行·
China CITIC Bank XiangFan Branch
概况……171
银政银企合作……171
业务品牌……171
·襄樊市农村信用合作社联合社·
The Xiang Fan City Rural Area Credit Cooperative Agency
概况……171
支农工程……171
控新降旧……171
福卡发行……171
网点建设……171
·证券营业部·
Securities Market
银河证券襄樊营业部……171
中信建投襄樊营业部……172
长江证券襄樊建华路营业部……172
国泰君安襄城南街营业部……172
·襄樊市保险同业协会·
Mutual Trade Insurance Association of Xiang Fan City
概况……172
湖北华康保险代理有限公司……172
·财产保险·
Property Insurance
中国财保襄樊分公司……172
永安财保襄樊中心支公司……173
永诚财保襄樊中心支公司……173
天安保险襄樊中心支公司……173
华安保险襄樊中心支公司……173
渤海财保襄樊中心支公司……173
安邦财保襄樊中心支公司……173
平安财保襄樊中心支公司……173
中华联合财保襄樊中心支公司……173
大地财保襄樊中心支公司……173
都邦财保襄樊中心支公司……173
太平洋财保襄樊中心支公司……174
·人寿保险·
Life Insurance
中国人寿襄樊分公司……174
太平洋人寿襄樊中心支公司……174
平安人寿襄樊中心支公司……174
泰康人寿襄樊中心支公司……174
合众人寿襄樊中心支公司……174
生命人寿襄樊中心支公司……174

科学技术
SCIENCE AND TECHNOLOGY

·科技·
Technology
概况……175
科技发展计划……175
高新技术……175
电动汽车产业……176
厅市科技合作……176

科技孵化器……176
创新科技投入方式……176
科技外事……176
省市科技进步奖……176
农业科技……180
产学研……180
科技活动周……180

·科技信息·

Technology Information

概况……180
襄樊市生产力促进中心……180

·科学普及与协作·

Scientific and Technology Popularity and Cooperation

概况……181
建立院士专家服务中心……181
科普惠农兴村……181
实用技术培训……181
科普活动……181
青少年科技传播行动……181
科技工作者状况调查……181
学术交流……182
第 14 届自然科学论文评选……182

·专利管理·

Patent Manaement

概况……182
中国汽车知识产权信息平台启动……182
专利质押贷款……182
专利“扫零”工程……182
中国(襄樊)知识产权维权援助中心……182
知识产权培训……182

·防震减灾·

Earthquake Prevention and Calamity Reduction

概况……182
表 52 2009 年度地震目录……183
“十一五”项目建设……183
市地震学会成立……183
创建地震安全示范社区……183
地震应急预案体系……183
防震减灾科普示范学校建设……183
《研究报告》获奖……183

教 育

EDUCATION

·教育管理·

Education

概况……184
表 53 全市学校基本情况……185
签订合作协议书……184
地方教材——《襄阳好风日》出版……184
获国家、省表彰的教师……184
接受市人大专项评议……184

·幼儿教育·

Preschool Education

概况……185

·中小学教育·

Primary and Secondary School Education

概况……185
改造薄弱学校……185
县域义务教育均衡发展……186
贫困生资助……186
弱势群体子女接受义务教育……186
中考改革……186
优化高中教育资源……186
新课程培训……186
高考成绩创历史新高……186
两校获“中国百强中学”称号……187
襄樊五中举行新校区落成暨建校 107 周年庆典……187

·职业与成人教育·

Vocational and Adult Education

概况……187
中等职业学校技能大赛……187
校企合作……187
中职教师培训……187
示范中等职业学校创建标准……187
创建市级示范中等职业学校……187
资助贫困中职生……187

·高等教育·

Higher Education

襄樊学院……187
襄樊职业技术学院……188
襄樊广播电视大学……188

卫　生
HEALTH

·综合管理·
Comprehensive Administration

概况……189
2008 年度感动襄樊十大人物……189
全国医院感染监测先进单位……189
全国“五五”普法先进集体……189
襄樊市急救中心……189
护理工作奖励……189
副省长张岱梨到襄樊调研……189
市康达医院更名……190
签署合作备忘录……190
市传染病医院隶属关系变更……190
全国急救中心驾驶员技能大赛……190
医药卫生体制改革……190
国家拉动内需建设项目……190
医疗废物集中收集处置……190

·基层及妇幼卫生·
Grass-roots, Women and Children Hygienic

概况……190
妇幼保健……190
新型农村合作医疗……191
社区卫生……191
樊城推进社区卫生服务建设……191
妇女乳腺普查工程启动……191
世界首报异常染色体核型……191

·医疗·
Medical Treatment

概况……191
医疗急救……192
协作医院挂牌……192
首届电子超声内镜研讨会……192
首家肿瘤专科医院……192
市中心医院获国际医学检验通行证……192
太平镇中心卫生院成为协作医院……192
试点单病种限价收费……192

·疾病预防控制·
Center for Disease Control

概况……192
传染病疫情……192
甲型 H1N1 流感防治……192
艾滋病防治……192
结核病防治……192
血吸虫病防治……193
计划免疫……193
突发公共卫生事件……193
甲型 H1N1 流感防控指挥部……193
确诊首例甲型 H1N1 流感病例……193
启动甲流应急预案……193

·卫生监督·
Hygiene Superintend

概况……193
卫生监督监测……193
卫生执法整治检查……193
食品卫生量化分级管理……194
职业病防治……194
饮食规范管理街……194

·卫生科教·
Public Health and Education

概况……194
科研课题及成果……194
下肢骨折弹性钉内固定术……194
首例经皮穿刺胃造瘘手术……194
确诊一例内地肺棘球蚴病……194
幽门支架置入术……195
肢体动脉支架植入术……195
破裂型腹主动脉瘤切除手术……195

·无偿献血·
Blood Donation

概况……195
全自动细菌培养仪……195
医院血液储存远程温度监控……195
无偿献血征文活动……195
爱心互助奖学金颁奖……195
临床输血技术培训班……195

·爱国卫生·
The Patriotic Health Campaign

概况……195
健康教育与健康促进工作……196
“健康66条”知识竞赛……196
老河口农村改厕项目验收……196
·市红十字会·
Red Cross XiangFan City Subsection
概况……196
公益行动……196
市红十字应急救援队成立……196
友好市区红十字会……196
骨髓捐献者——刘小旋……196

文化·体育·社会科学
CULTURE·SPORT·SOCIAL SCIENCE

·文化·
Culture
概况……197
文化发展合作备忘录……197
送戏下乡……197
艺术精品……197
文艺创作研究……197
省级比赛……197
文化惠民……198
声乐艺术研究会成立……198
艺术教育……198
群众文化精品……198
非物质文化遗产保护……198
乡镇综合文化站建设……199
信息资源共享工程……199
市场监管……199
·文博·
Museum
概况……199
修复大铜马……199
老河口九里山秦汉墓……199
重要考古发现……200
·体育·
Sports
概况……200
表54 2009年襄樊市参加省年度竞赛得分得牌成绩……200
群众体育……200
国民体质监测……200
社会体育培训……200
场地建设工程……200
群众体育比赛……200
全国男子篮球附加赛……201
承办全省比赛……201
市级出线名额比赛……201
体育彩票销售……201
·社会科学·
Social Science
概况……201
学会活动……201
发展学会组织……201
普及文化遗产保护活动……201
高职教育联盟成立……201
七夕文化研讨会……201
南漳历史文化遗产上央视……202
早期楚文化研究……202
《文化襄樊编辑》出版……202
《鹿门山》出版……202
·档案·
Archives
概况……202
机关档案执法检查……202
企事业单位档案……202
“三农”档案……202
林权制度改革档案……203
档案信息化建设……203
全省档案安全检查……203
百年襄樊老照片展……203
档案馆晋级……203
农家档案传承两百年……203
城建档案……203
重点工程档案服务……203
编研成果……203

新闻出版·广播电视
PRESS·PUBILCATION AND BROADCASTING

·报业·

Newspaper
概况……204
组建襄樊日报报业集团……204
《襄樊日报》创刊 60 周年……204
十大经济人物评选……204
党报热线进社区……204
新媒体建设……205
·出版·
Press
概况……205
表 55 襄樊市内部资料(报型)……206
表 56 全国统一刊号报刊……207
表 57 襄樊市印刷企业名录……207
查缴政治性违禁出版物……205
净化社会文化环境专项行动……205
大案要案查处……205
规范出版行为……205
印刷业管理……205
·广播电视·
Broadcasting
概况……206
购置广播直播车……209
襄樊汽车电台……209
《垄上行》栏目互动活动……209
少儿栏目《天天向上》开播……209
《快乐一家人》开播……209
《话世界》栏目开播……209
《襄樊广播电视报》更名……209
新一代客户呼叫中心系统……209
网络整合……209
建成综合管理运营支撑系统……210
启动互动平台建设项目……210
数字高清电视……210
无线覆盖村村通工程……210
接管电影职能……210
新视听传播有限公司成立……210
组建广播电视台……210
·图书发行·
Books Distribution
概况……210
读书教育活动……210
农家书屋建设……210
教材发行……210

城区·开发区
URBAN DISTRICTS·DEVELOPMENT ZONES

·襄城区·
Xiangcheng District
概况……211
表 58 主要工业产品产量……211
表 59 襄城基本情况……212
领导机构负责人……212
尹集乡……212
卧龙镇……213
欧庙镇……213
王府街道办事处……214
昭明街道办事处……214
檀溪街道办事处……214
隆中街道办事处……214
庞公街道办事处……215
余家湖街道办事处……215
·樊城区·
Fancheng District
基本情况……215
表 60 樊城基本情况……217
领导机构负责人……216
太平店镇……217
牛首镇……218
中原街道办事处……218
屏襄门街道办事处……218
定中门街道办事处……218
清河口街道办事处……219
米公街道办事处……219
汉江街道办事处……219
王寨街道办事处……219
柿铺街道办事处……219
·襄阳区·
Xiangyang District
基本情况……220
表 61 襄阳基本情况……224
领导机构负责人……223
张湾镇……223
龙王镇……224

石桥镇……225
黄集镇……225
伙牌镇……226
古驿镇……226
朱集镇……227
程河镇……227
双沟镇……227
张家集镇……228
黄龙镇……228
峪山镇……228
东津镇……229
·高新技术产业开发区·
Hi-tech Industrial Development Zone
基本概况……230
表 62 高新技术产业开发区情况……232
党工委管委会领导人……231
团山镇……232
米庄镇……232
紫贞街道办事处……232
七里河街道办事处……233
·鱼梁洲经济开发区·
Yuliangzhou Economic Development Zone
基本情况……233
管委会负责人……233
收回土地……233
实施洲滩整治……233
招商引资……233
加强责任和能力建设……233

县 (市)
COUNTIES (COUNTRY-LEVEL CITIES)

·南漳县·
Nanzhang Country
概况……234
表 63 南漳基本情况……236
领导机构负责人……235
城关镇……235
武安镇……237
九集镇……237
李庙镇……238
长坪镇……238
薛坪镇……239
板桥镇……239
巡检镇……240
东巩镇……240
肖堰镇……241
清河管理区……241
·谷城县·
Gucheng Country
概况……241
表 64 谷城基本情况……243
领导机构负责人……244
城关镇……244
石花镇……245
冷集镇……245
五山镇……246
紫金镇……246
赵湾乡……246
南河镇……247
盛康镇……247
庙滩镇……247
茨河镇……248
薤山旅游度假区……248
湖北谷城经济开发区……249
·保康县·
Baokang Country
概况……249
表 65 保康基本情况……252
领导机构负责人……252
城关镇……252
黄堡镇……253
后坪镇……253
过渡湾镇……254
寺坪镇……254
歇马镇……254
两峪乡……255
马桥镇……255
马良镇……255
龙坪镇……256
店垭镇……256
·枣阳(市)·
Zaoyang City
概况……256
表 66 枣阳基本情况……259
领导机构负责人……258

北城街道办事处……258
南城街道办事处……258
环城街道办事处……259
枣阳经济开发区……259
鹿头镇……260
新市镇……260
太平镇……260
杨当镇……260
七方镇……261
琚湾镇……261
熊集镇……262
吴店镇……262
平林镇……262
王城镇……263
兴隆镇……263
刘升镇……264
车河管理区……264
随阳管理区……264
·宜城(市)·
Yicheng City
概况……264
表 67 宜城基本情况……267
领导机构负责人……266
郑集镇……266
小河镇……267
刘猴镇……269
流水镇……269
板桥店镇……269
王集镇……270
雷河镇……270
孔湾镇……270
鄢城街道办事处……270
南营街道办事处……271
·老河口(市)·
Laohekou City
概况……271
表 68 老河口基本情况……273
机构负责人名单……273
袁冲乡……274
仙人渡镇……274
李楼镇……274
张集镇……275
竹林桥镇……275
薛集镇……276
孟楼镇……276
洪山嘴镇……276
酂阳办事处……277
光化办事处……277

人　物
FIGURES

·劳动模范·
Model Workers
全国五一劳动奖章获得者……278
获全国五一劳动奖状集体……278
全国工人先锋号获得者……278
湖北省劳动模范……278
省五一劳动奖章获得者……278
省五一劳动奖状获得者……278
省工人先锋号获得者……278
襄樊市工人先锋号获得者……278
·逝世人物·
Hero´s Obituary
朱前非……279
马树忠……279
段子高……279
李凤祥……280
归　捷……280
刘舜荪……280
张明树……280

附　录
APPENDIX

·襄樊市抗震救灾对口援建四川省汉源县清溪镇和皇木镇·
SiChuan Province Hanyuan Country Qingxi Town and Huangmu Town (XiangFan City Partner Assistance in Earthquake Rescue Operation and Disaster Relief Towns)
概况……281
总体资金投入……282
具体项目……282

工程监理……283
基本建设程序……283
大事记……283

·省级(省管)经济开发区·

Provincial Economic Development Zone

襄城经济开发区……284
表 69 2009 年度襄城开发区考核指标……290
樊城经济开发区……284
表 70 2009 年度樊城开发区综合考评……291
襄阳区经济技术开发区……285
南漳经济开发区……286
谷城经济园区……287
保康县经济开发区……288
枣阳经济开发区……288
宜城经济开发区……289
老河口经济开发区……289

统计资料
STATISTICS

表 71 国民经济主要指标……293
表 72 生产总值、民营经济增加值、规模以上工业增加值、高新技术产业增加值……296
表 73 农业总产值、粮棉油产量……296
表 74 职工人数、职工工资总额……296
表 75 土地面积与行政区划……297
表 76 户数、人口……297
表 77 人口变动情况……298
表 78 县域经济主要指标……298
表 79 金融机构存贷款余额……299

彩　版
IN COLOR

襄樊市更名为襄阳市……(彩 1)
襄阳高新技术产业开发区……(彩 2~4)
湖北古隆中演义酒业有限公司……(彩 5~7)
襄阳市人口和计划生育委员会……(彩 8~9)
襄阳市国土资源局……(彩 10~11)
襄阳市审计局……(彩 12~13)
襄阳市质量技术监督局……(彩 14~15)
襄阳市人力资源和社会保障局……(彩 16~17)
襄阳供电公司……(彩 18~19)
襄阳人民广播电台……(彩 20~21)
中国移动湖北公司襄阳分公司……(彩 22~23)
湖北艺苑房地产开发有限公司……(彩 24~25)
中房集团襄阳房地产开发股份有限公司……(彩 26~27)
襄阳嘉恒房地产开发有限公司……(彩 28~29)
襄阳市第一人民医院……(彩 30~31)
襄阳四中……(彩 32~33)
襄阳市第一中学……(彩 34~35)
襄阳市致远中学……(彩 36~37)
襄阳市第三中学……(彩 38~39)
襄阳市实验中学……(彩 40~41)
襄阳市第三十一中学……(彩 42~43)
襄阳市田家炳中学……(彩 44~45)
襄阳几多好特产礼品超市……(彩 46)
2009 年度襄樊十大经济人物颁奖仪式……(彩 47)
襄阳汽车轴承股份有限公司……(彩 48~49)
湖北华康保险代理有限公司……(彩 50~51)
中央储备粮襄阳直属库……(彩 52~53)
武汉铁路局襄樊北机务段……(彩 54~55)
湖北正英集团……(彩 56~57)
湖北统领科技集团有限公司……(彩 58~59)
湖北尧治河化工股份有限公司……(彩 60~61)
湖北妞妞食品有限公司……(彩 62~63)
襄樊国网合成绝缘子股份有限公司……(彩 64~65)
阳光人寿保险股份有限公司襄阳中心支公司……(彩 66~67)
东风襄阳置业有限责任公司……(彩 68~69)
襄阳东风隆诚机械有限责任公司……(彩 70~71)
襄阳宇清电动汽车有限公司……(彩 72~73)
襄阳市参果生物科技有限责任公司……(彩 74~75)
襄阳市市场开发服务中心……(彩 76~77)
襄州区工商局……(彩 78~79)
谷城农业局……(彩 80~81)
南漳东巩镇……(彩 82~83)
南漳九集镇马家洲村……(彩 84~85)
高新区米庄镇何庄村……(彩 86~87)
高新区团山镇余岗社区……(彩 88~89)
樊城王寨施营社区……(彩 90~91)
樊城屏襄门红光社区……(彩 92)
湖北百盟投资集团有限公司……(后环衬)

索　引
INDEX

主题索引……300

特　　载

责任校对　叶长卫

在全市经济工作会议上的讲话

（2009年12月29日）

中共襄樊市委书记、市人大主任　唐良智

同志们：

上个月，市委召开全会，提出了明年经济工作的总体要求和主要任务。刚才，新华同志就贯彻中央和全省经济工作会议精神，对明年的经济工作进行了具体安排。希望大家认真抓好落实。下面，我再强调几个方面的意见。

一、关于把握中央经济工作会议精神

中央经济工作会议，是在应对国际金融危机取得明显成效，我国经济逐步回升向好，同时经济发展环境依然严峻复杂的情况下，召开的一次重要会议。尽管是一年一度的例会，但意义非同一般。从时间节点上看，明年是实施“十一五”规划的“收官”之年，也是为启动“十二五”规划做准备的一年，做好明年的经济工作，对于巩固经济回升向好的基础，夺取应对国际金融危机冲击全面胜利，保持经济平稳较快发展，十分关键。市委中心组在学习中央经济工作会议精神时，大家深感，中央的部署战略性、针对性很强，不仅对明年的经济工作，而且对制定“十二五”规划、谋划新一轮的发展具有十分重要的指导意义。希望大家既立足当前又着眼长远，认真学习领会中央经济工作会议精神。

把握中央经济工作会议精神，落实全省经济工作会议部署，必须结合襄樊实际，从我们所处的发展阶段出发，从我们要解决的主要矛盾出发，集中精力办好自己的事情，坚持聚精会神搞建设、一心一意谋发展，义无反顾，埋头苦干，真正把自己做大做强。这是我们的历史任务。第一，中央对明年经济工作的部署，总的要求是实现经济平稳较快发展。在保持经济平稳较快发展的同时，调整优化经济结构，转变经济发展方式，增强国家综合实力和核心竞争力，真正做到又好又快发展，发展的主调没有变，发展的速度不会降。这是我们国家扩大就业、增加收入、改善民生、维护稳定的客观要求决定的，也是经济增长的潜力、国内外环境和基本走势决定的。我认为，这就是中央经济工作会议的精神实质。第二，调整经济结构、转变发展方式是途径而不是目的，目的是实现又好又快发展，是为了更好更快发展，绝不能把调结构、转方式与加快发展割裂开来，绝不能片面强调调结构、转方式而降低速度要求，发展不好不符合科学发展观要求，发展不快同样不符合科学发展观要求。第三，我们还处在工业化水平相对比较低的阶段，经济欠发达，但有一个优势就是包袱轻，产业发展总体比较健康，“两高一过”（高能耗、高污染、产能过剩）的问题基本不存在，转型的矛盾不突出、压力不大，完全可以轻装上阵、快速发展。第四，我们强调要加快发展，要“快”字优先，绝不意味着不作选择，什么都要，什么都搞，不追求发展的质量和效益。我们追求的“快”是“好”字当头的“快”，是力争科学发展一步到位的“快”，是可持续发展的“快”。必须坚持走新型工业化道路，更加主动地去追求先进产业发展，追求前景好的产业发展，追求附加值高、市场竞争力强的产业发展，努力实现高质量、高水平的快速发展。

近几年，我市经济发展的基本态势、基本构想、基本面貌发生了很大变化，增长速度在上升区间不断向上走，发展的思路和办法不断丰富，新的产业支撑点和经济增长点不断在增多，经济发展的质量不断在改善，去年实现了“三个千”的跨越，今年又成功克服了金融危机的影响。工业经济连续三年快速增长，占全省工业的份额不断提高。规模以上工业总产值，2007年是790多亿元，今年预计可以达到1530亿元以上，三年接近翻一番。规模以上工业增加值，2007年是220多亿元，今年可以突破460亿元，三年翻了一番多。规模以上工业增加值占全省的比重，2007年是8%，2008年是8.28%，今年1—11月份是9.84%，全年有望突破10%。县域经济连续三年高速增长,在全省不断进位,对全市经济发展的贡献不断提高。去年实现了“全线(县)进位”,今年仍可以保持大幅进位,有一个有望进入全省20强。招商引资、项目建设势头强劲,一批新的经济增量正在快速形成,积蓄了产业加速扩张的能量。实施了一批提升城市功能的重大项目建设,城市发展的骨架进一步拉开,城市发展的空间有效拓展,对经济社会发展的承载能力明显增强。开发区和工业园区建设取得重大进展,深圳工业园建设进一步加快,余家湖工业园基础设施建设全面推进,航空航天产业园全面开工建设,为招商引资、产业集聚发展进一步搭建了优势平台,创造了更加有利的条件。总的看,襄樊当前的发展态势很好,坚定了我们进一步加快发展的信心,坚定了省直部门对我们支持的信心,坚定了外来投资者来樊发展的信心,鼓舞了全市人民的斗志和干劲。这是我们谋划明年经济工作的基础所在,也是我们争取更快发展、更大发展的动力所在。经济规律决定了,只要我们按照既定的路子走下去,这种走向不会变,态势会更好,明年的经济增长还会继续往上“跳”。要继续坚持“两个高于”不变来把握我们的经济工作,这是明年全市经济工作的基本要求。

二、关于进一步做实经济工作的几个问题

经济工作是有其自身规律的,抓经济工作一定要遵循规律、把握规律,来不得半点虚的。怎样看经济形势,怎样分析经济运行情况,就是要看钱下去了多少,用了多少电,用了多少地,一个一个项目是不是都做起来了,这些都是实实在在的,是经济工作的“晴雨表”,经济指标只是个结果。比如说,用电量对经济运行状况最敏感,用电量的变化是经济运行情况的“温度计”。比如说,贷款规模、贷存差直接反映一个地方经济发展的活力,银行的钱贷不出来、投不下去,很大程度上说明优质贷款载体少了。比如说,土地是重要的生产要素,资本和产业的结合会引发对土地的需求,用地情况特别是工业用地情况,直接反映的是项目建设情况、产业扩张情况。我们做经济工作的同志,特别是各县(市)区的书记、县(市)区长们,都要时刻关注贷款、投资、用电、用地等情况,紧紧盯住这些指标不放,随时掌握、分析经济运行状态,牢牢抓住这些基本要素,把经济工作做实、做到位。

第一,要千方百计抓投资,确保固定资产投资两年翻一番。这是我们实现四年翻番的根本支撑。这几年,我市经济增长之所以速度比较快,主要得益于投资的拉动,投资拉动的效应逐年增大。2007年、2008年和今年,全社会固定资产投资分别是266亿元、374亿元、530多亿元(预计),分别增长32.6%、40.6%和43%左右;由投资拉动形成的增加值三年分别为331亿元、440亿元、521亿元(预计),分别占当年GDP总量的42.1%、43.7%和44.2%(预计)。按照投资两年翻番的要求,明年固定资产投资要达到750亿元,增加220亿元,比今年多增65亿元左右,增幅要达到41.5%。这是一个保翻番的增幅,比今年的实际增幅要低一些,要按照“两个高于”的要求去努力,力争高于今年的增幅。从这几年的投资增幅看,实现这样一个增幅应当讲问题不大,但基数大了新增量也大了,压力还是相当大的。大家一定要高度重视,增强保持目前这种投资强度的信心,切不可掉以轻心。

第二,要千方百计做大信贷规模,下大气力抓好资本市场建设。近年来,金融在支持和服务经济发展上发挥了重要作用,各银行金融机构为全市经济发展作出了很大贡献。贷款规模(金额)由2007年末的326.4亿元增加到今年11月末的524.2亿元,增加了近200亿元,全年可以达到550亿元;贷款净投放由2007年的37.85亿元增加到今年前11个月的150.6亿元,增加了112.75亿元,增加了3倍。根据中央经济工作会议精神,明年全国新增信贷规模肯定要收缩,增速肯定要降下来,逐步从应对金融危机的非正常状态转向正常状态,主要是管理通胀预期的需要。这对大幅增加贷款投放规模会带来不小困难,但还应当看到仍有很大的争取空间,关键看我们工作做得怎么样。在保持适度宽松总基调不变的情况下,明年中央货币政策主要是结构性调整,有保有控,加强对重点领域和薄弱环节的支持,缓解农业和中小企业贷款融资难等问题,严格控制对“两高一过”行业的贷款。这个货币政策调整的走向,对我们讲利好因素多。一方面,我们要吃透政策,找准与国家信贷支持政策的对接点,有针对性地去争取,特别是要策划能够有效争取财政和信贷支持的大项目,培植优质信贷投放载体,争取把外面的钱吸引到我们这里用。另一方面,要进一步加强中小企业信用建设,加强金融体系建设,加强金融服务创新,加强信用担保体系建设,大力发展多元化、多层次的金融市场主体,建立更加紧密的政银企合作机制,不断优化金融环境,为扩大信贷规模,特别是为中小企业融资创造更加有利的条件。明年,贷存比要“保6争7”(即保60%,争取70%),信贷投放净增额要不低于150亿,力争200亿,贷款总规模要确保700亿、力争750亿。

抓经济工作,要善于从资本市场的思路上来思考问题,光靠财政和自己的钱是难以有大发展的,靠间接融资是远远不够的,必须要在直接融资上下大功夫,把别人的钱拿来为我所用。从某种意义上讲,上市是最大的招商引资。近年来,我们在抓企业上市上取得了重大突破,回天、台基半导体在创业板成功上市,骆蓄已获得国际资本参股投资,在上市迈出了重要一步。这表明,只要我们扎扎实实去抓，就会有成效。但我感到，资本市场建设还没有真正深入人心，一方面，表现为不懂得，缺乏资本市场知识，对资本市场重要性的认识上不去；另一方面，表现为过去在这个方面没有做过，总觉得上市离我们很遥远，有畏难情绪，不敢去做，怕抓不出成效。在这个方面，我们的干部，我们的企业家们都要解放思想，强化利用资本市场手段整合资源、发展壮大自己的观念。应当讲，我市具有丰富的优质上市资源，一批民营科技型中小企业成长性很好，管理规范、技术先进、市场竞争力强，只要我们抓在手上精心培育，完全可以在上市上大有作为。企业上市工作要进一步抓紧，明年要力争再有3~5家企业上市。每个县(市)区都要选2~3个好苗子，力争在较短时间内推上市。各县(市)区的党政“一把手”都要亲自抓资本市场建设，把抓企业上市作为抓经济工作的一个重要方面拿在手上。

第三，要千方百计抓好土地供应，切实提高土地资源利用效益。明年，土地是国家宏观调控政策的重点，土地“闸门”会收得更紧、控得更严，申报新批建设用地难度会加大。要进一步想办法，千方百计保证建设用地需要。近几年，土地部门工作很主动，在保障各项建设用地需要上做了大量艰苦细致的工作，成绩很大，全市新增建设用地报批面积逐年大幅增加，建设用地报批效率不断提高。2007年、2008年和2009年，全市申报建设用地面积分别为7 300多亩、12 000多亩、近22 000亩，三年共申报建设用地面积41 000多亩，2009年是2007年的3倍；批准面积分别为3 900多亩、5 800多亩、13 000多亩，三年共获批建设用地22 000多亩，2009年是2007年的3.27倍。但土地供应的刚性约束是长期的，目前在手的这点新增建设用地还远远不够，要进一步加大申报力度，争取获批更多的建设用地。这是一个方面。另一方面，要研究措施和办法，盘活用好闲置土地。目前，我市土地批而不用、用而不批的问题比较突出，已拿回但供不出去的土地有10 000多亩，已供出但闲置未用的土地有9 000多亩，造成了土地资源的极大浪费。下一步，要逐项、逐宗进行清理，坚决依法处理。今后，在土地供应上要设置约束条件，要有“门槛”，要有单位面积投资强度的刚性要求。土地拿到手了，项目不落实，迟迟不投资或投资强度达不到的，要依法把土地收回来。要切实提高土地资源利用效益，做到节约、集约用地，用好每一寸土地，绝不能因为土地闲置或违法用地耽误了我们的发展。

第四，要千方百计做实项目工作，把加快发展的任务落实到一个一个具体项目上。抓经济工作，项目是第一抓手，项目工作抓好了、做实了，经济工作就抓好了、做实了。经济工作一定要项目化，项目工作一定要责任化。对在谈的项目什么时候能谈成，签约的项目什么时候能落地，在建的项目什么时候能投产，即将投产的项目什么时候能形成实际增量，项目工作推进到哪里，都要一个一个地排出来，做到心中有数，有针对性地做工作，一个一个地跟进督办，有什么问题解决什么问题。项目调度，不能停留在统计统计数据、提些一般性要求上，要定目标、定进度、定措施、定责任，扎扎实实地做好工作、向前推进。项目建设一定要落实到领导、落实到人头，要有专班负责、专人负责，要盯住不放、一抓到底。对重大项目，各地各单位“一把手”要拿在手上亲自抓，领导的精力、各个方面的力量都要向项目集中，调动一切资源为项目建设服务。从市里到县里，都要建立项目工作协调推进机制，除了定期调度外，对重大项目推进过程中的一些重要事项，要随时研究，随时决策，一事一议，急事急办，特事特办，不能拖，不能有闪失。要建立项目建设工作激励机制，真正把项目建设作为考评领导班子和领导干部实绩的重要内容，以项目论英雄。对项目建设工作突出的单位和个人，除了政治上重用外，经济上还要重奖，要抓紧研究一套办法出来，从明年开始实行。

招商引资工作，要坚持大招商不动摇，坚持目标管理不动摇，进一步加大工作力度，始终保持强劲势头。招商引资，“漫游”是必要的，也是必需的，但更重要的是找准“北斗星”，明确招商方向和重点，更加有针对性地做工作。要突出我们的特色优势，一要紧盯央企扩张抓招商，二要承接产业转移抓招商，三要依托优势资源抓招商，做大做强主导产业，大力培植新兴产业。要坚持不懈做工作，全力推进与东风公司、军工集团等大企业、大集团的战略合作，把现在已有的项目推进到位，争取更多的项目摆在襄樊发展。要围绕优势资源的深度开发，引进国内外行业领军企业等战略投资者，来开发我市的农业资源、磷矿资源、旅游资源等优势资源，尽快把我们的资源优势转化为产业优势，形成产业集群，提升产业档次。

三、关于谋划“十二五”发展的几个问题

明年是“规划年”，科学编制“十二五”规划是明年经济工作的一项重要任务。“十二五”时期是落实全面建设小康社会奋斗目标的关键五年，是我们增强省域副中心城市综合实力、在“十一五”发展的基础上实现更大跨越的关键五年，科学编制“十二五”规划对指导今后一个时期的发展意义重大。

谋划“十二五”发展，起点要高，视野要宽，要树立世界眼光，加强战略思维。正确把握今后一个时期国内外发展环境和趋势，科学分析我市发展的阶段性特征，全面认识我市发展面临的新课题和新任务，坚持跨越式发展不动摇，使规划充分体现科学发展的要求，体现全面建设小康社会新的更高要求，体现建设具有较强竞争力区域性中心城市的新的更高要求。要加强规划基本思路的研究，认真总结近几年来我们加快发展的基本经验，抓住事关全局的重大问题、重要环节和重点领域，确定一批重点课题，组织力量集中攻关，进行战略性、前瞻性研究。在此基础上形成规划的基本思路，并指导各相关专项规划的研究和制定。

谋划“十二五”发展，要把谋划产业发展尤其是新兴产业发展，加快构建现代产业体系作为重中之重。“十二五”乃至今后更长一个时期，我们面临着加快发展和产业升级的双重任务，面临着做大总量和提升质量的双重压力，面临着环境容量和要素制约的双重矛盾，必须通过加快结构调整、转变发展方式，构建现代产业体系来解决。总的要求是，依托现有产业基础，发挥资源优势，大力培植新的产业支撑点，完善产业体系，着力打造“升级版”的千亿级产业、百亿级产业。比如，在新能源、节能与环保等产业领域，要突破性发展新能源汽车，按照建设在全国有重要影响的新能源汽车产业基地的目标去做；要进一步发展壮大机电节能与控制产业集群，大力发展节能环保装备制造业。在先进制造业的发展上，要更好地发挥军工企业的研发和制造优势，加快推进军工板块的重大产业项目建设，在航空航天、铁道大型养护机械、城市救灾应急系统等装备制造业上，形成在全国独具优势的产业体系。在农产品加工业发展上，要竖起建设农产品加工大市的大旗，通过3~5年的努力，使农产品加工业规模突破千亿元。在扩张规模的同时，着力推进农产品加工业向精深加工转变，食品工业向绿色、有机以及精深的工业原料方向发展。在磷化工产业发展上，不能当“搬运工”，不能只是搞传统的化肥，要坚持以精细化为方向，发展电子级、食品级、医药级等精细、高端、高附加值的磷化工产品，特别是要发展为高端产业如电子产业服务的磷化产品，发展滴灌、喷灌设施农业所用的高纯度化肥等磷化工产品，构建磷化工循环经济产业链。要转变林业发展理念和思路，把林业产业作为一个大产业来培植，力争在“十二五”期间有重大突破，通过10年左右的努力，把林业产业打造成千亿产业。文化旅游产业、现代物流业等现代服务业，在“十二五”期间都要有突破性发展。对这些方面，在编制“十二五”规划的时候，要进一步解放思想、打开思路，制定产业发展纲要，制定企业成长的“路线图”计划，明确应当朝哪个方向去做、重点做什么、采取什么办法去落实。

谋划“十二五”发展，要突出抓好项目策划，加强重大项目的研究论证。要准确把握国家产业政策取向，结合重点领域、重点行业等专项规划的制定，研究策划一批关系全局、影响长远、带动作用明显的重大建设项目，储备更多、更大、更好，更能体现科学发展、更能支撑跨越式发展的项目，力争有更多的项目进入国家规划盘子，争取国家投资支持，为保持“十二五”期间项目和投资的持续增长打实基础。在这个方面，不能小手小脚，不能小家子气，一定要敢想，气魄要大，手笔要大，不能孤立地就项目论项目，不能简单地有什么搞什么，要善于“无中生有”，善于进行概念策划和包装，不断进行造势和推介，把我们想干的事炒热、炒火，为争取国家投资和引进外来投资搭建载体。

“十二五”规划编制工作已经全面启动，各方面的工作正陆续展开，要注意与四年翻番目标相衔接，注意总体规划与专项规划相衔接。要充分发扬民主，集思广益，动员全市方方面面的力量广泛参与，使规划编制过程成为统一思想、凝聚人心、激发斗志的过程，同时还要把明年经济社会的各项工作做好、做扎实，使“十一五”发展有个精彩收尾。

四、关于当前的几项工作

元旦、春节将至，各地各部门都要认真做好岁末年初的工作。一要进一步抓好今冬明春的农业生产。加强越冬农作物的管理和春耕备耕工作，大力开展冬春农田水利建设，组织好农业生产资料的供应，为明年农业生产全面丰收打好基础。二要搞好经济运行调节。加强煤电油运供需衔接，保障用煤、燃气供应和生产生活用电。精心组织好春运的各项工作，特别是要保障农民工和学生安全顺利回家过年。三要做好财政金融工作。狠抓增收节支，努力完成财政收入任务，做到应收尽收。坚决防止年终突击花钱。四要加强社会稳定和安全生产工作。加大社会治安综合治理力度，做好信访稳定工作，做好社会矛盾纠纷排查调处工作，特别要注意防范和处置突发性群体事件，切实维护社会大局稳定。要突出抓好交通运输、烟花爆竹、食品安全、娱乐场所、化工行业、建筑行业等重点行业、重点部位的安全监管，全面排查和治理重大安全隐患，坚决防止重特大安全事故的发生。五要妥善安排好群众生活。各级各部门领导干部都要在春节前集中一段时间，到基层去，到困难多的地方去，抓好各项政策的落实，开展各种形式的送温暖活动，提前安排好春节群众生活特别是困难群众的生活。要开展好文化科技卫生“三下乡”活动，组织好群众性文化体育活动，丰富群众文化生活，让全市人民过上欢乐祥和的节日。

这里需要特别强调的是，明年开春比较晚，春节是2月14号，年一过2月份就完了，一季度很快就过去了，各项工作都要及早行动，经济工作要快启动，年前都要抓紧安排，确保明年的经济工作起好步、开好局。

政府工作报告

（2010年3月2日）

襄樊市人民政府市长　李新华

各位代表：

现在我代表市人民政府向大会作工作报告，请予审议，并请政协委员和其他列席人员提出意见。

一、关于2009年的政府工作

2009年，面对国际金融危机的巨大冲击，市政府紧紧依靠省委、省政府、市委的正确领导和市人大、市政协的监督支持，团结和带领全市人民，以科学发展观统揽全局，围绕实现地区生产总值四年翻番的宏伟目标，按照市十五届人大二次会议工作部署，解放思想，迎难而上，全力以赴保增长、保民生、保稳定，全市经济社会呈现又好又快发展新局面。

（一）应对危机措施有力，经济增长超出预期

针对金融危机背景下经济运行中的突出矛盾和问题，我市全面落实中央促进经济增长的各项政策，果断采取有效措施，帮助市场主体抗御危机冲击，全市经济经受住了严峻考验，迅速企稳回升，步入上升通道。初步核算，2009年全市地区生产总值1201亿元，同比增长15%。全社会固定资产投资增幅、工业投资增幅、外商直接投资增幅、规模以上工业增加值增幅、新增规模以上工业企业数、农业增加值增幅、粮食增产量等七项经济指标均居全省第一位。

工业经济强势回升。2009年，全市工业平开高走、逐月提速，完成规模以上工业产值1528亿元，同比增长40.2%；规模以上工业增加值461.5亿元，同比增长27.6%。汽车产业在东风板块的带动下实现31.4%的强劲增长，完成产值703.8亿元；食品、装备制造和纺织业产值分别达到272.59亿元、202.57亿元和146.16亿元，分别增长72.4%、28.5%和35%；化工医药和电子信息行业成为新的百亿产业，全市百亿产业达到6个。规模以上工业企业净增305家，达到1306家；产销过20亿元的企业发展到11家。“奥星”牌食用植物油等28个产品被评为湖北名牌产品，华中药业的“华意”等39个商标成为“湖北省著名商标”。

现代农业发展加快。农产品加工业迈上新台阶，产值达到460亿元，同比增长58.7%；产销过亿元的企业达到56家，其中6家企业突破10亿元；老河口农副产品加工园成为全省首个农业产业化示范园区。农业综合生产能力增强，新建高产农田27.7万亩，恢复改善灌溉农田50万亩，新建国家和省级农业标准化示范区8个、农业科技创新基地11个、万亩粮棉油优质高产示范片49个、规模养殖场62个、养殖小区221个。粮食总产量达到433.25万吨，比上年增产20.13万吨。

消费市场繁荣活跃。家电和汽车下乡等一系列促进消费政策全面落实，城乡消费持续升温，社会消费品零售总额500.5亿元，同比增长21.1%。市区万达广场、东风合运物流中心等一批现代商贸物流项目正在抓紧建设。出口形势逐步好转，完成出口额3.29亿美元，降幅由2月份的34.9%收窄至12.2%。旅游活市战略正式确立，完成旅游项目投资3.3亿元，是上年的1.1倍；谷城县被评为“湖北旅游强县”，尧治河等8个村成为“湖北旅游名村”；全市接待游客997.2万人次，同比增长21.17%。

区域经济强劲增长。14个开发区完成固定资产投资293.7亿元，同比增长81.6%。深圳工业园一期基础设施建成并投入使用，襄城经济开发区、航空航天工业园、三环襄轴工业园、力天鞋业工业园、光彩工业园等一批特色园区建设快速推进。完成规模以上工业产值1 286.2亿元，同比增长42.6%；其中高新区规模以上工业产值652亿元，同比增长26.5%。县域经济快速增长，省考核的7个县市区地区生产总值、城镇以上固定资产投资、规模以上工业增加值和地方一般预算收入增幅分别达到16.2%、73.6%、51.4%和28.3%；占全市的比重分别达到56.6%、57.4%、43.1%和46%，分别比上年提高3.1、6.7、7.7和1.9个百分点；襄阳、谷城、枣阳、宜城、老河口等5个县市区规模以上工业产值突破百亿元大关。

（二）投资规模明显扩大，项目支撑进一步加强

项目建设卓有成效。完成全社会固定资产投资574.8亿元，同比增长53.8%。新开工项目1 822个，同比增加574个；120个投资过亿元重点项目完成投资222亿元，33个竣工投产。完成工业投资305.8亿元，同比增长67.4%，东风A08轻型客车、龙蟒集团磷酸盐等59个投资过亿元的工业项目建设快速推进，际华3542家纺、葛洲坝水泥等25个项目建成投产，汉江崔家营航电枢纽2台机组并网发电，工业发展后劲明显增强。

招商引资实现新突破。全市新增招商注册项目607个，总投资689亿元；其中亿元以上项目98个，总投资538亿元，中航集团、新兴铸管集团、三环集团、同济堂医药公司等10个企业项目投资均在20亿元以上。全市在建招商项目608个，总投资681亿元；投产项目340个，完成投资138亿元。国有企业改革重组取得新成效，三环集团重组襄轴、兵装集团华中药业重组湖北制药进展顺利。对外交往和

利用外资取得积极成效,全市新批外商投资企业25家,直接利用外资2.5亿美元,同比增长48.1%。与此同时,争取国家和省投资项目666个,无偿资金13.42亿元。全民创业投资形势喜人,新增个体私营经济组织8742个,注册资本18.2亿元。

(三)经济质量不断提高,发展方式转变加快

经济效益不断改善。规模以上工业实现主营业务收入1 278.6亿元,同比增长35.3%;实现利税116.8亿元,其中利润62.3亿元,同比分别增长36.6%和60%。亏损企业亏损额同比下降58.1%。在政策性减税额度较大的情况下,全市财政总收入仍完成95.13亿元,同比增长15.4%;地方一般预算收入达到37.02亿元,同比增长23.2%;税收占一般预算收入的比重达到72.7%。财力增加有力保障了工资发放、民生和社会建设等公共支出,实现了财政收支平衡。

新兴产业蓬勃兴起。以东风天翼纯电动客车、高新青山和宇清电动汽车为主的新能源汽车产业扎实起步,节能与新能源汽车公交示范线路获得省政府批准运营;一批航空航天、节能环保和生物医药产业项目开工建设,可望形成新的产业支撑。

与此同时,企业和区域创新能力进一步提升。相继实施30个产学研合作项目、80个国家和省科技计划项目,13家企业列入全省科技型中小企业成长路线图计划,新增1个国家级企业技术中心、9个省级企业技术中心、工程技术研究中心和检验检测中心,新增36家高新技术企业、1个国家级和14个省级创新型企业,谷城县和宜城市分别成为国家级和省级可持续发展实验区,我市被评为全国科技进步示范市。完成高新技术产业增加值184.7亿元,同比增长33.8%。

节能环保措施加强。关闭5家小造纸厂、4家小印染厂和3家小水泥厂,20个节能技改项目获得国家财政支持,我市被列为全国首批可再生能源建筑应用示范城市;建成1个市区污水处理厂和3个县级城市污水处理厂,启动了市区生活垃圾集中处理焚烧发电工程。预计单位生产总值能耗下降4.8%,化学需氧量下降2.53%,二氧化硫减排提前超额完成“十一五”规划目标,汉江干流水质保持在Ⅰ-Ⅲ类之间。在完成林权制度改革的同时,加强生态建设,人工造林22.84万亩,新增自然保护区面积约6万公顷。

(四)发展平台明显优化,发展环境持续改善

城市功能进一步提升。市区内环线西段、北段建成通车,汉江三桥正抓紧建设,东外环线正式开工,学院路、机场路等一批城市路网改造和21个防汛排涝设施工程竣工,鱼梁洲河道疏浚和护堤建设完工并新增土地7 600亩。新开通市区公交线路3条51千米。县级城市建设加快,南漳县城凤凰大道建设、老河口市滨江大道改造、保康县城综合改造等一批重点项目进展顺利。区域交通枢纽功能进一步增强,改造国(省)道干线和县乡公路200多千米,麻竹高速襄樊段等6条高速公路建设项目和207国道市区段等11条国(省)道干线改扩建项目列入国家和省规划;襄樊至武汉高速铁路动车及航线相继开通,至北京、上海、广州、深圳航班进一步加密,襄樊机场周航班量达到32个,年旅客吞吐量达到13.7万人次。

要素支撑力度加强。争取金融机构贷款授信额598亿元,金融机构存贷款余额分别突破千亿元和500亿元大关,贷款比年初净增144.7亿元,是上年的2.5倍,有力支持了经济社会发展。引进金融机构实现新突破,中信银行襄樊分行正式开业,光大银行、招商银行、华夏银行和民生银行筹建襄樊分行的前期准备工作顺利进行。市建投公司、商业银行以及14家中小企业担保机构实力明显增强。企业上市工作取得重大突破,回天胶业和台基股份股票成功登陆创业板。与此同时,千方百计保障土地、电力等重要生产要素供给,申报建设用地计划2.47万亩,比上年增加1.1万亩;社会用电量和工业用电量同比分别增长6.7%和4.9%。“隆中人才计划”深入实施,成功引进了一批高层次人才。

“阳光新政”取得新成效。在深化工业项目审批改革的同时,全面推进建设类、便民类和非工业类事项审批改革,审批程序得到简化,审批时限明显缩短,行政规费大幅减免,市行政服务中心受理行政审批事项承诺期内办结率达100%。深入开展“群众评科长”、“千家企业评机关”和“能力建设年”活动,严肃查处214起行政不作为、乱作为案件,政风、行风进一步好转。同时,按照中央和省部署,全面启动了新一轮政府机构改革。积极争取市厅合作,与35个省直厅(局)签署了合作协议,为我市发展赢得了更多的支持。

(五)民生建设继续加强,社会事业发展加快

市政府年初向全市人民承诺的十件实事全部完成。

就业工作力度加大。培训城乡劳力10.4万人;组织外地企业和本地新建、扩产企业提供就业岗位3万个,开发公益性岗位3 267个,新增自主创业主体7 100个、回归创业企业902个,就业渠道进一步拓宽。全市城镇新增就业人员9.77万人,城镇登记失业率控制在4.18%以内;新增转移农村劳力10.13万人,14.56万名返乡农民工实现再就业。

社会保障水平进一步提高。社会保险覆盖面扩大,城镇居民医保和新型农村合作医疗实现愿保尽保,村主职干部养老保险、被征地农民和残疾人社

会保险制度初步建立，新型农村养老保险试点工作扎实推进。社会救助力度加大，30万城乡困难居民享受最低生活保障待遇。住房保障加强，住房公积金归集和贷款规模进一步扩大；改造农村危房1 649户，新建城市廉租房3 881套，改造棚户区3.52万平方米，向2.3万余户困难家庭发放了住房租赁补贴。农民人均纯收入和城镇居民人均可支配收入分别达到5 440元和13 409元，同比分别增长11.5%和9.1%。居民消费价格下降1.3%。南水北调移民安置工作全面启动，向大中型水库原迁移民发放直补6 943万元。

公共事业实现新发展。教育水平进一步提高，初中毕业生升学比例达到88%，高中阶段教育基本普及，高考本科上线率达到52%以上。义务教育均衡发展取得新成效，农村寄宿制学校学生住宿费全部免除；进城务工人员子女义务教育得到确保；市区24所薄弱学校设施改造基本完成；筹资1.7亿元，资助困难学生20余万人次。医药卫生体制改革稳步推进，54个基层卫生服务项目建成并投入使用，村卫生室和城镇社区卫生服务机构覆盖率分别达到98%和100%；甲型H1N1流感、手足口病等重大疫病防控扎实有效。人口与计划生育政策深入落实，出生政策符合率达到92.3%，出生人口性别比趋向正常。

应急管理和安全生产监管加强。政府应急管理体系和机制进一步完善，及时妥善处理各类突发事件160余起。气象、地震、地质等自然灾害防灾减灾工作进一步加强。消防、非煤矿山、道路交通、特种设备、危险化学品和烟花爆竹安全整治工作持续深入，食品、药品安全监管力度加大，我市安全生产事故指标控制在省政府下达的目标以内，有力维护了人民群众的生命和健康权益。

新农村建设扎实推进。全市形成了片线面结合、市县镇联动的新农村建设新格局，9个省级新农村建设试点镇工作全面启动，152个村达到示范村庄整治标准，襄南新农村示范区建设经验得到了省委、省政府充分肯定。保康脱贫奔小康试点县建设取得积极进展。农村公共设施建设加快，解决了52.47万人的饮水不安全问题，新增农村沼气用户4.2万个，新建通村水泥(油)路2 500多千米，村通客车率达97.5%，人居环境进一步改善。

（六）民主法制建设加强，精神文明建设取得新成果

法治襄樊建设进一步深化。市政府始终坚持自觉接受市人大及其常委会的法律监督和市政协的民主监督，认真办理人大代表议案、建议和政协委员提案；密切联系工会、共青团、妇联等人民团体，广泛听取民主党派、工商联、无党派人士的意见建议，促进了民主决策和科学决策。加强法制宣传教育，严格实施依法行政目标考核，着力化解行政争议，规范行政处罚机关处罚自由裁量权，各级依法行政水平进一步提高。

信访维稳工作扎实有效。认真处理群众来信来访，为困难群众提供法律援助，强力整治社会治安，严厉打击各类犯罪，有力维护了社会稳定，我市被评为"全国社会治安综合治理优秀市"，信访维稳工作的做法得到中央领导充分肯定，并在全省推广。

城乡文明程度进一步提高。我市被评为"湖北省文明城市"、"全国创建文明城市工作先进城市"和"全国民族团结进步先进市"。襄樊供电公司等3个单位获得"全国文明单位"称号，市审计局等4个单位成为"全国精神文明建设先进单位"，五山镇等5个镇、村成为"全国文明村镇"，樊城区成为"全国和谐社区建设示范城区"。文化服务体系建设加强，建成了10个乡镇综合文化站、550个农家书屋和13个城市社区流动图书站，新建了90个村和20个城市社区的健身设施，完成了1 500个20户以上自然村广播电视"村村通"工程；以庆祝新中国成立60周年为主题的文化活动丰富多彩，人民群众精神文化生活进一步改善。"双拥"工作进一步加强，驻樊解放军、武警官兵和民兵预备役人员为地方经济社会发展作出了积极贡献。

与此同时，国有资产监管、统计、人防、老龄以及其他各项政府工作都取得了新的成绩。

各位代表，过去一年，全市经济社会发展能够在遭遇国际金融危机巨大冲击情况下保持良好态势，主要是得益于中央和省一系列保增长措施的全面落实，得益于我市生产总值四年翻番战略的确立和实施，得益于全市风清气正、团结干事的政治环境，得益于全市人民同心同德，奋力拼搏。我代表市政府，向全市人民，向各位代表、各位委员，向各民主党派、工商联、人民团体和驻市单位，向驻樊人民解放军、武警官兵，向所有关心支持襄樊发展的同志们、朋友们，表示衷心的感谢，并致以崇高的敬意！

尽管过去一年的政府工作取得了一定成绩，但我们也清醒地看到，困扰我市发展的矛盾和问题仍然较多，主要是：全球金融危机的不利影响尚未完全消除，部分行业、部分企业仍未完全走出困境；支撑发展的大项目不多，招商引资的质量和水平有待提高；经济结构不优，新兴产业发展滞后，产业竞争力有待提升；农业基础设施建设和农产品加工业发展仍然不够，新农村建设水平与广大农村群众的生产生活需求相比仍有较大差距；群众反映强烈的一些民生问题尚未完全解决；制约发展的观念和体制机制障碍尚未有效破除，部分政府部门和公务人员

思想解放不够、开放意识不强、行政服务不优的问题还比较突出。对于这些矛盾和问题,我们将采取积极有效措施,认真加以解决。

二、关于2010年政府工作目标和任务

2010年既是"十一五"规划结账年,也是实施生产总值四年翻番规划的关键年,做好今年的工作,对于实现跨越式发展目标至关重要。当前,我市经济社会发展条件十分有利。从宏观环境看:世界经济开始复苏,我国经济全面复苏,尤其是汽车、纺织、电力、化工医药、建材冶金等行业日趋回暖,为我市相关产业发展提供了有力的需求支撑。中央决定继续实施积极的财政政策和适度宽松的货币政策,加大财政对民生领域、节能环保、中小企业、居民消费和欠发达地区的支持,加大信贷对经济社会薄弱环节、就业、战略性新兴产业、产业转移、中小企业发展和重点项目建设的支持,这些政策措施蕴含着重大发展机遇。中央采取有力措施扩大内需,尤其是继续实施汽车下乡和以旧换新政策,有利于我市汽车工业加速发展;增加涉农补贴规模,提高主要粮食品种最低收购价格水平,加大农业基础设施投入,有利于我市加快由农业大市向农业强市转变;国家促进中部崛起措施加强,湖北实施"两圈一带"和汉江流域综合开发战略,为我市培植新的经济增长点带来了重大契机。从我市发展态势看:近几年实施的"三个百亿工程"成效显著,一大批项目竣工投产,经济步入加速发展的上升通道,跨越式发展支撑有力;同时,通过深入学习实践科学发展观,一心一意谋发展、同心同德抓发展,已成为全市上下的广泛共识和一致行动。这些都为做好今年政府工作,实现更好更快发展,提供了十分有利的条件。

今年政府工作的总体思路是:以党的十七大、十七届四中全会精神为指导,按照十一届市委十次全会总体部署,紧紧围绕生产总值四年翻番宏伟目标,深入落实科学发展观,大力实施"双千双百工程",强化招商和项目建设,加快扩张经济规模,提升壮大优势产业,积极发展新兴产业,高度重视节能环保,加强民生和社会建设,努力转变发展方式,提高发展质量和效益,全面完成"十一五"规划确定的目标任务,为建设更加开放繁荣、更加文明和谐的现代化大城市,奠定坚实的基础。

根据上述思路,按照四年翻番的要求,今年全市经济社会发展的预期目标是:地区生产总值增长14%,规模以上工业增加值增长20%,全社会固定资产投资增长31%,社会消费品零售总额增长20%,直接利用外资和出口额分别增长15%和12%以上,地方一般预算收入增长15%,城镇居民人均可支配收入和农民人均纯收入分别增长9%和7%;约束性目标是:城镇登记失业率控制在4.5%以内,人口出生政策符合率达到91%以上,单位生产总值能耗下降4%,化学需氧量和二氧化硫排放量分别控制在5.71万吨和7.83万吨以内。为实现上述目标,我们将重点做好六个方面的工作:

(一)着力扩大投资规模,强力拉动跨越式发展

坚持以大投资拉动大发展的举措不动摇,确保完成全社会固定资产投资750亿元,实现两年翻一番的目标。

突出重点项目建设,加快扩大产业投资。加快推进133个投资过亿元的重点项目建设,突出抓好34个投资过10亿元的重大项目建设,力争当年完成亿元以上项目投资320亿元。大力推进东风A08轻型客车等66个先进制造业项目建设,力争当年投资100亿元;大力推进万达广场等11个现代服务业项目建设,力争当年投资34亿元;大力推进开发区基础设施等43个基础设施项目建设,力争当年投资162亿元;大力推进农村安全饮水等13个农业农村、生态环境和社会发展项目建设,力争当年投资24亿元以上。积极争取国家和省支持,加快实施汉江综合开发,为投资大扩张、产业大发展注入强劲动力。在依法严格保护耕地、促进集约节约用地的同时,加强土地储备和供应,确保重点项目建设用地需求。

强化招商引资举措,着力引进重大投资。积极扩大对外交流,巩固和发展与国内外发达城市和商会的友好合作关系,着力培育和扩大招商资源。优化招商政策,形成比较优势,增强招商竞争力。整合市县招商力量,抽调一批优秀干部,培训和选聘一批专业人才,组建高素质、专业化的招商队伍,提高招商工作水平。完善市场主体招商激励机制,鼓励国内外资本开发工业园区,自主开展招商引资;支持龙头企业利用配套市场,引进上下游企业,延伸产业链,做大产业集群;抓住国企重组加速的机遇,争取中央和省属企业加大在我市的投资力度;抓住国家促进结构调整的机遇,争取行业龙头企业换代升级项目布局襄樊。力争每个县市区引进1个投资过10亿元、2个投资过5亿元的大项目,全市新增注册招商项目投资600亿元以上。

加强资本市场建设,争取扩大金融投资。进一步优化金融信用环境。支持金融机构在优化结构、防范风险的同时,扩大信贷规模,力争贷款余额达到700亿元左右。争取光大银行、招商银行、华夏银行和民生银行襄樊分行早日开业运营,鼓励有实力的企业兴办小额贷款公司和村镇银行,支持农村信用社加快改组为农村合作银行,引导银行业多元化发展。争取上级金融机构选派干部到我市挂职,促进银政企合作。鼓励金融机构服务中小企业,提升

担保机构担保能力，努力解决中小企业融资难；积极争取国家创业投资基金参股，促进我市创投公司做大做强，大力引进新的创业资本，支持中小企业发展。加快推进资产证券化，争取证监会受理我市2~3家企业上市申请，在进军新三板市场上取得进展。支持骨干企业利用股权融资、债券融资，实现跨越式发展。

（二）着力实施“双千双百工程”，加速工业扩张升级

把实施“双千双百工程”作为产业发展的总抓手，加快培育千亿级产业、百亿级企业、千亿级高新区和百亿级开发区。

突破性发展优势产业，加速扩张工业规模。举全市之力推进汽车产业加速迈向千亿级目标，力争今年产值突破900亿元。大力支持东风汽车股份公司实施三年内实现产销30万辆整车和30万台发动机的发展规划，支持风神襄樊公司15万辆中高档轿车扩能项目建设，支持神龙公司襄樊工厂尽快形成67万台发动机和45万台变速箱的产销能力，支持东风德纳车桥公司实施产销过百亿元发展规划；加快建设东风公司、江山重工和湖北福田专用车项目，尽快形成产业规模；促进零部件企业积极跟进龙头企业，加快发展配套产业集群。着眼于培育千亿级产业，突破性发展食品工业，重点抓好襄樊烟厂、蓝带啤酒、东汇食品等11个投资过亿元的项目建设，力争食品工业产值突破400亿元。加快发展轻纺工业，重点推进际华3542汉麻面料开发、力天制鞋等12个投资过亿元的骨干产业项目建设。壮大装备制造和化工医药产业，支持新兴重工、金鹰轨道、新火炬、三环襄轴等装备制造龙头企业扩大产能；大力推进同济堂药业、华中药业、湖北制药、湖北天药和隆中药业的生物医药项目建设，促进龙蟒集团、兴发集团、楚磷公司、泽东公司磷化工项目尽快投产。力争建材冶金行业跨入百亿产业行列，重点抓好美亚达彩涂铝板、中部三农环保秸秆板等12个投资过亿元的项目建设。大力实施企业成长工程，制定并实施产销过10亿元、50亿元和百亿元企业培育计划，促进中小企业加速成长，新增规模工业企业200户。实施质量兴市战略，力争再创一批国内名牌产品和著名商标。

突破性发展新兴产业，加速推进产业升级。加快建设东风旅行车、高新青山、襄樊宇清、天舟科技、江苏新日、骆驼蓄电池等骨干企业的电动车产业项目，着力打造全国重要的新能源汽车产业基地。加快建设大唐电力新集电站、雅口电站、杨家峡电站、凯迪电力生物质能源等新能源项目，支持安能生物质热电公司发展，力争在发展LED照明、风电装备和光伏产业上实现突破，着力打造全省重要的新能源产业基地。加快建设中航集团、航天科技集团、5713工厂、航奥伺服科技公司等企业的重点项目，突破性发展航空航天产业，着力打造中部地区新兴的航空航天产业基地。加快建设一批节能环保产业项目，尽快形成产业规模，着力打造全省重要的节能环保产业基地。支持以大力、万洲、追日、国网绝缘子为龙头的电力设备行业抢抓国家智能电网建设机遇，着力打造国内一流的智能电网产业基地。以创建国家创新型城市为契机，加快建立以市场为导向、企业为主体、产学研结合的区域创新体系。建立健全以创业孵化、研究开发、公共技术服务、投融资、专利交易和产品质量检验检测为重点的创新服务平台，着力扶持和培育创新型企业，促进产业联盟建设，壮大新兴产业发展主体。支持军工企业发挥人才、技术和资本优势，积极发展战略性新兴产业。大力实施“隆中人才计划”，支持企业建立院士和博士后工作站、博士后产业基地，加强高新区专家院士服务中心建设，引进一批高层次创新创业团队和专业技术人才，强化新兴产业发展的人才支撑。

突破性发展开发区，加速推进产业集聚。以建设千亿级高新区为目标，加快建设襄轴工业园、东湖高新工业园和生物医药产业园，规划建设新能源汽车产业园、特种汽车产业园和乘用车零部件产业园；配套建设汽车工业园综合服务区、武商大型综合超市和车城湖公园，实施园中村改造，拓展发展空间，提升高新区综合服务和产业集聚功能；力争高新区主要经济指标增幅高于全国国家级高新区平均水平，规模以上工业产值突破850亿元。采取有效政策措施，集中各种经济要素，加快推进省级开发区建设和发展。启动深圳工业园基础设施二期工程建设，加大项目引进和建设力度，力争新增注册项目40个以上，其中投资过亿元的项目20个左右，投产项目20个以上。完成航空航天工业园和余家湖工业园一期基础设施建设，力争在引进和建设航空航天产业项目上实现新突破，余家湖工业园基础设施建成区实现项目满园。支持县市区开发区加快发展，集中连片建设10平方千米左右的工业新城，促进1~2个开发区规模以上工业产值突破百亿元；力争各县市区在全省县域经济考核中全部进位，1~2个县市区进入全省县域经济20强。

（三）着力发展现代农业，加快推进新农村建设

加快发展农产品加工业。加速推进农产品加工业向千亿级产业迈进，力争今年产值突破600亿元。以培育全省乃至全国行业龙头为目标，加快引进品牌知名度高、市场竞争力强的龙头企业；支持粮油、白酒、森工和畜禽加工等行业重点企业扩大产能，通过相互持股、控股等方式联合重组，共创品

牌,做大做强;大力支持县市区农产品加工园建设,力争我市农产品加工业发展水平跃居全省前列。创新现代农业发展机制,大力推行龙头企业+基地+农户的产业化经营模式,大力发展农民专业合作社;深化集体林权制度配套改革;加快建立乡镇农村土地经营权流转服务中心,促进适度规模经营。

加强农业综合生产能力建设。抓好145个涉农项目建设,增强农业发展后劲,粮食产量稳定在400万吨以上。以加工业为依托,扩大优质粮油、森工原料和畜禽养殖规模化、标准化生产基地,加快形成"一县一品"格局。扎实推进科技兴农,集成技术、集合项目,创建一批优质、高产、安全、环保农业生产示范区,力争新增绿色、有机、无公害农产品标识40个,无公害农产品基地认证面积扩大到26.67万公顷。加强农田水利设施建设,加快推进"一江两河"堤防标准化整治,完成99座病险水库除险加固工程,全面疏浚渠系,清淤当家堰塘,恢复水毁工程,提高农业抗御自然灾害的能力。

加大统筹城乡发展力度。把推进城镇化作为统筹城乡发展的重要举措。放宽城镇户籍限制,鼓励有稳定职业和收入的农民工及其子女进城落户;加强城镇规划和管理,推进重点城镇基础设施建设,提高综合承载能力。坚持片、线、面结合,整体推进新农村建设。全面完成乡村建设规划。扎实办好9个省级新农村建设试点,加快推进襄南示范区扩面连片和县市区示范乡镇建设,着力整治汉江沿岸和铁路、国(省)道沿线村庄环境。把扶贫开发与新农村建设结合起来,抓好116个村的整村推进工作,支持保康县做好脱贫致富奔小康试点工作。加快推进农村交通、饮水、沼气等基础设施建设,改善农村发展条件。积极探索利用社会资本推进新农村和小城镇建设的新机制。全面落实扶农、惠农、强农政策,千方百计促进农民收入持续增长。

(四)着力实施"旅游活市"战略,加快发展现代服务业

加快发展生态文化旅游业。着眼于打造国内外知名旅游胜地,高起点规划和建设核心景区。强化市区旅游龙头作用,强力推进古隆中景区扩容开发,启动岘山城市森林公园一期工程,加快鱼梁洲、鹿门寺和凤凰山水温泉度假村开发步伐;同时,支持县市特色景区建设,加快推进谷城薤山南河、保康九路寨和南漳古山寨旅游资源深度开发。在科学规划的基础上,大力发展文化产业,促进文化与旅游有机融合、互动发展,积极引资建设米芾文化产业园,力争在打造精品文化景观上实现突破;创新旅游发展体制机制,完成经营性景区企业化改造,实现景区运营市场化;创办旅游发展投资公司,加大旅游招商力度,拓宽旅游投融资渠道。完善旅游配套设施,加快建设旅游公路;规划建设旅游购物街区、特色饮食服务街区和文化娱乐休闲街区,促进酒店业提高旅游服务功能和水平。强化旅游营销,高水平策划、大手笔宣传襄樊旅游形象;在支持本地旅行社做大做强的同时,积极引进国内外知名旅行社,促进景区与旅行社缔结战略联盟,联合开发旅游市场。

加快发展现代服务业。着力引进和培植大型现代流通企业,加快建设万达广场、中心商业区等一批重点商业设施,规划建设特色商业街区和商业网点,启动建设市区现代小商品市场,提升市区商贸服务业发展水平。全面落实家电下乡、汽车下乡和以旧换新政策,继续推进万村千乡市场工程和新网工程,办好农村综合服务中心建设试点,新建和改造一批农家店、农资店,建设一批县级商品配送中心,促进农村消费升级。加快建设襄樊粮油仓储及农副产品现代物流中心,改造一批农产品批发市场和农贸市场,鼓励大型连锁超市和农产品流通企业在生产基地建设冷链物流系统、检测系统和配送中心,促进农超对接,搞活农产品流通。大力发展工业物流,重点抓好高新区物流园和汽车物流产业园项目建设。完善口岸、商检功能,积极申报设立航空口岸和保税物流园区,强化出口扶持措施,努力扩大对外贸易。积极探索发展服务外包、工程咨询、信息服务、市场中介、创意产业等现代服务业。

(五)着力完善城市功能,加快建设适宜人居、适宜企居的现代化大城市

完善城市重大设施。抓好34个城市路网、供水供气、防洪排涝、污水管网、环卫设施和城市维护等基础设施工程,加快建设内环线,抓紧建设汉江三桥、五桥和唐白河大桥,加快实施邓城大道、长虹路、襄隆路综合整治改造和207国道、316国道改线工程,开工建设通达县市的五条高速路。把开发区作为新的城市空间规划建设,优化城市功能布局。推进航空、铁路、高速公路、商检、口岸设施和信息化建设,促进服务协同、功能融合,增强综合服务功能。发挥市场配置资源的优势,多渠道筹集建设资金,加快城市建设步伐。

培育城市生态景观。实施城市森林生态工程,抓好汉十公路沿线襄樊段生态景观建设和市区外环线绿化试点。规划建设岘山城市森林公园。以"三口三线一路"为重点,打造城市生态屏障、绿色长廊和景观大道。启动市区汉江岸线景观带规划和建设,完成汉江北岸二桥至三桥段开发规划,实施一桥至鱼梁洲大桥段整体开发,打造滨江城市新景观。

加强城市规划和管理。建立城市重大建设规划方案竞选机制,面向国内外一流设计团队招标选择

设计方案，提高城市规划设计水平。启动市行政中心建设规划，做好东津新区规划研究。严格执行城市规划，扩大城中村改造试点范围，坚决制止违法建设。实行“市区共管、以区为主”的城市管理体制，明确市区两级城市管理事权，强化城区、开发区管理城市的主体责任，加大城市管理力度；大力推进全国文明城市、国家环保模范城市和国家卫生城市创建工作，促进城市管理水平进一步提高。支持县市区加强城市规划、建设和管理，增强区域发展承载功能。

（六）着力加强民生建设，加快构建和谐襄樊

加强就业和社会保障工作。千方百计扩大就业。坚持以创业带动就业，综合运用各级政府鼓励创业、促进就业、支持非公有制经济发展的政策措施，促进县市区创业园区和创业孵化中心建设，大力支持全民创业，力争全年新增创业主体5 000户以上；建设家政服务平台，扶持家政服务业发展，拓宽就业渠道。加大人力资源市场建设和就业岗位开发力度，重点做好城镇困难居民、失地农民、农民工、大中专院校毕业生和退伍军人就业技能培训和安置工作。加快建设覆盖城乡的社会保障体系。做好养老保险省级统筹工作；办好新型农村社会养老保险试点。努力增加中低收入居民的收入，认真落实国家提高城乡低保标准、企业退休人员养老金和优抚对象待遇的政策，提高城市社区工作者和环卫工人工资待遇，全面实施事业单位绩效工资制度。进一步提高城镇居民医疗保险、新型农村合作医疗的参保率和住院报销比例。加大住房公积金归集力度，加快建设廉租房，改造棚户区，增加保障性住房供应；认真落实国家房地产政策，促进房地产市场健康发展，构建合理的住房供应体系。大力发展社会化养老、慈善和残疾人事业，兴建市老年公寓，新建、扩建一批农村福利院。切实做好2.1万名南水北调工程移民接收安置工作。

大力发展社会事业。优先发展教育事业。实施义务教育均衡发展行动计划，抓好校舍安全工程建设，进一步改善办学条件。确保进城务工农民工子女接受义务教育。加强高中阶段教育，力争90%以上的初中毕业生升入高中阶段学校。加快发展高等教育，支持襄樊学院争取开办农学院和医学院，提高办学水平；支持襄樊职业技术学院主校区建设，增强办学实力；积极申办汽车职业技术学院，力争在引进国内外资本兴办地方高校上实现突破；支持襄樊技师学院创建全国示范技师学院。以建立覆盖城乡居民的基本医疗卫生制度为目标，加快推进医药卫生体制改革，扎实做好公立医院改革和实施国家基本药物制度试点工作；提高县、乡、村医疗机构规范化、标准化、信息化水平；积极发展妇幼保健、疾控、急救和中医药事业；强化甲型H1N1流感、艾滋病、结核病、乙肝等重大传染病防控措施，确保0岁—15岁儿童国家免疫规划疫苗免费接种全覆盖。认真落实计划生育法规，稳定低生育水平，平衡出生人口性别比。按照国家和省统一部署，切实做好第六次人口普查工作。大力发展文化体育事业。新建一批城乡文化体育设施，规划建设市博物馆等文化场馆；广泛开展群众喜闻乐见的特色文化体育活动；狠抓以网吧监管和“扫黄打非”为重点的文化市场整治，净化文化环境；加强档案、文史工作；全面实现20户以上自然村广播电视“村村通”。

加快建设资源节约型和环境友好型社会。认真落实节能减排工作责任制。全面治理和保护城乡环境，突出抓好汉江襄樊段水污染防治，确保县市污水处理厂全部建成投入运行，加快建设市区垃圾发电厂、垃圾转运和污水处理设施，保障汉江水质安全。加强生态环境建设，支持保康县争创国家级生态示范区，力争每个县市区创建1个省级环境优美乡镇、3个省级生态村，努力建成国家环保模范城市。强化节能措施，争取利用国债资金、国家和省节能专项资金，实施高效照明、太阳能利用、建筑节能等一批节能项目，抓好33家高耗能企业节能工程；支持企业实施清洁发展项目，办好9个国家和省循环经济试点。

全力维护社会安定和谐。切实加强信访工作，及时处理各种信访问题，努力满足群众的合理诉求；狠抓社会治安综合治理，严厉打击各种刑事犯罪，坚决铲除黑恶势力，全力维护社会安定。支持国防建设，加强“双拥”工作，促进军政、军民团结。巩固和发展民族团结、宗教和顺的良好局面。加强应急能力建设，提高应急管理水平，扎实做好地震、地质、气象等自然灾害防灾减灾工作。严格实施安全生产“一票否决”和责任追究制度，依法查处各类生产安全事故，深化行业安全专项整治，强化安全生产基层基础工作，确保各类安全生产事故指标控制在省政府下达的指标以内。认真执行食品安全法规，深入开展食品安全整顿工作，下大力解决群众反映强烈的食品安全问题。加强农村药品供应和监督网络建设，严格药品质量监管，确保人民群众生命安全。在做好以上各项工作的同时，市政府将集中力量办好关系民生的十件实事。

1.启动太平店和隆中污水处理厂建设，建成余家湖污水处理厂，完成南渠和大李沟截污干管工程，整治疏导汉江襄樊段排污口，确保汉江襄樊段水质稳定在Ⅲ类以上。

2.新建廉租房7 570套，提前一年完成三年建设任务；向人均住房建筑面积13平方米以下的低收入家庭发放住房租赁补贴，缓解低收入家庭住房

困难。

3.再解决50万人饮水不安全问题,新建沼气用户3.5万个,建设通村水泥(沥青)路700千米,改善农村生产生活条件。

4.扩大城乡就业,培训城乡劳动力5.5万人,新增转移农村劳动力8.5万人,新增城镇就业8.6万人,开发公益性岗位安置困难人员3 000人。

5.增加城乡文化体育设施,新建乡镇综合文化站20个,城市社区流动图书站20个,农家书屋500家,城乡体育设施90个;建设街心游园3个,免费开放市区公园。

6.加强市区集贸市场建设管理,建设规范化集贸市场15个,取缔马路市场30个。

7.加大社会救助力度,资助贫困学生15万人以上,将符合条件的农村困难居民全部纳入低保救助范围,为困难群众办理法律援助案件2 300件以上,做好677名0岁—6岁残疾儿童抢救性康复工作。

8.继续抓好市区排水管网改造,再解决6个片区积水问题。

9.加快解决国有企业改革遗留问题,完成1万户国有改制、破产企业职工家庭水电改造。

10. 提高城镇居民医保和新型农村合作医疗补助标准。

三、关于政府自身建设

做好今年的政府工作,必须深入学习实践科学发展观,切实加强政府自身建设,着力营造促进发展的良好环境。

强化服务意识,深入推进“阳光新政”。以建设服务型政府为目标,按照省委、省政府统一部署,积极推进政府机构改革,四月底前完成市政府机构“三定”工作;同时,加快推进政府职能向创造良好发展环境、提供优质公共服务、维护社会公平正义转变。围绕实现在全省“审批项目最少、流程最优、时限最短、收费最少”的目标,推进“阳光新政”制度化、规范化建设。进一步深化行政审批制度改革,继续精简审批事项,大力推行电子政务;完善行政审批电子监察系统,加强行政效能监察。加快建设运转高效的行政服务体系,增强市县行政服务中心的服务功能,启动建设市行政服务中心,实现乡镇便民服务中心和村级便民服务室全覆盖。着眼于营造良好的人文环境,加强公务员和窗口行业服务人员的职业道德教育,力争窗口行业风气社会满意度达到85%以上。建立科学的发展环境考核评价及约束机制,促进发展环境持续改善。

强化能力席位意识,提高政府执行力。继续加强政府执行力和能力建设,强化公务员能力席位意识,加快建设一支崇尚学习、善谋实干、勇于创新、勤政为民的公务员队伍。建立有力的执行机制,把各级各部门主要精力凝聚到抓落实、促发展上来。围绕政府工作重点,建立“五个一”推进机制,实行一个项目、一名领导、一套班子、一个方案、一抓到底。建立“四定四保”责任机制,实行定目标、定进度、定措施、定责任,保落地、保开工、保建成、保投产。完善政府目标考核机制,加大对重点项目建设、招商引资进展和重点工作进度的考核力度,强化市政府目标考核和全省县域经济考核优胜单位奖励措施,促进全市形成比发展、争上游的新局面;设立“项目建设突出贡献奖”,激励各级干部在搞服务、抓项目、促发展中建功立业。

强化民主法治意识,提高依法行政水平。切实加强民主法制建设。坚持以民主决策促进科学决策。认真执行重大事项专家论证、公开听证制度,主动听取民主党派、工商联、无党派人士和专家学者对政府工作的意见、建议,集中全市人民的智慧促进科学发展。认真执行市人民代表大会及其常委会各项决议,主动加强与人民政协的协商,自觉接受市人大的法律监督和市政协民主监督,认真办理人大代表议案、建议和政协委员提案。加强城市社区和村民自治,新建一批村务公开、民主管理示范村(居)委会。深入开展“五五”普法。强化依法行政监督考核,全面规范行政处罚自由裁量权,认真办理行政复议案件,严格落实执法责任追究制,规范行政执法行为。

强化廉洁从政意识,规范行政权力运行。坚决落实党风廉政建设责任制,切实加强对政府工作人员的教育和管理,增强各级公务人员廉洁从政的自觉性。狠抓源头治腐,完善招投标集中管理体制,建立招投标市场综合监管体系,规范招投标秩序;加强经营性土地出让、探采矿权出让以及产权交易、政府采购过程监管,严防腐败滋生;完善国库集中收付制度,加大审计监督力度,严格财政资金运行管理;强化增收节支,建设节约型政府。坚定不移地支持纪检监察机关查处政府系统的腐败案件,树立清正廉明的好风气。

今年是执行“十一五”规划的最后一年,我们将在努力完成规划目标任务的同时,精心编制“十二五”经济社会发展规划,使之成为指导今后五年全市经济社会跨越式发展的科学蓝图。

各位代表,当前我市正处于集聚跨越式发展能量的关键时期,市政府肩负的任务光荣而艰巨。我们将紧紧依靠省委、省政府和市委的正确领导,按照这次会议的总体部署,团结和带领全市人民,解放思想,抢抓机遇,扎实苦干,为全市生产总值四年翻番打牢基础,为建设更加开放繁荣、更加文明和谐的新襄樊而努力奋斗!

襄樊市更名为襄阳市

中华人民共和国国务院

国函〔2010〕129号

国务院关于同意湖北省襄樊市更名的批复

湖北省人民政府：

你省《关于将襄樊市名恢复为襄阳市的请示》（鄂政文〔2008〕71号）及有关补充报告收悉。现批复如下：

同意襄樊市更名为襄阳市，襄樊市襄阳区更名为襄阳市襄州区。你省要加强领导，精心组织，坚持勤俭节约，降低更名成本，确保更名工作顺利进行。

二〇一〇年十一月二十六日

湖北省人民政府

鄂政函〔2010〕366号

省人民政府关于襄樊市更名的通知

襄樊市人民政府：

根据《国务院关于同意湖北省襄樊市更名的批复》（国函〔2010〕129号）精神，现通知如下：

襄樊市更名为襄阳市，襄樊市襄阳区更名为襄阳市襄州区。你市要加强领导，精心组织，坚持勤俭节约，降低更名成本，严格机构编制管理，严肃财经纪律，确保更名工作顺利进行，促进经济社会又好又快地发展。

二〇一〇年十二月四日

  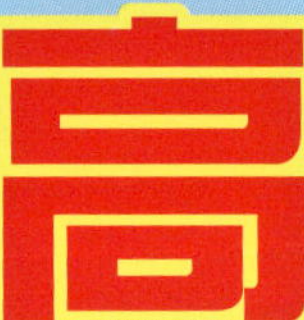 

襄阳高新技术产业开发区是全国56个国家级高新区之一，经过18年的建设，目前已成为拥有十张“国牌”的新型园区。辖区面积96平方千米，总人口12万，下设高新技术产业园和汽车工业园两个园区。近年，高新区围绕建设中部地区一流国家级高新区目标，着力自主创新，经济社会发展呈现良好态势。

完善创新体系 已初步形成“两个园区、三个中心、四大基地”的创业格局和众多研发平台齐头并进的局面。其中，国家知识产权试点园区经过3年建设已通过届满验收，正在创建国家知识产权示范园区；国家级创业服务中心累计吸纳科技型企业289家、就业人员2 400多名，有6位享受国务院津贴的专家、2位研究员、11位博士、26位硕士和400多名工程技术人员，成为人才和技术创新的聚集地。目前在研项目320多项，拥有自主知识产权项目120项，其中5项获国家创新基金支持；院士专家服务中心不定期组织专家为辖区企业把脉问诊，解决技术难题。东湖高新国际创新产业基地投资逾7亿元，是集生产、研发、办公、商务、居住为一体的综合型、集约型、生态型科技园，中国留学人员创业园联盟襄阳产业化基地（襄阳科技城）由高新区与北京海外学人科技服务中心协议共建，目前正在筹建之中，建成后3～5年将争创“国家引进国外智力成果示范推广基地”，力争成为在国内具有一定影响力、在中部地区具有较强辐射力的科技、产业孵化基地。

区总部经济中心

高新技术产业园区

以及襄阳市宣传部门的领导在公司董事长兼
下参观古隆中演义酒业公司

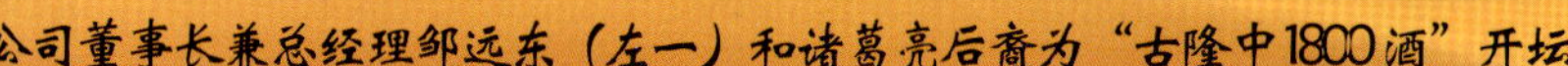

公司董事长兼总经理邹远东（左一）和诸葛亮后裔为“古隆中1800酒”开坛

襄阳市人口和

国家人口计生委主任李斌在福州视察“襄阳市襄州区驻榕计划生育联络站”

近年，市人口和计划生育委员会坚持深化人口计生综合改革，优化人口计生工作环境和工作流程，狠抓各项措施的落实，全市人口和计划生育工作呈现健康、稳定、持续发展态势，低生育水平保持稳定，出生人口性别比基本平衡。2009年10月至2010年9月，全市出生人口72 604人，人口出生率为12.24‰，同比下降0.19个千分点；出生政策符合率为90.71%，同比上升2.21个百分点；出生人口性别比为111.99，同比下降0.93个单位值。

全市人口计生工作将指标纳入全市七项重要实绩目标考核内容之一，纳入党委、政府工作督查和人大执法检查、政协专项视察的重要内容，按照党纪政纪规定和人口计生目标管理要求，适时开展责任追究。2010年市、县两级对120多个单位进行重点管理和通报批评，对260多名责任人予以责任追究。同时按计划兑付全市企业退休职工计生奖励，其中市本级在2009年筹措3 611万元资金兑现一半的基础上，2010年落实专项经费3 500万元，首批2.03万名市直企业退休职工计生奖励全部兑付完毕。

市委常委谢豪斌、副市长黄德华在基层检查人口计生工作

推进流动人口计生管理“一盘棋”建设，先后同省内8个市（州）及广东、河南、福建等省市的100多个地市签订计生协议，开展跨省区域协作共管；深化“以房管人”机制，把流动人口列入计划生育优质服务行列，与常住人口同宣传、同服务、同管理，实行“无缝隙”管理，“无差别”服务。贯彻落实省人口计生委、卫生厅关于开展出生实名登记工作的通知精神，采取签订责任状、不定期开展督办检查、远程监控、个案查询等办法，推动实名登记、信息共享工作的深入开展，全市310个医疗卫生和计生技术服务单位实名登记率和及时录入率均达8%以上。2010年，22个

后进乡镇出生政策符合率平均上升3.95个百分点，出生人口性别比平均下降3.74个单位值。全市11个县（市）区均建立人口计生网站，102个乡镇（办事处）和2 661个村（居委会）建立固定的人口计生公开栏。

制定落实长效节育措施的奖励政策，规定凡农村双女户落实绝育措施的，一次性给予不低于1 000元的奖励，其他绝育对象给予不低于500元的奖励。全市为各类结扎对象兑现节育奖励427万元（其中为双女结扎对象兑现奖励143.8万元）；以各种形式结对帮扶计生困难家庭2 200余户，落实帮扶资金80余万元，全市各级落实专项救济慰问计生家庭资金70余万元。出台农村独女和双女中考加分政策，对升入本市高中和技校的，照顾10分或5分录取；对就读高中和大学的经济困难计生女孩，给予资金资助，保证其完成学业。2010年，全市帮扶大中院校在读女生1 200人，提供帮扶资金130余万元；全市分别有649名和5 257名农村独女和双女通过高、中考加分资格认证。在城中村改造、征地和拆迁补偿中，独生子女家庭按两个孩子计算份额。市房管局规定，在分配廉租房和经济适用房时，对计生家庭加10分。全年为2 102户征地、拆迁的独生子女家庭多补偿一人份的补助款和还建房面积，折合现金1 316万元。市卫生局在实施新型农村合作医疗制度中为农村独女和双女家庭成员报销住院费时，实施新型农村合作医疗制度、为农村独女和双女家庭成员报销住院费时，在原基础上提高10%的报销比例。全年为961名计生家庭成员多报销住院费用21万余元。

副省长郭生练在樊城调研物业小区计生工作

为已婚育龄妇女进行免费健康检查

襄阳市国

副市长王代全督办违法用地整改

“十一五”期间，全市国土资源管理工作务实进取、为全市经济建设做出一定贡献。

保障用地 2006—2010年，全市依法报批新增建设用地5 802.8353公顷，满足各类建设项目的用地需求。

全面推行土地网上交易 2006年，襄阳市率先在全国实行土地网上交易。5年间，全市组织土地网上挂牌活动107次，成交184宗，成交额达44.98亿元。

土地整治 五年间，全市坚持以建设促保护的工作思路，开展农村土地整治，实施高产农田建设、基本农田保护示范区建设、襄南新农村建设土地整治、保康脱贫奔小康低丘岗地改造、南水北调丹江口库区移民安置土地整治等一批重大工程。实施各类土地整治项目45个，累计完成投入资金10.64亿元，建设标准农田44 200公顷，新增耕地3 900公顷以上。2007年10月，襄阳市承办全国基本农田保护示范区建设暨土地整理工作座谈会。

全市国土资源系统廉政书画作品评比

土资源局

市政府与省国土资源厅签署合作备忘录

国土资源执法人员冒雪对襄城区凤凰村违法建房进行拆除

规范矿产资源开发秩序　全市开展矿产资源开发秩序整顿和规范专项行动，整合资源、整治矿山，矿产资源勘查开发秩序全面规范。全市矿山数量由原326家减少为260家，矿山小、散、乱状况得到根本性扭转，磷矿、建筑用石灰岩等优势矿产资源保护进一步加强，矿业经济发展加快。

地质灾害防治保持优良纪录　全市地质灾害防治工作连续五年实现人员“零伤亡”、财产低损失。

王万清局长作辅导报告

根据市委的统一部署，襄阳市审计局开展一年的学习实践科学发展观活动，按照“党员干部受教育、科学发展上水平、人民群众得实惠”的要求，围绕“发挥审计系统免疫功能，服务襄阳经济又好又快发展”主题，完成市委交给的任务。2009年，全市审计和审计调查313 个单位，查出各类违纪违规资金15.5亿元，促使归还原资金渠道9 013万元，上缴财政3 997万元，向司法机关及有关部门移送案件3件。

形成科学发展氛围 坚持把统一思想、提高认识，作为学习实践活动的基础工作，做好每个阶段的转段动员，制定具体实施方案和工作安排表。五名局党组成员到县（市）区审计局联系点，参加支部和党小组的学习讨论和组织生活会，做到带头学习、带头宣讲、带头调研、带头整改，带着调研课题到基层调查研究，撰写调研报告。利用专栏、简报、网站等形式营造学习氛围。向省厅网站及市委学习实践活动简报投稿，被采用稿件10余篇。

审 计 局

注重学习效果　坚持把实践活动作为学习的首要任务，并贯穿于活动的全过程，采取多种学习教育形式，重点学习省、市委关于学习实践活动的有关文件和中央领导、省、市委领导的讲话精神，学习《毛泽东邓小平江泽民论科学发展》、《科学发展观重要论述摘编》两个读本。在全局党员干部中开展“四个一”活动，即以“两个读本”为重点，通读一遍学习内容，力求更加熟知科学发展观理论的主要内容和基本观点；联系审计工作撰写一篇体会文章，力求更加深刻理解科学理论的内涵；开展解放思想大讨论，组织一次学习交流，力求更加熟练地运用科学理论破解发展难题；在全市审计系统开展一次“我为审计发展献言献策”活动，收集献言献策40余篇（条）。每个党员都写有5 000字以上的读书笔记和心得体会文章。

将问题和不足解决在萌芽状态　坚持开门纳谏，通过召开座谈会、深入基层调研、发函等形式征求意见和建议。发放《征求意见表》114份，收到意见和建议68条，归纳整理为49条，按照要求原汁原味地向班子成员及科学发展观领导小组所有成员进行反馈。抓住带有全局性、根本性、关键性问题，查找在贯彻落实科学发展观方面存在的问题和差距，剖析原因，撰写局领导班子分析总结报告。在局党组领导班子民主生活会前，发出征求意见函、召开座谈会和上门征求意见，征求局机关干部职工、县（市）区审计局、被审计单位和有关部门的意见和建议；会上，针对在贯彻落实科学发展观方面存在的突出问题，分析问题产生的根源；最后列席会议的代表对民主生活会的质量进行评价，满意率达到100%。召开党员专题组织生活会，每个党员对照科学发展观的要求，剖析自己存在的缺点和不足。

将整改的各项工作落到实处　抓住整改落实中心环节，在边学边改、边查边改、初步解决问题的基础上，将具备条件、马上能够解决的问题，分为6个方面15项内容作为学习实践活动期间、2009年8月底前完成的整改落实任务，分别制发整改方案，将整改任务逐级分解落实到局领导、责任科室和具体责任人。与市公交公司联系租用一辆公交车，改善干部职工上下班“老大难”现象；针对职工反映的老干部活动场所太少问题，在原工会小院修建活动室；老干部待遇问题，出台办法明确在综合性表彰奖励时老干部与在职干部相同；针对审计队伍建设问题，在抓好单位培训的基础上，选派三名审计业务干部到省审计厅进行计算机培训；针对直属单位干部反映较为突出的“参公”和编制问题，加强与省、市主管部门进行沟通联系，组织实施；针对审计业务方面的问题，加大审计综合分析力度，整合审计资源，加大审计成果的应用，同时建立重大审计项目报告制度，提升审计成果附加值。

襄阳市质量

襄阳市质量技术监督局是政府负责质量、计量、标准化、特种设备等工作，并行使综合管理、行政执法、安全监察职能的经济监管部门。辖10县（市）区分局，以及稽查分局、纤检局、计量所、质检所、度检所、特检所、信息所、培训中心8个直属单位，有干部职工1 053人，固定资产2亿元。全市10个县（市）区均开展“质量兴县（市）区”活动，首次发布“襄阳质量状况”白皮书。全市有中国名牌产品4个，湖北名牌产品59个。

局长：陈运喜

招商引资。先后引进湖北和川包装有限公司、湖北华电公司、湖北国通青山新能源高科技有限公司等项目，投资额1.7亿元。

质量安全。针对区域特点、民生重点和监管难点，组织开展食用炒货、淀粉制品、肉制品、膨化食品、糕点、植物油、粽子等食品质量专项监督抽查和农资、化肥、建材、家电下乡产品、清新居室、人造鸡蛋、卫生纸、电表、水表、医疗计量器具等产品专项执法行动，查处各类违法案件1 000余件，为群众挽回经济损失数百万元。开展超期未检设备、起重机械、电梯、气站等专项整治行动，查处三桥工地使用非法制造起重机械等典型案件。

技术标准。消灭无标生产行为，引导企业采用国际标准和国外先进标准，全市规模以上企业主要产品采标率超过80%。其中食品和重要工业产品等领域安全性能标准、涉及人身安全的检测方法标准和出口产品100%采用国际标准。组织和指导旅游、物流、文化、商贸等领域开展标准化工作，建立两个省级服务业标准化试点。

农业标准化。推广“龙头企业+基地+标准+农户”和“专业合作组织+标准+农户”等农业标准化实施模式，确定7个“龙头企业”试点单位。组织申报19个国家级、省级农业标准化示范区和两项湖北省农业地方标准，5个国家级示范区顺利通过考核验收。

地理标志保护产品。以市政府的名义出台《关于加强襄樊市地理标志保护产品申报的意见》，规范申报条件和工作程序，并对申报成功的单位进行奖励。2010年10月22日，谷城薤山叠翠茶通过国家质检总局专家评审，为全市第5个国家地理标志保护产品。

2010年6月17日，襄阳召开全市质量工作会

能源计量。全市年耗标煤5 000吨以上重点用能企业能源计量器具配备管理基本达到国家标准要求，能源计量器具一级配备率98%，其中8家国家和省重点用能企业的进出厂能源计量器具配备率100%，各级能源计量器具

的使用率100%，周期检定率在95%以上；98.5%的企业配备专（兼）职计量管理人员。

公共检验平台建设。引进社会资源联合建设的省级蓄电池检测中心取得10项国家生产许可证发证检验资格，省级摩擦材料检测中心、谷城和樊城综合检测楼均将于年底竣工。筹建国家级动力蓄电池产品质量监督检验中心的计划得到省、市政府的支持，并上报国家质检总局。

2010年5月1日，国家质量监督检验检疫总局副局长刘平均（前右五）在襄阳调研

质量惠民工程。在媒体上公布12365投诉举报电话和电子邮箱，方便群众咨询投诉。质量专业技能培训食品检验工301人次、质量管理人员440人次、考核特种设备作业人员3 188人次，其中免费培训农民工603人次。市度检所对17家重点农贸市场1 000余台计量器具实行定期免费检定；市计量所开放实验室，接待市民参观200余人次，免费检定电表、水表、燃气表及其他计量器具124台件；市质检所为76家种粮大户和16位普通农民免费检测化肥等农资。

2010年3月24日，全省送标准下乡活动暨标准宣贯启动仪式在襄州区召开

近几年，全市质量技术监督局连续两届被评为“省级文明单位”，连续三年评为“全省质监系统工作目标责任制考核优胜单位”，连续五年被评为“平安单位”。2009年被市委评为“党建工作先进单位”和“优秀领导班子”。2010年7月，全市系统又被襄阳市委、市政府命名为“文明系统”。

2010年10月26日，市局代表队获全省质监系统执法比武冠军

襄阳市人力资

市领导唐良智、李新华、张家林、施真强、王金玉在农民工专场招聘会现场调研

2010年，市人力资源和社会保障局推进人事制度改革，加强公务员队伍和人才队伍建设，稳慎做好工资收入分配工作，构建和谐劳动关系，发挥人力资源社会保障职能。

一、成立创业指导中心和创业专家咨询委员会，加强创业示范基地建设，全市创业成功4 710人，带动18 379人就业。组织“春风行动”系列活动，举办大型招聘会165场，提供就业岗位39.7万个，达成就业协议12.1万人。组织“就业援助”和校企互动活动，举办“青春在沃·百企万岗”等大型招聘会，18 300余名高校毕业生实现就业。

市人社局举办全省“两圈一带”大学生就业专场招聘会襄樊分会

二、会同地税局开展联合大检查，把查清税务登记户与规范用人参保相结合，检查企业所得税、个人所得税与社保稽核相结合，查出少报、漏报、瞒报工资总额1.5亿元，新增扩面13.8万人次，比上年同期增长30%。

三、降低二级以下医院住院起付线，上调最高支付限额，住院病人自付比例下降5.3个百分点，住院综合报销比例由70.2%提高到75%。降低未成年人缴费标准，住院报销比例提高5—10个百分点，城镇居民医疗保险最高支付限额由

市委常委、常务副市长施真强为市人力资源和社会保障局（市公务员局）揭牌。

源和社会保障局

3万元提高到8万元，参保患者住院综合报销比例达60.2%。

四、实施隆中人才支持计划，成立新火炬科技股份有限公司和追日电器有限责任公司博士后科研工作站。创建“湖北省留学人员襄樊创业园”，出台《湖北省留学人员襄樊创业园优惠办法》，鼓励留学人员创业。推荐5名国贴、6名省贴人员和2名省突出贡献人员津贴，以及30名享受市政府专项津贴人员。

五、完成市43中、市第一实验小学2个岗位设置管理改革试点，出台《襄樊市事业单位岗位设置工作实施方案》，全面铺开市直事业单位岗位设置改革，整体推进教育、卫生等系统140多个单位改革，各县（市）区实施工作正在进行。

六、开展“春暖行动”活动，补签农民工劳动合同8 000多份。加强建筑施工企业的全程监管，确保农民工工资按时足额发放。全市新签订劳动合同11.4万份，劳动合同签订率96%。受理举报投诉案件954件，立案936件，结案率100%。通过劳动监察为483余名农民工追回拖欠工资243万元。立案受理劳动争议案件1 485件，结案1 418件，结案率95%。受理农民工劳动争议案件672件，为农民工追回工资800多万元。

人社部副部长信长星（右一）、省人社厅厅长邵汉生到人社局调研。

市人社局实施技能人才培养工程

市医保局启动市区6万参保女工专项体检活动

襄 阳 供

襄阳供电公司95598客户服务热线开通于2003年12月，是襄阳供电公司为襄阳地区120万用电客户提供电话服务的窗口。95598服务热线主要受理用电信息咨询、故障报修、投诉举报、业务受理、信息公告等业务。

95598服务热线坚持“优质、方便、规范、真诚”的服务方针，以客户需求为导向，构筑通畅、高效、快速反应的服务体系，并接受广大用电客户的监督，全面提升供电服务水平。

目前，95598服务热线设有15个值机座席，可提供60路人工及自动语音线路，实行24小时不间断服务。

95598电话受理量从2004年创办初期的21 038起升至2009年的330 536起，提高16倍。2010年8月4日，日受理电话量达6 966个，客户满意率百分之百。

电

公

司

国家电网
STATE GRID
服务热线
95598

襄阳人民广播

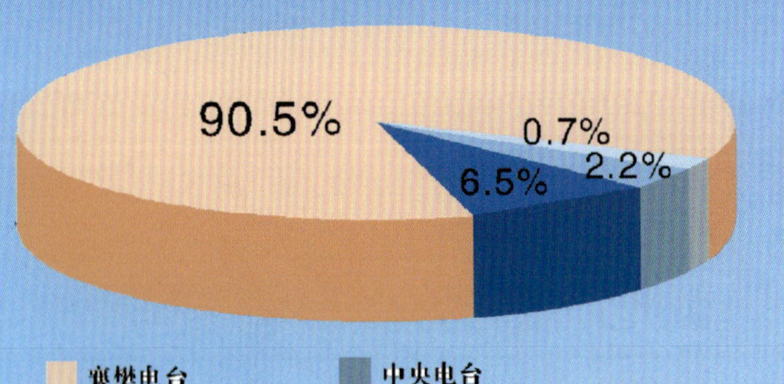

襄阳的广播事业起步于中华人民共和国成立之初，1960年10月1日襄阳人民广播电台呼号播音。50年间，襄阳广播发挥中国共产党的“喉舌”的作用，肩负“桥梁与纽带”的重任，满足广大听众不断变化、日益增长的精神文化需求，成为传播党音政令、服务群众生活、传播先进文化的载体。

目前，襄阳广播开办有新闻、交通、汽车、生活4套节目，每日播出总量达75小时；拥有4套调频频率、2套中波频率，发射总功率45千瓦；在襄阳市区近 30 条线路公共交通汽车上安装有广播接收装置，10多条繁华主干街道上安装广播音箱；市区部分市场、广场、社区建有广播小系统，本地广播市场占有率90.5%、经常性收听群体320万人、有效覆盖襄阳和周边毗邻地区1 000万人口，综合实力跻身全省地（市）级城市电台前列。

襄阳广播坚持以宣传工作为中心，坚持“三贴近”，自办的《政风行风热线》、《法律专线》、《直播襄阳》、《红绿灯》、《打开车窗说亮话》等新闻栏目和《新闻下午茶》、《道听途说》、《洪亮夜话》、《今晚有话说》、《我爱我车》、《有情天空》等谈话类、服务类栏目为品牌栏目。《政协委员视点》、《新闻下午茶》、《洪亮夜话》被评为“湖北省广播电视十佳栏目”。

襄阳广播每年都要开展“政风行风热线”大型咨询服务活动、“心连心，三下乡”文艺演出、献爱心活动、校园歌手大赛等一系列大型社会宣传和公益活动，提升社会影响力。据广州赛立信媒介研究公司《襄樊地区收听率调研报告》显示，在襄阳地区能收听到的所有广播电台中，襄阳广播的市

领导班子从左至右：张涛、郑建、王志勇、闫敏、杨育生、吴敏、韦玉忠

电台开播50周年

场份额达90.5%，广播的媒体接触率和受众规模仅次于电视。

近年，襄阳人民广播电台两度被市委、市政府评为“最佳文明单位”，两度被省人事厅、省广播电视局授予“全省广播电视系统先进集体”称号，连续多年获省广告自律先进单位，一批新闻、文艺、广告等作品在全国、省级评奖中获奖。

2010年，随着襄阳广播电视台的成立，襄阳广播的发展迎来新的历史机遇。襄阳广电人将牢记使命，把握广播电视发展方向，在提升公信力、扩大影响力、增强引导力上实现新突破，在技术保障上取得新进展，在产业发展上迈出新步伐，在队伍建设上见到新成效，全面开创各项工作新局面。

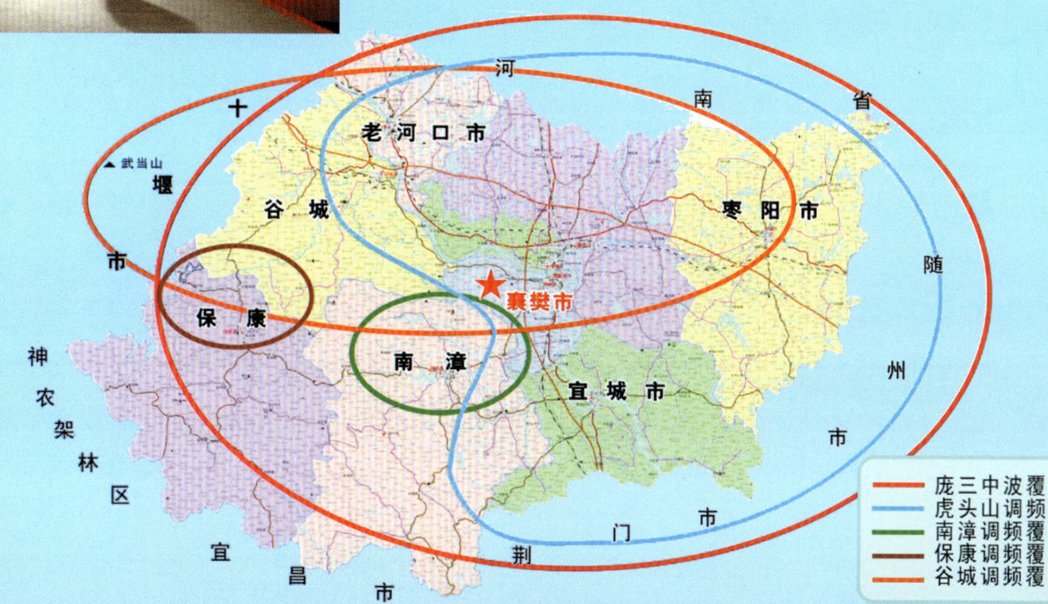

中国移动湖北

襄阳移动刘焱宇总经理在城乡互联共建单位谷城白龙庙村调研帮扶建设工作

2010年，中国移动湖北公司襄阳分公司（以下简称襄阳移动分公司）被省委、省政府授予“最佳文明单位”、“守合同重信用”企业、“消费者满意单位”等称号；被市委、市政府授予“百佳纳税企业”称号，被市消费者协会授予“维护消费者权益先进单位”称号。

襄阳移动分公司立足自身业务优势，

2010年4月20日，中国消费者协会副秘书长柴保国到襄阳移动公司调研。

11月11日，市委宣传部与襄阳移动举行签字仪式，共同举“移动杯”感动襄樊·十大道德人物评选活动

公司襄阳分公司

党委书记、总经理刘焱宇在襄阳人民广播电台《政风行风热线》栏目中与听众交流

引领移动新生活，基于TD业务，打造“G3”品牌，为社会提供方便快捷的3G服务；参与社会信息化建设，打造襄阳信息走廊，推进“无线政务”、“无线生活”、“无线旅游”、“综合城市管理”等社会信息化项目在襄阳市的应用；承担社会责任，推进具有民族自主知识产权的TD网络建设，市区及县市主城区已实现TDSCDMA网络覆盖；践行优秀企业公民行为，参与教育、扶贫等公益事业，持续推进信息化村镇建设，建成45个农村信息化示范乡镇，355个农村信息化示范村。2010年，为120名大学生提供勤工助学岗位。

2010年，交换机总容量达350万门，网络覆盖率达99.9%，网上用户总数达230万户。公司坚持品牌导向战略，打造“全球通”、“动感地带”、“神州行”、“G3”四大品牌，满足不同客户群体需要。推出“动力100”品牌，致力于为集团客户提供综合信息化应用服务，从“效率”、“创新”、“竞争”、“共赢”四个层面助力各行各业推进信息化进程。公司始终以追求客户满意为宗旨，常年开展“便捷服务，满意100”活动，服务质量进一步提升。全年建立近40个区域服务中心，1 300多个农村服务站，形成遍布城乡、涵盖村组的无缝服务网络。

与市委宣传部、市文化体育局共同主办2010年“中国移动杯”襄阳市第七届舞龙舞狮大赛暨民间文化展演

YIYUAN REALESTATE

艺苑地产26年成果：
艺苑小区
艺苑新村
艺苑华庭
艺苑名邸
艺苑QQ公寓
艺苑 · 景观豪庭
艺苑 · 观天下

艺苑地产：
湖北省重信用守合同单位
湖北省消费者满意单位
湖北省著名企业
连续两年获得襄阳市劳动保障诚信单位
襄樊市诚信房地产开发企业
2009年度“中华慈善奖”
襄樊市百姓满意楼盘
襄樊市A级纳税户
襄樊市十佳慈善企业
襄樊市百佳纳税企业......

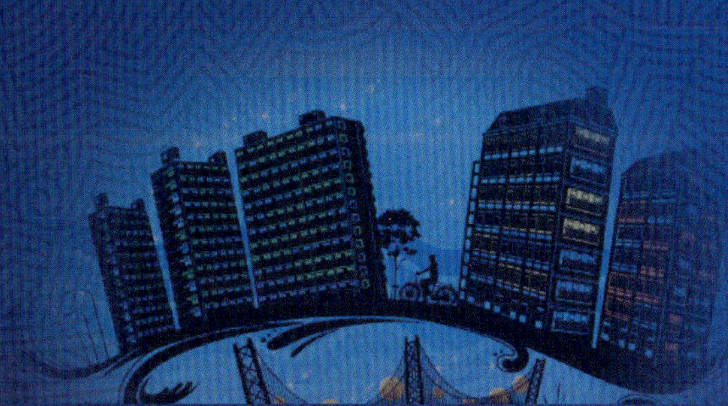

中房集团襄阳房地产

中房集团襄阳房地产开发股份有限公司始建于1983年10月，1996年9月被国家建设部批准为一级资质房地产开发企业。在职职工276人，有技术职称的占总人数的52.54%，2001年率先在湖北省房地产开发行业通过ISO9001国际质量管理体系认证。

公司下属机关项目部、直属分公司、物鑫分公司、泰鑫分公司、鑫鼎分公司、直属二分公司、直属三分公司、鹏泰分公司7个分公司、一个项目部。公司先后获“全国AAA级安全文明标准化诚信工地”、“湖北省建设系统先进单位”、“湖北省劳动保障诚信单位”、“ 湖北省重点房地产企业联网直报先进单位”、襄樊市建设系统“质量安全红旗单位”、“襄樊房地产双放心诚信企业”、“襄樊最受关注的房地产企业”、“襄樊市工人阶级先锋号”、“襄樊市青年文明号”等称号。

公司从成立至今，先后开发建设幸福小区、毛纺小区、董台小区、檀溪国家安居小区、襄城北街仿古一条街、永安广场、航空花园、鑫鼎欧式花园、中原花园（一、二、三期）、临江花园、书香苑、虹福苑、紫贞家园、中盛花园、长庆花园、金桥嘉苑、晨光公寓、中山花园、金茂凯悦、金茂公寓、紫金鑫城、鹏泰苑、泰鑫花园、东方丽景、泰然鑫城、怡和苑二期、七彩阳光、鸿蔚阁、城中雅苑、中房盛景、鹏城润景等近百个大中型项目，累计开发面积近300多万平方米。

开发股份有限公司

襄阳嘉恒房地产开发有限公司成立于2001年11月，注册资金3 000万元，系以房地产开发、装饰装璜、防腐保温工程施工、物业管理为主的国家二级房地产开发企业。公司法人：徐治友。

至2010年12月底，公司累计完成建筑面积31万平方米，累计完成项目投资8亿元。公司为改善襄阳火车站窗口地段“脏、乱、差”的局面，通过联合五家报建，整合土地资源，用一年时间建成5万多平米的一站式小商品批发市场九隆广场。

古治新城改造工程是公司承建的市级重点项目。根据市政府专题会议纪要的要求，荆州北街保护整治必须高标准设计，建筑形式与传统店铺民居和谐统一，体现鄂西北意味建筑风貌。古治新城南与荆州北街相连，北与滨江大道相通，与仿古一条街平行形成回路，现代建筑工艺使旧城改造后与古城风貌相映统一，成为襄阳古城一道风景线。

在国际金融风暴中，公司逆势启动枣阳国际大酒店和襄阳汉江明珠城两个项目，在国内经济快速转暖的大环境中抢占市场先机。汉江明珠城位于樊城一桥头下，属中心城区，是市政府2010年重点工程项目，预计2011年交付使用。枣阳东方明珠城和枣阳国际大酒店是枣阳市政府邀请开发建设，枣阳国际大酒店2010年初开业，成为枣阳地标性建筑；枣阳东方明珠城项目计划总建筑面积64 391平方米，预计2011年交付使用。

与此同时，公司拟建13万多平方米的鄂西北地区最大单体商业项目城馨嘉园。前期已审查通过设计方案，预计2011年启动项目建设。

经过几年的经营实践，公司健全了企业内部组织机构以及包括《员工手册》、《关于加强合同（协议）管理规定》、《财务管理制度》等一整套横到边、纵到底的企业内部管理制度，形成市场调研、项目开发、营销策划、财务审计、物业管理、工作例会等较完整规范的

产开发有限公司

管理体系，基本做到靠制度管人理事。

公司创建10余年，不忘企业的公民义务，在“感动襄樊”人物评选、城市客运优质服务竞赛、省十二届运动会召开、汶川大地震救援、支援创建新农村建设等活动中，先后捐赠150万元，承担起一份社会责任。公司先后获“优秀项目设计奖”、“消费者满意单位”、“消费者满意商品”、“文明城信市场”、“省十二运特殊贡献奖”、“抗震救灾工作贡献奖”、“支持脱贫奔小康先进单位”等称号。

襄阳市第

襄阳市第一人民医院是国家三级甲等医院，开放床位1 200张，设32个病区，36个专科。年门诊70余万人次，年出院病人4万余人次。

医院现有职工1 800余人，其中高级技术人员226人，中级技术人员571人。享受国务院、省市政府津贴和获全国“五一劳动奖章”的医疗专家，博士、硕士研究生130余人，是华中科技大学同济医学院、武汉大学医学院临床教学学院和研究生培养基地，湖北省全科医生培训基地。

医院拥有1.5T核磁共振、64排螺旋CT、ECT、图像引导放疗系统、DR、全自动生化分析仪、三维彩色B超、各种腔镜等一大批国际国内先进医疗设备。

医院的神经内科等12个科室为省市级重点专科。百余项科研成果达国内先进水平。“腔镜、窥镜、介入”微创技

一人民医院

术已发展到多领域、多病种，并成为“襄阳市微创诊疗中心”。

全院医务工作者始终遵循“尊重生命、关爱健康、人民医院、服务人民”的宗旨，打造“全院全员、全心全意、全面全程”的服务体系，构建“医患零距离、质量零缺陷、服务零投诉、环境零污染、保障零障碍”的和谐医院。先后获首批“全国百姓放心示范医院”、“全国维护消费者权益先进单位”、“全国医院文化建设先进单位”、“湖北省最佳文明单位”、“三级甲等优秀医院”等称号。

院长：张小平

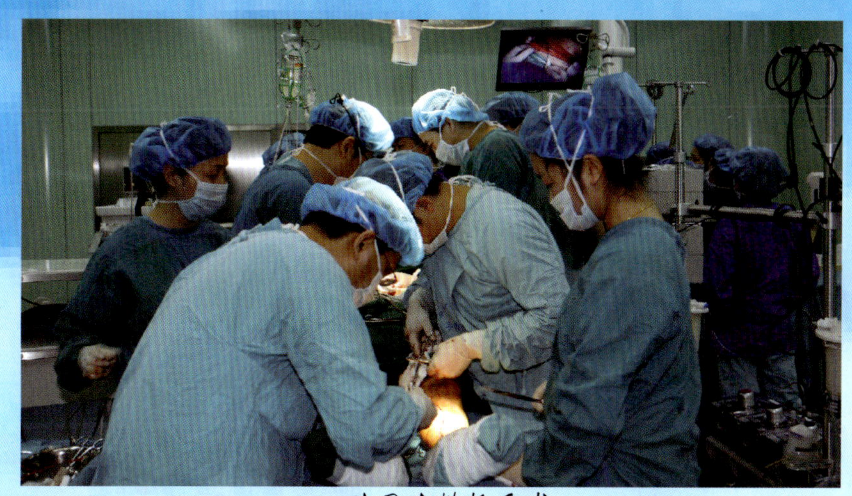

心脏冠脉搭桥手术

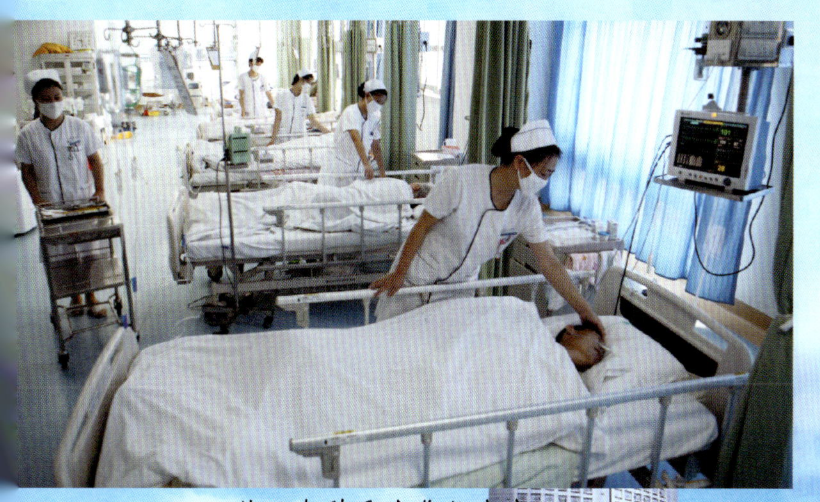

神经内科重症监护病房

地　址：襄阳市解放路15号
电　话：医院总值班：3420114
党政办：3420098
网　址：http://www.xfyy.gov.cn

襄阳

市委书记唐良智等领导视察襄阳四中

襄阳四中创建于1954年，1978年被确定为湖北省首批重点中学，2001年以综合评估总分全省第二名（仅次于华师一附中）被命名为湖北省示范学校，2009年被授予“中国百强中学”称号。

学校位于襄阳古城，东南与仲宣楼相邻，西南与明襄阳王府相接，曾是三国名士庞德公的居地，卧龙孔明、凤雏庞统曾就学于此。学校占地面积13.33公顷，建筑面积11.8万平方米。学校下设高中部、义务教育部、体育部和国际部。教学设备、生活设施先进齐全，高中部拥有86间全国一流的交互式电子白板多媒体教室，教室、寝室全部装有空调，有设备达部级一类规格的理化生实验室10个、图书馆藏书16万余册、400米跑道的全塑胶田径运动场两个、建筑面积7 600平方米的多功能体育馆两个、安装有冷暖空调和太阳能热水系统的学生公寓，以及襄阳市教育系统首家A级学生食堂等。

学校长期坚持为学生配送特有的“德育套餐”，并与时俱进“德育套餐”的内涵，率先在全市开办学生业余党校，10多年间培训4 000多名学生，其中2 300多名向党组织递交入党申请书，先后发展学生党员160余人，学生党员全部考入重点大学。每年举行“18岁成人仪式”、“80华里远足”、“国旗下的讲话”、“周末真话”、“校园樱花节”、体育节、科技周、电影周、绿色网吧、走进法庭、心理咨询等活动，开办慈善阳光班、爱

校园樱花节开幕式

四

党委书记、校长：程敬荣

心互助社等，不让一个贫困学生因贫辍学。

学校在岗特级教师11人，高级教师160余人，100多名教师先后获国家、省级表彰和奖励，100余名教师成为襄阳市各学科教育协会的主要负责人、襄阳市骨干教师和教学标兵。在2009年、2010年学科优质课、说课竞赛中，有18位老师获得全国、全省一等奖，郝洪涛老师获全国信息技术创新与实践大赛一等奖；张红梅老师全国化学说课竞赛一等奖。陈建茹、余建勇、黄玭、陈兵、周琦、闫艳、刘明国、王朝明等分别获得各自学科竞赛湖北省一等奖，襄阳四中教师获得国家、省级一等奖的人数在全省重点高中名列第一。

从该校毕业的学生中涌现出如中科院院士熊有伦、经济学专家郭道扬、作家梅洁、海军少将陈家荣、“神五”飞船运载火箭动力专家陈炜等一大批杰出的各行业“状元”人才。近十年，学校先后培养出1991年省理科状元史强、1997年省理科状元梁一凡、2001年省文科状元王林丽、2005年省理科状元朱师达4名省高考状元和2008年市文科状元王小璐等12名市高考状元，2009年两名全国奥赛金奖获得者任云柯、杨鹏宇，入选国家奥赛集训队，并被北京大学免试提前录取；10多年间，被北京大学、清华大学录取的有170多人，每年的本科上线率超过90%，高考升学率近100%。

2009年高考理科650分以上特优生9人，达北大、清华分数线特优生13人，2010年高考15名学生达北大清华录取线（全市31人），陈光同学以鄂西北唯一数学奥赛全国一等奖得主身份成为清华在鄂西北提前录取的唯一保送生。同年全省文科第一名杜赟，在年初北大的自主招生选拔中，是湖北省唯一一名获北大自主招生30分加分资格的学生（除“校长实名推荐”学生外）。文理科过一类重点线达800多人。

2011届高三学生中有14人获全国奥赛一等奖，覆盖数学、物理、化学、生物、信息学等学科领域，其中化学一等奖得主刘雪瑞同学进入全国化学奥赛冬令营，创襄阳化学奥赛最好成绩。

学校先后被授予“全国实践教育先进单位”、“全国心理辅导特色学校”、“全国绿化先进集体”、“全国平安和谐校园”、“国家高水平体育后备人才基地”等称号，获湖北省安全文明校园、湖北省教育科研50强学校等荣誉，连续五届获“湖北省最佳文明单位”称号。《人民日报》、《光明日报》、《中国教育报》、《人民教育》、《德育报》、《湖北日报》、中央电视台等新闻媒体多次报道学校的办学经验和成就。

襄阳四中学子齐诵《诫子书》

襄阳四中学子跨过成人门

襄 阳 市 第

襄阳一中创办于1897年，是襄阳市办学历史最悠久的学校，是湖北省重点中学，湖北省示范中学。

近几年，襄阳一中坚持“崇德鸿文、励行树人”的办学理念，实现跨越式飞跃。学校依靠自己的力量连续购买位于城市中心、学校周边寸土寸金的4块企业占地，使学校的面积增加约2公顷，为学校的进一步发展提供较大的空间。

市委书记唐良智（左二）等领导参加学校庆典

学校加强德育工作，形成“123456”的德育工作格局，基本实现德育活动系列化、德育工作网络化、德育过程立体化、德育途径多样化的目标。2009年6月毕业于襄阳一中的万莉莎，于同年10月24日在长江抢救落水少年，“10·24”英雄群体先后获得“全国见义勇为英雄集体”、“中国青年五四奖章集体”、“2009年度‘感动中国’人物特别奖”。

学校每年坚持举办“四节一会”（艺术节、体育节、法制节、科技节、元宵灯会），开展多种形式的课外活动，形成鲜明的办学特色，元宵节灯会、艺术教育成为一中在襄阳乃至湖北独具风景的办学亮点。学校的节目或论文在第六、第七、第八届全省黄鹤美育节均获一等奖。

湖北省普通中小学

示范中学

湖北省人民政府教育督导室
湖 北 省 教 育 厅
二〇〇九年六月

学校办学条件得到根本改善。新建教学楼、学生公寓各一栋，湖北省A级学生食堂一座，新建校园文化广场，增设6个理化生实验室，仪器设备配置齐全，教室安装先进的电子白板，为每位教师配备笔记本电脑，新建地球生命科学馆和省级示范图书馆。同时，改扩建塑胶田径运动场，改造旧教学楼、科技大楼，新建学生浴室等。对教学区、生活区、运动区、休息场所的空地进行绿化、美化，使学校春有花、夏有荫、秋有果、冬有青。

学校连续6年上本科线人数突破1 000人，升学率均在97%以上，连续4年获得由襄阳市教育局颁发的全市普通高中教学质量综合评估一等奖、二等奖、优胜奖和贡献奖。省政府教育督导室、省教育厅组织的专家组四次全面考察学校，并对照40多项指标检查评估，于2009年6月授予学校为“湖北省示范高中”称号。

学校先后获“全国艺术教育先进单位”、“全国校园文化艺术建设先进单位”、“全国基础教育名校”、“全国优秀青少年读书俱乐部”、“湖北省文明单位”、“湖北省综合治理先进单位”、“湖北省绿色学校”、“湖北省教代会工作先进单位”、“襄樊市先进基层党组织”、“襄樊市先进党委中心组”、“襄樊市办学常规管理优胜单位”、“襄樊市群众满意学校”等称号。

学校第21届元宵灯会优秀作品

学校编演的节目“七彩校园”代表全市参加湖北省第八届“黄鹤美育节”

襄 阳 市 致

多功能报告厅

襄阳市致远中学（原襄铁一中）是襄阳市首批三所省级示范学校之一。学校现有教学班37个，学生2 300人，教职工205人，其中特级教1人，中学高级教师77人，省、市级名师、学科带头人、骨干教师24人，先后有60余人次获得全国“优秀教师”、“湖北省劳动模范”、全国“英语教师园丁奖”、“省级高层次人才”、“省市优教师”、“襄阳市十大教育人物”、“市师德标兵”、“市青年教师标兵”等称号。学校先后被授予“读书育人特色学校”、全国“中小学信息技术道德教育示范学校”、湖北省教育厅“现代教育技术实验学校”、湖北省“教育科研实验学校”、“襄樊市教育科研先进单位”、“襄樊市艺术教育先进单位”、“襄樊市花园单位”、“襄樊市绿化先进单位”等称号。

学校创建于1959年12月，伴随着祖国铁路建设事业一起成长，1981年7月更名为襄樊铁路分局职工子弟第一中学（简称襄樊铁一中），2001年12月被湖北省人民政府教育督导室和湖北省教育厅授予“湖北省普通中学示范学校”称号，2005年3月从铁路企业分离，成为原襄樊市教育局

书库

计算机教室

校长：李后兵

直属学校，更名为襄樊市致远中学。2009年10月，顺利通过省级示范学校复评验收。

近年，硬件设施进一步优化，从塑胶多功能运动场到装备齐全的图书馆，从高标准的理化生实验室到设施齐全的功能室，从多媒体教室到电子图书阅览室，满足教育教学的需要，尤其是投资近200万元，为每间教室配置80英寸交互式电子白板、超短焦投影机和电脑中控设备等，建成目前襄阳市最先进的班班通多媒体教学系统。

学校发挥读书风气浓厚的优良传统，把阅读课排进课表，学生直接进入图书馆自主阅读，每一时期都围绕一个突出的主题，开展系列读书活动，并通过经常性的诵读经典活动、诗会、辩论会、演讲、征文等形式多渠道展示学生阅读成果。2009年，学生王甜甜以襄阳市特等奖得主的身份，代表襄阳市参加湖北省“祖国在我心中”演讲比赛夺得全省第一名；在全国中小学生作文大赛中，18位同学分别获省级一、二、三等奖，高钱倩同学获特等奖。学校在共青团中央等六部委组织的“全国读书活动”、全国普通话大赛、“迎奥运，我参与，我奉献”爱国主义读书活动、“祖国在我心中”等较高级别的读书演讲比赛中都获得优秀组织奖。

共青团襄阳市致远中学委员会被评为襄阳市先进团委，一批品学兼优的学生被评为省、市优秀团员、优秀学生等。2010年高考，彭双玉同学以文科599分的成绩成为襄阳市区市级重点高中文科状元，考入中国人民大学，李明贞、刘洁、陈阳胜等同学取得600多分的成绩。

科技楼

襄 阳 市 第

学校五十周年庆典

襄阳市第三中学始建于1956年，是襄阳市教育局直属重点高中、襄阳市示范学校。学校现有教职工259人，其中高级教师75人，外籍教师1人，教育硕士49人，“襄樊市名师”4人，“襄樊市百佳教师标兵”14人，市级学科带头人33人，市级骨干教师42人，“湖北省优秀教师”4人，省级学科带头人11人。

学校拥有多功能综合教学楼、科技楼、

学生跑操

襄阳三中2003—2010年高考竞争力发展图

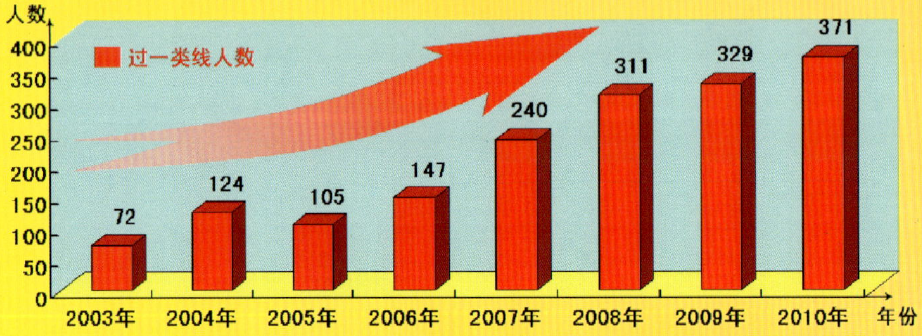

塑胶运动场

三中学

实验楼各1栋，运动场铺设塑胶跑道，有一流的篮球场、排球场和羽毛球场；藏书5万余册，中外报刊500余种。学校为每位老师配备笔记本电脑，校园内覆盖无线网络，每个教室安装多功能电子白板。校园布局有草、木、藤、卉与文化长廊相间。

2010年高考文理科上一本线371人，名列襄阳市第四名。文理科上二本线1 062人，其中文科467人，理科595人。本科上线1 624人，上线率达80.4%。学校曾获“湖北省文明单位”、“湖北省安全文明校园”、“襄樊市最佳文明单位”、“襄樊市群众最满意学校”、“襄樊市绿化先进单位”、“襄樊市高中教学质量综合评价一等奖”等称号。校长李明凯被评为“全国优秀教育工作者”，“襄阳市优秀人才”，“襄阳市首届名校长”，襄阳市“十大教育人物”，享受省、市政府专家津贴。

党委书记、校长：李明凯

学校教学大楼

市领导为实验中学授牌

襄阳市实验中学前身为1984年创办的襄樊市物资职工中等专业学校，2001年经市政府批准，改制为普通初级中学。襄阳市第三十七中学是市教育局直属的一所走读与寄宿制相结合的全日制初级中学，也是市区第一家开办寄宿制教育的公立初级中学。2010年3月，经市教育局批准，更名为“襄樊市实验中学”。

建校10年，以校党委书记、校长储勤荣为首的学校领导班子带领全校教职工，以学校制定的《十年教育改革与发展纲要》为依据，秉承“从严治校、严谨治学、规范管理、全面育人”的治校方略和“让每一个学生健康和谐成长”的教育思想。学校先后获“襄樊市示范学校”、“素质教育基地”、“襄樊市群众满意学校”、“襄樊市中小学生课外文体活动先进学校”、“襄樊市教科研先进单位”、“外国专家任教资格学校”、“省卫生先进单位”、“省级文明

——领导班子——

书记、校长：储勤荣

单位”、“国家级学科研究基地”等60余项称号，储勤荣校长被评为“襄樊市名校长”，享受市政府专项津贴。

10年时间，学校硬件设施不断完善，校容校貌焕然一新，办学规模逐步扩大，办学层次不断提升，成为襄阳市教育界“窗口”学校。学生人数由建校时的4个班220人发展到24个班1 600余人，创造了“实验中学速度”，学校中考成绩更是连年位居全市榜首。这所年轻的学校能不断实现超越和发展，秘诀是：“用精细的管理发展学校，用最适应学生的教育打造教师，用赏识的眼光培养学生。”

襄阳市实验中学的办学宗旨是：打造具有“鲜明的品牌个性、特色的教育模式、优质的教育服务”的省内外有影响、全国有名的品牌学校。

外教在课堂上和学生互动交流

参与市直教育系统文艺汇演

襄阳市第三

书记、校长：郭华培

襄阳市第三十一中学是1991年秋创办的一所全日制普通初级中学，位于襄阳市幸福小区，是襄阳市首批示范初中。

学校占地面积14 075平方米，建有1栋7层5 327平方米的教学楼和1栋5层3 120平方米的实验、办公综合楼，建有200米环形塑胶运动场，各种体育设施和功能室一应俱全。学校草坪花木绿化面积5 000平方米，是一所花园式学校。

学校现有3个年级30个教学班，2 475名学生，在职教职工119人，其中研究生4人，本科学历的教师达86人，中学高级教师26人，中学一级教师57人，先后有53名教师获省、市级的表彰和奖励，有47名教师成为省、市、区级骨干教师、教学标兵。

襄阳市三十一中坚持“新、实、高、范”的办学目标，实施青蓝工程、名师工程、名学科工程“三大工程”，开展书香校园创建活动，让读书成为师生的一种生活习惯；开展“星级教室”创建活动、“星级学生”评选活动。学校培养出江娟、班冀菲、徐弢、姚星、

崇尚科学

为西南灾区捐水捐钱

杨越纪5名襄阳市中考状元，学校还被中国高等教育委员会确立为“中国西部教育顾问单位”，被国家教育部确定为“全纳性教育教师资格培训研究试验基地”，并先后获“全国体育卫生科研实验单位及先进集体”、“全国国作文教学先进单位”、“湖北省中小学综合办学实力50强学校”、“湖北省电化教育试点学校”、“湖北省安全文明校园”、“湖北省语言文字规范化示范学校”、“湖北省卫生先进单位”、“襄樊市普通初中示范学校”、“襄樊市最佳文明单位”、“襄樊市教学工作先进单位”、“襄樊市教科研实验基地”、“襄樊市校本培训示范学校”、“襄樊市书香校园示范学校”、“襄樊市示范家长学校”、“襄樊市绿色学校”等称号，并连续七年被评为“樊城区教育综合目标考核优胜单位”，学校党支部多次被评为市、区“优秀基层党组织”。

学校领导班子研讨未来发展规划

校长郭华培（右二）从襄阳五中校长刘道德（左二）手中接过状元喜报

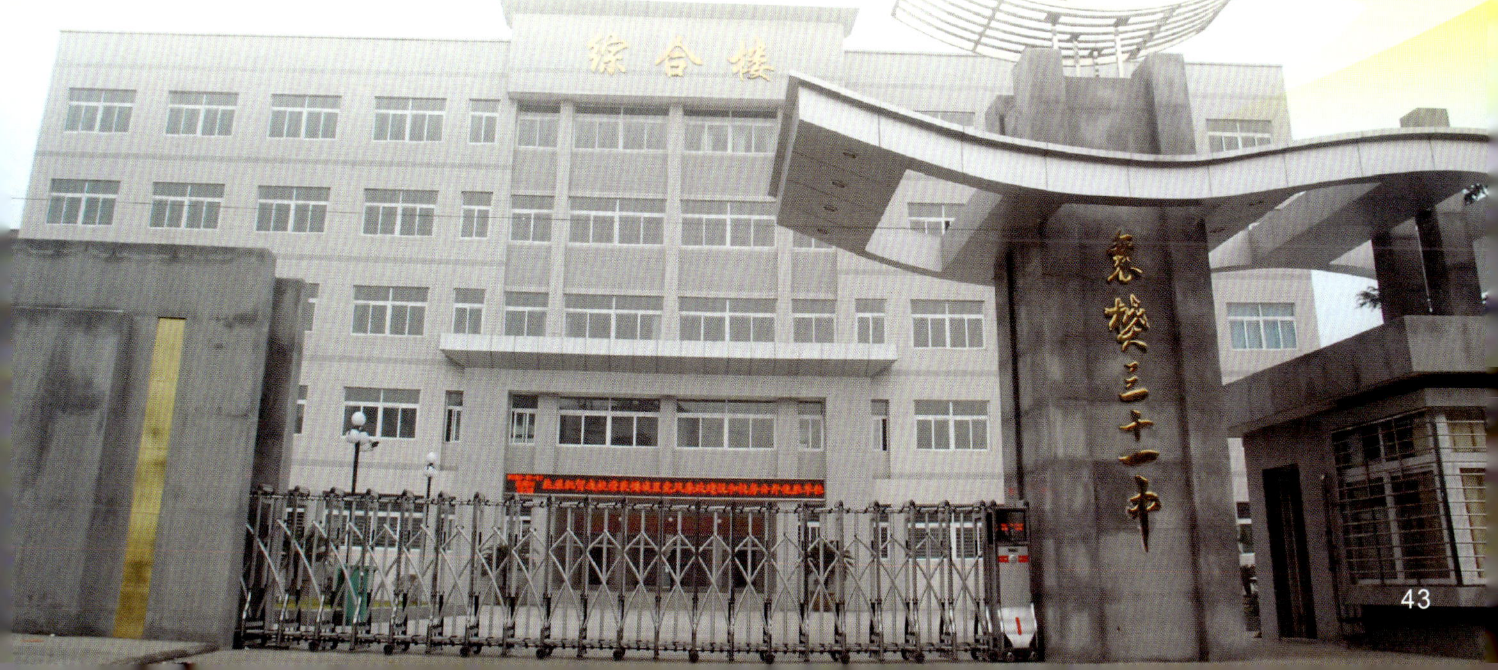

襄阳市田家

原市委书记田承忠（现副省长，右一）和田家炳先生为学校揭牌

襄阳市田家炳中学，原襄阳县实验中学、襄阳区高级中学。2006年接受香港田家炳基金会无偿捐资200万元，被省教育厅更名为“襄樊市田家炳中学”，更名后仍为公办性质学校，隶属襄州区教体局。

学校在校师生4 100余人，教学一线教师185人，其中中高级职称53人、研究生学历30人、省市级高中学科带头人、骨干教师40人，30余人次在省、市级优质课竞赛中获得一等奖。2008年3月，被襄阳市政府教育督导室评估认定为市级示范高中。2008年被襄阳区教体局授予“高考优胜单位”称号。

学校先后投资5 600余万元，按照“高起点、高标准”的要求，加快教育教学基础设施建设，改善师生学习和生活环境。2007年学校被原襄樊市教育局授予“后勤工作先进单位”称号。

2001年以来，学校为武汉大学、华中科技大学、北京工业大学、中央民族大学、上海交通大学、西北工业大学、东北师范大学、中南民族大学等重点大学和普通院校输送近4 000余名优秀毕业生。

根据《田家炳基金会优秀毕业生奖励办法》，凡从该校考入清华大学、北京大学、中国科技大学、浙江大学、复旦大学、上海交通大学、西安交通大学、华中科技大学、南京大学、吉林大学、中

张梅同学：中考495分，高考555分，全区第18名，考取中南大学（国家211工程大学），获“田家炳荣誉奖”，奖励2万元

龙晓英同学：中考414分，高考537分，成绩上升幅度居全市第一，学生中共党员，考取东北师范大学，享受国家重点师范院校免费教育

炳中学

市级示范中学

赵金堂（左）校长和田家炳先生（右）共同为学校揭牌

山大学、四川大学、哈尔滨工业大学、中南大学、山东大学、武汉大学、南开大学、天津大学、北京师范大学、厦门大学、东南大学、华南理工大学、大连理工大学、西北工业大学、重庆大学25所重点大学的学生，香港田家炳基金会奖励2万元资助其完成大学学业。

英语听力教学

学校地址：襄阳市襄州区育红路7号

办公电话：0710-2820594

学校网址：http：//www.xftjbzx.com

襄阳几多好特产礼品超市

董事长、总经理：王军

湖北几多好商贸有限公司发源于荆门，覆射全省，是目前全省最大最专业的特产礼品营销公司。

襄阳几多好特产礼品连锁超市是襄阳地区营业面积最大、质量有保障的专业特产礼品平价超市。超市以“汇聚襄阳名优特产、弘扬中华礼仪文化”为宗旨，秉承“优质服务、顾客至上、诚信为本”的服务理念，打造“公务往来、商务往来、会务接待、馈赠亲友、旅游休闲、广告促销”等特产礼品，提供“一站式、一条龙、全方位”的服务。

企业宗旨：　汇聚襄阳名优特产，弘扬中华礼仪文化

经营范围：　农副名优特产　地方文化工艺品　名烟名酒名茶　家居常用礼品　会务商务礼品

服务特色：　送货上门：只需一个电话，及时免费送货上门。

代办托运：15元邮政快递（EMS）速递全国。

个性设计：量身定做具有单位及企业文化的特产礼品包装。

服务承诺：　不断开发挖掘新产品，确保产品全面。

直接从生产厂家进货，确保价格低廉。

杜绝非正规厂家的产品，确保质量优质。

公司总部（荆门连锁店）：荆门市长宁大道26号

0724-2371989

襄阳总店：襄城荆州街宜宾路（川惠大酒店西侧）

0710-3525295　18972088699

营销热线：13986986717　15927710055

大　事　记

责任编辑
责任校对　汪　云

1　月

月初　投资约1.65亿元的鱼梁洲污水二级处理扩建工程启动。该工程建成后日处理污水能力将增加到30万吨，并计划通过张湾截污干管，将襄阳张湾和高新工业园区的生活污水纳入鱼梁洲污水处理厂统一处理。

6日　全市2009年亿元以上部分重点项目单位与金融单位对接合作签约仪式在川惠大酒店举行。9家亿元以上重点建设项目单位与5家银行签订11.2亿元的银企对接合作协议。

△　中色国际矿业股份有限公司与湖北·老河口项目合作签约仪式在北京中色集团举行。中色国际矿业股份有限公司将与紫金盟公司联合在老河口成立“铅有色综合回收再利用合作项目”，计划投资3.3亿元。

8日　市政府在名人城市酒店召开樊城至卧龙客运中巴线路整体收购签字仪式，市公交总公司与6路中巴车经营者签订收购合同。

9-12日　在全省建设工作会议上，市建委被授予全省建设工作先进单位，襄樊市获省政府颁发的湖北省城市规划建设“楚天杯”奖。

12日　市委、市政府在襄阳剧院举行城区低保“五个五”救助物资发放仪式，城区7万余名低保对象领取救助物资。

14日　市政府批准2009年及2010年市区土地供应计划，并于即日发布实施。2009年市区土地供应总量安排266.67公顷，其中新增建设用地供应160公顷，利用存量建设用地106.67公顷。

16日　市政府与中国工商银行湖北省分行在武昌举行银政战略合作备忘录签字仪式。省工行承诺向襄樊市重点建设项目、重点企业、中小企业、县域经济发展等基础设施建设和产业结构调整等优势项目提供120亿元融资支持。

中旬　占地40公顷的襄阳机械加工工业园开工建设。

△　襄阳农副产品加工产业集群被中国社会科学院发展与环境中心和中国产业集群研究院联合命名为“中国县域产业集群竞争力100强”。

17日　襄樊供电公司获“国家电网先进集体”称号。

△　襄樊市洪沟农产品物流市场被国家农业部批准确定为第十四批“农业部定点市场”。

19日　市工行与部分企业在南湖宾馆签订银企合作协议，工行承诺的为全市提供120亿元的意向融资全部分解到位。

20日　襄樊市被中央文明委命名为“全国创建文明城市工作先进城市”。谷城五山镇、石花镇，保康马桥镇尧治河村被评为全国文明村镇；航宇救生装备有限公司、枣阳检查院、襄樊供电公司被评为全国文明单位；谷城五山镇堰河村、枣阳新市镇火青村、老河口孟楼镇、南漳东巩镇被评为全国创建文明村镇工作先进村镇；市国税局、市审计局、市地税局、市工商局被评为全国精神文明建设工作先进单位。

21日　市区2008年度廉租住房实物配租发钥匙仪式举行。市区388户“双困”家庭（最低收入、住房困难家庭）喜领廉租房钥匙。

1月　襄樊市探索建立的干部选拔任用“一报告两评议”工作制度，得到中组部、省委组织部肯定，并在全国推广。

△　襄樊市体育馆工程被国家工程建设质量审定委员会评定为“国家优质工程银质奖”。

2　月

月初　引丹灌区小水电打捆建设项目通过财政部审查，被列入2008年度第四批外国政府贷款备选项目清单。

3-6日　市十五届人大二次会议审议通过关于政府工作报告的决议、关于襄樊市2008年国民经济和社会发展计划执行情况及2009年计划报告的决议等，乐志强、汪金昌当选为市十五届人大常委会委员，肖廷杰当选为市中级人民法院院长。

5日　湖北腾金龙轮胎有

限公司、湖北骆驼蓄电池股份有限公司等6家企业生产项目在深圳工业园联合开工。6个生产项目投资约9亿元。

△ 襄樊航天技术应用产业园在樊城柿铺办事处韩洼村奠基。该产业园规划占地面积20公顷，投资总额为4.5亿元，用于高性能薄膜材料及制品、薄膜太阳能电池等高新技术产品的生产线建设。

9日 省、市召开电视电话会，部署农村基层组织建设工作。全市将用3年时间把所有村干部轮训一遍，2009年3月底之前将完成对所有村党组织书记的轮训。

10日 由市委、市政府主办的春风行动"送岗位、送信息、送培训、送信心"启动仪式暨大型招聘会在樊城人民广场举行，200多家用人单位进场，提供岗位11 000余个，3万多名求职者前来应聘。

△ 襄樊高新区管委会被国家人力资源社会保障部、科技部授予"全国科技管理系统先进集体"称号；市科技局党组书记、局长乔海林和高新区科技局局长付小红被授予"全国科技管理系统先进工作者"称号。

△ 总投资6亿元的湖北金洋公司废旧铅酸蓄电池低温连续熔炼暨再生铝项目在谷城经济开发区循环经济园开工。

上旬 枣阳被授予"全国食品工业强县(市)区"称号。枣阳三杰麦面有限公司被授予"全国优秀龙头食品企业"称号。

11日 市"四大家"领导联系重点企业工作会上，市委决定由31名市"四大家"领导挂点服务62家重点企业。

△ 襄樊市河道堤防管理局成立。

14日 以中国驻瑞士大使董津义为团长的外交部驻外使节考察团一行30人到襄樊考察访问。

△ 全市劳动保障工作会议指出，全市劳动和社会保障部门2009年将完成城镇新增就业9万人，农村劳动力转移就业8.5万人，城镇登记失业率控制在4.5%以内的目标。

16日 追日电气自主研发的ZAPF系列有源电力滤波与动态补偿节电装置建设项目入选"国家发改委十大节能工程项目"，并获相关扶持。

△ 由市方志办组织专家整理重刊的乾隆《襄阳府志》出版发行。

17日 全省共青团农村青年春季培训行动启动仪式在中原职业培训学校举行。活动旨在深入推进青春富康行动，促进农村青年就业创业，首批参加培训的农村青年有250名。

18日 在全国行政复议工作经验交流会上，保康县政府法制办被评为"全国行政复议工作先进单位"，并作为唯一一个县级单位在大会上作经验交流。

20日 崔家营航电枢纽工程大坝主体土建基本完工，达到下闸蓄水的要求。

△ 汉江流域综合治理开发项目被列为省政府重点工作责任目标。

26日 中国银行湖北省分行与市政府举行银政战略合作协议签字仪式，授信额度180亿元人民币，为8个县(市)区的25个行业、160家企业新增投放人民币贷款148亿元。

27日 老河口3 066.67公顷退耕还林工程新增国家投资4 570万元。

28日 襄阳区政府与香港润福贸易有限公司和四川绵阳新南湖乐园有限公司签订合作开发协议，两家公司将联手投资5亿元开发鹿门山风景名胜区。

月底 襄樊市集体林权制度改革完成确权发证994.2万亩，完成比例为88.4%。

2月 省政府发出《关于建立湖北五道峡等省级自然保护区的批复》(鄂政函[2009]40号)，批准建立湖北五道峡省级自然保护区。

△ 国家民政部授予王寨街道办事处七里桥社区"全国基层低保规范化建设典型社区"称号；授予乔营社区"全国综合减灾示范社区"称号。

3 月

1日 市政府全体(扩大)会议提出：奋力实现"用3年至4年使襄樊GDP跨上2 000亿元台阶、在上年基础上翻一番"目标。

△ 中国女企业家协会召开全国光辉创业之星表彰大会，女企业家宜城梅缘农资公司董事长方雪梅和襄樊双益达物流公司董事长何大华分获"光辉之星"创业发展奖和创业贡献奖。

2日 全市廉租住房建设工作会议提出：力争用3年时间，基本解决全市1.91万户城市低收入家庭住房困难，新增廉租住房不少于1.42万套，其中市区新增廉租住房7 070套(2009年新增2 828套)。

3日 全市农家书屋工程建设专题会议提出：2009年全市确保建成400家农家书屋。

4—5日 市政府与上海市浙江商会在南湖宾馆签订合作框架协议，共同在襄樊高新技术产业开发区内建设浙商(襄樊)产业园，通过3年至5年的努力，将产业园建成重要的汽车及零部件、化工、建材、电子与高新技术产业相结合的生产基地。

5日 市公安局召开"除五霸"、"抓五小"集中统一行动第二次新闻发布会。自集中行动以来，全市公安机关破获16起命案，抓获各类逃犯315人，打掉恶势力团伙49个，破获涉“霸”案件137起，抓获涉“霸”成员175人，破获“盗抢骗”刑事案件433起，查处治安案件872起，排查矛盾纠纷2 799起，调处化解2 433起，为群众办好事、办实事15 000余件。

7日 全国人大代表、市委书记唐良智在十一届全国人大二次会议上，以“积极落实新增千亿斤粮食生产能力建设规划，抓紧规划实施汉江流域（中下游）综合开发”为主题发言。

10–12日 中国民间文艺家协会主任杨吉星、文化部艺术研究院研究员苑利等一行7人抵樊，对襄樊市申报“中国三国文化之乡”工作进行三天的考察验收。

11日 市委办、市政府办联合下发《关于市“四大家”领导包重点项目的通知》。“四大家”领导所包保的重点项目有63个，投资额全部在亿元以上。

△ 经市政府批准，2009年襄樊市安排投资亿元以上市级重点项目120个，总投资797亿元，年度计划投资260亿元，分别比上年增长43%和56.6%。

16日 崔家营航电枢纽船闸试航成功。崔家营航电枢纽船闸于2006年10月开工建设，2009年2月通过交工验收，是汉江上第一座千吨级船闸，单向年通过能力可达768万吨。

△ 襄樊航宇公司与深圳航空公司签署35架波音、空客新飞机的座椅供货合同，航宇公司的民机座椅产品开始进入国内民用航空主流市场。

17日 驻樊军工企业座谈会上，市委书记唐良智提出：用4年时间，使全市军工产值达到500亿元。

18日 重庆博耐特实业（集团）有限公司、湖北先开环保设备有限公司等10家企业分别在樊西都市工业园和牛首工业园同时开工。10家企业预计总投资超过13亿元，全部投产后将实现利税近2亿元。

△ 市委、市政府下发《襄樊市人口和计划生育“一票否决”制度实施办法》、《关于统筹解决人口问题做好出生缺陷干预工作的意见》、《襄樊市集中整治非法鉴定胎儿性别和选择性终止妊娠行为专项活动方案》三个文件。

19日 全市11家银行负责人与枣阳当地企业展开银企对接，共为枣阳提供贷款授信额度66.2亿元。7家企业在对接活动现场与襄樊市工行、农行、中行等7家银行签订贷款协议7.1亿元。

20日 襄樊五中被全国中小学党建工作研究会授予“全国中小学党建工作科研先进单位”称号。

23日 中大青山电动汽车有限公司与高新区签署项目进区协议，计划在高新区首期投资1亿元，用一年时间建设纯电动汽车动力总成项目，首期达产后产值可达20亿元。

24日 东风股份新LCV阵地（A08项目）奠基典礼在高新区举行。A08项目是东风股份自主研发的一款具有国际竞争力的高端轻型客车，其生产工厂将分两期实施，占地36.67公顷。

△ 2009中国襄樊投资环境说明会暨签约仪式在北京新世纪日航酒店举行。现场签约17个大项目，涉及新型墙材、新能源、水电开发、IT服务、机械制造等多个领域。

26日 老河口第十一届梨花节暨第二届《黄河大合唱》艺术节开幕。在当日下午举行的老河口第十一届梨花节招商引资项目签字仪式上，有36个项目现场签约，协议资金22.6亿元。

27日 2009年公务员招录工作启动。本次首批招录工作涉及市总工会、市科协、市教育局等22个单位、26个职位、37名人员。其中，县乡基层岗位将主要招录高校应届毕业生。

28日 市体育运动学校第三次被国家体育总局命名为“国家高水平体育后备人才基地”。

30日 省政府分配襄樊4.6亿元地方政府债券额度，其中市区（含襄阳）3.7亿元，县（市）9 000万元。地方政府债券资金将主要安排用于中央投资的公益性建设项目。

31日 全市开发区建设工作会召开。提出开发区建设要打造千亿级和百亿级开发区，即通过2年到3年的努力，高新区实现规模以上工业总产值突破1 000亿元，襄阳、枣阳、老河口、宜城、谷城县域开发区跨上100亿元台阶。

3月 襄城四季青社区居委会、红花园社区居委会分别被国家民政部授予“全国基层低保规范化建设典型单位”称号。

4 月

1日 全市企业成长工程工作会提出：2009年全市要实现新增规模以上企业320家以上，总数达到1 300家以上，新增产销过亿元企业15家以上，总数达170家以上。

2日 市公安局出入境管理科被授予全国公安机关出入境管理部门“全国文明窗口”单位。

△ 襄樊华润燃气有限公司、湖北宏图力生环保工程有限公司、襄樊四方源机电实业有限公司、襄樊市立奥机械金属科技有限公司和襄樊郭氏阜丰粮油科技有限公司等5个新项目落户高新技术园。

3 日 襄樊粮油仓储现代物流园区油脂储备库工程竣工暨铁路货站、粮食仓库开工庆典仪式举行。襄樊粮油仓储现代物流园区(一期)占地 10.4 万平方米,拥有 1 500 米铁路专用线,1.7 万平方米粮食仓库,3 万吨食用油脂储备库,2 万平方米批发交易市场及配套设施。项目总投资 2.1 亿元,计划于 2011 年建成。

5 日 副市长杨绪春率襄樊代表团出席在陕西省西安市曲江国际会展中心召开的第十三届中国东西部合作与投资贸易洽谈会。签约项目 3 个,投资总额 7 亿元。

6 日 市委、市政府印发《中共襄樊市委 襄樊市人民政府关于实施隆中人才支持计划的若干意见(试行)》(襄发[2009] 6 号)。

△ "凤凰温泉度假村"开工奠基仪式在卧龙镇"襄阳卧龙生态文化度假旅游区"举行。该项目由美国加州喜悦假期旅游有限公司、台湾积联科技股份有限公司、湖北和兴集团计划投资 10 亿元人民币共同开发建设。

8 日 东风旅行车公司自主研发的第三代纯电动客车"东风天翼"在河南省洛阳市投入试运行。该车最高时速可达 80 千米,乘坐 78 人,一次充电续驶里程达 230 千米。

△ 2009 年中央下达襄樊市新建廉租住房项目投资计划资金 5 599 万元,涉及 9 个项目,总建筑面积 17.6 万平方米,可解决 3 545 户低保和住房困难户家庭的住房问题。

9 日 国内 20 多家报刊和 10 余家国内知名网站,对襄樊市获得"中国三国文化之乡"称号进行转载报道。

9–11 日 中共中央政治局委员、中央军委副主席郭伯雄,十届全国政协副主席、中国工程院院长徐匡迪等领导先后到樊视察。

12 日 市人民检察院获最高人民检察院颁发的"全国基层检察院建设组织奖"。

13–16 日 《湖北日报》在头版头条和重要位置刊发襄樊市应对金融危机的系列通讯《弯道超越正当时》《江山再起势如虹》《项目潮涌后劲足》。

15 日 省、市相继召开新增中央投资项目实施工作电视电话会议。省政府对两批新增中央投资项目实施进度的基本要求是:2008 年新增中央投资项目,2009 年 4 月底前必须完成 60%左右的投资工作量;2009 年新增中央投资项目,5 月底前必须全面开工建设。

15–16 日 全省地税系统纳税服务工作会议公布《省地方税务局关于襄樊市地方税务局机构改革的批复》,襄樊市精减机构 49 个,市区管理分局改序号为属地命名,职能从机关划转为基层,撤销 23 个税务所;成立全省首家税费服务局。

17 日 市政府与省国资委就推进襄樊国有企业改革发展签署合作备忘录。

△ 湖北力天鞋业有限公司落户高新区。湖北力天鞋业有限公司注册资本 5 000 万元人民币,项目总投资 7.2 亿元,征地 40 公顷,建成后可年产 3 000 万双高档运动鞋。

△ 老河口光化办事处胜利路社区居委会被民政部评为"全国基层低保规范化建设典型单位"。

18 日 襄樊国际创新产业基地在高新区邓城大道核心区奠基。基地项目总投资 7 亿多元,总建筑面积 30 余万平方米,建设周期 5 年,建成后可实现年产值 30 多亿元。

20 日 全省首批丹江口移民自建房工程开工庆典仪式在宜城郑林农场举行。

25–27 日 《襄樊国家公路运输枢纽总体规划》通过交通运输部审查。

26 日 "襄樊·中国汽车知识产权信息平台"在高新区创业服务中心启动,襄樊成为继武汉和宜昌之后第三个在湖北建立该平台的城市。

△ 首届"玉皇剑"杯鄂西北茶王茶艺大赛暨农村生态旅游节在谷城五山镇堰河村举办。期间,谷城与国内外客商签订合作、投资项目 15 个,达成协议投资 13.38 亿元。其中现场签约项目 7 个,投资额 6.6 亿元。

28 日 市十五届人大常委会第十次会议任命王彬彬为襄樊市人民政府副市长。

△ 省委、省政府在洪山礼堂举行劳动模范表彰大会,襄阳区林业局副局长、林业高级工程师杜申奎,襄樊五中数学高级教师李泽贵被授予"全国五一劳动奖章"称号。

30 日 市政协十二届六次常委会议在南湖宾馆召开。

△ 市政府与中国大唐河南分公司签订合作协议,共同建设 2 台 30 万千瓦热电联产机组和汉江雅口水电枢纽项目。

△ 襄樊寺湾、南漳九集、谷城石花、谷城茨河、襄阳黄集、襄阳黄渠河、枣阳东郊、枣阳袁庄、老河口雷祖殿、老河口童营、宜城郭家冲、保康枫桥政府还贷二级公路收费站于本月 30 日 24 时起停止收费。经营性收费站观音阁收费站也同时撤销。

5 月

1 日 316 国道襄阳双沟镇路段发生特大交通事故,造成 7 人死亡、47 人不同程度受伤,车辆完全报废。

1—3 日 全市接待海内外

游客 40.89 万人次，实现旅游总收入 1.71 亿元，同比分别增 17.1%和 19.3%。

7 日 市政府与省商务厅就合作共建创新性商务事业签署协议。

8 日 中国航宇集团与市政府签订合作协议。协议拟定由双方共同出资人民币 62 亿元，在樊城柿铺办事处征地 200 公顷，建设航宇工业园。

8–12 日 第六届"湖北·武汉台湾周——襄樊分会场"活动举行。本届台湾周主题为"两岸携手应对金融危机，共同促进鄂台经贸合作"。"台湾周"活动期间，襄樊市签订 7 个项目，总投资超过 15 亿元，涉及高新技术、旅游开发、农产品加工等领域。

9 日 鹿门山风景名胜区旅游开发项目开工。香港润福贸易有限公司和四川绵阳新南湖乐园有限公司联合投资 5 亿元开发鹿门山。

12 日 市政府与省教育厅在南湖宾馆签订共同促进襄樊市省域副中心城市建设教育合作协议。

△ 老河口 316 国道绕城建设工作启动。316 国道老河口绕城公路是经省交通厅批准的一级公路建设项目，全长 9.5 千米。

13 日 省委书记、省人大常委会主任罗清泉到保康考察脱贫致富奔小康建设新农村工作。罗清泉强调，保康作为全省脱贫致富奔小康建设新农村 7 个试点县之一，要通过大开放促进大开发，用 5 年左右的时间，实现率先建成全省脱贫致富奔小康试点先进县和率先建成全省山区新农村建设示范县的目标。

△ 由北京 SEMC 节能投资促进中心、中金洁能投资管理中心、中金盟能源投资有限公司合作实施建设的"节能装备产业园"项目，在高新区签订进区协议，将入驻湖北(襄樊)深圳工业园。该园总占地面积约333.33 公顷，总投资 80 亿元，计划 3 年引进节能装备制造企业 30~40 家，并将建成一个国际级节能研发测试工程中心和节能重点实验室。一期工程预计投资 10 亿元，引进企业 5~6 家。

15 日 被省、市政府列为重点建设项目的中国光彩事业襄樊工业园 14 家入驻企业联合开工。14 家企业总投资 2 亿元，将全部在 2009 年年底建成投产。

18 日 中央综治委、中央组织部、国家人力资源和社会保障部召开电视电话会，表彰 2005—2008 年度全国社会治安综合治理先进集体、先进个人，襄樊市作为全国综治优秀市受到表彰。

19 日 襄樊市知识分子联谊会成立大会暨第一次会员代表大会审议并通过《襄樊市知识分子联谊会章程》和《襄樊市知识分子联谊会选举办法》，选举产生第一届理事会组成人员。市委常委、统战部长刘德政当选市知识分子联谊会第一届理事会会长。

△ 总投资 4 亿元的福建和诚鞋业工业园项目签约。该项目由福建和诚鞋业有限公司投资，建成后可年产 1 200 万双运动鞋，年产值 10 亿元以上。

19—20 日 由国家商务部、国家贸促会、西非国家经济共同体委员会、中非联合工商会等共同主办的"中国—非洲现代农业合作项目洽谈会"在武汉开幕，襄樊市 20 余家企业参加此次活动，签订合同 4 个，价值 3 000 万美元，意向协议 9 个，协议金额 2.2 亿美元。

21—28 日 襄樊市遭受持续阴雨天气影响，致使大部受灾。全市受灾人口 60.8 万人，因灾死亡 2 人、失踪 1 人；农作物受灾面积 20.53 万公顷，其中成灾 2.73 万公顷，绝收 4 666.67 公顷；倒塌房屋 118 户 221 间；损坏 525 户 1 184 间，转移安置灾民 2 702 人；因灾造成各项直接经济损失 1.9 亿元，其中农业直接经济损失 1.28 亿元。

23 日 江苏新日电动车股份有限公司与襄樊签订建设 200 万辆电动车生产基地项目协议。该项目投资额为 7 亿元，用地 33.33 公顷，项目建成后，将生产各类电动车 200 万辆，年销售收入 50 亿元。

25 日 襄樊四中、五中获"中国百强中学"称号。

28 日 汉江三桥开工典礼在月亮湾公园举行。汉江三桥位于襄樊城区西面，北起月亮湾公园，跨越江心老龙洲，南接襄城区老龙堤老龙庙，全长 4 343.5 米，桥宽 30.5 米，双向六车道，主桥采用混凝土双塔斜拉桥结构，项目建设采取 BT（即建设–移交）建设模式，工程投资概算 10.1 亿元，工期 42 个月。

30 日 四川龙蟒集团 50 万吨磷酸盐项目在南漳车家店开工建设。该项目全部建成达产后，可实现年销售收入 25 亿元、利税 2 亿元，可新增就业 1 600 人。

5 月 南漳被确定为全国 95 个林木采伐管理试点单位之一。

6 月

2 日 全国人大常委会副委员长、民革中央主席周铁农一行 20 人到樊视察。

3 日 襄樊经贸代表团在新加坡举办襄阳新城项目推介暨鱼梁洲项目签约仪式，襄樊市与新加坡三达集团签订总投资

20亿元的整体开发鱼梁洲生态花园城项目协议。

△ 市政府召开专题会议，安排部署全市甲型H1N1流感疫情防控工作。

4日 全国节水型社会建设试点2008年度工作检查和试点专题验收会在樊举行。襄樊市的节水型社会建设试点工作通过国家水利部和省水利厅验收组的验收。

△ 207国道宜城城区段绕城公路完成田路分家工作。207国道宜城段城区绕城公路全长14.8千米，计划投资1.7亿元。

月初 全市19座水库除险加固工程获第三批扩大内需中央预算内投资2.87亿元。这19座水库包括宜城莺河一库、襄阳红水河水库、枣阳华阳河水库等3座大型水库和老河口冯营水库等16座中型水库。

6日 316国道枣阳城区段改线工程开工。工程东起枣阳新庄，西止于316国道与县道枣蔡线的交叉口处，路线全长9.51千米。

10日 市政府与省审计厅就加快省域副中心城市建设共同推进审计工作发展签署合作备忘录。

12日 省纪委、襄樊市委在市纪委(监察局)召开全体干部会议，宣布虞国旗任市纪委书记。

△ 2009湖北老河口·深圳投资环境说明会暨项目签约仪式在深圳市举行。当天签订项目协议17个，协议资金85亿元。项目涉及光伏电子、纺织服装、生物技术、电子电器等一批高科技产业。

14日 市政府与省质量技术监督局就关于推进质量兴市促进襄樊跨越式发展签署合作备忘录，双方约定将共同推进以质取胜战略，共同培育和打造“品牌襄樊”。

16日 全省甲型H1N1流感片区防控工作会议在樊召开，会议对下一步甲型H1N1流感防控工作进行安排部署。

△ 保康在南湖宾馆举行招商引资集中签约仪式，一次签约4个项目，总投资达36亿元。这4个项目分别是：武汉三特集团投资3.6亿元整体开发保康九路寨等旅游资源；台湾威杰公司投资3亿元新上LED高科技项目；楚磷公司投资27.7亿元在襄樊余家湖保康工业园开发低品位磷矿及磷化工项目；乾秦公司投资2.5亿元与保康堰垭矿贸合作开发磷化工系列产品。

17日 市委、市政府召开动员大会，全面启动“作风建设年”、“能力建设年”和“群众评科长”活动。

△ 市政府与省国税局就共同推进襄樊市税收与经济协调发展签署合作协议。

18日 市政府与省林业局签署合作推进省域副中心城市现代林业建设备忘录，确定以项目为支撑，整体推进襄樊现代林业建设。

△ 总投资5.5亿元的旺前·东湖国际大酒店在高新区举行开工仪式。该酒店位于高新区名城路与环湖西路交汇处，占地8.67公顷，总建筑面积约7 500平方米。

18—20日 全市普降小到中雨，局部大到暴雨，枣阳、襄阳、保康等地受灾严重。受灾人口8.51万人，临时转移安置灾民39人；受灾农作物9.91千公顷；倒塌房屋13间，房屋进水26户；直接经济损失1 355万元。

20日 2009年中考。全市有60 480名学生参加，比上年减少4 667人。

23日 老河口4 200公顷梨花湖养殖的鱼蟹通过国家有机水产品认证，实现有机水产品零的突破。

24日 市广播电视局更名为市广播电影电视局。市直电影系统的3家单位整体移交市广播电影电视局管理。

△ 由团市委和高新区管委会共同建设的襄樊青年企业孵化器启动。进驻孵化器的青年企业家们除享受高新区的各项创扶持政策外，团市委还将为其提供法律、财务、管理咨询等服务。

25日 市政府与省地税局就共同推进襄樊税收与经济协调发展签署合作协议。

△《汽车摩托车下乡实施方案(草案)》出台。根据规定，凡属襄樊市农业户口家庭，在湖北省境内、按规定的时间购买规定的品牌、型号的汽车、摩托车，提出补贴申请，经审核符合规定的均可享受补贴。

△ 2009年全市高考报名人数44 507人，比上年增加454人。本、专科上线人数39 759人，上线率89.33%，其中本科上线人数23 202人、上线率52.13%，专科上线人数16 557人、上线率为37.2%。文理科各批次上线率均高于全省上线率。

27日 市政府与省科技厅就共同推进襄樊创新型城市建设签署合作备忘录。

△ 市政府与湖北省鄂西生态文化旅游圈投资有限公司、武汉三特索道集团股份有限公司在南湖宾馆共同签署襄樊旅游资源开发战略合作协议。根据协议，三方将共同开发襄樊市旅游资源，组建襄阳文化旅游投资有限公司，力争把襄樊打造成国内外有一定影响力的旅游目的地。

29—30日 市十五届人大常委会举行第十一次会议。表决通过市政府关于贯彻实施《防洪法》情况报告的审议意见、《人民银行襄樊市中心支行关于全市金融工作情况报告的审议意见》、《市人大常委会2009年度专项工作评议实施方案》、《市人大常委会代表资格审查委员会关于代表变动和代表资格审查的报告》及有关人事任免事项。

30日 市十五届人大常委会第十一次会议任命武宗选为襄樊市人民政府副市长，虞国旗不再担任市政府副市长职务。

△ 省委决定，省纪委常委、监察厅副厅长李述永交流任襄樊市委常委、提名为副市长人选。

△ 襄樊市“十一五”重点工程——襄樊职业技术学院主校区扩建工程奠基。该项目一期主要包括图书馆、教学楼、学生公寓等的建设，建筑面积7万多平方米，预计主体工程2009年年底完成。

月底 全市基层党组织领导班子直选试点工作结束。全市4个直选试点单位有236名党员参与选举活动，其中报名参加直选党员66名，通过资格审查确定候选人65名，选举产生党组织书记4名，副书记5名，委员13名。

7 月

月初 襄樊国网合成绝缘子股份有限责任公司被国家科学技术部火炬高技术产业开发中心认定为“国家火炬计划重点高新技术企业”。

2日 中信银行襄樊分行开业，并举行银政银企合作协议签字仪式，承诺5年内给予襄樊市200亿元信贷支持。

△ 全市甲型H1N1流感防控工作指出，当前甲型H1N1流感防控形势依然严峻，现阶段的防控目标是“减少二代病例，严防社区传播，加强重症救治，应对疫情变化”，全面有效落实各项防控措施。

2—3日 中共中央政治局常委、中央政法委书记周永康到襄樊视察。周永康一行先后到襄城尹集乡尹集村、襄阳群众来访接待中心、襄阳古驿镇等地，深入田间地头、乡村农户、企业车间、街道社区和政法综治维稳单位，了解经济社会发展和社会稳定情况，并看望基层干部群众和政法干警。

10日 国家科技部下发《关于确定第三批创新型试点工作企业的通知》(国科发政[2009]403号)，将东风汽车公司、襄樊五二五泵业有限公司等182家企业确定为国家第三批创新型试点企业。

14日 全市中小学校舍安全工程工作会议提出：从2009年开始，全市将用3年时间，对全市地质灾害易发地区的各级各类城乡中小学存在安全隐患的校舍进行抗震加固、迁移避险，提高校舍综合防灾能力。

16日 市林业局下发《关于启动重大林业有害生物灾害应急预案的紧急通知》。保康后坪镇堰塘冲村、官山林场麻坑分场出现松材线虫病疫情，疫情致死华山松1 166株，涉及3个小班19.33公顷。

20日 襄樊市第一个乡镇农村公路养护管理站在南漳九集镇涌泉交管站挂牌成立。

25日 宜城获“全国十佳全民创业示范县”称号。

26日 中国证监会开始接受申请创业板上市企业的申请材料。湖北省首批确定10家企业重点冲击创业板，襄樊市回天胶业、台基半导体两家企业入围。

27日 全省和全市相继召开深入开展“迎国庆讲文明树新风”活动暨文明单位(行业)命名表彰电视电话会，襄樊市有156个单位被命名为最佳文明单位和文明单位。

28日 市公安局高新分局紫贞派出所被授予“全国青年文明号”。

29日 凌晨4点22分，由襄樊开往湛江的1473次旅客列车运行至焦柳线广西境内古砦至寨隆间，因连日持续强降雨造成山体崩塌淹埋线路，列车机车及机后1—4节车厢脱轨，造成4名旅客死亡，数十人受伤，焦柳线中断行车。

8 月

月初 由襄樊国网公司自行研制开发的特高压1 000千伏交流复合绝缘子被国家科学技术部认定为“国家自主创新产品”。

3日 襄樊市首家博士后科研工作站运行。首位进站的博士后是航天科技集团襄樊第四十二研究所青年女科研人员李伟。

5日 省委在樊召开维稳信访工作现场会，强调要有效化解信访突出问题，营造又好又快发展的和谐环境。

△ 枣阳入选中国中部百强县(市)，位列第96位。襄樊地区仅枣阳一家入围。

6日 投资40亿元的襄樊万达广场开工。该项目位于樊城长虹北路。

△ 襄樊市湖南商会成立。

7日 全市生活垃圾焚烧发电厂建设项目可行性研究报告通过专家组初审，计划2009年9月动工，2011年建成投产。该项目选址余家湖水洼林场，投资总额约4.8亿元，设计日处理规模1 200吨，工程建成后年均发电量为1.35亿度，上网电量约1.07亿度。

8日 襄樊科智发科技有限公司液压油缸及冷拔管、楚天源化工有限公司生物农药等12个重点项目在襄城经济开发区举行集体开工仪式，投资总额23亿元。

12日　襄樊精信催化剂有限责任公司、湖北万洲电气集团有限公司等14家企业被确定为全省首批创新型试点企业。

14日　隆中高科技生态旅游园项目签约仪式在名人城市酒店举行。该项目位于贾洲村，由襄樊万水千山饮食娱乐公司和襄樊合巨旅游公司计划投资5.6亿元人民币共同建设，规划面积32公顷，五年内分三期建成。

16-17日　全市大部地区发生中到大雨，局部地区特大暴雨，强降雨缓解了旱情，也造成局部地区受灾严重。南漳板桥镇及谷城城关镇受灾农田3 333.33公顷，受灾人员5.7万人，转移群众300余人，直接经济损失560万元。南漳境内省道南荆线、宜远线和县道李刘线、肖双线等5条公路遭受严重水毁，经济损失600余万元。

17日　襄樊市全面启动南水北调中线丹江口库区移民接收安置工作，用三年时间完成移民安置任务。

22日　"中国·老河口首届七夕文化研讨会"在老河口举行，来自省内的专家学者和该市民间文化爱好者100多人参加研讨。

25-26日　市公安局在全市范围内开展"设卡盘查、治安清查、安全检查"集中统一行动。此次行动共投入警力3 121人次，组织协警和群防群治力量3 000余人；破获各类案件157起，抓获违法犯罪嫌疑人员159人，摧毁犯罪团伙6个，抓获逃犯21人；收缴管制刀具75把、枪支19支、雷管78枚、炸药35公斤。

26日　襄樊市对口援建汉源县灾后恢复重建项目总体移交仪式在四川汉源县清溪镇中小学一体化学校校园举行。根据省委、省政府的安排，襄樊承担清溪、皇木镇援建项目7个，涉及教育、计生、水利、道路等公益事业的基础设施，援建总资金8 700万元，直接用于乡镇的投资约3 500万元。

△　襄樊首家外资企业集团"北龙建设集团"挂牌成立。至8月，全市新登记外资法人企业16户，外资户均投资规模达2 745万美元。

28日　由省商务厅、武汉市商务局、市商务局和南漳县政府主办的首届武汉(襄樊)南漳农产品进超市对接会在南漳举行。省内26家大型零售企业与南漳38家农产品生产企业进行面对面购销洽谈，其中22家企业现场签约，协议金额3.2亿元，正式签订合同金额2.6亿元。

29日　市委、市政府召开专题工作会议，启动全市县(市)区政府机构改革。

31日　老河口启动中央现代农业发展资金万亩高效吨粮田项目建设。该项目选址在粮食产量大、地理气候条件优越的仙人渡镇和李楼办事处实施，项目核心区可达666.67公顷。到2010年5月全面完成项目建设。

8月　根据市委要求和全市统战工作会议精神，建立全市党外后备干部队伍。全市党外后备干部118人，其中，各县(市)区46人，市直单位72人。

9　月

1日　葛洲坝宜城水泥公司总投资6亿元、日生产4 800吨新型干法水泥熟料生产线投产。该生产线投产后，年可创产值5亿元，上缴利税7 000万元。

△　由高新区申报的"襄樊高新区院士专家服务中心"获中国科学技术咨询中心批复，成为全国57家国家级高新区中首家拥有"院士专家服务中心"的高新区。

2日　枣阳籍航天员聂海胜当选为"新中国成立以来感动荆楚人物"。

7日　枣阳被列为全国基层农技推广体系改革与建设示范县。

9日　襄樊航空航天工业园建设启动。该项目位于邓城大道以南，占地10平方千米。园区以中航工业集团和航天四院项目为依托，力争用3年至5年时间，把襄樊航空航天工业园打造成产值超过600亿元的襄樊新兴科技航空航天城。

10日　卓灵科技(中国)有限公司与襄樊市签订协议，总投资5亿元的LED产业园入驻湖北(襄樊)深圳工业园。LED产业园项目建成后，可实现年产值10亿元，年利税将达到5 000万元。

14日　首届襄樊十大名牌农产品产生。襄樊赛亚米业有限公司的"赛亚"牌大米、谷城魏家山畜禽生态养殖专业合作社的生态鸡蛋、湖北奥星粮油工业有限公司的菜籽油、湖北玉皇剑茶业有限公司的绿茶、襄樊万宝粮油有限公司的食用油、宜城楚源米业有限责任公司的大米、襄樊正大有限公司的生鲜肉、枣阳三杰麦面有限公司的小麦粉、湖北汉家刘氏茶业有限公司的茶叶、襄樊鼎顺实业有限公司的大头菜被评为"2009年襄樊十大名牌农产品"。

△　国家、省发改委稽查办对襄樊市农村初中校舍改造项目进行检查，检查14个项目，涉及项目总投资2 032万元。

15日　全市统一战线成员服务新农村建设工作会议在南湖宾馆召开。全市有312个统一战线成员联系306个村，参与新农村建设资金达4 220万元。

16日 原中共中央政治局委员、全国人大常委会副委员长姜春云视察襄樊。

△ 襄樊市确诊首例甲型H1N1流感病例，患者为襄樊学院理工学院建筑工程专业大一新生。

△ 全市学习实践科学发展观活动第一批总结暨第二批动员会在南湖宾馆召开。

18日 政协襄樊市第十二届委员会常务委员会第七次会议在南山宾馆召开。会议审议通过《“协商在决策之前”实施方案》、《政协襄樊市委员会关于委员履职和为委员履职搞好服务管理工作的规定(试行)》和《政协襄樊市委员会常务委员会授权主席会议对违法违纪政协委员及时作出处理的决定》及人事安排。

△ 保康九路寨大峡谷一期项目开工。九路寨大峡谷面积170多平方千米，规划建设面积90余平方千米，景点100多个。该项目由武汉三特索道集团股份有限公司独资开发，总投资3.6亿元，建设周期6年。

18-19日 第五届中国·湖北产学研合作暨创业投资项目洽谈会在武汉举办，襄樊代表团签约40个产学研项目，总投资10.2亿元。签约项目涉及医药、农产品加工、电子机电、汽车零部件、化工、纺织等7大类38个科研项目，以及两个企业科研基地的建设项目。

19日 南漳县政府和武汉三特索道集团有限公司、南漳大长江矿业开发有限公司在襄樊举行南漳古山寨旅游区项目及大理石加工项目签约仪式，两项目总投资1.96亿元。

23日 省、市相继召开新增中央投资和地方债券项目推进工作电视电话会。

△ 全省启动中晚稻最低收购价执行预案。预案适用时间为2009年9月25日至12月31日。中晚稻最低收购价为每50公斤92元，以2009年生产的国标三等中晚稻为标准品。

27日 回天集团湖北基地新厂区启用，中国最大的高性能粘胶剂生产基地在襄樊市投产。

29日 全国第五次民族团结进步表彰大会在北京举行。襄樊市人民政府被国务院授予“全国民族团结进步模范集体”称号。

9月 樊城公安分局定中门派出所所长杨艳被评为“全国公安机关排查化解矛盾纠纷先进个人”。

7月6日—9月30日 全市公开选拔副县级领导干部工作全面展开。经过组织报名、资格审查、笔试、面试，有报考市发改委副主任、市招商局副局长两个职位的8人进入考察范围。

7月—9月 市委组织部继续开展2009年遴选选调生考试录用公务员工作。共招录全市党群口公务员6人，从村社区主职干部中招录乡镇公务员10人。

10 月

1日 襄樊至汉口动车组首发仪式在襄樊火车站举行。动车组开通后，襄樊至武汉两小时即可抵达，票价一等座为117元，二等座为98元。

3日 谷城过山口经济开发区的湖北金洋10万吨再生铝合金项目(一期)试产。该项目全面投产后，5年内将达到年产销过10万吨、利税过亿元。

8日 “十一”黄金周期间，全市接待游客57.3万人次，同比增长25.9%；实现旅游总收入3.19亿元，同比增长34%。襄樊火车站发送旅客25.6万人，同比增长6.8%；客票收入达1 823.6万元。

10日 东风旅行车公司首批15辆“东风天翼”商品化纯电动客车在总装车间下线，东风股份已经形成新能源客车规模化生产能力和市场化供给能力，襄樊市新能源汽车产业已经开始步入市场化和产业化的发展阶段。

△ 樊城区政府与台湾首亿国际有限公司台湾城项目投资合作框架协议在南湖宾馆签订。台湾首亿国际有限公司与襄樊旺前集团将共同投资10.5亿元，在内环路以西、大李沟以北征地53.33公顷，兴建台湾城项目。

11日 北美襄樊友好协会在美国旧金山成立。协会由襄樊市知名企业湖北和兴集团合作伙伴美国喜悦商贸集团倡立，旨在面向海外特别是北美国家和地区宣扬襄樊市在历史人文、旅游资源、地理交通、基础设施、经济发展、投资环境等方面的优越性和开放性。

11—13日 全国大中城市社科联第二十次工作会议在山东省东营市召开。市社科联获“全国大中城市先进社科联”称号。

11—20日 市委书记唐良智带领外事、招商、发改、财政、组织和襄城等部门和单位负责人赴美国和加拿大开展招商引资和人才引进活动。代表团分别在旧金山、纽约、波士顿等地举办了3场招商引资及人才引进推介会，同美、加侨界、商界以及部分企业、高端人才进行广泛接触和洽谈，签订直接投资协议7个，预期投资额7亿美元，签订技术引进和合作协议两个，意向合作协议6个。

12日 省发改委下发《关于调整2009年湖北省重点建设

项目计划的通知》，将襄樊市新申报的4个过亿元项目增补纳入省重点在建项目。这4个项目分别是：总投资24亿元的东风汽车股份A08轻型客车生产项目；总投资9.3亿元的湖北江山重工高档专用车生产项目；总投资15亿元的南漳龙蟒磷化工公司年产50万吨磷酸盐生产项目；总投资3亿元的湖北金洋冶金股份有限公司废铅酸蓄电池低温熔炼项目。

18日 襄樊市与加拿大史密斯福尔斯市签署结成“姐妹城市”协议。

△ 中部三农板业有限公司在枣阳太平镇举行奠基仪式。该公司是由史迈诺电子科技(上海)有限公司、上海康拜环保科技有限公司共同投资10亿元人民币兴建的环保节能项目，计划建设20条生产线，年可产零甲醛环保板36万立方米。

19日 总投20亿元的大唐宜城雅口水电枢纽项目启动。雅口水电枢纽项目设计正常蓄水位57米，总库容6亿立方米，是国家汉江流域梯级开发规划的第十三级，年平均发电量3.69亿千瓦时。

20日 科技部下发《关于同意山西省长治市等16个单位建设国家可持续发展实验区的通知》，谷城名列其中，成为襄樊市首个“国家可持续发展实验区”。

22日 江苏新日电动车股份有限公司与湖北(襄樊)深圳工业园管委会就年产200万辆电动车项目在南湖宾馆签订入园合同。

△ 汉江三桥命名为“襄樊汉江卧龙大桥”。

24日 崔家营航电枢纽工程下闸蓄水。

24—25日 由市委、市政府主办的2009中国(襄樊)中小项目投资创业洽谈会在人民广场举行。此次洽谈会吸引600多个参展项目、3万市民参加。

26日 全市深化医药卫生体制改革工作会指出，到2011年，实现基本医疗保障制度全覆盖。

△ 鱼梁洲移动森林观光园及相关配套项目动工。华洋堂百货有限公司将投资2亿元，在鱼梁洲兴建移动森林观光园及相关配套项目，该项目占地面积为60公顷，其中33.33公顷用于建设移动森林观光园及生态酒店项目。

28日 襄樊航空航天工业园举行开园暨项目开工奠基仪式。该园位于邓城大道与襄荆高速交会处。一期规划面积10平方千米，园区在建项目包括中航工业集团投资62亿元建设的航空产业基地和中国航天科技集团投资5亿元建设的航天技术应用产业园。

△ 由高新区引进的湖北·襄樊节能产业园在湖北(襄樊)深圳工业园奠基。节能产业园定位为国家级的节能装备制造、创新发展产业基地和低碳经济产业示范区，投资总额80亿~100亿元，计划三年引进节能装备企业50亿~60家，孵化节能高新技术企业30家，建成一个节能产业化中心、一个节能产品检测工程中心，一个国家级节能重点实验室，年工业产值300亿元以上。

△ 总投资6亿元的湖北新楚钟肥业有限公司磷化项目，在宜城大雁工业园区破土动工。一期工程于2010年9月建成投产后，年可生产硫酸、磷酸一铵、磁选铁矿各20万吨，产值达4亿元。

29日 襄樊供电公司被评为“全国电力行业优秀企业”，是湖北省电力系统唯一获此荣誉的单位。

△ 中国教育技术协会中小学专业委员会2009年年会暨小学协作研究会成立20周年纪念活动开幕式在川惠大酒店举行。

30日 市委、市政府召开鱼梁洲洲滩整治工程总结大会。该工程从4月开始设计，6月5日开工建设，10月8日全面竣工，完成1 350万方的工程量和2.4个亿的投资。

10月底 襄樊市新的征地补偿标准经省政府发布，从2009年12月1日起实施。市区征地区片综合地价分为4级，Ⅰ级9万元/亩，Ⅱ级7万元/亩，Ⅲ级5万元/亩，Ⅳ级3.6万元/亩；远城区及所辖7个县(市)区的征地补偿标准则分别按照所在区域的统一年产值标准划分为不同的级别。

11 月

3日 襄樊(上海)投资环境说明会暨签约仪式在上海浦东新区香格里拉大酒店举行。会上签订项目20个，合同投资87.8亿元。

△ 内环西线还建房建设工程首期——邓城、黄家小区移交。内环西线还建房建设工程6个小区，分别是高新区的邓城、黄家小区，樊城的王寨、七桥、乔营、月亮湾小区。

5日 襄樊(苏州)投资环境说明会在江苏省苏州市会议中心举行。

△ 台湾高雄媒体中华文化之世界文化遗产探访采访团到樊，参观、采访全市的历史人文景观和景区。

△ 国家发改委、科技部、财政部、海关总署和国家税务总局联合发出公告，认定际华三五四二纺织有限公司技术中心为第十六批国家认定企业(集团)技术中心，享受企业(集团)技术中心的优惠政策。际华三五四二纺织有限公司技术中心成为襄樊市

第二家国家级企业技术中心。

7 日 2009 年全市“高校毕业生就业推进行动”人才交流会在鄂西北人才市场举行。140 余家用人单位进场招聘，提供就业岗位 8 000 余个，12 000 余人进场求职。

8 日 崔家营航电枢纽工程第一台机组并网发电。

9 日 全国政协副主席陈宗兴、省政协副主席周宜开一行抵樊，先后到隆中风景区和市农工医院进行参观指导。

△ 襄樊市被科技部确定为全国科技进步示范市，实现从全国科技进步先进市到科技进步示范市的跃升。

10—14 日 第六届中国武汉农业博览会在武汉国际会展中心举行。襄樊市有 45 家企业参加农业博览会，展出 400 多个农业品牌。有 7 个农业品牌被评为知名品牌，3 个农业品牌被评为最受欢迎品牌，25 个农业品牌被评为金奖品牌。

△ 市劳动和社会保障局和市财政局联合下发《关于调整城镇职工基本医疗保险住院医疗待遇的通知》。中小医院起付标准最低降至 300 元，医保基金最高支付限额也由每结算年度的 3 万元提高到 4 万元。

12—16 日 第三届中国专利周·襄樊展区交易活动在高新区创业中心举行。此次活动的主题是“实施知识产权战略，应对国际金融危机，建设创新型国家”。专利周活动期间有 230 项专利技术参展，达成意向协议 8 项，投资意向金额 40 余亿元。

13 日 全市旅游发展大会提出，要把旅游产业作为襄樊新的支柱产业打造，力争到 2012 年，接待游客 1 500 万人次，旅游总收入突破 100 亿元。

中旬 襄樊市出现降温及强降雪天气，全市 13.7 万人受灾，685 间房屋倒塌，1 532 间受损，1 670 人被迫转移，因灾造成各项直接经济损失 6 564 万元，部分地区受灾群众过冬生活出现严重困难。市民政局紧急调拨御寒衣被 1 万多件(床、套)，全市各级下（转）拨救灾资金 300 多万元。

17 日 南水北调谷城移民安置点建设在石花镇水星台村开工。南水北调中线工程，省政府下达襄樊市的移民接收安置任务 32 500 人，是接收安置丹江口库区移民最多的市。全市有接收安置任务的县(市)区 5 个，规划确定移民安置点 65 个。

18 日 襄樊高新区创业中心与武汉东湖创业中心举行合作签约仪式，将高新区创业中心交与东湖创业中心经营。高新区创业中心现有孵化面积 10 万平方米，在孵企业 105 家，涉及机电一体化、汽车电子、节能环保、新材料、航空航天、生物医药等领域。

19 日 湖北江华机械有限公司与南漳县政府签订发展战略合作协议。江华机械有限公司将用五年的时间把亿元的军品生产全部搬回南漳；2 亿元以上的军民结合系列产品放在南漳生产。

20 日 湖北南漳水镜湖省级地质公园举行开园庆典。该园由水镜湖、金牛洞、七彩瀑、松树沟、七里山、水镜庄六大景区组成，总面积 1 102 平方千米，是全省第四家、全市第一家省级地质公园。

21 日 由新加坡三达集团和鱼梁洲经济开发区管委会共同组建的鱼梁洲三达生态城投资开发有限公司揭牌。

24 日 南漳县人民政府与大唐襄樊水电有限公司举行合作开发南漳杨家峡水电站项目签约仪式。杨家峡水电站开发项目总投资 3.2 亿元，装机容量 3.6 万千瓦。

25 日 市委十一届十次全会召开。会议听取和讨论市委常委会的工作报告，审议通过《中共襄樊市委关于加强和改进新形势下党的建设的实施意见》，研究讨论 2010 年经济社会发展工作。

27 日 市建设投资经营有限公司代表市政府与北京秦川大地投资有限公司在北京举行襄樊市内环线唐白河桥、汉江五桥 BT 合同签约仪式，唐白河桥、汉江五桥建设工作即将启动。唐白河桥南起襄阳张湾镇石牌村，跨越唐白河北至洪山头村，全长 988.5 米，投资额 1.64 亿，建设周期两年。汉江五桥西起襄城庞公办事处河心、孙巷两村，跨越汉江东至襄阳东津镇上营村，全长 2 969.4 米，投资额 8 亿元，建设周期 3 年。

28 日 襄樊市第一家外埠商会——昆明市襄樊商会成立。

29 日 内环线征地拆迁工作全面铺开。此次内环线征地拆迁涉及的路段全长 24.689 千米，拆迁范围涉及襄城和襄阳两个城区的 20 多家行政和企事业单位以及 10 多个村(居)民委员会，拆迁总面积约 10 万平方米。

11 月 襄樊市通过国家住房和城乡建设部“国家级园林城市”复查，顺利蝉联该称号。

12 月

月初 省经委、省财政厅下发《关于下达 2009 年产业集群激励性转移支付资金的通知》，我市申报的际华三五四二高档家纺制品工程、襄阳鲁花年产 10 万吨食用油加工、湖北三环锻造年产 200 万件汽车转向节生产线、湖北飞龙摩擦材料盘式制动块、青山电动汽车动力总成等 9 个项目通过评审，获得省政府860万元重点产业集群专项资金扶持。

3日 襄樊市被列入国家首批“可再生能源建筑应用示范城市”，并将获得中央财政直接补贴5 000万元。

3—4日 市十五届人大常委会举行第十五次会议。会议听取并审议市人大常委会专项工作评议调查组的情况报告和国家统计局襄樊调查队关于2009年度市人大常委会专项工作评议问卷调查以及整改测评情况的报告；听取并审议市政府关于贯彻实施《湖北省实施妇女权益保障法办法》的情况报告；表决通过市人大常委会关于对市政府贯彻实施《湖北省实施妇女权益保障法办法》情况报告的审议意见。

8日 襄城伺服技术产业园举行开工奠基仪式，由市发改委引进的项目湖北航奥伺服科技有限公司落户园区。襄城伺服技术产业园规划三期，总投资40亿元，5年完成建设。

10日 207国道襄樊城区段改建工程开工典礼在襄城尹集乡举行。

15日 市委林业工作会议要求，全市通过十年的努力，将林业的经济总量提升至与农业相当的水平，占全市经济总量的10%。

中旬 高新区青山电动汽车公司电动汽车动力总成产业化项目、谷城华文汽车零部件公司年产68万件汽车转向节优化生产工艺技改项目等8个项目，纳入国家发改委和工信部联合下发的第一批工业中小企业技改项目新增中央预算内投资计划，将获850万元中央预算内投资支持，用于企业产业振兴和技术改造，促进企业技术升级。

17日 河南省南阳市和湖北省十堰市、荆门市、随州市、襄樊市五市民族宗教工作联谊会在樊成立。

19日 襄樊市和兵装集团“重组湖北制药、共建医药产业平台”合作协议签字仪式在钓鱼台国宾馆举行。中国兵器装备集团公司将在5年内投资12.6亿元打造襄樊医药产业园。

23日 由市委、市政府和保康县委、县政府精心打造的大型原创早期楚文化风情歌舞诗《荆山楚源》在武汉市洪山礼堂上演。

△ 南漳历史上最大的旅游开发项目——由深圳鸿烨投资控股集团有限公司投资5亿元、整合开发香水河旅游区项目在南漳漳源大酒店举行签约仪式。

△ 谷城汉江国家湿地公园获国家林业局批准。

24日 全省发挥人才优势、促进企业自主创新座谈会暨首批重点产业创新团队启动仪式在武昌举行。襄樊市有4个创新团队入选全省首批重点产业创新团队，分别是湖北新火炬科技股份有限公司高速高精度轴承研发团队、湖北中航精机科技股份有限公司座椅精密调节机构及精冲技术研究团队、襄樊国网合成绝缘子股份有限公司光纤合成绝缘子研发团队、际华三五四二纺织有限公司高档家纺装饰面料研发团队。

26日 贯穿谷城、保康两个山区县的谷竹高速公路开工。谷竹高速公路全长226.46千米，全线设计速度为每小时80千米，路基宽24.5米，双向4车道。

27日 2008年在长虹路三国墓葬中发掘出土的青铜马修复完成，并在市展览馆展出。青铜马高163厘米、长162厘米，重约两吨，是目前国内出土的最大的青铜马，堪称“华夏第一青铜马”。

28日 南漳绕城公路工程建设开工。该工程全长12.3千米，建设标准为一级公路双向四车道，设计时速每小时80千米，总投资2.4亿元，计划2010年年底竣工通车。

29日 襄樊市交通部门首次采用BOT模式的招商引资项目、全长46.53千米、概算投资28.42亿元的麻竹(麻城至竹溪)高速襄樊张家集至欧庙段(襄樊东外环)项目开工。

31日 全市政府机构改革动员大会在南湖宾馆召开。此次政府机构改革，市政府工作机构(含驻外机构、派出机构)将由原75个精简到45个。改革后，市政府设置工作部门31个，部门管理机构2个，直属事业机构5个，驻外机构3个，派出机构4个。

△ 国家科技部公布2007—2008年度全国科技进步考核先进市名单，襄樊市名列其中，这是襄樊市连续第三次获此荣誉。同时，9个县(市)区全部通过2007—2008年度全国县(市)科技进步考核。其中谷城、枣阳、樊城被评为2007—2008年度全国科技进步考核先进县(市)。

△ 全市第三次全国文物普查田野调查任务完成，调查登记不可移动文物4 331处，其中新发现3 042处，复查1 289处。

12月 襄城庞公祠社区被国家减灾委员会和民政部授予“全国综合减灾示范社区”称号。

△ 文化部公布全国文化先进市复查结果，枣阳、谷城、老河口、宜城获“全国文化先进市”称号。

△ 年底，《襄樊年鉴》获中国出版工作协会主办的第四届全国年鉴编纂出版质量评比综合二等奖。这是《襄樊年鉴》连续三届获此奖项。

（高 健）

襄 樊 概 貌

责任编辑
责任校对 段兰锦

地 理

【地理位置】 襄樊位于湖北省西北部，居长江最大支流——汉江的中游，是汉江流域中的一座中心城市。版图面积 19 774.41 平方千米。地理位置为：北纬 31°13′~32°37′，东经 110°45′~113°06′。平面版图呈不规则的平行四边形，东线北端枣阳新市镇的白竹园寺林场，南端宜城流水镇马头村，两端直线距离约 109.5 千米；西线北端老河口袁冲乡杨花岗村，南端保康马桥镇，两端直线距离约 122.8 千米；南北纵距北端老河口袁冲乡杨花岗村，南端南漳东巩镇苍坪村，两端直线距离约 157 千米；东西横距东端枣阳新市镇白竹园寺林场，西端保康马桥镇西界，两端点直线距离约 228 千米。边界线全长 1 332.8 千米。汉江在襄樊境内长 195 千米，流经老河口、谷城、樊城、襄城、襄阳、宜城县（市）区。

襄樊市区面积 3 563 平方千米，城区规划面积 497 平方千米，建成区面积约 100 平方千米。其中襄阳古城区面积 2.4 平方千米。汉江自西向东穿越襄樊城区。江北为樊城、襄阳两区，樊城是襄樊市工业、商业较集中的城区，也是鄂西北的交通、邮电、物流中心，襄阳是传统的农业生产区域；江南为襄城，是襄樊市市级党、政、军领导机关所在地，学校相对集中，形成全市的政治、文化、教育中心。城区汉江上建有铁路公路两用桥一座、公路桥一座、襄荆高速公路大桥一座，沟通南北城的交通。

【地形地貌】 襄樊地形为东低西高，由西北向东南倾斜。东部、中部、西部分别为丘陵、岗地、山地，约占襄樊总面积分别为 20%、40%、40%。

地貌特征：东部为低山丘陵，海拔多在 90 米~250 米之间，主要分布在枣阳东部的新市镇、鹿头镇、刘升镇、吴店镇、平林镇、王城镇等，最高点是与河南省交界处的玉皇顶，海拔 778.5 米。中部为岗地丘陵，兼有平原，主要分布在枣阳西部各乡镇和襄阳、宜城、老河口全部以及南漳东部乡镇，宜城孔湾镇八角庙村，海拔 44 米，是全市最低点。西部为山区，包括保康全部、谷城大部和南漳中西部，海拔多在 400 米以上，保康官山海拔 2 000 米，是全市最高点。

（地方志办）

【行政区划】 襄樊市辖襄城、樊城、襄阳 3 个区，南漳、保康、谷城 3 个县，枣阳、宜城、老河口 3 个县级市。全市设置 4 个乡、72 个镇、25 个办事处，其中国营农场 4 个：车河（枣阳平林镇）、邓林（宜城流水镇）、清河（南漳九集镇）、襄北（襄阳黄集镇）。全市有 357 个居民委员会，2 315 个村民委员会，14 521 个村民小组。具体分布：襄城 1 乡、2 镇、6 办事处、43 居委会、125 村委会；樊城（含高新技术开发区、鱼梁洲经济开发区）4 镇、10 办事处、79 居委会、89 村委会；襄阳 14 镇、43 居委会、428 村委会；南漳 10 镇、31 居委会、274 村委会；谷城 1 乡、9 镇、31 居委会、257 村委会；保康 1 乡、10 镇、12 居委会、261 村委会；老河口 1 乡、5 镇、4 办事处、34 居委会、224 村委会；枣阳 12 镇、3 办事处、48 居委会、479 村委会；宜城 7 镇、2 办事处、36 居委会、178 村委会。

（张 俊）

【人口】 2009 年，全市总人口 2 040 305 户，5 888 786 人，城镇人口 2 569 989 人，其中男性 3 021 344 人。18 岁以下的 971 377 人，18 岁–35 岁的 1 739 121 人，35 岁–60 岁的 2 368 397 人，60 岁以上的 8 098 891 人。全年出生 65 171 人，其中男性 34 395 人。死亡 29 670 人，其中男性 17 224 人。迁入 24 839 人（省内迁入 14 397 人，省外迁入 10 442 人），迁出 32 058 人（迁往省内 14 422 人，迁往省外 17 636 人）。

（李 磊）

【民族】 襄樊市属散居少数民族地区，有少数民族人口 2.5 万余人，占全市总人口的 0.4%，其中回族两万余人，占少数民族总数的80%。襄樊市有40个少数民族成分,分别是回族、满族、土家族、蒙古族、苗族、壮族、藏族、维吾尔族、彝族、羌族、布依族、朝鲜族、侗族、瑶族、白族、哈尼族、哈萨克族、傣族、黎族、傈僳族、佤族、畲族、高山族、水族、纳西族、土族、仡佬族、锡伯族、拉祜族、景颇族、克尔克孜族、达翰尔族、仫佬族、撒拉族、塔吉克族、怒族、俄罗斯族、京族、独龙族、门巴族。2000年人口普查结果,全市有百人以上少数民族聚居乡镇(街道)27个,全市人口相对集中的少数民族聚居村(社区)25个,分别是枣阳北城办事处顺城回族社区、鹿头镇松扒村、太平镇北街村,宜城板桥镇王台村、流水镇余棚村、鄢城办文昌路社区,南漳武安镇东关社区、夏家湾村,保康城关镇黄土岭回族村,谷城城关镇老街社区、冷集镇朝阳湖村,老河口张集镇张集村、光化办栏马河社区、两仪街社区、竹林桥镇竹林桥村、李楼办杨寨村、孟楼镇孟楼社区,襄阳双沟镇双北回族村、古驿镇外沟村、黄集镇太山村、石桥镇石桥社区,襄城王府办事处民主路社区、王府办事处文昌门社区,樊城米公办事处友谊街社区、王寨办事处七里桥社区。全市有4所民族学校,分别是枣阳顺城回民小学、襄阳双沟镇回民小学、保康黄土岭回民小学和樊城友谊街回民小学。民族村(街)4个,分别是枣阳北城办事处顺城回族社区、保康城关镇黄土岭回族村、襄阳双沟镇双北回族村、樊城米公办事处友谊街社区。国家民委、财政部、中国人民银行确定的民族特需商品定点生产企业3家,分别是湖北银河纺织股份有限公司、襄樊瑞源纺织股份有限公司、宜城天鑫油脂有限公司。

【宗教】 襄樊市有佛教、道教、伊斯兰教、天主教、基督教五大宗教。成立有市佛教协会、市伊斯兰教协会、市天主教爱国会、市基督教协会和市基督教三自爱国运动委员会等宗教组织。宗教活动场所91处,其中佛教18处、道教11处、伊斯兰教13处、天主教6处、基督教43处;有宗教教职人员192名,其中佛教33名、道教24名、伊斯兰教16名、天主教31名、基督教88名,据不完全统计,全市有信教群众11.5万余人,其中佛教3.6万余人、道教2.8万余人、伊斯兰教2.1万余人、天主教0.7万余人、基督教2.3万余人。

(郑新富)

【气候特征】 2009年度,襄樊市年平均气温偏高,降水量接近常年略偏少。冬季气温高,雨雪量少,冬干及暖冬特征明显;春季冷空气活动较弱,多连阴雨天气;夏季平均气温正常,降水量分布不匀,无持续高温和大范围强降水过程发生,局部雷暴和强降水频发;入秋持续少雨干旱影响秋播进度及作物正常出苗,10月、11月气温异常升降变化和11月寒潮、暴雪天气为历年少见。

2009年冬季多中等偏弱的冷空气活动,其中有三次明显的降温,过程降温在8℃以上:2008年12月4—5日受高空槽和地面强冷空气南下影响,全市出现大风、寒潮天气,各地日最低气温大部下降10℃以上,襄樊市区降幅达12.5℃;元月22—23日,出现中等强度的干冷空气过程,从22日下午开始,冷空气扩散南下,天空云系增多、风力加大,至晚上22时57分襄樊市区北风达16.1米/秒。日平均气温从22日的7.9℃降至24日的-0.4℃,过程降温8.3℃;日最低气温持续下降10.6℃;2月,13—18日出现一次连阴雨天气,过程降温10℃以上(市区日平均气温从13日的13.9℃连续下降到18日的3.0℃),

进入春季后,多弱到中等强度冷空气活动,气温变幅较大。其中4月15—16日的中等偏强冷空气活动,使市区日平均气温从14日的22.3℃下降到16日的12.9℃,过程降温达9.4℃,最高气温由15日的30.0℃下降到16日的16.4℃;5月中、下旬受连阴雨天气影响,气温明显偏低。2009年日平均气温稳定通过10℃初日(入春)较常年(3月26日)推迟10天;日平均气温稳定通过22℃(入夏)日期在5月31日,比常年(5月24日)偏晚一周时间。

夏季,大范围强降水过程少,降水日数多,雨量小,高温日数少。6月7—8日、8月28—29日出现中等强度冷空气活动,过程降温达8℃左右,尤其是8月上旬的低温阴雨天气,致使8月平均气温低至25.0℃左右,比常年偏低2℃~3℃。夏季极端最高气温出现在7月中旬,襄樊5—8月大于35.0℃的高温天数仅有4天,比历年同期明显偏少(历年平均为15天),分别出现在7月17—19日和8月16日。

入秋后先暖后冷,气温变化剧烈;前期干旱少雨,后期积雪异常,9—10月降水偏少5成以上,11月降水偏多三成以上。秋季发生二次寒潮天气过程、一次强冷空气、二次中等冷空气和二次弱冷空气活动,先后出现在9月7—8日(寒潮)、10月5—10日(中等)、10月17—19日(弱)、10月31日—11月3日(强)、11月8—11日(寒潮)、11月15—16日(弱)、11月26—28日(中等),过程降温幅度(日平均气温连续下降)分别达12.1、8.8、4.2、12.9、17.8、6.8、9.3℃。10月气温横盘不降和11月密集的冷空气活动都为历史同期所少见。

【气温】 2009年，全市年平均气温16.4℃，比历年平均值偏高0.8℃，各县（市）区年平均气温在15.9℃（保康）~16.8℃（枣阳）之间，与历年平均值相比偏高0.6℃~1.2℃；其中冬季襄樊各县（市）区平均气温在4.9℃（南漳）~5.4℃（襄樊）之间，比历年平均偏高0.6℃~1.4℃；春季平均气温正常略偏高，在15.4℃（保康）~16.4℃（枣阳）之间，比历年平均偏高0.3℃~1.0℃；夏季平均气温正常略偏高，在26.1℃（保康）~27.3℃（枣阳）之间；秋季平均气温较正常，先暖后冷变化剧烈。气温在15.4℃（保康）~16.8℃（枣阳）之间。年极端最低气温在-5.5℃（谷城）~-7.6℃（老河口、南漳）之间出现在2009年元月24日；极端最高气温在36.4℃（襄樊）~40.3℃（保康）之间，出现在7月中旬（17—18日）。

【降水量及雨日】 全市年平均降水量为783.4毫米，比历年平均值偏少11%，各县（市）区年降水量在680毫米（南漳）~955毫米（宜城）之间，除谷城、宜城略多外，大部略偏少为7%~26%。其中冬季降水前少后多，全市总降水量在28毫米（保康）~57毫米（宜城）之间，与历年平均相比宜城、枣阳正常，其它各县市偏少，距平百分率为-29%~-44%；春季降水量偏多，但时空分布上不匀，旬际差异明显，9旬中有6旬偏少，2旬偏多明显降水主要集中在4月中旬和5月下旬，全市季降水量在142毫米（襄樊市区）~188毫米（南漳）之间，与历年平均相比明显偏多，距平在40%~101%之间；夏季襄樊市出现6次局部强降水过程，导致全市降水分布不均。季总降水量各县市在217毫米（保康）~441毫米（宜城）之间，与历年平均相比，襄樊接近常年，老河口、枣阳、保康、南漳偏少2~5成，谷城、宜城偏多1~2成；秋季襄樊市雨日正常，降水量偏少，无强降水过程发生，9月、10月全市出现全市性秋旱。季总降水量各县（市）在94毫米（枣阳）~167毫米（宜城）之间，比历年平均普遍偏少2~5成。

总之2009年降水量时间分布基本上是秋冬偏少，春夏略多。偏多的月份有2、4、5、6、8、11月；偏少的月份有08年12月、09年1、3、7、9、10月。全年≥0.1毫米的雨日全市平均为115天，比历年平均偏少2天。各县（市）区之间，谷城、枣阳偏多2~6天，其它县市偏少2~9天。

【日照时数】 襄樊市年平均日照时数1 563小时，比历史平均值偏少252.2小时，各县（市）区年日照时数在1 458（南漳）~1 705（襄樊市区）小时之间，比常年偏少140~447小时。其中：冬季各县（市）日照时数在272（宜城）~324（谷城）小时之间，比历年同期偏少7~81小时；春季各县（市）区日照时数在365（南漳）~478（襄樊）小时之间，襄樊、谷城比历年同期正常略多，其他县（市）偏少；夏季各县（市）区日照时数在428（老河口）~522小时（襄樊）之间，比历年同期偏少35~180小时；秋季各县（市）区日照时数略偏少在321（老河口）~374小时（枣阳）之间，比历年同期偏少47~98小时。

总之2009年全市日照时数自北向南呈递减趋势，高值区（襄樊）与低值区（南漳）相差近200小时。主要表现在东部高于西部，岗地多于山区。

【大雾】 2009年冬季和秋季襄樊市大雾天气较少，保康、谷城仅有5天，其他县(市)在11月~17天之间，大雾主要出现在1月、2月。12月由于无降水，空气质量相对较差，浓雾天气较多。12月16、17、29日襄樊市出现三次能见度小于50米的浓雾天气。1月6日晚至10日早晨，全市除保康外，大部县(市)连继三天、市区连继四天出现大雾天气，这种持续性大范围浓雾天气为历年少见。大雾期间，襄樊境内高速公路间断性关闭，机场在5—8日期间，因大雾取消7次班机。6日23时至7日12时30分，市境内高速公路全线封闭，时长13个半小时，5 000多台车辆滞留。

【冬旱】 2008年11月中旬至2009年2月6日，全市降水持续偏少，气温偏高，蒸发量大，且与低温冻害重叠，出现严重干旱。全市11月、12月和1月总降水量在12毫米~26毫米，比常年偏少7~8成，为历史同期最少的年份。2008年11月18日至2009年1月4日连续无降水日数长达48天，为有记录最长连续无降水日数（1994、1997年为39天，2005年为36天），期间，气温比常年偏高，旬平均气温除12月下旬、1月上旬偏低外，其它7旬偏高0.4℃~2.2℃。农田10厘米~20厘米深层土壤相对湿度维持在70%左右，干土层达2厘米~3厘米。

【大风冰雹】 4月15日晚，受地面华北南下的冷空气影响，襄樊出现雷雨大风天气，市区20时40分出现12.7米/秒的偏北大风。雷暴造成襄樊市区、襄阳部分乡镇大面积短时停电；晚8时左右，保康马良镇遭受较大范围强雷雨袭击，段江、云旗等高山及半高山地区先后出现雷雨大风及冰雹等强对流天气，风力达7级以上，冰雹直径25毫米左右，造成烟叶受灾272公顷，夏粮夏油和蔬菜受灾237公顷、房屋受损3 100余间，倒房2户。

6月6日傍晚至6月7日上午，襄阳、枣阳、保康等地出现雷雨、大风和冰雹天气，最高风力达9级，冰雹虽然在不同地方持续的时间不长，但势猛、雹子大、密度高，最大的有鸡蛋大。风雹所到之地，棉花苗被打成光杆、居民住房瓦面被砸坏，部分围墙、临时住房、树木被刮倒。襄阳、枣阳、保康、高新区、老河口5个县（市）区的24.65万人受灾，1人因灾受伤，农作物受灾面积达2.3万公顷（主要是玉米、棉花、花生、西瓜等秋节作物），农作物绝收面积达2 266.67公顷。倒塌民房30户、64间；损毁民房251户、644间；转移安置灾民237人，因灾造成直接经济损失1.1亿元，其中农业经济损失0.89亿元。

【暴雨】 5月26日夜间至28日夜间，受高空弱波动东移和中低层低涡切变影响，全市出现一次大雨局部暴雨的降水过程，市区最大降水时段出现在27日下午到夜间。雨势较平稳，但降水分布不均。老河口、谷城、南漳大部和保康东北部雨量普遍在100毫米以上，保康中部、襄阳、市区和枣阳大部分降水在50毫米~100毫米之间，保康东南部降水在50毫米以下。降水主要集中在27日12时至28日01时。降水时间长，许多居民的住房进水，部分房屋倒塌受损，道路交通中断，桥梁冲毁，部分麦田积水，土地较湿，延迟小麦收割进程。全市受灾人口60.8万人，因灾死亡2人、失踪1人；农作物受灾面积20.53万公顷，其中成灾2.73万公顷，绝收4 666.67公顷；倒塌房屋118户221间；损坏525户1 184间，转移安置灾民2 702人；因灾造成各项直接经济损失1.9亿元，其中农业直接经济损失1.28亿元。襄樊8座大中型水库水位超汛限。

6月17日晚上11时至12时刘猴、雷河镇遭受罕见“砣子雨”袭击，两小时内局部降雨量达120毫米。刘猴镇受灾面积278.2公顷，其中玉米224公顷，水稻受损21.2公顷，成灾面积672公顷，绝收203.27公顷。冲毁桥梁一座，冲毁水渠16处，200多米长，土石方1 900方。堰塘受损17口，冲坏公路11处，长度3 000米。4处山体滑坡，24户群众家里进水，69间房屋倒塌，转移群众5人，淹死生猪11头，鸡107只。经济损失500多万元；雷河镇受灾面积132公顷，其中水稻50公顷，玉米82公顷，绝收面积达66.67公顷。冲毁机行桥5座，道路10千米，沟渠12千米，水库堤坝3处，节制闸12座，泵站3座，暴雨造成危房10户，经济损失300万元。

6月19日下午16时到20日08时襄阳区普降大到暴雨，最大降雨出现在城关，降雨量达97.1毫米。其中，城关19日下午17时至18时，1小时的降水量66.6毫米。暴雨造成15 000人口受灾，2546公顷农作物受灾，农作物成灾面积880公顷，绝收面积93公顷，3户房屋倒塌，直接经济损失399.2万元。

7月7日下午，受副高外围偏南暖湿气流和低层切变影响，南漳东巩镇出现暴雨天气。15至19时降雨92.7毫米，其中1小时最大降雨量66.2毫米，出现在17至18时。由于降水集中，强度大，造成山洪爆发，河水陡涨，农田被淹，住房倒塌，交通、农业水利等设施毁坏。暴雨主要分布在东巩镇东巩街道、王家畈村、石佛寺村、石峡坪村、莲花池村、祝家湾、盘龙村、昌集村、雨淋台村。农作物受灾面积80公顷，其中水稻52公顷，旱作物28公顷；冲毁农田5.73公顷，灌溉沟渠1 820米，堰塘12口，冲毁村级公路8 700米，农户倒塌住房9户19间。东巩街道洪水深达70公分，损毁部分办公用品及档案，个体工商户进水74家，损毁商品约86万元。集镇供水设施严重受损30千伏安变压器被水淹没，供水管道冲毁15处1 000米，经济损失约2万元。灾害造成直接经济损失723.2万元。

8月16日晚到18日，受副高外围弱切变影响，全市出现雷雨天气，雨量分布不均。其中16日到17日市区、襄阳、南漳西南部7个自动站出现暴雨。全市最大雨量点出现在南漳板桥，达175.6毫米，一小时最大雨强达97.6毫米；17晚到18日宜城市雷河、长渠、黄冲、南漳双坪下大暴雨，最大雨量在雷河镇达196毫米。灾害造成18.8万人受灾；农作物受灾9 077公顷，绝收1 028公顷；倒塌房屋199间；损坏1 239间，转移安置灾民4 140人，各项直接经济损失9 936万元。其中襄城、樊城、南漳、宜城、谷城受灾严重。

【连阴雨】 2月22日至3月4日全市连阴雨，持续时间之长为历年同期少见。越冬作物在遭遇罕见干旱灾害后，又逢少见的低温阴雨天气，长势普遍偏弱，抗病性降低。3月，气温迅速回升，襄樊市区7日平均气温升至10℃以上，日平均气温稳定通过10℃初日出现在14日，比常年提早12天。期间又出现三次小到中雨天气过程，温暖高湿天气，特别适宜小麦条锈病菌快速繁殖和流行。3月15—16日小麦条锈病在冬前老病田成几何倍数增长。3月25日在襄城区卧龙镇调查62块田，发病田块28块，病田率45.2%，是3月18日的4.5倍，在发病田中，60%以上的田块有中心病团,病株率最高的达10%。至3月25日小麦条锈病在全市先后见病,并都有中心病团出现,病田率和病叶数均呈几何级数增长。

5月22—29日全市出现一次较长连阴雨天气,其中27日普降暴雨,局部大暴雨,过程降水量达78毫米-138毫米(其中南漳、谷城达大暴雨)。连阴雨期间平均气温在20℃以下,其中25—28日更低至16℃~18℃。5月下旬平均气温在20℃左右,比常年偏低3℃;雨量为97毫米~158毫米,比常年偏多2~3倍;旬降水量与历年同期最大值相比,老河口、枣阳第二,其他县(市)居第一。恰逢小麦处于腊熟期,加之温度适宜,白皮小麦比重大,导致小麦大面积穗发芽,全市31万公顷小麦,雨前收获5.33万公顷。剩余25.67万公顷小麦穗上发芽有80%、20.53万公顷,总产23亿斤。其中白皮小麦穗发芽占90%(18.47万公顷),平均穗粒发芽率为71%;红皮小麦占10%(2.07万公顷),平均穗粒发芽率为33%。

8月上旬受高空短波槽和中低层切变线影响,全市维持低温阴雨寡照天气,整旬日照时数在20小时以下,比历史同期偏少近60小时,1—8日最高气温均低于30.0℃,比7月下旬最高气温明显下降,旬平均气温较历史同期偏低2℃~3℃,偏低程度大部在历史前三位。

(徐凤霞)

【水文】 2009年全市是一个降水偏枯的年份。汛期暴雨频繁,且短历时暴雨突出,强度大,重现期高;降水时空分布不均,山区多,平原少。

【雨情】 全年降雨主要有三个特点:1.降雨量略偏少,襄樊市1—9月降雨总量735.4毫米,比2008年同期偏少20%,与常年同期均值相比偏少4.6%;汛期(5月1日至10月15日)降水总量568.9毫米,比上年同期偏少28.5%,比历年偏少10.0%。2.短历时暴雨强度大、重现期高。8月16日晚南漳板桥镇遭遇大暴雨,该站最大6小时降水量为169.0毫米,重现期达百年一遇,最大24小时降雨量为174.5毫米,重现期为五十年一遇。汛期日降雨量50毫米以上的有87站次,比上年少125站次;日降雨量大于100毫米的(大暴雨)有20站次,比上年少27站次。三、山区多平原少。汛期(5月1日至10月15日)降雨最大为南漳板桥站降雨量874毫米,最小为老河口孟桥川站仅336毫米,相差两倍多。

【水情】 5月26—27日,全市普降大到暴雨,两日累积平均降雨量为95.8毫米,蛮河挽鱼沟水文站累积降雨149毫米。此暴雨导致河流水位普遍上涨,蛮河挽鱼沟站发生建站以后第二大洪水,5月27日21时18分洪峰水位177.35米(高于"75.8"洪水0.1米),洪峰流量696立方米每秒;朱市站5月28日12时45分洪峰水位60.18米,超警戒水位0.18米,相应流量827立方米每秒。开峰站5月28日7时45分洪峰水位202.41米,水位涨幅达7米左右,相应流量1 820立方米每秒。全市其他河流无大的汛情发生。

【水资源】 1.降水量:2009年全市平均降水量825.1毫米,折合降水总量162.6870亿立方米,比上年减少17.1%,比常年减少8.8%。各县(市)中降水量最大的是南漳,年平均降水量939.7毫米。最小的是市区,年平均降水量683.2毫米;单站年降水量最大的是南漳县板桥站,年降水量1 205.8毫米。最小的是襄城区渭水站,年降水量仅507.1毫米。年降水最大站是年降水最小站的2.4倍,地区分布不均。全市非汛期1—4、11—12月降水量占年降水量的28.1%;汛期5—10月降水量占年降水量的71.9%,其中6—8月降水量占年降水量的43.5%。

2.地表水资源量:2009年全市地表水资源量48.0010亿立方米,折合径流深243.4毫米比上年减少39.0%,比常年减少18.3%;其中减少最多的枣阳比常年减少49.0%,其次是谷城比常年减少33.1%。最大值在保康马桥镇西北部及南漳肖堰镇、巡检镇一带,年经流深400毫米右,最小值在襄阳北部、枣阳北部一带,年径流深100毫米左右。

3.地下水资源量:2009年全市地下水资源量20.6453亿立方米,比上年减少17.3%,比多年平均减少13.8%。地下水最多地区南漳年地下水资源量为4.9344亿立方米,其次为保康年地下水资源量为4.0594亿立方米,地下水最少地区为老河口仅0.9675亿立方米。

4.水资源总量:2009年全市水资源总量52.7128亿立方米,其中地表水资源量48.0010亿立方米,地下水资源量20.6453亿立方米,地表与地下水不重复计算量4.7118亿立方米。

5.出入境水量:2009年全市入境水量416.9313亿立方米,是全市水资源总量的7.9倍;其中汉江入境359.1000亿立方米,南河入境14.7711亿立方米,唐白河入境42.2443亿立方米,小清河入境0.8158亿立方米。全市出境水量460.8891亿立方米。

6.水资源开发利用:(1)供水量。2009年全市总供水量28.4651亿立方米,其中地表水供水量26.3619亿立方米,地下水供水量2.1032亿立方米。在总供水量中蓄水工程供水9.5495亿立方米,引水工程供水3.1896亿立方米,提水工程供水13.6228亿立方米,地下水工程供水 2.1032 亿立方米。蓄、引水工程供水主要用于农业灌溉,提水工程主要用于工业生活。

(2)用水量。2009 年全市总用水量 28.4651 亿立方米,比上年增加 0.9492 亿立方米,其中农田灌溉用水量 10.1837 亿立方米,占总用水量的 35.78%;林牧渔蓄用水量 2.5621 亿立方米,占 9.00%;工业用水量 13.4945 亿立方米,占 47.41%;城镇公共用水量 0.2664 亿立方米,占 0.94%;居民生活用水量 1.9444 亿立方米,占 6.83%;生态环境用水量 0.0140 亿立方米,占 0.05%。用水量较大的是襄樊市区、枣阳、宜城,分别占总用水量的 55.22%、15.20%、8.78%;用水量最少的是保康,占 1.81%。

(3)耗水量。2009 年全市总耗水量 11.6230 亿立方米,占全市总用水量的 40.8%。其中农田灌溉耗水量 6.0668 亿立方米,林牧渔畜耗水 1.6298 亿立方米,工业耗水量 2.8215 亿立方米,城镇公共耗水量 0.0853 亿立方米,居民生活耗水量 1.0069 亿立方米,生态环境耗水量 0.0127 亿立方米。

(4)用水指标。2009 年全市人均用水量 483 立方米,万元 GDP(当年价)用水量 237 立方米?,万元工业增加值用水量 177 立方米,城镇人均生活用水量 171 升/天,农村人均生活用水量 50 升/天,农田灌溉亩均用水量 330 立方米。

【水环境】 1. 汉江干流水质:2009 年汉江干流襄樊段 195 千米范围内水质一般满足国家《地表水环境质量标准》(GB3838-2002)Ⅱ—Ⅲ类标准,可作为饮用水量。但在襄樊市区襄城南渠排污口至制药厂排污口下游 1.5 千米范围内及闸口至唐家坡 12.8 千米范围内,由于城区大量污水排放存在岸边污染带,根据襄樊市水资源水环境监测中心监测,其主要污染物为氨氮、高锰酸盐指数。

2.中小河流水质:2009 年全市中小河流水质局部河段污染仍然较重。南河、蛮河、滚河、北河、小清河上游水质较好为地表水环境Ⅱ—Ⅲ类标准。但下游水质较差为Ⅳ—Ⅴ类,部分河段出现劣Ⅴ类水质。在 885.6 千米评价河长中,全市分类河长Ⅰ类水占 3.6%,Ⅱ类水占 45.8%,Ⅲ类水占 29.3%,Ⅳ类水占 13.8%,Ⅴ类水占 0.0%,劣Ⅴ类水占 7.5%;受污染的河长占 21.3%。

3. 水库水质:2009 年加强了全市大、中型水库水产养殖的规范化管理,水质下降趋势得到好转,但水体富营养化仍较为严重。

4.污水排放:2009 年全市工业、生活污水排放量 5.0411 亿立方米;其中工业废水排放总量 4.3829 亿立方米,生活污水排放总量 0.6562 亿立方米。工业废水排放的主要污染物是化学需氧量、氨氮、悬浮物等,生活污水排放的主要污染物是化学需氧量和五日生化需氧量。

(王华功)

【土地资源】 根据第二次土地调查数据显示,至 2009 年末,全市行政区域总面积 197.2768 万公顷,其中耕地 71.8727 万公顷,占全区土地总面积的 36.43%;园地 2.5421 万公顷,占全区土地总面积的 1.29%;林地 85.2104 万公顷,占全区土地总面积的 43.19%;草地 2.5986 万公顷,占全区土地总面积的 1.32%;城镇村及工矿用地 12.3404 万公顷,占全区土地总面积的 6.26%;交通运输用地 3.6005 万公顷,占全区土地总面积的 1.83%;水域及水利设施用地 15.0747 万公顷,占全区土地总面积的 7.64%;其他土地 4.0375 万公顷,占全区土地总面积的 2.05%。

土地利用现状一级分类面积见表 1。

2009 年,全市耕地面积减少 187.19 公顷,林地减少

表 1 土地利用现状一级分类面积

单位:公顷

行政区域	总面积	耕地	园地	林地	草地	城镇村及工矿用地	交通运输用地	水域及水利设施用地	其他土地
襄樊市	1 972 768.16	718 727.33	25 421.47	852 103.56	25 986.25	123 403.68	36 004.69	150 746.63	40 374.55
襄　城	64 239.08	30 421.78	276.41	14 794.87	183.10	8 129.86	1 494.32	6 942.15	1 996.59
樊　城	56 180.78	27 380.99	220.86	4 885.35	688.85	10 589.11	1 838.31	9 588.36	988.95
襄　阳	246 653.82	171 593.00	619.81	11 735.02	2 921.68	24 423.97	7 253.08	24 622.29	3 484.97
谷　城	254 097.32	39 687.73	3 903.3	179 200.3	1 174.82	11 061.59	3 051.98	13 790.16	2 227.44
保　康	322 152.57	43 101.24	2 952.76	257 782.40	563.43	7 206.67	2 269.93	3 829.38	4 446.76
枣　阳	327 601.25	161 269.51	7 848.85	62 031.54	9 163.69	25 654.38	9 402.49	41 359.26	10 871.53
南　漳	385 288.81	85 562.59	4 355.69	256 704.49	1 831.11	12 669.28	3 369.82	11 984.90	8 810.93
老河口	105 168.11	58 089.32	3 524.96	10 217.41	532.84	10 624.25	2 856.33	15 608.30	3 714.70
宜　城	211 386.42	101 621.17	1 718.83	54 752.18	8 926.73	13 044.57	4 468.43	23 021.83	3 832.68

364.76 公顷，园地增加 114.82 公顷，城镇村及工矿用地增加 806.42 公顷，交通运输用地增加 9.47 公顷，水域及水利设施用地减少 105.22 公顷，其他土地减少 5.29 公顷。

全年审批建设用地 1 649.7694 公顷，其中：批次用地为 1 605.3776 公顷（商服用地 63.2571 公顷，工矿仓储用地 1 105.8580 公顷，公用设施用地 155.3110 公顷，公共建筑用地 27.0806 公顷，住宅用地 253.5951 公顷）；单独选址用地 44.3918 公顷。全市完成并通过验收的各级土地开发复垦整理项目 128 个，其中土地整理项目 7 个（国家级 2 个、省级 5 个），土地复垦项目 61 个（县级 61 个），土地开发项目 60 个（市级 3 个、县级 57 个），建设总规模 6 003.08 公顷，项目投资总额 16 391.56 万元，新增耕地面积 1 237.9454 公顷。

【矿产资源】 至 2009 年，襄樊市发现各类矿产 57 种，矿产地 520 余处，其中 24 种探明储量，探明各类矿产保有资源储量 10.3 亿余吨。在探明的矿产储量中，金红石、石榴子石的探明储量居全国首位；铝土矿、软质耐火粘土探明储量居全省第一位；硬质耐火粘土、磷矿、石灰石探明储量分别居全省第二、第四、第五位。优势矿产主要有煤矿、钛矿(石榴子石)、磷矿、水泥用灰岩矿等。

2009 年底，全市有各类矿山企业 263 家，比上年增加 3 家。开采矿种 35 种，主要有煤矿、磷矿、建筑石料用灰岩、硅灰石、方解石和砖瓦用粘土等。矿产资源从业人员 7 567 人，比上年增加 33 人，增加 0.44%。矿山企业生产固体矿石总量 708.4 万吨，比上年减少 48.38 万吨，减少 6.4%。实现工业总产值 69 350.4 万元，比上年增加 6 174.3 万元，增长 9.8%。矿山利润总额 7 922.18 万元，比上年减少 1 084.32 万元，减少 12%。

全市主要矿种保有资源储量见表 2。

（李　瑛）

【野生植物资源】 襄樊市位于鄂西北部，汉水中游，林地面积 84.53 万公顷，其中有林地 65.3 万公顷，森林覆盖率 42.62%。活立木总蓄积 1 858 万立方米，其中，人工林面积 16.37 万公顷、蓄积 520.3 万立方米，天然林面积 43.81 万公顷、蓄积 868.14 万立方米；竹林面积 0.12 万公顷、1 675.8 万株。地形复杂多样，分为西部山区、东部丘陵、鄂北岗地、沿河平原四类地形，垂直变化显著，气候多样；山区面积占全市总面积的 40%，中部丘陵平原面积占 40%，东部低山丘陵面积占 20%；山地和丘陵面积占的比重大，山林资源是优势资源。由于襄樊位于中国南北过渡地带，兼备南北气候特点，优越的地理环境孕育丰富的野生动植物资源，保存大量珍稀濒危物种，其起源古老、区系成分复杂、种类丰富、孑遗植物和特有属多。

野生植物全市有维管束植物 189 科 828 属 1 698 种；其中蕨类植物 93 种，隶属 27 科 50 属；种子植物 1 605 种，隶属 162 科 778 属。境内珍稀植物资源丰富，初步调查有国家级珍贵树种 61 种，其中国家一级珍贵树种有红豆杉、南方红豆杉、银杏、珙桐、秃杉、钟萼木、香果树、水杉 8 种，国家二级珍贵树种有秦岭冷杉、大果青扦、蓖子三尖杉、厚朴、鹅掌楸、香樟、杜仲、大叶榉、楠木等 16 种；湖北省级珍贵树种有三尖杉、粗榧、蜡梅、白皮松、小勾儿茶、黄檀、银鹊树、楸树、紫斑牡丹、南紫薇、大叶冬青、黄杨、阔叶女贞等 37 种；有国家重点保护野生植物 80 多种。发现有地径 57 公分、长 1 500 米的世界罕见的古老藤本植物——常春油麻藤。

“红豆杉”在南漳、保康、谷城都有发现，其中保康红豆杉资源最多。保康有红豆杉 2 066.67 公顷、52.92 万株，其中发现最大株红豆杉在龙坪镇温坪村一组，树高 12.8 米，胸径 40 厘米，冠幅达 18 米，年龄在 500 年左右。据调查，红豆杉平均胸径 6.7 厘米，平均高 3.5 米，其中胸径在 5

表 2　**全市主要矿种保有资源储量**

矿种名称	资源储量单位	2009 年底资源储量
煤炭	千吨	33 003
铁矿	矿石　千吨	1 852
锰矿	矿石　千吨	104
钛矿 1	金红石 TiO_2　吨	5 728 114
钒矿	V_2O_5　吨	2 525
铜矿	铜　吨	1 210
铅矿	铅　吨	1 006
铝土矿	矿石　千吨	8 214
硫铁矿	矿石　千吨	14 454
盐矿 2	NaCl　千吨	5 249
磷矿	矿石　千吨	390 011
石榴子石 3	矿石　千吨	249 387
石榴子石	吨	492 343
水泥用灰岩	矿石　千吨	209 803

厘米以下者占 84.8%，胸径在 10 厘米以上的占 1.5%。保康林业局组织完成的“红豆杉及其育苗技术与推广应用”科研项目，2001 年通过省林业局组织的专家鉴定，红豆杉的播种出苗率、扦插成活率均居湖北省首位，在全国也处于领先地位，保康已具备开展大规模繁育红豆杉苗木的技术能力。2005 年，经中科院武汉植物院和华中师范大学的专家研究发现，湖北保康五道峡自然保护区的红豆杉群落正向以红豆杉为建群种的顶极群落演替。

“野生腊梅”在保康分布约 4 000 公顷，近 100 万株，主要分布在南河流域的南北两岸、海拔 200 米~800 米的溪岭边、沟峡带，其中以过渡湾的刺滩沟、枫桥沟分布最为集中，面积达 800 余公顷，约 40 万株，成片纯林 333.33 余公顷，为保康腊梅自然保护区的核心区。野生腊梅是第四纪冰川遗留下来的“活化石”，已濒临灭绝，目前，世界上只有东半球的中国和西半球的美国有少量幸存的野生腊梅，而中国目前仅在保康有大面积发现，保康是中国野生腊梅分布最广、面积最大、种类最多的原产地，被誉为“腊梅王国”。

“野生牡丹”群落在保康分布于海拔 600 米以上的三大林场(大水林场、官山林场、横冲药材场)和后坪、黄堡、龙坪、歇马等 13 个乡（镇),58 处、面积 166.6 公顷。按花瓣、花蕊、子房和柱头的不同颜色，可分为深红、粉红、纯白、浅紫、浅黄、白紫斑、红紫斑、黄紫斑、红边、荷花色等 22 个品种，累计植株约 10 万株，野生群落世界罕见。保康后坪镇詹家坡村六组村民孙天培家旁边有一株野生牡丹，高 2.5 米、冠幅 3.8 米、地径 21.4 厘米，每逢花期开花达 420 朵，色泽艳丽，被称为“中华牡丹之王”，2009 年死亡。目前，世界学术刊物上发表有 10 个野生牡丹种和 1 个亚种，而专家确认保康野生牡丹有紫斑牡丹、卵叶牡丹、杨山牡丹、保康牡丹、红斑牡丹 5 个种和林氏牡丹 1 个变种，占世界野生牡丹种的一半以上。1994 年 4 月，国际树木学会副主席、牡丹专家奥斯蒂博士和中国林科院洪涛教授专程实地多点考察后，认定保康野生牡丹是“洛阳牡丹的始祖之一”。2004 年 5 月，中国牡丹芍药协会第七届年会在保康举办，70 多位专家学者通过对野生牡丹原始生活环境的实地考察，一致认为保康是牡丹的重要发祥地；保康发现的大面积野生牡丹群落十分珍贵，对研究世界植物分类学、群落生态学、植物地理学、植物资源学等多种学科有多方面的研究和参考价值。2005 年，保康县人民政府将横冲药材场划定为野生牡丹保护区，并同中国林科院奇文清博士合作，对保康野生牡丹、芍药开展正反交 33 个类型 119 株组合的繁育试验。到 2009 年，保康林业局收集野生牡丹原种 500 多株，并从北京林业大学引进 36 个品种的 1 000 株名贵牡丹，在县城紫薇林景区内建立品种观赏园 0.8 公顷，野生原种园 0.4 公顷。

“野生兰科”植物比较丰富，主要分布在枣阳、宜城、保康、南漳、谷城等丘陵、山区地带。全市野生兰科植物 46 种，栽培品种 212 种，分布较为集中的面积约 23 万公顷。精品名品较多的是慧兰，野生品种最多、种群数量大的是春兰，栽培品种包含春兰、慧兰、建兰、寒兰、墨兰五个大类。在第 10 届亚太兰花大会暨第 20 届中国兰花展上，襄樊市选送的兰花——牡丹瓣蕙兰“楚色牡丹”获得铜奖，市价人民币 120 万元。

“野生紫薇”自然分布集中在保康、南漳和谷城三个山区县。特别是保康有古桩野生紫薇自然分布 93 333.33 公顷左右，约 50 余万株，树龄一般为数百年，部分达到上千年，经有关专家学者考证，认为保康是中国乃至世界紫薇的重要发祥地。

2004 年 8 月，由中科院武汉植物研究所、省野生动植物保护总站、华中师范大学 12 名专家教授组成的保康五道峡自然保护区联合科考队，在海拔高度 1 200 米的保康五道峡自然保护区发现珍稀植物——小勾儿茶。小勾儿茶是鼠李科小勾儿茶属植物，分布区域狭窄，种子发芽率低，天然植株稀少，是面临濒危的珍稀植物，有“植物大熊猫”之称。自 1907 年英国植物学家威尔逊在湖北兴山首次发现小勾儿茶以来，近百年再未有人发现野生小勾儿茶。这次在保康五道峡发现的小勾儿茶有 6 棵小树、19 棵小苗和 2 棵胸径 20 厘米、树高约 13 米的小勾儿茶乔木。在一个地方发现数量之多、树木之大、龄级结构之丰富的小勾儿茶实属罕见。为挽救小勾儿茶这一珍稀树种，襄樊市林科所 2007 年从保康官山林场海拔 1 500 多米的高山上采集小勾儿茶种子，播种后长出幼苗 42 株，栽植在海拔 120 多米的隆中植物园内，成活 34 株，最大的苗高 2.45 米，地径 2.5 厘米。

【野生动物资源】 全市有野生动物 268 种，其中鸟类 151 种，兽类 60 种，爬行类 34 种，两栖类 23 种。按保护级别分，国家一级保护野生动物有金钱豹、云豹、梅花鹿、林麝、白鹳、黑鹳、中华秋沙鸭、金雕、白肩雕等 10 种；国家二级保护野生动物有马鹿、猕猴、黑熊、小灵猫、红腹锦鸡、鸳鸯、鹰类等 50 种，国家“三有”(即有益的、有重要经济价值的、有科学研究价值的)保护和湖北省重点保护的野生动物68种。时常可见一群几百只、上千只鸟类齐飞的壮丽景观。

【自然保护区】 全市有各类自然保护区28个，自然保护区面积16.8万公顷，占版图面积的8.5%；其中县级自然保护区2个，市级自然保护区10个，省级自然保护小区15个，省级自然保护区1个，全市85%以上的森林生态系统类型、50%以上的湿地生态系统类型、70%以上的野生动植物物种在自然保护区得到保护。其中2009年2月23日，省政府以鄂政函[2009]40号文件批复保康五道峡自然保护区晋升为省级自然保护区，成为全市首家省级自然保护区。

【湿地资源】 全市湿地资源有大小河流683条，均属长江水系，其中流域面积大于100平方千米的有66条。汉江为长江的最大的支流，流经襄樊境内的老河口、谷城、襄城、樊城、襄阳、宜城，境内长度195千米，控制面积17 357.6平方千米，占全市总面积的88%。南河、北河、唐白河、滚河、蛮河、沙河为汉江六大支流，各自形成纵横交错的水系，汇入汉江，注入长江；沮河、漳河分别源于保康、南漳，直贯长江。全市有各型水库854座，其中大型水库9座，中型水库57座，小型水库788座。近几年，全市批准建立两个湿地自然保护区和两个湿地公园，总面积29 721公顷。

2003年9月，襄樊市政府以襄政办函[2003]39号文件批准建立"老河口市梨花湖市级湿地自然保护区"，面积为4 200公顷，为襄樊市级，主要保护对象为白鹳、秋沙鸭、赤麻鸭、鸬鹚等水禽。2003年9月，枣阳市政府以枣政发[2003]19号文件批准建立"枣阳市熊河水系湿地自然保护区"，面积为23 333公顷，为县级自然保护区，主要保护水禽、水生植物及河流周围的森林和野生动植物。

2008年3月21日，省林业局以鄂林护函[2008]77号文件批准建立枣阳熊河省级湿地公园。该湿地公园地处枣阳熊集镇南3 000米处，面积5 581公顷，分为湿地重点保护区、游乐区和水源涵养区等三个功能区域。枣阳熊河省级湿地公园发源于大洪山北麓，周围群山环绕，地形复杂，山峦起伏多变，由泉水相继注入而成，分布有野生水禽达38种、其他野生动物68种、野生植物593种，是襄樊市重要的野生动植物物种基因库。

2009年12月23日，国家林业局以林湿发[2009]297号文件批准襄樊市建立"谷城汉江国家湿地公园"。谷城汉江国家湿地公园位于谷城县境内的南河、北河与汉江交汇处，上接丹江口水库，面积2 188公顷，属缓流浅滩河流湿地。其湿地类型独特、生态环境优良、生物多样性。

（马应华）

经济和社会发展

【综合情况】 2009年全市地区生产总值1 201.01亿元，同比增长15.0%。分产业看，第一产业增加值200.21亿元，同比增长3.0%；第二产业增加值575.32亿元，同比增长19.9%；第三产业增加值425.48亿元，同比增长14.4%。三次产业结构由上年的17.5∶45.0∶37.5调整为16.7∶47.9∶35.4。全市人均生产总值22 071元，同比增长14.8%。

全市7个县（市）区地区生产总值、规模以上工业增加值、城镇以上固定资产投资、地方一般预算收入分别增长16.2%、51.4%、73.6%、28.3%，分别高于全市平均增幅1.2、23.8、20、5.1个百分点。新增襄阳、枣阳、宜城、老河口、谷城5个规模以上工业总产值过百亿元的县（市）。

居民消费价格同比下降1.3%，零售物价格同比上涨1.6%。分类别看，八大类居民消费价格指数"四升四降"，食品类、烟酒及用品类、家庭设备用品及维修服务类、娱乐教育文化用品及服务类分别上升0.2%、2.2%、1.5%和0.1%；衣着类、医疗保健及个人用品类、交通通讯类、居住类分别下降5.3%、1.0%、1.7%和5.1%。工业品出厂价格同比下降1.88%；作为中间环节的原材料、燃料及动力购进指数同比上涨1.14%。

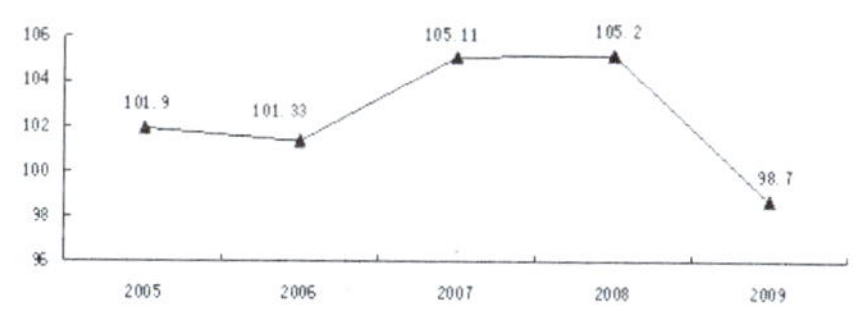

图1 2005—2009年襄樊市居民消费价格指数（单位:%）

【经济发展】 全市粮食种植面积645.52千公顷，比上年增加20.16千公顷，粮食总产量433.25万吨，比上年增产20.13万吨，同比增长4.9%，粮食生产实现连续六年增收；棉花总产量4.54万吨，同比增长6.6%；油料总产量32.69万吨，同比增长5.1%；蔬菜总产量285.56万吨，同比下降7.9%。主要畜禽产品产量全面增长。2009年，全市生猪出栏突破500万头，达到542.99万头，同比增长18.5%；羊出栏117.79万只，同比增长6.4%；牛出栏42.38万头，同比增长5.1%；家禽出笼7 255.15万只，同比增长12.4%；禽蛋产量 20.31 万吨,同比增长 6.0%。2009 年,全市水产品产量 16.21 万吨,同比增长 10.4%。

全市工业增加值突破 500 亿元,达到 530.1 亿元,同比增长 20.0%。规模以上工业增加值 461.49 亿元,同比增长 27.6%。其中,轻工业增加值 160.56 亿元,同比增长 47.1%;重工业增加值 300.93 亿元,同比增长 32.6%。企业成长工程成效显著。2009 年,全市规模以上工业企业个数突破 1 200 家,达 1306 家,比上年的 1 001 家,净增 305 家,占全省规模以上企业总数的 10%以上。其中,产销过亿元的企业 206 家,过 10 亿元的企业 20 家,200 亿元左右的企业两家。产业结构调整步伐加快。在上年新增两个百亿产业(烟草食品产业、纺织产业)的基础上,新增医药化工、装备制造、电子信息三个百亿元产业,百亿元产业达六个,分别是汽车产业、食品产业、纺织产业、医药化工、装备制造和电子信息业,产值分别达到 703.8 亿元、272.59 亿元、146.16 亿元、100.25 亿元、202.57 亿元和 117 亿元,分别增长 31.44%、72.42%、35.01%、20.62%、28.55% 和 13.95%。主要产品产量"九升一降"。规模以上工业企业完成白酒产量 3.5 万千升,同比增长 7.0%;纱产量 25.01 万吨,同比增长 17.9%;布产量 8.02 亿米,同比增长 42.2%;服装产量 4 787.67 万件,同比增长 131.5%;硫酸(折 100%)产量 33.37 万吨,同比增长 22.3%;化肥产量 38.22 万吨,同比增长 28.6%;水泥产量 474.79 万吨,同比增长 22.9%;汽车产量 32.38 万辆,同比增长 34.4%;发电量 113.39 亿千瓦时,同比增长 8.7%;卷烟产量 279.95 亿支,同比下降 19.4%。规模以上工业实现主营业务收入 1 278.61 亿元,同比增长 35.3%。利税总额突破百亿元大关,达 116.79 亿元,同比增长 36.6%。其中,完成利润额 62.32 亿元,同比增长 60.04%。全社会用电量 81.59 亿千瓦时,同比增长 6.7%。其中,工业用电量 60.11 亿千瓦时,同比增长 4.9%。建筑业完成增加值 45.22 亿元,同比增长 19.0%。

全社会固定资产投资和城镇以上固定资产投资同时突破 500 亿元,分别达 574.79 亿元和 519.93 亿元,分别增长 53.8%和 53.6%。在建施工项目 2 127 个,比上年同期的 1 552 个增加 575 个,同比增长 37.0%。其中,新开工项目 1 822 个,较上年同期的 1 248 个增加 574 个,同比增长 46.0%。投资结构为:第一产业完成投资 15.89 亿元,同比增长 12.7%;第二产业完成投资 305.97 亿元,同比增长 67.2%,其中:工业投资为 305.83 亿元,同比增长 67.4%。分行业看,采矿业完成投资 6.0 亿元,同比增长 72.9%,制造业完成投资 280.7 亿元,同比增长 72.9%,电力、燃气及水的生产和供应业完成投资 19.1 亿元,同比增长 13.9%。第三产业完成投资 198.07 亿元,同比增长 39.9%。全市 120 个亿元以上重点项目完成投资 222 亿元,同比增长 32%。至 2009 年底,全市 120 个亿元以上重点项目,全面开工的 117 个,开工率 97%。房地产开发完成投资 55.39 亿元,同比增长 19.9%,房屋施工面积 709.7 万平米,同比增长 45.1%。其中,住宅 555 万平米,同比增长 39.9%。商品房销售面积达 224.5 万平米,同比增长 74.5%。其中,住宅销售面积达 200.5 万平米,同比增长 71.3%。商品房销售额达 58.1 亿元,同比增长 103.1%。其中,住宅销售额达 46.4 亿元,同比增长 97.6%。

全市社会消费品零售总额突破 500 亿元,达 500.56 亿元,同比增长 21.1%。分地域看,城市消费市场实现零售额 387 亿元,同比增长 21.6%;县级市场实现零售额 31.1 亿元,同比增长 21.6%;县以下市场零售额 82.46 亿元,同比增长 18.7%。分行业看,批发业零售额 82.32 亿元,同比增长 20.8%;零售业零售额 297.24 亿元,同比增长 21.7%;住宿餐饮业零售额 56.54 亿元,同比增长 26.8%;其他行业零售额 64.45 亿元,同比增长 14.4%。

外贸进出口总额 43 368 万美元,同比下降 17.3%。其中:外贸出口额 32 943 万美元,同比下降 12.2%,分别比上半年和三季度收窄 18.3 个和 9.1 个百分点;一般贸易出口总额 30 379 万美元,同比下降 17.5%;进口额 10 425 万美元,同比下降 30.2%。利用外资快速发展。新批外资企业 25 家,同比增长 13.6%;完成合同外资 22 183 万美元,同比增长 6.1%;直接利用外资 25 073 万美元,同比增长 48.1%。

公路里程 25 182.215 千米,其中等级公路通车里程 23 274.9 千米。完成县乡公路改建 73.72 千米、省际出口断头路 92.8 千米、通村公路 2 563 千米,基本实现村村通。设置乡镇五级站 11 个、招呼站 390 个、候车棚 178 个。新发展农村客运班线 43 条,村村通客车率达 97.5%。查扣"黑车"159 辆,规范有证出租车 900 多辆次。货物周转量 967 312 万吨千米,同比增长 6.0%;旅客周转量 462 539 万人千米,同比增长 21.5%。邮政业务总量 3.93 亿元,同比增长 13.3%;电信业务总量 17.84 亿元,同比增长 7.2%。年末移动电话用户总数 266.55 万户。本地电话用户 86.37 万户。年末互联网宽带用户 28.84

万户。接待入境旅游者3.67万人次,同比增长19.2%;旅游外汇收入1 571.58万美元,同比增长6.7%;接待国内旅游者993.21万人次,同比增长21.1%;国内旅游收入60.94亿元,同比增长30.2%。

地方财政总收入95.13亿元,同比增长15.4%。其中,地方一般预算收入37.02亿元,同比增长23.2%。税收26.93亿元,同比增长22.8%,占一般预算收入的比重达72.7%。金融存贷款分别突破千亿元和500亿元大关。至12月底,金融机构人民币存款余额达1 051.83亿元,比年初增加219.61亿元,比年初增长26.5%,其中,储蓄存款余额687.58亿元,比年初增长19.6%。金融机构人民币贷款余额达518.26亿元,比年初增加144.68亿元,比上年同期多增86.83亿元,其中,金融机构中长期贷款余额281.18亿元,比年初增加88.19亿元,同比多增53.38亿元,比年初增长45.7%。保费收入32.05亿元,同比增长6.3%。其中财产险保费收入5.47亿元,同比下降0.5%;寿险保费收入26.59亿元,同比增长7.8%,其中健康险保费收入1.44亿元,意外险保费收入0.41亿元。各项赔款和给付支出6.77亿元,同比增长21.8%。

新认定高新技术企业25家,组织申报国家、省各类科技计划项目116项,有84个项目被列入国家或省级科技计划项目,申请专利2 302件,实用新型专利848件,外观设计专利964件,发明专利490件。

高新技术产业增加值184.7亿元,同比增长33.8%。其中,电子信息增加值1.68亿元,同比增长16.6%;生物医药与医疗器械增加值1.1亿元,同比增长6.3%;新材料增加值16.58亿元,同比增长14.0%;先进制造业增加值153.01亿元,同比增长37.0%,新能源与高效节能增加值11.32亿元,同比增长33.1%。

【人文事业情况】 2009年末,户籍总人口为588.88万人。其中非农人口257万人。60岁及以上老年人口80.99万人,占全市总人口的比重为13.8%。新出生人口6.52万人,人口出生率为11.5‰;死亡人口2.97万人,死亡率为3.7‰;人口自然增长率为7.8‰。男女性别比为105.4:100。

各级各类学校1 335所,在校生86.87万人。其中:普通高校4所,在校生4.9万人;中等职业学校40所,在校生8.33万人;普通中学256所,在校学生31.69万人;小学863所,在校生33.22万人。全市现有专任教师5.02万人。艺术表演团体10个,文化馆10个,博物馆6个,公共图书馆9个,藏书量达1 315千册。广播综合人口覆盖率为97.2%;电视综合覆盖率为98.2%。有线电视用户36.98万户。新建10个乡镇综合文化站,13个城市社区流动图书站,并为90个村和20个城市社区兴建体育设施。策划和主办各项演出活动20余场,送戏下乡900多场次。卫生机构3 181个,其中医院、卫生院191个,疾病控制中心(防疫站)8个,妇幼保健院9个;卫生机构床位数1.7万张;卫生机构人员2.93万人,其中卫生技术人员2.5万人,执业医师8 646人,注册护师(士)7 913人。在全省各项竞赛中,襄樊市获金牌67枚,银牌33枚,铜牌47枚。

城镇居民人均可支配收入13 409元,同比增长9.1%;城镇居民人均消费性支出10 145元,同比增长7.3%,城镇居民家庭恩格尔系数为39.36%;城镇居民人均居住面积为28.85平方米,比上年增加0.53平方米。农村居民人均纯收入5 440元,同比增长11.5%;农村居民家庭恩格尔系数为45.67%;农村居民人均住房面积36.98平方米,比上年增加1.28平方米。

养老、医疗、失业、工伤和生育保险参保人数分别达76.5万人、71.4万人、42.3万人、41.6万人和33.2万人。城镇新增就业人员9.77万人,农村劳动力转移就业10.13万人。下岗失业人员再就业3.91万人,其中就业困难人员1.56万人。完成1 649户危房的改造任务,资助农村困难群众改造现有危房1 000户。新增农村低保对象2万人,农村低保对象达14.8万人,发放农村低保资金8 280万元。为应对金融危机给困难群众带来的生活压力,为14.5万低保对象发放一次性临时救助金2 175万元。

常年耕地面积433.72千公顷,比上年增加12千公顷。市区环境空气质量优良天数为314天,占全年天数的86%,比上年增加2天。汉江干流水质一直保持较好,完全符合功能区划的要求,汉江支流水质较以前相比全面改善。主要污染物化学需氧量排放量比上年减少2.5%,二氧化硫排放量比上年减少9.5%。

安全生产事故起数和受伤人数分别增长8.4%和17.0%,死亡人数和直接经济损失同比分别下降4.2%和4.6%。

注:1. 襄樊市生产总值、各产业增加值绝对数按现价计算,为初步核算数,增长速度按可比价计算。

2. 人口数据为公安局户籍人口。

(统计局)

市级领导机构

责任编辑
责任校对 段兰锦

中共襄樊市委员会

【市委十一届十次全会】 11月25日，市委第十一届委员会第十次全体会议召开。出席全会的有市委委员38人，市委候补委员8人。市纪委委员和有关方面负责人列席会议。市第十一次党代会代表中部分基层党务工作者、基层党员和党建研究工作者也列席会议。会议听取和讨论市委常委会的工作报告，审议通过《中共襄樊市委关于加强和改进新形势下党的建设的实施意见》，研究讨论2010年经济社会发展工作。会议全面部署贯彻党的十七届四中全会精神、加强和改进新形势下党的建设。会议要求，全市各级党组织和广大党员干部要认识加强和改进新形势下党的建设的重要性和紧迫性，把思想和行为高度统一到中央和省委的决策部署上来，把学习贯彻十七届四中全会精神摆在突出位置，抓紧抓好、抓出成效。加强和改进党的建设，坚持围绕发展抓党建、抓好党建促发展的指导思想，围绕加快发展这个中心任务来展开，着力解决襄樊市党的建设中存在的突出问题，通过坚持不懈的努力，把贯彻落实科学发展观的要求体现在党的建设之中，更好地促进经济社会发展。

全会指出，要坚持不懈地用中国特色社会主义理论体系武装党员干部，继续抓好第一批学习实践活动整改工作，推动第二批学习实践活动扎实展开，把学习理论与研究解决发展的实际问题结合起来，与实现四年翻番的目标任务结合起来，使科学理论成为指导实践、推动工作、促进发展的强大思想武器。要开展社会主义核心价值体系教育，教育广大党员干部坚定理想信念，模范践行社会主义核心价值体系。要广泛开展创建学习型党组织活动，不断提高党员干部的理论素养和实践能力。要完善党委领导体制和工作机制，进一步健全完善民主集中制，保障党员主体地位和民主权利，探索丰富党内民主的实现形式。要从襄樊跨越式发展的需要出发，以更高的标准、更高的要求，加强各级领导班子建设。坚持正确的选人用人导向，注重在一线选人、在一线用人，在发展中选人、在发展中用人；继续深化干部人事制度改革，建立健全民主公开竞争择优的选人用人机制，提高选人用人公信度；不断优化干部队伍结构，增强各级领导班子活力；进一步完善党管人才工作格局，统筹抓好各类人才队伍建设。要始终坚持抓基层打基础，探索完善基层党组织的设置形式，加强基层党组织带头人队伍建设，推进基层党组织工作创新，进一步加强基层党组织制度建设，落实基层组织的基本保障，增强基层组织推动发展、服务群众、维护稳定、促进和谐的能力。要不断加强干部队伍作风建设，着力从制度层面探索加强作风建设的长效机制，解决干部队伍作风方面群众反映强烈的突出问题。

要牢固树立围绕中心任务抓党风廉政建设、抓好党风廉政建设促进加快发展的理念，更加自觉地把党风廉政建设纳入全市工作大局，进一步加强廉洁从政教育和干部廉洁自律，推进预防和惩治腐败体系建设，加大查办违纪违法案件工作力度，落实党风廉政建设责任制，着力解决影响加快发展、损害群众利益的突出问题，营造风清气正的发展环境。全市各级党组织要切实担负起党要管党、从严治党的重大责任，加强对党建工作的领导，全面落实党建工作责任制，确保党的建设各项任务落到实处。

全会充分肯定市委常委会的工作。会议认为，2009年，市委常委会全面贯彻中央和省委的决策部署，贯彻落实科学发展观，团结和依靠全市广大干部群众，应对世界金融危机带来的不利影响，咬定四年翻番目标不放松，坚定加快发展信心不动摇，一心一意抓发展，千方百计保增长，全力以赴抓招商引资、项目建设，走新型工业化道路，加快推进工业化；做好“三农”工作，发展现代农业；加快推进城市建设，着力提升城市功能；推进民主法制建设，推进精神文明建设；保障和改善民生，维护社会和谐稳定；开展深入学习实践科学发展观活动，全面加强和改进党的建设，全市经济保持较快速度增长，各项事业取得新的进步。

全会分析当前形势，提出2010年经济社会发展的目标任务。会议指出，当前，襄樊的发展正处在极为关键的时期，做好明年的工作，争取更大的发展，对实现四年翻番目标尤为重要。全市上下要抢抓机遇，乘势而上，以更高的境界、更高的标准、更高的追求来定位和谋划各项工作，坚持好字当头、快字优先，着力把实现四年翻番的压力前移，以超常之举争取超常的发展成果，全面超额完成年度目标。

全会确定2010年经济社会发展的总体思路和重点工作。要抢抓国家推动结构调整、转变发展方式的政策机遇，抓住对全局发展有重大影响的重点领域、重大项目，突出抓好工业结构调整、产业结构优化，以加速总量扩张为中心任务，以实施“双千双百”工程(千亿级高新区、百亿级园区，千亿级产业、百亿级企业)为总抓手，以强力推进招商引资、项目建设为统领，加快壮大优势产业，着力培育新兴产业，促进企业成长，推进全民创业，全面提升城市功能，增强省域副中心城市综合竞争力、产业支撑力、科技创新力、城市承载力。坚持统筹发展，加强社会建设，改善民生，办成一批人民群众期盼、事关襄樊长远发展的大事。要突出工作重点，抓好一批产业新增点，推进优势产业发展提速提质，加快发展新兴产业；培植新的经济支撑点，力争在旅游、文化、现代物流等产业发展上有较大突破；把开发区和工业园区作为新的城市功能区来规划建设，不断提升综合服务功能和产业集聚能力；启动实施一批城市建设重点工程，力争城市功能有大提升、面貌有大变样；加快建设以农产品加工为龙头的现代农业，提高农业综合生产能力，推进新农村建设；推动企业成长和全民创业，不断培育壮大市场主体；加快推进区域技术创新体系建设，发展高新技术产业；进一步优化金融环境，加快推进资本市场建设；保障和改善民生，维护社会大局和谐稳定。

全会强调，做好2010年的工作，实现全年的目标任务，关键在狠抓落实。全市各级党组织和党员干部要始终保持昂扬向上、奋发进取的精神状态，保持干大事业、求大发展的目标追求，保持时不我待、只争朝夕的工作干劲，推进经济社会发展的各项工作。

全会号召，全市各级党组织和广大党员干部紧密团结在以胡锦涛同志为总书记的党中央周围，贯彻落实科学发展观，全面贯彻党的十七届四中全会和省委九届七次全会精神，团结拼搏，开拓进取，开创党建工作新局面，奋力实现跨越式发展的新突破！

【统筹城乡发展】 全面贯彻党的十七大和十七届三中、四中全会以及中央、全省农村工作会议精神，高举中国特色社会主义伟大旗帜，以邓小平理论和“三个代表”重要思想为指导，贯彻落实科学发展观，加大统筹城乡发展力度，转变农业农村经济发展方式，以农产品加工大市建设为龙头，以百亿斤粮食生产能力建设、千万头家畜生产、千亿元林产业发展为支柱，以新农村建设、农产品加工、现代农业建设、回归创业工程、体制机制创新、加强组织领导为重点，确保粮食生产不滑坡、农民收入不徘徊、农村发展好势头不逆转，加快建设农产品加工千亿级产业，加快由农业大市向农村经济强市转变，为全市地区生产总值四年翻番作出新的更大贡献。

1.着力推进现代农业，加快转变农业发展方式。突破性发展农产品加工业。实施“四个一批”工程(发展一批在全国同行业有竞争力的农产品加工企业，打造一批在全国有影响的知名品牌，建设一批销售收入过50亿元的农产品加工园区，形成一批农产品加工销售过百亿元的县市)，支持襄阳、枣阳、宜城、老河口等地加快建设农产品加工“百亿强县”和“百亿园区”，“十二五”期间全市农产品加工实现千亿元目标，稳步提升粮食等大宗农产品产能。

2.加大城乡统筹力度，推动农村社会事业全面发展。推进新农村建设。坚持“片线面结合、市县镇联动”的工作思路，整村、连片推进新农村建设。配合省直部门，抓好保康脱贫致富奔小康试点县建设。加快推进襄南、石花、鄂北岗地3个市级新农村示范区建设，其中襄南新农村示范区要实现南漳九集、宜城小河、襄城尹集和欧庙全线贯通。继续抓好国省道、汉江沿岸、铁路沿线的集镇建设和环境整治工作。

3.进一步深化农村改革。推进农村土地管理制度改革。执行耕地保护制度，坚决守住耕地保有量的底线，其中基本农田保护面积不低于51万公顷。加快农村集体土地所有权、使用权的确权登记颁证工作，工作经费纳入财政预算。完善征地补偿机制,依法征收农村集体土地,按照同地同价原则及时足额给农村集体组织和农民合理补偿。深化农村各项改革。全面完成林权确权发证工作,着力推进配套改革,规范集体林权流转。推进农业水价综合改革,探索完善水价形成机制和水费征管新机制。深化水管单位体制改革,足额落实人员经费和养护费。优化乡镇政府机构设置和农村公益性服务岗位配置,建立精干高效的乡镇行政管理体制和运行机制。创新"以钱养事"新机制,推行乡村"一站式"便民服务模式,完善公益服务人员管理、合同管理和绩效考评等制度办法,提高服务质量。探索建立"管理在县、服务在乡"的新机制,实行农业技术服务派出制,鼓励高校涉农专业毕业生到乡镇从事公益服务工作,多种途径留住人才。完善村级公益事业建设"一事一议"财政奖补制度试点。化解乡村集体债务。加强农村基层党组织建设。以"五基"(健全基本组织、建好基本队伍、开展基本活动、完善基本制度、落实基本保障)为主要内容,推进农村基层组织规范化建设。总结推广襄樊市农村基层组织建设"三三制"(三位一体、三会治事、三联共建)经验,力争2010年覆盖全市40%的行政村。探索在专业合作社、专业协会、中介服务组织中建立党的基层组织,实现党的组织和工作在农村全覆盖。创新完善农村流动党员教育管理服务制度,加强农民工中党的工作。建立城乡党组织互帮互助机制,实施党员创业致富计划。建立健全村务公开和民主议事制度,发挥村民理事会等村民自治组织的作用,保障农民的知情权、决策权、参与权和监督权。

【招商引资】 2009年,全市新增招商注册项目607个,总投资689亿元;其中亿元以上项目98个,总投资538亿元,中航集团、新兴铸管集团、三环集团、同济堂医药公司等10个企业项目投资均在20亿元以上。全市在建招商项目608个,总投资681亿元;投产项目340个,完成投资138亿元。国有企业改革重组取得新成效,三环集团重组襄轴、兵装集团华中药业重组湖北制药进展顺利。全市新批外商投资企业25家,直接利用外资2.5亿美元,同比增长48.1%。与此同时,争取国家和省投资项目666个,无偿资金13.42亿元。新增个体私营经济组织8 742个,注册资本18.2亿元。1.统一思想,营造开放的招商格局。市委、市政府把扩大开放作为振兴襄樊的战略举措来抓,牢固树立"大招商促进大发展"的观念,在"以开放总揽全局、靠开放促进发展"的思想指导下,把招商引资工作作为事关发展全局的大事来抓,营造大招商的浓厚社会氛围,着力构建"全方位、多渠道、宽领域"的对外开放格局。2.加强引导,夯实招商工作基础。围绕"一中心、五基地"的战略定位和实施"双千双百工程"的要求,结合襄樊实际,编制《襄樊市招商引资产业指导目录》,并新增关于鼓励经济发展的有关规定。3.强力推进,鼓励招商形式多样化。7月14日,全市上半年经济形势分析会暨招商引资项目调度会在谷城召开,会议强调,要加快发展速度,招商引资,推进项目建设,力争超额完成翻番的年度目标任务。四、提升服务,打造良好的投资环境。推行"阳光新政",提高行政机关效能建设和执行力,为企业提供"保姆式"服务,创建优良环境。同时,加大投入,加快基础设施建设步伐,为客商投资提供便捷畅通的交通和物流通道。五、开发区(园区)建设势头强劲。湖北深圳(襄樊)工业园和襄城、保康经济开发区获省政府批准设立,总投资15亿元的中国光彩事业襄樊工业园正式筹建,县(市)区一批特色工业园区开工建设,特别是湖北深圳(襄樊)工业园短短八个月就完成一期工程的主要基础设施建设,18家企业达成入园协议,10个项目开工,一座现代化工业园区已具雏形。(市)县开发区完成投资161.7亿元,工业增加值237.9亿元,分别增长74.5%和43.5%。其中高新区完成投资80.2亿元,增长45.2%;规模以上工业增加值140亿元,增长29%;在全国54个高新区中的排名由上年的35位上升至34位。3月5日,市政府与上海市浙江商会在南湖宾馆签订合作框架协议,共同在襄樊高新技术产业开发区内建设浙商(襄樊)产业园,通过3~5年努力,将产业园建成重要的汽车及零部件、化工、建材、电子与高新技术产业相结合的生产基地。市领导李新华、万桃元及上海市浙江商会执行副会长武舸等出席签约仪式。3月31日,市委、市政府召开全市开发区建设工作会,提出通过2~3年努力,打造1个千亿级和5个百亿级开发区。4月18日,襄樊国际创新产业基地在高新开发区邓城大道核心区奠基。基地项目总投资7亿多元,建设周期5年,建成后可实现产值30多亿元。

【解决民生问题】 城乡就业。培训城乡劳力10.4万人;组织外地企业和本地新建、扩产企业提供就业岗位3万个,开发公益性岗位3 267个,新增自主创业主体7 100个、回归创业企业902个,就业渠道进一步拓宽。全市城镇新增就业人员9.77万人,城镇登记失业率控制在4.18%以内;新增转移农村劳力10.13万人,14.56万名返乡农民工实现再就业。

社会保障。社会保险覆盖面扩大,城镇居民医保和新型农村合作医疗实现愿保尽保,村主职干部养老保险、被征地农民和残疾人社会保险制度初步建立,新型农村养老保险试点工作扎实推进。社会救助力度加大,30万城乡困难居民享受最低生活保障待遇。住房保障加强,住房公积金归集和贷款规模进一步扩大;改造农村危房1 649户,新建城市廉租房3 881套,改造棚户区3.52万平方米,向2.3万余户困难家庭发放住房租赁补贴。农民人均纯收入和城镇居民人均可支配收入分别达到5 440元和13 409元,同比分别增长11.5%和9.1%。居民消费价格下降1.3%。南水北调移民安置工作全面启动,向大中型水库原迁移民发放直补6 943万元。

公共事业。初中毕业生升学比例达88%,高中阶段教育基本普及,高考本科上线率达52%以上。农村寄宿制学校学生住宿费全部免除;进城务工人员子女义务教育得到确保;市区24所薄弱学校设施改造基本完成。54个基层卫生服务项目建成并投入使用,村卫生室和城镇社区卫生服务机构覆盖率分别达98%和100%;甲型H1N1流感、手足口病等重大疫病防控扎实有效。人口出生政策符合率达92.3%,出生人口性别比趋向正常。

(徐耀坤)

襄樊市人大常委会

【第十五届人代会第二次会议】 2月3—6日,襄樊市第十五届人民代表大会第二次会议在襄阳剧院召开。大会应到代表473人,实到452人,符合法定人数。在樊全国、省人大代表、出席市政协十二届二次会议的400多名政协委员、市政府组成部门主要负责人列席会议。35名市民旁听会议。大会选举乐志强、汪金昌为市十五届人大常委会委员,肖廷杰为市中级人民法院院长。

大会依次通过关于政府工作报告的决议、关于襄樊市2008年国民经济和社会发展计划执行情况及2009年计划报告的决议、关于襄樊市2008年财政预算执行情况和2009年财政预算报告的决议、关于襄樊市人大常委会工作报告的决议、关于襄樊市中级人民法院工作报告的决议、关于襄樊市人民检察院工作报告的决议。

【常委会】 1月20日,襄樊市第十五届人大常委会举行第八次会议。会议听取并审议市人大常委会秘书长李耀春作的关于市十五届人大二次会议筹备工作情况的报告;审议并通过市人大常委会2009年工作要点(草案);审议并通过市十五届人大二次会议主席团、秘书长名单,会议议程,议案审查委员会和计划预算审查委员会组成人员名单(草案);审议并通过市人大常委会代表资格审查委员会关于代表变动情况和补选代表资格的审查报告;表决通过列席市十五届人大二次会议人员名单,审议通过接受王非辞去市人大常委会委员职务请求的决定。

3月20日,市十五届人大常委会举行第九次会议。会议听取并审议市政府关于投资经济社会发展重大建设项目2008年完成情况和2009年安排意见的情况报告;审议并表决通过市中级人民法院提请的人事任免议案。会上,市人大常委会还聘请李顺民等五人为法律顾问并颁发聘书。

4月29日,市十五届人大常委会举行第十次会议。会议审议并通过市政府关于贯彻实施《档案法》情况的报告;市政府关于全市林业经济发展情况的报告;市人民检察院关于反渎职侵权工作情况的报告;市政府关于2009年市本级预算调整方案的报告;市政府提请的人事任命议案。

会议表决通过市人大常委会对市政府关于贯彻实施《档案法》情况报告的审议意见;市人大常委会对市政府关于全市林业经济发展情况报告的审议意见;市人大常委会对市人民检察院关于反渎职侵权工作情况报告的审议意见;市人大常委会关于批准2009年市本级预算调整方案报告的决议和人事任命。

6月29—30日,市十五届人大常委会举行第十一次会议。会议听取并审议市政府关于贯彻实施《防洪法》情况的报告、人民银行襄樊市中心支行关于全市金融工作情况的报告、7家商业银行关于支持地方经济发展的情况报告、市人大常委会代表资格审查委员会关于襄樊市十五届人民代表大会代表变动和代表资格审查的报告;审议《市人大常委会2009年度专项工作评议实施方案》、市政府关于将2009年市区城建项目融资资金本息列入市级财政预算的议案、人事任免议案。会议表决通过对人民银行襄樊市中心支行关于全市金融工作情况报告的审议意见、对市政府关于贯彻实施《防洪法》情况报告的审议意见、《市人大常委会2009年度专项工作评议实施方案》、市人大常委会代表资格审查委员会关于代表变动和代表资格审查的报告及有关人事任免事项。会议还对7家商业银行支持地方经济发展情况报告进行测评。

7月31日，市十五届人大常委会举行第十二次会议。会议听取并审议市政府市长李新华所作的关于上半年经济社会发展情况的报告，市房产管理局局长赵新建受市政府委托作的关于贯彻实施《物业管理条例》情况的报告，市旅游局局长刘智勇受市政府委托作的关于贯彻实施《湖北省旅游条例》情况的报告，审议人事任命议案。会议表决通过市人大常委会对市政府关于上半年经济社会发展情况报告的审议意见、关于贯彻实施《物业管理条例》情况报告的审议意见、关于贯彻实施《湖北省旅游条例》情况报告的审议意见，表决人事任命。

9月24日，市十五届人大常委会举行第十三次会议。会议听取并审议市政府关于2009年上半年财政预算执行情况的报告，表决通过市人大常委会对市政府关于2009年上半年财政预算执行情况报告的审议意见。审议并表决通过市人大常委会关于评选优秀市人大代表、先进市人大代表小组、先进人大工作者和优秀议案建议的方案，及市人大常委会主任会议提请的人事免职议案。

10月29日，市十五届人大常委会举行第十四次会议。会议听取并审议市政府关于2008年市本级财政决算的报告、关于2008年市本级财政预算执行及其他财政收支的审计工作报告、市政府和市中级人民法院关于办理市十五届人大二次会议议案和建议情况的报告、人事任免议案。会议审议并表决市人大常委会对市政府关于2008年度市本级预算执行及其他财政收支的审计工作报告的审议意见、市人大常委会关于批准2008年市本级财政决算的决议、人事任免议案。

12月3—4日，市十五届人大常委会举行第十五次会议。会议听取并审议市人大常委会专项工作评议调查组调查情况的报告和国家统计局襄樊调查队关于2009年度市人大常委会专项工作评议问卷调查和整改测评情况的报告；听取并审议市政府关于贯彻实施《湖北省实施妇女权益保障法办法》的情况报告；表决通过市人大常委会关于对市政府贯彻实施《湖北省实施妇女权益保障法办法》情况报告的审议意见。会上，市人大常委会组成人员还对市教育局、市城管局、市水利局、市民政局、市劳动和社会保障局、市交通局、市旅游局、市食品药品监督管理局、襄樊供电公司、移动通信襄樊分公司等10个被评部门整改情况进行投票测评，并宣布本次评议的测评结果。

(王界敏)

襄樊市人民政府

【市政府常务会议】 2009年3月23日，市长李新华主持召开市政府常务会议，研究部署全市依法行政工作。会议指出，必须从襄樊发展全局的高度，认识政府依法行政的重要性和紧迫性，加快法治政府建设。会议认为，近几年，襄樊市在畅通复议渠道化解行政争议、推行相对集中行政处罚权、依法行政考核等方面做了大量工作，受到省政府的肯定，展示襄樊市政府依法行政、执政为民的良好形象。市政府法制办应继续在推进依法行政工作中发挥职能作用，协助市政府做好依法行政的实施工作，完善行政决策机制，增强行政决策的科学性、民主性，加强监督管理，确保规范性文件合法有效，规范和监督行政执法行为，不断推进法治政府建设。会议决定，以市政府文件下发《关于加强市县政府依法行政工作的若干意见》，并在2009年适当时机召开全市依法行政工作会议，安排部署襄樊市政府依法行政工作；从2009年起，将依法行政考核纳入各县(市)区及市直部门实绩考核指标体系；进一步完善重大行政决策听取意见制度，推行重大行政决策听证制度，并建立重大行政决策的合法性审查制度；围绕事关全局的重点工作，确保规范性文件合法有效；加强市政府行政复议能力建设；加强政府法律事务工作；提高行政机关工作人员依法行政的意识和能力。

7月24日上午，市长李新华主持召开市政府常务会议，听取全市甲型H1N1流感防控工作的汇报，并安排部署下一步防控工作。会议指出，襄樊市甲型H1N1流感防控工作，坚持“高度重视、积极应对、联防联控、依法科学处置”的防控原则和“减少二代病例、严防社区传播、加强重症救治、应对病情变化”的防控策略，形成指挥有力、信息畅通、反应灵敏、措施得当的防控工作格局。目前，襄樊市未出现一起输入性病例和二代病例，实现有效遏制疫情传入和扩散的阶段性工作目标。为积极应对国际、国内疫情的发展和随时可能发生社区集中传播的趋势。结合襄樊市实际，会议强调，一、加强重点场所、重点人群、重点环节的防控工作。二、调整完善病例诊断程序，实行分类收治，加强重症病例救治工作。三、做好社区暴发与流行的应对准备。四、加强应对第二波疫情的准备。五、加强舆论引导和监督检查。各地、各部门进一步加大宣传力度，引导公众正确理解、积极配合、科学参与当前的疫情防控，加强对防控工作的督导检查，实行责任追究制度。为进一步完善卫生应急体系建设，切实提高襄樊市应对突出公共卫生事件的防控能力，会议决定，将市传染病医院划转移交给市中心医院，由市中心医院负责管理；原市中心医院肝病科与市传染病医院合并，保留市传染病医院的牌子，其经费渠道和单位性质、职能不变；市卫生局要加强指导和监督，保证合并后的市传染病医院正常运转。会议同意，甲型H1N1流感防控工作必需的设备、检测试剂、口罩、消毒液等经费由财政部门核实解决。

7月24日上午，市长李新华主持召开市政府常务会议，听取2009年上半年全市安全生产工作情况的汇报，并安排部署当前安全生产工作。会议认为，2009年，在市委、市政府的正确领导下，全市各级安监部门弘扬“执法先送法、服务促安全”的工作理念，坚持一手抓事故控制，着力治标，一手抓安全基础，着力治本，开展隐患排查治理及危险源监控、执法监察服务、企业安全标准化创建等重点工作，全市安全生产形势基本保持平稳。上半年，襄樊市道路交通事故起数、死亡人数和受伤人数同比都有不同程度上升，一些企业还存在生产工艺落后，安全投入不足，思想认识不到位现象，当前危险有害因素和危险点增多，监管难度大，安全生产形势仍十分严峻。会议强调，安全生产工作无小事，事关国家和人民群众的生命财产安全，事关经济发展大局和社会稳定、繁荣，事关和谐社会建设。2009年是国务院确定的“质量和安全年”，也是建国60周年，做好安全生产工作意义重大。第一，突出抓好综合监管工作。第二，突出抓好隐患治理和危险源监控工作。第三，突出抓好标准化创建和评审工作。第四，突出抓好宣传教育培训工作。第五，突出抓好执法监管工作。会议决定，1.对博拉经纬400吨二硫化碳仓库安全距离不够、市长途客运中心站无安全循环通道等问题，各相关部门要立即拿出解决方案，限期整改。近期襄樊市道路、水上安全事故频发，各地、各相关部门要提高认识，加强管理。对客车违规经营、大型货车修理店占道经营和销售假冒伪劣零部件等现象，要依法依规坚决查处。2.对南漳、谷城、襄城、樊城四地已在2008年底前关闭的烟花爆竹生产企业，各地、各部门要加强监管，确保转产改造和后期安置顺利进行。

【市政府专题会议纪要】 1月5日，市政府召开会议，专题研究加快实施鲤鱼桥水库除险加固工程中的有关问题。会议指出，实施鲤鱼桥水库除险加固工程，对于提高水库防洪能力、改善农业灌溉条件、推动宜城经济社会持续快速发展，具有重大的现实意义。会议要求，工程参建单位和宜城有关部门必须统一认识，服从大局，密切配合，抢抓进度，又快又好地实施鲤鱼桥水库除险加固工程。会议强调，鲤鱼桥水库除险加固工程是襄樊市第一批组织实施的拉动内需项目，工程建设直接影响到中央政策精神在襄樊市的落实情况，各有关部门必须尽职尽责、不折不扣地完成工程建设任务。

1月6日，市政府召开专题会议，研究汉江谷城甘家庄堤防水毁修复工程建设问题。会议认为，2005年10月3日，汉江洪水造成该段堤防溃口总长度480米，水毁堤段若遇大洪水极可能造成新的危害，因此，尽快修复汉江甘家庄堤防水毁工程十分必要，十分紧迫。会议决定，汉江甘家庄堤防水毁工程按照“原有规模、就地取材”的原则进行修复，按堤高6米、顶宽6米的方案，由襄樊市水利局监督谷城县相关部门组织实施，整个修复工作在2009年汛前完工。会议强调，甘家庄堤防溃口段修复后，谷城要加强对整段堤防维修加固和日常监管，使整个甘家庄堤防达到原始防洪标准。

2月24日，市政府就加快推进“一江两河”堤防标准化整治工程建设召开专题会议。会议指出，“一江两河”堤防标准化整治工程是市委、市政府确定的扩内需、保增长的重点项目，也是提升我市城区防洪能力、保护洲滩土地、拓宽城市空间的发展项目，必须坚定不移地推进。会议要求，崔家营航电枢纽蓄水在即，城区内汉江、唐白河、小清河的水位必然上升，堤防工程建设难度将进一步加大。因此，必须加快“一江两河”工程建设进度，要抢在崔家营枢纽蓄水前完成水下部分建设，提高堤防防洪能力，降低施工难度，节约建设成本。1.要在2009年主汛期前完成清河二桥上游尚未达标的670米河段治理。2.加快推进清河二桥至入汉江口约2.4千米的堤防河道治理。3. 抓紧编制“一江两河”工程涵盖防洪、景观、绿化、亮化、美化、道路的综合规划。四、加大汉江贾家洲段整治方案的申报审批力度。会议强调,“一江两河”治理时间紧、任务重,各成员单位要立即行动起来,明确责任,落实任务,分工协作,早日建成这一事关襄樊发展大局,事关人民群众切身利益的重点工程。

4月2日,市政府召开会议,专题研究解决市区保障性住房建设有关问题。会议指出,保障性住房问题是重要的民生问题,加大城镇居民住房保障工作,是政府义不容辞的责任,是落实科学发展观的重要举措。各相关部门要统一思想,提高认识,加大对保障性住房建设工作支持力度,实行特事特办,尽快启动项目建设,并按规定落实项目建设各项优惠政策,共同把民心工程落到实处。会议议定,规范政府投资新建廉租住房建设工程管理,启动2009年新建1 000套廉租住房建设工程。市房管局根据省政府下达的廉租住房建设计划,结合襄樊实际,提出年度建设规模和用地计划,报市政府批准后,由市土地储备供应中心负责落实土地供应;市规划局负责做好项目规划;市房管局采取招投标方式确定项目代建单位;市财政局负责筹集建设资金,加强建设项目资金跟踪监管,对2008年已完工廉租住房项目要尽快做好竣工审计;市发改委负责落实中央预算内新建廉租住房专项补助资金,确保依法依规、高标准、高质量、高速度地建好民心工程。同时,要将新建的廉租住房与政府重点工程建设、旧城改造、土地储备整合相结合,实现廉租住房建设的良性循环。利用共有产权形式建设廉租住房,改造棚户区,改善低收入家庭住房困难问题。建设共有产权型廉租住房,必须坚定不移地按照有利于群众的原则,采取“政府扶一点、群众筹一点、国家补一点、市场让一点”的方式,改造项目以无偿划拨方式取得土地使用权,享受国家行政事业性收费和政府性基金全免、服务性收费减半收取的优惠政策,建设户型要坚持小户型,确保“住得下、分得开”、方便实用,适当考虑居民的居住要求。建设中充分考虑困难群众的经济承受能力,采取先租后售的办法,逐步出售房屋产权。会议决定2009年先行在汉丹社区、红旗机制厂、化学矿山机械公司三个棚户区试点。控制经济适用住房建设,推进在商品房小区配建廉租住房工作。

4月10日,市政府召开会议,专题研究整治拆除市区汉江和小清河河道新建违章建筑工作。会议指出,汉江左岸一桥至小清河出口段河滩地樊城区樊东段,属于淤积而成的堤防二道平台,2009年,少数人无视《防洪法》和城市管理的规定及崔家营水电枢纽即将蓄水的现实,在此河道内抢建违章建筑,严重影响河道行洪安全、堤防安全和城市秩序,社会各界反映强烈。会议议定,由市水利局牵头,相关部门密切配合,迅速全部拆除河道内新建和在建违章建筑,并确保今后该区段不再有新的违章建筑;组建整治拆除工作专班,即日起对市区汉江和小清河河道违章建筑单位特别是新建违章建筑户逐一上门宣讲,对新建和在建的违章建筑坚决制止停建,要求违章建筑住户于4月30前自行拆除,逾期不拆者,整治专班将依据《防洪法》有关规定,强制拆除。同时要加大巡查力度,防止汉江河道内乱搭乱建现象反复发生。根据《防洪法》有关规定,按照“谁设障,谁清除”的原则,有关企事业单位要主动拆除过去在市区汉江和小清河河道内建的违章建筑,其主管部门要做好宣传动员和督促工作。会议强调,专班各成员单位要抽调专门人员,集中时间集中力量开展专项整治拆障行动。

6月12日,市委、市政府召开会议,专题研究灾后小麦购销工作。会议指出,5月22—28日的连续阴雨,使襄樊市丰收在望的小麦大面积生芽,损失严重。灾害发生后,市委、市政府高度重视,采取一系列强有力措施,先后三次召开紧急会议,研究分析灾情,安排部署小麦抢收和收购工作。同时,各地、各部门研究小麦购销对策,在调查研究的基础上,向上汇报灾情,争取政策支持。会议决定,进一步广辟渠道,做好小麦购销工作。1. 对于不完善粒在20%以内的小麦,坚决按照最低收购价政策敞开收购。2.要组织本地加工企业随行就市,以质论价,入市收购、消化芽麦。3.粮食部门要主动出击,运用网络等媒体发布信息,广泛联系外埠粮食营销、小麦加工、饲料加工、酒精加工等企业与我市签订订单,深购远销,多购多销。4.中储粮和农发行襄樊分行要密切配合,千方百计组织好标准外小麦购销工作。5.要确保小麦收购资金供应,进一步落实各项保障措施,加强小麦购销工作领导。

6月18日,市政府召开会议,专题研究襄樊市扶持东风公司生产推广沼液沼渣抽排机的相关问题。会议认为,沼液沼渣抽排机是东风公司的新产品,推进沼液沼渣抽排机下乡,有利于推动我市新农村建设,各相关部门要服从大局,支持配合,为东风公司生产的沼液沼渣抽排机在襄樊市销售推广提供优良服务。会议议定，鉴于东风公司生产的沼液沼渣抽排机，已经列入《2009—2011年湖北省支持推广的农业机械产品目录》和《湖北省2009年农业机械购置补贴目录》。市农机办在申报补贴计划、确定推广重点、适宜产品推介等方面，要给予重视，营造宽松的发展环境。市财政局负责对相关资金进行整合，统一管理，集中使用，可以考虑对沼气服务网点统一配置沼液沼渣抽排机，通过统一采购，以奖代补，激励典型等方式，提高服务体系运行效率。市农机监理部门将沼液沼渣抽排机纳入拖拉机牌证管理范围，其登记注册、机车检验、变更过户、机车转移等参照拖拉机登记管理的工作规范办理。市公安局交通管理部门负责维护道路交通秩序，提高通行效率。市税务部门对我市农民和服务组织购买的沼液沼渣抽排机参照拖拉机、联合收割机的有关政策执行，免征车辆购置附加税和车船使用税。市农机部门负责对沼液沼渣抽排机发放跨区作业证，该机从事农田作业和道路转移时，给予优先通行。

6月28日，市长李新华主持召开会议，专题研究规范市区工业项目用地程序有关问题。会议指出，各城区政府(开发区管委会)要统一思想，提高认识，各项建设用地要依法依规报批，工业项目用地程序要理顺，要采取多种方式筹措资金，抓紧完善前两年已批准土地供地工作。市直相关部门要提高工作效率，优化程序，确保工业项目尽快落地，全力支持市区经济发展。会议决定，今后各城区上报新增用地手续前，要向国土部门预交征地预付款每亩5万元，确保报批用地上缴的新增建设用地有偿使用费和保证耕地占补平衡的耕地开垦费。各城区政府、各开发区管委会要以本区域内上年度征地发生的各项费用为依据，将本年度征地费用列入本级财政预算。所列预算的资金用于当年度区域内征地所需费用。

7月29日，市政府召开会议，专题研究进一步加强项目推进和项目库建设。会议提出，各部门必须要把项目策划作为项目工作的重要环节，通过深入调查研究，理清发展思路，做好项目建设，推动项目策划工作取得突破性进展。会议指出，要立足当前，放眼长远。既要考虑现实需要，实实在在的干好当前的项目，也要对未来的项目提前思考，大胆创新，超前策划。在资金筹措方式和项目运作模式上，在重视争取财政资金的同时，要更加重视用产业化、市场化的方式来运作，吸纳社会资金的投入。要突破思想阻碍，体现大手笔、大思维，有些重点领域可以借助高层次的机构和专家进行策划。对已策划的项目要抓紧做好立项、可研、论证等前期工作，进入项目储备库。尤其是政府投资项目，必须按照《襄樊市市本级投资管理办法》的要求，提前做好前期工作，进入项目库，才能列入下年投资计划。今后全市每年项目库里录入的策划项目投资总量要保持在2万亿元以上。

9月9日，市政府召开会议，专题研究加速推进襄樊航空航天工业园建设工作。会议指出，建设襄樊航空航天工业园，是市委、市政府的重要战略部署，也是推进经济跨越式发展的重要增长极。各地、各部门要确保思想认识到位，把建设襄樊航空航天工业园纳入工作的重要议事日程，并安排好、部署好。会议决定，市规划局要在综合考虑各方因素基础上，制定园区10平方千米的规划，兼顾园区周边发展需求，分步制定包括快车道以东，内环线以西区域、人民西路以南紧邻汉江区域和高速公路以西牛首工业园三角区域的规划，作为航空航天工业园下一步扩展的区域，9月下旬上报市政府常务会研究审定。同时，要提高园区土地利用率，做好迁村腾地规划及水、电、路、消防、通讯、供热供气、园林绿化等配套基础设施的规划，做好项目入驻规划审批工作。要强化规划的严肃性，会同城管部门、园区管委会严格控制和查处规划范围内违法建设。市建投公司要尽快制定详细的融资、投资计划方案，加快基础设施建设。市供电部门要完善10千伏电网的配网优化工作，满足项目建设需求。市建投公司要尽快启动航宇公司项目起步区建设所涉及的韩洼和王伙村民还建房建设工作，制定拆迁安置方案，报市政府审批，年底前启动1 000套村民还建房建设工作，市发改委要做好省级工业园区和省级重点项目的报批手续，向国家申报，做好将园区打造成波音公司等全球制造业供货基地的相关工作。会议强调，各地、各部门要统一思想，提高认识，采取有效措施，贯彻落实市委、市政府举全市之力建设襄樊航空航天工业园的通知精神，把航空航天工业园建设作为推进全市经济发展的一件大事来抓，力争通过三至五年的努力，把工业园建成产值过600亿元的襄樊新兴工业城、科技城，建成自然景观优美、生态环境环保的新型旅游景点。

9月23日下午，市委、市政府召开会议，专题研究落实国家粮食收购惠农政策、维护农民利益、搞好秋粮收购等问题。会议指出,2009年襄樊市秋季粮油呈现面积、单产、总产"三增"好形势,有望实现襄樊市历史性的连续6个秋粮丰收年。做好秋季粮油收购工作,对于确保农民丰产丰收,巩固和发展今年农业和农村工作的大好形势,维护社会稳定,具有重要意义。

会议要求,各相关部门要认真做好秋粮收购的准备工作,做到"四个到位"和"四个坚持"。"四个到位":政策宣传到位、仓容器材准备到位、人员培训、安排到位、收购网点部署到位。"四个坚持":坚持执行国家有关粮食购销政策、坚持敞开收购的原则、坚持现金结算原则、坚持优质服务原则。会议强调,各级党委政府、有关部门和农村基层组织,要重视2009年秋粮收购工作,及时化解收购中出现的问题和矛盾;各级粮食部门和农发行要加强协调、配合,发挥各自职能,各司其责,共同执行好国家政策,共同安排好、组织好稻谷收购工作;公安部门要积极配合,加强收购资金的安全,防止收购过程中的突发事件,维护农村社会稳定。

9月29日,市委书记唐良智、市长李新华主持召开会议,听取关于组建襄樊市旅游发展有限公司的情况汇报,专题研究如何做大做强襄樊旅游产业,打造鄂西生态文化旅游圈核心城市。会议提出,集全市之力,加快旅游业发展,实现襄樊市旅游业的振兴,推动全市经济社会全面与可持续发展。会议决定,成立襄樊市旅游发展委员会。由常务副市长施真强任主任,副市长王代全、市政府党组成员曾玉平、市政府副秘书长于襄生任副主任。办公地点设在市发改委,加挂"襄樊市鄂西生态文化旅游圈办公室"牌子。办公室主任由市发改委主任王忠运兼任。迅速启动鄂西生态文化旅游圈襄樊区域总体规划编制工作,集中人力、物力和财力做好"一总三专"规划,尽快与省规划对接,进入实施阶段。会议决定,成立襄樊市旅游发展有限公司,作为旅游发展的投融资平台,先政府控股,然后再吸纳社会股份,让民营企业参股,建成一个市场化的公司。

10月17日,市政府召开专题会议,协调解决南河白水峪段渔业污染的有关问题。会议指出,南河白水峪段水质发生污染事件后,各级党委、政府和相关部门高度重视,有效处置,迅速对污染源进行清运,对库区内污染物进行稀释,并对责任单位进行认定。为妥善处理好相关问题,保康、谷城县政府和相关部门必须进一步加大工作力度,防止污染加重及事态扩大,维护好渔业养殖业主的合法权益,维护和保持社会稳定。会议议定,保康县政府要迅速组织,对污染源头及周边环境进行彻底清理,采取一切必要措施尽力减轻污染影响。保康、谷城两县环保局要加强南河流域水质监测,做到一天一测,每天上报,确保流域人畜饮水安全。市环保局负责事件的全面调查和统一协调处理,要迅速形成完整的事件调查报告,于10月24日以前上报市政府。市质量技术监督局负责在10月21日前完成污染鱼体的检测分析工作。市渔政部门负责组织对渔业主的相关损失进行评估,并协调开展赔偿工作。各级党委、政府和相关部门要以强烈的责任感积极做好相关工作,安抚受害业主,力争把各种负面影响降到最低,确保社会稳定。

11月17日,市政府召开专题协调会议,安排部署崔家营航电枢纽工程建成后汉江市区段旅游综合开发工作。会议议定,在专门的库区管理协调机构成立以前,由市旅游发展委员会办公室统一协调库区管理的重要事务。加强库区船舶管理,暂停水上旅游经营客运企业资质审批。海事部门要对库区现有水面船只进行清理整顿。为保持库区良好的经营秩序,确保汉江旅游开发的高标准、高品质,市海事、工商部门暂时停止库区水上旅游客运企业和个人购买船只开展水上项目的审批、登记。今后企业或个人申请此类项目,必须持有与襄樊市旅游发展有限公司签订的合同或市旅游发展委员会办公室的批准意见,否则,工商、海事部门不得登记、审批。由市旅游发展有限公司通过招商引资,选择确定1~2家有实力的企业经营汉江旅游业务。市文体局要抓紧向省体育局和国家体育总局汇报,力争将库区纳入国家或省级水上运动训练基地,成为国家或省级水上运动赛事场地。市发改委、交通、海事、水利、旅游等部门要围绕汉江综合开发利用,根据各自的职责,向国家和省上报项目,争取得到扶持。市环保局要进一步加大对汉江两岸及上游污染源的清查力度,逐个提出解决办法,并限期进行整改,采取一切行之有效的措施,确保汉江污染迅速减少。

11月21日下午,市长李新华主持召开专题会议,研究加快樊城工业经济发展及项目建设相关工作。会议认为,樊城工业经济发展及项目建设速度较快、力度很大、成效明显。为适应项目建设和城市建设需要,促进樊城及全市经济发展,必须加快航空航天工业园和牛首工业园建设步伐,市直相关部门和樊城区要同心协力，做好相关规划，加快园区基础设施建设。

12 月 14 日，市政府召开专题会议，安排部署汉江大道周边环境整治工作。会议指出，由于基础设施欠缺，日常管理松懈，目前汉江水面漂浮物较多，船只乱停乱泊，汉江大道周边脏、乱、差现象比较严重。为净化美化汉江水面及汉江大道周边环境，提升城市形象，各相关部门和单位必须高度重视，进一步提高认识，统一思想，采取有效的措施，尽快改善汉江大道及周边环境面貌。会议议定，要按照严禁乱倒垃圾、严禁种粮种菜、严禁乱搭乱建、严禁污水排放的总体要求，进一步明确相关单位任务，强化管理职责，迅速开展综合整治工作。会议要求，各部门要迅速组织召开会议，制定实施方案，安排人员开展专项行动，务必在 2009 年 12 月底前全部完成各项整治任务。各相关部门要加强督查，严格问责，确保各项工作落到实处。

【2009 年市政府十件实事】

1.解决城市内涝问题，加快推进大李沟、南渠改造，完成闸口、马王庙、102、岘山、檀溪、前进路、大庆路、迎旭门、汉江路、樊西等十片区重点路段排水管网改造，更新改造东门、城南、闸口、岘山、丹江路、迎旭门、汉江、清沙厂、六化建等九座泵站，提升城市排水能力。

2.实现医疗保险(职工医保、新型农村合作医疗、城镇医保)全覆盖，实现新型农村合作医疗和城镇医保愿保尽保。

3.培训城乡劳力 5 万人，转移农村劳力 8 万人；开发公益性岗位 3 000 个，新增城镇就业人员 8.6 万人。

4.实施保障性安居工程，筹集廉租房源 3 100 套，改造棚户区 3 万平方米，改造农村危房 1 000 户。

5.解决农村 40 万人的饮水安全问题，增加沼气用户 4 万个。

6.建设通村公路 400 千米、农村客运站 6 个、招呼站 200 个，基本实现村村通。

7.基本完成市区 24 所薄弱学校硬件改造，提高教育教学质量，区级以上骨干教师比例达到 10%以上，初中、小学新生在学区内入学率分别达到 70% 和 80%以上。

8.加强城乡文化体育设施建设，完成 10 个乡镇综合文化站、400 个农家书屋和 10 个城市社区流动图书站建设，为 90 个村、20 个城市社区新建体育设施。

9.为困难群众提供法律援助，办理法律援助案件 2 000 件以上。

10.开工建设城市生活垃圾集中处理焚烧发电工程，实现市区垃圾无害化处理。

【市政府全体(扩大)会议】 3 月 1 日，市政府全体(扩大)会议在南湖宾馆召开。会议的主要任务是，贯彻市委十一届八次全会和市“两会”精神，分解政府工作目标任务，进一步振奋精神，明确责任，强化政府自身建设，以政府工作的高效能促进各项工作的落实。李新华指出，襄樊要实现 3~4 年 GDP 翻一番的目标，不仅是发展的要求，也是省委、省政府的希望，要把翻番目标和其他各项政府工作逐年分解，明确责任，把工作量化、数据化，通过科学严格的考核考评，建立能者上、庸者下、平者调、劣者汰的机制，调动一切积极因素，巩固和强化全市上下大干快上的浓厚氛围。

【全市经济工作会议】 12 月 30 日，全市经济工作会议在南湖宾馆召开。会议传达贯彻中央和全省经济工作会议精神，分析总结全市经济发展情况，并安排部署 2010 年经济工作。会议认为，2009 年，在国际金融危机持续扩散蔓延，世界经济严重衰退，中国经济社会发展遇到严重困难的不利形势下，市委、市政府立足市情，积极应对，团结带领全市人民深入贯彻落实科学发展观，积极落实中央和省委、省政府的各项政策措施，坚定信心，迎难而上，成功扭转了增速下滑的局面，全市经济保持快速发展的好态势，经济增长的基础进一步夯实，发展的空间进一步拓展，民生保障等社会事业进一步改善，主要经济指标增幅进入全省第一方阵，各项社会事业都取得了新进展。会议强调，2010 年是实现“十一五”规划的最后一年，也是襄樊市推进经济跨越式发展的至关重要一年，这一年发展的快慢，直接决定着经济总量四年翻番的目标能否顺利实现。因此，做好明年的经济工作，对襄樊市意义十分重大，全市上下尤其是各级领导干部必须对形势有准确的判断，对发展有明确的定位，对工作有精确的安排，坚持应急与谋远相结合，科学地谋划和部署新一年的经济工作。2009 年全市经济工作主要预期目标：地区生产总值增长 13%，规模以上工业增加值增长 20%，全社会固定资产投资实现翻番，社会消费品零售总额增长 20%，地方一般预算收入增长 15%，城镇居民人均可支配收入增长 9%，农民人均纯收入增长 7%。会议提出，做好明年的经济工作，一、要坚持“两个高于”不变(主要经济指标增幅高于全省平均水平、高于上年增幅)，把加快发展作为首要任务，力争有一个更快的增长速度；二、要坚持把转变经济发展方式摆在更加突出的位置,努力实现更高质量的发展,做到好字当头、快字优先、又好又快。工作措施:一、加快争取投资与招商引资工作,快速拉动经济增长。二、加快发展优势产业,培植新兴产业,优化发展格局。三、加快开发区和各类工业区建设,构筑强有力的发展载体。四、加快农业农村发展,夯实经济发展基础。五、加快培育市场主体,形成全民创业的发展氛围。六、加快资本市场建设,巩固经济发展的融资平台。七是加快民生工程建设,营造安定和谐的发展氛围。

【市厅共建】 为贯彻落实中央、省关于加大投资、扩大内需、促进经济平稳较快增长的战略决策,进一步加强襄樊市与省直有关部门的交流合作,争取省直部门对襄樊市的倾斜与支持,推动襄樊市经济又好又快地发展,根据市委常委会研究的意见,2009年初,襄樊市确定65个单位与省直对口单位开展"市厅共建"工作。至年底,全市有36个单位完成共建协议签订。市直36个单位在签订"市厅共建"协议后,围绕协议内容,以不同方式分别与省直对口部门进行进一步的衔接沟通,目标任务明确,措施得力,各项工作推进顺利。

(张谷阳)

政协襄樊市委员会

【概况】 2009年,政协襄樊市第十二届委员会(以下简称市政协)新增委员40名,因工作变动等原因免去委员资格13名,免去常委资格1名,实有常委78名,委员481名。在政协委员中非中共人士占60%。召开全会1次、常委会议4次、主席会议7次。

围绕全市发展"四年翻番"、"优化经济发展环境"等问题,先后组织300多人次委员开展调查研究,形成调研报告56份、建议案1份、建议报告1份。编发社情民意82篇,其中全国政协采用2篇,省政协《各界反映》采用17篇,省领导批示10篇,市领导批示32篇,信息采用率继续在全省市州政协名列第一。制作播出12期《政协论坛》电视节目和52期《政协委员视点》广播节目。2009年,市政协获湖北省政协信息工作先进单位、省级文明单位、襄樊市创建文明城市工作先进单位、全市军队转业干部安置工作先进单位、全市和谐家庭创建先进单位、老干部工作先进单位、党建工作先进标兵单位、平安先进单位、档案目标管理省特级单位等称号。

【市政协十二届二次会议】 2月1—5日,市政协十二届二次会议召开。会议听取并协商讨论市长李新华所作的《政府工作报告》、《襄樊市中级人民法院工作报告》和《襄樊市人民检察院工作报告》,协商讨论《关于2008年国民经济和社会发展计划执行情况及2009年安排意见(草案)的报告》和《关于2008年财政预算执行情况和2009年财政预算草案的报告》;听取并审议市政协副主席郭光福所作的《政协襄樊市第十二届委员会常务委员会工作报告》、市政协副主席张华美所作的《政协襄樊市委员会常务委员会关于十二届一次会议以来提案工作情况的报告》;审议通过《政协襄樊市第十二届委员会第二次会议政治决议》。大会收到提案585件,审查立案494件,对内容相同的提案经归并整理后交办422件,其中,各民主党派、工商联、人民团体和市政协专门委员会提案27件。有关经济建设方面的81件;农林水利类22件;城市建设管理类111件;科教文卫体类73件;政法民政人事类5件;勤政廉政建设类22件;群众生活类50件;政协统战类13件;和谐社会建设类39件;其他方面的6件。

【市政协常委会议】 1月6日,市政协十二届四次常委会议召开。会议听取市政府关于市政协十二届一次会议以后的提案、建议案办理情况的通报;审议通过《关于召开政协襄樊市第十二届委员会第二次会议的决定(草案)》,市政协十二届二次会议议程(草案)、日程(草案),大会秘书长、副秘书长名单(草案),大会分组及各组召集人名单(草案),大会列席人员范围(草案);审议通过《政协襄樊市第十二届委员会常务委员会工作报告(草案)》;审议通过《政协襄樊市第十二届委员会常务委员会关于市政协十二届一次会议以来提案工作情况的报告(草案)》;审议通过《政协襄樊市第十二届委员会全体会议工作规则(草案)》、《政协襄樊市第十二届委员会常务委员会工作规则(草案)》、《政协襄樊市第十二届委员会专门委员会通则(草案)》及《政协襄樊市委员会提案工作条例(草案)》;审议市政协各专门委员会2008年工作报告(书面)。增补十二届市政协委员35名,因工作调动等原因,免去市政协委员资格6名。通过此次增补调整,政协襄樊市第十二届委员会委员总数为473名,比换届时规定的名额465名略有增加。其中,中共党员189名,占委员总数的40%;

非中共党员 284 名，占委员总数的 60%，委员的结构比例符合规定的要求。

2 月 4 日，市政协十二届五次常委会议召开。会议审议通过《政协襄樊市第十二届委员会第二次会议政治决议（草案）》、协商讨论《市政协 2009 年工作要点》。

4 月 30 日，市政协十二届六次常委会议召开。会议就“实现翻番目标，推进跨越发展”问题进行协商，观看“政协委员看园区”活动专题记录片。3 月初，市委、市政府提出四年翻番的目标后，市政协组织两个考察组，分别到山东潍坊、江苏南通考察学习经济跨越式发展的经验。根据考察情况，选择 10 个课题，开展一个多月的调查研究，形成 10 份建言材料。在市政协十二届六次常委会议进行专题协商时，10 名市政协常委（委员）代表各民主党派、工商联和市政协各专门委员会从实现四年翻番目标的必要性和可行性、突破性发展工业经济、加快县域经济发展、促进区域合作、发展现代服务业、扩大招商引资等方面，提出实现四年翻番目标的意见建议。市委、市政府领导当即要求市直相关部门“认真研究政协建言报告，对委员们提出的一些具有很强操作性的意见建议，可直接作为各部门的工作措施”。

9 月 18 日，市政协十二届七次常委会议召开。会议协商通过《关于进一步优化我市经济发展环境的建议案》和《“协商在决策之前”实施方案》；讨论通过《政协襄樊市委员会关于委员履职和为委员履职搞好服务管理工作的规定(试行)》和《政协襄樊市委员会常务委员会授权主席会议对违法违纪政协委员及时作出处理的决定》等文件。增补十二届市政协委员 15 名，其中党外 8 名、党内 7 名，因工作调动等原因，免去市政协委员资格 7 名，其中 1 名政协常务委员会委员职务同时免除。通过此次增补调整，政协襄樊市第十二届委员会委员总数为 481 名，比换届时规定的名额增加 16 名。其中，中共党员 189 名，占委员总数的 39%；非中共党员 292 名，占委员总数的 61%，委员的结构比例符合规定的要求。

【开展“协商在决策之前”活动】 3 月，市委出台《关于落实“协商在决策之前”重要原则的实施意见》(以下简称《实施意见》)，明确决策前协商的主要内容、主要形式和程序。9 月开始，市政协按照市委《实施意见》的要求，形成 18 份调研报告。11 月 21—25 日，襄樊市政协将 18 份调研报告分为工业经济、农业和第三产业以及社会保障三个主题，分别与市委、市政府领导进行专题协商。

【画展】 9 月 4 日起，市政协举办“和谐盛世·巨画呈祥——政协委员刘庸之先生临摹永乐宫壁画暨从艺 40 年首届画展”，展出刘庸之先生 13 年绘制而成的永乐宫三清殿《朝元图》白描稿和彩色稿两幅巨型壁画，以及刘庸之先生从艺 40 年创作的 110 多幅油画、国画、小稿壁画等作品。

9 月 29 日起，省美术家协会和襄樊市政协共同举办“尧治河杯”荆楚画派作品展，展示全省部分著名画家的作品。

【到农村开展“六送”活动】 2 月下旬和 3 月上旬组织市直相关部门在老河口张集镇、南漳九集镇、襄阳黄集镇开展送戏、送医药、送科技、送农机具、送种苗、送政策的“六送”活动，为当地群众义诊 3 000 多人次，表演大型戏曲 3 场，免费发放 6 万多元药品，捐赠树苗、种子价值 3 万多元，展销农机具 200 多台套，发放科普、政策、法规等宣传资料 3 万多份。

【专项视察】 9 月上中旬，市政协围绕市政府 2009 年 10 件实事进展情况，组织民主党派、市政协常委、市政协委员、驻樊省政协委员 4 个视察团开展视察。视察城市内涝、医疗保险、安居工程的办理落实，农村公路建设、困难群众法律援助，农村安全饮水、城市生活垃圾处理工程建设，改造薄弱学校、文体设施建设、农村劳力培训就业等落实情况。与承办单位有关领导进行协商，提出加快落实的意见和建议。

【重要提案选登】 1.“进一步加大扶持力度，帮助企业渡过经济危机”提案。在市政协十二届二次会议上，贺从平等委员从多个方面为政府如何帮助企业渡过金融危机建言献策。

2.“健全和完善城市低保对象医疗保险制度”提案。在市政协十二届二次会议上，农工党襄樊市委从完善政策、加大投入等方面提出意见建议。接到提案后，市民政局对城区医疗救助办法进行修订和完善，降低救助门槛，增加医疗救助病种，扩大医疗救助范围，救助资金金额和人数较往年有较大提高。

3.“关于启动沿江大道建设工程的建议”提案。在市政协十二届二次会议上，钟凤敏等委员提出要尽快启动沿江大道建设工程的建议，市政府相关部门加大协调力度，汉江大道延伸工程在搁置数年后得以重新启动，汉江大道向东延伸,官码头至兴武街道工程竣工通车,使该地段形成环形交通。

4.“加强城市排水体系建设”提案。在市政协十二届二次会议上,王元山等委员提出要加大城市排水管网的建设力度,市政府提出用 2 年到 3 年的时间基本解决城市内涝问题。计划总投资 5.55 亿元,实施外围水系治理工程、城市管网配套建设工程、泵站能力建设工程、社区排水治理工程等建设。

5.“修好回民仪地(墓地)”提案。在市政协十二届二次会议上,王明浩等委员提出此提案后,市建委协调市政府投资工程建设管理中心、市财政局、市规划局、市林业局、市民族宗教事务管理局等部门多次联合现场办公,使回族群众多年要求解决的仪地工程于 2009 年 10 月竣工。

6.“借三农东风,解决农村饮水难题”提案。在市政协十二届二次会议上,刘靖委员提出该提案后,市政府把农村饮水安全工程纳入 2009 年十件实事之一,向社会承诺每年解决 40 万人农村群众饮水不安全问题。全年解决饮水不安全人口 45 万人,启动饮水安全工程 198 个,已完工 170 个,完成工程投资 2.1 亿元。

【重点社情民意选登】 1.《崔家营电站蓄水后汉江襄樊市区段水质有可能受到污染应引起高度重视》。崔家营电站蓄水后的环保问题引起市政协委员的关注,委员们调查发现,汉江北岸有 12 处垃圾堆放点或污染源,包括大量生活垃圾和建筑垃圾、生活污水和磷石膏,一旦被水淹没,汉江水质将受到影响并危及 120 万市民的饮水安全。市政协将这一情况以社情民意的方式向市委、市政府反映,市长李新华迅速作出批示,并政府专题常务会议研究保护办法。随后,有关部门取缔汉江上的水上餐饮;开展一次大规模的清库活动,清理库区内的垃圾及污染;各有关部门对汉江沿岸的违章建筑拆除、江滩上游泳点的规范、企业搬迁、生活及建筑垃圾处理、城市排污管网建设等具体问题制订措施进行整改。

2.《关于规范国旗悬挂的建议》。7 月初,市政协委员经过走访察看、深入调研,编发这条社情民意,反映襄樊市区存在部分国旗悬挂不规范的现象。市长李新华作了批示,市政府办公室出台了《关于加强国旗升挂和使用管理的通知》,要求各县(市)区人民政府、各开发区(风景区)管委会于 8 月 31 日前对本辖区内升挂和使用国旗情况进行一次检查,并将检查结果报市政府办公室;市政府于 9 月上旬对各城区、各开发区(风景区)管委会贯彻落实通知情况进行检查。

3.《关于改善樊魏高速公路边沟排水不畅对农作物影响的建议》。市长李新华、副市长李跃华分别作出批示,市水利局迅速组织水利专业技术人员,到樊魏高速公路穿越的农田地段,查看现场,分析樊魏高速公路建设造成部分农田排水不畅的原因,并召开现场协调会,研究制定补救措施。采取在樊魏高速公路排水沟靠耕地侧沟坡,开若干数量小口(或埋设排水管)的措施,消除排水不畅对农作物的影响。

4.《市区公共厕所管理亟待加强》。市长李新华、副市长王代全分别作出批示。市城管局迅速组织召开专题会议研究整改措施。针对公厕存在的水被偷盗、设施经常被损毁的问题加大查处力度,并就关于公厕规范管理、城区公厕改建和将公厕管理经费统一纳入市财政预算等问题进行答复。

(段国军)

市级领导机构负责人

中共襄樊市委

书　记　唐良智
副书记　李新华　万桃元
　　　　张家林(3 月免)
常　委　陈文海　施真强
　　　　胡水华　范怀月
　　　　虞国旗
　　　　潘启胜(2 月任)
　　　　李述永(5 月任)
　　　　刘仲初　谢豪斌
　　　　刘德政　夏先禄
　　　　杨绪春(5 月任)
　　　　武宗选(6 月任)

襄樊市人大常委会

主　任　唐良智
副主任　高全明　王金玉
　　　　常全华　徐建初
　　　　罗琼玖

襄樊市人民政府

市　长　李新华
副市长　施真强
　　　　虞国旗(6 月免)
　　　　杨绪春
　　　　李述永(7 月任)
　　　　武宗选(6 月任)
　　　　李跃华　王代全
　　　　黄德华
　　　　王彬彬(4 月任)

政协襄樊市委员会

主　席　杨祥义
副主席　郭光福　张华美
　　　　潘巧莲　王绍玲
　　　　吴长华　张克启
　　　　龚爱华　宋清龙

纪检监察·组织人事

责任编辑
责任校对 郭 炜

纪 检 监 察

【概况】 2009年，全市纪检监察机关受理群众信访举报4 029件(次)，初核案件线索349件，立案290件304人，万元以上案件130件，处分261人，其中，县级干部7人，乡科级干部45人，挽回经济损失2 900余万元。

【优化经济发展环境】 启动第三阶段行政审批流程改革，推动建设类、便民类项目和非工业企业注册审批流程的整体优化，房地产开发审批时限从法定的312个工作日压缩至50个工作日，申报资料减少66项，凡是有上下限的一律按下限收费；非工业企业注册阶段审批时限由法定的65个工作日压缩为1个工作日，申报资料减少12项；77项便民项目的审批时限压缩186个工作日，压缩比例达33%，取消10项收费。在市直机关开展"群众评科长"活动，对市直涉企关联度高、有行政许可和执法职能的24个部门132名科长进行评议，并对11名"襄樊市群众满意科长"进行通报表彰。开展"企业评机关"活动，组织市直1 000家企业对83个市直部门和单位进行评议。会同有关部门制定出台《襄樊市规范行政处罚自由裁量权暂行办法》，在市城管局、市质量技术监督局和市环保局开展试点工作，逐步向全市各执法部门全面推行。全市调查处理损害经济发展环境的案件214件，对相关责任人分别给予党政纪处分或组织处理。出台《关于服务和保障重大项目建设的意见》，研究制定《市纪委监察局领导班子成员对部分政府投资重大项目建设情况监督检查工作方案》，对9个政府投资过亿元的重大项目实行定点联系，召开各类协调督办会议33场次，协调解决各类问题48个，发现并及时纠正违规问题5个。会同市直相关部门、各县(市)区成立32个检查组，建立全市的监督检查网络。建立健全层级监督和分工负责制度，各县(市)区检查组负责对辖区内所有扩内需项目进行检查，市检查组对重大项目和群众关注的项目实行重点检查。建立定期书面报告和汇报会制度，各检查组每月书面报告一次开展监督检查情况，每季度召开一次检查情况汇报会。发现并整改问题152个，发出书面整改通知27份，召开专题汇报和督办会6次，对检查中发现的问题全部整改到位。

【党风政风建设】 下发《关于在全市党员干部中进一步加强反腐倡廉教育的意见》，开展以"树优良作风，促科学发展"为主题的党风廉政建设宣传教育月活动，组织2万余名党员干部赴襄北监狱、尧治河反腐倡廉教育基地接受教育，播放警示教育片1 730余场(次)。对近3年新提拔的3 600多名副科级以上党员干部进行党政纪知识培训。制定出台《襄樊市加强廉政文化建设的实施意见》，推进廉政文化"六进"工作。全市创建各类廉政文化室400余个，推广"廉内助"典型120多位，编排廉政文艺节目100多个，举办专题文艺晚会、廉政汇演70余场。解决工作标准不高、服务意识不强、行政效率不高、执行力不强、奢侈浪费等问题。落实厉行节约八项要求，提出2009年公务接待、因公出国(境)、车辆购置使用等各项经费支出压缩、降低、削减的具体指标。每季度，由会计核算中心对市直各单位公务接待费进行汇总通报，先后两次对45家公务接待费同比上升幅度较大的单位，发函责成单位"一把手"说明情况并进行整改。实行因公出国(境)事项报纪检机关备案制度，1—11月，全市党政干部因公出国（境)39批93人次，同比减少70批82人次。同时，开展治理"小金库"工作，清理违规资金162.3万元。认真落实纪委负责人同下级党政"一把手"工作谈话、任前廉政谈话和警示谈话等三项制度。各级纪委负责人同下级党政主要负责人谈话192人次，领导干部任前廉政谈话776人次，对38名领导干部进行了警示诫勉谈话，5 225

名领导干部按照规定进行述职述廉。9月市纪委全会，组织6个县(市)区和市直单位主要负责人报告本地本单位落实党风廉政建设责任制工作情况，并接受市纪委委员的询问和民主测评。

【纠正不正之风】 解决群众反映强烈的热点难点问题。加大公路“三乱”治理力度，组织有关部门对全市国道、省道开展三次检查，查处6起“三乱”问题，处理18名相关责任人。对各县(市)区和市直有关部门落实惠农扶农政策情况开展专项监督检查，清理涉农收费文件及项目31个，查处截留、挪用、克扣涉农补贴资金82万元，纠正损害农民土地权益问题492个，对64起损害农民利益案件进行查处，减轻农民负担金额45万元。查处公共服务行业损害群众消费权益违规违纪问题44个，涉及金额412.1万元。配合环保部门开展整治违法排污企业保障群众健康环保专项行动，督办检查全市17个挂牌督办的企业。开展国有土地使用权出让情况专项清理检查，清查审核国有土地出让金19.15亿元，查处土地违法案件27起。监督检查行业不正之风。落实义务教育免费政策和经费保障制度，清退各类违规收费12.3万元，对8名相关责任人进行处理。纠正医药购销和医疗服务中的不正之风，执行药品集中招投标制度，全市55家医院在网上集中采购药品，采购金额达2.2亿元，医务人员上交回扣、“红包”61.97万元。清理规范党委、人大、政协和法院、检察院系统评比达标表彰活动，节约活动经费81.8万元。与有关部门联办“政风行风热线”栏目，市直各部门各单位负责人定期“上线”，宣传政策法规，现场解答和处理问题，与群众沟通互动，全年受理和解决群众反映的问题319个。农村基层党风廉政建设。全市2 347个行政村全部配备纪检委员。查处农村基层党员干部违纪违法案件，处分150余人。在全市开展农村基层党风廉政建设示范镇(乡)、示范村创建活动，14个乡镇、23个村(社区)达到创建标准。推进农村“三资”委托代理服务工作，资金由镇代管中心统一管理，资产资源处置统一进行招投标。全市组织农村集体项目招投标1 676个，增值2 300多万元。

【惩治和预防腐败体系建设】 推进惩治和预防腐败体系建设。制定《中共襄樊市委关于贯彻落实〈建立健全惩治和预防腐败体系2008—2012年工作规划〉的实施细则》和《建立健全惩治和预防腐败体系2008—2012年市直单位任务分解方案》，明确惩防体系建设任务199项，并按年度分解。同时，以市工商局、市地税局为市直单位试点，探索廉政风险防范管理的做法；以襄阳为县(市)区的试点单位，从基地建设、队伍建设、载体建设和机制建设四个方面进行探索。推行招投标市场准入退出机制，全面实施《襄樊市建设工程资格预审管理办法》。制定《襄樊市政府投资项目问责制度(暂行)》，加强对政府投资建设工程招投标的监督管理，117个建设工程项目全部实行公开招投标。规范土地招拍挂制度，市区经营性用地100%实行网上挂牌出让，出让土地32.52公顷，成交金额6.55亿元。协调有关部门探索建立产权交易动态监测网络系统，落实国有资产流失举报奖励制度，查处低价转让、转移、侵占、侵吞国有资产行为。会同财政、审计等部门对全市政府采购执行情况进行检查督办，实现政府采购金额2.33亿元，节约预算资金2 605万元。加强对领导干部的经济责任审计工作，全年对140名领导干部进行审计。部署开展工程建设领域突出问题专项治理工作，构建以项目建设腐败风险、资金风险、质量风险和安全风险为重点的防范体系。行政服务网络和电子监察系统建设。全面启动四级行政服务体系建设，市级行政服务中心规范运行，县、乡、村服务网络逐步推进。全市建成县级行政服务中心9个，乡镇级便民中心77个，村级便民服务室795个。推进电子监察系统建设，市电子监察系统累计对近8万个审批件进行实时监察，发出《电子监察情况通报》7期，对55件违规超时的办件进行督促整改。同时，加强对县(市)区电子监察系统建设的指导协调，所辖县(市)区行政审批电子监察系统全部建成。

(姜　苗)

组　　织

【概况】 2009年，全市各级组织部门培训干部4 600多人，其中脱产培训干部1 056人，并先后举办9期“专家讲坛”，参训干部近万人(次)，选派50名科级年轻干部到企业挂职锻炼。为优化领导班子结构和增强干部队伍活力选好配强发展型的各级领导班子成员。完成市十五届人大二次会议选举工作。

探索实行党委全委会推荐提名下一级党政主要领导干部人选的实施办法，建立干部考察员制度，扩大公开选拔和竞争上岗范围。襄樊市首创的“一报告两评议”制度，被写入党内文件在全国推广。

全面推行“三三制”农村基层组织建设新模式，开展“城乡互联共建”活动;成立非公有制经济组织、社会组织、教育、医疗卫生和国防军工行业五大党工委;集中轮训村党组织书记,探索建立全市农村主职干部养老保险制度,选聘78名大学生到农村任职,启动“大学生村官诚信创业计划”。先后在流动党员集中地建立党组织53个,网络各类流动党员4 270余名。推进农村党员干部现代远程教育“入户工程”,终端站点总数达2 019个,比上年增加762个。

在全市组织系统开展“访千家单位,听万人建言”活动,有263名组工干部参与,到1 288家基层单位走访座谈,发放调查问卷12 682份,访谈对象12 989人,征求意见建议3 792条。2009年,市委组织部被省委、省政府评为省级文明单位,被省委组织部评为全省组织系统网络宣传工作先进单位、组工信息先进单位、公务员统计年报全优报表单位、组工干部三基本比赛优胜单位。在全省纪念建党88周年暨表彰先进电视电话会议上,襄樊市7个基层党组织被命名为“全省先进基层党组织”、7人被表彰为“全省优秀党务工作者”、8人被表彰为“全省优秀共产党员”。同时利用元旦、春节、国庆、中秋等节日,走访慰问困难群众和困难党员“送温暖”等活动,走访慰问老党员和生活困难党员3 000多人次、送出慰问金130多万元、发放慰问品价值5万多元。至年底,全市开展调研走访活动8 654次,帮助制定发展规划2 245个,帮扶困难党员4 570人、困难户7 790个,帮助确定村级集体经济发展措施3 104条,落实帮扶项目1 902个,已到位帮扶资金6 926.75万元。

【党内基本情况】 全市基层党组织12 904个,其中,党委721个,总支520个,支部11 663个,党组497个,各级工委34个。

企业基层党组织2 651个,其中,党委210个,总支132个,支部2 309个;事业单位基层党组织4 330个,其中,党委228个,总支193个,支部3 909个;机关基层党组织2 138个,其中,党委111个,总支75个,支部1 952个。

全市党员总数311 564名,比上年增加7 210名。其中,农村党员151 280名,比上年减少0.41%;建制村党员104 890名,比上年增加0.29%;乡镇社区(居委会)党员14 850名,比上年增加37.95%;城市街道党员32 832名,比上年增加3.57%;新发展党员中,生产、工作一线的4 818名;先进模范人物1 277名;新的社会阶层中25名。另外,全市申请入党人数35 115人,其中,入党积极分子20 144人。

【公务员情况】 至12月31日,纳入组织部门的公务员范围是:列入公务员法实施范围的各级中国共产党机关、人大机关、政协机关、审判机关、检察机关、各民主党派和工商联机关的公务员,参照公务员法管理的群团机关工作人员和参照公务员法管理的事业单位工作人员的情况。

基本情况:组织部门负责统计的公务员4 567人。构成情况:女干部793人,少数民族50人,中共党员4 405人,研究生198人,本科3 215人,大专1 058人,中专及以下96人,35岁及以下804人,36岁—40岁981人,41岁—45岁980人,46岁—50岁961人,51岁—54岁549人,55岁及以上292人;分布情况:党的机关1 879人,人大机关362人,政协机关258人,审判机关1 134人,检察机关881人,各民主党派和工商联机关53人;分层次情况:市直机关845人,县(市)区机关3 247人,乡镇机关475人。分级别情况:市直机关:地厅级干部32人,县处级干部279人,乡科级干部401人,科员及其他133人。县市区机关:县处级干部228人,乡科级干部1 415人,科员及其他1 604人。乡镇机关:乡科级干部475人。

参照公务员法管理的群团机关工作人员情况。群团机关工作人员合计173人。构成情况:女干部74人,少数民族3人,中共党员163人,研究生15人,本科98人,大专46人,中专及以下14人,35岁及以下32人,36岁—40岁18人,41岁—45岁36人,46岁—50岁39人,51岁—54岁30人,55岁及以上18人;分层次情况:市直125人,县市区48人;分级别情况:市直机关:县处级干部47人,乡科级干部65人,科员及其他13人。县市区机关:乡科级干部29人,科员及其他19人。

参照公务员法管理的事业单位工作人员情况。事业单位工作人员合计150人,均为市州事业单位人员(2009年县(市)区的事业单位未进行登记)。构成情况:女干部50人,中共党员140人,研究生21人,本科81人,大专47人,中专及以下1人,35岁及以下34人,36岁—40岁26人;41岁—45岁20人,46岁—50岁22人,51岁—54岁35人,55岁及以上13人;分级别情况:县处级干部27人,乡科级干部82人,科员及其他41人。

【基层组织建设】 推行“三三制”模式。襄樊市2008年建立以农村村级党组织、村民自治组织、集体经济组织设置和功能“三位一体”,村级重大事务实行党组织会议议事、村民(代表)大会定事、村民委员会理事的“三会治事”,干群联动、工农联建、城乡联创、共建社会主义新农村的“三联共建”为主要内容的“三三制”模式。7月,市委下发《关于推行农村基层组织建设“三三制”模式促进农村科学发展的试行意见》,在全市全面推行“三三制”模式。

推广产业型、功能型、联合型党组织等10种设置模式,依托农村产业链、合作经济组织等建立各种类型的党组织1 951个。村“两委”主职“一肩挑”的比例达70.9%。村“两委”班子成员交叉任职达44.9%。实施“兴村计划”,全年新增集体经济组织308个,集体经济年纯收入达5万元以上的村657个,全市农村集体经济纯收入总量增加1.1亿元。全市村党组织、自治组织、集体经济组织实现“三位一体”的村702个。全市村级组织召开党组织议事会、村“两委”班子商议会、党员大会和村民代表大会23 665次,研究决定村级重大事项6 252件。组织城乡互联共建工作队,实现2 344个建制村的全覆盖。各工作队开展调研走访活动8 654次,帮助制定发展规划2 245个,整顿转化后进党组织114个,帮扶困难党员4 570人、困难户7 790个,帮助确定村级集体经济发展措施3 104条,落实帮扶项目1 902个,到位帮扶资金6 926.75万元。中央组织部、省委组织部、省委党建办、省委学习实践活动办公室等单位以工作简报、组工参考等形式刊发襄樊市“三三制”,《党建要报》、《经济日报》、《湖北日报》、湖北电视台等多家新闻媒体进行报道。中共中央政治局常委、国家副主席习近平在樊视察期间对“三三制”给予肯定并作出批示。

第三批村级组织办公活动场所建设。全面完成第三批村级组织办公活动场所建设。在中央和省财政没有补贴的情况下,争取资金,新建办公活动场所89个,改扩建253个,按照新建村1万元、改扩建村3 000元的标准,对第三批新建项目和第一批规划外改扩建项目,第二、三批改扩建项目予以补贴,落实补贴资金235.7万元。

推进社区党建。开展以巩固执政基础、提升服务水平、促进社区和谐为主题的“和谐家园”创建活动。2009年民政部开展首次评选、命名全国和谐社区建设示范城区(市)、示范街道、示范社区活动,樊城区获“全国和谐社区建设示范城区”,襄城区昭明街道获“全国和谐社区建设示范街道”称号。樊城施营社区、红光社区,襄城铁佛寺社区,高新技术产业开发区孙庄社区获“全国和谐社区建设示范社区”称号。

“两新”组织党建。下发《关于加强新经济组织、新社会组织党的建设试行意见》(襄办发〔2009〕17号),对做好新时期的非公有制经济组织和新社会组织党建工作提出明确指导意见。2009年,符合建立党组织条件的非公有制经济组织和新社会组织已全部建立党组织。分别依托市财政局和市司法局,成立襄樊市会计师行业协会党委和襄樊市律师行业协会党委,重点加强对会计师行业和律师行业党组织的管理。

党员队伍管理。制定下发《襄樊市2009—2012年发展党员工作规划》,对当前发展党员工作的目标任务、工作重点、工作措施以及保障机制建设等提出明确要求。

帮扶活动。建立党内帮扶基金,市财政和市管党费每年投入80万元,重点帮扶城乡基层党组织和党员创业发展。组织开展首批省级党员创业致富项目评审会,对18个项目予以65万元的扶持。

【干部监督工作】 全面推行“一报告两评议”制度,受到中组部、省委组织部的肯定,被写进党内文件,在全国推广,2月,人民网两次介绍本市做法。

1月14日,市委办公室以襄办发〔2009〕2号印发《襄樊市县级领导干部的配偶、子女及其他亲属提拔任用管理暂行办法》,省委组织部《组工信息》、“人民网”等均作介绍。国内其他党建网站及新闻网站也转载襄樊市的做法。

4月8日,市委组织部与市纪委联合印发《关于在全市集中开展“整治用人不正之风制度建设年”活动的实施方案》,把2009年作为“整治用人不正之风制度建设年”,以打基础、立规范为主要任务。省委组织部《组工信息》专题介绍。

5月中旬至6月中旬,集中开展领导干部职数配备等情况自查整改工作。7月8日,市委组织部、市纪委联合印发《市管干部任职前市委组织部听取市纪委意见和市纪委回复市委组织部意见试行办法》。8月13日,在县级领导干部中开展《干部任用条例》及干部工作相关法规知识测试活动,9个县(市)区、2个开发区和市直110多个党政机关1 400多名县级领导干部参加统考。8月下旬,市委组织部制定《关于在后备干部集中调整中加强监督管理认真治理拉票行为的工作方案》,对专项整治行动作出具体安排部署。10月开通“12380”电子举报邮箱(xf12380@126.com)。11月5日,市委组织部下发《关于做好2009年全市组织工作满意度民意调查工作的通知》(襄组通〔2009〕73号),全市首次组织工作满意度民意调查活动于12月开始。综合测评结果显示，近年，市、县两级组织部门在增强干部选拔任用的透明度和公信力、着力防止和纠正用人上的不正之风、加强组织部门自身建设等方面措施得力。12月5日，市委组织部印发《关于在县级后备干部考察工作中进一步做好治理拉票行为有关工作的通知》（襄组通[2009]85号），要求各地、各单位对照中组部《通知》，结合实际，及时制定完善县级后备干部集中考察工作中治理拉票行为的工作方案。12月15日，市委召开县级后备干部考察调整工作动员会，后备干部考察工作启动。11月，省委厅级后备干部考察组对全市治理拉票行为工作情况进行民主测评。

【干部教育培训】 制定出台《襄樊市新一轮大规模培训干部工作的意见》和《襄樊市学风建设的若干规定》。2009年，培训干部4 600多人，市级以上脱产培训干部1 056人。其中：66名干部参加上级党校、干部学院培训学习；在市委党校开办了14个主体培训班，在市直机关党校开办了2个主体培训班，培训各级各类领导干部993人。市级以上专题培训干部56人。其中：中央、国家机关有关部委专题培训班调训7人；市委常委、组织部长，县（市）区委书记、县长，县（市）委常委、组织部长参加中央党校、国家行政学院、延安干部学院、中国浦东干部学院等培训15人，省委组织部专题班调训34人。承办全省赴美国“人才引进与开发”专题培训班，全省省直及各市州委组织部有关负责人21人参加培训。举办选调生、选聘生励志专题培训班，对2008—2009年的108名选调生和2008年的68名选聘生进行励志培训。在中国人民大学举办各县（市）区、开发区、市直有关部门分管危机管理工作的47名领导干部参加参加的“网络时代的危机管理”专题培训。

结合学习实践科学发展观活动，组织8期“专家讲坛”。十七届四中全会召开后，又邀请中央党校党建理论教研室教授宋福范作第九期“专家讲坛”即十七届四中全会精神解析的辅导报告，市“四大家”领导，市直机关党政“一把手”450人参加学习。

【人才工作】 4月6日，在全省率先出台针对高层次人才队伍建设的“隆中人才支持计划”。10月，市委书记唐良智赴美国、加拿大期间，举办3场“隆中人才支持计划”推介会；在2009“华创会”上，市长李新华专场推介“隆中人才支持计划”。2009年，申报“隆中人才支持计划”的海内外项目有29个；对“生物反馈式高频振荡呼吸道清洁系统”、“新型节能LED汽车灯具及其应用产品开发”等5个项目进行评审。襄樊市新火炬科技股份有限公司引进的乌克兰专家邱贝卡罗·米哈伊尔被列入中央“千人计划”人选后，根据“隆中人才支持计划”的规定，同步给予创业资助300万元。对航天四十二所博士后工作站给予了20万元建站资助和5万元的科研资助。

2009年开展第二届襄樊优秀人才评选活动。表彰杰出人才3名、优秀人才17名（优秀经营管理人才3名、优秀专业技术人才6名、优秀技能人才4名、优秀农村实用人才4名），人才工作先进单位12个。被表彰的杰出人才每人获得10万元，优秀人才各获得2万元的奖励。

2009年，与清华大学、华中科技大学、武汉大学、复旦大学等高校签订了人才与科技合作协议。在校地双方合作的过程中，引进各类高科技人才近50名。1月，从华中科技大学引进11名青年教师分别到市发改委、襄樊学院、襄樊职业技术学院等单位挂任副县级领导职务，其中，7名工科专业的青年教师还同时到相应的企业挂职。10月，从清华大学引进3名青年教师分别到襄樊高新区、市汽车办、市安监局挂任副职。

暑假期间，清华大学3名博士生、武汉工程大学6名硕士研究生到襄樊市开展暑期社会实践活动；华中科技大学、中国地质大学等20多所高校的31名返乡大学生在谷城开展“返乡大学生进社区”暑期社会实践活动。

10月，全国高新区首家“院士专家服务中心”在襄樊市创建；同时，在航宇救生装备有限公司、湖北万洲电气集团公司建立首批“院士（专家）工作站”（简称“一个中心、两个站”）。

组织各县（市）区73名考生参加全省“一村一名大学生计划”2009年脱产班学生入学考试，52名学生被录取；组织314名符合条件的农民报名参加2009年成人函授大专招生考试，258人被录取。

【干部工作】 11月，制定下发《2009—2020年襄樊市县级党政领导班子后备干部队伍建设规划》，对县级党政领导班子后备干部队伍建设的基本要求、目标任务和主要措施提出规划。

为进一步完善公开选拔、竞争上岗等竞争性选拔干部方式，面向全省公开选拔市发改委副主任和市商务局副局长。在面试环节首次引入无领导小组讨论形式，并且增加领导能力测试。

全年接收中央金融单位、省直、青海、西藏等地挂职干部35人，选派4名干部到省直有关单位挂职锻炼。30名市直机关干部赴企业挂职锻炼。

采取“积分选岗”的办法安置军转干部,全年接收计划安置的副团职以上军队转业干部13人,其中副师1人,正团3人,副团9人。

【党员电化和远程教育】 5月底,市远教办联合市委组织部、市委深入学习实践科学发展观办公室、市委市政府农办等单位印发《襄樊市农村党员干部现代远程教育入户工程实施方案》,推进远程教育工作由进村向入户发展。12月底,建设完成入户站点618个。

6月23日,农村党员干部现代远程教育播控平台开通。

制作《襄樊增强“造血”功能,兴村富民奔小康》、《党支部+产业链:盘活“三农”一盘棋》、《“三三制”创新襄樊农村基层党建新模式》、《远程教育助农民致富》等新闻在湖北卫视“新闻联播”栏目报道播出。12月,全省第九届党员教育电视片暨远程教育教材课件观摩评比,由市委组织部拍摄制作的专题片《“全意”的责任》获专题类一等奖,《青山绿水好日子》、《以人为本促发展》分别获得三等奖;由市委组织部与襄樊电视台联合报送的《党的生活——天润党旗红》获党建电视栏目类三等奖。

完成农村党员干部现代远程教育电信模式站点的建设任务,建设完成2 019个电信模式站点,占乡村总数的80.1%。宽带网络暂时不能通达的行政村,采取“电脑加硬盘播放”的模式建设终端站点,即每个站点配发一台电脑和一套教学资源光盘,将光盘资源自动拷贝到计算机硬盘内,通过计算机播放教材,便于农村党员干部群众观看学习。由省委组织部统一下发的672台已全部配送到各个终端站点,同时分级分片开展相关的技术培训。

(肖凌志)

人 事

【公务员管理】 2009年,襄樊市委组织部、市人事局开办5期公务员经济管理知识培训讲座,在市委党校学术报告厅开课,全市党政机关及参照公务员法管理事业单位2 000余人参加培训,主要围绕宏观经济学、微观经济学、合同法与商法、企业管理、投资融资、国家产业政策、宏观调控政策、外向型经济与招商引资、工业经济与争取项目(资金)、服务理念、技术创新、县域经济以及襄樊工业化道路等内容安排授课。11月28日,全市政府系统公务员能力测试在市人事局和各县(市)区人事局展开,300余名人事干部参加考试,内容涉及时事政治、应用写作、人才人事业务工作等。年底,全市2万余名公务员均参加公务员能力测试。

3月—10月,面向社会公开考试录用公务员。本次招录工作涉及市总工会、市科协、市教育局、市公证处、市防汛抗旱指挥部办公室及部分县(市)的22个单位、26个职位、37个名额。其中,县、乡基层岗位将主要招录高校应届毕业生。根据省委组织部、省人事厅规定,省、市级机关除特殊职位和专业外,原则上只招具有两年以上基层工作经历的人员,其中从选调生中遴选的比例不低于30%。

人才资源供给信息见表3。

【专家选拔】 经国务院批准:2009年,襄樊市3名具有高级专业技术职称并有重大贡献和取得突出业绩的专家、学者享受国务院特殊津贴。襄樊市中心医院神经外科主任、主任医师周毅,襄樊市第一人民医院副院长、主任医师裴斌,襄樊市农业科学院院长、研究员余华强。

获湖北省有突出贡献中青年专家称号的有:襄樊第四中学校长、高级教师程敬荣;航天科技集团公司四十二所党委书记、研究员柴玉萍;享受省政府专项津贴的专家是:市第一人民医院院长、主任医师张小平;航天科技集团公司四十二所研究员马国富;中航工业航宇救生装备有限公司高级工程师何才富;老河口市仙仙果品有限公司总经理杨遂胜。其中“湖北省有突出贡献中青年专家”每人一次性奖励15 000元,免征个人所得税;对享受“省政府专项津贴”人员每人一次性发放津贴10 000元,免征个人所得税。

【博士后科研工作站】 航天四十二所是中国固体推进剂中心研究所,先后完成四代固体推进剂的研制和应用,引领了各个时代导弹武器的发展,研制成功的100多个配方广泛用于多种战略、战术导弹和宇航型号。2008年10月,航天四十二所成立首家博士后科研工作站。

此次进站的首位博士后科研人员是襄樊航天四十二所科研人员李伟,毕业于西北工业大学,并在中国科学技术大学先后获得硕士、博士学位,目前研究纳米铝粉在固体推进剂中的应用评价。

【农村拔尖人才选拔】 2009年,襄樊市委组织部、市人事局批准下列22人为“襄樊市农村实用拔尖人才”:保康八斗食品有限公司郝永梨、马桥镇堰垭村宦忠云、中坪村黄立杰、尧治河村姜兴武,南漳荆山风干食品有限公司李军、九集镇畜牧特产服务中心刘飞、李庙镇赵店村杨明安、武安镇谢家台村徐永春,谷城赵湾乡左家庙村闵祖国、庙滩镇蛋鸡养殖协会蒋群林、石花镇杨家湖村杨沛俊、紫金镇垭子口村朱传新，襄阳张湾镇刘集社区杨文明、洪山头村张小成，湖北大自然生物技术工程有限公司刘立功，枣阳兴隆镇畜牧兽医服务中心刘华勇、光福山庄刘光福、兴隆镇白土村胡群，宜城刘猴镇长乐村袁和忠、郑集镇魏岗村任玉保，樊城牛首镇刘古岗村蔡群柱、柿铺街道办事处王伙村徐明静。

【毕业生见习基地】 8月11日，举行第二批高校毕业生见习和示范基地揭(授)牌仪式。航宇救生装备有限公司，襄阳汽车轴承股份有限公司，襄轴实业发展总公司被授予“高校毕业生示范基地”。湖北环宇汽车灯具有限公司，襄樊大力工业控制有限公司等6家单位被授予“高校毕业生见习基地”。至此，全市有18家高校毕业生就业见习（示范）基地，涵盖教育、卫生、机电、电子、化工、农学、机械、数控、市场营销等30多个专业。

【高校毕业生就业】 2009年，引进外地高校毕业生3 538人，其中博士研究生16名、硕士研究生152名、本科生1 620名、专科生1 750名。1—12月，全市有19 921名各类毕业生就业上岗。

市属及驻樊10个院校有11 023名大中专学生毕业，其中本科2 821人、专科3 928人、中专4 274人。外地大中专院校毕业生回樊登记人数3 538人，其中博士16人，硕士152人，本科1 620人，专科1 750人。在人才中心免费登记及襄樊人事人才网信息库统计的大中专毕业生12 832人，其中本科3 422人，专科5 860人，其它3 550人。

有826家大中型企事业单位提供2.9万多个就业岗位，其中专业技术岗位约占18%，管理岗位约占4%，技工岗位约占48%，普工岗位约占30%。市区有11家具有人才中介服务资质的人才中介机构，提供176家用人单位的人才需求信息约5 560个工作岗位。各县(市)区人才中心提供90家用人单位的人才需求信息约3 680个工作岗位。

市属及驻樊院校通过校园招聘会等多种形式推荐11 380名毕业生就业；市区具有人才中介服务资质的人才中介机构推荐4 304名大中专毕业生就业。市人才中心通过大型人才交流会、“大学生就业服务月”、每周五“人才集市”及网络招聘等活动，推荐3 534名大中专毕业生上岗就业；襄阳、宜城、枣阳、谷城、老河口、南漳、保康七个县(市)区人事局及人才中心推荐(招考)703名大中专毕业生上岗就业，全市大中专毕业生就业率与上年同比增长15%。

【人才市场】 9月8日，“鄂西北人才市场深圳工业园市场”成立。至此，鄂西北人才市场有首

表3 人才资源供给信息

供给渠道		专业类别	本科人数	专科人数	中专人数	合计
在樊大中专院校应届毕业生资源信息	襄樊学院	36个	2 399人	245人		2 644人
	襄樊理工学院	13个	422人	196人		618人
	襄樊职业技术学院	10个		3 362人	227人	3 589人
	襄樊电视大学	5个		125人	195人	320人
	市机电工程学校	3个			1 000人	1 000人
	市护士学校	2个			602人	602人
	市工业学校	2个			996人	996人
	省科技工程学校	3个			575人	575人
	省自动化工程学校	3个			505人	505人
	襄樊九中	2个			174人	174人
合计		79个	2 821人	3 928人	4 274人	11 023人
毕业生就业工作办公室登记的外地院校襄樊籍毕业生资源信息		35个	1 620人	1 750人	152人(硕士) 16人(博士)	3 538人
人才中心免费求职登记及人才信息库统计的毕业生资源信息		38个	3 422人	5 860人	3 550人	12 832人
总计						27 345人

家分市场。

深圳工业园区人才市场为襄樊市人事局、襄阳区人事局联合筹办，由鄂西北人才市场与襄阳区人才中心联手，贴近工业园区入驻企业和落户项目，搭建人才需求信息平台，提供人才招聘、人才配送、人事外包（人事代理）以及为本市各类人才就业、创业提供服务。

【面试考官人才库】 11月16日，市人事局面向市直机关事业单位招募"面试考官人才库"对象工作启动，年底此项工作全面完成。考官人才库为主考官库、考官库两部分构成，由具有本专业高级专业技术职务或担任县级领导职务的人员组成，并按专业(学科)分组。所选考官除应具备良好的政治素质和职业操守外，还应具有较深的专业技术理论知识和丰富的实践经验且业绩突出，担任相应专业技术职务或县级领导职务3年以上。"国家百千万"、"省新世纪高层次人才工程"入选人员，优秀高层次留学回国人员，国家、省及市各类专家优先入选。其中，主考官从用人单位的党政主要负责人、分管领导或相关专业权威人士中选定；考官人才库的考官人选由所在单位推荐，报主管部门审查，人事部门遴选入库。并颁发《面试考官资格证书》，有效期两年。

【军转安置工作】 2009年军转干部安置继续实行公开积分选岗，全市74名计划安置的干部通过评分，选择到工作岗位。军转干部积分选岗是按照入伍时间、职级、学历、对部队的贡献和在部队获奖励情况等方面作为依据，由军转安置部门工作人员按照标准打分，并由军转干部本人签字确认。最终再按照积分从高到低依次选择岗位。

8月7日，全省军转干部安置工作表彰大会，襄樊市4个集体和6名个人分获全省军转安置工作先进单位、先进军转工作者和模范军转干部殊荣。

受表彰的"全省模范军队转业干部"为：市公安局襄城分局昭明派出所所长张庆华，樊城分局刑警大队民警曾波，襄阳交通局客运管理科科员王康健，襄阳黄集镇獭兔养殖场总经理（自主择业军转干部）曹斌；"全省军队转业干部安置工作先进单位"为：襄樊市人事局、枣阳军转办、老河口军转办、襄樊市公安局政治部；"全省先进军转工作者"为：襄樊市检察院政治部干部处副处长袁光华，襄樊市委、市政府实绩考核办公室副主任陈耀辉。

10月15日，襄樊市评选表彰100名模范军队转业干部、军转安置工作先进单位和先进军转工作者。本次表彰的重点是2001年以来转业的军转干部和军转干部安置工作成绩突出的部门和单位。

11月，市军转办被国务院军转办、中国人事报刊社评为"军转宣传工作先进单位"称号。

【人事人才合作】 12月3日，襄樊、台州两地人事部门签订人事局合作备忘录，内容包括：建立人事人才信息政策互通渠道，本地创新性的人事人才工作和做法，在第一时间内传递给对方；建立人事人才网络互通机制，实现联网贯通，做到人才信息共享，联合开办"网上人才市场"；人才市场互为开放，双方人事部门所属人才开展招聘工作，实行零准入，并可委托招聘；建立人才服务合作机制，两地的各类人才，可以自由选择任何一个地区实行档案托管、人事代理，双方出具的与之相关的证件、证书，互为认可；建立人才培训合作制度；建立专家学者考察制度，共同实施专家学者往来考察、讲学、研讨活动；构建人事人才全面合作协调机制，坚持两地人事局长联席会议制度、专家学者课题研讨制度、人事人才工作考察制度、跨区域人才交流大会制度、人事管理政策法规交流制度等。

【组建人力资源和社会保障局】 12月30日，整合原市人事局、市劳动和社会保障局职能，并将市民政局农村（含乡镇企业）社会养老保险工作划入市人力资源和社会保障局。同时取消综合协调外商投资企业劳动工资政策和制定企业惩处职工的基本准则职责，以及省、市政府公布取消的行政审批事项。

新成立的市人力资源和社会保障局（市公务员局），负责统筹机关事业单位人员管理职责，完善劳动收入分配制度；统筹全市城乡就业政策职责，建立健全公共就业服务体系；统筹全市城乡社会保障政策职责，建立健全社会保险管理和服务体系，提高经办能力；统筹全市人才市场和劳动力市场整合职责，加快建立统一开放、竞争有序的人力资源市场，促进人力资源合理流动、有效配置，统筹开发各类人力资源；统筹全市机关企事业单位基本养老保险和农村社会养老保险管理和政策职责，深化养老保险制度改革，建立健全农村社会保险制度；统筹规划全市城乡一体化医疗保障体系建设职责，做好相关医疗保障制度配套政策实施工作；统筹全市行政机关公务员管理职责，促进行政机关及其公务员能力建设，建立行政机关公务员通用能力席位标准，建立科学考评机制，提高行政效能；加强劳动关系协调机制建设，切实维护劳动关系双方合法权益，促进全市劳动关系和谐稳定等。

（田伯韬）

民主党派·工商联·群众团体

责任编辑 黄立平
责任校对 黄立平

民 主 党 派

【民革襄樊市委员会】 民革襄樊市委员会下辖襄城总支、樊城总支，襄城第一支部、襄城第二支部、老河口支部、樊城第一支部、樊城第二支部5个支部。2009年,民革襄樊市委员会发展党员6人,党员总数104人。党员中有人大代表1人,省、市、区(市)政协委员36人,全年提交集体提案9件,个人提案42件。7月,老河口支部、樊城总支及第一、第二支部换届,侯继红、李克君、万洁瑶、王林分别当选老河口支部、樊城总支及第一、第二支部主委。

9—10月,民革襄樊市委就"做大做强农副产品加工企业,促进农业增效、农民增收"问题进行调研,提出发展农产品加工业的5条对策和建议。

(吕忠泽)

【民盟襄樊市委员会】 2009年,中国民主同盟襄樊市委员会发展盟员33人,盟员总数达179人,平均年龄47.5岁,具有中高级职称的161人。3月,民盟襄樊学院支部换届,左继宏当选新一届支部主委。12月,民盟襄阳区支部被民盟湖北省委表彰为"先进基层组织"。"双岗建功"取得全面丰收,盟员发表论文75篇,受到各种表彰奖励56人次。盟员李卫辅导的群艺节目获得全省"楚天群星奖"金、银、铜奖各一个。

5月15日,盟市委到圣方电子有限公司调研,撰写《关于扶持发展襄樊臭氧灭菌消毒产业的建议》,市政协以《社情民意》转发市政府。10月,民盟襄樊市委与市政协提案委邀请部分政协委员和有关政府部门领导、专家,就各界群众对市政府2010年为民办实事的建议进行联合调研,发放问卷2 619份,与城乡干部、群众代表座谈。收回问卷2 340份,收到群众来信、来电、来访279人次。根据问卷调查,调研组提出13件实事。

(杨昌红)

【民建襄樊市委员会】 民建襄樊市委员会设有学习、法制、妇女、企业家4个专门委员会,下辖民建樊城区总支委员会(辖樊东、樊西支部委员会)、民建襄城区总支委员会(辖襄城一、二两个支部委员会)、民建老河口市支部委员会、民建高新区支部委员会、民建襄阳区支部9个基层组织。2009年,新发展会员13人,有在册会员164人。会员中,有62人担任各级人大代表、政协委员,21人担任各类特约人员。全年提交市人大议案14件、市政协集体提案9件、个人提案53件;上报并被民建省委以上采用社情民意34篇,在各市州中名列第一。社情民意《唐白河流域污染危及鄂豫两省》被全国政协、中央统战部和民建中央采用,全国政协责成国家环保部办理并进行答复。民建襄樊市委获民建湖北省委参政议政、新闻宣传二等奖,被中共襄樊市委、市人民政府授予"全市统一战线成员服务新农村建设先进单位"称号。副主委王元山获襄樊市"第三届优秀中国特色社会主义事业建设者"称号。

3月7日,民建襄樊市委召开襄樊民建企业家"保就业、保稳定、抗危机、促发展"倡议发起仪式暨全体会员大会。40位企业家会员联名签署倡议书。3月20日,民建襄樊市委组织襄樊王胖子建筑置业有限公司、老河口华润化工纺织有限公司、襄樊小白象公司等23家企业,在鄂西北人才中心举办返乡农民工大型招聘活动,提供岗位403个,前往应聘的农民工2 300余人。

8—12月,召开民建襄城区第四次会员大会、民建樊城区第三次会员大会、民建老河口市第三次会员大会、襄阳区第二次会员大会、高新区第二次会员大会。

(杨　剑)

【民进襄樊市委员会】 民进襄

樊市委下设 2 个总支、6 个支部。2009 年,发展会员 11 名,会员总数达 128 名。23 名会员分别担任全国、省、市、区级人大代表和政协委员。分别与市监察局、审计局、文化局、工商局、教育局 5 个部门建立对口联系。

开展“三个一”活动,即会内 4 名在职副县级以上的领导干部每个人联系一家民营企业,进一企、献一策、解一难。先后帮助襄樊洪枫实业有限公司妥善解决企业托管人员的档案问题;帮助襄阳忠良挖掘机有限责任公司协调解决办公楼建设手续问题,帮助企业减免费用 10 多项,鼓励企业资助 10 多名贫困学生、救助孤儿 20 多人。

开展襄樊新农村建设中的农民专业合作组织建设问题调研,提出 5 条建议。

(余淑清)

【农工党襄樊市委员会】 2009 年,农工党襄樊市委员会在会成员 146 人,其中新发展成员 11 人。成员平均年龄 49.5 岁,主要分布在襄樊城区医药卫生界。

3 月,农工党襄樊市委专题调研“崔家营电站蓄水后汉江襄樊市区段水质有可能受到污染”问题,向市政协提交社情民意。

6 月,农工党樊城总支与樊城区委统战部联合组织专家下乡义诊,义诊咨询病人 300 余人,送给福利院和义诊地农民价值 1 万多元的药品。

11 月,农工党湖北省委、襄樊市政协和农工党襄樊市委,分别就农民工的就业创业、社会保障、权利维护、婚姻家庭、计划生育、子女教育以及对“农民工”的称谓和户籍管理等现状联合进行专题调研,并就农民工就业创业、农民工权利保障问题、农民工犯罪问题提出建议。

(王蕴丽)

【致公党襄樊市支部委员会】 2009 年,中国致公党襄樊市支部委员会发展党员 9 人,党员总数达 52 人。向市政协提交集体提案 9 件、个人提案 4 件。其中,集体提案 4 件、个人提案 4 件被市政协采用,2 件个人提案被省政协采用。上报致公党省委社情民意 4 篇,被致公党中央采用 1 篇,被致公党省委采用 1 篇;上报调研报告 2 篇。支部被授予“全市统一战线服务新农村建设先进单位”;李玲、赵世运、鞠韶辉、曾亚梅被致公党省委授予“抗震救灾先进个人”称号;刘天智、杨顺曾被致公党省委授予“2008 年度参政议政工作先进个人”称号;筹委会委员赵世运获 “湖北省首届十大创业明星”、襄樊市“优秀中国特色社会主义建设者”称号。

12 月,致公党襄城区和樊城区支部委员会成立,并召开党员大会,分别选举产生 5 名支部委员会委员。

(杜 娟)

【九三学社襄樊市委员会】 2009 年,襄樊市九三学社有社员 134 名。其中,男社员 87 名,女社员 47 名;大学以上文化程度 124 人,具有高级职称的 76 人。新发展的 9 名社员中,具有高级职称的 4 人、硕士 3 人、博士 1 人,平均年龄 38.3 岁。

5—6 月,社市委开展基层组织建设调研,撰写《关于九三学社基层组织建设有关问题调查报告》。11 月 11—14 日,襄樊学院、襄城、樊城、襄阳 4 个支社先后完成换届。

8 月,社市委与市政协经技委联合到市科技局、万洲电气公司等单位调研,撰写题为《襄樊市工业企业科技创新情况调查及建议》调查报告;了解市财政局、商务局及南漳、保康、谷城 3 县的 10 多个乡镇对“家电下乡”政策的知情情况、家电购置、返款执行情况等,撰写题为《襄樊市家电下乡情况调查》调研报告。同时,社市委在各支社和全体社员中广泛征集选题,收到提案材料 30 篇,形成《关于我市城郊集镇建设和管理的意见建议》等 8 件,市政协大会发言材料《做大做强市区经济》等 3 篇。11 月,社市委调研报告《贫困山区初中毕业生劳动技能培训调查》获社省委参政议政二等奖。

(胡 杨)

工 商 联

【概况】 2009 年,市工商联直属商会 11 个,其中,行业性商会 5 个,异地商会 5 个,外地商会 1 个。

【非公经济人士参政议政】 全市非公有制经济人士中的人大代表提交议案 79 件,政协委员提交提案 164 件。市工商联编写《民营反映》6 期,提出的 7 条非公有制经济发展中的问题和建议被市委、市政府和有关部门采纳。王君等 40 人被市委、市政府授予“襄樊市优秀中国特色社会主义事业建设者”称号。

【民营企业招聘会】 4 月和 5 月,市工商联先后组织 860 多家民营企业举办“保就业,保稳定,促发展”民营企业招聘会、民营企业招聘周活动,提供 29 165 个岗位,9 893 名求职者与企业达成就业意向,3 861 人签定职业技能培训意向,为求职者维权及法律援助 409 人次。

【商会建设与发展】 7月5日，襄樊市福建商会召开第三次会员代表大会暨二届一次理事会，民发集团林佺祥当选襄樊市福建商会新一届会长。8月6日，襄樊市湖南商会成立，有会员48人,主要分布在冶金、机械、房地产、能源、旅游等领域。11月28日，襄樊第一家外地商会——昆明市襄樊商会成立,有会员企业230家,涉及多个行业和领域。同日,襄樊市副食百货供应商商会成立，有会员企业312家,担负全市85%以上糖酒副食供应、65%以上日杂百货生活用品供应。

（费建春）

襄樊市总工会

【概况】 至年底,全市有工会会员1 029 596人（农民工会员539 460人),净增会员70 886人(农民工会员52 397人);基层工会组织8 405个，涵盖17 669个单位；净增基层组织566个,涵盖1 007个单位。全市生产经营正常的115家外商投资企业、非公经济代表人士所在企业286家全部建立工会组织。其中,人大代表所在企业94家，政协委员所在企业112家,工商联执委所在企业82家。发展登记劳务派遣工会员2 420人。

【"保增长促发展"劳动竞赛】开展以"六小"(小核算、小革新、小改进、小建议、小节约、小经验)为主要内容的 "同舟共济保增长、建功立业促发展"竞赛。全市889家企事业单位、12.3万名职工参加竞赛,提出建议1.7万余条,采纳1.1万条;推广先进操作法875项、发明创造123项、技术革新492项、技术攻关376项、申请专利102项、解决难题591项；组织技能大赛687场，5.8万职工参与大赛。

【创建和谐企业】 2009年,全市100人以上已建工会的企业劳动关系和谐企业的创建面达80%以上,4家企业、2个工业园区受到省级表彰。国有、集体及其控股企业和企业化管理的事业单位职代会建制率达100%，100人以上已建工会的非公有制企业职代会建制率达60%以上,新增建立区域性、行业性职代会制度的单位20家;国有、集体及其控股企业厂务公开面达100%,100人以上已建工会的非公有制企业厂务公开面达60%以上,推行厂务公开民主管理控制程序的单位新增30家;100人以上已建工会的公司制企业职工董事、职工监事制度建制率达75%以上。100人以上已建工会的企事业单位民主管理星级评估工作参评率达70%以上。组织参加全总开展的厂务公开民主管理知识答题竞赛,参赛答卷2万多份,获全省一等奖并获全省职工代表培训先进单位。48个乡镇(街道)建立农民工维权工作站，并建立农民工维权法庭,为维护农民工合法权益提供快捷便利的"一站式"法律服务;将每年5月1日定为"农民工维权宣传日"；在农民工较为集中的建筑、纺织、餐饮、运输、商贸等行业聘请105名农民工维权义务监督员,经过培训后挂牌上岗。

【困难职工帮扶工程】 开展"同饮汉江水、工友一家亲"工友帮扶行动,安排380万元资金用于帮助困难职工特别是农民工解决实际困难。为1.2万名下岗失业人员及农民工提供职业培训，为6 580名下岗失业人员及农民工提供职业介绍,为6 735名下岗失业人员及农民工提供就业帮助,为2 780名职工、农民工免费体检和发放医疗优惠卡。南漳、襄阳、老河口、宜城困难职工帮扶中心通过省总工会达标验收,枣阳、襄城、樊城建设完成。3月,与市移动公司联合启动"双百工程",为100名大学生和100名农民工解决就业问题。4—5月，联合劳动部门开展三次大型招聘活动,828家企业参加招聘周活动,提供空岗信息25 545个，签订就业意向7 960人,签订职业技能培训意向3 861人，维权及法律援助409人次。8月,开展"金秋助学"活动,将农民工子女纳入到助学范围中,836名困难职工及398名农民工子女得到工会的资助。9月，市总工会一次性拿出40多万元,为400名困难职工、农民工进行免费体检。

【发展区域性行业性工会组织】在襄阳云湾社区、华中光彩大市场建材行业、区纺织行业、荣华工业园、双沟镇、双北村等单位进行发展区域性、行业性工会试点,年中向全市推广。与市交通局联合召开全市推进出租车企业建立工会组织动员大会,在34家出租车企业依法成立工会组织。其中,国有集体企业8家，私营（民营）企业26家,2 052人加入工会组织,入会率达86%。

【女职工组织建设】 2009年，全市建会且女职工人数在10人以上的单位全部组建工会女职工组织。8 405个基层工会组织中，建立女职工组织的7 253个,组建率达86.3%。全市签订女职工权益专项集体合同2 948个,覆盖单位5 190家,覆盖女职工327 844人。新增女职工特殊权益保护专项集体合同1 685家,签订集体合同的单位女职工专项合同的签订率达85.2%。

(姚 武)

共青团襄樊市委员会

【概况】 2009年,全市有团员355 992人,新发展团员35 174人,各级团组织4 872个,新建立团组织8个。其中,基层团委281个,基层团总支264个,团支部4 323个,基层团工委4个。

【捐助希望小学】 1月6日,襄樊金飞环彩色包装有限公司总经理蒋祥瑜、团市委书记袁德芳、副书记龙小红及襄城区相关领导为卧龙镇回龙村金飞环希望小学的学生们送去74套棉被和108个书包。12月28日,宜城王集襄江村德勤希望小学奠基,德勤公司向德勤希望小学援助现金39万元及价值2万余元的笔记本电脑、书籍等物品。德勤公司来宾现场资助该校50名贫困学生每人400元。

【支持青年就业创业】 2月,团市委与市劳动和社会保障局、市创业局联合举办襄樊市"青春富康行动"大中专毕业生、农村青年春季招聘会,106家用人单位提供岗位4 000多个,1 385人达成就业意向。5月,举行"尧治河青年创业基金"成立暨大学生村官创业计划启动仪式,湖北尧治河集团有限公司捐赠5万元成立"尧治河青年创业基金",市农行向首批创业大学生村官代表发放"金穗惠农青年卡"。6月,成立襄樊青年企业孵化器。7月,开展"2009年大学生暑期勤工俭学活动",提供大学生勤工俭学岗位120个。10—11月,与襄樊小白象商贸有限公司举办"职业经理人挑战赛",吸纳15名襄樊学院应届毕业生到企业见习。

【青年志愿者活动】 3月5日,组织全市千余名志愿者开展志愿服务和社区爱心活动。3月9日,组织襄城、樊城两地志愿者200余人开展保护母亲河活动。3月14日,与市园林局、襄樊日报社联合开展"绿色家园社区行"活动,组织200多名青年志愿者组成6支保护母亲河绿色志愿服务队分赴泰安路、襄江、高庄、幸福小区4个社区义务植树。6月5日,组织机电工程学校、职业技术学院、中房公司、三技校等单位的500余名青年志愿者开展"我爱汉江母亲河"活动。6月29日,成立市志愿者协会及13个志愿者分会,并组织千余名志愿者开展小家电维修、科普宣传、义务诊疗等志愿服务活动。11月9日,与襄樊市消防支队组建"襄樊市消防志愿服务队",参加队员2 000余人。12月,开展扶残助残、生态环保、扶贫帮困等系列志愿服务活动20多次,参与志愿者2 000多人。

【关爱青少年】 3月13日,市少工委、《襄樊周刊》、金童美育学校联合发起"捐出一本书、奉献一份爱"捐书活动,收到捐赠书籍6 000余册。3月18日,启动"好书真情·伴我成长——城乡少年好书传递万里行"活动,中国青少年社会服务中心向宜城环翠小学赠送价值1 600元的书籍。5月16日,举办第一期"阳光小课堂进社区",组织襄樊职业技术学院的专业老师和学生义务为社区小朋友培训英语口语、绘画、音乐、电脑小知识和少年健美操。6月17日,联合安利(中国)襄樊分公司为襄城洪庙小学留守儿童捐赠10台电脑。6月30日,开展"暖心2009——关爱返乡农民工子女行动",组织襄樊学院、襄樊职业技术学院和襄樊学院理工学院等600名志愿者义卖报纸,筹集善款3 922元。

【纪念五四运动90周年】 4月30日,团市委召开纪念五四运动90周年大会,并表彰全市共青团系统的先进集体和优秀青年典型。枣阳团市委等3个县级团委被授予2008年度"新农村·新青年·新发展"主题实践活动先进单位,奖励10 000元工作经费;宜城孔湾镇团委等10家单位被授予新农村建设"十佳乡镇团委";谷城县石花镇巩湾村团支部书记刘世军等10人被授予新农村建设"十佳团支部书记",每人奖励1 200元。同时,表彰2008年度先进集体和先进个人、襄樊市(杰出)青年文明号、襄樊市(杰出)青年岗位能手。

(王峥峥)

襄樊市妇女联合会

【概况】 2009年,全市有乡(镇)、街道(办事处)妇联105个,村妇代会2 413个,社区妇联264个,市直机关事业单位妇委会98个,县直机关事业单位妇委会897个。专兼职妇女干部3 787人,女性进村"两委"比例达100%。市妇联先后获全国维护妇女儿童权益先进集体、全国"亿万妇女学法律、家庭平安促和谐”法律知识竞赛优秀组织单位、健康宝贝课堂热线积极进取奖，省“双学双比”活动先进单位、省第二届巾帼家政服务员技能大赛团体优胜奖。机关干部获得市级以上表彰15人次。

【支持妇女创业就业】 举办家政服务员培训和家政服务技能大赛；建立全市农村妇女劳动力资源人才库、8个妇女就业(创业)指导中心、8个巾帼家政服务实体、97个培训基地，在广州、深圳、东莞等地建立转移输出基地14个。举办农村妇女劳动力转移招聘会21场、农村妇女实用技术培训班126期(次)、就业创业劳动技能培训班64期(次)，帮助4 286名妇女实现就业、1 840名妇女自主创业、168名妇女成为不同行业新的创业带头人；成立襄樊市推进小额担保贷款工作协调小组，为154名妇女协调争取920万元资金；为企业争取贷款155万元，融资1 300万元。4家单位分别被省妇联命名为湖北省女大学生创业就业实训基地、巾帼家政服务转移就业示范基地、农村妇女手工制品培训转移示范基地、“双学双比”示范基地，并为基地争取活动经费3万元。

【创建“巾帼示范村”】 2009年，全市妇联组织开展创建“巾帼示范村”活动。10个村被命名为省级“巾帼示范村”，20个村被授予市级“巾帼示范村”称号。

【创建和谐家庭】 2009年，市妇联与市文明办等5家单位联合开展襄樊市首届和谐家庭评选表彰活动。10月，举办“和谐之歌”颁奖晚会，评选表彰“十佳”和谐家庭10个，和谐家庭100户，“和谐家庭创建活动先进单位”25个。

【妇女儿童维权工作】 2009年，市妇联接待来信来访来电475人次。全市新建市级留守儿童爱心服务站25所，资助贫困生800名。成立襄樊市母亲教育协会。开展巡回宣讲、培训、宣传咨询、亲子互动、家庭才艺展示等活动400多场次。与市教育局联合开展的家教论文评选征集活动收到优秀论文83篇，5篇论文被评为一等奖。

【农村妇女现场招聘会】 2月6日，市妇联等四家单位联合举办襄樊市农村妇女劳动力转移现场招聘会。全国各地及襄樊本地83家大中型企业参加招聘会，提供女性就业工种90个、岗位3 000个。全市4 000多人参加现场招聘，其中，农村妇女2 100多人，现场签订用工合同400份，达成就业意向2 100人。

【女大学生村官成才支持行动】 11月起，市妇联与市委组织部联合开展“女大学生村官成才支持行动”，全市54名女领导干部、妇联主席与56名女大学生村官结成帮带对子。

【百万家庭知识竞赛】 8—9月，襄樊市妇联与市城管局联合开展襄樊市百万家庭“迎国庆，讲文明，树新风”知识竞赛，收回有效答题卡10 000余份，抽取一等奖5名、二等奖30名、三等奖50名。

【襄樊市“十佳”和谐家庭】 10月10日，襄樊市妇女联合会、襄樊市文明办、襄樊日报社、襄樊电视台、襄樊人民广播电台表彰襄樊市“十佳”和谐家庭以及和谐家庭创建先进单位。

襄樊市“十佳”和谐家庭

姓名	单位
刘科哲	襄樊四中
牛建明	襄城檀溪办事处麒麟村
陈训小	谷城冷集镇粮贸公司
吕扬全	枣阳新市镇前湾六组
张绪琴	枣阳环卫局清扫所
唐　艳	航宇救生装备有限公司
陈义文	老河口光化办事处拦马河社区
王佳凤	保康店垭镇望粮山村
散发祥	谷城交通局公路段
崔文忠	襄樊市劳动就业管理局

襄樊市和谐家庭创建先进单位

襄樊市人大办公室
襄樊市政协办公室
襄樊市纪委、监察局
襄樊市委组织部
襄樊市委市直机关工委
襄樊市交通局
襄樊市公安局
襄樊市人口和计划生育委员会
襄樊市水利局
襄樊市国税局
襄樊市粮食局
襄樊市科技局
襄樊市人事局
襄樊市地税局
襄樊市中心医院
襄樊市第一中学
襄樊市第一实验小学
襄樊卷烟厂
襄阳黄龙镇
枣阳市人民检察院
宜城地税局
保康妇联
谷城交通局
老河口李楼办事处方营村
襄城檀溪湖社区
樊城施营社区

（司应奎）

军事·政法

责任编辑
责任校对 黄立平

襄樊军分区

【概况】 2009年，襄樊军分区思想政治建设、军事斗争准备、国防动员、从严治军、综合保障等各项工作整体推进。

思想政治建设。在全分区组织5场学习实践科学发展观理论报告会，开展“争创学习型党委、争当知识型领导”活动和“锤炼坚强党性、模范遵守党纪”教育和正确行使民主权利专项教育。开展培育当代军人核心价值观辅导课8次、先进典型事迹报告会1次。组织全区政工干部参加省军区集训，取得计算机操作和公文写作竞赛第一名。

军事斗争准备。在襄城、樊城、襄阳3个城区成立民兵骨干分队，修订完善军分区10种作战方案、34个配套作战计划和重大突发事件预案，开展非战争军事行动研讨，完成高炮增雨抗旱和老河口徐家营水库抢险等急难险重任务。组织全区干部进行新训练大纲集训和教练员会操，全年集训43期，训练各类人员5 122人，1个课目在湖北省军区会操活动中被评为优质课目，3人被省军区评为“优秀四会教练员”。8月27—29日，湖北省军区考核襄樊军分区机关和谷城、襄阳人武部年度军事训练情况。考核的5个课目中，手枪射击、体能取得优秀成绩，首长机关战术想定作业（非战争军事行动指挥作业）、军事理论、识图用图取得良好成绩。

国防动员工作。调整国防动员委员会，在湖北省无线电管理委员会襄樊管理处、襄樊电信公司、襄樊联通公司、襄樊移动通信公司成立信息动员机构，编组保障队伍。编修重点交通目标战时保障方案。完成直招士官和新兵征集任务。

安全正规管理。开展“安全宣传暨条令月”、“百日三无（无事故、无案件、无军警民纠纷）暨五类部队综合整治”、重大安全隐患排查整治、“安全月”、武器装备清查整治、计算机网络安全保密、涉密军事信息安全专项整治、预防重大事故案件教育整顿等活动。销毁6枚废旧航空炸弹。

后勤综合保障。投入基础设施建设资金920余万元，整修教导队靶场，维护武器装备仓库，改造卫生所，建设开发门面房。宜城、南漳、保康、樊城等县（市）区整修、新建办公楼、训练基地，襄阳区完成干部、职工公寓和经济适用房建设。清理登记全区资产，完成全军第二次经济普查任务，审核2008年、2009年度经费预决算，清理空余房产，清退不合理占房20余套。3月，参加湖北省军区会计、预算会审，取得第三名。

【军事训练】 2009年，全区训练基干民兵5 122人。其中，作战队伍2 490人，勤务保障队伍692人，应急队伍1 220人，其他队伍720人。训练现役干部130人，专职武装干部220人，民兵干部600人。组织学生军训20期、2.1万人。

【保障过境部队】 8月18日，济南军区某部参加演习，从襄樊市经过，在军事经济学院襄樊分院宿营，19日早上离境。9月11日—12日，广州军区某部跨区进行“跨越2009—确山（鹿寨）”演习，从襄樊境内通过。襄樊军分区协调襄樊市委、市政府及有关部门，出动公安干警500人、巡警和路政人员200人、医护人员100人、民兵应急分队4个连480人、各式车辆150余台，为过境参演部队提供服务保障。对5个宿营点提前现场勘察，确定2个加油站、2个汽车维修点、1个集贸市场、1个定点医院，成立5个机动装备抢修分队、5个机动医疗救护分队。襄樊市委、市政府、军分区组成4个慰问组，分赴过境部队宿营点慰问官兵，赠送方便面、矿泉水、火腿肠、苹果、大头菜等食品饮料。

【调整民兵组织】 对全市“十一五”期间基干民兵组织建设进行部分调整。调整后建47种、556个连（分队）。加强防卫作战、勤务保障、应急救援队伍建设，压缩步兵分队建设规模。

【警备工作】 出动警备执勤兵力500余人次，检查过往军人300余人次，检查过往军车900余台次，查处没收假冒军车号牌7副，圆满完成广州军区首长视察襄樊战场、“跨越2009—确山(鹿寨)”演习部队过境勤务保障、国庆60周年庆典安全保卫、部队补退兵员火车站秩序维护等大项勤务任务。

【征兵工作】 2009年，全市征集新兵3 652人。其中，对女兵实行公开征集。1 089名女青年报名应征，初检初审345人，合格220人，择优确定51名送省体检对象，并对送检对象连续三天在襄樊电视台公示。

【营院建设】 新建军分区营院临民主路门面房一栋，建筑面积2 200平方米，投入经费193万元。卫生所改造工程建筑面积1 200平方米，投入经费76万元。重修教导队进出道路2 000米，靶场进出道路8 000米，投入经费30万元。新装军分区机关营院路灯、教导队路灯50盏，争取经费40万元。军分区机关营区、教导队植草种树约4 000平方米，争取经费投资60万元。重铺军分区机关、招待所场地、教导队进出道路沥青面积约3万平方米，争取经费100万元。

【“国防之星”—朱慧】 7月，中共宜城市委书记、市国防动员委员会第一主任朱慧，被广州军区评为第四届“国防之星”。

朱慧，男，1963年出生，汉族，大学文化程度。2006年4月，任宜城市市长、市国防动员委员会主任，2009年3月，任中共宜城市委书记、市国防动员委员会第一主任、宜城人武部党委第一书记。任职期间，宜城先后被中共湖北省委、省政府、省军区授予“拥军优属先进单位”和“双拥模范城”称号，宜城人武部连续四年受到省军区通报表彰。

【全国征兵先进单位】 8月，老河口被国防部评为“全国征兵先进单位”。2005—2009年，老河口为部队输送合格兵员1 697名，实现“无身体条件问题、无政治条件问题、无退兵、无换兵”目标，军烈属优抚、转业退伍军人安置100%落实到位，连续五年被襄樊市政府、襄樊军分区表彰为征兵工作先进单位。

(徐　钊)

武警襄樊市支队

【概况】 2009年，武警襄樊市支队被武警部队表彰为“连续13年预防事故案件工作先进单位”，被武警湖北省总队表彰为“基层建设先进支队”，1个大队被表彰为“先进大队”，1个中队被树为“基层建设标兵中队”，6个单位被表彰为“先进中队”。

【扑灭山林火灾】 1月25日19时30分，卧龙镇赵冲林场一处山坡燃起山火，且火势不断蔓延，危急林区和附近居民人身和财产安全。20:00，支队派出5台战备车辆和战备分队250余名官兵准时到达山火现场，与群众一起奋战扑灭大火。

【二等功臣侯军军】 侯军军，男，汉族，山东省寿光市人，1987年5月出生，2005年12月入伍，武警襄樊市支队枣阳中队班长，下士警衔。2009年11月24日凌晨，据新疆和湖北国保部门侦查消息，确定新疆“7·5”事件后三起爆炸事件主要策划嫌疑人帕孜里·艾孜如拉潜逃到湖北枣阳，藏匿于该市顺城巷维吾尔族居民区一居民楼内。侯军军请战配合公安机关完成抓捕任务。12月，侯军军被总队记个人二等功一次。

(李洪涛)

社会治安综合治理

【概况】 2009年，全市无危害国家安全案件，无暴力恐怖事件，无“法轮功”反动宣传煽动重大案件，无军队退役人员集体赴省进京上访，无在全省有重大影响的群体性事件、无重大恶性刑事案件，无严重黑恶势力犯罪活动，无重特大安全事故。市统计局年度民意调查显示，襄樊市群众安全感指数达82.3%，比上年提升1.3个百分点；群众对政法队伍工作满意率为84.5%，比上年提升15.5个百分点。省公安厅、省统计局2009年上半年社会治安民意调查显示，襄樊市群众安全感指数达到91.1%，位居全省第三位。5月，襄樊市获“全国社会治安综合治理优秀市”称号。8月，省委、省政府在襄樊召开全省维稳工作现场会和综治基层基础建设会议，推广襄樊的经验。

【落实综治工作责任制】 年初，市委、市政府召开全市政法综治工作会议，市委书记唐良智、市长李新华代表市委、市政府，与各县(市)区党委、政府主要领导签订《襄樊市2009年度社会治安综合治理目标管理责任书》；表彰2008年度平安县(市)区9个，平安乡镇(街道)30个，市直平安单位113个，基层平安单位50个；对平安县(市)区第一、第二治安责任人分别奖励现金2 000元,对平安单位奖励其机关工作人员一个月标准工资,对实现命案全破的8个县(市)区分别奖励现金1万元,对命案防控成绩突出的两个县(市)区和成绩较好的3个县(市)区分别奖励现金3万元和1万元。通报2008年度综合治理一票否决单位17个,黄牌警告单位33个;县(市)区一票否决单位17个,黄牌警告单位18个。

【基层综治建设】 2009年,全市11个县(市)区、开发区、101个乡镇(街道)和6个管理区(开发区)的综治办全部单独设立,乡镇(街道)党委分管政法、专抓综治维稳工作副书记(兼任综治办主任)、乡镇(街道)综治办专职副主任和专职干部全部配备到位,配备专职干部278人。基层追加综治经费1 108万元,占全年综治经费预算的87.8%;基层综治干部岗位补贴得到落实,最高补贴标准300元,最低补贴标准60元。107个乡镇(街道、开发区)、2 672个村(社区)全部建立综治维稳联动中心、综治维稳工作室,发展治安中心户43 600多个。

【社会治安防控】 全市破获各类刑事案件22 414起。其中,现行案件10 037起,破案率为63.38%;抓获各类违法犯罪嫌疑人员9 779人,其中逃犯2 486人;依法逮捕2 787人,一审判决2 258人,劳教320人,治安拘留6 579人。"除五霸"、"抓五小"专项行动,打击街霸、市霸、行霸、地霸、恶霸等"五霸",打掉涉黑团伙1个,抓获团伙成员23人,破获案件50起;打掉涉霸涉恶团伙172个,破获涉霸涉恶案件443起,抓获犯罪成员566人。破获命案62起,破案率达98.4%,8个县(市)区命案全破,两个县(市)区命案零发案。百日禁赌、春季扫毒、打击传销专项行动,查处赌博窝点16个,查获赌博人员253人;查获毒品犯罪人员99人,缴获毒品2 065.3克;端掉传销窝点84个,遣散传销人员1 270人,打击处理传销骨干29人。排查整治治安混乱地区35个,解决突出治安问题137个。在市区划分三级巡区、105个巡逻网格,投入街面巡逻警力372人、巡逻车辆36台,抓获"两抢"嫌疑人912名、盗窃嫌疑人2 587名,破获"两抢一盗"案件1 398起。各县(市)在城关地区投入网格化巡逻民警226人、巡逻车辆35台。同时,在市区周边建成8个永久性治安监控卡点(出租车出城登记站),投入巡警40人、协警队员64人。

建成一级监控平台1个、二级监控平台11个、三级监控平台51个,建成视频监控乡镇65个、视频监控社区181个,视频监控单位1 143个,累计安装视频监控探头33 628个,市区视频监控覆盖率达95%以上,各县(市)城关视频监控覆盖率达85%以上,全市60%的中心集镇建成视频监控系统。市区1 700辆出租车全部安装GPS卫星定位系统,并安装"小红灯"报警装置。建立乡镇(街道)专业巡逻队107支、1 035人,单位内部巡逻守护队389支、2 334人,社区(村)专职和义务巡逻队2 767支、19 507人,治安中心户43 600多个。

危险物品安全检查、集中收缴管制刀具、"三电"设施安全检查、金融机构治安隐患排查等专项行动,打掉制贩枪支团伙1个,摧毁制枪窝点2个,依法收缴枪支43支、子弹3 006发、仿真枪311支、管制刀具1 201把;收缴炸药146千克、雷管234枚、导火索1 740米、黑火药35千克。商(市)场、"三合一"场所、公共娱乐场所、高层地下建筑和在建工程5类场所消防专项整治,清查各类场所1 409家,排查火灾隐患1 565处。

【综合治理】 铁路护路联防,整治涉铁治安问题138个,落实专职护路队员85人、兼职护路队员144人、义务护路队员454人;所辖汉丹、襄渝、焦柳3条铁路干线被省护路领导小组命名为"全省平安铁路示范路段"。学校及周边治安综合治理,落实学校法制副校长1 230人、法制辅导员1 756人,续聘市直学校法制副校长36名、法制辅导员84名;排查整治学校及周边治安等问题2 477处,解决襄樊学校周边乱搭乱建饮食摊点问题。优秀"青少年维权岗"、12355专家志愿团进社区、进学校法制讲座,培训社区干部和青少年11 361人。社区矫正和刑释解教人员安置帮教矫正试点乡镇97个,落实矫正对象992人;建立过渡性安置帮教基地18家,落实帮教对象3 771人,为符合条件的123人办理低保,过渡性安置就业409人。妇女维权及平安家庭创建,建成樊城施营社区、友谊街社区两个全国"平安家庭"创建示范点。

【表彰慰问见义勇为人员】 2009年,全市表彰奖励见义勇为先进个人13名,颁发奖金28 000元。春节、国庆期间,走访慰问见义勇为先进个人及家属80人,发放慰问金70 000元。申报省见义勇为第二批爱心账户7人。

(刘　勇)

公 安

【概况】 2009年，全市公安机关破获各类刑事案件22 414起，同比上升47.67%。打击处理各类违法犯罪嫌疑人3 200人，抓获河北省保定市“2009.8.9”炸死8人特大爆炸案逃犯雷发兵等各类网上逃犯3 031人，同比上升16.49%；发生各类命案63起，破获62起，连续四年保持在90%以上；查处各类治安案件44 050起，上半年百名民警查处治安案件数列全省第三位。圆满完成中央政治局常委、中央政法委书记周永康等中央、省委领导来樊视察警卫任务78批次，化解较大规模的集体进京赴省上访活动11次，依法处置较大规模群体性事件64起。

【打击违法犯罪】 全年破获各类刑事案件22 414起。其中，破获涉霸涉恶案件443起，打掉涉霸涉恶团伙172个，抓获犯罪成员566人，打掉涉黑团伙1个，抓获团伙成员23人，破获案件50起。侦破侵财案件8 142起，破案数同比上升59.37%，查获犯罪团伙88个。“百日禁赌”、娱乐服务场所治安秩序专项整治，查处违法违规场所1 180家（次），查处“黄赌毒”案件800余起，收缴赌资93万元，摧毁赌博团伙55个，抓获涉案人员1 662人。破获各类涉枪案件33起，缴获各类枪支141支，子弹3 379发，侦破“4·21”制枪制毒案件。建立三级缉毒破案机制，破获毒品案件97起，打掉贩毒团伙6个，收缴各类毒品2 065.3克，首次侦破千克以上制毒大案。强制隔离戒毒658名吸毒成瘾人员。

【公安行政管理】 2009年，全市公安机关户口整顿，调查685 478户、200多万人，发现历史遗留问题8类21项，处理重号、错号2 564人，解决41 764名市民户口遗留问题。审批出国（境）申请32 733人次，接待入境人员4 215人次，办理各类签证、签注271人次。在互联网市公安局网站上建立“网上身份证办理”、“交通违法查询”、“热点问题解答”、“局长信箱”等互动查询栏目，更新发布各类信息200余条，办理回复网上群众来信360余件。打击盗窃破坏“三电”设施违法犯罪专项行动、输油气管道生产秩序专项整治行动、校园周边治安环境治理专项行动，打掉涉电犯罪团伙8个，“三电”案件发案同比下降61.9%；清理整顿校园周边网吧、歌舞厅、录像厅、游戏厅等场所2 477处，在校园周边设立治安岗亭294个。破获各类经济犯罪案件143起，抓获各类经济犯罪嫌疑人169人，挽回经济损失1 706.91万元。打击传销违法犯罪专项行动，捣毁传销窝点67个，破获组织领导传销案件12起，教育遣返传销人员1 137人。集中整治8类严重影响交通秩序的违法行为，暂扣处罚车辆1 200台，依法吊销驾驶证38本，拘留无牌无证、妨碍公务等违法人员74人；更换、新增市区道路交通中心隔离护栏1.5万米，重新施划道路交通标线2.2万米，施划停车泊位2 100个。“五类场所”、高层地下建筑等15类专项治理，检查单位762家，整改火灾隐患578处，社会消防环境得到整体改善。市保安服务公司不断扩大服务范围，保安人防、技防、金融押运服务客户分别新增5家、100家和3家。

【公安信息化建设】 全市投资700余万元，完成警务信息综合应用平台2.0版本、视频监控系统应用平台、移动警务平台搭建任务；全市公安三级网、城区接入网全部提速至100兆，城区31个派出所公安网全部接入市局信息中心；拥有联网计算机4 254台，百名民警配备联网计算机90.87台，民警数字证书拥有率达100%。完成南漳、保康两个山区县350兆警用集群系统建设任务，实现11个县（市）区350兆集群信号全覆盖。一次性下发350兆手持台957部，一线民警拥有350兆手持台、车载台2 376部，配备率达63%。襄城公安分局在全省率先启用警用地理信息系统，高新、襄阳、老河口、南漳、保康等地完成三维警务地理信息系统制作。全市安装监控探头24 949个，占人口总数0.42%，其中市区达0.7%。完成全市580万常住人口签收任务。

【国庆安保】 8—10月，治安清查、设卡盘查、安全检查、网上巡查4次全市集中统一行动，出动民警11 831人次、党政干部及治安积极分子20 794人次，破获各类案件346起，抓获违法犯罪嫌疑人309人、逃犯60人，收缴枪支20枝、管制刀具346把、雷管125枚。国庆假期，全市未发生命案，全市110报警服务台接报刑事类警情144起、“两抢”类警情12起、盗窃类警情112起，与上年同比分别下降4%、7.69%、7.44%。

【集中整治酒后驾驶】 8月15日，全市公安交警部门启动为期两个月的集中整治酒后驾驶交通违法行为专项行动，协调21家酒店提供酒后“代驾”服务，查处酒后驾驶违法行为537起,行政拘留35人。

【侦破特大黄金首饰被盗案】 2月16日,人民广场武商超市黄金柜台被盗,犯罪嫌疑人盗走黄金项链31条、黄金手链30条,总价值达23万余元。市公安局经侦查,先后抓获汤愿进(男,45岁,湖南郴州桂阳县人)、谭华(男,45岁)、汤丕清(男,44岁)秦正伟(男,29岁,湖南常宁市人)、钟美华、钟美军、汤丁平、刘峰8名犯罪嫌疑人,摧毁此流窜鄂、湘、川、黔、滇五省的特大盗窃团伙,带破贵族遵义、云南昆明、四川泸州等地同类案件,涉案总值100余万元。

【破获杀人碎尸案】 3月6日、4月28日,南漳九集镇旧县铺村一鱼塘内、肖堰镇张家沟水库边先后发现人体尸块。案发后,市、县两级公安机成立侦破专班,查明死者系付某某(男,60岁),并于6月9日在南漳玉溪宾馆将犯罪嫌疑人唐健康(男,38岁)、王鸿(女,31岁,唐健康之妻)抓获。

经查,2008年起,唐让其女友项某及妻子王鸿等人在谷城、宜城、南漳等路口,拦停驾驶轿车的单身男子,以交友为名骗财。10月,王鸿在宜城鄢城五条路拦住付某某驾驶的现代轿车,谎称与其交往,骗取其银行卡密码。12月4日下午,唐让妻子王鸿邀约付到其租住在襄樊市胜利街新区的房屋内喝酒,并将事先准备好的三唑伦和氯丙嗪粉末放入酒中,待付晕迷后,用床单将付捆绑,塞住口腔,搜走付携带的银行卡,分5次取走卡上现金8万余元,返回出租屋时,付已死亡。12月6日,唐将尸体运至南漳县城关镇胡营张林村,当晚分尸后抛尸。

【破获特大抢夺银行储户案】 9月15日,市公安局民警在广西陆川县抓获抢夺犯罪嫌疑人谢弥浪(男,29岁,广西玉林陆川县良田镇人)、谢勇贵(男,26岁,地址同上),破获"8·30"、"9·12"两起涉案金额达20余万元的特大现行抢夺案件。

8月30日15时许,二人窜至樊城区中原路雄风灯具市场内,抢夺市场经营户陈某一个手提包,包中装有现金32 000元。9月12日11:30左右,谢二人在中原市场旁边的中国银行门前抢夺到银行办理存款业务的中原市场个体户袁某某的包,包内装有现金17万元。

【抓获重大犯罪嫌疑人】 9月22日,在老河口光化办乐盛街一出租屋内将涉嫌深圳"8·21"爆炸案的犯罪嫌疑人魏艳波(男,29岁,老河口张集镇晋公庙村2组9号人)抓获。11月24日凌晨,抓获新疆莎车县"10·29"爆炸案在逃骨干帕孜里·艾孜如拉。

(李　磊)

检　察

【概况】 2009年,全市检察机关立案查办职务犯罪案件180件217人。其中贪污贿赂案件153件183人,渎职侵权案件27件34人,挽回直接经济损失3 424余万元。在49个系统开展预防职务犯罪工作,专项预防11个重点工程,提出检察建议61份,讲法制课608场(次)。受理公安、安全、监狱机关提请批捕各类刑事案件2 491人,起诉2 542人。批捕暴力犯罪、黑恶势力犯罪嫌疑人576人,提起公诉577人。对主观恶性较小、犯罪情节轻微的193人,依法决定不批准逮捕,对136名决定不起诉。受理各类民事行政申诉案件206件,立案审查173件,息诉200余件,向同级人民法院发出再审检察建议7件,提出抗诉60件,提请省院抗诉36件。加强信访接待工作,在全市检察机关开通"12309"专用电话,依法妥善处理涉法涉检信访问题219件。年初,市检察院被高检院授予"基层检察院建设组织奖",枣阳市院被评为"全国先进基层检察院",并获"全国十佳基层检察院"提名奖。11月下旬,枣阳市院、南漳县院被省院确定为"四化"建设现场观摩院。

【专项活动】 查办民生领域职务犯罪60件64人,涉农领域贪污贿赂犯罪31件38人,国家投资领域职务犯罪案件29件30人,危害能源资源和生态环境渎职犯罪5件5人,执法与司法不公背后的职务犯罪14件17人。与市公安局、市武警支队联合专项检查全市9个看守所,发现问题提出纠正意见督促整改。专项检查扣押冻结款物,规范扣押冻结款物程序。

【预防查处职务犯罪】 结合办案,向有关单位提出检察建议61份,配合有关部门在24个国家投资重点工程项目中开展同步预防,分流处理案件线索323件,指定异地管辖案件线索17件,交办案件线索30件,重点督办20件。统一调度使用基层院侦查办案骨干78人次,办理大要案32件。

(张俊阁)

法　院

【概况】 2009年，全市法院受理各类刑事案件2 061件，审结2 053件，结案率99.6%，判处犯罪分子2 766人，受案、结案分别同比下降3.1%、2.89%，结案率上升0.21个百分点。依法惩处“两抢一盗”、故意杀人、涉枪、涉毒、涉黑等危害社会治安稳定的犯罪，审结案件1 031件、1 471人；依法审结破坏社会主义市场经济秩序的犯罪案件688件、1 123人，审结贪污、受贿等职务犯罪案件126件、172人。受理各类民商事案件20 448件，审结19 392件，结案率94.84%，标的额20.42亿元，受案、结案、结案率同比分别上升4.27%、4.48%和0.21个百分点。

【执行案件】 6月15日，市中院执行局成立处理执行信访案件工作专班，集中3~5个月时间，化解执行信访案件突出问题。全市法院受理执行案件8 173件，结案7 684件，结案率94.02%，受案同比下降5.86%，执结案件和执结率同比分别上升2.82%和7.95个百分点。

【申诉上访案件】 全年审理申诉、申请再审案件129件。其中，审结当事人申请再审的民事案件88件，调撤19件，调撤率达到21.6%。

【便民服务】 2009年，市中院为22件案件当事人减免缓诉讼费73 250元，向120名特困当事人发放司法救助金36万余元，并依法为33名刑事被告人指定辩护律师。推广“马锡五审判方式”，入县（市）区巡回开庭、就地调解达110余次；11月上旬，走访襄城、樊城、高新区等地的300余家企业，并在航宇集团举办“企业防范经营风险法律知识讲座”，企业界听众200余人。

【规范对外委托鉴定】 针对人大代表的建议，修改和完善《对外委托鉴定、审计、评估、拍卖管理规定》和《对外委托鉴定、审计、评估、拍卖、变卖和指定破产清算管理人工作实施细则》。全年办理各类鉴定、审计、评估、拍卖案件33件，提供技术审核和技术咨询27件。

【建立法律文书提前评查制度】 4月，建立法律文书提前评查制度，把问题解决在印制之前。全年审核裁判文书664份，纠正文字表述不准、引用法律条款错误、实体处理不当等问题。按月抽查已结案件2008件，重点评查被省高院改判发回的案件，对评查中发现的突出问题和共性问题提交审委会。

（代红存）

司　法

【人民调解工作】 2009年，全市司法行政机关开展“两不两无”（小纠纷不出村，大纠纷不出镇，无民转刑案件，无群体性和赴省进京上访事件）创建活动，至12月底，全市100个乡（镇）办、开发区、农场通过检查验收。调处各类矛盾纠纷29 043件，调解成功率达98.9%，防止群体性事件540起、“民转刑”案件215件442人次。

7月，整顿基层法律服务行业，拆除非法执业网点4个，处理违规案件16起。

【社区矫正帮教安置】 2009年，全市组建市、县、乡三级社区矫正工作领导小组，7个县（市）区设立社区矫正办公室常设机构。登记社区矫正对象2 026名，解除矫正1 034人，正在接受矫正的992人。排查和定期走访“两劳”回归人员，接受刑释解教人员8 388人，重新犯罪率控制在4%以内；为1 546人落实责任田、81人办理低保；成立过渡性帮教安置基地18家，过渡性安置就业346人。

【法律援助】 2009年，全市办理法律援助案件2 644起，比上年上升2.5%，办理其他法律事项27 385人次。市司法局投资5万余元建立襄樊市法律援助接待咨询中心，建立实习律师“12348”咨询平台值班制度，规定实习律师必须轮换到中心值班，接待来访群众，解答法律咨询。3月，市法律援助中心被市委、市政府授予农民工维权先进集体；12月，市司法局被省司法厅授予法律援助工作先进单位。

【法律服务】 2009年，市、县、乡三级司法行政机构接待信访群众1 259批次，处理涉法涉诉案件604起；办结诉讼代理、非诉讼代理和刑事辩护6 215件；办理公证10 030件，其中涉外、港澳台2 631件；办理鉴定案件5 409件。

【年度国家司法考试】 9月19—20日，全市942人参加2009年国家司法考试。考试结果，194人合格，合格率达20.6%。

【基层基础建设】 2009年，全市97个司法所，有85个列入国债项目，建成司法所76个。完成规模面积21 030平方米，所平276.6平方米，安装电话、传真75部，配发摩托车61辆，配备电脑25台。

（司静学）

社会事务·人民生活

责任编辑 责任校对 黄立平

计 划 生 育

【概况】 2009年,全市出生人口67 512人。其中,政策内生育60 868人,出生政策符合率为90.16%,同比上升0.49个百分点;一孩积存率为54.16%,同比上升1.06个百分点;全市人口出生率为11.47‰,同比下降0.32个千分点。市计生局先后同荆州、宜昌等8个市(州)和广东、河南、福建等15个外省市的100多个地市的人口计生部门签订计生协议,开展区域协作共管。

计划生育情况见表4。

【落实计生优惠政策】 全市兑现13 304名奖扶、1 392名特扶对象奖励资金1 114.2万元;落实14.5万名独生子女保健费1 500余万元;为28 897名企业退休职工落实计生奖励4 527.31万元;为6 300余名农村二孩结扎对象(其中双女结扎对象1 446名)兑现节育奖励390余万元;为504名和5 400名农村独女和双女落实高、中考加分政策;全市建立关爱女孩资金207万元,以各种形式帮助困难女孩及家庭3 000余人次,帮扶资金180余万元。

(许万保)

民 政

【概况】 2009年,全市新增农村低保对象20 000人,农村低保对象达148 000人,发放农村低保资金8 280万元。争取民政资金9.46亿元,募集慈善资金816万元,资助1 649户农村困难群众改造现有危房。15.3万城市低保对象参加居民医疗保险,12.8万农村低保对象和2.35万"五保"对象参加新型合作医疗保险,资助参合、参保率达100%,并提高资助水平,按人平

表4 计划生育情况

单位:人

单位	出生总数				出生一孩人数	出生二孩人数	出生多孩人数	已婚育龄妇女人数	节育率(%)
	人数	出生率(‰)	其中:符合政策人数	符合政策生育率(%)					
合　计	67 512	11.47	60 868	90.16	48 627	17 451	1 434	1 153 732	85.30
枣　阳	12 279	10.74	11 133	90.67	8 579	3 428	272	205 596	89
宜　城	5 753	10.33	5 468	95.05	4 617	1 076	60	107 189	88.57
南　漳	6 097	10.41	5 809	95.28	4 676	1 342	79	107 974	90.02
保　康	2 690	9.72	2 604	96.80	2 122	535	33	53 219	87.29
谷　城	7 249	12.48	6 606	91.13	5 072	2 045	132	113 989	88.07
老河口	6 481	12.27	5 462	84.28	4 203	2 042	236	105 416	81.82
襄　阳	13 327	13.22	10 961	82.25	8 397	4 437	493	192 740	88.44
襄　城	4 525	10.45	4 327	95.62	3 701	790	34	82 808	87.41
樊　城	7 365	12.17	6 786	92.14	5 816	1 467	82	147 444	72.39
高　新	1 589	9.99	1 565	98.49	1 318	260	11	34 128	71.55
鱼梁洲	157	14.37	147	93.63	126	29	2	3 229	53.48

20元的标准资助参合、参保。受理申办社区养老服务机构6家，新增社会化养老床位2 022张。完成227个村(居)务公开、民主管理示范村（居）委会建设。6月，承办全省军休干部“隆中杯”棋牌赛，获组织奖。9月，市军休办被民政部、总政治部授予“全国军休工作先进单位”称号。

【完善城乡社会救助体系】 将城乡居民最低生活保障的申请受理和初审工作由原社区办理上移到乡、镇(街道)办理。元旦春节期间，为低保对象发放“五个五”救助物资，并按每个低保对象150元标准，为全市14.5万低保对象发放一次性临时救助金2 175万元。抽调1 836人组成农村低保核查专班193个，入户核查52 900户，核查率达100 %。改扩建15所重点农村福利院，新增床位1 366张，新增集中供养对象1 318人；提高“五保”对象供养标准，集中供养标准提高到每人每年1 800元，分散供养标准提高到每人每年1 300元。向上争取灾区群众救灾资金2 400多万元，创建防灾减灾示范社区21个，举办“5·12防灾减灾日”大型现场宣传咨询活动。

【落实优抚政策】 按政策规定足额及时发放优抚对象抚恤、定补经费，将重点优抚对象全部纳入城乡基本医疗保障体系。5月15日，出台《襄樊市优抚对象医疗保障实施办法》，对一至六级残疾军人医疗保障办法按照省民政厅、省财政厅、省劳动和社会保障厅《关于印发(湖北省一至六级医疗保障实施办法)的通知》(鄂民政发[2007]37号)和市、县两级人民政府有关一至六级残疾军人医疗保障的规定执行。门诊补助，七至十级残疾军人每人每年不低于：七级500元、八级400元、九级300元、十级200元。在乡复员军人每人每年不低于：抗日战争期间入伍的400元、解放战争期间和建国后入伍的300元。以上对象以外的其他优抚对象享受定额门诊医疗补助每人每年原则上不低于100元。住院医疗补助：七至十级残疾军人、烈士遗属、因公牺牲军人遗属、病故军人遗属、在乡复员军人补助标准不低于35%；带病回乡退伍军人、参战退役人员补助比例不低于15%。2009年，全市农村义务兵家属13 495户，城镇义务兵家属3 575户，发放优待款2 000余万元，其中，农村优待金1 754万元，户平1 300元；对城镇义务兵家属，采取市、区两级财政共同负担的办法，人平800元。

全年接收退役士兵3 475人，应安置1 291人，安置1 291人，落实自谋职业补助费2 675.4万元，1 204人办理自谋职业手续。举办培训班20期，免费为1 145名退役士兵提供岗位技能培训。

【规范专项社会事务管理】 在城区新增150块灯箱式地名标志；完成9个县(市)区18个乡镇的地名设标工作；完成襄阳枣阳线、襄阳宜城线、谷城老河口线3条县级界线联合检查工作；确定50家档次较高、有经济实力的民间组织为公益性、服务型社会组织培训发展对象，开展民间组织年检，年检率达90%以上；市救助站成立专门的主动救助科，开通“主动救助直通车”，隔日或每周两次上街巡逻劝导，实际救助5 609人(次)；加强婚姻登记规范化建设，登记率、合格率达到100%。

【移民安置】 2009年，全市民政部门为115 717名原迁移民发放直补资金6 943万元，资金发放率达100%；全面启动南水北调移民搬迁安置试点工作，拨款试点经费3 396.5万元，完成投资800.8万元。

（张　俊）

劳动和社会保障

【概况】 2009年，全市城镇登记失业率控制在4.22%，下岗失业人员再就业39 149人。其中，就业困难人员15 642人，城镇新增就业人员97 730人。农村劳动力转移就业101 298人，其中，劳动部门组织38 189人。全市养老、医疗、失业、工伤和生育保险参保人数分别达76.5万人、71.4万人、42.3万人、41.6万人和33.2万人；城镇居民参加医疗保险103.16万人。全市社保费征收总额240 008万元。其中，养老保险费征收151 095万元，失业保险费征收7 714万元，医疗保险费征收75 445万元，工伤保险费征收3 721万元，生育保险费征收2 033万元。

再就业培训和创业培训情况见表5。

襄樊市社保基金收支情况见表6。

【劳动关系调整】 全市新签订劳动合同11.6万份，劳动合同签订率98%。受理举报投诉案件1 004件，立案处理986件，结案率100%。立案受理劳动争议案件1798件，当期结案1 841件(含上年结转138件)，到期结案率98%。

【劳动保障监察】 2009年，劳动保障年检用人单位5 332家，受理举报投诉案件475件，立案处理463件，结案率100%，为民工追回拖欠工资64余万元。

表 5 **再就业培训和创业培训情况**

项目/单位	本期实际再就业培训人数	劳动保障部门直属教育培训机构培训人数	其他教育培训机构培训人数	培训合格人数	培训后实现再就业人数	全年筹集再就业培训经费	财政安排	其他渠道筹集	本季度支出再就业培训经费	补贴劳动保障部门直属教育培训机构	补贴其他教育培训机构	参加创业意识培训人数	参加创业能力培训人数	SYB培训	创业能力培训合格人数	SYB培训	创业能力培训结束后当期成功创办企业人数	创业能力培训结束后当期实现自谋职业人数	创业能力培训结束后当期实现雇佣就业人数	新创造就业岗位数
总　计	19 846	19 432	391	19 766	18 113	8 545.8	7 735.8	810	9 619.8	8 854.8	765	5 999	4 849	1 182	4 739	1 182	957	2 581	1 796	14 506
襄　城	598	598		561	561							199	118		118	0	33	48	37	643
樊　城	1 759	1 759		1 759	1 661				1 623.6	1 623.6		121	121		121		30	62	19	375
高　新	810	810		810	804	486	486		486	486		125	120	120	120	120	35	52	33	450
襄　阳	1 509	1 051	458	1 479	1 328							995	278		278		54	137	87	648
枣　阳	1 246	1 190	56	1 246	1 246	1 074	1 074		884	884		366	366	366	366	366	56	287	23	760
宜　城	1 102	767	335	1 078	1 078	1 080	1 080		1 094	694	400	264	264	132	264	132	64	84	116	497
南　漳	573	573		573	573							318	318	194	318	194	6	273	25	1 865
保　康	458	435		458	426	200	200					207	128		128		7	4	117	467
谷　城	498	498		498	457				1 451	1 086	365	318	301	77	301	77	77	289	554	316
老河口	1 627	1 627		1 627	1 627	810		810	810	810		300	293	293	293	293	61	132	100	1 161
市本级	10 215	10 215		10 215	8 864	4 895.8	4 895.8		3 271.2	3 271.2		2 786	2 542		2 432		534	1 213	685	7 324

表 6 襄樊市社保基金收支情况

单位：万元

项目/单位	核定收缴							实际收缴							支出	当期
	合计	养老	人事养老	医疗	失业	工伤	生育	合计	养老	人事养老	医疗	失业	工伤	生育	合计	结余
市直	149 079	75 297	6 073	57 564	5 890	2 589	1 666	136 853	66 191	5 820	54 983	5 766	2 477	1 616	180 966	-44 113
枣阳	22 997	8 750	10 295	3 178	440	204	130	22 981	8 512	10 295	3 457	441	176	100	24 862.4	-1 881.4
老河口	18 870.3	13 317	1 865	3 105	308.3	220	55	17 902	12 775	1 556	2 999	255	292	25	23 904.3	-6 002.3
宜城	14 613.2	7 401	4 501	2 200	281.2	130	100	14 668	8 016	4 026	2 227	238	83	78	23 020.4	-8 352.4
南漳	11 381.5	7 828.7	794.8	2 346.6	219.9	128.2	63.3	10 936	7 271	717	2 548	208	133	59	12 313.7	-1 377.7
保康	6 260.4	3 055.5	1 072.3	1 731.2	151.4	218.5	31.5	6 754	3 185	1 405	1 714	179	246	25	5 666.5	1 087.5
谷城	10 705.1	6 214	1 334	2 615	341.1	130.5	70.5	13 155	8 556	1 337	2 747	297	156	62	11 298.7	1 856.3
襄阳	18 639.6	9 570	3 305	5 226.2	290.4	147.2	100.8	16 759	8 681	2 752	4 770	330	158	68	17 466.2	-707.2
合计	252 546.1	131 433.2	29 240.1	77 966	7 922.3	3 767.4	2 217.1	240 008	123 187	27 908	75 445	7 714	3 721	2 033	299 498.2	-59 490.2

【职业技能培训】 全市组织再就业培训 19 846 人。其中，就业前培训 8 840 人，在岗培训 45 000 人，创业培训 4 849 人，劳动保障部门培训农村劳动力 38 661 人。职业技能鉴定发证 43 000 人，新增技师和高级技师 2 975 人，技校招生 5 312 人。

（杨　丹）

民　族　宗　教

【概况】 襄樊市境内有回族、土家族、蒙古族、藏族、维吾尔族、苗族、彝族、壮族等 40 个少数民族成份。总人数 2.5 万人，占全市总人口的 0.4%。少数民族以回族居多，约占少数民族总人口的 84%；少数民族呈大分散、小聚居的显著特征。人口相对集中的少数民族聚居村（社区）25 个，其中民族村（街）6 个，民族学校 4 所。国家民委、财政部、中国人民银行三部委确定的民族特需用品定点生产企业 3 家。全市少数民族人大代表 474 人，其中市级 8 人。少数民族政协委员 471 人，其中市级 24 人。有佛教、道教、伊斯兰教、天主教、基督教五大宗教。成立有佛教协会、伊斯兰教协会、天主教爱国会、基督教三自爱国运动委员会。宗教活动场所 94 处，其中佛教 20 处、道教 12 处、伊斯兰教 13 处、天主教 6 处、基督教 43 处。教职人员 192 名，其中佛教 33 名、道教 24 名、伊斯兰教 16 名、天主教 31 名、基督教 88 名。有信教群众 11.5 万人，其中佛教 3.6 万人、道教 2.8 万人、伊斯兰教 2.1 万人、天主教 0.7 万人、基督教 2.3 万人。

【民族团结示范区（村）建设】 年初，市民族宗教局将樊城友谊街示范社区建设作为全市民族工作的重点，并争取资金 15 万元用于友谊街清真寺维修和服务设施建设。3 月，帮助宜城市王台村确定通过"特色产业"、"特色民居"建设"民族和谐示范村"的发展方向，并争取省民宗委拨款 50 万元用于支持王台村特色民居改造。10 月，改造工程启动。同时，襄樊光彩事业基金拨款 25 万元支持王台村牛养殖产业发展。

【规范少数民族村（社区）名称】 2009 年，规范全市 6 个民族村（社区）名称：枣阳顺城回族社区、宜城板桥店镇王台回族村、宜城流水镇余棚回族村、保康城关镇黄土岭回族村、襄阳双沟镇双北回族村、樊城友谊街回族社区。

【支持民族用品定点企业发展】 4 月，市民族宗教局与市人民银行制定《襄樊市民族特需商品定点生产企业申请贷款优惠利率贴息操作指引》，规范民族企业贷款程序。2009 年，全市 3 家民族定点企业享受优惠贷款 2 亿元，获得优惠利率贴息 318 万元。宜城天鑫油脂公司清真食品通过中国伊斯兰教协会认证，准备进入阿拉伯国际市场。

【全国民族团结进步模范集体】

9月,襄樊市人民政府在第五次全国民族团结进步表彰大会上被授予"全国民族团结进步模范集体"称号。

【宗教团体帮扶济困】 市佛教协会、市道教协会筹备组、市伊斯兰教协会、市基督教协会、市天主教爱国会为保康两峪乡百庙村捐款3万元,修建10口蓄水池,解决村民饮水难问题。元旦、春节期间,为百庙村贫困户送去慰问金1万元、食油100千克。市道教协会出资7.08万元,跟踪帮扶南漳、保康、谷城山区3所中学的59名贫困生。市基督教协会为2009年高考贫困生资助3.169万元,引资帮扶贫困生3.5万人。

【市天主教第三次代表会议】 9月,襄樊市天主教第三次代表会议召开,陈建庆当选新一届襄樊市天主教爱国会主席。

(郑兴富)

外　　事

【概况】 2009年,全市审核因公出国(境)团组30批121人次,审核"双跨"因公出国(境)团组33批39人次;自行审批县(处)级及以下经贸和科技类团组14批40人次。先后接待外交部驻外使节团、美国驻武汉总领馆总领事白小琳女士、法国驻武汉总领馆总领事费勇先生、美国CHALLY人力资源集团总裁史蒂文斯先生、美国友好人士张汉德先生、美国侨界知名人士卫高荣先生、德国萨克森州汽车代表团、职业教育培训代表团等中外团组。与美国、加拿大、澳大利亚、巴西、埃及、德国等国商社、侨商组织建立联系。市外事侨务局被国务院侨办、人力资源和社会保障部授予"全国侨办系统先进集体"称号;被省外侨办授予"全省外事侨务系统先进集体"称号;被省"华创会"组委会授予"第九届华创会组织工作先进单位"称号。

【招商引资】 3月21日,经市外事侨务局牵线搭桥,江西华峰集团内蒙古日景食品有限公司与樊城签订开发建设市清真食品项目协议,日景食品有限公司投资3亿元人民币,在樊城牛首工业园建立"湖北东汇食品有限公司",注册资本2 000万元人民币;4月初,经市外事侨务局争取,美中商务促进会武汉英才集团在襄樊投资1.6亿元人民币,建立"襄樊东大肛肠医院"和"襄樊紫荆妇科医院"。9月,巴斯达公司(巴西在樊独资企业)投资6 000万元人民币,在深圳工业园区建设新型汽车滤清器分厂。

3月,市经贸代表团访问俄罗斯陶里亚蒂市和埃及亚里山大省,与对方达成如下合作协议:与俄罗斯"伏尔加汽车制造厂"合作生产汽车整车和汽车零部件项目;襄樊东风汽车电气有限公司、襄樊特种电机有限公司分别与中埃联合商务(中国南方)理事会签订汽车产品贸易合作协议;湖北东汇食品有限公司与埃及苏伊士万事达发展有限公司达成清真食品出口合作协议。

10月11—20日,市委书记唐良智带领市外事侨务局、招商局、发改委、财政局、组织部和襄城等部门和单位负责人赴美国和加拿大开展招商引资和人才引进活动。签订直接投资协议7个,预期投资额7亿美元;签订技术引进和合作协议两个,意向合作协议6个。

11月底至12月上旬,襄樊市政府经贸代表团访问巴西圣堡罗州圣安德烈(ABC)市,双方达成文化体育和经贸合作项目5个:襄樊市文体局与圣安德烈(ABC)市足球俱乐部在襄樊联合开办足球学校;襄樊鹰牌轴承有限公司与圣安德烈(ABC)市金铂汽车零部件销售公司、圣安德烈(ABC)市MECA公司联合办厂和开办公司;襄樊神誉机械制造公司与圣安德烈(ABC)市的九仁亚姆公司达成共同开发汽车发动机齿轮项目;襄樊巴斯达公司与圣安德烈(ABC)市赛罗·D汽车公司合资在襄樊办厂开发新型汽车滤清器产品协议。

【引进境外人才】 10月15日,市领导李新华、刘仲初参加由国务院侨务办公室、湖北省人民政府暨武汉市人民政府共同举办的"2009华侨华人创业发展洽谈会",开展项目洽谈和人才引进活动。至年底,吸引20多批海外学者、专家带技术、团队到襄樊考察、洽谈,为宇清公司引进电驱变速传动系统的核心部件——控制器的核心技术,为新火炬公司引进8名乌克兰专家团队,为襄樊学院、职业技术学院等大、中院校聘请10多名外籍英语教师。

【外国专家获奖】 2009年,东风康明斯发动机有限公司工厂厂长、美国专家甘杰利获得省政府"编钟奖",并进京参加国庆60周年庆典观礼。

【友好城市交往】 2009年,襄樊市与加拿大安大略省史密斯福尔斯市建立友好城市关系,与巴西圣堡罗州的ABC市、与俄罗斯萨马拉州陶里亚蒂市、与埃及亚历山大省、美国北卡罗来纳州罗利市等签署友好合作关系意向书,与美国印地安那州波利斯市、德国茨威考市、巴西库里提巴市等10多个城市建立经济往来联系。

【市厅共建】 8月6日,湖北省人民政府外事侨务办公室与襄樊市人民政府在南湖宾馆签订“市厅共建”合作协议,决定建立合作机制,共同推进襄樊市外事侨务工作的新发展。合作框架协议内容包括:推进襄樊扩大对外交往;促进襄樊对外经贸合作;利用侨务资源为襄樊经济建设服务;推进襄樊人才引进工作。

(郭襄义)

侨务

【概况】 2009年,处理侨界信访5件次。侨界人大代表、政协委员撰写议案、提案37份。市侨联被中国侨联评为“全国侨联系统先进基层组织”,并获“第十届世界华人小学生作文大赛组织奖”、“2008年度襄樊市平安单位”、“2008年度市直机关党建工作先进单位”称号;机关档案工作通过“湖北省机关档案工作目标管理省一级”标准验收。

【襄樊市第五次侨代会】 2月23—24日,襄樊市第五次归侨侨眷代表大会选举产生市侨联第五届委员会委员45人,常委17人。市人事局、市侨联联合表彰全市侨联工作先进集体10个、先进工作者18人、归侨侨眷先进个人46人。

【慰问归侨侨眷】 春节前夕,市委副书记万桃元、市政协副主席吴长华带领“五侨”单位领导走访慰问两位退休侨届高知和4户困难企业下岗贫困归侨侨眷,为贫困归侨侨眷每户送去500元慰问金和春节物资。市侨联走访慰问困难归侨侨眷40户,发放“五个五”(50斤米、5斤鸡蛋、5公斤面条、5升油、5斤肉)春节物资40份、扶贫资金2万元。5月8日,市“四侨”单位联合在湖北省工业建筑总公司襄樊办事处举行“困难归侨医疗补助金发放仪式”,为11名符合条件的归侨发放医疗保险补助金19 800元。

【海内外联谊】 3月,市侨联一行3人赴港澳参加“香港华侨华人总会成立十五周年庆典”和相关联谊活动,拜访当地侨界社团和部分侨界知名人士。6月,赴广西、广东出席“2009年全国大中城市侨联工作经验交流会”、广东省侨联广东国际华商会第二次会员大会暨第二届理事会就职典礼,开展招商引资和推介活动。11月,市侨商会应邀参加菲律宾第十届世界华商大会、广州第十五届国际潮团联谊年会,开展交流考察和招商引资活动。

【艾格公司援建南漳小学】 2009年春,经市侨联争取,法国艾格公司上海分公司捐资20万元在南漳板桥镇新集中心小学援建艾格综合楼,总建筑面积1 225平方米。11月3日,市侨联在南漳板桥镇举行艾格综合楼落成暨新集中心小学更名典礼仪式,艾格公司中国董事长兼首席执行官付辛出席典礼仪式并代表艾格公司再次向该校400多名学生捐赠价值4万多元的学习用品。

【“炳先珍珠班”开班】 9月23日,浙江省新华爱心教育基金会在襄樊五中开设的第二个“珍珠班”——“炳先珍珠班”开班,浙江省新华爱心基金会理事赵育洵女士代表“爱基会”向襄樊五中“炳先珍珠班”捐款37.5万元,资助该校50名贫困生完成学业。

【服务新农村建设】 11月23—24日,市侨联在老河口开展新农村建设“送科技下乡”活动,邀请华中农业大学5名专家教授为老河口25个林果专业合作社的100多名农技人员和果农讲授树栽培管理、病虫防控、果品安全等技术。12月29日,市侨联组织侨商代表赴谷城熊家岗村开展生态家园建设考察行活动,为熊家岗村生态家园建设捐赠爱心扶持款5万元,扶持熊家岗村100户农民家庭进行建设。

【全国第八次侨代会】 7月14—17日,市侨联主席廖小玲赴京出席第八次全国归侨侨眷代表大会,并当选为中国侨联第八届委员会委员;市侨联被中国侨联授予“全国侨联系统先进基层组织”称号;吴梅琳、王照刚被授予“全国归侨侨眷先进个人”称号。

(曾月成)

老年人工作

【落实老干部政治待遇】 1月21日,市委、市政府召开市直老干部情况通报会,市委书记唐良智主持会议,市长李新华同志向老干部通报全市主要工作,听取老同志的意见和建议。市直行政事业单位副厅级以上离退休干部参加会议。制定下发《关于在离退休干部中开展创建“五好”支部活动的通知》，出台创建“五好”支部具体细则，在全市离退休干部党支部中开展创建“五好”支部活动。9月，襄樊市中级人民法院离退休干部党支部被中组部授予“全国先进离退休干部党支部”。11月27日，市委组织部、老干部局举办全市离退休干部党支部书记（委员）培训班，52名离退休干部党支部书记（委员）参加学习。

【落实老干部生活待遇】 6月10日，市委组织部、市委老干部局、市财政局、市卫生局、市劳动和社会保障局联合发文，建立市直离休干部和副厅级以上退休干部定期体检制度，要求对市直离休干部和副厅级以上退休干部每年体检一次。项目包括癌症筛查、MTD检查等特殊检查，人均费用500多元，并在老干局、医保局分别建立个人健康档案，由专家约谈，向老同志逐人提供治疗、保健意见。同时，开展走访慰问老干部活动，市财政发放慰问离休干部经费33.6万元。

【老年大学】 市老年大学有固定场所面积6 200平方米，各类现代化教学设备100多台套，开设电脑、英语等30多门课程，40多个教学班，在校学员近2 000人。樊城区老年大学学员达1 300多人，初步形成区、乡镇（街道）、社区老年教育三级网络。11月，市老年大学和樊城区老年大学被全国老年大学协会评为先进单位。

【老干部文体活动】 4月，与市老年体协联合举办“市区老干部第二届和市老年人第七届中国象棋赛”，35支代表队、118名老同志参赛。其中，80岁以上的4人。6月，与老年书画协会、老年大学联合举办“庆祝建国60周年全市老干部书画摄影展”，收到作品277幅，观展老干部1 000多人。9月，举办“庆祝建国60周年‘祖国在我心中’老干部文艺汇演”，各县（市）区、市直各单位、各老干部文艺团体42支代表队181个节目、近2 000名老同志参加比赛。10月20—22日，承办“第六届湖北省老干部门球赛”。在此期间，还举办襄樊市城区春季门球赛、2009年中国门球冠军赛襄樊市选拔赛等活动。

（刘开友）

【老年优待工作受省表彰】 12月，市老龄工作委员会办公室被评为“全省老年优待工作先进单位”，主任高万宝被评为“全省重视老年优待工作好领导”，毕和平等10人被评为“全省老年优待工作先进个人”。

【敬老感恩主题教育】 4—6月，市老龄工作委员会办公室会同市教育局、团市委联合开展敬老感恩主题教育活动。活动分两个阶段：宣传敬老传统美德和老一辈丰功伟绩；写一次敬老家书、举办一次老少同乐演出、进行一次敬老演讲比赛、开展一次助老送温暖活动。市区大专院校、技校、中小学校5万余名学生参加活动。

【十万老人颂祖国歌咏大赛】 9月29日，市老龄工作委员会、市老年学学会在市体育馆举行“十万老人颂祖国”歌咏大赛。16个方队、3 200人参加比赛。襄樊卷烟厂、市文体局方队获一等奖。

（贾荣亮）

残疾人事业

【“需求调查连心”行动】 3月，市残联开展残疾人“需求调查连心”行动，发放调查表5 000余份，全面掌握广大残疾人当前最关心、最急需的问题。为37 958名残疾人换发第二代残疾人证。同时，建立健全残疾人信息管理数据库和残疾人人才库，为开展各项残疾人工作提供第一手资料。

【“劳动就业春风”行动】 2009年，全市完成农村残疾人实用技术培训任务5 400人次，补贴经费9万元；完成残疾人职业技能培训400人次，补贴培训经费8.2万元；5个单位被命名为省级残疾人就业、自强创业、职业技术培训示范基地，争取扶助经费20余万元；新增解决2 544名残疾人就业。同时，加快特教事业发展，残疾儿童义务教育入学率稳定在95%以上；为301名残疾学生发放特困补助，人均补贴500元，协调解决大部分特教学生享受城镇低保。全市普通高等学校录取残疾学生27名，占上线残疾学生比例99.5%，每人获得残联给予的900元~1 200元的奖励。

【“康复治疗温暖”行动】 全年完成白内障复明手术3 240例（免费手术580例），为90名低视力患者配用助视器，对30名聋儿进行听力语言训练，对15名贫困在训聋儿实施救助，为贫困肢残者安装普及型小腿假肢40例、大腿假肢60例，为贫困残疾人免费发放辅助器具2 600件，为280名贫困重度肢体残疾人免费捐赠轮椅，价值50余万元。残疾人社区康复训练与服务使182名肢体残疾人、35名肢体残疾儿童、84名智残儿童得到康复训练。700名贫困精神病人得到免费服药救助，70名重症患者享受免费住院治疗。8月，市残联会同市军工医院专家组成的医疗队赴各县（市）区筛查1 000多名18岁以下肢残儿童，确定符合条件手术对象70人。9—11月，启动0岁—6岁贫困残疾儿童抢救性康复工程，会同市卫生局对全市0岁—6岁残疾儿童进行普查登记，筛查出符合省规定的5类11种救助标准的残疾儿童677名。至12月底，投入40余万元完成70名肢体残疾儿童免费矫治手术。

【“贴心服务建家”行动】 全市2.2万名符合条件的城镇残疾人纳入最低生活保障，1.2万名农村贫困残疾人纳入农村低保，6 300名重残或一户多残对象得到各种救助，农村残疾人参加新农合达93%以上。扶助贫困残疾人1.4万人。完成230户农村贫困残疾人无房户或危房改造。

【残疾人文体活动】 4月，组队参加全省残疾人体育比赛，3名游泳队员经选拔入选省队。4月21日，由市残联主办、大力公司协办的“襄樊市残疾人文化体育争光行动文艺汇演”在市豫剧院举行。5月，在省第七届残疾人艺术汇演中，市残联选送参赛的节目获得两金、两银、一铜，团体总分居全省第二，市残联获“组织奖”。5月28日，“襄樊市孤残儿童艺术团”在襄阳剧院揭牌成立并进行首场演出。同时，在樊城施营、襄阳区古驿镇进行残疾人文化体育进社区、乡（镇）示范点；组织筛选20余幅书画作品参加全国残疾人书画大赛；举办市孤残儿童艺术节和残疾人艺术汇演；盲人程明在省残联举办的“是残联组织改变了我”征文大赛中获三等奖。9月，智障运动员袁冶在青海举办的全国残疾人乒乓球锦标赛上获得单打和混双2块金牌。2009年，全市向省以上残疾人体育机构输送20多名运动员。

【残疾人维权法律援助】 全年接待残疾人来信来访516人次（件），处结率达100%，新建3个残疾人维权标准示范岗，为全市196人（户）残疾人进行法律援助。在“全国助残日”、“聋人节”、“国际盲人节”、“国际残疾人日”、“特奥日”期间，开展各种扶残助残活动，参与人数2万余人。发动社会各界捐赠近10万元，在市图书馆建立第一家盲人有声读物图书室，配备盲人电脑。5月10日，致远中学退休教师王华革被授予为全省“十佳残疾人爱心母亲”称号。6月29日，成立襄樊市“扶残助残志愿者分会”，首批100名扶残助残志愿者在市人民广场举行成立宣誓仪式。

（徐　辉）

人　民　生　活

【城市居民生活】 2009年，襄樊市市区居民收入支出双增长。抽样调查显示：

一、居民收入稳步快速增长。居民人均可支配收入13 408.68元，同比增长9.08%。在居民收入项目构成中：人均工资性收入9 871.88元，同比增长4.42%，工资性收入占家庭总收入的67.76%；人均经营净收入941.82，同比增长4.14%；人均财产性收入523.38元，比上年增长49.6%，其中，股息与红利收入161.77元，同比增长42.23%；人均转移性收入为3 232.41元，同比增长22.97%，其中，人均离退休金2 281.9元，同比增长9.29%，人均社会救济收入81.77元，同比增长1.1倍。

二、市区居民生活质量明显提高，消费结构发生变化。居民人均消费性支出10 144.80元，同比增长7.25%。

1.食品消费支出。市区人均食品消费支出3 993.33元，同比增长9.10%。食品消费中，人均粮油支出578.11元，同比下降8.50%；肉禽蛋水产品类人均支出994.37元，同比下降8.72%；人均蔬菜支出370.13元，同比增长19.46%；糖烟酒饮料类415.97元，增长42.40%；干鲜瓜果类230.34元，增长6.33%；糕点、奶及奶制品300.75元，增长13.19%；饮食服务1 040.50元，增长30 .03%。食品消费占消费性支出比重即恩格尔系数为39.4%，比上年提高个0.67个百分点。

2.衣着消费支出。2009年市区居民用于衣着方面的支出人均1 220.09元，同比增长5.96%，占消费性支出的比重为12.03%。其中，人均购买服装支出908.80元，同比增长5.95%；购买鞋类支出281.14元，同比增长6.94%。

3.居住消费支出。市区居民人均住房面积28.85平方米，比去年同期增加0.53平方米。人均居住支出1 147.24元，同比增长61.91%。其中，人均用于住房装潢及维修用建筑材料人均支出514.39元，同比增长5.3倍。市区居民家庭住房中，使用暖气取暖为10%；炊用燃料使用管道天然气为26%；53%家庭使用互联网。

4.家庭设备用品及服务消费支出。市区居民人均家庭设备用品及服务性支出695.25元，同比增长9.76%。其中，人均购买耐用消费品支出424.32元，同比增长5.62%；人均室内装饰品支出21.63元，同比增长3倍；人均家庭日用杂品支出186.33元，同比增长15.45%。

5.医疗保健支出。市区城镇居民家庭人均医疗保健支出871.52元，同比增长16.06%。

6.其他商品和服务消费支出。市区居民人均杂项商品及服务支出达341.50元，同比增长6.78%。其中，人均金银珠宝饰品支出90.26元，增长3.4倍。

7.服务性支出提高。市区居民家庭服务性消费2 447.63元，比上年增长3.30%，

三、居民家庭耐用消费品拥用情况。至年底，市区每百户居民家庭拥有摩托车16辆、助力车22辆、家用汽车3辆、彩电118台、冰箱93台、家用电脑66台、摄像机5架、照相机34架、钢琴1架、中高档乐器12件、空调93台、淋浴热水器84台、移动电话195部、健身器材3套。

四、社会保障支出持续加快。市区居民人均社会保障支出1 064.31元，同比增长8.47%，占家庭总支出的8.55%，提高0.32个百分点。其中，人均个人交纳(或扣除)养老基金472.41元，同比增长3.98%；人均个人交纳(或扣除)医疗保险基金234.76元，同比增长27.93%。

(张　锋)

【农民生活】 2009年，全市农民人均总收入7 099.96元，人均纯收入5 440.22元。分县(市)区农民人均纯收入分别为：襄阳6 153.92元，枣阳5 794.85元，宜城6 062.58元，南漳5 011.37元，谷城5 106.11元，保康3 425.30元，老河口6 058.95元。

2009年，农民收入三个特点：1. 大宗农牧产品价格稳中有升促进农民收入快速增长。全市农民出售农产品收入人均1 734.36元，比上年同期的1 576.38元，增加158元，增长10.67%；出售牧业产品收入877.35元，比上年同期的774.42元，增加102.93元，增长13.29%。2.劳务经济进一步发展壮大。外出务工规模不断扩大、就业范围广；从业人员素质进一步提高；务工工资水平大幅提高。3.国家惠农政策使农民得到更多实惠。支农惠农项目由粮食直补，粮种补贴、购置和更新农机具补贴、扩展到农资综合配套补贴；品种补贴新增牧业的种猪补贴。

农民收入主要来源：1.工资性收入持续大幅增长，人均工资性收入1 966.89元，其中，农民外出从业收入1 420.41元；2.农民家庭经营收入稳步增长，人均家庭经营收入3 143.75元；3.财产性收入平稳增长，人均财产性收入39.67元；4. 转移性收入稳步增长。人均转移性收入289.91元。

2009年，全市农民生活消费水平进一步提高，人均生活消费支出3 698元，反映农民生活的恩格尔系数(食品支出占生活消费支出的比重)下降到45.67%，生活消费各项指标中除食品支出外，其他指标均呈现全面增长。其中，食品消费支出人均1 689.06元，衣着消费支出人均196.05元，居住消费支出人均749.64元，家庭设备、用品消费支出人均227.60元，交通和通讯消费支出人均268.90元，文化教育、娱乐消费支出人均236.20元，医疗保健消费支出人均263.69元，其他商品及服务消费支出人均66.94元。农民家庭拥有耐用物品数量和档次提高，每百户农民家庭拥有洗衣机41.83台，电冰箱34.23台，空调机6.48台，电话机52.11部，移动电话机130.14部，彩色电视机101.55台，黑白电视机4.93台，影碟机53.66台，家用计算机5.77台。

(杨茂君)

精神文明建设

【公民道德建设】 开展“我说襄樊人形象”大讨论活动，组织话题讨论13个，在市直各媒体持续开设专栏3个多月，登载专题文章300多篇。开展“我推荐、我评议身边好人”活动，在襄樊日报、襄樊晚报开设“襄樊好人榜”，推出一批先进模范人物，李运生、王元山、张贺婷入选中国文明网“好人榜”，张贺婷获湖北省第二届道德模范提名奖。

【创建全国文明城市】 制定下发《襄樊市2009—2011年度创建全国文明城市工作规划》和2009年创建文明城市工作实施方案。以“我为文明城市添光彩”为主题，开展市民教育、环境整治、道路畅行、志愿服务、诚信建设、科普宣传、普法教育、净化社会文化环境、文明短信进万家、窗口行业服务创优10项年度创建活动。开展“创建文明城市锦囊妙计”有奖征集活动，面向全体市民听取意见、征集对策。公开招募30名市民观察员对创建文明城市工作开展明查暗访活动，收集整理观察员意见建议200余条。1月20日，襄樊市被中央文明委授予“全国创建文明城市工作先进城市”称号。

【中国企业公民道德建设论坛】 8月29日—9月1日，“中国企业公民道德建设论坛”在襄樊举

行。全国工商联、中国企业公民委员会、国务院国资委、经济日报、中国社科院、湖北省委宣传部以及英特尔（中国）有限公司、凯捷集团、珍奥集团等40多家单位、国内大中型企业和新闻媒体主要负责人出席会议。论坛发布《中国企业公民道德宣言》，襄樊市企业代表发布《企业公民“责任献社会”倡议书》，号召企业家主动履行企业社会责任。11月26日，在上海“第五届中国企业公民论坛暨优秀企业公民表彰大会”上，襄樊市被授予“中国企业公民推广工作先进城市”称号，航宇公司被评为“中国优秀企业公民”，神龙汽车襄樊工厂、妞妞公司、王胖子公司、航天四十二所、三环车桥5家企业被评为“中国成长型企业公民”。

【文明单位创建】 2009年，航宇公司、襄樊供电公司、枣阳市检察院获“全国文明单位”称号，市国税局、市地税局、市审计局、市工商局获“全国精神文明建设工作先进单位”称号，51家单位获“省级最佳文明单位”，118家单位获“省级文明单位”称号。

【志愿服务活动】 2009年，市文明委下发《关于深入开展志愿服务活动的实施意见》和《志愿服务活动任务分工方案》，成立文明办牵头、17个部门为成员单位的志愿服务活动协调小组，把普及志愿理念、健全运行机制、深化志愿服务、强化组织领导4个方面的32项工作任务分解落实到市直30多个部门，并成立襄樊市志愿者协会和党员、职工、青年、社区、老年、扶残助残、科普、巾帼、红十字、环保、政法、消防、慈善13个专业性分会。启动“迎国庆讲文明树新风”志愿服务活动，以“文明排队日”、“关爱空巢老人”志愿服务活动为重点，开展维护公共环境秩序、便民利民、环境保护、应急救援、普及文明风尚多个方面的20多项志愿服务活动。

【未成年人思想道德建设】 下发《关于进一步净化社会文化环境促进未成年人健康成长的实施方案及责任分工》，明确全市净化社会文化环境15项任务及责任单位。继续开展“暑期集中行动”，集中整治网络、出版物市场、校园周边环境、网吧。评选市大庆路小学吴慧怡、襄樊五中秦琛琛、市第二实验小学周楚萌、谷城石花镇东风小学何欣霖、襄阳实验小学何明哲、枣阳实验中学何亚琪、保康黄堡镇中心学校陈诚、市三十七中徐雯祯、老河口袁冲中心小学付瑞璇、南漳城关镇实验小学尹虓寅10位中小学生为襄樊市首届“十佳孝雅使者”。开展未成年人思想道德教育有奖征文活动，将60篇优秀论文结集出版。2009年，襄阳关工委被评为“全省未成年人思想道德建设工作先进单位”，南漳地税局冯俊夫、枣阳妇联胡贤丽、襄城实验小学张德兰被评为“全省未成年人思想道德建设先进工作者”。

【文明办系统素质建设】 2009年，全市文明办系统开展“能力建设年”活动。市文明办被市委、市政府授予“创建文明城市工作突出贡献单位”称号，全市文明办系统14名同志被市委、市政府评为“创建文明城市工作先进个人”。

（胡　松）

【市直机关干部培训教育】 2009年，市直机关党校举办培训班6期，培训人员551人。其中，培训副科级干部2期158人，培训入党积极分子3期343人，培训预备党员1期50人。更新襄樊机关党建网站栏目，建立与中国共产党新闻网等30多个党建网站的联盟和衔接。全年发布党建文章信息2 038条，被省以上党建网采用15篇，省以上刊物选用6篇，全年新增登录量20万人次。

【市直机关党组织建设】 2009年，70个市直机关党组织完成换届，调整党务干部422人。市林业局完成直属机关党委领导班子直选试点工作。

【帮扶困难党员】 6月，开展党内关怀帮扶工作，走访慰问27个单位的85名困难党员。市直机关工委为部分困难党员送去慰问金每人400元；其他困难党员由所在单位发放慰问金34 000元。

【市直机关“两评”活动】 2009年，市直机关开展“群众评科长，企业评机关”活动，市直24个部门的132名科长和83个市直单位、窗口服务单位参评。所有参评科长得分均在91分以上，最高分98.33分，16个“企业满意机关”受到市委、市政府表彰。

【重温入党誓词】 6月28日，市直机关工委在市烈士陵园广场组织市区预备党员集体宣誓仪式。市直机关、襄城区、樊城区、隆中管委会和襄樊职业技术学院等单位的859名预备党员和160多名党务干部，面对革命烈士纪念碑和鲜红的党旗，庄严宣誓，重温入党誓词。

（苏明发）

农　　业

责任编辑
责任校对　黄立平

农村经营管理

【概况】　2009年，全市有76个乡镇、24个涉农办事处，2354个行政村，94.29万农户，农业人口373.2万人，乡村劳动力208.2万人。全市农林牧渔业总产值376.9775亿元，比上年增长17.31%，其中，农业总产值176.0057亿元，增长3.8%。全市农民人均纯收入5 440元，高于全省平均水平，比上年增加560元，增长11.5%。

秋播油菜品种布局见表7。

水稻品种布局见表8。

蔬菜及特种作物生产情况见表9。

农作物病、虫、草、鼠发生和防治情况见表10。

【清理整顿农资市场】　全市突出重点产品、重点市场、重点地区建设，依托重点农资产品的专项治理和"饲料执法年"、"农药市场监管年"、"兽药专项整治"活动，推进"绿剑"护农行动，积极推进放心农资进村入户，保障农产品质量安全。出动执法人员2 900人次，执法车辆500多台次，印发宣传资料15万余份，清理整顿种子、农药、肥料等农资市场240个，检查门店4 000多个，查处立案300余起，查获不合格农资8万千克，挽回经济损失600多万元。全市假劣种子查处率达100%，农资案件结案率90%，农药抽检合格率70%，种子抽检合格率95%，饲料抽检合格率95%，兽药抽检合格率85%。

【信息化服务】　组织农业宣传服务团到樊城蔬菜、襄城龙虾、谷城蛋鸡、宜城肉鸭、老河口果树、枣阳生猪、南漳肉鸡、保康茶叶、襄阳柳编等农业合作社开展科技培训和咨询服务工作。农技110服务团深入7个县（市）区农村专业合作社，出动车辆60多台次，悬挂横幅150多条，派发《农技110导航手册》960多册、宣传单页3 400多份、技术资料1 600多份，张贴海报200多张，面向农户外呼服务8万次，现场培训合作社成员700多人。全市"农技110"热线电话包月用户数近8万户，移动手机包月用户数达到2万户，"农信通"手机短信农户超过8万户。

（章治国）

【农产品加工】　2009年，全市有国家级农业产业化龙头企业3家，省级农业产业化龙头企业44家（增加10家），市级农业产业化龙头企业113家；年销售收入过亿元的企业50家，过10亿元的6家（增加2家）。全市农产品加工总产值460亿元，比上年增长37%，其中，食品加工业产值280亿元，纺织业产值140亿元。农产品加工业成为仅次于汽车产业的第二大支柱产业。

【农民工就业创业】　2月10日，市委、市政府在樊城人民广场举行为农民工送政策、送岗位、送技术、送温暖"四送"活动启动仪式暨大型招聘会，提供就业岗位11 026个，进场求职人员3万多人，现场达成就业意向的7 773人。4月，市委、市政府召开回归创业表彰大会，授予南漳养猪大户张群等30人"回乡创业明星"称号。市农办、劳动、经委、妇联、工会、共青团等部门多次联合举办返乡农民工招聘会，组织用工对接，开展创业培训。全市培训转移农村劳动力11.4万人，累计转移劳动力87万人，占农村劳动力资源数的45%；返乡农民工再次转移或就业14.5万人，占非正常回流总人数（15.6万人）的93%。实现务工总收入56.6亿元，人平1 515元，比上年增加255元。与此同时，各地大力支持农民工回乡创业，实行政策招引、亲情招引和项目招引，探索建立农民工创业园区、街区21个，吸引94家企业进园发展，投资总额达5.6亿元。全市新增投资10万元以上的回

表 7 秋播油菜品种布局

单位：万公顷

项目	面积	其中																					
		华油杂9号	华油杂12	华油杂13	广源58	大地55	中油杂11	中油杂12	中双9号	中双10号	华双5号	华油杂6号	中油杂8号	华双4号	中油杂2号	湘油杂3号	湘油杂6号	德油5号	德油8号	蓉油6号	绵油系列	中油821	其他
全年	5.58	0.69	0.89	0.11	0.03	0.03	0.96	1	0.62	0.74	0.14	0.65	0.48	0.15	1.94	0.09	0.15	0.86	0.46	0.21	0.55	0.15	0.83
比上年增减（%）	-0.569	0.04	0.5	0.11	0.03	0.03	0.34	0.43	0.22	0.49	0.08	0.06	0.3	0.06	0.5	0.03	0.06	0.39	0.32	0.09	0.25	0.09	0.63
襄阳	0.45	0.07	0.07					0.07	0.03														0.22
枣阳	0.74	0.09	0.06				0.12	0.16	0.06				0.12		0.09				0.03				
宜城	1.76	0.06	0.15	0.11	0.03	0.03	0.18	0.12	0.03	0.06	0.03	0.03	0.18		0.15	0.03	0.06	0.18	0.06	0.07	0.06		0.18
南漳	0.39	0.02	0.06				0.02	0.06	0.04	0.04	0.04			0.04	0.02				0.04	0.02	0.02		
谷城	0.37	0.17	0.17																				0.04
保康	0.71	0.03						0.03	0.03	0.03				0.03				0.15	0.02		0.15	0.09	
老河口	0.7							0.36		0.36					0.2								0.14
襄城	0.18	0.01		0.01			0.02	0.01			0.01	0.02						0.02			0.02		0.06
樊城	0.2	0.11							0.25									0.05	0.02				
高新	0.06											0.01			0.04								

表 8 水稻品种布局

单位:万公顷

项目	合计	优质水稻品种																													非优质水稻品种								
		1、2、3级小计	1级					2级								3级																							
			鄂中5号	黄华占	湘晚籼9号	湘晚籼13	其他	丰两优香1号	华安501	粤优997	丰两优1号	扬稻6号	两优培九	两优6326	其他	Q优6号	培两优3076	扬两优6号	珞优8号	新两优6号	红莲优6号	金优725	宜香1577	绵优838	丰两优3号	丰优香占	粤优938	Ⅱ优118	武香988	其他	小计	Ⅱ优725	Ⅱ优084	Ⅱ优航1号	Ⅱ优明86	Ⅱ优501	冈优725	两优932	其他
全年	19.78	16.68	0.17	0.23	0.03	0.17	0.41	0.49	0.07	0.2	1.16	0.35	2.13	0.53	1.23	2.78	1.27	0.67	1.4	0.31	0.07	0.14	0.2	0.2	0.21	0.11		0.07	0.1	2	3.08	0.55	0.17	0.24	0.29	0.07	0.37	0.03	1.36
比上年(±%)	0.21	0.65	-0.3	0.23	0.03	-0.4	-0.1	-0.12	0.07	-0.1	-0.33	-0.2	-1.06	0.53	0.78	1.91	-1.2	-0.3	0.27	0.31	-0.8	-0.1	0	0.06	-0.1	0.07	-0.2	-0.1	0.07	0.11	-0.47	-0.1	-0.1	-0.1	-0.4	0	-0.1	-0.3	0.49
襄阳	4.28	3.57	0.07	0.07	0.03	0.03	0.33	0.07			0.2	0.14	0.2		0.47	0.33	0.33	0.14	0.14	0.1	0.07		0.07			0.07		0.03	0.03	0.67	0.71	0.2	0.07	0.07			0.2		0.18
枣阳	4.87	3.67	0.03								0.14		0.67			1.33	0.4	0.14	0.33											0.63	1.2	0.2	0.07	0.14	0.14		0.07		0.6
宜城	3.1	2.91		0.01			0.01	0.33	0.07	0.07	0.33		0.14	0.53	0.51	0.1	0.07	0.07	0.07	0.07	0	0	0.03	0.14	0.14	0.03				0.21	0.17	0.03							0.14
南漳	2.28	2				0.14	0.07	0.07			0.1	0.14	0.07		0.17	0.33	0.14	0.14	0.14	0.14		0.03	0.03					0.03		0.3	0.28	0.03	0.03	0.03	0.03		0.07	0.03	0.044
谷城	1.67	1.49		0.15									0.47			0.4			0.4										0.07		0.19				0.12	0.07			
保康	0.34	0.3									0.03				0.03							0.1		0.07						0.07	0.04	0.04							
老河口	1.34	1.33									0.33		0.33				0.33		0.33												0.004	0				0			
市区	1.9	1.42	0.07					0.03	0.01	0.14	0.02	0.08	0.27		0.05	0.28		0.21		0.01			0.07		0.08	0.1				0.12	0.48	0.04		0.01	0.01		0.03		0.4

表 9 蔬菜及特种作物生产情况

项目	计量单位	合计	襄阳	枣阳	宜城	南漳	谷城	保康	老河口	市区	农场
蔬菜	万公顷	7.842	1.05	1.48	1.16	0.63	0.61	0.55	0.8	1.56	0.002
叶菜类面积	万公顷	2.432	0.29	0.34	0.34	0.17	0.16	0.264	0.347	0.52	0.001
产量	吨	1 125 490	75 320	284 000	190 500	50 550	86 000	68 450	154 800	215 470	400
其中:菠菜面积	万公顷	0.39	0.06	0.08	0.03	0.02	0.04	0.02	0.04	0.1	
产量	吨	130 670	17 850	27 000	6 500	2 800	20 100	4 800	21 500	30 120	
芹菜面积	万公顷	0.45	0.05	0.08	0.05	0.03	0.02	0.02	0.08	0.12	
产量	吨	247 720	4 870	60 800	9 000	6 600	5 100	4 550	58 300	98 500	
大白菜面积	万公顷	0.771	0.06	0.11	0.2	0.07	0.03	0.12	0.08	0.1	0.001
产量	吨	484 200	17 600	173 000	157 000	24 300	20 500	32 500	28 400	30 500	400
圆白菜面积	万公顷	0.505	0.06	0.05	0.05	0.04	0.04	0.1	0.075	0.09	
产量	吨	149 600	15 600	17 000	14 700	13 250	17 500	25 500	21 200	24 850	
油菜面积	万公顷	0.316	0.06	0.02	0.01	0.01	0.03	0.004	0.072	0.11	
产量	吨	113 300	19 400	6 200	3 300	3 600	22 800	1 100	25 400	31 500	
瓜类面积	万公顷	1.79	0.24	0.32	0.22	0.1	0.12	0.04	0.3	0.45	
产量	吨	480 860	50 560	148 000	43 550	17 600	50 700	13 200	63 750	93 500	
其中:黄瓜面积	万公顷	0.57	0.09	0.11	0.07	0.02	0.05	0.03	0.05	0.15	
产量	吨	236 040	14 830	112 800	20 860	20 300	16 500	8 200	17 850	24 700	
块根、块茎面积	万公顷	1.101	0.2	0.1	0.17	0.12	0.07	0.12	0.12	0.2	0.001
产量	吨	458 500	88 900	73 100	45 500	38 200	65 500	28 300	63 840	95 780	380
其中:萝卜面积	万公顷	0.721	0.07	0.07	0.12	0.08	0.04	0.12	0.1	0.12	0.001
产量	吨	313 610	30 330	66 500	36 400	35 500	32 200	26 700	38 800	46 800	380
胡萝卜面积	万公顷	0.146	0.01	0.01	0.02	0.02	0.006		0.02	0.06	

表 10 农作物病、虫、草、鼠发生和防治情况

名　　称	发生面积（万公顷）	防治面积（万公顷）	挽回损失（吨）	实际损失（吨）	发生程度
一、病虫总	227.8	426.55	297 678.53	199 100.85	
(一)水稻病虫合计	81.76	160.35	554 095.7	54 439.86	4
其中:纹枯病	16.15	33.63	124 112	17 070	4
稻瘟病(穗颈瘟)	1.65	3.09	3 650	285	2
稻曲病	7.55	15.41	33 678	4 542.42	3
白叶枯病	0.01	0.17	175	42.5	1
二化螟	16.83	36.11	92 157.3	8 862.04	5
三化螟	2.55	4.73	7 276.2	478.5	2
稻纵卷叶螟	11.89	20.31	61 922.8	7 176.6	3
(二)小麦病虫合计	128.45	230.37	289 359	143 089.5	2
其中:条锈病	18.76	40.42	19 595.1	4 563.8	4
叶锈病	6	7.68	6 446.5	2 481	2
赤霉病	13.5	29.13	29 974.1	7 376.2	4
白粉病	235.7	24.53	47 336.9	42 510.2	4
纹枯病	15.7	32.87	84 801.2	29 894.8	4
病毒病	0.73	2.33	328	254	
全蚀病	1.67	0.33	378	356	2
其它病害	7.53	12.2	2 768	22 565	
蚜虫	222.5	24.13	50 940.8	13 608.5	4
麦蜘蛛	14.83	21	22 949.3	10 297.2	4
吸浆虫	0.67	1.67	2 986.4	321.2	1
粘虫	4.85	10.67	12 371	2 024.4	2
地下害虫	2.53	5.87	4 897	2 654	
其他虫害	8.33	11.67	2 564	3 543	
(三)棉花病虫合计	17.59	35.83	7 764.58	1 571.49	4
其中:苗病	1.2	2.47	43	22	3
铃病	0.73	0.47	37.7	12.6	3
枯、黄萎病	0.57	1.77	35.4	13.5	3
棉铃虫	2.91	5.7	2 201.19	383.25	3
棉红铃虫	1.56	1.83	103.26	16.32	2
棉蚜	3.46	5	1 424.43	308.85	4
棉红蜘蛛	4.94	9.08	2 548.28	554.16	4
棉盲蝽象	2.21	2.85	1 371.32	260.81	3
二、农田草害总计	58.88	56.93	106 523.4	24 970.1	3
其中:麦田杂草	16	15.03	36 785.8	6 230	4
油菜田杂草	8.72	8.08	6 500.7	2 365.5	4
棉花田杂草	3.13	3.87	4 578.3	480.7	4
水稻田杂草	17.87	18.67	45 000.5	5 599.7	3
蔬菜田杂草	5.33	4.15	6 800.8	1 567.1	
玉米田杂草	3.6	3.33	5 990.4	8 608	4
三、农田鼠害合计	12.25	11.33	23 443.6	7 550	3

归企业 902 个，投资额 3.16 亿元，带动城乡 1.02 万名劳动力就业。

【襄南新农村示范区建设】 4月，启动襄南示范区新农村建设，整合项目资金 6 500 多万元，硬化村级公路 91.2 千米，新建户用沼气 400 多户，解决了 8 300 人的安全饮水问题，改造低产农田 1 400 亩，建设标准良田 2 万亩，硬化排灌渠道 77 千米。

（吴万里）

【发展农民专业合作社】 至年底，全市在工商部门注册登记的农民专业合作社 646 家，成员 60 334 名。其中，农民成员 58 141 名，带动非成员农户数 241 604 户；当年实现农民专业合作社可分配盈余 9 934 万元，其中，按交易量返还成员总额 5 987.5 万元，按股分红总额 3 161.1 万元。6 家农民专业合作社被授予省级十佳或优秀农民专业合作社称号。20 家农民专业合作社被列为中央财政对农民专业合作组织的专项扶持项目，每家专业合作社扶持 10 万元。2 家农民专业合作社被列为国家农业部专项扶持项目，扶持金额 35 万元。10 家农民专业合作社被列为省财政对农民专业合作组织试点补助资金项目，补助金额 32 万元。

【农村土地承包经营权流转】至年底，全市家庭承包耕地流转总面积 12 135.5 公顷，占全市家庭承包经营总面积的 3%。其中，转包 7 693.1 公顷，转让 1 650.8 公顷，互换 759.3 公顷，出租 1 850.2 公顷，股份合作 9.2 公顷，其他形式 172.9 公顷。

【农村“三资”委托代理服务】至 6 月底，襄樊市所有涉农乡镇（办事处）全部建立农村“三资”委托代理服务中心和农村综合招投标中心，对所辖村组集体资金、资产、资源实行委托代理服务。中纪委先后在 5 月 4 日《工作动态》和 6 月 10 日《党风廉政建设》第 6 期刊登襄樊的经验。

【“三村”产权制度试点】 2009 年，6 个村开展城中村、城郊村、园中村集体资产产权制度创新试点。其中，樊城柿铺西村、襄阳张湾镇西湾村、高新区米庄镇米庄村、枣阳北城街道办北关社区等 4 个村的试点被省经管局核定作为省级试点，年底由省财政对每个试点补助经费 7 万元。9 月，省农办、省经管局组成农村集体资产产权制度创新试点检查验收组，对襄樊市 2007 年、2008 年已完成的 8 个试点村进行检查验收。其中，有 6 个村被评为优秀等次，2 个村被评为合格等次。

【农村“一事一议”筹资筹劳】2009 年，全市通过“一事一议”开展筹资的村 590 个，筹资额 1 229 万元，分别比上年增加 135 个村、469 万元；开展筹劳的村 584 个，筹劳 301.8 万个，分别比上年增加 123 个村、124.1 万个。老河口、保康被列为省级“一事一议”筹资筹劳财政奖补试点县（市），两县（市）开展“一事一议”筹资筹劳项目 383 个，争取省财政奖补资金 730 万元。其中，老河口 238 个项目，争取奖补资金 410 万元；保康 145 个项目，争取奖补资金 320 万元。

（汤爱选）

【农场经营】 2009 年，张集、王集、清河、车河、随阳 5 个农场粮食面积 19 764 公顷，总产 126 219 吨，比上年增 4 784 吨；棉花面积 1 784 公顷，总产 2 305 吨，比上年增 73 吨；油料面积 8 771 公顷，总产 34 230 吨，比上年增 1 438 吨；生猪出栏 200 881 头，比上年增 42 856 头；实现生产总值 81 626 万元，比上年增 11%；农村人均纯收入 5 854 元，比上年增加 659 元。在 2009 年湖北省农垦系统综合评比表彰中，襄樊市农场管理局被评为农场管理工作先进单位，张集农场被评为经济发展先进农场，清河农场被评为平安和谐先进农场。

（刘书剑）

农作物生产

【粮棉油生产】 2009 年，全市粮食总产 433.2 万吨，比上年增加 20.1 万吨，增幅 4.9%。夏粮总产 185.1 万吨，比上年增加 11.7 万吨，增长 6.7%；面积 32.66 万公顷，增加 1.3 万公顷，增长 4.1%。秋粮总产 248.1 万吨，增加 8.4 万吨，增长 3.5%；面积 31.89 万公顷，增加 0.71 万公顷，增长 2.3%。棉花总产 4.5446 万吨，增加 0.2857 万吨，增长 6.7%；面积 3.89 万公顷，增加 0.033 万公顷，增长 0.8%。油料总产 32.7 万吨，增加 1.6 万吨，增长 5.1%；面积 10.52 万公顷，减少 0.11 万公顷，减少 0.1%。其中，油菜总产 15.3699 万吨，增加 0.0194 万吨，增长 0.1%；面积 6.151 万公顷，减少 0.064 万公顷，减少 1%。玉米总产 50.97 万吨，减少 8.13 万吨，减少 13.8%；面积 10.273 万公顷，增加 0.541 万公顷，增长 5.6%。

【经济作物】 2009年，全市水果面积6.853万公顷，比上年增加3.6591万公顷；产量51.3443万吨，比上年增加3.8272万吨。其中，桃园面积3.935万公顷，增加2.2669万公顷，总产29.86万吨，增加3.88万吨；梨园面积1.73万公顷，比上年增加0.92万公顷，产量12.92万吨，减少0.58万吨。茶叶面积2.0318万公顷，比上年增加0.3577万公顷，产量6 854吨，比上年增产651吨。花生总产16.009万吨，增加1.479万吨，增长10.2%；面积3.3万公顷，增加0.1万公顷，增幅3.1%。芝麻总产1.31万吨，增加0.1万吨，增长8.3%；面积1.07万公顷，减少0.13万公顷，减幅10.8%。苎麻总产866吨，减少30吨，减幅3.3%；面积0.026万公顷，减少0.023万公顷，减幅46.9%。甘蔗总产3.75万吨，增加1.25万吨，增长50%；面积0.048万公顷，增加0.013万公顷，增长37.1%。

【农业科技】 2009年，全市推广以节地、节水、节肥、节劳、节时为重点的模式化和轻简化栽培技术，展示、选育新品种200多个。其中，引进水稻、花生、马铃薯、绿豆等新品种35个，开展试验、示范9项，建立各类品种试验、展示区12个，筛选出马铃薯303、早大白、玉香1号粳稻、中花15等一批具有较大增产潜力的优良品种。建立16个科技示范基地，测土配方施肥面积达到47万公顷，机防面积达到53.33万公顷。33个优质高产创建项目得到农业部验收组肯定。全年开展科技下乡活动150多次，举办各类培训班130场次，培育农业科技示范户20 374个，发放农业科技资料300多万份，培训和现场指导农民150多万人(次)。

【农业项目建设】 争取农作物良种补贴资金11376万元，省级农业专业大县优势板块奖励资金300万元，农业基本建设第一批、第三批和第四批国家扩大内需农业投资4 653万元，其中中央投资3 206万元，创历史同期最高。建成和签约招商项目20个，到位资金9.08亿元。

【农业抗灾救灾】 2009年，全市夏粮小麦条锈病、小麦赤霉病等病虫发生面积100万公顷次，防治面积累计153.3多万公顷次；秋粮以稻飞虱、稻纵卷叶螟为重点的各种病虫累计发生面积93.3万余公顷次，防治面积累计173.3多万公顷次。全市组织多个回合的防控战役，累计挽回粮食损失8.9亿公斤。

【农产品质量安全】 2009年，全市创建省市级农业标准化示范区4个，建成优质小麦基地20万公顷，优质稻基地13.3万公顷，优质油料10万公顷，其它优质农产品基地9.67万公顷。“梅园”、“金华”、“玉莲”、“大山”4个品牌成功入选第一、第二届“湖北省十大名牌农产品”；“奥星”菜籽油被评为“湖北省优质菜籽油品牌”；80余个企业产品被第四、第五、第六届中国武汉农博会评为金奖农产品、畅销农产品、知名农产品、特色农产品、最受欢迎农资产品等；开展首届“襄樊十大名牌农产品”品牌评比，确定襄樊赛亚米业有限公司的“赛亚”牌大米等10家企业的10项产品为“2009年襄樊十大名牌农产品”。

【板块农业】 按照面积调集中、品种调特色、模式调优化、生产调专业的要求，推进优势板块基地建设。全市优质小麦稳定在26.67万公顷以上，“双低”油菜达到6.17万公顷，优质稻达到16.53万公顷。调整形成3.52万公顷棉花、3.33万公顷水果、1.73万公顷茶叶、0.67万公顷烟叶、0.67万公顷核桃等特色板块基地。畜牧业建成万头以上猪场13个、5 000头以上猪场6个，新增畜禽养殖小区221个，创建畜牧大镇11个。

【生态农业】 发展无公害农业，建设无公害生产基地，新增农产品“三品”标识98个，其中，绿色标识24个，有机标识17个，无公害标识57个。至年底，全市有效使用“三品”标识总数达224个，其中，“有机食品”标识17个，“绿色食品”标识83个，“无公害食品”标识124个。

(章治国)

畜　　牧

【概况】 2009年，全市猪、牛、羊、禽出栏(笼)量分别达542.99万头、42.38万头、117.79万只和7 255.15万只，同比分别增长18.5%、5.2%、6.4%和12.4%，牛、羊出栏量位居全省第一位，生猪、家禽出栏(笼)量位居全省第二位，畜牧总量位居全省第一位，畜牧业产值占大农业的比重上升到42%，位居全省第一位。

【重大动物疫病防控】 2009年，全市畜牧系统全力防控A型口蹄疫等重大动物疫情，开展春秋两季动物防疫工作，强化检疫检验和防疫监督。至12月底，全市猪、牛、羊、禽发病死亡率分别为1.68%、0.25%、0.91%和3.27%，控制在省定标准以内。

【养殖小区建设】 2009年，全市建成和在建生猪“150、500”养殖模式分别达到1 468栋和280栋，万头猪场达35个，14个新建的标准化万头生猪养殖小区（场）通过初步评审，每个猪场将获得100万元的省级财政扶持，规模养殖占养殖总量比重分别达到猪65%、牛39%、羊55%、禽64%。在养殖小区和养殖大户中推行“六统一”的标准化生产，即统一品种、统一用料、统一用药、统一防疫、统一管理、统一销售。

【争取资金】 2009年，对上争取资金8 538.16万元。其中，动物防疫基础设施项目资金696万元，母猪保险中央和省财政1 765.44（每头补48元），生猪调出大县奖励1 976万元(襄阳668万元、枣阳448万元、南漳440万元、宜城420万元)，省级万头猪场建设项目资金1 500万元，奶牛标准化养殖小区建设项目资金100万元，奶牛保险项目资金36.72万元，生猪标准化规模养殖场（小区）建设项目投资1 440万元，口蹄疫等重大动物疫病苗补助费1 024万元。

【健全县级畜牧兽医管理体制】 2009年，根据国务院《关于推进兽医管理体制改革的若干意见》（国发〔2005〕15号）和省政府《关于推进畜牧兽医体制改革的意见》（鄂政发〔2007〕3号）文件要求，全市市、县级畜牧兽医管理体制改革陆续到位，初步建立健全县级兽医行政管理机构、兽医行政执法机构和兽医技术支撑体系。同时，根据省局安排，完成84个乡镇兽医站的基础设施建设项目。

（王水生）

水　　产

【概况】 2009年，全市水产品产量162 103吨，比上年增加15 203吨，增长10.35%。其中，养殖产量150 662吨，比上年增加22 927吨，增长17.95%；捕捞产量11 441吨，比上年减少7 724吨，减少40.3%。渔业产值162 501.00万元，比上年增加20 341.00万元，增长14.31%。其中，捕捞产值14 594.00万元，比上年减少2 018万元，减少12.15%；养殖产值116 999.00万元，比上年增加17 931万元，增长18.10%；水产苗种产值30 348.00万元，比上年增加3 868万元，增长14.61%。全市放养面积40 601公顷，比上年增加2 512公顷。增长6.6%。其中，水库19 563公顷，比上年增加1 380公顷，增长7.59%；堰塘7 871公顷，比上年减少107公顷，减少1.34%；精养池12 309公顷，比上年增加612公顷，增加5.23%；河沟811公顷，比上年增加640公顷。全市投放鱼种30 386吨，比上年增加5175吨，鱼种产量26 899吨，比上年增加4 248吨，鱼苗生产数量22.14亿尾，比上年减少0.16亿尾。全市主要养殖水面平均单产3 489千克/公顷，每公顷比上年增加264千克。

【名特优水产品养殖】 名特优水产养殖面积28 102公顷，产量97 565吨。名特优水产品品种主要有克氏原螯虾、南美白对虾、龟鳖、鳜鱼、黄颡鱼、鮰鱼、银鱼、鳊鱼、鲤鱼、鲫鱼、黄鳝、泥鳅、河蟹、鲟鱼、虹鳟鱼、金鳟鱼、罗非鱼、宝石鲈尖吻鲈等。

【“三网”养鱼】 至12月底，全市“三网”（网箱、网围、网拦）养鱼面积77公顷，产量2 284吨。

【汉江禁渔】 2009年，渔政、公安、工商等部门联合行动，在汉江禁渔期间出动223余次，船艇巡查1 500航次，查处违禁渔船83艘，取缔“迷魂阵”6 800米、“地笼子”27部、渔获物630公斤，行政处罚40人。

【休闲渔业】 2009年，发展水产品加工、运输、流通、渔机具制造和以旅游、垂钓、餐饮娱乐为主的休闲渔业。全市水产二、三产业产值65 689万元，其中休闲渔业13 604万元。

（张永华）

水利·防汛抗旱

【概况】 2009年，全市汛期水雨情主要呈现三个特点：降雨总量偏少，短历时暴雨场次多、强度大、重现期高，山区多平原少。

全市受灾人口31.9万人，因洪水死亡1人、失踪1人，受灾农作物2.4万公顷，倒房289间，冲毁堰塘220口，冲毁小沟渠3 500米，直接经济损失1.7亿元。全市先后发生三次明显旱情，分别为2月中旬、7月上中旬及8月下旬，枣阳、襄阳、谷城、老河口、宜城、南漳等地高峰时期受旱面积14.8万公顷。

全市投入抗旱劳力31万人次、抗旱资金1 625万元，开启机电井2 730眼、泵站1 087台

(套),抗旱浇灌面积15.3万公顷,解决了3万人、2.89万头大牲畜饮水困难。

襄樊行政分区水资源总量见表11。

【河道堤防管理局成立】 2月11日,原市汉江修防处和市区堤防管理处合并为襄樊市河道堤防管理局,并明确合并后单位的机构设置、人员编制和主要职责。

【谷城4.6万人战旱魔】 自6月28日始,谷城连续20多天无有效降雨,特别是入伏后气温居高不下,土地墒情恶化,旱情发展迅速。因旱造成农作物叶面发白、枯萎,全县12个乡镇、区夏季3.07万公顷农作物有0.93万公顷受旱,受旱较严重的乡镇有冷集、紫金、茨河、盛壕、赵湾、南河,1.3万人、0.8万头大牲畜饮水困难。受旱范围主要是山丘岗地、河洲地、望天收和水利死角,受旱作物主要是中晚苞谷、水稻、花生、蔬菜等作物。针对旱情,谷城县在抗旱高峰期投入劳力4.6万人,启动各类抗旱设备4 500台(套),用油36吨,用电16万余度,抗旱浇灌面积0.37万公顷。

【宜城生态甲鱼专业合作社】 6月4日,宜城市首家生态甲鱼专业合作社——郭家台生态甲鱼专业合作社在该市南云办事处南洲村二组甲鱼野生寄养基地挂牌成立。合作社由58个养殖户组建,注册资金226万元,拥有基地32公顷,采取生态甲鱼野生寄养标准化生产,并为社员提供甲鱼养殖、销售、运输以及与甲鱼养殖相关技术、信息等服务。

【南渠清淤】 7月18日,市水利局成立南渠清淤整治工作领导小组,展开南渠渠内淤泥、建筑垃圾和杂草清理及拆除行洪障碍物工作。至26日,清淤整治范围为南渠三里桥上游1+300至环城路二号桥拦污栅4+358段,清淤长度3 058米,平均清淤厚度0.9米,清淤宽度14米,清淤量3.1万立方米。

【汉江专项整治行动】 12月14日,市河道堤防管理局集中开展市区汉江两桥范围专项整治行动。纠正违章行为15起,清运垃圾300立方米,铲除种植物700平方米,堤身除杂1 870米,栽立警示牌6块,发送宣传单1 000余份、公开信200封,处理一般程序案件5起,驱逐禁采区采挖船8次,清理不规范弃料500余立方米,并刷新补齐管护设施。

【水库除险加固】 全市列入全国病险水库除险加固专项规划内有99座,除险加固工程批复总投资150 984万元,其中中央投资86 397万元。2009年,全市完成42病险水库除险加固主体工作,累计完成土石方378万立方米,砼43万立方米,投资57 609万元。

(王 昱)

农 业 机 械

【概况】 至年底,全市农机固定资产原值30亿元,比上年增加3亿元。农机总动力474万千瓦,比上年增加27万千瓦。其中,拖拉机35万台,配套农机具70万台(套),机具配套比1:2;联合收割机9 438台,比上年增长19.15%。完成机耕、机播、机收面积628.32、219.43、448.67千公顷;机械加工农副产品361.25万吨;机械运输131 286.7万吨千米。

【农机机构】 全市有农机管理办(局)8个,从业人员144人;农机化技术推广机构8个,从业人员105人;农机安全监理机构11个,从业人员179人;农机化

表11 襄樊行政分区水资源总量

水资源量单位:亿立方米

县(市)区	水资源总量	地表水资源量	地下水资源量	立水系数	产水模数(万 m^3/km^2)
枣 阳	5.3015	4.1916	2.4605	0.229	16.2
宜 城	5.5838	5.1585	2.0571	0.327	26.4
老河口	2.2586	1.7672	0.9675	0.283	21.7
南 漳	13.7483	13.6229	4.9344	0.380	35.7
谷 城	6.4022	6.1686	2.8515	0.270	25.1
保 康	10.0634	10.0634	4.0594	0.341	31.2
市 区	9.3550	7.0243	3.3149	0.374	25.5
全 市	52.7128	48.0010	20.6453	0.324	26.7

学校4个，从业人员120人；乡镇农机管理服务站97个，从业人员513人；农机化作业服务组织697个，从业人员3 891人；农机专业合作社15个，从业人员1 499人；农机维修网点874个，从业人员2 528人。

【农机服务效益】 2009年，全市农机服务总收入282 434.8万元；农机作业收入265 638.29万元，农机修理收入6 725.05万元。农机服务利润总额65 635.15万元。农业机械广泛应用于农作物耕整、收获、灌溉、植保、运输、农副产品加工和多种经营等领域。

【农机购置补贴政策】 2009年，全市9个县（市）区争取中央、省、市农机购置补贴项目资金6727万元。补贴机具5086多台套，享受补贴农户5 000多户，拉动社会投入资金3亿多元。

【农机科技推广】 2009年，全市完成水稻机插面积5.47万公顷，比上年同期增长60.7%，占全市水稻种植面积的18%。举办机械插秧培训20多期，培训农民机手近2 000人次，培训技术骨干90多人次。新增插秧机162台，插秧机保有量1 265台，形成水稻千亩连片示范区25个，整乡推进13个，整村推进76个。

【农机跨区作业】 "三夏"期间，市农机办派出6个工作组驻各县（市）区，协调机收督办和跨区作业。组织跨区机收作业队80多个，奔赴全国各地开展跨区作业，完成作业面积13.33万公顷。

【农机安全生产】 老河口市被省安监局、省农业厅表彰为全省"农机平安县市"；验收命名表彰"农机平安"示范乡（镇）3个。

（张　鑫）

林　　业

【概况】 2009年，全市林业总产值58亿元。完成人工造林15 26公顷。按林种划分:用材林8 067公顷，经济林3 286公顷，防护林340公顷，薪炭林473公顷；完成封山育林160 666公顷，其中，新封11 333公顷；完成四旁植树1 650万株，中幼林抚育50 533公顷；全市有245万人次履行植树义务，尽责率达87.6%，植树774.4多万株，人平3.16株；新建义务植树基地87个，面积2 067公顷；完成苗木花卉育苗总面积967公顷，出圃苗木7 067万株。

【林业投资】 全市争取林业项目资金2.246亿元，比上年增加0.64亿元，是历史上中央和省对襄樊林业投资最多的一年。按工程项目分：天然林保护工程投资900万元，退耕还林工程投资16 785万元，长江防护林工程投资744万元，生态公益林补偿投资1 186万元，林木种苗项目资金679万元，农业综合开发林业生态示范项目资金320万元，森林病虫害防治投资146万元，省级基本建设投资和省财政专项投资1 535万元，其他项目投资165万元。

【襄南新农村示范区建设】 2009年，南漳九集核心区完成村庄道路绿化8 000米，栽植绿化树3 600株；庭院绿化4处，总面积1 400平方米，栽植各类苗木2.9万株。宜城市小河片区完成村庄道路绿化30.5千米，栽植各类苗木18.3万株；绿化渠道6.7千米，植树4万余株；完成荒山（滩）造林49.75公顷，植树4.2万株。襄城尹集片区6个村的主干道路和主干渠全部绿化，栽植树木50余万株；90个村民集中居住点全部绿化，栽植树木37万株；305省道沿线的农户门前全部扎砌砖制或管状花池，栽花植草1万余株。

【林业重点工程】 2009年，天然林资源保护工程区全面停止天然林采伐，全面管护16.07万公顷天然林，封山育林2.06万公顷。至年底，全市完成退耕还林工程8.39万公顷，其中，坡耕地造林2.78万公顷，宜林荒山荒地造林5.61万公顷（2009年度完成0.22万公顷），国家累计投资5.69亿元。2008年度开始实施的低产林改造工程，累计完成人工造林1.23万公顷。其中，2009年度完成人工造林0.63万公顷。完成2009年度国家第四批拉动内需长江防护林工程项目完成人工造林2 200公顷。

【生态公益林建设】 至年底，全市纳入补偿的生态公益林面积13.13万公顷。其中，国家重点公益林11万公顷，省级公益林2.13万公顷。在国家重点公益林中，涉及24个国有单位、168个集体单位及16 717个农户；在省级公益林中，涉及15个国有单位、13个集体单位及1 047个农户。全部落实管护责任，签订管护合同和禁、限伐协议。

【森林资源保护管理】 2009年，全市森林病虫害发生2.14万公顷，其中，杨树病虫害发生面积1.64万公顷，萧氏松茎象0.11万公顷，松树病虫害0.28万公顷；防治2.05万公顷，防治率达到96%,其中,无公害防治率达到85%。检疫木材6 500立方米,种子1 000千克,果品10 000千克,药材2 000千克,苗木200公顷,除害处理16批次,种苗产地检疫率达到98%。野生动物监测实行日报制度,无重大野生动物疫源疫病发生。受理各类森林案件822起,查处815起,处理违法人员854人。其中,办理刑事案件29起(重、特大案件5起),收缴野生动物3.6万多只,收缴木材320立方米。发生森林火灾137起。其中,一般森林火灾127起,较大森林火灾10起;过火面积190公顷,其中受害森林面积38.4公顷,森林火灾受害率0.06‰,低于0.3‰的省控标准,没有发生重大森林火灾和人员伤亡事件。

【林地专项清理】 组织开展违法征占用林地专项清理整顿工作,办理征占用林地25宗,面积257公顷,确保重点工程征占用林地审核率达100%,其他征占用林地审核率达95%以上。

【全国森林公安机关“三考”】 4月10日,襄樊市森林公安机关代表湖北省参加全国森林公安机关“三考”(基本法律知识考试、执法办案卷宗考评、信访工作考查)工作,97名森林公安民警参加基本法律法规知识考试,综合成绩位列全国第7名。

【联合开展“护蛙行动”】 5月13日起,襄樊市林业局、工商局、楚天都市报襄樊版编辑部等4单位开始在全市范围开展“护蛙行动”,严厉打击捕捉、销售、加工青蛙等违法行为。

【政府科技奖励】 6月8日,谷城“大青果”油茶选育、秃杉种植资源保存利用及技术推广、鄂育89杨优良无性系繁育与推广、采石场植被恢复试验示范、速生楸良种引种与造林试验、天演杨新品种引进及推广和襄樊市萧氏松茎象国家级综合治理工程建设项目,分别通过市科技局组织的项目评审验收,被确定为襄樊市科技进步奖和襄樊市科技成果推广奖候选项目。

【省市林业合作备忘录】 6月18日,湖北省林业局与襄樊市人民政府签订合作推进襄樊省域副中心城市现代林业建设备忘录。备忘录确定,大力支持襄樊林业生态建设和产业建设,到2015年使全市森林面积达70万公顷,森林覆盖率达45%以上;道路、河流绿化率达90%以上;生态公益林管护率达100%,补偿率达80%以上;活立木蓄积达2 500万立方米;林业科技贡献率达到55%以上;森林火灾受害率控制在0.3‰以下。

【保康县发生松材线虫病】 7月9日,保康林业局将采集枯死松树样本送省森防总站,经检初步诊断为松材线虫病。10日,省森防总站派出技术人员赶赴保康,现场调查取样,13日确诊为松材线虫病。疫情发生区域主要分布于后坪镇的堰塘冲村、官山林场的麻坑分场,寄主树种为华山松。发现疫情致死华山松1 166株,涉及3个小班14.33公顷。7月16日,市政府办公室下发《关于做好松材线虫病防治工作的紧急通知》,市林业局下发《关于启动重大林业有害生物灾害应急预案的紧急通知》,全力防控松材线虫病。

【主要林副产品】 2009年,襄樊市实际生产商品材11.23万立方米。主要林副产品面积及产量:桃子17 047公顷、产量28万吨,梨面积10 007公顷、产量176 160吨,柑桔面积3 402公顷、产量37 443吨,苹果414公顷、产量6 295吨,板栗3 759公顷、产量3 699吨,核桃8 246公顷、产量451吨,银杏118公顷、产量522吨,茶叶面积31 240公顷、产量7 791吨,油茶面积2 780公顷、产油茶籽6 736吨,花椒2 678公顷、产量(干重)374吨,杜仲53公顷、产量996吨;山野菜、食用菌等森林食品产量(干重)14 637吨。

【林业产业化龙头企业】 至年底,全市有16家省级林业产业化龙头企业,比2008年增加3家,分别是:襄樊宏枫实业有限公司、南漳华海纸业有限责任公司、襄樊大山现代农业有限公司、湖北威利邦木业有限公司、湖北香园食品有限公司、老河口市仙仙果品有限公司、襄阳程河工艺品有限责任公司、襄樊中泰德盛现代农业有限公司、老河口市春雨苗木果品专业合作社、湖北荆山锦茶业有限公司、湖北老龙洞杜仲开发有限公司、枣阳南方木业有限公司、保康归真有机茶叶有限公司、南漳县水镜山野菜有限责任公司、谷城胜源生物有限公司、襄樊杨森林业开发有限公司。2009年,全市省级林业产业化龙头企业实现销售收入14亿元,其中林产品加工业销售收入11亿元,同比增长14%;全市有4个林产品被湖北省实施质量兴省战略工作领导小组办公室、湖北省质量协会认定为“2009年湖北名牌产品”,分别是:老河口市仙仙果品有限公司生产的“汉水”牌砂梨、湖北华海纸业有限责任公司生产的"水镜庄"牌书写纸、湖北荆山锦茶业有限公司生产的"荆山锦"牌有机绿茶、湖北玉皇剑茶业有限公司生产的"玉皇剑"牌绿茶。

【森林资源二类调查】 10月18日,全市森林资源规划设计调查(简称二类调查)培训班开班,各县(市)区、襄南、襄北监狱等80多个工作组组长参加培训,全省第四次森林资源二类调查工作开始。襄樊市计划从2009年10月开始,至2010年12月底完成全市二类调查任务。

【城市森林生态工程】 11月12日,市委、市政府召开城市森林生态建设动员大会,启动"三线三口一路"绿化建设。"三线"为市区外环线、内环线、汉江沿岸线的绿化带,"三口"为高速公路隆中出口、襄西出口、襄北出口,"一路"为长虹路沿街绿化工程。

【森林食品科技产业园建设】 12月14日,由湖北省林业局王海涛局长授牌的湖北现代林业老河口森林食品科技产业园,在老河口市建立。该园区是襄樊市首家现代林业科技产业园,也是湖北省首批8家现代林业科技产业园之一。园区总规划面积10平方千米,一期占地面积4.2平方千米,已有湖北香园食品有限公司、仙仙果品有限公司华晟食品分公司、金鄧阳纸业有限公司、春雨苗木果品合作社、华隆中药材加工有限公司等9家企业入驻。

【森林生态旅游】 2009年,全市森林生态旅游接待游客150万人次,实现旅游总收入5 266万元,旅游总收入比上年增长97.5%。其中,2009年全市森林公园接待游客59.1万人次,实现总收入1 848万元。投入资金600万元,其中自筹160万元,引资440万元。至年底全市森林公园累计建设游道153千米,形成514个床位、1 360个餐位的接待能力。薤山、鹿门寺两个国家级森林公园通过国家AAA级景区的验收,白竹园寺省级森林公园晋升为国家AAA级景区,薤山森林公园启动国家AAAA级景区创建。

【国有林场】 全市22个国有林场总收入3 449万元,同比增长7.4%。其中,职工自营经济收入1 705万元,占林场总收入的49.4%;完成人工造林1 618.3公顷,育苗294.1公顷,中幼林抚育2 243.3公顷,封山育林13 946.6公顷;新修、维修林区公路93千米,新修、维修防火林带327千米,新建通讯线路5千米,新建输电线路10千米。

【林业专业合作组织】 全市发展林业专业合作组织20个。其中,龙头企业带动型8个,中介组织带动型7个,专业市场带动型3个,其他类型2个。拥有会员12 737人,带动农户89 091户,帮助农民增收1.9亿元。老河口春雨苗木果品专业合作社被市政府授予"全市'十佳'农民专业合作社"称号。

【自然保护区建设】 2月23日,湖北省政府批准襄樊市建立首家省级林业自然保护区—"湖北五道峡省级自然保护区"。保护区位于保康境内,属森林生态系统类型自然保护区,主要保护对象为北亚热带森林生态系统及其生物多样性、珍稀濒危野生植物资源及其原生地、国家重点保护野生动物及其栖息地。保护区总面积23 816公顷,其中,核心区7 650公顷,缓冲区4 500公顷,实验区11 666公顷。

12月23日,国家林业局以林湿发[2009]297号文件批准襄樊市建立首家国家湿地公园——"谷城汉江国家湿地公园"。湿地公园位于谷城县境内的南河、北河与汉江交汇处,上接丹江口水库,面积21.88平方千米,属缓流浅滩河流湿地,其湿地类型独特、生态环境优良、生物多样性丰富,具有很强的湿地生态保护价值和开发价值。

至年底,全市森林生态、野生动植物、湿地等各类自然保护区和保护小区达到28个,保护面积16.81万公顷,占全市版图面积8.5%。

【集体林权制度改革】 集体林权制度主体改革基本完成。全市纳入林改的集体林地74.94万公顷,全部确权发证。同时,率先在全省开展林权抵押贷款、森林火灾保险等配套改革,完成林权交易44宗,实现交易额963.4万元;完成森林资源资产评估120宗,资产评估总价值7 816.6万元;受理林权抵押贷款178宗,抵押林地面积1.24万公顷,发放抵押贷款4 159.6万元;森林火灾保险投保面积0.52万公顷,保险金额3 486万元;处理山林纠纷1 011起。

【林业志愿服务队成立】 12月3日,襄樊市林业局在市国营林场举行林业志愿者服务队成立暨"洁净家园志愿行动"启动仪式。近百名林业志愿者参加启动仪式。

(马应华)

工　　业

责任编辑
责任校对　吴忠秀

工　　业

【概况】 2009年,全市规模以上工业总产值1 528亿元,同比增长40.2%,是2007年792亿元的近两倍;销售收入1 278.6亿元,同比增长35.3%,产销率达97%以上;工业增加值461.5亿元,同比增长27.6%,增幅位居全省第一,高于全省平均水平7.5个百分点,增加值总量是2007年225亿元的两倍多,实现两年翻一番的目标。

全市工业企业6 109家,比2008年净增804家,其中规模以上企业新增348家,净增305家,规模以上企业达1 306家。产销过亿元企业206家,过10亿元企业20家,200亿元企业2家。全市登记注册创业主体11.37万个,同比净增14 036个,增长14.09%。其中,私营企业1.41万户,同比净增2 144户,增长17.97%。注册资本158.78亿元,同比净增39.93亿元,增长33.6%。个体、私营企业从业人员38.53万人,同比净增5.06万人,增长15.11%。其中,私营企业从业人员16.74万人,净增2.37万人,增长16.49%。

【县域工业经济】 2009年,纳入省考核7个县(市)区规模以上工业总产值656.67亿元,同比增长61.8%,高于全市平均增幅21.6个百分点,连续三年增幅保持在50%以上,占全市工业比重43%,比上年提高7.73个百分点。襄阳、枣阳、谷城、老河口和宜城5个县(市)区产值首次过百亿。7个县(市)区规模以上工业增加值198.81亿元,同比增长56.53%,高于全市增幅28.93个百分点,比2008年增幅提高9.46个百分点。6个县(市)区规模工业增加值增幅超过50%,其中:襄阳增幅62.04%,枣阳增幅61.25%,谷城增幅55.49%,南漳增幅53.8%;老河口增幅53.8%;宜城增幅51.8%。

【行业类别】 2009年,全市规模以上轻工业增加值160.56亿元,同比增长47.08%。重工业增加值300.93亿元,同比增长32.57%。轻重工业结构比35:65。

分行业产值见表12。

企业类型分类产值见表13。

产值10亿元以上企业见表14。

【产业结构】 2009年,汽车产业总产值703.8亿元,同比增长31.44%,占全市工业经济总量46%。整车产量突破34万辆,其中天籁轿车10.8万辆。食品产业产值273.59亿元,同比增长72.42%,占全市工业经济总量的17.9%。食品企业一年内新增过20亿元企业4家,米面加工能力达415万吨,油料加工能力达110万吨,屠宰加工能力达120万头。纺织产业产值146.16亿元,比上年增长35.01%,占全市工业经济总量9.6%。拥有纱锭180万锭,化纤抽丝能力12万吨,综合实力居全省第一。电子信息产业实现过百亿元的历史跨越,总产值达111.43亿元,比上年翻一番,占全市经济总量7.29%,经济总量仅次于武汉市,居全省第二位。化工医药产业首次突破百亿元大关,达100.25亿元,同比增长20.62%,占全市工业经济总量的6.6%;建材冶金产业91.97亿元,比上年增长63.74%,占全市工业经济总量6%;能源产业82.55亿元,比上年增长14.3%,占全市工业经济总量5.4%;装备制造业80.27亿元,比上年增长43.98%,占全市工业经济总量5.3%。

【重点企业】 全市总产值在10亿元以上企业有17家。产值10亿元以上企业见表14。

表 12 分行业产值

行 业	产值（万元）	行 业	产值（万元）
煤炭开采和洗选业	354.15	烟草制品业	2 257.66
烟煤和无烟煤的开采洗选	348.67	烟叶复烤	11.67
其他煤炭采选	5.48	卷烟制造	2 207.88
石油和天然气开采业	1 606.16	其他烟草制品加工	38.11
天然原油和天然气开采	797.42	纺织业	5 505.93
与石油和天然气开采有关的服务活动	808.75	棉、化纤纺织及印染精加工	3 997.37
黑色金属矿采选业	1 178.35	毛纺织和染整精加工	65.46
铁矿采选	664.71	麻纺织	224.77
其他黑色金属矿采选	513.64	丝绢纺织及精加工	16.95
有色金属矿采选业	350.37	纺织制成品制造	1 043.31
常用有色金属矿采选	256.86	针织品、编织品及其制品制造	158.07
贵金属矿采选	74.05	纺织服装、鞋、帽制造业	2 130.23
稀有稀土金属矿采选	19.46	纺织服装制造	2 111
非金属矿采选业	1 291.83	纺织面料鞋的制造	15.58
土砂石开采	655.76	制帽	3.65
化学矿采选	572.81	皮革、毛皮、羽毛(绒)及其制品业	198.09
石棉及其他非金属矿采选	63.26	皮革鞣制加工	52.88
其他采矿业	4.85	皮革制品制造	92.51
农副食品加工业	7 218.74	毛皮鞣制及制品加工	15.64
谷物磨制	2 366.26	羽毛(绒)加工及制品制造	37.06
饲料加工	928.44	木材加工及木、竹、藤、棕、草制品业	690.89
植物油加工	1 803.38	锯材、木片加工	30.05
制糖	9	人造板制造	530
水产品加工	360.55	木制品制造	104.45
蔬菜、水果和坚果加工	208.07	竹、藤、棕、草制品制造	26.39
其他农副食品加工	619.14	家具制造业	173.04
食品制造业	1 868.79	木质家具制造	113.37
焙烤食品制造	364.52	竹、藤家具制造	2.34
糖果、巧克力及蜜饯制造	75.98	金属家具制造	31.07
方便食品制造	302.92	其他家具制造	26.26
液体乳及乳制品制造	167.92	造纸及纸制品业	1 516.18
罐头制造	212.93	纸浆制造	3.06
调味品、发酵制品制造	264.24	造纸	835.07
其他食品制造	480.28	纸制品制造	678.05
饮料制造业	3 019.3	印刷业和记录媒介的复制	745.89
酒精制造	30	印刷	716.4
酒的制造	1 703.27	装订及其他印刷服务活动	27.12
软饮料制造	1 033.33	记录媒介的复制	2.37
精制茶加工	252.7	文教体育用品制造业	139.53

续表

行　　业	产值（万元）	行　　业	产值（万元）
文化用品制造	5.71	塑料人造革、合成革制造	17.73
体育用品制造	18.1	塑料包装箱及容器制造	253.71
乐器制造	33.55	塑料零件制造	84.88
玩具制造	82.17	日用塑料制造	144.21
石油加工、炼焦及核燃料加工业	4 390.56	其他塑料制品制造	127.54
精炼石油产品的制造	3 927.18	非金属矿物制品业	5 159.47
炼焦	463.38	水泥、石灰和石膏的制造	2 118.33
化学原料及化学制品制造业	10 080	水泥及石膏制品制造	800.43
基础化学原料制造	2 415.41	砖瓦、石材及其他建筑材料制造	1 031.69
肥料制造	3 916.95	玻璃及玻璃制品制造	598.18
农药制造	541.5	陶瓷制品制造	64.22
涂料、油墨、颜料及类似产品制造	314.26	耐火材料制品制造	196.55
合成材料制造	641.62	石墨及其他非金属矿物制品制造	350.09
专用化学产品制造	1 771.18	黑色金属冶炼及压延加工业	1 2521.86
日用化学产品制造	479.1	炼铁	322.85
医药制造业	2 758.38	炼钢	476.41
化学药品原药制造	683.51	钢压延加工	11 483.84
化学药品制剂制造	502.67	铁合金冶炼	238.76
中药饮片加工	246.94	有色金属冶炼及压延加工业	4 040.25
中成药制造	588.15	常用有色金属冶炼	2 775.23
兽用药品制造	173.52	贵金属冶炼	215.28
生物、生化制品的制造	315.76	稀有稀土金属冶炼	91.63
卫生材料及医药用品制造	247.83	有色金属合金制造	47.78
化学纤维制造业	325.83	有色金属压延加工	910.32
纤维素纤维原料及纤维制造	206.16	金属制品业	3 419.01
合成纤维制造	119.67	结构性金属制品制造	1 644.48
橡胶制品业	390.44	金属工具制造	187.89
轮胎制造	73.65	集装箱及金属包装容器制造	412.69
橡胶板、管、带的制造	96.58	金属丝绳及其制品的制造	406.93
橡胶零件制造	32.5	建筑、安全用金属制品制造	110.73
再生橡胶制造	36.85	金属表面处理及热处理加工	279.9
日用及医用橡胶制品制造	90.06	搪瓷制品制造	2.74
橡胶靴鞋制造	33.09	不锈钢及类似日用金属制品制造	211.66
其他橡胶制品制造	27.71	其他金属制品制造	161.99
塑料制品业	1 840.38	通用设备制造业	4 327.37
塑料薄膜制造	183.77	锅炉及原动机制造	973.53
塑料板、管、型材的制造	617.86	金属加工机械制造	524.27
塑料丝、绳及编织品的制造	386.63	起重运输设备制造	267.75
泡沫塑料制造	24.05	泵、阀门、压缩机及类似机械的制造	363.76

续表

行　　业	产值（万元）	行　　业	产值（万元）
轴承、齿轮、传动和驱动部件的制造	191.28	通信设备制造	1 150.14
烘炉、熔炉及电炉制造	3.44	雷达及配套设备制造	29.25
风机、衡器、包装设备等通用设备制造	638.98	广播电视设备制造	2.37
通用零部件制造及机械修理	390.43	电子计算机制造	1 908.9
金属铸、锻加工	973.93	电子器件制造	382.11
专用设备制造业	2 105.63	电子元件制造	253.23
矿山、冶金、建筑专用设备制造	863.18	家用视听设备制造	38.96
化工、木材、非金属加工专用设备制造	185.75	其他电子设备制造	98.98
食品、饮料、烟草及饲料生产专用设备制造	135.4	仪器仪表及文化、办公用机械制造业	1 639.84
印刷、制药、日化生产专用设备制造	151.52	通用仪器仪表制造	665.61
纺织、服装和皮革工业专用设备制造	141.99	专用仪器仪表制造	97.08
电子和电工机械专用设备制造	172.27	钟表与计时仪器制造	21.92
农、林、牧、渔专用机械制造	78.04	光学仪器及眼镜制造	275.74
医疗仪器设备及器械制造	86.09	文化、办公用机械制造	378.15
环保、社会公共安全及其他专用设备制造	291.39	其他仪器仪表的制造及修理	201.34
交通运输设备制造业	19 711.3	工艺品及其他制造业	521.32
铁路运输设备制造	670.85	工艺美术品制造	175.4
汽车制造	17 325.74	日用杂品制造	54.03
摩托车制造	82.64	煤制品制造	20.16
自行车制造	3.07	核辐射加工	1.28
船舶及浮动装置制造	1 355.8	其他未列明的制造业	270.44
航空航天器制造	258.99	废弃资源和废旧材料回收加工业	236.52
交通器材及其他交通运输设备制造	14.21	金属废料和碎屑的加工处理	228.54
电气机械及器材制造业	4 629.99	非金属废料和碎屑的加工处理	7.98
电机制造	290.19	电力、热力的生产和供应业	10 467.59
输配电及控制设备制造	1 168.71	电力生产	4 779.82
电线、电缆、光缆及电工器材制造	1 113.49	电力供应	5 591.03
电池制造	658.32	热力生产和供应	96.74
家用电力器具制造	1 184.71	燃气生产和供应业	201.76
非电力家用器具制造	61.13	水的生产和供应业	807.26
照明器具制造	114.82	自来水的生产和供应	269.55
其他电气机械及器材制造	38.62	污水处理及其再生利用	1.1
通信设备、计算机及其他电子设备制造业	3 863.94	其他水的处理、利用与分配	536.61

表 13 企业类型分类产值

名称	计量单位	产值	累计增长(±%)
工业总产值总计(现行价格)	万元	15 284 874.15	40.2
轻工业	万元	5 073 269.98	54.7
重工业	万元	10 211 604.17	33.9
新产品产值	万元	1 418 312.72	30.6
国有企业	万元	1 229 606.73	1.8
集体企业	万元	125 010.80	93
股份合作企业	万元	184 565.00	48.1
股份制企业	万元	9 450 674.71	41.7
外商及港澳台商投资企业	万元	3 828 219.72	45.3
其他经济类型企业	万元	466 797.19	128.4
国有控股企业	万元	7 684 088.55	24.5
非公有工业	万元	7 144 857.15	61.2
大中型工业企业	万元	8 892 477.28	24.6
其中:国有企业	万元	1 105 677.29	0.9
工业销售产值总计(现行价格)	万元	14 743 802.96	37.7
轻工业	万元	4 837 344.04	54.3
重工业	万元	9 906 458.92	30.9
出口交货值	万元	283 499.42	-12.9
国有企业	万元	1 232 530.21	1.3
集体企业	万元	119 194.10	90.4
股份合作企业	万元	184 879.90	47.3
股份制企业	万元	9 015 527.94	37.6
外商及港澳台商投资企业	万元	3 742 346.73	46.9
其他经济类型企业	万元	449 324.09	123.9
国有控股企业	万元	7 471 961.30	20.4
非公有工业	万元	6 843 691.11	62.7
大中型工业企业	万元	8 641 971.70	21.1
其中:国有企业	万元	1 106 545.09	0.4

【固定资产投资】 2009 年，全市完成工业投资 305.8 亿元，同比增长 67.5%，高于全市全社会固定资产投资 13 个百分点，高于全省工业投资平均增幅 25 个百分点，增幅居全省第一。493 个工业项目建成投产，占全部工业项目 35%，其中，千万元以上项目 272 个，亿元以上项目 30 个。过亿元投资项目:襄樊烟厂制丝线 1.53 亿元改造项目，襄阳轴承股份有限公司 1 亿元轿车变速箱圆锥滚子轴承技术改造项目，湖北江山重工有限公司军民 5.3 亿元的结合园项目，中印南方印刷有限公司 1.26 亿元印刷项目，襄樊冠良实业有限公司 3.1 亿元制鞋项目，湖北天鹅涂料 1.11 亿元改造项目，襄樊双箭汽车零部件有限公司 1.2 亿元零部件生产项目，襄樊中大青山电动车有限公司 3.8 亿元电动车生产园项目，襄樊新火炬科技服务有限公司 1.5 亿元风力发电机轴承项目，湖北骆驼蓄电池股份有限公司 1.63 亿元电控电池项目，博拉经纬纤维有限公

表 14 **产值 10 亿元以上企业**

企业名称	产值(万元)	利税(万元)	从业人员(人)
东汽股份	2 067 064.6	151 600	11 958
风神襄樊汽车有限公司	1 980 724.7	88 090.1	1 651
神龙公司襄樊工厂	422 165.5	75 198.5	1 191
东风德纳车桥有限公司	399 168.1	33 920.4	6 278
湖北骆驼蓄电池公司	279 964	23 683	2 290
襄樊供电公司	335 558	12 241	4 504
金华麦面集团	275 855	2 722	785
襄樊卷烟厂	282 106	184 547	1 499
奥星粮油工业有限公司	240 940	18 020	360
康奈克汽车科技襄樊分公司	180 517.5	27 933.9	156
金鹰轨道股份有限公司	81 834	4 624	629
湖北金洋冶金股份有限公司	142 124	1 791	287
襄阳鲁花浓香花生油公司	208 032	9 397	450
襄樊万宝粮油公司	153 040	1 835	495
三环车桥公司	137 039	6 120	1 691
老河口东风创普专用车公司	110 383	2 440	371
湖北梅园米业有限公司	101 320	9 535	560

司投资 2.2 亿元进行二期扩建，中外合资霸尔空压机有限投资 1.02 亿元新上螺旋杆空压机生产项目，襄樊富利达有限公司投资 1.02 亿元建乔营民城路工业园，华新水泥襄城有限公司投资 1.5 亿元建年产 200 万吨水泥生产线，襄樊泽东有限公司投资 1.9 亿元建磷铵及两钠技改工程，深圳王博纳米热能技术有限公司投资 4.58 亿元电器工业园项目，襄樊威杰茶叶食品有限公司投资 1 亿元茶叶食用菌深加工项目，襄樊长源东谷实业公司投资 1.05 亿元进行三期续建，湖北奥星粮油工业有限公司投资 1 亿元粮油花椒生产线二期工程，葛州坝水泥投资 2.5 亿元水泥生产线扩建项目，宜城葛洲坝水泥有限公司投资 5 亿元水泥生产项目，河北诺鑫生化有限公司投资 2.04 亿元医药中间体项目，安能(宜城)热电公司投资 2.1 亿元生物发电项目，湖北骆驼蓄电池股份有限公司投资 1.6 亿元 400 万 KVAH低铅耗蓄电池项目，汇东汽车公司投资 1.5 亿元年产 4 万吨汽车配件技改扩能项目，龙蟒磷制品有限公司投资 1.8 亿元扩大 50 万吨磷制品能力，华新水泥(南漳)公司投资 2.26 亿元二期项目，湖北威利邦林业有限公司投资 1.8 亿元年产 22 万方高密度纤维板项目，南漳县宏联公司投资 2.25 亿元复合肥项目等。

【科技创新】 2009 年，际华三五四二纺织公司企业技术中心顺利通过国家级企业技术中心认定；博亚机械公司、万洲电气公司、际华新四五公司、金洋冶金公司等 4 家企业技术中心通过省级认定。至年底，全市工业企业中已设立企业技术中心的企业 343 家，比上年增加 67 家。拥有国家级企业技术中心 2 家，省级企业技术中心 26 家，省级工程技术研究中心 3 家，市、县属独立科研机构 31 家，建有 3 个博士后产业基地和 1 个博士后工作站。全市从事科技活动人数 1.87 万人，占全部从业人数的 8.41%；科技活动经费投入 8.7 亿元，占销售收入 1.93%，比上年提高 0.1 个百分点；完成高新技术产值 626 亿元，同比增长 33.7%，完成增加值 184.7 亿元，同比增长 33.8%；2009 年新认定高新技术企业 11 家，高新技术企业总数达 48 家。

2009 年新增湖北名牌产品 17 个：枣阳三杰麦面有限公司的小麦粉/挂面，枣阳贤德面粉有限公司的“德林”牌小麦粉，宜城天鑫油脂有限公司的冷榨花生油，襄樊万宝粮油有限公司的“万宝”牌菜籽油/面粉，湖北华海纸业有限责任公司的书写纸，湖北奥星粮油工业有限公司的食用植物油，湖北梨花湖食品有限公司的“梨花湖”牌挂面，湖北三环锻造有限公司的“东银”牌汽车转向节，谷城玉皇剑茶叶有限责任公司的“玉皇剑”牌绿茶，湖北回天胶业股份有限公司的“回天”牌硅胶、厌氧胶、丙烯酸、襄樊博亚机械有限公司的球笼式万向联轴器,襄樊江山汽车变速箱有限责任公司的汽车变速箱;襄樊国网合成绝缘子股份有限公司的"通力"牌高压线路用棒型悬式合成绝缘子,湖北追日电气设备有限公司的ZAPF并联有源电力滤波装置,襄樊赛亚米业有限公司的大米,湖北天鹅涂料化工股份有限公司的"天鹅"牌汽车专用系列涂料,襄樊新四五印染有限责任公司的涤棉迷彩布。至年底,全市省级名牌产品达到57个。

新增湖北著名商标:湖北美亚达新型建材有限公司的"美箭"商标,襄樊大鹰车用轴承有限公司的"XYYP"商标,襄樊市博亚机械有限公司的"博亚"商标,襄樊大力工业控制股份有限公司的"浩然"商标,襄樊海华照明电器有限公司的"华烨"商标,枣阳兴亚摩擦材料有限公司的"兴亚"商标,枣阳神虎摩擦材料有限责任公司的"神虎"商标,湖北金兰首饰集团有限公司的"图形"商标,湖北银城纺织股份有限公司的"银谷"商标,宜城雅新家纺有限公司的"金雀"商标,湖北石花纺织股份有限公司的"仙石"商标,襄樊市九头鸟制油有限公司的"龙庄"商标,南漳水镜油脂有限公司的"水镜庄"商标,襄樊襄阳东平油厂的"东平王"商标,襄樊万宝粮油有限公司的"万宝"商标,谷城春又生菜业有限公司的"春又生"商标,老河口梨花湖食品有限公司的"梨花湖"商标,湖北盈丰农业发展有限公司的"玉洁"商标,襄樊万宝粮油有限责任公司的"图形"商标,襄樊丰雪食品有限公司的"米公"商标,保康荆山锦天然有机茶有限公司的"荆山锦茶"商标,枣阳金旭面粉公司的"洋荡"商标,湖北汉光酒业有限公司的"汉光"商标,襄樊小白象商贸有限公司的"小白象"商标,襄樊一景酒店管理有限公司的"一景"商标。

【经济效益】 2009年底,全市规模以上企业利润62.32亿元,同比增长60.04%;税金54.47亿元,同比增长17%;亏损企业168户,亏损面12.86%,比上年降低3.93个百分点,是近10年来亏损面最小的一年。亏损额3.63亿元,同比减亏5.04亿元,减亏58.13个百分点。

(朱成龙)

汽 车

【概况】 2009年,全市规模以上汽车工业产值703.8亿元,比上年增长31.44%,占全市规模以上工业总产值的46%。整车(含改装车)产量首次突破30万辆,达334 666辆,比上年增加84 670辆,同比增长33.87%;发动机产量突破40万台,达420 708台,比上年增加82 881台,同比增长24.5%。

汽车主要产品产量:载货汽车182 539辆,比上年增长26.25%;轻型客车25 669辆,比上年减少0.86%;风神轿车106 599辆,比上年增长73.95%;神龙轿车发动机290 680台,比上年增长65.70%;康明斯柴油发动机130 028台,比上年减少19.97%;车桥457 841根,比上年增长5.93%。

【企业成长工程】 至年底,全市规模以上汽车及零部件企业发展到229家,比年初净增53家。其中年产值过亿元企业由上年的43家发展到51家,净增8家。

【重点项目建设】 2009年,汽车工业建成投产投资过亿元项目11个,总投资26.94亿元。东风股份F91A项目8月实现批量生产,当年生产945辆;东风特种车基地首期阵地建设(沼气车)项目完成,沼气车生产阵地形成批量生产能力(3 000辆/年),产品基本形成系列。

【东风第一百万辆商用车下线】 9月20日,东风汽车股份有限公司自主研发的高附加值第三代轻卡——东风康霸第100万辆轻型商用车下线。10月10日,东风襄樊旅行车公司首批15辆"东风天翼"商品化纯电动客车在总装车间下线。东风襄樊旅行车公司从2005年开始进行新能源汽车研发,在电池应用管理、辅助动力系统等方面取得17项实用新型发明专利,并掌握驱动控制核心技术。2009年7月9日,东风襄樊旅行车公司的混合动力客车和纯电动客车通过国家生产准入审查,公司成为国内唯一一家一次性同时通过混合动力和纯电动资格审查的生产企业。"东风天翼"纯电动汽车是公司研发的第三代纯电动客车产品,也是目前国内唯一采用一体化设计的纯电动客车,目前已实验运行1万多千米,实现纯电动动力系统与高档公交客车集成匹配和零污染、零故障、低噪音的节能环保目标。

【"新天籁"销量突破10万辆】 2009年,新天籁轿车2009年产量106 599辆,同比增长73.95%;全年销量达到108 504辆,同比增长85.9%。

【汽车电机产品配套世博交通】 2009年,襄樊特种电机有限公司生产的YCVF汽车电机212台/套组装在上海申沃客车上,其中有152台/套混合动力汽车电机,60台纯电动汽车电机,为上海世博会专用交通车配套。

襄樊特种电机有限公司生产的汽车电机为上海申沃、浙江万向、郑州宇通、丹东黄海、厦门金隆、陕重汽车、北京天民等多家公司配套。成为国内汽车电机生产销售最大厂家之一。

【东风股份“汽车下乡”】 7月16日，东风轻卡“汽车下乡”现场会在谷城召开，并在襄樊组织巡展活动。在“汽车下乡”政策推动下，东风股份本部2009年在襄樊市销量达4 923辆，比上年增长30%以上，占襄樊市全年轻卡销量40%以上，其中下乡车销量为1 379辆，占全部补贴轻卡的39%。

（徐春林）

机　　械

【概况】 2009年，全市规模以上机械制造企业161户，其中，金属制品15户，通用设备制造49户，专用设备制造23户，交通运输设备制造14户，电气机械及器材制造业43户，通信设备及其它电子制造15户，仪器仪表及文化办公2户。工业总产值91亿元，同比增长33%；利润4.3亿元，同比增长28%；工业增加值30亿元，同比增长27%；销售收入达89亿元，同比增长28%；出口交货值2.4亿元，同比增长35%。装备制造业新增规模以上企业26户，总量达161户；新增产销过亿元企业8户，总量达28家。

【改制后再生企业】 机械系统辖属改制、破产重组和裂变再生企业13家：襄阳汽车轴承股份有限公司、湖北台基半导体股份有限公司、湖北卫东控股（集团）有限公司、湖北汉丹机电有限公司、襄樊襄阳轴承实业发展有限公司、湖北江华机械有限公司、襄樊新立恒星活塞环有限责任公司、襄樊东捷精密机械有限公司、襄樊东达汽车零部件公司、襄樊特种电机有限公司、襄樊立金塑业有限公司、湖北神誉齿轮有限公司、襄樊东盛有限公司。至2009年底，组建9家成长型企业：襄樊世阳电机有限公司、襄樊江天机械有限公司、襄樊市新兴联机械有限公司、襄樊市新兴发钢丸有限公司、襄樊市汇聚龙机械制造有限公司、襄樊大金久电机有限公司、襄樊卫东机械制造有限公司、湖北卫东设备公司、襄樊市神跃机械服务中心。改制和破产重组企业完成工业总产值15亿元，同比增长20%；工业增加值5.4亿元，同比增长20%；新产品产值2.3亿元，同比增长28%；销售收入13亿元，同比增长23%；主营业务税金及附加580万元，同比增长20%；利润1亿元，同比增长22%。

【技改和研发】 2009年，全市装备制造业技改投入25亿元，其中市直13家企业技改投入1.72亿元。全行业省级技术中心新增4家，达16家。全年投资5 000万元或年度计划投资千万元以上重点工业项目30个，当年完成投资10.6亿元，其中19个建成投产。

【上市创业板】 12月，湖北台基半导体股份有限公司首次公开发行1 500万股人民币普通股（A股）申请获中国证券监督管理委员会证监许可[2009]1462号文核准。本次发行的股份拟在深圳交易所创业板上市。发行采用网下向询价对象询价配售和网上向社会公众投资者定价发行相结合的方式进行。股票申购简称“台基股份”，申购代码“300046”，股份总数1 500万股，其中网下发行数量为300万股。

【招商引资】 2009年，全行业完成招商引资8 820万元：襄阳汽车轴承集团投资轴承产业园6 810万元。湖北东神化工科技集团有限公司增加投资3 000万元，其中，湖北卫东控股集团有限公司增资1 620万元，湖北十堰天神实业股份有限公司增资810万元，大冶楚天化工公司增资570万元。襄樊襄阳轴承实业发展有限公司引进外资570万元，其中，合资成立襄樊宇清电动汽车有限公司，引进外资200万元；汇聚龙公司和浠水神州轴承公司合资，引进外资370万元。湖北神誉齿轮有限公司与江苏德润热处理有限公司合资成立襄樊神誉热处理厂，注册资金100万元。

【国企改制】 2009年，市直机械系统有企业19家。其中，改制企业9家：襄阳汽车轴承股份公司、襄樊襄阳轴承实业发展有限公司、湖北卫东控股（集团）有限公司、湖北汉丹机电有限公司、湖北江华机械有限公司、湖北台基半导体股份有限公司、襄樊新立恒星活塞环有限责任公司、襄樊市机械工业供销公司、襄樊立金塑业有限公司，除襄阳汽车轴承股份公司外，其它已全部改制到位。襄轴股份国有股转让待国家证监委批准。10家企业破产：襄樊市轴承厂[2003]襄中破字第43—3号，襄樊市红旗机制厂[2003]襄中破字第37—2号，汉水空调设备总厂[2003]襄中破字第30—2号，襄樊长虹数控（集团）公司[2003]襄中破字第36—2号，车辆总厂[1999]襄中破字38号,互感器厂[2006]襄中破字第41—2号,襄樊神驰齿轮有限责任公司[2003]襄中破字第33—2号,机械进出口公司[2004]襄中破字第4—2号,汽车进出口公司[2004]襄中破字第5—1号,力特电机总公司[2005]襄中破字第20—2号,破产结案6家:汉水空调设备总厂、襄樊市车辆总厂、神驰齿轮有限责任公司、机械进出口公司、汽车进出口公司、长虹数控公司。

市国企办批准襄樊力特电机总公司、襄樊市互感器厂、襄樊神驰齿轮有限责任公司、襄樊市车辆总厂4家企业移交社会职能,并与樊城区政府签订移交协议。

纺织

【概况】 2009年,在劳动力成本上升、原材料价格上涨、中小企业融资困难、金融危机影响加深等一系列因素影响下,全市规模以上纺织企业基本做到不停产、不裁员、不降薪。全市纺织工业完成工业总产值146.16亿元,同比增长35.01%。实现销售收入140亿元,同比增长31%;利税总额8.6亿元,同比增长32%;出口创汇9 338万美元,同比增长30%。

【产品研发成果】 2009年,际华三五四二获中国设备管理协会“第八届全国设备管理”先进集体奖,其技术研发中心获国家级企业技术中心认定,享受企业(集团)技术中心优惠政策,该企业开发生产的棉澳毛混纺高支纱(系列)、汉麻纤维嵌入纺纱技术和棉混纺坯布(系列)3项产品通过省发改委组织新产品鉴定,填补省内空白,在国内同类产品开发中处于领先水平。

【技改项目投资】 2009年,全市纺织工业投资过亿元项目6个,除双佳印染有限公司外,其它5家全部开工建设,其中:博拉经纬纤维有限公司二期正在安装设备,预计2010年上半年投产;冠良实业有限公司制鞋项目第一期投产,完成工业总产值1亿元;襄城鞋业有限公司主体厂房建成,企业租赁厂房开始生产;力天鞋业有限公司在基建施工时因地下考古发现文物,暂停施工;襄樊鑫泰明纺织有限公司5万锭纺纱、200台喷气织机项目,其中200台喷气织机于12月投产。全市20个投资过千万元以上项目在建之中,际华新四五印染有限公司新增印染生产线、保康聚鑫源纺织有限公司新建项目、宜城华明浆粕有限公司与安徽华阳浆粕有限公司联合建设国内最大特种浆项目、襄樊天王服饰有限公司投资5 000万元整体搬迁等10个项目相继投产。

【招商引资】 2009年,市纺织协会引进温州信乐纺织有限公司整体收购星河纺织公司,投入扩能改建资金8 000多万元。宜城引进投资1亿元的雅丽家纺公司家纺产品项目开工建设;樊城引进银基棉业有限纺织公司5万锭纺纱项目,总投资7 000万元,厂房已建成;保康县引进聚鑫源纺织有限公司新建8万纱锭项目,总投资1.14亿元,已有3万纱锭投入生产;高新区引进的冠良实业有限公司、襄诚鞋业有限公司、力天鞋业有限公司3家制鞋企业全部开工,2家已部分投产。

轻工·食品

【概况】 2009年,全市轻工食品行业完成工业总产值328.04亿元,同比增长73.1%。在全市轻工八大行业中,酒类制造、农副食品加工、木材加工及藤棕家具、造纸及纸制品、塑料制品、轻工机械及五金制品共6个行业增幅达38%以上。新增企业52家,新增产值108 464万元。

【技术改造】 全市轻工食品行业过千万元技改项目27个,总投资27.59亿元,完成技改投资额9.8亿元。其中枣阳金华麦面集团公司米面加工产业群项目总投资2亿元,2009年完成技改投入1.5亿元,现已投产使用。枣阳润阳新能源公司润阳电池项目总投资4.8亿元,完成投资7 000万元,部分投产。枣阳东环铸造公司10万吨铸造项目总投资2亿元,完成投资3 000万元。湖北蓝带啤酒有限公司20万吨啤酒扩能改造项目总投资1.92亿元,完成投资1.9亿元,11月竣工投产。湖北石花酒业公司1.5万吨白酒基地扩改项目总投资1.32亿元,完成投资5 000万元,部分投产。

【企业改制】 2009年,完成改造水表21家企业、3 560户,占应改户数的81%;改造电表13家企业、2 057户,占应改户数的46.6%。襄樊市食品厂、工艺美术公司、酒精厂等企业完成移交。市美术厂破产方案已报市国企办待批。市皮革工业公司改制已完成资产处置和职工安置。

【招商引资】 湖北三九酿酒厂从四川宾宴酒厂引进资金5 000

万元，投资兴建2万吨基酒项目，已签订协议。

燃化·医药

【概况】 2009年，燃化医药行业规模以上企业164家，比上年净增37家。亿元以上企业20家，比上年净增3家。在全市发布的企业100强中，化工医药企业11家，占百强企业11%。全行业工业总产值现价100.25亿元，同比增长54%。提前一年实现“十一五”规划的百亿元行业目标，成为全市6个过百亿元行业之一。

【招商引资】 12月19日已与兵装集团达成投资协议5年内投资12.6亿元，使湖北药业产销达20亿元，自2010年元月实施；新加坡佳通在樊投资2.2亿元的二期项目全面投产；龙蟒集团投资15亿元在南漳建设50万吨磷酸盐项目，一期工程开工建设；湖北楚磷公司投资27.7亿元在余家湖磷化工业园建设的30万吨磷酸、40万吨磷酸二铵项目启动；宜昌兴发集团在保康投资3.5亿元新建的100万吨选矿和5万吨黄磷项目建成投产。

【重点项目建设】 2009年，全行业有11家企业投资5 000万元以上的在建项目20个，总投资31.6亿元，比上年同期增长130%。其中亿元以上项目7个：天舜集团投资1.5亿元的泽东公司18万吨硫酸、12万吨磷铵项目于7月底投产，保康楚峰公司投资1.96亿元的100万吨采选矿通过验收，投资6 200万元的全国最大单套年产3万吨食品级磷酸盐投产，楚峰公司成为全国较大食品级磷酸盐产品制造基地，老河口华松公司辣椒碱系列产品一期项目建成；天鹅公司投资1.6亿元的年产5 000吨高档汽车面漆生产线开工建设；市精信公司钒催化剂扩产和万吨酚酞树脂项目投产；襄橡化工汽车用橡胶制品等3个搬迁企业新扩建项目建成投产。

建材·冶金

【概况】 2009年，全市建材冶金行业工业总产值91.97亿元，同比增长63.74%，比目标增长31.38%，高于全市发展速度；工业增加值30.35亿元，同比增长70.5%，比目标增长37.9%；全年实现销售收入88.29亿元，同比增长71.5%，比目标增长17.22%；利税总额8.2亿元，同比增长50%，比目标增长29.1%。

【主要产品产量】 全年生产钢30万吨，同比增产36%，其中特钢3万吨，同比增产50%。钢材产量56.89万吨，同比增产88%。水泥474.79万吨，同比增产22.9%，其中新型干法水泥355万吨占水泥总产量的75%。摩擦材料7.3万吨，同比增长20%。铅及铅合金10.6万吨，同比增长30.3%。玻璃纤维产品1 044吨，同比减产2.1%。新型墙材折标砖15.19亿块，同比下降213%。墙地砖1 000万平方米，同比增产25%。

【节能减排】 全年万元产值综合能耗比上年下降4.7%。空气粉尘排放量降低10%。其中华新水泥公司运用混合材料生产复合水泥新技术，CO_2排放量降低60%；金洋冶金股份公司完善破碎分选及脱硫转化系统，铅膏硫含量从7%降到0.3%，完善低压脉冲袋式除尘、碱水喷淋除尘等方法，除尘效果达99.9%以上；武钢长材公司和重冶宇龙公司利用武钢集团除尘新技术，使炼钢除尘完全达标。

【国企改制】 4月，襄樊襄重工业（集团）公司、湖北襄樊三全特种建材总公司、襄樊市陶瓷（集团）公司破产清算终结，至此市直建材冶金行业企业3家改制、18家企业破产：襄樊三利达复合绝热材料厂[2007]襄中破字第2—2号，湖北襄樊三全特种建材总公司[205]襄中破字第07—2号，襄樊金龙陶瓷厂[2003]襄中破字第40—2号，襄樊金瑞钢铁公司[1999]襄中经初字第119号，襄樊三利达建材集团有限责任公司[2007]襄中破字第1—2号，襄樊市隆中水泥厂[2005]襄中破字第12—2号，襄樊三利达建材（集团）公司石灰厂[2006]襄中破字第10—2号，襄重工业（集团公司）[2003]襄中破字第41—2号，襄樊东神密封材料有限责任公司[2003]襄中破字第27—4号，襄樊陶瓷（集团）公司[1999]襄中经初字第91号，襄樊市玻璃纤维制品厂[2002]襄中破字第8—2号，襄樊市辊道窑设备厂[2003]襄中破字第32—2号，襄樊市耐火材料厂[2000]襄中破字第25号，襄樊市佳宇房地产开发公司[2002]襄中破字第6—3号，襄樊市建材供销总公司[2002]襄中破字第1—1号，襄樊市建材市场经营公司[2005]襄中破字第5号，襄樊市通用玻璃钢公司[2003]襄中破字第34—2号，襄樊市劈裂砖厂[2000]襄中破字第4号。已清算终结16家；襄樊三利达复合绝热材料厂和襄樊三利达建材集团有限责任公司两家企业即将终结，安置职工13 819人，党组织已移交社区属地管理有11家，拟申报属地管理5家。

（朱成龙）

城乡建设·环境保护

责任编辑
责任校对 黄立平

城乡基础建设

【概况】 2009年，市区实施两大板块、60个项目的建设，投入城建资金24.75亿元。新建道路面积86.21万平方米，硬化改造道路面积8 500平方米；完成绿化工程建设项目12项，绿化建设规模63万平方米。投资3.4亿元，改造102等10个片区的排水管网、东门立交桥等9个泵站，新增、改造管网12千米，抽排能力由每秒36立方米增加到每秒97立方米。全市村镇建设总投资25亿元，其中，房屋建设投资14亿元，公用建筑投资2.4亿元，生产性建筑投资1.9亿元，市政公用设施投资6.7亿元，农村人居环境明显改善。市建委引进企业13家，合同引进资金9亿多元，实际落地资金2.5亿元，直接利用外资美元2 018万元、港币250万元；向上争取资金1.8亿元，其中，向省建设厅争取污水管网补贴1.2亿元、村镇建设资金1 100万元，争取国家可再生能源项目补贴5 000万元。市建委分别被国家住房和城乡建设部、省委省政府、省住房和城乡建设厅授予“全国建设系统文明行业示范点”、“省级文明单位”、“全省建设工作先进集体”称号。

【工业园区基础设施建设】 2009年，深圳工业园区8.5平方千米全面开工建设，北经二路、北经八路、深圳大道向北延伸段及土地整理等12项工程竣工，富康路、北纬二路、北纬四路、排水渠南段、深圳大道南段、污水主干管等25个项目开工建设，新增道路5千米，完成投资1.55亿元。襄城余家湖工业园区开工建设面积11平方千米，在建项目总投资3 100万元，建设完工道路6条（标段），在建道路2条，新增道路3千米。樊城化纤工业园区开工建设道路3条，总投资1 650万元。航空工业园区配套建设项目开工，总投资9 400万元。

【城市污水处理】 2009年，全市投入污水处理厂建设资金8亿元，建成污水处理厂9座，处理总规模61万吨/日。投入配套管网建设资金4亿元，建设污水处理管网452.8千米，出厂水质达到一级排放B标准，襄樊市城区污水处理率达到80%。争取污水处理以奖代补资金3批13 200万元，其中，第一批奖励资金1 107万元，第二批奖励资金1 414万元，第三批奖励资金10 679万元，在各市州中名列第一，占全省奖励资金总额的16%。

【村庄环境整治】 至2009年，全市2 392个行政村，有1 700个村完成村庄规划编制，村庄规划覆盖率达71%，其中2009年新编制村庄规划600个，枣阳、老河口率先完成村庄规划编制工作。479个村启动村庄环境整治，完成建设整治总投资5.8亿元。其中，新修村内道路325千米、新修排污沟渠334千米，新修垃圾池（箱）7 298个，完成农房装立面改造10 243户，经过考核评估有152个村达到示范村村庄整治标准。

【建筑管理】 1.建筑业企业资质监督检查。抽检40家建筑业企业，其中，施工总承包企业20家、专业承包14家、劳务资质分包6家；初审合格的企业24家，其中，总承包企业9家，专业承包企业9家，劳务作业分包企业6家；基本合格企业13家，其中，总承包企业10家，专业承包企业3家；不合格企业2家，其中，总承包企业1家，专业承包企业1家。自动申请注销1家。2.建设工程监理专项检查。抽查市区监理企业16家，其中，本地监理企业6家，外埠企业10家；抽查监理项目32项，其中，房建工程28项、151.3万平方米，市政工程2项、6.2千米，农田土地整理1项、685.35公顷，工程投资约23.3亿元。将在施工过程中监理职责履行不到位的湖南华楚监理公司清除出襄樊建筑市场。3.建筑工程质量管理。4月22日至5月4日、5月12至21日，分别检查

(抽查)市区、县(市)区(开发区)所有在建工程,将拒不依法履行法定建设程序、未按建设工程强制性规范施工3家施工企业,未在市级建设行政主管部门办理备案手续、承揽监理业务的6家监理公司清理出襄樊建筑市场。四、建筑安全生产管理。结合安全生产“三项行动”,组织4次全面安全大检查。检查项目376个次,下达及时办理安全监督手续催办通知书14份、安全隐患整改通知书22份、停工整改通知书18份,暂扣安全生产许可证1份,注销安全员合格证书2份,注销项目经理证1份,公示不良行为企业3个,曝光企业不良行为1次,进入行政处罚程序立案调查处理的案件7个。五、“禁实”工作。至年底,宜城、枣阳“禁实”工作通过湖北省建筑节能与墙体革新领导小组验收,老河口通过模拟检查验收;宜城、枣阳、老河口三市新墙材自给率达85%,其他县(市)城区新建建筑100%“禁实”,新墙材自给率达65%。

【建设科技与节能】 2009年,襄樊市被列入首批国家可再生能源建筑应用示范城市,获5 000万元的国家财政资金支持。市区新建单体建筑项目233个,建筑面积163.49万平方米,设计阶段节能标准执行率100%,竣工验收阶段节能标准达标率95.43%,“禁实”达标率100%;县(市)城区设计阶段节能标准执行率89%,已竣工验收备案工程节能标准达标率85%。完成新墙材技改项目8个,新增生产能力3亿块(折标砖),全市新墙材生产企业达193家,年生产能力40.82亿块(折标砖),同比增长29%,可生产3大系列17个品种新型墙材。清理整顿现有墙材企业,关停12家实心粘土砖生产企业,对进入襄樊市区建筑市场的59个建筑节能产品实行登记备案管理,对合格产品建立新墙材企业和建筑节能产品的推广目录,并向社会公示。襄樊体育馆、左岸春天住宅小区等一批国家可再生能源示范工程、省(市)建筑节能示范工程建成并投入使用。

【清理和规范法制程序】 3月,开始全面清理2008年12月31日前发布的68件规范性文件,其中,确认继续有效53份,废止9份,明确需修改后重新公布6份。同月,开展优化行政审批流程第三阶段改革,将施工图审查、消防设计审查、人防设计审查、防雷设计审查并联,并作为施工图审查备案的前置要件。8月,清理所有行政审批项目,取消行政审批项目5项,新增3项。8月,建委窗口被省精神文明建设委员会办公室评为“全省文明行业创建活动示范点”。9月和11月,市建委执法督察队对市区在建项目进行执法督察,检查在建工程项目48个,单项项目137个,总建筑面积84.5317万平方米,总工程造价11.95亿元。12月,市建委制定《规范行政处罚自由裁量权工作方案》(襄建[2009]205号),启动规范行政处罚自由裁量权工作。

【职业技能培训】 2009年,市建委开展建筑工人职业技能培训5 000余人次。其中,培训泥工、瓦工等普工237人,培训电工、焊接作业等特种作业人员3 897人,园林项目经理培训105人,施工员、材料员等五大员培训916人,新办五大员证735人。

(邱 玉)

城市规划与管理

【规划编制与管理】 2009年,市规划部门启动编制规划12项:城市色彩设计、中心城区村庄布点规划、城市“四线规划”、檀溪控规及城市设计、襄樊航空航天工业园控规、保康工业园控规、襄城经济开发区余家湖工业园区控规、襄樊航空航天工业园控规、襄樊深圳工业园控制性详细规划(二期)、襄樊市中心城区环境卫生专业规划、襄樊市城市供热工程规划、襄阳古城旅游区总体规划,实现中心城区近期建设区域控规全覆盖;审查规划方案6项:普陀堰生态运动休闲度假区建设规划、襄阳区滨江滨河城中村改造概念规划及城市设计、西内环沿线地段控制性详细规划方案、汉江北岸友谊街至鱼梁洲大桥的友谊街项目、陈老巷项目、铜锣湾项目规划;编制完成“岘山森林公园总体规划”、“三线三口一条路”景观整治规划。受理规划审批项目1 915项,总用地面积165万平方米;办结发放建设用地规划许可证79项,建设工程规划许可证(含私房)511项,竣工验收合格证87项,答复函件893项。发现并纠正违反规划建设行为736起,其中,单位违法120起、个人616起。

【规划审批流程第三步改革】 2009年,市规划局完成规划审批流程第三步改革。即撤销建设工程规划管理科和用地规划管理科,设立规划管理一、二、三科和市政工程科,分别负责襄城、鱼梁洲、隆中风景区片区,樊城、高新部分区域(汉江以北至小清河以西围合区域)和襄阳、高新部分区域、东津片区（汉江以东、小清河以东围合区域）内的项目选址、建设用地许可、建设工程许可等规划管理工作；改过去的“划线管理”为“划块管理”，建立一个片区一个科室负责、一个局长审批、一个分局监管的管理模式；工业项目要做到事不过日，测绘工作随时跟进，规划许可证件即到即办；规划服务地点由办公室向企业延伸、上门服务，规划服务领域由企业向招商引资拓展，为各级招商部门提供全方位的规划服务；对房地产开发等一般建设项目，再造工作流程，减要件、减程序、减时间，实行方案竞选、三维规划辅助审批系统等先进技术和方法，加快规划审批速度。

【基础测绘】 完成樊城、高新区、襄阳100多平方千米地下管线普查工作，普查管线总长度3 700千米。完成市区95条规划宽度在30米以上道路，长度250千米的现状1:500地形图实测工作。开展余家湖保康磷化工工业园20平方千米、东津襄阳新城项目前期50平方千米1:500地形图测绘工作。启动55项城市规划编制成果的建库工作，完成24项。配合市政府申请列入“数字襄樊”基础地理空间框架建设推广城市的工作，被国家测绘局批准为“数字城市”试点城市。

（王　波）

【规范游散摊点】 坚持“主干道严管、次干道严控、背街小巷规范”的原则，统一准入，统一形式，统一收费，统一营业时间，统一配备垃圾容器等要求，设置临时疏导点65个，其中，樊城34个，襄城15个，高新15个，鱼梁洲1个。设置季节性瓜果疏导点250个，集聚游散摊点4 000多个，解决10 000多人就业问题，使4 000多户家庭生活得到基本保障。

【推进“垃圾不落地”工程】 4月，以王府办事处为试点，推进“垃圾不落地”工程。投放小型流动垃圾收集车20台，在城中村、居民居住区配套建设100多个垃圾屋（池），督促临街门店新配3 000个垃圾容器。同时，通过增加清扫保洁班次，延长垃圾转运站作业时间，增加检查考核密度，对脏乱差现象严重的地段公开曝光等措施，解决襄樊市区400多条背街小巷、60多个城中村、13 000多个临街门店的垃圾收集清运问题。

【查处违法建筑】 全年查处新增违建710起。其中，法人80起，居民138起，村民397起，乱搭乱建95起。拆除违法建筑250起，拆除面积22 853.5平方米。其中，法人12起，面积2 474.74平方米；居民49起，面积2 074平方米；村民126起，面积17 190.35平方米；乱搭乱建63起，面积1 114.4平方米。

【规范户外广告设置】 受理户外广告设置申请1 275多件，其中，予以核准1 179件，不予核准96件；下发书面督办整改通知书31份，拆除不符合城市容貌标准和规划要求的户外广告494块，规范390块，动员长虹路等10处立柱广告产权单位进行自拆。

【规范市区停车秩序】 与交警部门联合执法，变过去“锁车”、“拖车”为“贴单”执法，将违法车辆信息录入“湖北省道路交通违法信息系统”处理；完成首批2 316个停车泊位施划工作，其中，人行道停车泊位1 095个，非机动车道原咪表泊位340个，非咪表泊位881个，施划免费临时停车泊位657个。

【实行城管处罚“一口价”】 2009年，市城管局被市政府列为全市3个规范行政处罚自由裁量权试点单位之一。市城管局按照“精简、压缩、合并、细化”原则，将相关法律法规规定的9大类157项违法行为中相近相似的行政处罚行为吸收合并成78项，并对其中64项轻微违法行为实行“首违不罚”。同时，将细化后的处罚标准全部实行“一口价”，防止执法人员滥用行政处罚自由裁量权。

（王　锐）

房地产与住房保障

【概况】 2009年，全市城镇实有房屋建筑面积7 516.33万平方米。其中，住宅4 770.11万平方米，私有住宅3 782.98万平方米。居住人口201.29万，人均住宅建筑面积为23.70平方米。

【房地产开发】 2009年，襄樊市房地产市场顺应全国房地产大势，经历回暖—复苏—快速上涨的阶段，房地产经济迅速复苏，房地产投资、商品房建设规模均呈现大幅增长。全市房地产开发投资完成110亿元，同比增长40个百分点，高出全国水平（16.1%）23.9个百分点。房屋施工面积大幅增长，全年完成施工面积709.7万平方米，同比增长45.1%，高出全国水平（12.5%）32.6个百分点。竣工面积219.1万平方米，同比增长43.2%，高出全国水平（5.5%）37.7个百分点。

土地市场交易活跃。其中，住宅用地成交面积占22.5%，2009年市区通过挂牌方式成交

65宗地块，土地成交面积约182万平方米。其中，房地产开发用地共成交13宗，土地总成交面积约为36.9万平方米。

市区批准预售商品房面积增长，预售面积136万平方米，同比增长70%。商品房销售量及销售额均大幅增长，销售商品房16 000套，商品房销售面积224.5万平方米，同比增长75%。其中，商品住宅销售面积增长71.9%，办公楼增长198.4%，商业营业用房增长116.1%。商品房销售额58.1亿元，比上年增长103.2%。其中，商品住宅销售额增长97.9%，办公楼和商业营业用房分别增长142.4%和133.9%。商品房库存面积73.4万平米。

商品住宅价格稳步上升。市区商品住宅均价经过上年的回落之后，1—3月处于低迷期，4月起快速上扬。12月，市区住宅均价3 700元/平方米，较年初上涨40%，城区繁华地段商品房每平方米超过4 000元，个别楼盘单价突破5 000元。

【市区居民住房保障】 襄樊市市区人均住房建筑面积在12平方米以下的低收入住房困难家庭17 555户。2009年，市区争取廉租住房专项补助资金2 345万元，租赁补贴累计保障10 292户，保障人口28 913人，累计发放补贴资金1 906.65万元。筹集廉租住房房源2 828套，其中，新建廉租住房1 041套，争取新建廉租住房中央预算内投资补助资金1 038.66万元。首批廉租住房进行摇号分配，541户“双困”家庭分配到廉租住房。

【房地产交易市场管理】 2009年，依法办理房屋登记总件数33 435件，房屋交易成交面积141.41万平方米，比上年同期增加47%；成交户数14 197户，比上年同期增加48%；成交额28.19亿元，比上年同期增加64%。审查核发313家开发企业资质备案证书，54家经纪机构备案证书，20家评估机构备案证书。

【物业管理】 全年新增物业服务企业25家，物业服务企业总数达239家，从业人员近万人，物业管理覆盖率达39%，新建小区水电表“一户一表”率100%。

（金朝辉）

【住房公积金管理】 2009年，全市归集住房公积金8亿元，完成年计划的114%，同比增加归集1.1亿元，增幅为16%；住房公积金缴存职工37.8万人，新增住房公积金缴存单位近50家，新增人数3 000多人，办理购建房、还贷、退休等提取住房公积金1.6亿元；向2 000多户职工发放住房公积金个人贷款2.3亿元，同比增长7 000万元，增幅45%；实现增值收益3 000万元，提供廉租住房补充资金1 300万元。

（杨爱波）

供　　电

【概况】 襄樊供电公司隶属于湖北省电力公司，根据湖北省电力公司授权委托，负责建设、管理、经营襄樊区域内供电网。公司供电网覆盖襄樊地区3县、3市和襄樊市区，供电区域面积1.97万平方千米，人口580万人，营业户数125.67万户。至2009年底，公司有直属单位26个（含9个县级供电公司），代管保康县电力公司。全年完成售电量65.80亿千瓦时，同比增长4.89%；综合线损率7.24%；全员劳动生产率824 428元/人·年，同比增长16.9%；新增固定资产3.2亿元，固定资产总额达50.86亿元；年末职工人数4 093人；襄樊地区全社会用电量为81.59亿千瓦时，同比增长6.65%；城市供电可靠率（RS-1）99.930%，综合电压合格率99.718%，获国家电监会颁布的“2009年度全国供电可靠性金牌企业”称号。完成迎峰度夏、国庆60周年等重要时段安全保电任务。

襄樊电网主要以500千伏樊城变、襄樊电厂、丹江电厂为电源支撑，除乔营—米庄为单回联络线外，形成以500千伏樊城变、襄樊电厂、顺安、乔营、米庄、东津的双环网的城区主供电网络，辐射韩岗、汾阳、余岭、水镜变电；通过220千伏韩随线、米随线与随州电网相连；通过220千伏双余线、双水线、乔胡线与荆门电网相连；通过220千伏汾当线、襄龙线与十堰电网相联。襄樊电网在湖北电网中具有“西电东送、南北互供”的重要作用，已形成220千伏为骨干、110千伏为主体、35~10千伏为配网的网络体系，电网质量在全国同级电网中居领先水平。至年底，襄樊电网35千伏及以上变电站128座，主变222台，容量5 000兆伏安；35千伏及以上线路224条3 959千米。其中500千伏变电站1座，主变1台，容量750兆伏安；220千伏变电站8座、主变15台，容量2 310兆伏安；110千伏公用变电站43座，主变80台，容量2 613.5兆伏安；220千伏线路26回，长度共计1 127.08千米；110千伏线路88回，长度1 373.45千米；6千伏及以上变电站无功补偿装置总安装容量为508.12兆伏安。主网最高负荷为130.4万千瓦，比去年119.53万千瓦增加10.87万千瓦，增长9.09%；最大日电量是2 574万千瓦时，比上年2 335

万千瓦时增长 10.24%;负荷率 83.3%,比去年 84.7%下降 1.4 个百分点;综合线损率 7.24%,同比上升 0.51 个百分点。在樊水火电厂装机总容量为 294.633 万千瓦,全年发电量 117 亿千瓦时,上网电量为 107 亿千瓦时。

【电网建设和发展】 2009 年,襄樊电网建设完成投资 4.4 亿元,投产 35 千伏及以上变电容量 40.8 万千伏安,输电线路 159.52 千米。主网建设新开工项目 10 项,续建项目 4 项,220 千伏余岭变扩建工程的投产,宜城电网电源得到支撑,提高了供电可靠性;110 千伏风神、云湾、城西等输变电工程的建设,解决襄樊市开发区汽车工业园区、深圳工业园区、谷城过山工业园区的供电卡口问题。农网完善工程配网项目、低压网络改造项目(接户线工程)、低电压专项改造工程、丹江移民试点安置电力配套工程等 4 大项工程全部竣工。

1.220 千伏余岭变电站二期改扩建工程。新增 1×18 万千伏安主变 1 台;扩建 220 千伏主变进线间隔 1 个,出线间隔 1 个;扩建 110 千伏主变出线、母联间隔各 1 个;扩建 10 千伏Ⅱ段母线,综自 1 套;新建 220 千伏线路 31 千米;新建 10 千伏配套线路 25 千米。总投资 7 938 万元。工程由襄樊诚智电力设计公司设计,湖北环宇工程监理有限公司监理,襄樊输变电工程公司施工。

2.110 千伏云湾(富康)输变电工程。110 千伏云湾变电站位于襄阳张湾镇,按无人值班设计,为户内变电站,主变终期容量 3×5 万千伏安,本期 2×5 万千伏安;110 千伏出线终期 4 回,本期 3 回;10 千伏出线 36 回,本期 24 回;新建 110 千伏双回共杆线路长 2×4.85 千米,110 千伏单回线路长 6 千米;电缆线路 1 千米;10 千伏配套线路 11 回长 28.4 千米;扩建米庄 110 千伏间隔 1 个。总投资 7 772 万元。该工程由襄樊诚智电力公司设计,鄂电建设监理有限公司监理,襄樊输变电工程公司施工。

3.谷城 110 千伏城西(银城)输变电工程。110 千伏城西(银城)变电站位于谷城过山口工业开发区,站按无人值班设计,为户内变电站。建设规模主变终期容量 3×5 万千伏安,本期 2×5 万千伏安;110 千伏出线终期 4 回,本期 3 回;10 千伏出线 36 回,本期 24 回;新建 110 千伏架空线路长 1. 5 千米;10 千伏配套线路 5 回长 26. 5 千米。总投资 4 436 万元。该工程由襄樊诚智电力设计公司设计,黄石诚信工程监理有限公司监理,襄樊输变电工程公司施工,2009 年 6 月 25 日开工,同年 12 月 31 日竣工。

4.110 千伏保康马桥变增容工程。更换 2 号主变,由 1 万千伏安换为 4 万千伏安;更换 110 千伏间隔 2 个;更换 35 千伏间隔 1 个,扩建 1 个;综自改造,扩建占地面积及相关改造。总投资 1 300 万元。襄樊诚智电力设计公司设计,襄樊输变电工程公司施工。

5.35 千伏南漳九集变扩建工程。扩建主变 2×0.8 万千伏安;扩建 35 千伏主变进线、所用间隔各 2 个;扩建分段、PT 间隔各 1 个,调整出线间隔 2 个;改造 35 千伏线路 18.5 千米;新建 10 千伏配套线路。总投资 2 282 万元。该工程由襄樊诚智电力公司设计,鄂电建设监理有限公司监理,南漳送变电工程公司施工。

6.35 千伏老河口榆树沟变扩建工程。扩建主变 0.8 万千伏安;扩建 35 千伏主变进线、所用间隔各 1 个;更换 35 千伏间隔各 1 个;新建 10 千伏配套线路 7.92 千米。总投资 907 万元。该工程由襄樊诚智电力公司设计,湖北环宇工程监理有限公司监理,老河口送变电工程公司施工。

7. 武襄电铁简坡牵引站线路工程。新建东津变至简家坡牵引站 110 千伏送电线路 11.8 千米,新建大岗坡变至简家坡简家坡牵引站 110 千伏送电线路 17.4 千米,扩建 110 千伏间隔 2 个。总投资 1619 万元。该工程由襄樊诚智电力设计公司设计,荆州荆力工程设计咨询有限公司监理,襄樊输变电工程公司和襄阳送变电工程公司施工。

8. 武襄电铁枣阳牵引站线路工程。新建韩岗变至枣阳牵引站 110 千伏送电线路 9.4 千米,设计新建铁塔 28 基(由于 13# 塔利用原塔故只需新立 27 基铁塔)。其中,钢管塔 5 基,角铁塔 22 基。新建丁桥变至枣阳牵引站 110 千伏送电线路 9 千米,改造 110 千伏韩丁线 16.8 千米。扩建 110 千伏间隔 2 个。总投资 2 830 万元。该工程由襄樊诚智电力公司设计,宜昌宜电工程监理有限公司监理,襄樊输变电工程公司和枣阳送变电工程公司施工。

9. 襄石电铁王树岗牵引站线路工程。新建 110 千伏桃园–电铁线路,T 接 110 千伏余桃线路,全长 11.3 千米,其中双回同塔单边挂线 4.6 千米,扩建间隔 1 个,总投资 925 万元。该工程由襄樊诚智电力公司设计,武汉汉伦工程项目管理有限公司监理,襄樊输变电工程公司施工。

10.110 千伏东津—邓林线路工程。改建 110 千伏单回线路 51 千米,新建 OPGW 光缆 51 千米,更换邓林变 110 千伏断路器 1 组及隔离开关 4 组。总投资 3 450 万元。工程由襄樊诚智电力设计公司设计,荆州荆力工程设计咨询有限公司监理,襄樊输变电工程公司和宜城送变电工程公司施工。

11.汾阳—洪山嘴、西关—洪山嘴线路改造工程。改造110千伏汾阳—洪山嘴线路60号-83号段5千米，全线单回架空；110千伏西关—洪山嘴线路全线改造，新建110千伏单回架空线路6.7千米，新建OPGW光缆线路6.7千米，调整间隔1组。总投资600万元。

12.35千伏宜城生物发电上网线路工程。新建35千伏线路2×4.5千米，110千伏白庙变电站扩建35千伏出线间隔2个及保护。总投资500万元。襄樊诚智电力设计公司，鄂电建设监理有限公司，宜城送变电工程公司施工。

【安全生产】 2009年，襄樊供电公司排查和治理各类安全隐患1 047项，发生人身死亡事故1次，一般供电设备事故4次，供电设备一类障碍22次。

【转变生产管理方式】 2009年，襄樊电网完成所有8座220千伏变电站综自系统及无人值班改造，所有220千伏变电站实现集控；组建“三队一中心”(三个抄巡队、一个监控中心)，运行管理进一步优化；应用新的微机系统，TMR(电能管理)系统和配电监控系统于11月通过省公司验收，PMS(生产管理)系统大部分模块具备单轨运行条件；实现AVC省地联调，初步实现省地县全线无功设备联调联动；状态检修工作通过省公司验收，使220千伏主变、线路、六氟化硫断路器的检修模式由周期性计划检修转向状态检修模式，实现检修方式的变革；编制智能电网建设方案，试点开展110千伏杨庄站域保护和襄城智能配网建设；8座220千伏变电站达到标准变电站水平，新建成110千伏标准变电站19座、220千伏标准输电线路23条、110千伏标准输电线路35条、10千伏标准配电线路8条、标准配电台区400个线路30条。

【报装业务与营销】 2009年，受理报装53 232户，同比增长51%；新增报装送电容量72.05万千伏安，同比增加77.3%，高压报装时间缩短到28天，平均接电时间20.66天，同比缩短4.54天，报装接电率99.30%，同比上升6.8个百分点。户表开放47家8 541户。建成电费绿卡村385个，金融卡社区120个，居民储蓄划拨户数36万户，建成10个“非现金收费”供电营业所，增加100台自助交费终端。受理12315转发的各类供电服务业务26起、政府信访网站各类供电服务业务108起，均妥善处理并及时进行反馈。完成售电量65.8亿千瓦时，同比增长4.89%；售电均价560.23元/千千瓦时，同比提高25.37元/千千瓦时，超省公司计划11.4元/千千瓦时；电费回收应收账款余额为零，电费回收率100%；综合线损7.24%；内部概念利润8.61亿元，完成全年计划的103.85%。规范电费电价管理，完成各县公司及城区单位电费集中核算和19户特殊客户电价专项整治工作，售电结构优质率提高1.15个百分点。联合公安、质监局等相关部门，破获改表窃电系列案件13起，传唤12人次，留置和拘留8人次，刑拘3人，刑事判决1人，网上追逃5人，追补电量146.76万千瓦时、窃电金额105.21万元。完成县级计量中心“一体多点”建设达标验收，28个二级库通过达到标验收。深化用电信息采集系统建设，安装用电现场管理终端4 296台，系统规模达到了8 331台，远程抄表成功率达到89%。获得省公司年度营销竞赛年度第一名。

【全国电力行业优秀企业】 6月，在中电联组织的全国电力行业优秀企业评选活动，襄樊供电公司获“全国电力行业优秀企业”称号。

【新农村电气化县（市）验收】 11月18日，省新农村电气化建设工作考评验收组，对老河口新农村电气化建设工作进行考评验收，考评总得分96分，达到“湖北省新农村电气化标准体系”C类新农村电气化区标准。老河口成为新农村电气化县(市)。

(温　久)

园　林　绿　化

【概况】 至年底，襄樊市城区园林绿化面积23.6平方千米，建成区绿化覆盖率40.83%，绿地率38.72%，人均公共绿地面积8.12平方米。市区主次干道绿化普及率95%，拥有4座市级公园，2座区级公园，7座广场，830处街头绿地，全市园林绿化水平保持在全国先进行列。完成城市园林绿化规划和配套绿化建设项目设计12项，绿化建设投资3 445.1万元，内环路绿化工程、邓城大道防护林绿化工程、一桥桥北游园等12项绿化建设项目相继启动或完成，绿化建设规模702 636平方米，新增城市绿地面积近36万平方米。核拨绿地养护经费1 072.29万元。园林绿化养护管理专家组全年开展活动20余次，完成调研任务及技术咨询30次，出具专家意见15份。举办各类展演活动10次，安全接待游客近600万人次。襄樊学院等7个单位被评为市级园林式单位；水星台社区居委会等4个社区被命名为市级绿色社区;襄樊市第三十七中学等 15 个单位被命名为市级绿化先进单位。

【国家级园林城市复查】 2 月 17—18 日,国家住房和城乡建设部组织专家组对襄樊市进行国家园林城市复查。8 月,住房和城乡建设部下达《襄樊市国家园林城市复查意见》,对襄樊市自获得“国家园林城市”称号以来所取得的成绩给予充分肯定和高度评价。襄樊市蝉联“国家园林城市”称号。

【义务植树】 3 月 11 日,市“四大家”领导及市直 61 个部门、单位的干部职工和 10 个驻樊部队官兵及市民代表 3 000 余人,在邓城大道高速出口至清河三桥沿线 10 千米长的道路两侧义务植树,开挖树穴 1 680 个,栽种树木 8 004 株。

【绿化进社区】 3 月 14 日,市园林局启动“绿化进社区活动”,首批为水星台社区、立业路社区、泰安路社区等 8 个社区居委会免费提供各类苗木 22 000 余株,种植草坪近 500 平方米。

【国庆 60 周年摆花扎景】 9 月 12 日,市园林局启动“向祖国致敬,为国庆添彩”大型摆花扎景活动,投入资金 100 余万元,在市区主干道、大型公园、广场等主要场所布置大型主题植物扎景 10 处,摆放鲜花 100 余万盆。

(王军竹)

环境保护

【概况】 2009 年,襄樊市区有效监测天数为 365 天,空气质量为优良的 314 天,比上年增加 2 天。其中,二氧化硫年均值为 0.028 毫克/立方米,二氧化氮年均值为 0.024 毫克/立方米,可吸入颗粒物年均值为 0.096 毫克/立方米。首要污染物为可吸入颗粒物。襄樊市区区域环境噪声年均值 55.3 分贝,交通噪声年均值 67.8 分贝。

【环境质量监测】 1. 水环境质量。(1)汉江干流水质优。2009 年江汉干流监测断面 6 个:老河口江段设付家寨、仙人渡 2 个断面,襄樊市区江段设白家湾、钱营、余家湖 3 个断面,宜城江段设郭安断面(其中付家寨为襄樊市入境断面,郭安为襄樊市出境断面)。根据监测结果,江汉干流水质优,总体水质与上年相比无显著变化。6 个监测断面均符合二类水质,达到省政府规定的水功能区划类别要求。

汉江干流年度水质类别见表 15。

汉江支流年度水质类别见表 16。

城区水体年度水质类别见表 17。

(2)汉江支流有所好转。汉江 7 条主要支流设置 12 个监测断面。根据 2009 年度监测结果,汉江支流水质状况与上年相比有所好转,达标状况无显著变化,但中度和重度污染断面大幅减少。在 12 个监测断面中,水质优良(二类和三类)的占 58%,与上年持平;水质为轻度污染(四类)的占 33%,比上年增加 16%;水质为中度污染(五类)的为零,比上年减少 8%;水质为重度污染(劣五类)的占 8%,比上年减少 9%。

2.饮用水质量。2009 年,全市饮用水源地水质达标率 100%,与 2008 年相同。10 家集中式供水单位和 57 家二次供水单位的卫生设施比较齐全,水质检验结果良好,水质监测合格率达 90%以上。

3.降尘增加。2009 年,襄樊市区各监测点降尘检测值范围为 3.07~14.95 吨/平方千米·月,清洁对照点检测值范围为 2.78~7.11 吨/平方千米·月。全年最大值出现在市棉织厂(4 月),为 14.95 吨/平方千米·月。市区降尘年均值为 8.43 吨/平方千米·月,与 2008 年年均值 7.78 吨/平方千米·月相比有所增加。

4.硫酸盐化速率降低。市区各监测点 2009 年硫酸盐化速率监测值范围为 0.084~0.981 SO3 毫克/100 平方厘米·碱片·日,清洁对照点降中监测值范围为 0.054~0.302 SO3 毫克/100 平方厘米·碱片·日,市区年均值为 0.415 SO3 毫克/100 平方厘米·碱片·日,与 2008 年年均值 0.522 SO3 毫克/100 平方厘米·碱片·日,有所降低。

5.酸雨量减少。2009 年,襄樊市降雨量较 2008 年减少 1 014 毫米,酸雨量有所减少。酸雨量占总雨量的 25.7%,酸雨检出率

表 15 汉江干流年度水质类别

监测江段	断面名称	规定类别	本年类别	上年类别
老河口	付家寨	Ⅱ	Ⅱ	Ⅰ
	仙人渡	Ⅲ	Ⅱ	Ⅱ
襄樊	白家湾	Ⅱ	Ⅱ	Ⅱ
	钱营	Ⅲ	Ⅱ	Ⅱ
	余家湖	Ⅲ	Ⅱ	Ⅲ
宜城	郭安	Ⅲ	Ⅱ	Ⅱ

表 16 汉江支流年度水质类别

监测江段	断面名称	规定类别	水质类别	
			本年类别	上年类别
北河	聂家滩(1)	Ⅲ	Ⅱ	Ⅱ
南河	玛瑙观(2)	Ⅲ	Ⅱ	Ⅱ
	茶庵(1)	Ⅲ	Ⅱ	Ⅲ
清溪河	方家坪	Ⅲ	Ⅳ	Ⅲ
蛮河	渠首	Ⅲ	Ⅳ	Ⅳ
	申家嘴(2)	Ⅲ	Ⅲ	Ⅴ
	孔湾(1)	Ⅲ	Ⅳ	Ⅳ
唐白河	埠口(2)	Ⅳ	Ⅲ	Ⅲ
	翟湾(2)	Ⅳ	Ⅴ	劣Ⅴ
	张湾(1)	Ⅳ	Ⅳ	劣Ⅴ
滚河	琚湾	Ⅲ	劣Ⅴ	劣Ⅴ
小清河	清河店(2)	Ⅲ	Ⅱ	Ⅱ
	云湾	Ⅲ	Ⅱ	Ⅲ

表 17 城区水体年度水质类别

监测江段	断面名称	规定类别	水质类别	
			本年类别	上年类别
南渠	出口	Ⅴ	劣Ⅴ	劣Ⅴ
护城河	西门桥	Ⅳ	Ⅲ	Ⅳ

为 27.8%，2009 年全市降水 pH 加权平均值为 5.2。

年度酸雨监测见表 18。

【污染减排】 至年底，全市完成化学需氧量减排项目 31 个。其中，城市污水处理厂 4 个，企业工程治理项目 6 个，结构调整项目 21 个，新增化学需氧量减排量 7 370 吨。减去新增化学需氧量 5 880 吨，全市化学需氧量排放量 5.821 万吨，比上年减少 2.5%。完成二氧化硫减排项目 41 个，其中，燃煤发电机组烟气脱硫项目 4 个，结构调整项目 31 个，新增二氧化硫减排量 13 786 吨，减去新增二氧化硫 6 456 吨，全市二氧化硫排放量 7.244 万吨，比上年减少 9.53%。

【生态示范区建设】 2009 年，谷城五山镇被国家环保部命名为“全国环境优美乡镇”。宜城被列为第一批全国生态农业试点县(市)。襄樊市原种场、枣阳张湾村、老河口白鹤岗村被纳入全省生态农业试点单位。全市建成 15 个生态农业示范乡镇和 30 个生态农业示范村，谷城南河镇被省委、省政府纳入“湖北旅游名镇”创建行列。

【环保专项行动】 2009 年，继续开展环保专项行动，对违反“三同时”制度(环保设施要与主体工程同时设计、同时施工、同时投入运行)，超标排污严重污染饮用水源、大气、生活环境、损害群众环境权益的环境违法行为，坚决依法从重从快处理。立案 11 起，下达行政处罚 2 起，检查废水治理设施 124 台套次，废气治理设施 594 台套次。解决环境信访 37 件次。

【环境监管】 2009 年，全市受理审批建设项目环境影响评价 170 项。其中，呈报省厅审批 31 项，市局审批 139 项。

【清洁能源】 2009 年，市环保局推广使用清洁能源，在全市划定高污染燃料禁烧区，在禁烧区内全面改用管道煤气、天然气、液化石油气或其他清洁能源。全市 60 多家单位 80 多台燃煤锅炉改用天然气，年减少燃煤 10 万吨以上，年减少二氧化硫排放量 2 000 多吨。全面启动绿色公交车和绿色出租车工作，逐步实施机动车尾气污染整治，市区 600 台公交车和 1 500 台出租车改为燃气。建成门站 1 座，高中压调压站 1 座，输气干管 240 千米，发展民用户 3.23 万户，工业等其他用户 150 多家，用气总量 9 949 万立方米，全市清洁能源使用率达到 61%。2009 年，全市环境空气质量优良天数从 2003 年的 266 天，上升到 2009 年的 314 天，优良天数增加 48 天，各县(市)区环境空气质量保持在良好水平以上。

(王建平)

表 18 年度酸雨监测

监测年份	总雨量(毫米)	酸雨量(毫米)	酸雨量率(%)	酸雨检出率(%)	pH 最小值	pH 最大值	pH 均值
2008	1 993.9	1 697.5	85.1	65.7	3.06	7.46	4.55
2009	979.9	252	25.7	27.8	3.89	7.30	5.20

交　通

责任编辑
责任校对　张　俭　胡广海

公　路

【概况】 2009年，全市公路通车里程25 182.215千米，其中：国道323.538千米、省道1 115.945千米、县道1 780.048千米、乡道8 993.595千米、专用公路92.099千米、村道12 876.99千米。全市等级公路23 274.891千米，等级公路比重92.43%。一级公路261.912千米、二级公路1 753.586千米，二级以上公路比重8.03%。全市有公路桥梁3 198座、82 343.13延米，其中特大桥3座、6 038.98延米、大桥89座、14 738延米、中桥280座、14 924.66延米、小桥2 826座、46 641.49延米，隧道62道、13 125延米。

【交通基础设施建设】 全市公路建设完成投资108 513.74万元。完成国省干线一、二级公路100余千米，县通乡公路改造73.72千米，省际出口及断头路92.8千米，通村水泥路2 563千米，基本实现"村村通"。站场建设完成投资5 142.5万元。襄樊交通物流信息中心完成围墙施工和场地文物勘探等前期工作。襄樊汽车客运东站项目工可报告通过评审，初步设计获得批复。枣阳汽车东站完成主体工程，枣阳货运站竣工使用。谷城货运站完成地基和基础工程，老河口货运站完成主体工程，保康货运站项目初步设计获批。建设乡镇五级站11个，候车亭178个，招呼站390个，新发展农村客运班线43条，全市村村通客车率97.5%。

【争取交通建设项目】 2009年，交通部门向上争取到麻竹高速襄樊段、保宜高速、谷竹高速、老谷高速等6条402.5千米的高速公路建设项目；207国道襄樊市区段、宜城区段，316国道枣阳区段、老河口区段、襄阳双沟段，305省道南漳城区段改线等1 256.9千米的干线公路改扩建项目；保康歇马至九路寨等323.8千米旅游公路建设项目；襄樊鄂西北物流基地等21个站场建设项目；六两河综合码头等6个港航建设项目；襄樊机场改扩建等2个航空项目，列入鄂西生态文化旅游圈交通建设规划，总投资规模达321.3亿元。

【内外环线工程】 6月30日，内环线西段主体工程完工。10月19日，西段道路维护、管线管护、路灯亮化、排水疏掏、道路清扫、交通安全等交付使用，实现竣工通车。全长7.541千米的内环线北段（东风汽车大道至深圳大道）改扩建工程，累计完成货币工程量9 520万元。5月28日，全长4 343.5米的汉江三桥开工建设，全年完成货币工程量6 603.4万元。清河三桥累计完成货币工程量2 350万元。内环线东、南段征迁工作全面展开。

东外环高速公路（麻竹高速公路襄樊张家集至欧庙段）相继完成项目法人公司注册组建、项目核准、初设评审批复等前期工作，于12月29日在襄阳东津镇举行开工仪式。襄樊东外环（麻竹高速公路襄樊张家集至欧庙段）是湖北省主骨架公路网规划"六纵五横一环"中横一线麻城至竹溪的中段，也是襄樊城市外环线的重要组成部分。线路东起襄阳张家集镇以西的上王庄，接汉十高速公路，西止于襄城欧庙镇欧家垱，接襄荆高速公路，全长46.53千米。全程设张家集西、张家集、东津、鹿门寺、欧庙、王新街6处互通，设计行车速度100千米/小时，项目概算总投资28.42亿元，计划建设工期42个月。东外环建设成，将在襄樊城市外围形成一个闭合的环状高速公路。该项目一线串起国家级高新技术产业开发区、东风汽车公司生产基地、深圳工业园区、东津优质农产品生产加工基地、余家湖能源化工园区等五大经济板块。

【春运】 1月11日至2月19日春运期间，全市投入道路客运车辆2 478台，日发班次10 330班，累计运送旅客957.3万人，比上年上升14.29%。

【谷竹高速公路开工建设】 12月26日，谷城至竹溪高速公路开工。谷城至竹溪高速公路是湖北省规划的"六纵五横一环"骨架公路网的重要组成路段，线路起于谷城石花镇倒座庙，与已建的福银高速公路相接，经保康、房县、竹山、竹溪等地，止于鄂陕交界处的罗汉垭附近，与拟建的陕西省平利至安康高速公路相接，路线全长226.46千米(襄樊境内长约50千米)。工程概算总投资190.87亿元，建设工期48个月，设计速度80千米/小时，全线设石花、大蕹山、寺坪等10处互通式立交。

【207国道襄樊城区段改建】 12月10日，207国道襄樊城区段改建工程开工。工程起点位于团山，接207国道与316国道交叉处，路线向西利用邓城大道2千米，而后向南经内环线西段，通过汉江三桥跨越汉江。此次开工路段以襄城营盘为起点，止于欧庙镇王树岗，全长13.2千米，采用一级公路标准进行建设，设计车速80千米/小时，路面宽21米，总投资1.6亿元。

【政府还贷二级公路收费站停止收费】 4月30日24时，据全省统一取消政府还贷二级公路收费部署(鄂政发[2009]22号)，全市12个政府还贷二级公路收费站(谷城石花、茨河收费站，保康枫桥收费站，宜城邬家冲收费站，襄阳黄集、黄渠河收费站，枣阳袁庄、东郊收费站，老河口童营、雷祖殿收费站，南漳九集收费站，316国道寺湾收费站)准时停止收费。同时撤除位于襄城207国道的观音阁收费站(属经营性收费站)。

【援建灾区公路竣工通车】 10月15日，由市交通部门负责援建的四川省汉源县皇乌公路竣工通车，结束汉源县皇木镇没有一条完整水泥路的历史。工程起点为汉源县皇木镇万盛村，止于乌斯河镇马托乡，全长13.5千米，总投资2 600万元。

【运输市场培育和管理】 4月26日，《襄樊国家公路运输枢纽总体规划》通过交通运输部评审。围绕市政府"建设区域性物流中心"，开展现代物流调研，形成"一个中心，四大物流园区，十一个货运枢纽站"交通物流发展规划，鄂西北物流示范基地初具规模。5月4日，占地33.3公顷、年仓储和发送各类商品车达15万辆的东风合运物流中心动工。襄樊港务局利用铁路港前编组站，筹划搭建物流平台，为襄城工业园区搞好配套服务，得到市政府和市发改委支持。落实公交优先发展战略，围绕服务园区经济发展，开通城区至襄城工业园区、城区至深圳工业园区和贯通长虹路的公交线路，整体收购市区至卧龙的中巴车，新开、调整延伸公交线路10条74千米，更新公交车118台，优化线网布局。10月1日，所有"5"字头专线公交车正式免费向市区65周岁以上老年人开放。城区客运市场专项治理活动查扣"黑出租"159辆，规范有证出租车900多辆次。

【公路养护】 政府还贷二级公路收费取消，普通公路交通量迅猛增长，公路保畅压力增大。全市公路部门加大养护投入，管理经验在全省得到推广。全年完成公路大修6条共104.23千米，中修10千米。

【交通运输安全】 2009年，全市交通系统排查治理隐患，拆除存在重大安全隐患的宜城雷河老桥和南漳峡口老桥，消除安全隐患。全市安保工程投资985万元，完成危桥加固45座，建成42 870米钢护栏，钢筋砼防撞墙2 100米，标志牌374套。

【市公交总公司】 1966年4月成立，是襄樊唯一一家从事城市公共客运的国营公益性企业。2009年市公交总公司营运收入1.34亿元，同比增幅8%。企业拥有固定资产2.26亿元，员工2 155人，营运车辆761台，营运线路51条，线路总长677.5千米，公交线网东至唐白河，西达牛首，南到尹集，北抵部营，日均运载乘客50万人次，承担着市区80%以上的公共交通客运任务。第三产业收入达1 396万元。公司成本开支单车百千米油气耗、人车比两项指标均居国内同行业最低，并购运鑫公司，实现长途客运站、运一体化，全市65周岁以上老年人免费乘车范围扩大至"5"字头专线公交。公司被授予"湖北省劳动关系和谐企业"、"襄樊市企业公民责任献社会"等称号。517路被全国妇联授予"全国三八红旗集体"称号。

农村道路客运见表19。

公路客货运输量见表20。

公路旅客营运车辆拥有量见表21。

公路货物营运车辆拥有量见表22。

道路客运线路班次见表23。

(徐旭贤)

水运

【概况】 2009年，全市港航建设投资500万元。港口起运量348万吨，港口货物周转量46 848万吨千米，征收水路规费383.7万元，农村渡口达标改造14处。汉

表 19 农村道路客运

指　标	计量单位	数　量	指标名称	计量单位	数　量
客运班车通达情况			普　通	辆	1 239
乡镇总数	个	94		客位	19 914
其中:通班车的乡镇数	个	93	特大型	辆	0
建制村总数	个	2 414		客位	0
其中:通班车的建制村数	个	2 055	大　型	辆	2
农村客运站数量	个	74		客位	97
农村客运班线条数	条	397	中　型	辆	601
平均日发班次	班次/日	6 701		客位	12 760
农村客运车辆合计	辆	1 357	小　型	辆	754
	客位	22 470		客位	9 613
高　级	辆	6	农村旅客运输量		
	客位	209	客运量	万人	2 205
中　级	辆	112	旅客周转量	万人千米	67 386
	客位	2 347	农村客运站本期完成投资	万元	238
			其中:政府投资	万元	83

表 20 公路客货运输量

指　标	计算单位	总　计	个　体
客运量	万人	9 250	739
汽车	万人	9 250	739
其他机动车	万人		
旅客周转量	万人千米	462 539	36 130
汽车	万人千米	462 539	36 130
货运量	万吨	7 311	5 823
汽车	万吨	6 528	5 065
其他机动车	万吨	321	310
轮胎式拖拉机	万吨	462	448
货物周转量	万吨千米	967 312	749 295
汽车	万吨千米	903 681	687 591
其他机动车	万吨千米	47 762	45 969
轮胎式拖拉机	万吨千米	15 869	15 735

江梯级开发有序推进,崔家营航电枢纽2台机组并网发电。六两河综合码头开工建设,水工部分完成,扩大六两河港区面积。

【汉江崔家营航电枢纽】 枢纽工程全年投资3.2亿元,累计投资19.25亿元,占项目概算总投资93.4%。2月20日,一期围堰破堰进水;3月12日,导流明渠截流;3月16日,千吨级船闸试通航;10月22日,枢纽工程下闸蓄水;10月26日,第一台机组并网发电,11月11日,首台机组投入商业运行;11月22日,第二台机组并网发电,12月31日,第二台机组投入商业运行。

【港航建设】 2009年,启动实施航道建设和汉江港口开发调研论证。一、规划襄樊汉江物流、船舶发展、水上旅游、港航建设及企业扶持、市场培育、港航海事管理。二、整合港口资源,筹建襄樊新港。重新布局规划襄樊新港以樊城旅游码头、六两河物流中心港区、余家湖煤炭码头、化工专用码头和东津农副产品运输码头为重点。整合襄樊港口资源,形成跨区域的资源重组。三、结合崔家营航电枢纽蓄水,提升襄樊航道。崔家营航电枢纽蓄水后,库区水位提高2~3米,增设唐

表 21 公路旅客营运车辆拥有量

指标	计算单位	总计	按标记客位分							按车长分				按等级分			安装GPS的车辆
			个体	大型	个体	中型	个体	小型	个体	特大型	大型	中型	小型	高级	中级	普通	
客运车辆总计	辆	5 903	755														
	客位	97 412	8 187														
载客汽车	辆	5 903	755	1 005	1	1 618	119	718	435	7	916	1 384	1 034	1 258	499	1 584	14
	客位	97 412	8 187	37 990	38	38 989	2 580	7 623	4 569	339	34 873	36 176	13 214	41 880	14 462	28 260	427
其中：卧铺客车	辆	158		158							158			121	30	7	3
	客位	6 799		6 799							6 799			5 268	1 244	287	120
1.按经营范围分																	
班车客运客车	辆	2 531	555	336	1	1 477	119	718	435		248	1 249	1 034	620	362	1 549	14
	客位	57 435	7 187	14 291	38	35 521	2 580	7 623	4 569		11 345	32 876	13 214	19 404	10 996	27 035	427
出租客车	辆	2 562	200														
	客位	12 810	1 000														
旅游客车	辆	60		39		21				7	38	15		43	17		
	客位	2 237		1 649		588				339	1 478	420		1 651	586		
其他客车	辆	750		630		120					630	120		595	120	35	
	客位	24 930		22 050		2 880					22 050	2 880		20 825	2 880	1 225	
其中：公共汽车	辆	750															
	客位	24 930															
2.按燃料类型分																	
汽油车	辆	1 876	364														
柴油车	辆	4 027	391														

表 22　**公路货物营运车辆拥有量**

指　标	计算单位	总计	个体	按标记吨位分								安装GPS的车辆
				大型				重型		小型		
					重型	个体	个体		个体		个体	
总　计	辆	38 317	29 410									
	吨位	201 801	126 294									
一、载货汽车	辆	25 504	20 342	9 220	4 886	3 006	6 213	1 480	1 110	14 804	13 019	718
	吨位	113 115	77 416	89 963	63 623	38 620	57 789	4 781	3 606	18 371	16 021	7 733
1.按车型结构分												
栏板货车	辆	16 148	13 357	5 483	2 125	1 564	3 999	815	622	9 850	8 736	7
	吨位	63 959	45 976	49 370	29 241	19 135	33 421	2 650	2 015	11 939	10 540	30
厢式车	辆	8 548	6 757	3 115	2 199	1 231	1 988	624	487	4 809	4 282	16
	吨位	40 118	28 484	31 893	26 113	16 692	21 418	2 008	1 587	6 217	5 479	43
其中:冷藏保温车	辆	2	2							2	2	
	吨位	3	3							3	3	
罐车	辆	808	228	622	562	211	226	41	1	145	1	1
	吨位	9 038	2 956	8 700	8 269	2 793	2 950	123	4	215	2	10
2.按经营范围分												
普通载货汽车	辆	23 925	19 886	7 927	3 859	2 636	5 766	1 396	1 104	14 602	13 016	
	吨位	94 920	71 695	72 275	48 971	33 979	52 094	4 520	3 586	18 125	16 015	
专用载货汽车	辆	1 579	456	1 293	1 027	370	447	84	6	202	3	718
	吨位	18 195	5 721	17 688	14 652	4 641	5 695	261	20	246	6	7 733
其中:危险货物运输车	辆	718		447	284			71		200		718
	吨位	7 733		7 282	5 238			209		242		7 733
3.按燃料类型分												
汽油车	辆	3 645	2 550									
柴油车	辆	21 859	17 792									
二、其他载货机动车	辆	2 412	2 412									
	吨位	3 567	3 567									
三、轮胎式拖拉机	辆	3 206	3 103									
	吨位	4 180	4 001									

表 23 道路客运线路班次

指标名称	计量单位	合计	<400 千米	≥400 且 <800 千米	≥800 千米
客运线路条数合计	条	792	706	27	59
其中:高速公路客运线路	条	77	40	10	27
跨省线路	条	121	40	22	59
跨地(市)线路	条	89	84	5	
跨县线路	条	172	172		
县内线路	条	410	410		
客运线路平均日发班次	班次/日	10 912	10 643	56	213
其中:高速公路客运线路	班次/日	376	278	12	86
跨省线路	班次/日	419	168	38	213
跨地(市)线路	班次/日	559	541	18	
跨县线路	班次/日	3 010	3 010		
县内线路	班次/日	6 924	6 924		

白河航道航标，完成库区部分复建工程，清除蓄水后碍航的丁坝等水下设施。四、加大航道维护力度。航道部门对汉江变化频繁的航段做到勤观测、勤移标，在枯水季节通过网站及时发布航道信息，同时派艇驻守重点航段。

【行业监管】 结合全市港航海事行政执法实际，制定《关于规范港航海事行政审批、许可的有关规定》，明确行政审批、许可有关事项，将港航海事行政审批、行政许可纳入规范化管理。落实行政审批、许可的"六项制度"，在全市系统开展执法交叉检查。襄阳组织公安、工商、法院、税务和交通海事等部门联合行动，对唐白河水域"三无船舶"进行为期 7 个月清理整顿。围绕崔家营库区管理，制定《襄樊市港口章程》，将水运管理纳入规范管理范畴。

（赵世全）

铁　　路

【概况】 2009 年，武汉铁路局在襄樊设直管基层单位 13 个：车务系统 2 个（襄樊北车站、襄樊车站），机务系统 2 个（襄樊北机务段、襄樊供电段），工务系统 1 个（襄樊工务段），电务系统 1 个（襄樊电务段），工程建设指挥部 1 个（襄樊工程建设指挥部），多、集经系统 3 个（襄樊房地产公司、襄樊金鹰轨道车辆有限责任公司、襄樊金利物流有限公司），公、检、法系统 3 个（襄樊公安处、襄樊铁路运输检察院、襄樊铁路运输法院）。其中襄樊北车站为特等站，襄樊车站为一等站。辖内有焦柳、汉丹、襄渝三条干线，职工 16 299 人。

【襄樊车站】 位于樊城区前进路，管辖 17 个车站（汉丹线 9 个，焦柳线 4 个，小厉线 3 个），其中襄樊站为一等甲级客货运站，枣阳、王树岗站为三等站，其余为四、五等站，运营里程 289 千米，属站管站模式，主要分布于襄樊、随州、枣阳三市。主要技术装备：售票窗口 37 个，候车室 9 个、17 400 平方米，客运站台 8 座，地道 7 座；货运营业厅 10 个、1 343 平方米，货场 9 个、329 740 平方米，仓库 22 个、16 967 平方米，雨棚 3 个、6 134 平方米，货运站台 13 个、44 129 平方米，露天货场 57 435 平方米，集装箱区 10 197 平方米，货物装卸线 21 条；客运电梯 4 部，"三品"检查仪 7 台。年末，全站固定资产原值 34 657.71 万元，净值 27 991.75 万元。

2009 年，发送旅客 679.9 万人，同比增长 22.8 万人，增幅 3.5%；发送货物 409.3 万吨；运输收入 82 034.19 万元，同比增加 5 798.35 万元，增幅 7.61%。至 12 月 31 日，车站安全生产达 1 008 天，被武汉铁路局授予"安全优质站"。襄樊货场保持全局唯一铁道部"三星级优质货场"称号。

【襄樊至昆明增开旅客列车】 4 月 1 日，襄樊至昆明 1 257 次旅客列车首次开行。运行路线全长 1 868 千米，连接湖北、湖南、贵州、云南四省，途经宜昌、张家界、六盘水、曲靖等 18 个车站，经焦柳线、雅宜线、沪昆线，终点到达春城昆明。客车每天 20:40 分从襄樊车站始发，全程运行 32 小时 50 分钟，到达昆明时间 5:30 分。

【襄樊北车站】 位于襄樊市高新技术开发区汽车产业工业园区，地处焦柳、汉丹、襄渝 3 条铁路干线交汇处,为单向纵列式三级四场路网性编组站。主要担负武汉、重庆、柳州、洛阳、丹江5个方向货物列车解体编组、无调中转和行车组织工作。日均办理能力12 380辆(其中解编能力9 088辆)。主要技术装备有减速顶、可控停车器等调车设备和调度、行车等信息技术设备。固定资产原值9 166.39万元,净值5 249.15万元。

2009年,襄樊北站实施"4·1"、"7·1"、"8·8"、"10·1"、"11·11"、"12·26"六次调图方案,车站图定货物列车对数达198对。完善驼峰安全预想控制软件,日均解体104.8列,比上年增加3.1列,日均超查定能力2.5列。转变机车叫班模式,精确叫班兑现率达91%。日均办理车14 160辆,比上年增加703辆,其中日均办理车9 733辆,比上年增加407辆;日均编组102.8列,比上年增加3.6列;部营口日均接入65列。

全年装车16 461辆,比上年增加329辆;货物发送98.3万吨,比上年增加4万吨;运输收入8 755.2万元,比上年增加970.1万元;停时15小时,比上年压缩0.2小时;委外装卸收入219.2万元,比上年增加47.3万元;路工装卸收入276.98万元,比上年增加54.4万元;运代收入973.18元,比上年增加27.6万元;多种经营利润10.8万元。至12月31日,无一般B类事故安全生产达773天,获路局"安全优质站段"称号。

【编组站2.0系统投入使用】6月16日8时,襄樊北站第一批日班计划导入,襄北枢纽"编组站2.0系统"与使用近20年"YIS系统"一次切换并投入运用,襄北枢纽作业与国内IT行业技术完全对接。北站可随时接收路局调度命令,铁路局可直接了解北站列车到、解、集、编、发的各种数据,实现双向互通,无缝连接。

【襄樊北机务段】位于襄樊市高新区米庄镇。承担焦柳、汉丹、襄渝、长荆线86对客车、155对货车牵引任务,襄樊至武昌、汉口、张家界、安康、郑州及达州、广元、华山、西安、合肥、信阳等长交路客运任务,襄樊北至武汉北、武昌南、张家界、石门北、安康东等货运交路,以及管辖区段内调小任务。全年客货牵引里程4 012千米。全段配属机车322台,其中:DF11G型18台、DF4D型48台、DF4型108台、DF7型34台、DF1型1台、SS3型29台、SS3B型27台、SS6B型50台、SS7C型7台。有内电大中修台位4座,内电小辅修台位9座,具有救援吊车大修能力。拥有内电机车整备线21股道。年末,固定资产原值21.07亿元,净值11.74亿元。至12月31日,无责任行车一般A类事故达11 654天,无一般B类事故达770天。

【机车转产换型】2009年,汉丹线货车由DF4换型为SS6B,客车由DF11换型为SS7C,襄渝线货车由SS3换型为HXD1C,焦柳南线由DF4换型为SS6B。全年完成机车调入128台,调出110台。

【襄樊供电段】位于樊城区前进路。担负管内电气化铁道牵引供电、电力设备运用和检修及生产、生活用电管理。管辖汉(口)丹(江)线东起云梦车站K87+180处与武汉供电段交界,西到汉丹铁路终点站丹江K418+139;襄渝线东端老河口东车站K000+000处与汉丹线K375+000交会,西端胡家营车站K174+994处与西安铁路局安康供电段交界;焦柳铁路线北端部营车站K474+009处与郑州铁路局洛阳供电段交界,南端西斋车站K798+449处与怀化铁路总公司怀化供电段交界;雅宜支线东端雅雀岭K000+000处与焦柳线K307+238相接,西端至终点晓溪塔车站K48+290;长荆线东端应城车站K17+746处与汉口供电段交界,西端荆门车站K620+298与焦柳线相接;西宁联络线北端小林至草店区间244号支柱DK2+000处与武汉供电段交界,南端厉山车站K199+948处与汉丹线相接。设备有电力机车接触网2 391.166条千米,牵引变电所19,容量60.9869万千伏安,电力机车接触网检测车1,轨道28,电力线路8 496千米,高压配电所23座(82 680千伏安),配电装置199面,变压器1 002台。年末,固定资产数量及原值1 509 883 772.60元、净值1 093 586 350.74元。

2009年,检修接触网设备225.9条千米、电力设备1 020.2千米、变电所222.4换算台次、配电所17座。调整管内云梦至十堰段915.6条千米的接触网设备。汉丹线设备质量标准时速由160千米调整到200千米以上。通过动检车检测,全线消灭拉出值超限缺陷,硬点及跨距高差缺陷率控制在0.5%以内,接触网设备综合优良率达99%。处理接触线硬弯、电连接装配缺陷、线索断股、线夹破裂、线岔卡滞、腕臂及定位偏移等问题580余处,更换FH1问题螺栓2 000余个。

2009年,完成电力线路检修1 043.166千米,配电设备检修1 012台(座),机械动力设备维修3台(面),接触网设备检修2 391.166条千米,发现和处理设备缺陷715处,变电所小修439.62台次,机车牵引供电量166.288百万千瓦时,故障跳闸0.39件/百万千瓦时,跳闸平均停时 11 分/件，供电原因跳闸 0.08 件/百万千瓦时。接触网设备优良率 98.2%，电力设备优良率 87.7%，变电设备优良率 96.8%，机械动力设备优良率为 96.4%。完成上级下达的更新改造工程 21 个，优质供电 7 309.19 万千瓦时，回收电费 25 055.388 万元。

【襄樊工务段】 位于襄樊市新华路，地处襄渝、汉丹、焦柳三条铁路线交汇处。管辖汉丹线东起朱家台西至一家营站，焦柳线北起部营南至上大堰站，及小厉联络线。管辖设备主要包括：正线 1 276.0609 千米，站线 442.377 千米，段管线 53.692 千米，特别用途线 5.344 千米，道岔 1 560 组，桥梁 601 座（95 868 延长米），涵渠 2 654 座（61 363 延长米），隧道 141 座（93 837 延长米），有人监护道口 5 处。年末固定资产净近值约 134.4 亿。

2009 年，完成线路维修 893.2 千米，道岔维修 1 113 组，站到线综合维修 456 千米。全年木枕更换再用混凝土枕 18 260 根、股道钢轨升级 40 千米、道岔加强 1 065 组、曲线扣件改弹条 18 000 套、安装轨撑 12 850 套、补充轨距杆 6 300 根，站线设备保安能力得到全面提升。完成全线 1 000 余千米千米轨距改正及扣件复紧，卸碴 81 112 方，线路捣固 2 500 延长千米，道岔捣固 1 351 组，焊头打磨 27 400 个，无缝化焊接 3 210 个，胶接 220 处，清理关闭车站废弃股道 23 个、弃碴 6 万米，安设侧沟盖板 80 千米，路基加宽 78 千米，完成封闭网安装 191.25 千米，新增和加固公铁并行防护栏 132 处 16 200 延长米，完成立交顶进 15 处，立交积水整治 145 座，完成护轨安装 149 座桥，80 千米，回收钢轨 11 631 根近 16 000 吨，岔心 207 组，轨枕 3 587 根。全年轨检车优良率 86.07%，全员劳动生产率 0.58 人/千米，线路质量评定合格率 100%，道岔质量评定合格率 100%，桥梁、渠涵维修优良率 100%。2009 年消灭责任行车一般 C 类及以上事故，全年有人看守道口、监护道口防止事故 34 件，至 12 月 31 日工务段实现安全生产 9 609 天。被武汉铁路局授予“先进单位”、“安全优质段”“民主管理先进单位”、“基建配合先进单位”等称号。

【襄樊电务段】 位于襄樊市樊城区铁院西路。管辖汉丹铁路线东起新沟车站站外 K24+606 千米处，西至汉丹铁路老河口东站和襄渝铁路线老河口东站至胡家营车站站外 K174+994 千米处；焦柳铁路线北起部营车站站外 K474+099 千米处，南至焦柳铁路线西斋车站站外 K794+592 千米处；宁西铁路汉丹联络线北起草店车站站外 K2+300 千米处，南至汉丹铁路线厉山车站 K70+509 千米处；长荆铁路线西起焦柳铁路线荆门车站，东至汉丹铁路线长江埠车站。主要技术装备有 6502 电气集中车站 29 个，计算机联锁车站 46 个，中继站 11 个，自动化驼峰编组场 1 个，半自动化驼峰编组场 1 个，简易驼峰编组场 1 个；64D 继电半自动闭塞 327.24 千米，ZPW2000A 自动闭塞 882.721 千米；机车信号设备 393 台，LKJ 设备 454 台；微机监测 77 站，TDCS 设备 39 站，CTC 设备 26 站，CTC-2 设备 15 站；道口信号 11 处；机械动力设备 75 台套，总计管辖里程 1209.961 千米。年末，换算道岔组数 28 993 组，固定资产原值 17.85 亿元，净值 10.28 亿元。

完成多项 LKJ 设备施工任务，本、外局 LKJ 芯片换装施工 85 次，更换 LKJ 芯片 2.2 万余台次，准确率 100%。完成 334 台机车 LKJ1127 新模式升级换装任务。

2009 年，完成中修换算道岔组数 6 034.08 组，288.92 万元，一次验收合格率 100%，优良率 90%以上；完成大修任务 19 项，1 956.22 万元；更新改造任务 22 项，1 144.50 万元。设备大修合格率 100%，信号设备综合合格率 99.63%，信号显示合格率和信号联锁道岔合格率均为 100%，综合能耗 725.93 吨标准煤，全员劳动生产率 23.85 组/人年。

【武汉至襄樊电气化复线开通】 7 月 28 日，汉丹线武汉至襄樊电气化复线开通，全长 304 千米，线路途经云梦、应城、安陆、广水、随州、枣阳和襄樊，可运行电力机车、动车组，列车速度达 200 千米/小时以上。

【武康二线开行动车组】 10 月 1 日，武汉铁路局管内武康二线开通运营，并开行动车组。鄂西北重镇襄樊和十堰分别在襄樊车站和十堰车站举行十堰至汉口 D5202、襄樊至汉口 D5204 次动车组首发式。十堰—汉口动车组最高运行时速 200 千米，全程运行时间 3 小时 33 分，比公路快 2 小时 52 分。十堰与武汉实现当日往返。襄樊—汉口动车组单程运行时间不到 2 小时，比公路快 1 小时 57 分。本次开行的动车组为 CRH2 型，8 节车厢。

【襄樊北至重庆西货物列车】 11 月 17 日，由襄樊北机务段担当的 15501 次货物列车驶出襄樊北三场，襄樊北至重庆西（成都北）直达货物列车交路实现直通。襄渝二线开通，为提高全线运输通过能力，铁道部在襄樊北至重庆西（成都北）间增开 15 对直达货物列车，开行 11 对，其中襄樊北至重庆西 5 对，襄樊北至成都北 6 对，由重庆机务段 HXDIC 型大功率电力机车牵引，武汉铁路局、西安铁路局、成都铁路局机车乘务员分别在安康、达州站换班继乘，取消安康东、达州的机车换挂作业，机车交路实现直通，平均每趟列车运行时间缩短 3 小时左右。

【焦柳铁路洛张线电力机车】 12 月 15 日，由 SS6B 型电力机车牵引的 37069 次货物列车由襄樊北站出发场驶出，焦柳铁路洛张线湖北段实现电气化，改变单一使用内燃机车牵引列车历史。洛张线电气化改造工程湖北段北起襄樊耿坡站，南至松滋西斋站。2007 年开工，历时两年完工，是国家《中长期铁路网规划》“八纵八横”主通道中大(同)湛(江)通道的重要组成部分，分别与襄渝、汉丹、长荆、宜万等线相联，是中东部地区交通纽带。

(欧阳书娟)

机　　场

【概况】 2009 年，襄樊机场公司完成旅客吞吐量 137 335 人，与上年同比增长 10%；货邮吞吐量 353.7 吨，与上年同比增长 61%；保障各类飞行 35 663 架次，其中正班 2 241 架次、专机 3 架次、加班 156 架次、包机 4 架次，航校本场训练飞行 32 497 架次、转场飞行 706 架次、调机 15 架次、公务飞行 4 次、军航 16 架次、其他飞行 22 架次。因该公司原因造成航班返航 1 次，本场航班放行正常率 99.13%，全年安全指标达标。

【航空器飞行事故征候】 1 月 6 日，机号为 B-2167 的上海 FM9368 次航班，从本场正常滑出时，左侧发动机有严重漏油现象，公司机务人员发现该情况后及时报告调度室。在通知该飞机返航后，有效避免一次航空器飞行事故征候。

【春运】 2 月 19 日春运结束。襄樊机场安全起降航班 350 架次，运送旅客 26 953 人次，同比分别增长 4.48% 和 26%，其中，加班飞行 130 架次，旅客吞吐 13 014 人次，同比分别增长 22.6% 和 33%，本场放行率 100%。

【南远台及二回路重建工程】 公司南远台及二回路重建工程完工。该工程 3 月 26 日开工，6 月 22 日完工，投资 3.5 万元。工程建设内容：对机场高压二回路供电线路更换 9 823 米绝缘线，新立 15 米铁塔 2 基、15 米水泥杆 43 基、12 米水泥杆 6 基，增设避雷器 48 组；对南远台线路 8.3 千米千米的裸线全部更换成 JKLYJ-50 的绝缘导线，架设 JKLYJ-50 的绝缘导线 7.51 千米，更换所有的瓷瓶，增设避雷器 30 组。

7 月 16 日，因襄樊机场助航灯光系统突发故障，造成 FM9367 上海飞往襄樊的航班在起飞 6 分钟后返航，影响航空器正常运行。

【跑道道肩工程】 工程 4 月 13 日开工，7 月 31 日完工。8 月 22 日，湖北机场集团公司组织对公司跑道道肩工程进行竣工验收，工程合格，投入使用。建设内容：襄樊机场飞行区跑道道肩改造，将道肩破损部分清除维修，将跑道两侧的道肩各加宽 0.8 米，起点从 P1000M 至 P3400M 段。

【襄樊至北京航班每日一班】 8 月 27 日，公司襄樊至北京航班加至每日一班。该航班由国航承运，机型为波音 737-300 型飞机。19:05 分从北京起飞，20:55 分到襄樊，50 分钟过站停留后 21:45 分起飞，到达北京时间 23:30。

【跑道边灯系统工程】 10 月 22 日，中南管理局领导和专家、湖北机场集团领导，会同襄樊机场公司，对新的跑道边灯系统进行行业验收，工程合格。该工程投资 310 万元，2 月 13 日开工，6 月 26 日竣工。建设内容：更换全部机场跑道边灯、跑道末端灯跑道入口灯、入口翼排灯、滑行道边灯（含隔离变压器及铸铁灯箱）。在跑道次降方向新设置 PAPI 灯一套，替换原有机场 T 字灯；对灯光站内设施进行改造，更换原有跑道边灯调光器(30kVA)，增加 30kVA 备用调光器、10kVA 调光器和调光器切换柜。在机场灯光站内增设机场助航灯光计算机监控系统；更换飞行区内跑道灯具及滑行道边灯供电电缆。

【襄樊—武汉航班开通】 10 月 25 日，由东航承运机型为 EMB 的襄樊-武汉 MU2617/8 航班开通，该航班每日一班，13:20 从武汉起飞，航时近 40 分钟，经短暂过站后 14:20 从本场起飞。旅客可乘该航班中转北京、上海、深圳、广州、成都、乌鲁木齐、昆明、沈阳等全国 20 个城市。首航当日，有 48 名旅客乘坐该航班。

【机场进场路建设】 由襄樊市政府投资 2000 余万，10 月 20 日开工，从深圳工业园深圳大道到机场大门，全长 2.77 千米。总体投资建设项目包括：机场进场路、停车场、绿化带、大门等建设改造。

(宋　杨)

信　息　产　业

责任编辑
责任校对　洪　军

信　息　管　理

【概况】　2009年，全行业工业总产值111.43亿元，同比增长120.83%；销售收入94.20亿元，同比增长98.57%，实现工业增加值33.42亿元，同比增长116.59%，利税8.67亿元，同比增长80.63%。产业规模实现“百亿元产业”的历史性突破，居全省第二位。

【项目建设】　湖北台基半导体股份有限公司的大功率FRD半导体模块项目获国家工业和信息化部电子发展资金100万元，追日电气ZPGS全天候单相光伏并网发电装置项目、欧安电气发电机节能试验站数字控制系统项目、航宇救生装备有限公司单兵音视频通讯系统项目分别获得湖北省经济和信息化委员会电子发展专项资金30万元。湖北新华光信息材料股份有限公司、湖北追日电气设备有限公司、湖北中科电气有限公司、湖北汉丹机电有限公司、襄樊海华照明电器有限公司、襄樊群龙汽车零部件有限公司、襄樊欧安电气有限公司、襄樊世阳电机有限公司8家企业获80万元的市电子发展专项资金的支持。

【信息化建设】　2009年在原有28个站点的基础上又新建8个农村信息化综合服务站点。至年底，36个站点全部开通“神农通”短信业务服务。用手机发送相应的代码到“10621236”，即可接受到神农公司自主研发的生猪、禽蛋、饲料和大宗作物的市场价格与行情信息；同时，神农公司还通过网络适时发布最新的农村资讯信息，每天循环播出10小时。神农公司增加电子报业务，免费向普通农户发送神农双日刊，收费服务向襄樊涉农企业和贸易商发送神农周报和月报。农村党员远程教育完成站点建设1 660个。

（朱成龙）

无　线　电

【概况】　全年查出69个单位违规使用对讲机700余部；审批频率44个，批准新设台786部，发放电台执照552个；征收频率资源占用费69.422万元，比上年增8.25万元；排查航空导航通信干扰2起，卫星电视接收干扰7起；参加各类国家级考试无线电管控7次，扼制考试作弊信号30余个，并协助公安机关查获利用无线电设备作弊团伙4个。

【排除无线电干扰事件】　8月底，襄樊市无委办利用无线电监测设备，排除一起因谷城广电局在薤山上不当使用广播电台而产生的干扰驻老河口某部军用机场调度台通信的无线电干扰。

11月26日9时，襄樊市无委办接到市供电公司电告：因受不明无线电信号干扰，其电力负荷监控系统数据通信不畅、误码率明显增多，监控主台对百余个数据终端（属台）无法实施正常监控，直接影响市区电力调度工作。市无办办派员立即排查，确定为该系统接收机性能指标下降所致，通过调整监控主台接收机静噪门限后，整个监控系统数据通信恢复，市区电力调度恢复正常。

（曾爱华）

移　动　通　讯

【襄樊移动分公司】　2009年，襄樊移动分公司完成固定资产投资2.9亿元，交换机总容量达330万门；新建GSM14期基站400多个，基站总数达1 500多个，襄樊本地网八期线路工程新建杆路1 800千米，铺设光缆1 800千米，网络覆盖率达99.9%。全年新增用户14万户，移动网上用户总数达220万户，完成运营收入10亿元。开展“便捷服务，满意100”活动，推出“资费套餐量身优选”、“异地交费随时随地”、“电子渠道以指代步”、“积分兑换足不出户”、“G3业务无障碍办理”、“垃圾信息自主屏蔽”六项便捷服务举措。襄樊移动分公司承办襄樊“舞龙舞狮”、“感动襄樊”等活动;开展“大学生勤工俭学资助工程”,为140名品学兼优的贫困学生提供勤工俭学社会实践岗位,通过调剂内部岗位、依托企业创业等方式,帮助100多名大学生和100多名农民工实现就业;为襄阳、保康谷城中心小学捐书1万多册,建立中国移动爱心图书馆。为谷城万家营村、白龙庙村配备电脑、信息机;新建农村服务站1 342个,行政村覆盖率为100%;在全区建立38个区域服务中心,进村入户方便农民办理业务;建设TD基站235个,完成对主城区的网络覆盖,推进TD系统与GSM系统的全面融合。

2009年,长虹路营业厅获“全国青年文明号”称号,襄樊移动分公司获湖北省五一劳动奖状、“湖北省消费者满意单位”、“社会消防安全先进工作单位”、“湖北省规范经营、诚信服务优秀单位”、“襄樊市创建文明城市先进单位”等称号,节能减排创新项目获中国移动通信集团、湖北省总工会、中国移动湖北公司三项奖励,集团工会“我的绿色行动199”活动评出27个标兵,湖北公司3人中襄樊移动分公司占2人。

【《信息化建设框架合作协议》】 8月21日,襄樊市人民政府与中国移动湖北公司签定共同推进《信息化建设战略合作框架协议》。根据协议内容,未来5年,湖北移动与襄樊市政府将在信息化领域开展合作,将在襄樊建设投资将达22亿元,加大TD-SCDMA网络建设力度,重点推进“鄂西生态文化旅游圈”信息化和“数字襄樊”建设。

【12580“求职热线”】 开通12580“求职热线”,与各大劳动力市场以及本地企业建立沟通交流机制,收集就业信息,通过12 580平台提供给广大群众。

【移动分公司“五条禁令”】 移动分公司“五条禁令”维护客户权益,提升客户服务:禁泄露或交易客户信息;禁发送违法信息,或未经客户同意发送商业广告信息;禁未经客户确认擅自为客户开通或变更业务;禁串通、包庇、纵容增值服务提供商泄漏客户信息、擅自为客户开通数据及信息化业务或实施其他侵害客户权益的行为;禁串通、包庇、纵容渠道或系统合作商泄漏客户信息、侵吞客户话费、擅自过户或销号、倒卖卡号资源或实施其他侵害客户权

(李文斌)

【联通襄樊分公司】 2009年,中国联通襄樊分公司固定资产增加到8.05亿元,完成主营业务收入2.23亿元,完成收支差4 410万元。移动用户55万户,宽带用户3万多户。建设3G基站214个,建设2G基站134个。互联网出口达20G。新增LAN端口35 315个,累计达64 897个;新增DSLAN端口2 048个,累计达6 980个。移网覆盖95%以上的乡镇,固网覆盖襄樊城区及县(市)城区,并向主要乡镇延伸。全年襄樊联通主要经营指标居前省联通系统前列。被省文明委授予2007—2008年度省级文明单位,领导班子被湖北省联通公司授予“四好”领导班子称号。

【联通3G试商用到正式商用】 5月16日,中国联通襄樊市分公司举行WCDMA制式的3G试商用开通仪式。9月,襄樊联通3G开始全面商用,当年发展3G用户8 610户。

(张贵平)

电 信

【概况】 2009年,全市完成国际口径全业务经营收入5.08亿元,其中固网业务收入完成4.37亿元,移动业务收入完成7225万元。全年净增移动出账用户7.15万户,移动用户总量达17.65万户,净增宽带用户5.81万户,宽带用户总量达24.85万户;全市提速宽带用户7.1万户;全年完成资本性支出2.32亿元,C网投资占比达52.2%,新增183个C网基站,升级EVDO基站260个;新建7.3万个宽带接入端口。通信电缆实施“光进铜退”,其中:退铜339.727皮长千米,退铜金额达590余万元。自主开发交换机减容软件,完成65400线交换机减容工作,关停、调拨123个话务量较小的PHS基站,归并、拆除DDN电路314条。分公司获“湖北电信CDMA无线网络维护与优化技能竞赛”团体一等奖。7月,在中国通信体协2009年年会上,襄樊电信分公司被授予“全民健身与奥运同行”全国通信体育先进单位称号。8月,中国电信襄樊分公司被湖北省精神文明建设委员会命名为2007—2008年“省级最佳文明单位”,这是分公司连续四届保持此荣誉。

【战略合作框架】 7月15日,襄樊分公司与保康县政府在保康宾馆签署战略合作框架协议。根据协议,襄樊分公司将在未来3年内投资3 000万元以上,用

于建设保康通信信息枢纽中心，无线、宽带两张重点通信网络和电子政务、平安保康、矿烟茶三大优势产业企业信息化、农村信息化、教育信息化、卫生医疗信息化、旅游信息化、“一线两片”通信网、突发事件应急通信、社会就业创业等“十大信息化项目”。

【移动警务信息综合应用系统】襄樊市移动警务信息综合应用系统是采用基于SOA架构的web service和移动VPN技术相结合的第三代移动访问技术。该系统包括终端设备、支撑平台、应用软件三部分，由公安专用警备终端、移动通信网络、移动接入网、网络安全隔离层和公安信息网等组成。8月，襄樊电信与襄樊市公安局、武汉中科通达有限公司共同投资建成该项目。该项目以移动警务执法终端为基础，组建全市统一的综合VPN网。

【“CDMA”手机通话单向收费】10月1日，中国电信开始实行手机通话单向收费。新加入“我的e家”“商务领航”和天翼商旅套餐的客户，在全国31个省区市范围内接听免费。

【3G网络首期工程投入运行】襄樊电信移动网络是中国电信CDMA网络的一部分，CDMA网络由核心网、无线网、业务网、基础网配套建设等单项工程组成。于2008年10月5日开工。本工程总投资3457万元人民币。新建87个室外基站，新建/改造8个室内分布系统，新增话务容量2752ERL，新增语音用户17.2万户。本工程为CDMA网络移交襄樊电信后，首期建设的工程。2009年4月完工投入试运行。

（丁群华）

邮　政

【概况】 2009年，襄樊市有邮政局所178处，从业人员2 082人，人均劳动生产率9.21万元。邮政业务收入21 542万元，比上年同期增长14.31%；收支差额926万元，邮政储蓄规模达116亿元。全年立项开发35个项目，收入1 400多万元。大客户765户，新增大客户215户，大客户用邮收入达4 800万元，同比增长39%。全年收集数据库基础信息253.09万条。与电力部门合作，推进“电费绿卡村”建设，至年底，签约批扣电费绿卡户16万户。代发涉农资金类、代发工资类、代付烟草款等代理资金达20亿元。代理保险业务保费4.7亿元。邮务类帐单总量160万件，国庆六十周年、家电下乡等主题，制作“家电下乡”数据库商函30万份，开发数据库商函200余万件，销售“祖国万岁”本册式明信片4 500册，完成“我与祖国共成长”个性化邮票9 235版。结合“一县一品”工程，开发《魅力襄樊邮票珍藏册》、《古帝乡——新枣阳》、《古山寨之乡金南漳》、《魅力保康》等各地方礼品邮册。开展《幼儿画报》试读和报刊订阅卡项目，全市中小学系列刊物征订10.8万份，私费订阅增长18%。全市配送各类化肥、种子、农药2 000多吨，配送酒水等生活资料3万多件。建设三农服务站165处，建设精品站30处、自营店12处，其中有8处三农服务站纳入全省“万村千乡”工程。首次代理销售大型演唱会——“2010群星璀璨大型演唱会”门票54张。保康龙坪镇邮政支局乡邮员陈红平被授予湖北省劳动模范称号，寺坪支局投递员黄德印被授予“全市邮政系统优秀投递员”称号。

【市邮政速递物流公司成立】1月10日，襄樊市邮政速递物流公司成立，按照省公司确定的划分原则，完成速递物流专业人员的划转以及速递物流公司人工成本的核定、划转、房产转让及确权等。4月，速递物流市（县）一体化专业经营体系组建完成。

【国内EMS推出限时承诺服务】2月26日，襄樊市推出“国内特快专递邮件限时承诺”服务，凡寄往北京、上海、广州等100个承诺范围内城市的中国邮政标准型EMS邮件，如果未能在限定时间之内送达，将向客户退还邮费。

【“爱心包裹”活动】 4月26日，中国扶贫基金会与中国邮政启动“爱心包裹”项目，捐赠人可以选择一对一的资助模式，向四川、陕西、甘肃等地震灾区的中、小学校和学生捐赠学习及生活用品。襄樊市167个邮政网点同时接受社会各界的捐赠，全市“爱心包裹”捐赠达11.12万元，捐赠单位10个，最大一笔捐赠额为2.5万元。

【发行《唐诗三百首》特种邮票】9月13日，《唐诗三百首》特种邮票发行这是中国“首套多媒体邮票”全套6枚、面值9.3元，具有“可视、可听、可触、可闻”的特点，用多媒体点读笔点击版票相应区域，就能听到相应的唐诗朗诵。与《唐诗三百首》邮票同时发行的还有中国集邮总公司专门为襄樊市制作发行的《唐诗三百首之襄阳好风日》个性化邮票。

（胡战平）

商贸·饮食服务·旅游

责任编辑 李 安
责任校对

对外经济贸易

【概况】 2009年，全市进出口总额43 368万美元（不含武汉东风对外贸易公司出口的4 625万美元和神龙汽车有限公司出口的406万美元，下同），同比下降17.3%；实际使用外资25 073万美元，同比增长48.1%；劳务输出556人，同比增长8.8%；社会消费品零售总额500.6亿元，同比增长21.1%。2月16日，襄樊市获2008年度全省利用外资先进单位称号和外贸出口突出贡献奖。宜城、襄樊高新技术产业开发区和宜城经济开发区被评为全省利用外资先进单位。2009年，11个承担出口任务的县（市）区、部门，6家完成全年任务并实现增长，分别为：保康、老河口、南漳、枣阳、宜城、市经委。老河口出口首次突破1 000万美元，达1 752万美元，同比增长105.63%。南漳武安镇白起农贸市场、老河口纪洪农贸市场经商务部核准进入国家“双百市场工程”。

【厅市商务事业合作共建】 5月7日，湖北省商务厅与襄樊市人民政府在市南湖宾馆签订合作共建创新性商务事业协议。合作共建协议包括：共同推进襄樊市对外开放和利用外资工作，每年帮助引进10家以上的产业转移项目，每年协同襄樊至少引进一家全球500强企业，赋予襄樊市人民政府省级外商投资企业审批权限，支持襄樊汽车产业开发区升格为国家级开发区；支持襄樊申报纺织、农副产品、汽车零部件出口基地，并获商务部批准；共同推进襄樊对外经济技术合作，支持建设襄樊外派劳务基地；共同推进襄樊市市场体系建设，适当增加襄樊农家店建设规划，2009年支持襄樊11家“万村千乡市场工程”承办企业申报5个县级配送中心，支持襄樊三大物流园区建设，在各项资金支持力度上给予襄樊重点倾斜，将襄樊市列为商务部首批商务综合行政执法试点城市，对襄樊商务综合行政执法试点给予一定的资金、装备支持；共同推进襄樊市商务队伍和办公自动化建设；帮助襄樊三个山区县搭建电子商务工程服务平台建设，并进行业务培训。协议自签订之日起3年内有效。

【推进“大通关”建设】 2009年，经湖北省人民政府确认同意，武汉海关以武关税发[2009]194号文件向国家海关总署申报风神保税物流中心。中心注册资金5 000万元人民币，已建保税仓库面积1.3万平方米，并投入使用，专为东风汽车有限公司、武汉神龙汽车有限公司、东风康明期发动机有限公司及襄樊汽车产业开发区内的相关配套企业提供物流服务。争取省财政厅拨付公路口岸专项经费41万元用于公路口岸基础设施配套建设，已完成围网工程建设，11月底完工卡口、计算机管理和与襄樊海关远程监控系统工程，并交付使用。投资13万元改造已建薰蒸房、防火墙、防爆电器、剧毒药品间、隔离设施和双门双锁。全年口岸运量45 492吨，集装箱6 775标箱，同比分别下降13.7%、0.9%。

【襄樊口岸协会成立】 6月18日，襄樊口岸协会成立。协会是由襄樊口岸工作单位和个人自愿结成的非营利性社会团体，有会员256人。

【中巴经济合作推介会】 4月9日，市贸促会与巴西国际合作局联合举办“中国与巴西经济合作推介会”，50家企业60余人参加。

【国有外贸企业改制】 至年底，市直21家国有外经贸企业，国有转民营1家，进入破产程序14家，采取“先走人、后破产”形式的4家，正在进行的2家。全部人员中115人办理离退休手续，772人与企业解除劳动关系，企业留守人员39人，其余

279人处于破产清算程序中。原粮油食品外贸公司家属院和原外纺公司家属院与社区签订资产、党团关系、户口关系、财务文书档案、职工个人档案等方面的移交协议,涉及7家国有外贸公司人员253人(含离退休人员)。

进出口贸易

【概况】 2009年,全市进出口总额43 368万美元(不含武汉东风对外贸易公司出口的4 625万美元和神龙汽车有限公司出口的406万美元,下同),同比下降17.3%,其中出口32 943万美元,同比下降12.2%,低于全国平均降幅3.8个百分点、全省平均降幅2.6个百分点。绝对额名列全省第7位,进口10 425万美元,同比下降30.2%。

全市出口商品结构见表24。

【出口逐渐回暖】 7月起,全市出口降幅回升,全年出口降幅比上半年回升15.3个百分点。11月起,单月出口结束连续10个月的下滑,出现增长,12月单月出口4 750万美元,同比增长77.2%,创单月出口历史新高,比11月份3 436万美元环比增长38.2%。全年出口32 943万美元,降幅由年初的38%逐步收窄到12.2%。

【加工贸易出口份额扩大】 2009年,一般贸易出口30 379万美元,同比下降17.5%,占出口总额的92.2%;加工贸易出口2 564万美元,同比增长264.7%,占出口总额的7.8%,比上年同期提升5.9个百分点。

【出口龙头企业】 2009年,全市出口过千万美元企业11家,比上年增加2家,出口19 362万美元,占全市出口总额的58.8%。除东风康明斯、新火炬公司、东风汽车股份、雅新公司出口下降以外,其他出口大户均保持增长。其中,东风康明斯、新火炬公司出口下降严重,同比分别下降82.2%、58.7%,华中药业出口2 830万美元,位居全市出口第一位。金鹰轨道车辆厂、三五四二、宜城富亿织造首次进入千万美元出口大户行列,分别出口2 159万美元、1 448万美元、1 035万美元,同比增长396.3%、54.2%、48.5%。出口过500万美元企业7家,比上年增加4家,出口4 687万美元,占出口总额的14.2%。

【新兴企业拉动出口作用明显】 2009年,全市发生出口实绩的企业123家,其中有30家新发

表24 全市出口商品结构分析

金额单位:万美元

指标	2009年出口额	占出口总额比重(%)	比上年增减(±%)
出口合计	32 943		-12.22
按国别分类			
亚洲	14 347	43.6	3.6
其中:中国香港	1 653	5.0	-10.8
日本	704	2.1	-14.4
韩国	1 987	6.0	-0.7
东盟	4 706	14.3	15.5
印度	2 012	6.1	-19.4
非洲	2 036	6.2	-27.3
欧洲	6 386	19.4	-43.7
其中:欧盟	4 958	15.1	21.8
俄罗斯	1 278	3.9	-81.3
拉丁美洲	3 345	10.2	31.5
其中:巴西	1 891	5.7	449.7
北美洲	5 401	16.4	-5.8
其中:美国	4 926	15.0	-7.1
大洋洲	1 420	4.3	12.3
按贸易性质分类			
一般贸易	30 379	92.2	-17.51
加工贸易	2 564	7.8	264.72
按产品结构分类			
农业品	4 487	13.6	12.51
工业品	28 456	86.4	-15.16
按商品类别分类			
农副产品类	4 487	13.6	12.51
纺织品类	4 387	13.3	-17.65
服装类	4 361	13.2	2.36
轻工类	1 509	4.6	-21.65
医药化工类	2 922	8.9	6.33
矿产品类			
机电产品类	10 801	32.8	-37.56
其他类	4 476	13.6	98.8

生出口业务,新增出口2 063万美元。其中,老河口国泰华公司出口833万美元,六化建出口133万美元,运东机电工程公司出口108万美元。

【机电产品出口下滑】 2009年,机电产品出口10 801万美元,同比下降37.6%,在出口中所占比重比上年同期下降15.3个百分点,成为出口下滑的主要产品。农副产品出口4 487万美元,继续保持良好增长势头,同比增长12.5%,在出口中所占份额由上年同期的8.6%上升到13.6%。其他商品,医药化工出口2 922万美元,同比增长6.3%;纺织服装、轻工产品分别出口8 748万美元、1 509万美元,分别同比下降6.1%、21.7%。

【主要出口贸易伙伴稳中有变】 2009年,与襄樊发生出口业务的国家和地区达106家,比上年增长5家。亚洲、欧洲、北美洲仍为主要出口区域,对其分别出口14 347万、6 386万、5 401万美元,在出口中所占份额分别为43.6%、19.4%、16.4%。对拉丁美洲、大洋洲等新兴市场出口,分别同比增长31.5%、12.3%。前5位主体出口市场依次为:欧盟、美国、东盟、印度、韩国,对该五大市场的出口额达18 589万美元,同比增长3.6%。开拓巴西市场,出口1 891万美元,同比增长449.7%,成为襄樊市第六大出口贸易伙伴。俄罗斯降为襄樊第八大出口贸易伙伴,同比下降10.8%、81.3%。

【进口持续下滑】 2009年,全市进口10 425万美元,同比下降30.2%。从企业类型看,三资企业进口6 719万美元,同比下降42.9%。产企业、外贸企业进口保持增长,分别进口3 698万和8万美元,同比增长17.2%、33.3%。从进口商品类别看,机电产品仍为主要进口商品,进口额为7 246万美元,占进口总额的69.5%,同比下降43.6%。

【参加19届华交会】 3月1—6日,第19届中国华东出口商品交易会在上海浦东新国际博览中心举行。襄樊市代表团参会正式代表12人,摊位4个,4家企业13人次到会观摩,结识新客户100多家,累计成交210万美元。

【参加第105届广交会】 4月15日—5月7日,第105届中国进出口商品交易会在广州举行。全市17家企业60多名代表参加第105届广交会,争取参展摊位32个,其中,纺织面料洽谈厅3个,纺织服装、家用纺织品、食品、礼品、灯具、户外机械、工程机械、家用电器等各类摊位21个,汽车展区8个160平方米。江山专用车公司、襄樊中泰德胜现代农业有限公司、襄樊晨星纺织印染有限公司、襄樊市双佳印染有限公司首次参展。宜城雅新家纺有限公司、际华三五四二纺织有限公司首次进入品牌展区并由湖北省交易团统一特装参展,接待新老客户2 200人次,出口成交近1 500万美元,与上届交易会基本持平。

【参加第106届广交会】 10月15日–11月4日,第106届中国进出口商品交易会在广州举行。襄樊市争取参展摊位32个,其中:纺织面料4个,纺织服装1个,家用纺织品13个,食品1个、礼品摊位2个,灯具类1个,五金1个、户外机械1个,汽车展区8个160平方米。全市17家企业的近百名正式代表参加本届交易会,待新老客户2 500人次,出口成交额近2 000万美元,比上届交易会增长30%。

【贸易反倾销应诉】 2008年下半年起,襄樊市遭遇美国、印度2个国家提起的反倾销调查2起、特保调查1起,直接涉案金额达1 500万美元,案件数量和涉案金额创襄樊历史新高。湖北新火炬科技股份有限公司(原襄樊星火轴承有限公司)参加2008年度对美国圆锥滚子轴承反倾销行政复审的应诉,涉案金额1 000万美元;湖北三环锻造有限公司参加2008年度对印度转向节反倾销调查的应诉,涉案金额500万美元;湖北三环锻造有限公司参加2009年度对印度转向节发起的保障措施调查的应诉。

利用境外资金

【概况】 2009年,全市新批准成立外商投资企业25家,同比增长13.6%;合同利用外资金额22 183万美元,同比增长6.1%;实际使用外资达25 073万美元,同比增长48.1%。累计批准外商投资企业673家,除期满、中止、撤销的477家企业外,正在运作的外商投资企业196家,合同外资金额128 857万美元。39个国家和地区的外商到襄樊投资。

全市新批外商投资企业明细见表25。

全市外商直接投资分国别(地区)见表26。

【规模项目增多】 2009年,在全市新批的25个外资项目中,投资总额1 000万美元以上的项目达13个,其投资总额总计49 731万美元,合同外资总计19 567万美元,与上年同比分别增长44.4%、60%和24.3%。

表 25 全市新批外商投资企业明细

项 目 名 称	投资方式	合同外资（万美元）	辖区
湖北榕泰旅游开发有限责任公司	外资	155	樊城
和平长绿襄樊环保实业有限公司	合作	3 267	襄城
襄樊海天福鼎汽车零部件有限公司	合作	453	襄阳
湖北国顺工程建设发展有限公司	外资	1 289	樊城
创富电子科技老河口有限公司	外资	1 000	老河口
保康鹤峰矿业开发有限公司	外资	439	保康
尤比斯安能(湖北)水务有限公司	合资	102	樊城
襄樊古城厚德文化产业有限公司	合资	123	襄城
湖北襄诚鞋业有限公司	外资	2 000	高新
海瑞达襄樊电子科技有限公司	外资	65	老河口
襄樊豪华轿车改装有限公司	合资	132	樊城
湖北泰友纸业有限公司	合资	22	樊城
襄樊虎翼科技发展有限公司	合作	260	老河口
襄樊福至旭威新能源开发有限公司	合作	732	襄阳
襄樊万祥商贸有限公司	外资	15	樊城
长绿襄樊环保实业有限公司	合作	3 465	襄城
襄樊港龙农牧发展有限公司	合资	1 600	枣阳
塔喀喜襄樊能源科技开发有限公司	合资	120	襄城
襄樊汉宝实业有限公司	合资	1 171	樊城
若华襄樊矿业有限公司	外资	1 200	宜城
宜城雅丽家纺有限公司	外资	2 000	宜城
湖北襄阳城市名人酒店有限公司	合资	439	襄阳
卓灵科技(襄樊)有限公司	合资	876	高新
湖北骆驼蓄电池股份有限公司	股份制	275	谷城
湖北襄阳鹿门旅游有限公司	外资	1 000	襄阳

【外商出资比例提高】 2009年，新批的25个外资项目中，合同外资平均达888万美元，比上年同比增长14%，是历年新批外资项目中外商平均出资规模最大的一年。其中，合同外资1 000万美元以上的项目达到10个，其合同外资总额为17 992万美元，投资总额为41 877万美元，与上年相比分别增长42.9%、23.7%和63.3%。

【实际利用外资逆势增长】 2009年，全市在国际金融危机时期，新批外商投资企业25家，同比增长13.6%；实际使用外资25 073万美元，同比增长48.1%，再创历史新高，在全省排名第三。

【香港投资占总投资的五成】 2009年，全市新批的25个项目中，香港投资17家，合同外资21 151万美元，占总额的95.3%，日本、中国台湾各1家；实际到资中，16 361万美元来自东亚、东南亚国家和地区，占实际到资总额的65.3%，其中中国香港到资13 431万美元，占总额的53.6%。

【制造业仍占据主导地位】 2009年，从投资领域来看，新批项目中，第二产业19个，其中制造业项目17个，占新批项目总数的68%，合同外资金额16 346万美元，占总额的73.7%；实际到资中，制造业20 518万美元，占到资总额的81.8%。

【开发区聚集效应增强】 2009年，全市各级开发区引进外商投资项目13个，占总数的52%，同比增长85.7%，合同外资金额10 824万美元，占总额的48.8%，同比增长23%。各级开发区实际使用外资17 536万美元，占全市实际使用外资总额的69.9%。其中，高新区实际到资10 008万美元，拉动全市实际使用外资增长。

【外商投资企业联合年检】 2009年，110家外企参加联合年检工作，年检合格率为97%。盈利企业46家，同比增长4.5%；纳税额12.23亿元，同比下降3.9%；利润总额15.45亿元，同比增长10.36%；从业人员25 702人，同比增长2.94%。其中，康明斯连续四年位居全省外企销售收入10强，康明斯、德纳、康豪机电3家企业为全省外企销售收入50强，风神、康明斯、德纳3家企业为纳税50强，分别排位第5、14、18名；康明斯、风神、康豪机电3家企业进入全省外企利润总额50强，康明斯、大山、新火炬、雅新4家企业进入全省出口50强，康明斯、康豪机电、风神、德纳车轿4家企业位列全省制造业50强，神州运业集团进入全省服务业外企50强。

【外包产业园规划合作协议】 1月26日，市商务局与武汉信息技术外包服务与研究中心签署《襄樊市服务外包产业园规划合作框架协议》。《合作协议》约定，由市商务局委托武汉信息技术

表 26 **全市外商直接投资分国别(地区)**

国别/地区	批准项目(个)		合同外资(万美元)		实到外资(万美元)	
	累计	上年同期	累计	上年同期	累计	上年同期
总计	25	22	22 183	20 914	25 073	16 928
中国香港	17	16	20 644	14 994	13 431	6 935
中国澳门				-108		
中国台湾省		2	646	-36	1 228	1 235
新加坡			-1 460			824
日本	1		132	105		
韩国			130	364	130	447
泰国				2 040	1 572	2 227
美国	2	2	497	1 935	1 695	196
英国		1		1	1	
加拿大	2		282			193
德国			420	872	420	1 042
阿根廷						
萨摩亚		1		100	339	217
意大利						
维尔京群岛			521		716	469
英属开曼群岛						
毛里求斯	1		254	121		653
挪威	1		102		30	
瑞士					1 621	1 364
印度					330	
印度尼西亚				-558	208	
法国					2 928	
巴西					253	
百慕大					156	
塞舌尔	1		15		15	
文莱						42
投资性公司				1 084		1 084

外包服务与研究中心为襄樊市规划以IT软件外包、文化创意、动漫产业等为核心的服务外包产业园,双方将利用各自具备的资源和优势,共同推进襄樊市服务外包产业规划的制定与完善。襄樊市现有服务外包企业13家,从业人员2 838人。

【赴新加坡开展招商】 6月初,市委书记唐良智率襄樊市经贸代表团赴新加坡招商。拜访考察世界知名规划设计公司CPG集团、新加坡三达集团、新加坡佳通集团、新加坡特许半导体公司、新加坡胜科集团、陆道新加坡有限公司。在新加坡举办襄阳新城项目推介暨鱼梁洲项目签约仪式。襄樊与新加坡三达集团签订总投资20亿元的整体开发鱼梁洲生态花园城项目协议,引入新加坡高水准的城市规划思想、管理理念和先进的产业体系,借鉴苏州工业园区的发展经验,探索适合中部地区科学发展的国际合作模式。

【参加第十三届西洽会】 4月5日,第十三届中国东西部合作与投资贸易洽谈会在陕西省西安市开幕。副市长杨绪春率市招商局、商务局、发改委、经委、汽车办、农业局、旅游局等和各个县(市)区组成的襄樊代表团出席洽谈会,签约项目3个,投资总额7亿元,其中广州鑫禾机电有限公司在高新区投资生产汽车零部件，深圳粮油食品贸易公司在谷城投资建设13万吨精米加工生产线，西安西蓝天然气股份有限公司在襄樊建设液化气天然气利用工程。洽谈会上襄樊产的天籁轿车、奥星牌食用油、孔明牌大头菜等10多个商品参加展示展销。

【引进埠外资金】 2009年，市商务局新引进、续建跟踪服务内资项目21个，其中，已到资项目14个，投资额64 500万元，实际引进埠外资金3.97亿元，在谈项目7个，意向投资额11.5亿元。

国际经济技术合作

【概况】 2009年，全市劳务输出556人，同比增长8.8%，输往的国家和地区集中在土耳其、越南、巴基斯坦、乌兹别克斯坦、新加坡等。输出工种主要是建筑工、缝纫工等。实现营业收入2 600万美元，同比增长24%。新签合同额2 300万美元，同比增长74%。工程项下带动设备出口150万美元，同比增长150%。核准境外投资企业1家。

【国际工程承包】 2009年，中国化学工程第六建设公司开展国际工程承包项目3个：在突尼斯设立36万吨磷酸项目，合同额1 312万美元；在乌兹别克斯坦德赫卡那巴德设立20万吨钾肥项目，合同额1 958万美元；在越南宁平设立化肥工程项目，合同额856万美元。项目带动445名建筑工出国务工，同比增长7%，占全市外派劳务的80%，分别为乌兹别克斯坦338人、土耳其8人、越南12人、巴基斯坦5人、突尼斯82人；带动150万美元的设备出口，营业额同比增长30%。

【外派劳务服务验收】 2009年，襄樊市外派劳务服务中心顺利通过省厅的考核验收，成为全省四个省级外派劳务基地之一。

7月，市商务局在各县(市)区商务局设立“外派劳务服务工作站”。机构以县(市)区商务局的外经科为主设立，在当地政府领导下开展工作，接受市、县两级商务部门的管理。其职责是：按照襄樊市外派劳务服务中心下达的选招外派劳务订单和“襄樊市外派劳务业务操作规程”进行出国务工人员的选招和审查，协助外经企业参与出国务工人员在境外期间的管理和防范“境外劳务事件”发生，根据需要参与“境外劳务事件”的处置，协助商务局监管当地的外派劳务市场，做好与外派劳务相关的其它事宜。

【核准境外投资企业】 7月21日，商务部批准襄樊运东机电工程有限公司在马来西亚吉隆坡注册成立荣耀动力有限公司开发和推广传统能源及新能源产品的申请，并核发《企业境外投资证书》。襄樊运东机电工程有限公司与马来西亚康华工程有限公司对新成立的合资荣耀动力有限公司增资15万美元。增资后荣耀动力有限公司注册资金由原来的15万美元调整为30万美元，其中：康华工程有限公司(马来西亚公司)投资由原来7.5万美元调整为15万美元，占股比50%；襄樊运东机电工程有限公司投资由原来的7.5万美元调整为15万元美元，股比50%。

全市国际劳务合作见表27。

表27 全市国际劳务合作

选派企业	输出人数(人)	上年同期(人)	比上年增减(±%)	劳务输出国家(地区)
合　计	556	511	8.8	
中国化学工程第六建设公司	445	416	7.0	土耳其、越南、巴基斯坦、乌兹别克斯坦、突尼斯
谷城荆铁矿业益宝公司	70			新加坡
外派劳务服务中心	41	95	-56.8	利比亚、日本、安哥拉、毛里求斯

国内贸易与流通

【概况】 2009年，全市实现社会消费品零售总额500.56亿元，同比增长21.1%。消费品市场保持稳定较快增长，社会消费品零售总额突破500亿元，达500.56亿元，比2008年增长21.1%，比全省平均增幅19%高出2.1个百分点，增幅列全省第一，总量居武汉之后、列全省第二。

社会消费品零售总额分县(市)区见表28。

【家电下乡】 1月6日，“襄樊市暨襄阳区家电下乡启动仪式”在襄阳区黄集镇举行。至12月31日，全市备案的家电下乡销售网点829家，销售下乡家电

表 28 社会消费品零售总额分县(市)区

单位:万元

县(市)区	累计	上年同期	同比(±%)
全市合计	5 005 574	4 133 201	21.11
其中:高新区	180 019	144 573	24.52
枣 阳	712 884	570 764	24.9
宜 城	420 215	339 431	23.8
老河口	454 670	373 293	21.8
南 漳	237 767	191 902	23.9
谷 城	250 012	200 664	24.59
保 康	141 661	116 786	21.3
襄阳区	551 670	441 690	24.9
襄城区	741 599	623 192	19
樊城区	1 495 096	1 275 479	17.22

产品 18.2 万台(部),其中冰箱 88 544 台、彩电 24 397 台、洗衣机 36 104 台、手机 756 部、电脑 2 919 台,空调 18 801 台、热水器 9 874 台、微波炉 251 台、电磁炉 210 台,销售收入 3.7 亿元。补贴农民购买的家电下乡产品 17 万台(部),兑付补贴金额 4 525.19 万元,全省排名第三位。其中全市农村市场零售额 82.46 亿元,增长 18.7%。城市市场零售总额 387 亿元,同比增长 21.6%

【限额以上贸易业销售】 2009 年,受金融危机的影响,全市限额以上贸易企业销售出现不同程度的下滑,进入 9 月,全市限额以上贸易业销售形势明显好转,全年限额以上零售额 62.51 亿元,同比增长 20.6%。限额以下企业和个体户完成零售额 317.06 亿元,增长 21.7%。其中全市限额以上贸易企业汽车类零售额 14.78 亿元,同比增长 30.9%,汽车销售增速加快拉动全市消费的较快增长。

【住房相关类商品消费加快】 2009 年,全市住房销售明显好转,家具类、建筑及装潢类等与住房相关的消费品零售额大幅增长。家具类同比增长 40.4%,建筑及装潢材料类增长 24.1%,家用电器类同比增长 10.3%,电脑等文化办公用品类增长 16.7%,五金电料类增长 10.7%,针纺织品类增长 11.4%。高档家具和建筑及装潢材料类商品消费的发展,推动消费的较快增长。

【完善市场监测体系】 2009 年,市场监测范围覆盖全市 9 个县(市)区,监测企业数量增加到 28 家,组织商贸企业全年上报监测数据 5 000 次以上,上报率在全省 17 个市州中居前 5 位。

【储备猪肉保障市场供应】 10 月,建立猪肉储备制度,启动三级响应机制,在代储企业自愿的基础上,市财政拿出 100 万元,筛选 4 个大型养猪场和 2 个大型冻库,储备猪肉近千吨,保证市场供应。

【成品油市场管理】 7 月,会同发改委、质监局、安监局等部门各县(市)区部分加油站(点)的油品质量和安全生产检查,全市加油站年审合格率达 95%以上。

【酒类流通管理】 全市核发《酒类流通备案登记证》3 820 家,其中市区 643 家;发放酒类流通随附单 14 654 本,其中市区 91 家生产批发企业 934 本。商务局与当地工商部门配合,专项清理整顿散装酒经营户 173 家。

【生猪定点屠宰管理】 2009 年,全市屠宰生猪 834 613 头,比上年增长 20.3%;市区外销猪肉达 3.5 万吨。规模化屠宰企业市场占有率明显提高,兴建年屠宰规模 10 万头以上的现代化屠宰企业 2 个。1—5 月,开展打击私屠滥宰和病害猪肉非法交易专项整治,取缔私屠滥宰窝点 8 个,纠正处罚违规违法行为 13 起,发放整改通知书 8 份,收缴病害猪肉 1 550 公斤。建立病害猪无害化处理申报审核制度,全市销毁病害生猪 1 405 头,其中市区销毁病害生猪 1 014 头。开展生猪定点屠宰证书和标志牌统一编码、换发工作,66 个生猪定点屠宰场通过资格检查验收,其中,A 类生猪定点屠宰场 11 个。B 类生猪定点屠宰场 55 个。

【拍卖行业监督管理】 2009 年,检查全市 17 家拍卖企业经营情况,其中 15 家拍卖企业经营正常,年检合格,2 家被依法收回批准证书。企业拍卖会备案登记 116 场,备案率 100%;现场监拍 57 场,其中对单个标的评估值在 200 万元以上的国有资产拍卖活动现场监拍 25 场,现场监拍率达 100%;实现拍卖交易总额 3.0125 亿元,超过上年同期。外地拍卖企业驻樊办事处备案 4 家,备案率达 100%。

拍卖行业基本情况见表 29。

【标准化菜市场示范工程】 市区 7 家菜市场经省商务厅、财政厅验收为标准化菜市场,争取国家财政扶持资金 210 万元,分别

表 29 拍卖行业基本情况(16 家)

名 称	成立时间	地 址	经营范围	2009 年拍卖交易额(单位:万元)
襄樊金利拍卖有限公司	1999 年 5 月	市解放路 29 号	国家法律、法规、政策许可的各类有形和无形商品	6
襄樊市嘉兴拍卖有限责任公司	2002 年 4 月	襄阳区邮电路 5 号	国家法律、法规、政策许可的各类有形和无形商品	1 510.2
湖北维信产权拍卖有限公司	2002 年 10 月	市大庆东路 10 号	国家法律、法规、政策许可的各类有形和无形商品	1 562.98
襄樊市中通拍卖有限责任公司	2003 年 9 月	市檀溪路 24 号	国家法律、法规、政策许可的各类有形和无形商品	2 526.8
襄樊正佳拍卖有限公司	2004 年 1 月	市前进路 31 号	国家法律、法规、政策许可的各类有形和无形商品	176.08
湖北长江拍卖有限责任公司	2003 年 11 月	市大庆东路 10 号	国家法律、法规、政策许可的各类有形和无形商品	3 988.79
湖北大成拍卖有限公司	2004 年 2 月	市荆州街	国家法律、法规、政策许可的各类有形和无形商品	340.5
湖北长信拍卖有限公司	2004 年 5 月	市建设路 6 号	国家法律、法规、政策许可的各类有形和无形商品	1 431.25
湖北东方拍卖有限公司	2004 年 8 月	市大庆东路 28 号	国家法律、法规、政策许可的各类有形和无形商品	2 586.5
襄樊泽坤拍卖有限公司	2005 年 11 月	市春园路 15 号	国家法律、法规、政策许可的各类有形和无形商品	8 142.8
襄樊宏利发拍卖有限公司	2006 年 7 月	市长虹路 6 号	国家法律、法规、政策许可的各类有形和无形商品	261.73
襄樊汉武拍卖有限公司	2007 年 4 月	市长虹路 56 号	国家法律、法规、政策许可的各类有形和无形商品	243.8
湖北长程产权拍卖有限公司	2007 年 11 月	市长虹路 25 号	国家法律、法规、政策许可的各类有形和无形商品	6 036
湖北瑞源拍卖有限公司	2008 年 1 月	市高新技术开发区紫贞路 8 号	国家法律、法规、政策许可的各类有形和无形商品	789.21
襄樊汇德拍卖有限公司	2009 年 1 月	市长虹北路 11 号	国家法律、法规、政策许可的各类有形和无形商品	955.5
湖北伟力拍卖有限公司	2009 年 5 月	市人民路 162 号	国家法律、法规、政策许可的各类有形和无形商品	2 151.77

为:鱼梁洲置地大市场、光明农贸市场、七桥菜市场、常春小区农贸市场、武商量贩东街店、建新农贸市场、新建花石桥标准化菜市场。

市区标准化菜市场示范工程见表 30。

【第十八届中国食品博览会】 12 月 12—17 日,第十八届中国食品博览会在武汉国际会展中心举行。襄樊市 46 家企业参展,参展展位 28 个,参展产品 356 个,签定合同及购销协议 15 份,金额 10.2 亿元。其中,湖北奥星粮油(老河口)工业公司签约 9.6 亿元(包括油菜籽收购协议 5.7 亿元),枣阳元大粮油工业有限公司与平煤集团、长春欧亚公司等 7 家公司签定购销合同金额 2 000 万元,宜城 2 家企业签定合同金额 500 万元。现场销售商品 92 万元,比上年增加 15 万元。其中,枣阳元大粮油公司、新阳蜂业公司、贤德面粉有限公司三家企业现场销售产品 25 万元,襄阳 6 家企业生产的鲁花牌食用油、孔明牌大头菜、卧龙牌锅巴等现场销售 15 万元,湖北珍珠液酒业有限公司、南漳有景

表 30 市区标准化菜市场示范工程

名 称	地 址	面积（平方米）	经营范围	2009 年营业额(万元)
鱼梁洲置地大市场	鱼梁洲	3 821	蔬菜、干鲜果品、水产品、土畜产品、肉禽蛋产品	1 500
光明农贸市场	大庆东路	5 000	蔬菜、干鲜果品、水产品、土畜产品、肉禽蛋产品	1 500
七桥菜市场	汉江北路	6 500	蔬菜、干鲜果品、水产品、土畜产品、肉禽蛋产品	2 200
常春小区农贸市场	常春小区	6 000	蔬菜、干鲜果品、水产品、土畜产品、肉禽蛋产品	5 000
武商量贩东街店	襄城东街	2 900	生鲜、粮油、调味品	4 100
建新农贸市场	樊城建新路	1 500	蔬菜、干鲜果品、水产品、土畜产品、肉禽蛋产品	1 400
新建花石桥菜市场	南漳县宜昌路	5 400	蔬菜、干鲜果品、水产品、土畜产品、肉禽蛋产品	500

山食品公司、水镜野菜公司等 8 家南漳企业现场销售产品 12 万元，石花霸王醉、茨河豆腐乳、鱼梁洲八珍食品、樊城赛亚米、麦隆食品等销售良好。8 家企业产品新进入省内外大型超市，接待武汉新一佳等大型商场、超市采购团成员 100 多家。湖北奥星粮油工业公司菜籽油、湖北珍珠液酒业有限公司的“珍珠液”酒被评为“第十八届食博会金奖产品”。

【鄂港（粤）采购对接洽谈会】 6 月 9—14 日，由省政府主办、省商务厅承办的 2009 年鄂港(粤)采购对接洽谈会在香港、深圳两地举行。襄樊在港粤签订商品采购协议 1 000 万元人民币。其中，襄樊鼓楼商场与香港周大生珠宝集团签订购货协议 300 万元人民币，与香港金利来集团签订服装、皮具购货协议 250 万元人民币，与深圳金铂利珠宝集团签订购货协议 250 万元，与深圳著名女装企业玛丝菲尔签订购货协议 200 万元。

【襄樊成为家政服务试点城市】 9 月，襄樊市被湖北省商务厅、省财政厅选定为湖北省 4 个全国家政网络服务体系建设试点城市(武汉、襄樊、宜昌、鄂州)之一。市家政服务网络中心设在长庆花园二楼(原长庆摩托车配件市场旁)，面积 510 平方米，总投入 335.5 万元，其中，固定资产投入 208.5 万元，硬件购置和软件开发投入 127 万元。收集全市涉及家政行业的企业和个人近 1 000 余家，其中，有合作意向并要求加盟的企业 529 家，已加盟的企业 110 家。至年底，免费培训家政服务人员 550 人，争取财政扶持资金 71.5 万元。2010 年 1 月 13 日，省商务厅、省财政厅通过对市家政服务网络中心建设的验收，并获得国家财政扶持资金 200 万元。

市场体系建设

【概况】 2009 年，全市实现社会消费品零售总额 500.56 亿元，同比增长 21.1%。营业面积在 5 000 平方米以上的大型商业零售网点 157 个，单体面积在 2 万平方米以上的大型购物中心 13 家。全市商品市场 436 个，市场交易额 371 亿元，其中营业面积 1 万平方米以上的大型批发市场 58 个。大中型主体市场有华中光彩大市场、中南天润国际汽车城、长虹食品城、邓城生资食品大市场、新世纪建材大市场、洪沟农产品物流市场、华中水果蔬菜批发大市场。

【“万村千乡市场工程”】 至年底，全市累计建设并验收农家店 1 829 家，其中 2006 年 178 家；2007 年 839 家；2008 年 420 家；2009 年 647 家；建成并上报配送中心 4 家。市商务部门安排 6 家承办企业在襄南示范区 3 个乡镇新建或改造 100 个农家店，建设和改造 3 个标准化农贸市场。

【“农超对接工程”试点】 2009 年，全市推进大型连锁超市、农产品流通企业与鲜活农产品产地的农民专业合作社对接，加快农产品现代流通体系建设。襄樊大山现代农业有限公司农产品配送中心项目和老河口仙仙果品公司冷链系统项目被商务部核准为农超对接项目，获得 300 万元补贴资金。

【新型流通业态】 至年底，全市建成各类连锁经营网点 3 500 多个，限额以上贸易连锁企业 35 家，拥有配送中心 20 个，营业面积达 30 万平方米，实现零售额 110 亿元以上。

【两地农产品进超市对接会】

8月28日，由湖北省商务厅、武汉市商务局、襄樊市商务局、南漳县政府主办的首届武汉(襄樊)南漳农产品进超市对接会在南漳举行。武汉、黄冈、孝感、十堰、襄樊等地26家大型超市和南漳35家农产品加工企业、农民专业合作组织参加对接会，襄樊农产品加工企业和农民专业合作组织与武汉等地超市签订供货协议、合同38份，总值5.8亿元。

【跨国零售集团采购洽谈会】 6月28—29日，第四届跨国零售集团采购洽谈会在南京举行。襄樊市派出3家参展企业、4家流通企业参加，设展位2个，签订购销合同5 000多万元。

【再生资源回收利用试点城市】 2009年，襄樊市制定《襄樊市再生资源回收利用体系建设方案》，加强对全市再生资源回收企业备案和行业规划与监管。襄樊被商务部列为全国第二批再生资源回收利用体系建设试点城市。

【商务综合行政执法试点城市】 2009年，襄樊建立商务综合行政执法支队、开设12312举报投诉服务中心。11月10日，商务部(商办秩函[2009]72号)核准襄樊市为全国第二批商务综合行政执法试点城市(湖北省地级市为黄冈市、襄樊市、恩施州)。2010年1月，襄樊通过省商务厅、财政厅的组织验收，并按规定标准及程序获奖励资金100万元。

(王秉华)

供 销 合 作

【概况】 2009年，市供销社重点发展“新网工程”和村级综合服务社。至年底，全系统完成购销总额61.5亿元，实现利润182万元，同比分别增长54.3%和25%。建立各类专业合作社143个，各类专业协会11个，村级综合服务社373个。创建连锁配送龙头企业42个，其中，烟花鞭炮连锁企业7家，农资连锁企业13家，日用工业品企业6家，中医药材连锁总店2家，农副产品企业9家，再生资源企业4家，其他1家。建立专业市场7个，培训农产品经纪人70余人。建立中心集镇超市59家，连锁配送中心29个。

2月，襄樊市供销社获全省供销社系统“2008年度综合业绩考核特等奖”。保康供销社、谷城大薤山茶业专业合作社、保康黄堡综合服务社、襄樊市棉花行业协会分别获全省十佳县级供销合作社、十佳农民专业合作社、十佳村级综合服务社、十佳行业协会称号。

【襄樊与省社签订合作备忘录】 7月7日，湖北省供销社与襄樊市人民政府签署《推进新农村现代流通网络工程建设合作备忘录》，推进新农村现代流通网络工程建设。

(王恩涛)

粮 食 流 通

【概况】 2009年，全市收购粮食25.24亿公斤，销售粮食24亿公斤。全市国有粮食购销企业全部盈利，利润总额1 018万元，居全省第一。2009年全市粮油加工企业销售收入134亿元，创历史新高。粮油年加工能力达532万吨，其中大米年加工能力247万吨，面粉加工能力145万吨，油脂加工能力140万吨。2009年，向上争取粮食企业技改贷款贴息资金共计233万元。市粮食部门向省争取到仓库维修资金320万元，并全部投入一线维修粮食仓库。2009年全市各级储备粮轮入3 011万公斤，轮出各级储备粮3 351万公斤。7月8日，襄樊市粮食局被国家粮食局评为“2008年度全国粮食流通监督检查工作先进单位”。

【粮油仓储建设】 2009年，襄樊粮油仓储及现代物流中心二期工程竣工，该工程投资5 560万元建设1.7万平方米全封闭铁路货场和2万平方米粮食仓库。

【惠农补贴】 全市年度惠农补贴75 330万元。其中粮食直补12 663万元。综合补贴41 739万元、农机购置补贴5 647万元。水稻补贴4 606万元，小麦补贴4 336万元，玉米补贴1 612万，棉花补贴822万元。

【放宽小麦收购不足粒率】 2009年，襄樊地区在小麦生长期间出现一次较长连阴雨过程，全市90%以上的小麦发芽。国家将襄樊地区的小麦收购不完善粒从8%放宽到20%。市粮食局先后派出13个推销小组，销售芽麦4.61亿公斤，减少农民直接损失1.87亿元。

【全市最大粮食储备库启建】 5月14日，容量3亿斤的襄樊国家粮食储备库建设项目合作签字仪式在襄阳举行，全市最大的粮食储备库建设项目启动。

【清仓查库】 4月26日，为期两个月的第二次全国粮食清仓查库工作结束。全市普查企业133个，库点587个，涉及仓库2 381栋，库存粮食1 382 374吨。清查结果显示，粮食库存统计帐面数与库存实际数差率0.04%，优于国家控制标准±3%，国家抽查宜存率99%以上。

【招商引资】 全年完成投资额1.2亿元。其中,襄樊粮油仓储及农副产品物流园区投资6 000万元,中储粮湖北分公司油库投资2 500万元,日产50吨香麻油生产线投资2 000万元,张家集粮食仓库1 500万元。

【品牌建设】 5月6日,老河口奥星粮油工业有限公司一产品被评为“湖北优质菜籽油”,成为湖北省第一个“优质菜籽油”品牌。

(彭东湖)

烟草专卖

【概况】 2009年,全市烟草商业系统完成卷烟销售16.75万箱,销售收入196 857万元;种植烤烟9.82万亩,收购23.6万担,收购均价12.78元/千克;卷烟、烟叶销售税利49 949万元,同比增长22.45%;“两烟”利润28 399万元,同比增长1.46%。专卖管理查处涉烟案件3 536起,案值1 445.14万元,移送公安机关涉烟案件29起,公安、司法机关依法刑事拘留35人,逮捕17人,判刑14人。

【烟叶生产】 2009年,全市投入烟叶生生产资金8 800万元(烟草行业补贴6 600万元,其中,申请国家局补贴3 697.55万元,市局配套投资2 934.23万元)。完成烟叶生产基础设施建设项目1 448件,建成水池105个、沟渠65条、管网81条、塘坝1座、机耕路26.25千米。新建卧式密集型烤房1 068座。烟水配套工程实际受益面积累计5 833.3万亩,受益农户2万余户。

种植现代烟草农业试点面积236.4公顷,与同地区大面积生产相比,试点区域亩产达153千克,提高24千克;亩均用工22.69个,减少9.51个,节约成本351.07元;亩产值2 178元,提高548元。

【专卖换证】 2009年,全市换发新许可证15 680户。同时,做好停业、恢复营业、歇业、补办等工作。

(王娟)

石油供应

【概况】 至2009年底,中石化湖北襄樊石油分公司现有在营加油站173座,油库两座(库容5万立方米),员工总人数1 175人。全年销售成品油35.7万吨,其中,批发8.3万吨,零售27.7万吨,销售收入40亿元。

【开征燃油税】 1月1日起,实施成品油税费改革,将价内征收的汽油消费税单位税额每升提高0.8元,即由每升0.2元提高至1元。燃油税开征后,全市成品油销售平稳。

【加油站拓宽经营范围】 为方便顾客,提高加油站服务水平,中石化下属加油站除经营成品油外,开展便利店经营,将日用品、汽修服务、化肥等引进加油站,2009年全市新建改建加油站便利店57座,实现销售137万元。

【与市政府签订战略合作协议】 9月4日,中石化湖北襄樊分公司与襄樊市人民政府签订《关于共同推进中石化在樊企业快速发展的战略合作备忘录》,中石化湖北石油分公司拟在襄樊投资7.2亿元,用于襄樊辖区内加油站建设和改造。新建荆门至襄樊输油管线,解决襄樊成品油运输瓶颈问题。

(黄俊)

旅游

【概况】 2009年,全市共接待游客997.21万人次,实现旅游总收入62.01亿元,同比分别增长21.17%和30%。

【大型团队到樊旅游奖励办法】 2月1日,市旅游局、市财政局联合下发《关于对旅行社组团来襄樊旅游实行奖励的办法》。《办法》规定,组织接待非襄樊区域的旅游者进入襄樊旅游观光、休闲度假、会议会展等旅游活动的旅行社,旅游包机人数在50人以上、在襄樊过夜、游览两个以上A级景点的,奖励0.2万元人民币;大型团队人数在100人以上、在襄樊过夜、游览两个以上A级景点的,奖励0.3万元人民币;对全年接待外地游客人数位于前三名的本地旅行社,可免费一人参加市旅游局组织的国际国内旅游交易会一次。

【“春游襄樊”行动】 3月28日,2009年“春游襄樊”暨旅游回馈市民百日行动启动仪式在市人民广场举行。3月28日至7月8日,襄樊市民可凭个人有效证件,以半价或其他折扣游览市大部分A级景区。

【襄樊旅游资源开发合作协议】 6月27日上午,市政府与湖北省鄂西生态文化旅游圈投资有限公司、武汉三特索道集团股份有限公司签订加快襄樊旅游资源开发达成战略合作协议。协议约定,三方共同开发襄樊旅游资源，引进其他战略投资者，组建襄阳文化旅游投资有限公司，五年内投资10亿元，将隆中风景区、保康九路寨、南漳古山寨、谷城薤山分别培育成国家5A级、4A级旅游景区。

【导游大赛】 10月14—15日，市旅游局在汉江国际大酒店举办"汉江国酒杯"襄樊市第五届导游大赛，38位选手参加大赛。有襄樊学院曾令凡、襄樊铁路国际旅行社郭甜甜、襄樊中旅假日黄晓檬、铁路旅行社崔襄平、襄樊青年旅行社谢晶晶及南漳旅游局范小燕获得名次；襄樊学院熊霖露获得业余组第一名，襄樊学院王蔚、襄樊九中黄瑞笑并列业余组第二名，襄樊九中张欢、襄樊学院吴凡、襄樊职业技术学院谢治伶等3人获第三名。11月4—6日，王蔚、吴凡等七位选手参加随州玉龙温泉2009年湖北省"玉龙温泉杯"第七届导游大赛暨湖北省第二届"技能状元"（导游类）选拔赛。王蔚在景区点组比赛中以82.28的成绩中获二等奖，吴凡在新秀组比赛中以83.28的成绩中获三等奖。

【参加国际旅游商品博览会】 11月12—15日，市旅游局组织11家商家参加由国家旅游局和浙江省政府在浙江义乌国际博览中心举办的"2009中国国际旅游商品博览会"。部分旅游商品企业，与外地参展商达成合作生产或销售的意向性协议。

【第四届旅游商品大赛】 12月17日，举办"九洲源杯"第四届全市旅游商品大赛，80多家生产企业200多种商品参展，是襄樊旅游商品大赛历史上规模最大的一届。"《隆中对》红木木镜"、"南派木版年画"获旅游纪念品类一等奖，"南水鱼跃鱼子酱"、"野花谷土蜂蜜"、"汉家刘氏茶"获旅游食品类一等奖。并评选出纪念品类和食品类若干奖项。

【旅游产业提档升级】 2009年，全市新增旅行社6家，旅行社总数达62家。其中，具有经营出境游资格的国际旅行社3家；评定星级宾馆3家，星级旅游饭店总数达37家。其中，四星级2家，三星级12家；评定国家A级景区（点）2家，A级景区（点）总数达21家。其中国家4A级景区1家、3A级景区7家。评选、认定旅游商品104种。

【旅游招商引资】 2009年，襄樊市旅游行业精选的省圈投公司和武汉三特索道公司与市政府整体合作开发襄樊旅游资源项目、鱼梁洲开发区与新加坡三达集团合作整体开发鱼梁洲生态花园城项目、襄城卧龙温泉项目、樊城普陀堰项目、保康九路寨生态旅游区项目、襄阳鹿门山旅游综合开发项目、枣阳白水寺景区开发项目、南漳古山寨旅游区建设、谷城大薤山（南河）景区开发建设和宜城雅新龙泉度假村项目10个对外招商项目，签订合同8个，合同资金71亿元，当年开工九路寨、卧龙温泉、普陀堰、鹿门山、雅新龙泉、白水寺等6个项目，到位资金3.3亿元。

（李　玲）

饮食服务

【概况】 2009年，全市住宿和餐饮业实现零售额56.54亿元，同比增长26.8%，增速比社会消费品零售总额高5.7个百分点。住宿和餐饮业零售额占全市社会消费品零售总额的11.3%，同比上升0.5个百分点，仍然是消费市场中增长幅度最高的行业。

襄樊市星级饭店

四星

汉江国际大酒店　樊城建华路37号
荣华国际大酒店　襄阳荣华路2号
川惠大酒店　襄城宜宾路15号

三星

铁路大酒店　樊城前进路46号
金城大酒店　樊城前进路352号
长虹大酒店　樊城长虹路17号
南湖宾馆　襄城胜利街2号
南山宾馆　襄城檀溪路56号
红宝石大酒店　襄阳航空路98号
丽源国际饭店　襄阳航空路173号
谷城谷城宾馆　谷城县府街45号
枣阳福隆大酒店　枣阳沿河东路6号
宜城宾馆　宜城北街27号
宜城兴宜大酒店　宜城襄沙大道68号
保康宾馆　保康东街83号

二星

八一宾馆　樊城春园路10号
友谊宾馆　樊城大庆东路30号
火电厂襄电宾馆　襄城余家湖襄樊火电厂
醉仙居宾馆　樊城人民西路58号
五七一三招待所　樊城前进路229号
百洋大酒店　樊城长征路140号
老河口商务宾馆　老河口汉口路8号
枣阳宾馆　枣阳小北街25号
保康银河宾馆　保康城关光千路127号
保康烟草宾馆　保康城关清溪路157号
保康金城宾馆　保康城关东沟路65号
南漳七彩山庄　南漳薛坪香水河景区
南河度假村　谷城南河镇政府
谷城薤山度假村　谷城薤山度假区
薤山神龙宾馆　谷城薤山度假区
谷城鹿园避暑山庄　谷城薤山旅游度假区

（王秉华）

经　济　管　理

责任编辑
责任校对　张　俭　胡广海

综　合　管　理

【概况】 2009年，启动医药卫生体制改革和鄂西生态文化旅游圈建设，成立市医改办和鄂西圈办。医改工作起草下发实施《襄樊市深化医药卫生体制改革实施方案》和《2009年襄樊市深化医药卫生体制改革主要工作任务》。完成襄樊鄂西生态文化旅游圈建设“一总三专”(襄樊市区域规划和交通、生态、文化旅游3个专项规划)编制，对接省“一总三专”规划。争取鄂西生态文化旅游圈省政府专项资金1 000万元，支持隆中景区改扩建。

组织实施《襄樊市本级政府投资项目管理办法》，制定《襄樊市本级政府投资项目管理流程》及流程图，与市财政局、市建委、建投公司等单位进行衔接，起草《关于2008年政府投资完成情况和2009年计划安排意见》，安排2009年政府重点投资82个项目，总投资29.2亿元。

【项目促进年】 2009年加快重点项目建设，建立和完善市“四大家”领导包亿元重点项目责任制，开展银企对接活动，中国银行、农业银行、工商银行、建设银行、商业银行5家银行同8个重点项目单位签定12亿元授信额度协约，争取到16个项目列为省级重点项目，全年120个亿元以上重点项目完成投资222亿元，同比增长32%，33个项目竣工投产。策划并开展核电、热电等重大能源项目前期工作，策划社会事业、环资、财贸、服务业、高新技术产业、就业、交通、基础设施等项目；总投资1 000万元以上入库项目1 974个，总投资11 137亿元。纳入省级项目库项目1 529个，总投资8 125.9亿元。对接国家产业振兴规划，14个项目分别成功申报国家振兴规划专项投资计划和中小企业技术改造专项计划。总投资374.4亿元的268个项目，作为2009—2011年三年滚动计划项目库，列入湖北省重点产业调整振兴项目计划。总投资205亿元的177个工业项目纳入全省工业导向性计划，2009年完成投资92亿元。争取中央、省投资项目666个，争取上级无偿资金13.42亿元，其中中央四批新增投资项目534个，争取投资11.38亿元。

【企业上市】 2009年，回天胶业、台基半导体两家企业上市首发成功，募集资金12.383亿元，成为全市首先登陆创业板的上市公司，占全省4家创业板上市企业中的两家，为襄樊地方企业、民营企业上市之首。同时，利用众多风险公司资源，为4家上市后备企业吸引风险投资2.89亿元，其中：为骆驼蓄电池公司引进瑞盛投资、奇力资本和智承海威公司风险投资20 399万元，为襄樊航宇引进湖北奥信投资公司风险投资5 500万元，为新兴联引进深创投、襄樊创投公司风险投资2 000万元；为追日电气公司引进硅谷天堂投资公司风险投资1 000万元。

【开发区建设】 围绕市委、市政府“百亿园区”建设目标，重点抓好开发区招商引资、项目建设和企业服务。修改完善《关于促进我市开发区跨越发展的若干意见》，完成规范开发区土地利用总体规划修编，开展全市省级开发区土地集约利用评价工作，争取汽车工业园区升级，航空航天产业园得以批复。至2009年底，全市开发区(园区)由2006年的12家发展到17家，汽车工业园晋升为国家级经济技术产业开发区，国家级开发区发展到两家，开发区入驻企业由2006年2 415家发展到3 680家。2009年全市开发区(园区)生产总值535.6亿元，占全市生产总值44.6%。其中：襄樊高新技术开发区实现工业总产值650亿元，同比增长21%；工业增加值175.6亿元，同比增长25%；完成固定资产投资120亿元，同比增长50%。各项主要指标增幅均高于武汉东湖高新区，高于全国57个国家级高新区平均增幅10个百分点以上，襄樊高新区整体实力列国家级第34位。

【项目审批】 开辟“绿色审批通道”，下放余家湖保康磷化工业园区项目审批权限，市发改委行政服务中心窗口全年办理备案和核准项目167个，总投资251亿元。全市发改系统办理审批、核准和备案项目852个，总投资741亿元。

【节能降耗】 组织实施重点节能工程，加强重点耗能企业节能工作。万元生产总值综合能耗下降4.8%。强化环境监管，开展工程治理减排、结构调整减排，全年化学需氧量、二氧化硫排放量分别减少2.53%和10.17%。关闭5家造纸企业、4家印染企业，关停3家小水泥企业和1条生产线，淘汰落后产能54万吨。新建成1个市区污水处理厂和3个县级污水处理厂，汉江水质继续保持国家二类标准。

（朱冬林　卢文忠）

工商行政管理

【概况】 2009年底，全市个体工商户发展到99 573户，资金数额449 770万元，分别比上年同期增长13%和47%，其中新发展个体工商户24 746户，新增资金数额106 270万元，分别比上年同期增长6.9%和65%。私营企业发展到14 078户，从业人员167 408人，注册资本1 138 065万元，分别比上年同期增长18%、16%和29%，其中新发展私营企业2 488户，新增从业人员25 475人，新增注册资本233 246万元，新发展数量与上年同期基本持平，新增从业人员和注册资本分别比上年同期增长23%、27%和18%。农民专业合作社累计发展到641家，出资总额103 527万元，吸纳社员11 050人，分别比上年同期增长112%、115%和96%，其中新发展合作社338家，新增出资额59 423万元，新增社员5 528人，分别比上年同期增长85%、53%和48%。全市新发展外商投资法人企业21户，比上年增长50%。新发展企业投资总额38 065万美元，注册资本18 106万美元，外方认缴15 803万美元。全市在册外商投资企业482户，其中法人企业227户、分支机构255户，投资总额150 642万美元，注册资本88 493万美元，外方认缴61 284万美元。全年发放临时许可证200余份，吊销名存实亡企业1.5万多户。

【返乡农民工创业就业】 2009年，针对金融危机造成的大量农民工返回，社会就业形势严峻，出台《襄樊市工商局支持返乡农民工创业意见》，从名称登记、经营范围、经营方式、经营场所、出资方式等方面，针对不同投资形式制订不同优惠政策。3月定为“全市工商系统返乡农民工创业就业服务月”，开展延伸服务，为返乡农民工搭建创业平台，促进返乡农民工创业就业。3月14日，组织50多家企业，在人民广场开展“返乡农民工创业服务月暨创业就业招聘会”，提供岗位1 500多个，签订意向性协议200多名。接受现场咨询300多人次，核发农民工创业执照15个。活动月期间，全市工商系统对职业中介机构进行拉网式检查，重点检查发布虚假就业广告、虚假就业信息、欺骗农民工就业的中介机构，取缔3家不合格中介职业机构。各级工商部门以工商所为单位，开展每个工商所帮助10名农民工就业或创业，全市工商部门帮助9 800多名农民工就业创业。

【农资市场监管】 2009年，全市工商部门开展“打假保春耕”、“打假保秋播”专项执法行动，出动执法人员4 000余人（次），检查农资经营户2 143户，取缔无照经营农资123户，抽检农资商品117个品种，捣毁制假窝点1个，立案查处非法经营农资案件126件，依法暂扣封存假劣化肥近1 000吨、种子10.01吨、农药352件，案值250余万元。受理农民咨询和申投诉297起，为农民挽回经济损失近100万元。

【文明诚信市场】 2009年，市工商局、文明办联合组织全市各类市场、商场、超市开展“文明诚信市场”创建活动，通过市场开办单位自愿申报、县（市）区评审和市文明办、市工商局联合检查验收，襄樊世纪金源家居广场等23个市场被授予2008—2009年度“文明诚信市场（商场、超市）”。

【商品零售场所限塑整治】 2009年，全市工商系统开展集贸（农贸、小商品）市场“限塑”整治行动，检查集贸(农贸、小商品)市场146个，检查经营户11 960户，没收不合格塑料袋53 000余个。

【商品交易市场信用分类监管】 至12月上旬，全市工商系统对符合登录条件的59个市场进行信用分类，录入A级市场37个，B级市场13个，C级市场3个，D级市场6个，完成市场信用分类微机录入工作。

【整治食品市场】 2009年，全市工商系统组织开展元旦、春节、五一、中秋、十一等节日食品市场监管。出动执法人员11 793人次，检查食品经营户44 340户，取缔食品无证经营320户，捣毁食品制假售假窝点5个，查扣假冒伪劣食品和不合格食品

12 565.9 公斤，查处制售假冒伪劣食品案件 73 起。

【消费投诉】 2009 年，全市各级消费者组织受理消费者投诉 1 912 件，解决 1 882 件，为消费者挽回经济损失 135 万元，其中因经营者欺诈行为得到加倍赔偿损失投诉 13 件，加倍赔偿金额 1.9 万元，接待来访咨询 6 780 人次。

【落实就业再就业优惠政策】 在全市基层工商所(分局)全部设立“绿色通道”，为创业人员提供申请、受理、审批、发照“四优先”服务，按规定减免相关费用。至年底，全市享受就业再就业优惠政策的个体工商户 18 181 户，全年为优惠对象减免登记费 1.24 万元。

【市场主体大普查】 6 月—9 月，全市开展“千名工商大走访、大普查、大服务”活动。各级工商部门走访各类市场主体 96 570 户，其中个体工商户 85 000 户，企业 11 000 户，农民专业合作社 570 户，召开座谈会 158 次，收集意见和建议 3 008 条，现场解决问题 1 650 个，提供政策咨询服务 11 589 次。

【个体工商户贴花验照】 至 5 月 31 日，全市应参加验照个体工商户 87 681 户，验照 80 757 户，未验照 6 924 户，其中查无下落 6 689 户，实际验照率 99.7%。个体户办理变更登记 251 户，注销登记 27 户，查处无照经营 1 389 户，其中补办营业执照 1 153 户；查处个体工商户各类违法违章案件 449 起。

【整治无照经营】 2009 年，发现无照个体经营户 9 963 户，其中涉及前置许可 6 708 户，占无照总户 67.33%；不涉及前置许可 3 255 户，占无证无照户 32.67%。分类整治无照经营户 9 963 户。涉及前置许可的 6 708 户无证经营户，提请有关部门查处。查处取缔不符合条件的无证无照经营户 1 142 户。对不涉及前置许可的 3 255 户无照经营户，下达预警通知，限期办照，逐步规范经营，引导新办照 2 057 户。

【查处取缔无证无照网吧】 6 月—9 月，全市专项整治辖区黑网吧，“拉网式” 排查城乡结合部、城中村、学校周边地区，通过红盾信息网向社会公示黑网吧投诉举报电话 314 部，接受群众投诉举报 69 次，向有关部门抄告 16 次，检查网吧经营户 695 家，查处取缔黑网吧 37 户，没收非法经营电脑 210 台，责令限期整改 16 户。

【整治食品添加剂】 2 月中旬，全市开展食品添加剂检测。重点检测 4 个农贸市场和 5 家超市的豆制品、面粉及制品、粉丝、水发产品、肉制品等 5 个品种 38 批次。经检测合格 36 批次，不合格 2 批次，并责令经营者对不合格商品停止销售和下架，依据有关规定进行查处。开展食品添加剂经营户主体资格清查行动，依法取缔无照经营 1 户，查扣超范围经营工业用碱 150 千克，双氧水 75 千克。开展食品添加剂经营者索证索票、购销台账等自律制度落实情况的执法检查。对 5 户食品添加剂经营者建立台账不规范行为进行预警，责令其限期改正。全年检查食品经营者 9 151 户，检查食品添加剂经营者 34 户，取缔无照经营食品添加剂 1 户，查扣过期、无 QS 标志、标签不规范等食品添加剂 106 千克，查扣超范围经营工业用碱 150 千克，双氧水 75 千克，查扣违法添加二氧化硫非食用物质食品 3 千克。

【农村市场食品消费安全保障】 1 月—10 月，全市专项执法检查农村食品市场销售过期变质和无厂名、厂址、保质期、无 QS 标志的食品及无证照经营问题。出动执法人员 12 962 人（次），检查各类市场经营主体 20 722 户（次），取缔无照经营 226 户，查处不合格食品价值总额 22.22 万元，净化农村食品市场秩序，保障农村市场食品消费安全。

【食品质量不定向监测】 1—10 月，市工商局委托法定检测机构监测全市米面及其制品、食用油、白酒、糕点、腌熏制品、冷冻饮品、饮料、蜂蜜、月饼、钢材、木芯板、铝合金、小家电、烟花爆竹 14 种商品 143 个批次进行监测，对 74 个不合格批次的商品责令经营户停止销售，依据有关规定进行查处，并函告生产厂家和当地质检部门，将监测结果向社会公布。

【家电汽车摩托车下乡】 2009年，全市开展“家电下乡、汽车、摩托车下乡”活动。全市中标销售企业 140 户，其中“家电下乡”销售企业 35 户、“汽车、摩托车下乡”销售企业 105 户。销售网点 850 个，其中“家电下乡”销售网点 582 个、“汽车、摩托车下乡”销售网点 268 个。

【完善 12315 执法体系建设】 全市加快县(市)区级 12315 网络建设，12315 消费者申诉举报网点进入商场（超市）、校园、景区、社区、村组。至 10 月，建立城市社区联络站 237 个，建立行政村联络站 2 023 个，全市辖区 85%以上的城市社区、80%以上的行政村建立 12315 消费者申诉举报站。2009 年，市工商局 12315 指挥中心受理消费者咨询申诉举报 18 300 件，其中咨询 14 072 件，申诉 3 674 件，举报 554 件，办结 18 119 件，办结率 99%，省局批办和转办的申诉举报 29 件，全部按规定及时办结并回告。

3—10 月，全市受理消费者申诉举报 2 913 件，举报 502 件，办结 3 239 件，已回访告知 3 203 件，回访告知率 98.88%。

【推行“七二一”登记模式】 2009 年，全市在实现“一审一核”和“一人审核”基础上，全面推行“七二一”登记模式，即一人审核事项要达到登记办件事项的 70%以上，一审一核事项控制在 20%左右，集体审议的疑难登记事项控制在 10%以内，并且一人审核事项和一审一核事项要当场受理、当即办结，重大（疑难）登记事项一般应在 5 个工作日内办结。全年全市工商系统办理各类登记事项 37 902 件，其中一人审核的 32 795 件，占 86.5%以上；一审一核的 4 549 件，占 12%；集体审议 568 件，仅占 1.5%。当场办结 348 701 件，当场办结率达 92%以上。

（秦晨辉）

物　　价

【概况】 2009 年，市区居民消费价格总水平前低后高，呈现出上半年低位徘徊，下半年逐月回升的总体态势。年底居民消费价格指数由负转正，但全年仍然下降 1.3%。市区居民消费价格指数为 98.7，比全国的 99.3 低 0.6 个百分点，比全省的 99.6 低 0.9 个百分点。

市区价格总水平运行特点为：从价格总水平运行曲线看，居民消费价格低位运行。从 2008 年 12 月 CPI 负值运行起，到 2009 年 11 月份方转正运行。1-12 月，各月 CPI 分别为 99.3、98.2、97.9、97.7、98.1、98.2、97.6、98.7、98.4、99.0、100.5 和 101.3。从消费类别上看，八大类消费品价格呈“四升四降”格局，从其升降幅度看，具有“升小降大”特点。其中，上升类别为：食品类价格升 0.2%，影响价格总水平上涨 0.07 个百分点；烟酒及用品类升 2.2%，影响 0.09%；家庭设备用品及维修服务类升 1.5 %，影响 0.1%；娱乐教育文化用品和服务类升 0.1%，影响 0.01%；以上四类拉动价格总水平上涨 0.27 个百分点。下降类别为：衣着类下降 5.3%，影响 0.56%；医疗保健和个人用品类下降 1%，影响 0.1%；交通和通信类下降 1.7%，影响 0.15%；居住类下降 5.1%，影响 0.65%；以上四类拉动价格总水平下降 1.46 个百分点。从主要商品监测价格看，成品粮价格温和上涨，其他食品价格总体平稳，城市和农村居民服务价格、工农业生产资料价格整体平稳，少数品种小幅波动，涉农收费及成品油价格基本稳定。成品粮价格呈温和上扬态势，下半年涨势较为明显，2009 年平均价格 2.13 元（500 克价格），同比上涨 0.7%。食用植物油价格总体平稳，同比价格下降。全年平均价格 4.62 元（散装），同比下降 25%。猪肉价格稳中有降，全年平均价格 10.00 元，同比下降 24%。鸡蛋价格呈波浪形走势，整体水平平稳。全年平均价格 3.28 元，比上年同期略降 2.1%。蔬菜价格先跌后涨，整体水平略有上涨。全年平均价格 1.64 元，同比上涨 14.9%。居民服务价格总体平稳。液化气、生活用水、民用管道天燃气、生活用电、民用蜂窝煤等价格均保持基本稳定。

【市殡葬基本服务项目调整收费】 据《省物价局、省民政厅关于印发〈湖北省殡葬服务收费暂行规定〉的通知》（鄂价房服字[2006]250 号）规定，襄樊核定殡葬基本服务项目收费标准，本通知规定标准为最终标准，不得以任何理由加收遗体消毒、骨灰装殓、办理火化证等其他费用，从 2009 年 1 月 15 日执行。

襄樊殡葬基本服务项目收费标准见表 31。

【邮资明信片型门票价格】 12 月，市物价局襄价服字〔2009〕181 号文件，制定襄樊市区旅游景区（点）邮资明信片型门票制作价格标准。旅游景区（点）若采用邮资明信片型门票，其邮资明信片型门票价格可在景区普通门票价格标准基础上顺加 2.50 元。调整后的项目标准自 2010 年 1 月 1 日起执行。

【招投标中心服务项目及标准】 5 月，市物价局襄价服字[2009]62 号文件，制定市综合招投标交易中心服务项目及标准，有标的项目收费，以招投标中标金额为基数，按附表标准计收；无标的项目收费，按 2 000 元/次~5 000 元/次收取。各县（市）区开发区招投标交易服务收费项目，按照省物价局文件规定执行，收费标准按不高于省、市同类标准核定，并报市物价局、市招标办备案。

招投标服务项目及标准见表 32。

【市中医院申报进修费标准】 6 月，市物价局襄价费字〔2009〕80 号文件，制定襄樊市中医院申报进修、实习费收费标准。实习费每人每月 80 元。进修费：省级以上重点专科每人每月 160 元（骨科、脑病科、儿科）；普通手术类科室、口腔科每人每月 150 元；普通非手术类科室每人每月

表 31 襄樊殡葬基本服务项目收费标准

收费项目	收费标准	备注
火化费	高档炉（捡灰炉）：800 元/具	1.12 岁以下儿童的遗体，按成人相应火化炉减半收费； 2.肢体、器官或遗骨火化，价格面议； 3.火化过程中消毒、骨灰装殓及办理火化证等不得另外加收任何费用
	中档炉：320 元/具	
遗体接运费	普通面包车（单程）：120 元/具	1.以 30 千米为限；超过 30 千米，在 50 千米以内的，每千米加收 5 元； 2. 车辆放空、运送尸盒或水晶棺及接送丧户按相应标准 80%收费； 3.腐臭碎尸、水尸、传染病特殊尸体加倍收费； 4.车辆等候每超过半小时的加收 30 元
	豪华车（单程）：400 元/具	
	长途运尸：价格面议	
骨灰寄存	7 元/月	

表 32 招投标服务项目及标准

档次	成交额	累进计费率（‰）
1	100 万元及以下	1
2	100 万元—1 000 万元（含 1000 万元，下同）	0.8
3	1 000 万元—5 000 万元	0.6
4	5 000 万元—1 0000 万元	0.4
5	10 000 万元以上	0.2

130 元。住宿费每人每月 60 元。

【普通公路清障施救标准】 6 月，市物价局襄价费字[2009]137 号文件，制定全市普通公路清障施救具体收费项目、收费标准、计费单位及有关事宜说明。通知规定各项收费标准均为最高限价，各普通公路清障施救单位一律不得突破规定的收费标准收取费用；收费标准可以下浮，下浮幅度不限。从 2009 年 11 月 1 日起试行两年。

普通公路清障施救收费项目、收费标准见表 33。

【污水处理费标准】 8 月 6 日，市物价局下发襄价管字[2009]111 号文件，开征襄城经济开发区污水处理费，按用水量 0.8 元/立方米征收；使用城市供水随城市供水价格收取，自备水源由单位直接征收。对于低保困难户、城市福利机构（社会福利院、儿童福利院、救助管理站）按 0.5 元/立方米执行。从 2009 年 9 月 1 日起执行。

【英语四六级口语考试费标准】 5 月，市物价局襄价费字[2009]61 号文件，核定全国大学英语四、六级口语考试和重新核定全国计算机应用技术证书考试收费标准。全国大学英语四、六级口语考试组织机构，向考生收取考试费标准为每人每次 50 元；全国计算机应用技术证书考试收费标准每人每模块由 50 元调整为 35 元。

【道路主要干线客运票价】 据《湖北省人民政府关于取消全省政府还贷二级公路收费的通知》（鄂政发[2009]22 号）及市委、市政府取消观音阁经营性收费站决定，全市 13 个二级公路收费站全部拆除停止收费。5 月 5 日，据《湖北省汽车运价规则实施细则》有关规定，市物价局市交通局对襄樊市区往返各县（市）道路客运票价过路费予以调减。

襄樊市区至县（市）干线票价及燃油附加见表 34。

【修订医疗服务项目价格】 据《省物价局省卫生厅转发国家发展和改革委卫生部国家中医药管理局关于印发〈全国医疗服务价格规范〉新增与修订项目（2007）的通知》（鄂价费[2007]241 号）规定，市物价局、市卫生局新增 76 项医疗服务项目和修订 18 项医疗服务项目价格。新增和修订医疗服务价格中，新增医疗服务价格执行医院仅限于附表中规定的医院，市区其他医

表 33 **襄樊市普通公路清障施救收费项目、收费标准**

收费项目	计费单位	收费标准					备注
	次/车	车型	基价（10千米）	拖运（元/千米）	最高收费金额		
事故和故障车辆拖曳(牵引)费	次/车	A类	200元	8元	350元	19座(含19座)以下客车，2.5吨(含2.5吨)以下货车	1.拖曳(牵引)里程在10千米以内的按各车型的基价收费；超过10公里以后，按拖运的实际里程和规定的拖运价格计算并收取费用 2.每次拖曳(牵引)所收取的总费用不得超过最高收费金额 3.故障车辆的拖曳(牵引)应尊重被拖曳(牵引)方的意见，按照就近的原则拖离至修理厂 4.事故车辆应按公安交警部门按“就近”的原则拖至指定的停车场 5.卧铺客车每一铺位折合1.5个座位 6.拖曳(牵引)车辆空驶不得收取费用 7.满载货车收费可上浮5%
	次/车	B类	300元	10元	500元	20~40座(含40座)以下客车，2.5吨~7吨(含7吨)以下货车	
	次/车	C类	400元	15元	800元	40座以上客车，7吨~15吨(含15吨)以下货车	
	次/车	D类	500元	25元	1000元	15吨以上货车和集装箱车。	
事故车辆、故障车辆和货物转运费	次/车	按照事故和故障车辆拖曳(牵引)费收费标准执行					事故车辆、故障车辆和货物转运费指机动车辆发生事故和故障后无法行驶时，需清障施救单位另外出动运输车辆将事故、故障车辆及所装运的货物转运至卸载场地时所收取的费用
吊车作业费	次	A类	600元				1.吊车作业：包括吊车从事故或故障现场将需吊运的车辆和货物吊运至转运车辆以及将吊运的车辆和货物从转运车辆吊运至卸载场地整个过程 2.在一次清障施救工作中，不论出动几台吊车均只能按规定收费标准收取一次费用，不得重复收费或分解收费
		B类	800元				
		C类	1 200元				
		D类	<40吨：3 000元				
			≥40吨：视具体情况由双方面议				
货物搬运、装卸费	次	元/吨	120元				1.货物搬运、装卸费：指车辆发生故障或事故后原装运的货物，需使用人工将货物收集、搬运并装运到转运车辆以及将货物从转运车辆上卸载至卸载场地时所收取的费用 2.搬运、装卸鲜活物资及危险货物的，收费标准可以上浮30%。司机(货主)有特殊要求的，由双方协商确定
事故车辆停放费	天	A类、B类	10元				
		C类、D类	15元				
放空费	次	200元					放空费：清障施救单位应故障车辆司机(货主)书面要求或电话求助，出动拖曳(牵引)车辆或转运车辆到达故障现场，但由于司机(货主)原因取消拖曳(牵引)、转运作业时，可向故障车辆司机(货主)一次性收取放空费

表 34 **襄樊市区至县(市)干线票价及燃油附加**

起始点:襄樊汽车客运中心站　　　　里程单位:千米　　　票价单位:元

到达站	里程	普通车票价(席座)			中级车票价(席座)			高一级车票价(席座)			高二级车票价(席座)			燃油附加标准
		旅客票价	上浮限价	下浮限价	旅客票价	上浮限价	下浮限价	旅客票价	上浮限价	下浮限价	旅客票价	上浮限价	下浮限价	
枣　阳	72	9.0	11.0	6.5	13.0	16.0	9.0	17.0	22.0	12.0	25.0	32.0	17.0	0.50
老河口	72	9.0	11.0	6.5	13.0	16.0	9.0	17.0	22.0	12.0	25.0	32.0	17.0	0.50
谷　城	75	9.0	11.0	6.5	13.0	17.0	9.0	17.0	22.0	12.0	26.0	33.0	18.0	0.50
保　康	142	16.0	21.0	12.0	24.0	32.0	17.0	32.0	42.0	23.0	48.0	63.0	34.0	1.00
南　漳	51	6.5	8.0	5.0	9.5	12.0	7.0	12.0	15.0	9.0	18.0	23.0	13.0	0.50
宜　城	50	6.5	8.0	4.5	9.0	11.0	6.5	12.0	15.0	8.50	17.0	22.0	12.0	0.50

到达站	里程	普通车票价(席座)			中级车票价(席座)			高一级车票价(席座)			高二级车票价(席座)			燃油附加标准
		旅客票价	上浮限价	下浮限价	旅客票价	上浮限价	下浮限价	旅客票价	上浮限价	下浮限价	旅客票价	上浮限价	下浮限价	
南　漳	43	5.5	7.0	4.0	8.0	10.0	6.0	10.0	13.0	7.5	15.0	19.0	11.0	0.50
宜　城	42	5.5	7.0	4.0	8.0	10.0	5.5	10.0	13.0	7.5	15.0	19.0	10.0	0.50
谷　城	67	8.5	10.0	6.0	12.0	15.0	8.5	16.0	20.0	11.0	23.0	30.0	16.0	0.50
武　镇	45	6.0	7.5	4.5	8.5	10.0	6.0	11.0	14.0	8.0	16.0	20.0	11.0	0.50

注:燃油附加随票价一并收取,并在客票上注明燃油附加及金额。上表票价中不包含燃油附加,是并列的关系

院开展同一项目，应报市物价局、市卫生局审核同意方可参照执行,县(市)区医院开展的同一项目由县(市)区物价局、卫生局统一汇总后上报市物价局、卫生局审核批准。修订医疗服务项目价格执行医院为全市所有医院。2009 年 6 月 25 日起执行。

襄樊市新增和修订医疗服务项目价格见表 35。

【城镇职工医保结算服务费】 2 月 18 日，市物价局襄价服字[2006]76 号文,核定市医疗保险管理中心向医保信息用户收取计算机网络系统维护费,市医疗保险管理中心向定点医院、药店适当收取计算机网络系统技术服务费,收费标准为结算金额的 1.5%。

(付　阳)

国　土　资　源

【概况】 2009 年,市、县两级矿产资源总体规划修编全部完成。襄樊市土地利用总体规划成果上报国土资源部审批,襄阳、宜城、谷城和老河口 4 个县(市)区土地利用总体规划经省政府批准实施。依法局部调整土地利用规划 21 批次，调剂建设用地 1 467 公顷。全年报批用地 1 650 公顷,同比增加近 1 倍。全年依法供地 562 公顷，同比增加 4%。全市全年争取国家、省级投资土地整治项目 13 个,建设总规模 20 000 公顷，总投资额 3.8 亿元,新增耕地面积 600 公顷。全年实施各类土地开发复垦整理项目 127 个,建设总规模 1 443 公顷，新增耕地 1 367 公顷。全市连续 11 年保持耕地总量动态平衡。开展闲置土地清理专项行动,完成全市 8 个国家和省级开发区土地集约利用评价。老河口、宜城、枣阳和襄阳土地出让进入网上交易系统实施。全市有偿供地 900 宗,面积 468 公顷，土地出让总价款 19.67 亿元。全年向市政府报送土地执法专题报告 12 个。开通 12336 信访热线,全年办理信访案件 576 起,办结率、回复率均达 90%。

全市第二次土地调查质量和进度均位居全省前列,完成土地登记 24 102 宗。开展矿业权实地核查。市国土资源局被授予“全国整顿和规范矿产资源开发秩序先进单位”称号。保康、谷城被国土资源部命名为地质灾害群测群防“十有县”。建立地质灾害信息发布平台，及时预报预警,加强汛期重点地质灾害点的检查和巡查,继续保持人员零死

表 35 **襄樊市新增和修订医疗服务项目价格**

编码	项目名称	项目内涵	除外内容	计价单位	三级医院	市区二级医院	县区二级医院	一级医院	说明
250302001	葡萄糖测定	包括血清、脑脊液、尿标本		元/次	10	9	9	7	①干化学法②各种酶法减收 3 元③酶电极法加收 1 元；床边血糖仪检测加收 5 元
250403004	乙型肝炎表面抗原测定(HBsAg)			元/项	7	6	6	5	定量分析 12 化学发光法 28 元
250403005	乙型肝炎表面抗体测定 AntiHBs)			元/项	7	6	6	5	定量分析 12 化学发光法 28 元
250403006	乙型肝炎 e 抗原测定(HBeAg)			元/项	7	6	6	5	定量分析 12 化学发光法 28 元
250403007	乙型肝炎 e 抗体测定(AntiHBe)			元/项	7	6	6	5	定量分析 12 化学发光法 28 元
250403008	乙型肝炎核心抗原测定(HBcAg)			元/项	7	6	6	5	定量分析 12 化学发光法 28 元
31 临床各系统诊疗说明	1.本类包括神经系统、内分泌系统、眼、耳鼻咽喉、口腔颌面、呼吸系统、心脏及血管系统、血液及淋巴系统、消化系统、泌尿系统、男女性生殖系统、肌肉骨骼系统、体被系统、精神心理卫生 15 个第三级分类，共 901 项 2.在临床各系统诊疗项目中的“XX 术”是指以诊疗为主要目的非手术操作方式的服务项目 3.诊疗中所需的特殊医用消耗材料(如特殊穿刺针、消融电极、特殊导丝、导管、支架、球囊、特殊缝线、特殊缝针、钛夹、扩张器等)、药品、化学粒子均为除外内容。凡在项目内涵中已含的不再单独收费 4.在同一项目中使用激光、射频、微波、冷冻、超声聚焦、臭氧、离子、红外、电切、汽化、电灼、电凝、电化学等方法分别计价 5.诊疗中采用各种内镜治疗的可在原价基础上酌情加收								
310401049	耳部特殊治疗			元/次	20	18	17	14	冷冻法、射频、激光、微波加收 45 元，等离子 100 元
310402001	鼻内镜检查			元/次	40	36	34	28	视频镜加收 10 元
310402025	鼻部特殊治疗			元/次	20	18	17	14	射频、激光、微波等加收 35 元，等离子 100 元，电灼 70 元。
310403016	咽部特殊治疗			元/次	25	23	21	18	冷冻法、射频法 45 元，激光法 45 元，微波 45 元、等离子 100 元。
310701001	常规心电图检查	含单通道、常规导联		元/次	10	9	9	7	附加导联酌情加收 2 元，三通道加收 5 元、六通道加收 8 元、十二通道加收 10 元，十六通道加收 20 元，床旁心电图加收 5 元
311201053	人工流产术	含宫颈扩张		元/次	90	81	77	63	畸形子宫、疤痕子宫、哺乳期子宫酌情加收 30 元、钳刮术酌情加收 60 元。

续表

编　码	项 目 名 称	项 目 内 涵	除外内容	计价单位	三级医院	市区二级医院	县区二级医院	一级医院	说　明
33 手术总说明	1.本类包括麻醉、神经系统、内分泌系统、眼、耳、鼻口咽、呼吸系统、心血管系统、造血及淋巴系统、消化系统、泌尿系统、男女性生殖系统、产科、肌肉骨骼系统、体被系统 16 个第三级分类的手术项目,共计 1 770 项 2.手术中所需的常规器械和低值医用消耗品,如一次性无菌巾、消毒药品、冲洗盐水、一般缝线、敷料等)在定价时应列入手术成本因素中考虑,均不另行计价 3.手术中所需的特殊医用消耗材料(如特殊穿刺针、特殊导丝、导管、支架、球囊、特殊缝线、特殊缝针、钛夹、钛钉、钛板、扩张器、吻合器、缝合器、固定器等)、特殊药品、组织器官移植供体、人工植入体等均为除外内容,凡在项目内涵中已含的不再单独收费 4.使用各种内镜、手术显微镜在原价基础上可酌情加收 5.在同一项目中使用激光、微波、射频、冷冻、各种特殊刀(如激光刀、高频电刀、氩氦刀、射频刀、氩汽刀、微波刀、超声刀、等离子刀等)等方法可分别计价 6.(1)经同一切口进行的两种不同疾病的手术,主要手术按全价收取,次要手术按次要手术费的 60% (2)经两个切口的两种不同疾病的手术,按手术标准分别计价 (3)同一手术项目中两个以上切口的手术,不加收费用 (4)双侧器官同时实行的手术,在相应单侧手术收费基础上酌情加收 70%。以上四种情况,麻醉费不再另外加收 7.如病情需要再次手术,应在该项目计价基础上,按一定比例酌情加收 20% 8.中医传统手术项目如肛肠、中医骨伤,需在中医相应的诊疗项目中查找,不在此重复列项								
330403002	结膜肿物切除术	包括结膜色素痣	羊膜	元/次	300	270	255	210	组织移植加收 150 元
330605033	颌面颈部深部肿物探查术	含活检;不含肿物切除术	特殊材料	元/次	520	468	442	364	切除术酌情加收 170 元
331001011	食管癌根治术	包括胸内胃食管吻合(主动脉弓下,弓上胸顶部吻合)及颈部吻合术		元/次	2 100	1 890	1 785	1 470	经胸腔镜加收 400 元;三切口联合加收 400 元
410000005	中药封包治疗	含药物调配	药物	元/次	10	9	9	7	按每部位面积大小分为特大、大、中、小分别计价:特大 30 元、大 20 元、中 15 元、小 10 元(特大>15cm×15cm、大>10cm×10cm,≤15cm×15cm、中>5cm×5cm,≤10cm×10cm、小≤5cm×5cm)
331700001a	椎间盘镜			元/次	400	400	400	400	

续表

编码	项目名称	项目内涵	除外内容	计价单位	三级医院	市区二级医院	县区二级医院	一级医院	说明
331700001b	输尿管镜			元/次	350	350	350	350	
331700001c	肾镜			元/次	130	130	130	130	
331700001d	胆道镜			元/次	300	300	300	300	
331700001e	腹腔镜			元/次	400	400	400	400	
331700001f	宫腔镜			元/次	150	150	150	150	
331700001g	胸腔镜			元/次	400	400	400	400	
331700001h	膀胱镜			元/次	150	150	150	150	
331700001i	关节镜			元/次	300	300	300	300	
331700001j	颅内镜			元/次	300	300	300	300	
331700001k	脑室镜			元/次	300	300	300	300	
331700001l	鼻腔镜			元/次	100	100	100	100	
331700002	特殊刀具使用费								
331700002a	双极电凝			元/次	250	250	250	250	
331700002b	超高频电刀			元/次	150	150	150	150	
331700002c	LEEP 刀			元/次	100	100	100	100	
331700002d	氩气刀			元/次	350	350	350	350	
331700002e	超声刀			元/次	500	500	500	500	
331700002f	等离子刀			元/次	750	750	750	750	特指骨科使用的等离子刀
331700003	显微镜加收			元/次	300	300	300	300	

亡、财产低损失。襄城岘山矿区恢复治理一期工程通过省厅验收。保康尧治河矿区恢复治理项目通过国家批准立项,争取治理经费1 900万元。

【全市第二次土地调查】 至年末,全市行政区域总面积197.2768万公顷,其中耕地71.8727万公顷。

2009年度全市耕地面积减少187.19公顷,林地减少364.76公顷,园地增加114.82公顷,城镇村及工矿用地增加806.42公顷,交通运输用地增加9.47公顷,水域及水利设施用地减少105.22公顷,其他土地减少5.29公顷。

全市全年审批建设用地1 649.7694公顷,其中:批次用地1 605.3776公顷(商服用地63.2571公顷,工矿仓储用地1 105.8580公顷,公用设施用地155.3110公顷,公共建筑用地27.0806公顷,住宅用地253.5951公顷),单独选址用地44.3918公顷。

完成并已通过验收的各级土地开发复垦整理项目128个,其中土地整理项目7个(国家级2个、省级5个),土地复垦项目61个(县级61个),土地开发项目60个(市级3个、县级57个),建设总规模6 003.08公顷,项目投资总额16 391.56万元,新增耕地面积1 237.9454公顷。

襄樊土地利用现状一级分类面积见表36。

【市厅合作共建】 9月1日,湖北省国土资源厅与襄樊市人民政府签署《共同推进国土资源管理 加快襄樊省域副中心城市建设工作备忘录》。双方将从加强规划修编、推进节约集约用地、城乡建设用地增减挂钩试点工作、完善耕地保护责任体系、建立城乡统一的土地矿产市场、探索矿产资源勘查开发利用与生态保护激励机制、实施地质灾害治理与矿山地质环境恢复治理规划七个方面进行合作共建。

【规范用地行为】 年初,全市开展闲置土地清理"春季行动",处置闲置土地61宗,面积79公顷。

9月起,全市开展为期3个月的违法违规用地整改查处专项行动。清理违法用地219起,制止112起,立案查处107起,拆除违法建筑3 200平方米,恢复耕种53公顷,完善用地手续57宗457.5公顷,维护和规范土地管理秩序。

【第二次土地调查】 全市第二次土地调查质量和进度均位居全省前列。完成标准时点统一更新。9个农村土地调查单位数据库成果全部通过部、省两级检查,城镇土地调查进入数据库建设阶段,其中宜城率先完成数据库建设,谷城开展基本农田调查试点。全市基本农田调查成果一次性通过省厅验收。

【征地补偿区片综合价】 12月1日起,耕地统一年产值和征地补偿区片综合价正式实施。市区(城镇行政区土地利用总体规划确定的建设用地范围内)征地补偿标准按照征地区片综合地价划分为4级, Ⅰ级9万元/亩,Ⅱ级7万元/亩,Ⅲ级5万元/亩,Ⅳ级3.6万元/亩;襄樊远城区(欧庙、卧龙、太平、牛首四个镇及尹集乡的7个村)及所辖7个县(市)区(襄阳、枣阳、宜城、南漳、保康、谷城、老河口)的征地补偿标准则分别按照所在区域的统一年产值标准划分为不同级别,其中市区远城区划分为3级,Ⅰ级年产值标准1 400元/亩,征地补偿标准为3.5万元/亩,Ⅱ级年产值标准1 300元/亩,征

表36 襄樊土地利用现状一级分类面积

单位:公顷

行政区域	行政区域总面积	耕地	园地	林地	草地	城镇村及工矿用地	交通运输用地	水域及水利设施用地	其他土地
襄樊	1 972 768.16	718 727.33	25 421.47	852 103.56	25 986.25	123 403.68	36 004.69	150 746.63	40 374.55
襄城	64 239.08	30 421.78	276.41	14 794.87	183.1	8 129.86	1 494.32	6 942.15	1 996.59
樊城	56 180.78	27 380.99	220.86	4 885.35	688.85	10 589.11	1 838.31	9 588.36	988.95
襄阳	246 653.82	171 593	619.81	11 735.02	2 921.68	24 423.97	7 253.08	24 622.29	3 484.97
谷城	254 097.32	39 687.73	3 903.3	179 200.3	1 174.82	11 061.59	3 051.98	13 790.16	2 227.44
保康	322 152.57	43 101.24	2 952.76	257 782.4	563.43	7 206.67	2 269.93	3 829.38	4 446.76
枣阳	327 601.25	161 269.51	7 848.85	62 031.54	9 163.69	25 654.38	9 402.49	41 359.26	10 871.53
南漳	385 288.81	85 562.59	4 355.69	256 704.49	1 831.11	12 669.28	3 369.82	11 984.9	8 810.93
老河口	105 168.11	58 089.32	3 524.96	10 217.41	532.84	10 624.25	2 856.33	15 608.3	3 714.7
宜城	211 386.42	101 621.17	1 718.83	54 752.18	8 926.73	13 044.57	4 468.43	23 021.83	3 832.68

地补偿标准为3.25万元/亩，Ⅲ级年产值标准1 200元/亩，征地补偿标准为3万元/亩。枣阳分为4个级别，征地补偿标准分别为3.55万元/亩、3.17万元/亩、2.56万元/亩、2.35万元/亩；老河口分为4个级别，征地补偿标准分别为3.45万元/亩、3.1万元/亩、2.64万元/亩、2.3万元/亩；襄阳为4个级别，征地补偿标准分别为3.45万元/亩、3.22万元/亩、2.86万元/亩、2.76万元/亩；宜城为4个级别，征地补偿标准分别为3.75万元/亩、3.12万元/亩、2.88万元/亩、2.53万元/亩；南漳为4个级别，征地补偿标准分别为3.84万元/亩、3.08万元/亩、2.52万元/亩、2.1万元/亩；谷城分为4个级别，征地补偿标准分别为3.5万元/亩、2.99万元/亩、2.76万元/亩、2.42万元/亩；保康分为3个级别，征地补偿标准分别为3.9万元/亩、2.97万元/亩、2.43万元/亩。

襄樊征地补偿区片综合地价见表37。

襄樊远城区征地统一年产值标准见表38。

【矿业权核查】 2009年，全市完成276个矿业权实地核查，埋设界桩678个，形成文字图表资料245(230)份，处理矿界漂移等问题49(56)个。

【矿产资源开发利用】 2009年，全市有各类矿山企业263家，其中煤矿25家，磷矿22家，硅石矿21家，建筑石料用灰岩矿49家，方解石17家，砖瓦粘土矿56家，其它矿73家。全市开采矿种35种，主要有煤矿、磷矿、建筑石料用灰岩、硅灰石、方解石和砖瓦用粘土等。全市矿山企业生产固体矿石总量708.4万吨，比上年减少48.38万吨。其中：煤矿20.04万吨，磷矿252.27万吨，水泥用灰岩179.9万吨，砖瓦用粘土109.4万吨，其他矿146.79万吨。全年实现工业总产值69 350.4万元，比上年增加6 174.3万元。其中煤矿工业总产值5 589.0万元，磷矿工业总产值49 681.0万元，水泥用灰岩工业总产值2 743.81万元，砖瓦用粘土的工业总产值7 350.92万元。全市矿山利润总额7 922.18万元。其中，煤矿212.4万元，磷矿6 516.0万元，水泥用灰岩216.0万元，砖瓦用粘土807.6万元，其他矿170.18万元。

【地灾防治规划】 11月23日，《全市地质灾害防治规划(2009—2020年)》经市政府审定通过，即日起正式发布实施。

（李　瑛）

质量技术监管

【概况】 2009年，襄樊取得工业产品生产许可证317单元，食品添加物质备案企业454家，通过计量合格确认企业48家，17家企业采用国际标准，25家企业生产的28个产品被评为“湖北名牌产品”，建立14个农业标准化示范区。全年完成产品质量监督检验5 384批次，同比增加33.6%。检验特种设备3 250台(套)，检验气瓶7.17万只，全年无重特大安全事故发生。2009年，梅园牌大米等25家企业生产的28个产品被评为“湖北名牌产品”。枣阳开展优质汽车摩擦密封材料生产基地创建工作，谷城启动汽车零部件生产基地创建。在100家大中型企业中开展质量兴企活动。9月份，开展了主题为“全员全过程全方位参与、全面提高质量安全水平”的质量月活动。

湖北名牌产品见表39。

【质量和安全年活动】 2009年，取得工业产品生产许可证317单元，有效证书达1 017张。使用食品添加剂的489家企业和965家小作坊全部完成备案。出动监管人员2 500余人次，检查企业1 071家，督促整改质量安全隐患26处。开展碱面加工小作坊专项整治工作，抽样检验351批次，立案查处36起，关停小作坊15家。对全市114处特种设备重大危险源和52家单位使用的382台套危化品压力容器建立档案，加大监管力度。全年无重特

表37 **襄樊征地补偿区片综合地价**

单位：元/亩

市(州)名称	等　级	征地补偿区片综合地价	区片范围描述
襄樊市	Ⅰ	90 000	檀溪湖、施营、乔营、七桥、洪沟、董台社区居委会
	Ⅱ	70 000	营盘、观音阁村，王家洼、庞公祠、前贾洼、后贾洼、王寨社区居委会
	Ⅲ	50 000	洪庙、河心、十家庙、杨家河、钱营、水洼、麒麟、贾州、涂家巷、孙家巷、王伙、邓城、台子湾村，衡庄、韩洼、柿铺东、柿铺西、柿铺街道、余岗、黄家居委会
	Ⅳ	36 000	花栎木店、赵庄、周营、枣林、贺店、曹湾、黄龙观、张桥、杨湖、梁坡、闫湾、蔡庄、施坡、陆寨、孙庄、桐树店、清河店、叶店、何庄村，隆中、顺正河、米庄、谢洼居委会

表38 襄樊远城区征地统一年产值标准

单位:元/亩

市(州)	县(市)、区	区域编号	年产值标准	补偿倍数	征地补偿标准	区域描述
襄樊市	襄樊市远城区	Ⅰ	1 400	25	35 000	欧庙镇(8个村):郭河、陈家河、刘口、曾埫、王树岗、柳林桥、文埫、张西 尹集乡(1个村):尹集 卧龙镇(4个村):街东、街西、谭庄、新建 牛首镇(7个村):牛首、竹条、熊营、兴隆、李马、汤岗、九家 太平店镇(8个村):郭岗、王台、胥营、五板桥、田山、蔡岗、高田、杨旗营
		Ⅱ	1 300	25	32 500	尹集乡(2个村):凤凰、白云 牛首镇(6个村):黄丰、黄庄、刘古岗、张王岗、青芳营、袁营 太平店镇(6个村):小龙洲、沈河、宋闸、徐堤、朱坡、莫岗
		Ⅲ	1 200	25	30 000	欧庙镇(48个村):黄冲、付岗、刘庄、徐湾、橡树、胡河、张东、梁西、梁东、章洲、潼口、黄桥、卢畈、王沟、邹湾、庞岗、熊庙、褚庙、江庙、卞岗、卸甲山、聂营、涂沟、康咀、千弓、康湾、石湾、李湾、李埫、桃园、大洲、肖洲、大营、散洲、李刘集、莫康、新街、何湾、西湾、赵山、鲁衙、王岗、九屋、孟湾、闫咀、梅岗、杨集 卧龙镇(41个村):东合、光明、毛梁、薛梁、高湾、胡巷、袁巷、屠巷、黄河、魏湾、华岗、玉皇、白马、青山、回龙、梁家、当华、大堰、徐台、姚河、西乡、金桥、鄢洲、横领、莲花、朝阳、洪庙、官山、晏湾、毕庙、杨井、云岫、岗庙、姜新、隆林、牌坊、观音、木桥、尤河、文畈、平桥 尹集乡(4个村):姚庵、青龙、江□、肖冲 牛首镇(23个村):庞营、花园、中号、茶庵、新集、新中、熊集、李洼、李沟、刘官、堰口、王坡、张湖、汪营、上堰、陈李湾、枣园、张岗、李冲、马棚、卓营、大李营、胡巷 太平店镇(28个村):小樊、刘河、乔岗、邵楼、龙巷、严湾、合心、龚洲、王堤、上茶庵、钱徐、梁庄、大冲、先进、李集、晏楼、崔湾、曾岗、徐庄、肖笆、石河、李家湾、龙李、张园、徐营、芦湾、杜湾、孙蔡

表 39 湖北名牌产品

产品名称	企业名称	商标
玉米种子	襄樊正大农业开发有限公司	正大
华油甘蓝型油菜杂交种	谷城圣光种业有限公司	圣光
砂梨	老河口市仙仙果品有限公司	汉水
书写纸	南漳县华海纸业有限责任公司	水镜庄
大米	湖北梅园米业有限公司	梅园
大米	襄樊赛亚米业有限公司	赛亚
菜籽油	湖北奥星粮油工业有限公司	奥星
植物油/面粉	襄樊万宝粮油有限公司	万宝
花生油	宜城市天鑫油脂有限公司	楚鑫
面粉/挂面	枣阳市三杰麦面有限公司	久哥
挂面	湖北梨花湖食品有限公司	梨花湖
小麦粉	枣阳市贤德面粉有限公司	德林
绿茶	保康荆山锦天然有机茶业有限公司	荆山锦茶
绿茶	五山玉皇剑茶业公司	玉皇剑
硝酸铵/浓硝酸	湖北金源化工股份有限公司	丹菱
硅胶、厌氧胶、丙烯酸	湖北回天胶业股份有限公司	回天
汽车专用系列涂料	湖北天鹅涂料化工有限公司	天鹅
汽车用制动器衬片	湖北飞龙摩擦材料股份有限公司	隆中
汽车轴承	襄阳汽车轴承股份有限公司	ZXY
汽车转向节	湖北三环锻造有限公司	东银
球笼式万向联轴器	襄樊博亚机械有限公司	博亚
汽车变速箱	湖北江山机械厂变速箱分厂	江山神剑
高压线路用棒形悬式合成绝缘子	襄樊国网合成绝缘子股份有限公司	通力
ZAPF 并联有源电力滤波装置	湖北追日电气设备有限公司	追日
涤棉迷彩布	襄樊新四五印染有限责任公司	际华轻工

大安全事故发生。

【标准化工作】 10月16日，全省首家国家物流标准化技术委员会仓储技术与管理分技术委员会在襄樊成立。其主要任务是负责仓储技术与管理等领域的国家标准制修订。该会秘书处由湖北物资流通技术研究所承担，第一届分技术委员会由19名委员组成。新创建14个市级农业标准化示范区，谷城油茶标准化示范县建设获省质监局批准。南河小三峡旅游风景区标准化试点完成申报。襄樊安能热电公司制定实施《商品煤采样方法》企业标准，解决商品煤中掺杂使假问题，全年节约标准煤3万多吨，节约资金1 700多万元，10月27日市政府召开现场会推广其经验。

【食品检验工职业技能大赛】 11月22日，市质监局、劳动局、总工会、团委、妇联等单位联合主办"万宝"杯襄樊市首届食品检验工职业技能大赛在市职业技术学院开赛，全市86名食品检验工参加实际操作和理论知识考试。

（刘旭瑞）

食品药品监管

【概况】 襄樊市食品药品监督管理局是湖北省食品药品监督管理局垂直管理的行政执法机关，依法对全市药品研制、生产、经营和使用行为实施监督管理。履行全市食品安全综合监督、组织协调、依法组织开展对重大事故的查处职能。下辖襄樊市药品检验所以及襄阳、枣阳、老河口、宜城、南漳、保康、谷城七个县级食品药品监督管理局。2009年，全市食品安全应急体系初步建立，食品安全责任网、监督网覆盖面100%，食品流通网覆盖65%的行政村。8月，省食品安全领导小组办公室批准枣阳市为省级食品安全示范县（市）。

【整治食品添加剂】 2009年，全市出动执法人员27 472余人次，检查各类食品企业29 031家，受理投诉举报66起，查处案件24起。4月，省食品安全领导小组办公室考核评估全市专项整治工作，实地抽查襄樊丽波奶站、襄樊丽波乳业有限公司、集味轩食品原料店、襄樊四中学校食堂、川惠大酒店等。襄樊食品添加剂专项整治工作考核评估为优秀等次。

【整治餐饮业食品安全】 8月7日,启动以碱面为重点的餐饮业食品安全专项整治。检查碱面小作坊426家, 小餐饮3 000多家,抽查检验碱面、小麦粉、食品添加物质等样品351个批次,立案查处36起,结案18起,关停碱面小作坊15家,对23家小作坊下达责令整改通知书。碱面合格率由49%提高到95%。

【药品安全责任体系建设】 2009年,监督检查4 000多家药品生产、经营企业和各类医疗机构。结合日常监管和稽查处理情况初审市区293个药品、医疗器械经营单位,信用等级划分药品经营批发企业27家、医疗器械经营专营批发企业31家、药品(器械)零售企业1 116家,其中:警示76家、失信12家。

【整治药品安全】 7—9月,全市集中整治药品生产、经营和使用三个重点环节,出动执法人员1 482人次,检查药品生产经营企业和医疗机构1 535家,发出整改通知497份,下达处罚决定书136份,立案调查违法行为128起。

【日常监管】 全年检查药品经营企业290家、医疗机构47家,发出整改通知书147份,依法处理襄樊德仁堂连锁有限公司二十七分店等8个零售药店销售假药且不能提供购进合法票据行为。评定药品医疗器械经营企业2008年度信用等级,对64家药品经营企业、两家医疗器械经营企业提出警示。《药品经营许可证》换证和再次认证,受理行政审批件1 203件、GSP认证242件。监测药品、医疗器械、保健食品广告856条,涉嫌违法违规127条,其中药品107条、医疗器械两条、保健食品18条,移交工商行政管理部门查处违法广告127条。暂停违法发布广告的腰椎痹痛丸、定眩丸等6个品种在辖区内的销售。

【农村药品两网建设】 2009年,实行农村药品"两网"(农村药品监管网络、农村药品供应网络)建设纳入目标考核,实行县(市)区、镇、村三级目标管理。各县市区聘任药品监督协管员154人,信息员2 512人,药品监督网络覆盖100%乡镇及行政村。7个县(市)区政府经费全部纳入当地财政预算用于农村药品"两网"建设。枣阳、谷城、襄阳部分药店已纳入"新农合"报销范围试点。1 700家基层医疗机构药房(药库),达到规范化标准。枣阳、谷城为湖北省农村药品"两网"示范县(市)。

【药品不良反应监测】 对500多名药品生产、经营企业和医疗机构相关人员开展药品不良反应监测报告知识培训。全市上报药品、医疗器械不良反应报告998份。

【药品检验】 2009年,完成日常监督抽样检品853批次,其中中药材及中药饮片153批,占日常监督抽样总数17.94%;药品日常监督及跟踪抽验数1 372批次,其中日常监督抽验853批次,检出不合格药品262批,药品不合格率30.72%,跟踪抽验519批次,检出不合格药品53批,检出不合格率10.21%;完成专项抽验262批,其中指定考核5个品种222批,检验不合格7批,不合格率3.15%;中成药非法添加化学药品筛查35个品种122批次,发现阳性药品6个品种8个批次。

【医疗器械抽验】 2009年,专项抽验20多家药品医疗器械经营企业和医疗机构,完成8批次有源医疗器械产品抽样、14批次无源医疗器械产品抽样,2批次产品质量不合格。依法对相关企业和不合格医疗器械进行处罚。

【药品检测车运行管理】 2009年,药品检测车运行40次71天,行程7 500千米,监督检查全市所辖7个县(市、区)51个乡镇,监督检查涉药单位322家,筛查药品2 018批,发现可疑药品529批,确认不合格药品18批,假药品种(不包括中药饮片)62个,涉及通心络胶囊、复方氨酚烷胺片、达克宁、格列齐特片、三金片等假冒药品,对发现的假劣药品已全部立案查处。

【药品稽查打假】 整治非药品冒充药品专项行动,查出非药品冒充药品可疑品种1 208个,发现无文号产品58个;专项整治医疗机构药品的购进、药品挂靠经营、超范围经营、超方式经营等,查处挂靠经营药品案4起、超范围经营医疗器械6起;专项整治天门市干驿镇假药工作,查处疑似天门市干驿镇假药"草香胃康胶囊"、"伸筋丹胶囊"、"盆炎净胶囊"、"参桂鹿茸丸"、"骨风宁胶囊"等12批。全年查处假劣药品、医疗器械案件1 314件,结案1 275件,结案率97%。

(李　楠)

安全生产监管

【概况】 2009年,全市发生各类事故1 378起,死亡136人,受伤377人,直接经济损失696.2万元,死亡人数和直接经济损失分别下降4.23%、4.59%,事故起数和受伤人数同比分别上升8.42%和17.0%。死亡人数同比减少6人。分行业情况来看，工矿商贸事故：全年死亡38人，比上年减少2人，下降5.0%。道路交通事故：全年死亡97人，比上年减少3人，下降3.0%，发生较大道路交通事故1起，死亡7人，比上年净增1起。消防火灾事故：全年死亡1人，与上年持平。水上交通无事故。

襄樊安全生产事故四项指标对比见表40。

【安全生产治理行动】 2009年，排查企业7 839家，对排查出的17个市级重大隐患实行重点挂牌督办；确定重点治理危险路段18处，列入市级重点治理计划；辨识评估出市级重大危险源135个，全部纳入监控范围，关闭3家煤矿和13家非煤矿山。

【安全生产执法行动】 2009年，全市负有安全监管职责的建设、交通、水利等13个部门编制年度监察执法计划书，覆盖本行业高危企业、规模以上企业、重点工程及重大招商引资项目。建立安监局、发改委、招商局、建委、经委、交通局、水利局、教育局等部门联席工作机制，明确全市在建的120个亿元以上重点工程各部门管理权限和监管责任主体。6月起，市政府组织安监、建设、交通、水利和质监等部门，检查调研鱼梁洲洲滩整治工程、葛洲坝水泥集团宜城水泥厂、崔家营水电枢纽工程、襄樊三桥建设工地、深圳工业园区、化工园区、航空航天工业园区等现场，指导建立安全管理体系、责任体系和教育培训体系，专项督察工业园区、重点工程和重大招商引资项目建设。严厉打击“三非”行为，监察矿山企业400余家(次)，发现问题600余处，下达整改指令200余份，责令停产整改45家，打击非法开采3处，实施经济处罚4起，依法提请政府关闭非煤矿山企业13家。公安、安监部门联合出击，整治非法生产烟花爆竹较为集中的襄阳区朱集镇，查处非法生产经营窝点12处。

【创建标准化企业】 2009年，全市参加创建的乡镇有29个，社区36个，企业安全标准化180家，企业安全基础工作达标76家。至年底，全市通过国家级标准化企业1家、省级标准化企业13家、市级标准化企业132家、合格乡镇11个、先进社区13个。

【安全生产事故责任追究】 2009年，市、县两级安监、公安、监察、检察和工会密切配合，严肃查处28起工矿商贸事故和“5·1”较大道路交通事故，仅“5·1”较大道路交通事故就有2人被追究刑事责任、3家单位和包括公务人员在内的9人受到行政处罚、1家企业被清出市场。

(周旺民)

国资监管与国企改革

【概况】 至年底，市属15户出资企业资产总额达196.7亿元，比上年同期增长88.05%；实现销售收入17.9亿元，比上年同期增长35.61%；实现利润3.3亿元，比上年同期增长17.86%。出资企业国有资产总量达73.81亿元。

国有资产总量及资产负债有关指标情况见表41。

【完善国资监管体系】 至年底，市国资委直接监管的15户企业国有产权变更登记工作基本完成，企业国有产权划转由市国资委持有。市委组织部以襄组发[2009]11号文件明确规定市国资委监管企业党组织关系及领导人员管理问题，明确出资企业党组织关系和企业负责人管理的职责和范围，完成党组织关系和企业领导人员管理关系的移交工作。制定《市国资委所出资企业重大事项报告制度》、《襄樊市国资委所出资企业负责人经

表40 **襄樊安全生产事故四项指标对比**

类别	事故起数			死亡人数			受伤人数			直接经济损失(万元)		
	起数	上年同期	同比增减(±%)	人数	上年同期	同比增减(±%)	人数	上年同期	同比增减(±%)	2009年	上年同期	同比增减(±%)
合计	1 378	1 271	8.42	136	142	-4.23	337	288	17.0	696.2	729.7	-4.59
工矿	34	37	-8.11	38	40	-5	1	5	-80	330.7	395.3	-16.3
道路交通	309	312	-0.96	97	100	-3	335	283	18.4	74.3	68.22	8.91
火灾	1 035	921	12.4	1	1		1		净增	291.2	263.7	10.4
水上交通		1	净减		1	净减					2.5	净减

表 41　国有资产总量及资产负债有关指标情况

金额：万元

有关指标	全市总计	市直				襄阳	枣阳	老河口	宜城	谷城	南漳	保康	另：市出资监管企业
		合计	国有独资企业	国有控股企业	企业化管理事业单位								
户数	151	33	11	18	4	37	10	8	1	30	17	15	14
盈利户数	88	18	5	10	3	16	7	6	1	18	11	11	6
盈利额	44 558.1	43 185.2	32 406.77	10 734.25	44.18	301.76	184.76	160.96	160	121.57	407.5	36.35	39 667.46
亏损户数	63	15	6	8	1	21	3	2	0	12	6	4	8
亏损额	6 080.36	3 400.56	1 278.49	2 023.62	98.45	108.81	505.17	74.05	0	1 622.27	293.82	75.68	2 384.65
国有资产总量	790 277.91	738 090.02	672 770.81	63 542.72	2 168.64	25 142.03	3 477.93	11 649.07	0	3 172.92	2 746.57	5 999.37	724 492.58
资产总额	228 1827.39	2 055 691.11	1 304 678	744 251.6	6 761.51	47 317.29	35 916.31	20 668.88	12 261	37 936.97	34 079.3	37 956.53	1 889 335.42
流动资产	782 701.08	669 485.46	272 380.19	393 284.15	3 821.12	13 070.87	19 473.5	8 857.93	8 553	24 277.59	25 461.22	13 521.5	589 742.54
存货	100 084.6	66 216.08	28 837.86	37 237.58	140.64	2 745.87	10 409.86	1 230.76	650	4 732.59	13 214.02	885.41	50 646.63
应收账款	154 472.08	119 610.96	78 179.64	39 980.11	1 451.21	4 469.23	3 556.25	1 779.88	617	12 080.53	7 283.75	5 074.49	103 215.61
固定资产净额	390 479.26	291 016.53	217 716.75	71 375.88	1 923.91	33 732.1	14 052.23	10 049.22	2 969	9 049.77	6 971.76	22 638.64	266 383.68
负债总额	1 519 482.29	1 319 630.99	636 305.2	678 847.87	4 477.91	31 480.07	39 602.36	9 118.63	14 549	40 273.91	33 037.92	31 789.41	1 153 081.68
流动负债	823 232.6	673 603.11	102 794.74	567 075.58	3 732.78	21 884.69	31 388.63	8 812.43	7 783	36 201.72	30 312.12	13 246.89	531 244.38
非流动负债	696 249.7	646 027.88	533 510.46	111 772.29	745.13	9 595.38	8 213.73	306.2	6 766	4 072.19	2 725.8	18 542.52	621 837.31
所有者权益	762 345.09	736 060.13	668 372.8	65 403.73	2 283.6	15 837.22	-3 686.05	11 550.25	-2 288	-2 336.95	1 041.38	6 167.12	736 253.74
实收资本	325 465.32	277 945.31	162 071.97	114 103.37	1 769.97	19 743.99	8 047.41	2 119.77	3 772	6 658.2	3 663.18	3 215.47	233 909.59
国家资本	286 140.18	241 692.51	162 071.97	78 575.08	1 545.47	19 743.99	8 047.41	2 119.77	3 772	6 658.2	1 220.83	2 885.47	203 775.67
国有法人资本	8 574.83	6 325.96	0	5 601.45	224.5	0	0	0	0	20	1 898.87	330	5 061.45
资本公积	468 775.4	432 133.12	378 738.14	53 214.87	180.11	17 477.06	1 289.38	9 902.53	315	-245.14	2 485.01	5 418.44	405 169.99
盈余公积	11 041.38	8 983.55	6 930.9	1 623.68	428.96	681.85	130.94	138.5	18	88.31	414.07	586.17	8 266.73
未分配利润	-45 055.21	14 879.95	120 631.79	-105 656.39	-95.45	-22 065.68	-13 153.78	-610.56	-6 393	-9 138.3	-5 520.87	-3 052.96	86 862.48

营业绩考核暂行办法》、《市国资委出资企业领导人员管理办法》、《市国资委所出资企业领导人员经济责任审计办法》等30多个规范性文件，涉及国有企业改制、产权转让、资产评估、风险防范、业绩考核、财务监督、企业党建等国资监管的重点和关键环节。

【规范国有产权管理】 2009年登记28户企业国有资产产权，其中占有登记22户，变更登记5户，注销登记1户，登记总额77 526.2万元。审计查阅襄樊电力开发总公司公司财务帐薄、工商登记等相关资料，按照“谁投资、谁拥有”原则对该企业产权进行界定。以2008年6月30日为基准日，襄樊电力开发总公司161 062 603.00元的实收资本全部界定为国有资本。加强资产评估项目监管，上半年完成资产核准或备案项目4项。核实和界定5家改制企业非经营性资产划转移交给城区管理的相关情况，确保非经营性资产规范剥离和按照规定程序移交。经现场勘察和审核，批复划转各类房屋建筑物5 496.45平方米，土地5.33万平方米，住房维修基金结余74万元。

【国有资产监管】 2009年，启动市政府授权15户直接监管和16户委托监管企业的清产核资工作，重新核定企业占有和使用国有资产的数额。5户企业签订2009年度经营业绩目标考核责任书。综合审定市水务集团有限公司、中房集团襄樊股份有限公司、公交总公司、鼓楼商场股份有限公司等4户企业2009年度业绩考核等次为A级，襄江商场股份有限公司为C级。市城市商业银行和市电力开发公司国有资本收益收缴到位。制定出台出资人财务监督的管理制度和工作规则，完善国有企业内部法律顾问工作网络，设立法律事务机构，配备高素质法律人才，严格审查企业法律顾问执业资格。

【国企改革重组】 5月，省三环集团与襄轴签订重组协议，市国资委将持有的襄轴集团95%产权无偿划转省三环集团，实现产业关联重组和上下联动重组。全部收回湖北制药厂国有出资，由兵器装备集团下属的华中制药厂全面托管，首批5 000万启动资金划拨到位。市建投公司注册资本由3.93亿元增至13亿元，净资产由7亿元增至约50亿元，总资产由28亿元增至约90亿元。确定以襄樊国益国有资产经营公司为债务重组平台，由国益公司出资2 800万元收购东方资产管理公司武汉办事处所拥有鼓楼商场1.9亿元债权的重组方案，债务化解后鼓楼商场资产负债率由原来的143%变为57%。企业由原来的资不抵债变为资产比较优良。中房公司2009年年施工面积24.65万平方米，占全市施工面积50%，实现收入1.72亿元。市公交总公司年内更新车辆72台，新开通公交线路3条52千米，实现营运收入9 847万元，同比增加633万元，同比增幅6.87%。水务集团2009年投建供水工程29 775米，管网资产新增7 066.74万元。至年底，首批80户改制、破产企业社会职能移交属地管理工作。其中，此次进行移交的企业65户，此前已向所在地社区居委会进行移交的企业15户，移交职工住户5 000多户，涉及职工1.5万人。市直改制、破产企业水、电改造工作进展明显，拨付水、电改资金1 800万元，完成30户企业供水设施改造，涉及职工住户11 000多户。完成6户企业的供电设施改造，涉及职工住户1 968户。

【国有资产营运效率】 2009年，全市企业国有资产总量和营运状况：

（一）国有资产总量和分布情况。至年底，全市151户汇编企业资产总额228.2亿元，负债总额151.9亿元，所有者权益76.2亿元。国有资产总量79.1亿元，比上年增加40.5亿元，增长104.92%。其中：国家资本28.6亿元，比上年减少2.2亿元，下降7.14 %；国有资本应享有权益50.5亿元，比上年增加42.7亿元，增长547.44 %。国有资产总量大幅增加的主要原因是市政府将部分资产注入市城市建设投资经营有限公司，且合并报表范围发生变化，使其2009年国有资产总量年初数57.4亿元比去年年末数21.5亿元增加35.9亿元。剔除上述因素影响，国有资产总量为43.2亿元，比上年增加4.6亿元，增长11.92%。其中：国家资本28.6亿元，比上年减少2.2亿元，下降7.14 %；国有资本应享有权益14.6亿元，比上年增加6.8亿元，增长87.18%。

从行政级次来看：市直33户企业国有资产总量73.9亿元，占全市企业国有资产总量93.43%；县（市）、区级118户，国有资产总量为5.2亿元，占全市国有资产总量的6.57%。

国有资产总量见表42。

（二）国有企业资产运用和偿债能力。至年底，全市151户汇编国有企业资产总额228.2亿元，同比增加58亿元，增长34.08%。其中流动资产78.3亿元，占资产总额34.31%；非流动资产149.9亿元，占资产总额65.69%。汇编企业负债总额151.9亿元，比上年增加51.2亿元，增长50.84%，资产负债率66.59%，比上年下降8.8个百分点。

从反映企业短期偿债和变现能力流动比率、速动比率两个指标来看，全市国有企业流动比率和速动比率分别为0.95、0.83，表明全市国有企业流动资产偿

表42 国有资产总量

单位:亿元

单位	国有资产总量	比重(%)	比上年增减	增减(±%)
全市合计	79.1	100	40.5	104.92
市直	73.9	93.43	41.1	125.3
其中:出资企业	72.5	91.65	40.5	126.56
襄阳	2.5	3.16		0
枣阳	0.3	0.38		0
老河口	1.2	1.51		0
宜城				
谷城	0.3	0.38	-0.3	-50
南漳	0.3	0.38	0.4	-57.14
保康	0.6	0.76	0.1	20

债能力普遍较差,短期变现能力较弱。

(三)国有资产营运效益。全年完成营业总收入36.3亿元,比上年增加6.8亿元,增长23.05%,高于上年增长幅度17.19个百分点,其中:主营业务收入33.1亿,比上年增加5.6亿元,增长20.36%,高于上年增长幅度10.8个百分点。汇编国有企业营业总成本34.6亿元,比上年增加2.6亿元,增长8.13%,其中营业成本27.9亿元,比上年增加2.8亿元,增长11.16%;三项费用5.8亿元,比上年减少0.3亿元,下降4.92%。成本费用总额占营业总收入的比率95.19%,比上年下降12.49个百分点。

2009年,全市汇编国有企业实现利润总额3.9亿元,同比增加1亿元,增长34.48%;净资产收益率4.95%,比上年增加6.68个百分点;获利息倍数7.95,比上年增加7.22。

(张　晟)

出入境检验检疫

【概况】 2009年,检验检疫出入境货物8 233批,货值7.58亿美元,比上年分别下降9.74%和38.42%。其中,出境货物7 845批,货值5.85亿美元;入境货物388批,货值1.72亿美元。出具索赔证书33份,索赔金额18.9万美元。

【供港活猪、牛】 2009年,襄樊益龙畜禽有限公司供港活猪47批、7 360头。襄阳区石桥镇湖北良友金牛畜牧有限公司是湖北省唯一一家获国家质检总局批准的供港活牛公司,全年供港活牛24批、600头。

【中药材出口】 2009年,检验检疫中药材出口64批,货值167.6万美元,比上年分别增长31.2%和53.1%。

【进口棉花】 2009年,检验进口棉花28批7 100吨,货值958万美元,比上年分别增长100%、87.6%和46.1%。其中,出具重量和品质检验证书56份,为企业索赔提供证明。

【口岸医学媒介生物疫情监测】 在襄樊和十堰口岸监测点放置鼠夹220个(次)、鼠笼20个(次)、粘蝇纸40张、紫外线诱蚊灯18次,捕获蝇类103只、蚊类85只。

【截获检疫性害虫】 2009年,襄樊检验检疫局驻襄樊口岸办公室在从英国进境的设备木质包装中,查获一类检疫性害虫果实蝇,首次在襄樊口岸截获一类检疫性害虫。同时还截获"葱地种蝇"、"蚁属"等4种有害生物10多只。

【实蝇监测】 在鄂西北地区设实蝇监测点105个,其中襄樊地区80个监测点。诱捕桔小实蝇、瓜实蝇、具条实蝇、桔大实蝇、南瓜实蝇、三点棍腹实蝇6种8 757只。

【认证认可】 2009年完成大山合集团保康绿生现代农业有限公司和襄樊楚台食品有限公司等16家企业的卫生登记评审和换证复查工作。襄樊楚台食品有限公司2个养鸭基地通过备案,大山合集团保康绿生现代农业有限公司3个食用菌种植基地、房县神武山珍食品有限公司食用菌基地等提出备案申请。辖区内有出口食品卫生备案企业38家。

【产地证签证】 2009年签发原产地证书1 044份,签证金额9 670万美元。签证的大宗商品为输往韩国粘胶长丝、欧洲维生素B1、越南出口汽车、出口服装、出口香菇及化工产品。全年产地证新注册企业18家,有产地证签证企业133家。其中全市签证货物金额过百万美元的企业11家。

【绿色通道】 2009年,襄樊天王服装有限责任公司、东风渝安车辆有限公司、东风汽车股份有限公司、东风汽车有限公司、双星东风轮胎有限公司、湖北华中药业有限公司6家企业共10多个产品获国家质检总局绿色通道资格,出口产品经检验检疫合格,口岸检验检疫机构将免于查验,直接放行。

(李　华)

财政·税务·审计

责任编辑 责任校对 郭　炜

财　　政

【概况】 2009年襄樊市国内生产总值1 201亿元，增长19.8%。财政收入保持快速增长。全市地方一般预算收入完成370 210万元，同比增长23.2%，比年初预算超收3亿元，比全省平均增长14.7%高8.5个百分点，增幅在全省13个市州中排第6位。

争取中央和省扩大内需政策资金。至2009年底，开工项目406个，建成完工247个，完成投资10.13亿元。支持汽车零部件产业集群服务平台建设、农村公路、农村公共卫生、职业教育、文化、计生、生态环境保护、历史文化保护等项目建设。

采取措施帮助企业解困。2009年安排落实向中小企业担保公司再注入资本金4 000万元，使其资本金规模达1亿元，先后为市区的新火炬汽车零部件，枣阳的福田汽车、宜城安能生物发电、大山公司等81家中小企业贷款提供担保26 120万元，比上年增长67%；在保总额达24 265万元，比上年增长130%。落实500万元企业流动资金贷款贴息资金，对湖北化纤集团、襄樊新火炬科技有限公司、湖北雪美实业公司等62家企业办理贷款11.35万元给予利息补贴。兑现落实纺织企业做大做强的奖励和补贴政策，下拨100万元补贴7家纺织企业；落实市委、市政府确定的减少行政收费政策，对困难企业应缴的行政规费，实行减、免、缓征，对纺织、电力两个重点行业缓征市本级排污费和水资源费，缓征欠交的社保费达531万元。会同市科技局、市经委、市发改委、市国资委向省财政厅等部门上报重大科技专项资金、科技型中小企业创新基金、省级技术改造贷款贴息资金、国家和省级中小企业发展专项资金、中小企业信用担保补助资金、军转民结合产业发展专项金、县域经济发展专项资金等项目资金，全年争取上级财政资金2.2亿元，解决105家企业国际资金和科技项目资金紧张问题。

招商引资、全民创业和各类工业园区建设。2009年，预算安排招商引资专项资金1 200万元，旅游及航空发展专项资金1 500万元，优化行政审批流程改革财政补贴资金2 000万元，县域经济发展奖励资金4 500万元，科学技术经费和高新技术发展专项资金3 850万元，创业风险投资基金2 000万元，全民创业专项资金150万元，同时，先后筹措资金1.05亿元，支持解决湖北药厂、鼓楼商场等国企改革遗留问题。落实《关于鼓励和扶持全民创业的意见（试行）》，研究制定财政扶持资金申报及审批暂行办法，对创业者生产经营用房提供租金补助，对创业者实际投资给予投资补助，到年底，发放创业补贴资金137万元。引进落地项目3个，注册资本2.03亿元。

新能源产业发展和节能减排促进。整合支持企业发展的各类资金，先后投入1 400万元，支持新能源汽车的研发和生产。引进国内知名品牌的新能源企业在襄樊投资办厂，2009年，有福建源光亚明有限公司、山东皇明太阳能有限公司、北京博大光正太阳能有限公司、国能生物发电有限公司等新能源企业与襄樊签署合作投资意向协议，3年内协议投资7亿元。支持市区道路路灯更新改造，淘汰耗电高、照明效果差的高压钠灯，使用低耗电、效果好的无极灯，已更新使用6 000盏无极灯，减少路灯总功率830千瓦，年节电390万度。

襄樊市一般预算收支决算见表43。

襄樊市一般预算收支决算分级见表44。

襄樊市一般预算财政基本数字见表45。

行政事业单位收入分项见表46。

行政事业单位支出分项见表47。

非税收入征缴情况见表48。

表 43 襄樊市一般预算收支决算

单位:万元

收入预算科目	调整预算数	决算数	支出预算科目	调整预算数	决算数
一、税收收入	269 250	269 250	一、一般公共服务	183 250	182 582
增值税	53 548	53 548	二、外交		
营业税	65 329	65 329	三、国防	957	957
企业所得税	22 653	22 653	四、公共安全	79 530	78 289
企业所得税退税			五、教育	254 691	247 066
个人所得税	8 408	8 408	六、科学技术	14 315	14 311
资源税	3 448	3 448	七、文化体育与传媒	14 483	14 483
固定资产投资方向调节税			八、社会保障和就业	298 887	293 639
城市维护建设税	32 506	32 506	九、医疗卫生	88 184	87 931
房产税	12 503	12 503	十、环境保护	67 659	67 010
印花税	4 401	4 401	十一、城乡社区事务	74 644	74 644
城镇土地使用税	19 848	19 848	十二、农林水事务	238 874	238 858
土地增值税	6 472	6 472	十三、交通运输	55 837	54 725
车船税	3 569	3 569	十四、采掘电力信息等事务	41 572	41 572
耕地占用税	12 824	12 824	十五、粮油物资储备管理等事务	53 072	52 880
契税	20 034	20 034	十六、金融监管支出	1 007	1 007
烟叶税	3 707	3 707	十七、地震灾后恢复重建支出		
其他税收收入			十八、预备费		
二、非税收入	100 961	100 961	十九、国债还本付息支出	2 027	2 027
专项收入	22 734	22 734	二十、其他支出	72 590	29 656
行政事业性收费收入	56 456	56 456			
罚没收入	17 323	17 323			
国有资本经营收入	286	286			
国有资源(资产)有偿使用收入	3 749	3 749			
其他收入	413	413			
本年收入合计	370 211	370 211	本年支出合计	1 541 579	1 481 637

表 44 襄樊市一般预算收支决算分级

单位:万元

收入预算科目	决算数合计	地级	县级	支出预算科目	决算数合计	地级	县级
一、税收收入	269 250	108 262	160 988	一、一般公共服务	182 582	53 238	129 344
增值税	53 548	33 000	20 548	二、外交			
营业税	65 329	14 139	51 190	三、国防	957	30	927
企业所得税	22 653	13 359	9 294	四、公共安全	78 289	32 844	45 445
企业所得税退税				五、教育	247 066	44 278	202 788
个人所得税	8 408	3 766	4 642	六、科学技术	14 311	7 366	6 945
资源税	3 448	2	3 446	七、文化体育与传媒	14 483	4 416	10 067
固定资产投资方向调节税				八、社会保障和就业	293 639	109 761	183 878
城市维护建设税	32 506	18 094	14 412	九、医疗卫生	87 931	12 938	74 993
房产税	12 503	5 457	7 046	十、环境保护	67 010	23 352	43 658
印花税	4 401	1 788	2 613	十一、城乡社区事务	74 644	48 515	26 129
城镇土地使用税	19 848	7 373	12 475	十二、农林水事务	238 858	25 161	213 697
土地增值税	6 472	1 710	4 762	十三、交通运输	54 725	28 617	26 108
车船税	3 569	1 307	2 262	十四、采掘电力信息等事务	41 572	21 963	19 609
耕地占用税	12 824	1 703	11 121	十五、粮油物资储备管理等事务	52 880	10 058	42 822
契税	20 034	6 564	13 470	十六、金融监管支出	1 007	300	707
烟叶税	3 707		3 707	十七、地震灾后恢复重建支出			
其他税收收入				十八、国债还本付息支出	2 027		2 027
二、非税收入	100 961	22 345	78 616	十九、其他支出	29 656	6 939	22 717
专项收入	22 734	13 835	8 899				
行政事业性收费收入	56 456	3 440	53 016				
罚没收入	17 323	3 769	13 554				
国有资本经营收入	286	-177	463				
国有资源(资产)有偿使用收入	3 749	1 377	2 372				
其他收入	413	101	312				
本年收入合计	370 211	130 607	239 604	本年支出合计	1 481 637	429 776	1 051 861

表 45 **襄樊市一般预算财政基本数字**

单位:个、人

预算科目	年末机构个数	年末人数					年末人数中:													
							一般预算财政拨款开支人数					一般预算财政补助开支人数					经费自理人数		
		合计	在职人员	离休人员	退休人员	其他人员	小计	在职人员	离休人员	退休人员	其他人员	小计	在职人员	离休人员	退休人员	其他人员	小计	在职人员	退休人员
一般公共服务	708	29 618	25 376	226	4 016		25 287	21 463	213	3 611		3 793	3 425	13	355		538	488	50
人大事务	10	529	446	9	74		529	446	9	74									
政协事务	11	442	374	8	60		442	374	8	60									
政府办公厅(室)及相关机构事务	218	13 676	11 014	87	2 575		13 031	10 442	86	2 503		573	500	1	72		72	72	
发展与改革事务	31	1 067	934	10	123		984	856	10	118		80	75		5		3	3	
统计信息事务	11	278	248	2	28		274	244	2	28		3	3				1	1	
财政事务	141	4 686	4 442	16	228		3 245	3 064	14	167		1 441	1 378	2	61				
审计事务	13	601	523	2	76		601	523	2	76									
人力资源事务	16	416	389	2	25		383	358	2	23		33	31		2				
纪检监察事务	10	410	380	3	27		410	380	3	27									
人口与计划生育事务	28	1 384	1 265	6	113		736	683	6	47		648	582		66				
商贸事务	19	732	567	23	142		630	505	17	108		102	62	6	34				
知识产权事务	2	21	16		5		21	16		5									
国土资源事务	22	1 816	1 654	1	161		1 050	957	1	92		538	472		66		228	225	
地震事务	2	19	17		2		2	2				17	15		2				
气象事务	5	29	26		3		4	4				25	22		3				
民族事务	2	26	23		3		26	23		3									
宗教事务	4	25	21		4		25	21		4									
港澳台侨事务	11	67	58		9		67	58		9									
档案事务	13	293	246	1	46		152	127		25		101	85	1	15		40	34	6
共产党事务	80	1 964	1 789	16	159		1 935	1 760	16	159		29	29						
民主党派及工商联事务	11	101	89		12		101	89		12									
群众团体事务	38	660	556	12	92		546	474	9	63		114	82	3	29				
其他一般公共服务支出	10	376	299	28	49		93	57	28	8		89	89				194	153	41
公共安全	60	9 311	8 612	31	668		9 231	8 532	31	668		65	65				15	15	
公安	19	5 440	5 079	19	342		5 406	5 045	19	342		34	34						
国家安全	1	13	13				13	13											
检察	11	1 208	1 104	3	101		1 208	1 104	3	101									
法院	11	1 744	1 618	5	121		1 698	1 572	5	121		31	31				15	15	

续表

预算科目	年末机构个数（个）	年末人数					年末人数中：															
							一般预算财政拨款开支人数					一般预算财政补助开支人数					经费自理人数				
		合计	在职人员	离休人员	退休人员	其他人员	小计	在职人员	离休人员	退休人员	其他人员	小计	在职人员	离休人员	退休人员	其他人员	小计	在职人员	离休人员	退休人员	其他人员
司法	11	758	680	2	76		758	680	2	76											
劳教	1	68	66		2		68	66		2											
国家保密	5	28	25		3		28	25		3											
其他公共安全支出	1	52	27	2	23		52	27	2	23											
教育	434	71 816	62 438	224	9 079	75	475	384	7	84		70 890	61 702	216	8 972		451	352	1	23	75
教育管理事务	35	1 096	901	15	180		475	384	7	84		619	515	8	96		2	2			
普通教育	359	64 882	56 516	161	8 151	54						64 734	56 446	160	8 128		148	70	1	23	54
职业教育	23	4 836	4 237	41	537	21						4 728	4 150	41	537		108	87			21
广播电视教育	3	205	165		40							166	126		40		39	39			
特殊教育	5	179	150		29							179	150		29						
教师进修及干部继续教育	8	464	315	7	142							464	315	7	142						
教育附加及基金支出																	154	154			
其他教育支出	1	154	154																		
科学技术	26	597	446	4	147		408	308	3	97		189	138	1	50						
科学技术管理事务	13	368	269	2	97		276	206	2	68		92	63		29						
应用研究	2	27	27				19	19				8	8								
技术研究与开发	1	13	9		4		13	9	4												
科技条件与服务	2	21	20		1		5	5				16	15		1						
社会科学	1	22	14		8							22	14		8						
科学技术普及	7	126	87	2	37		75	49	1	25		51	38	1	12						
其他科学技术支出		20	20				20	20													
文化体育与传媒	101	4 129	3 502	30	597		762	666	11	85		2 987	2 483	19	485		380	353		27	
文化	56	1 613	1 303	19	291		406	375	4	27		1 200	921	15	264		7	7			
文物	9	231	202	1	28		24	24				200	171	1	28		7	7			
体育	6	187	138	6	43		90	57	6	27		97	81		16						
广播影视	23	1 710	1 540	2	168		223	192	1	30		1 332	1 201	1	130		155	147		8	
新闻出版	4	260	229		31		19	18		1		30	19		11		211	192		19	

续表

预算科目	年末机构个数（个）	年末人数					年末人数中：一般预算财政拨款开支人数					一般预算财政补助开支人数					经费自理人数				
		合计	在职人员	离休人员	退休人员	其他人员	小计	在职人员	离休人员	退休人员	其他人员	小计	在职人员	离休人员	退休人员	其他人员	小计	在职人员	离休人员	退休人员	其他人员
其他文化体育与传媒支出	3	128	90	2	36							128	90	2	36						
社会保障和就业	124	23 362	2 826	784	19 747	5	10 076	1 352	462	8 262		13 210	1 419	322	11 469		76	55		16	5
人力资源和社会保障管理事务	52	1 280	1 194	3	78	5	650	609	3	38		590	554		36		40	31		4	5
民政管理事务	19	746	614	16	116		651	519	16	116		95	95								
行政事业单位离退休	6	19 856	49	673	19 134		8 475	49	429	7 997		11 369		244	11 125		12			12	
就业补助		21	20	1			21	20	1												
抚恤	9	127	121		6		31	28		3		95	92		3		1	1			
退役安置	9	505	83	86	336		130	14	13	103		356	50	73	233		19	19			
社会福利	16	564	490	5	69							560	486	5	69		4	4			
残疾人事业	8	113	108		5		97	92		5		16	16								
红十字事业	2	9	9				5	5				4	4								
其他社会保障和就业支出	3	141	138		3		16	16				125	122		3						
医疗卫生	168	26 076	22 093	150	3 747	86	632	528	9	95		24 421	20 884	140	3 397		1 023	681	1	255	86
医疗卫生管理事务	15	571	483	10	78		421	353	9	59		150	130	1	19						
医疗服务	32	14 658	12 471	110	1 991	86						13 884	11 985	109	1 790		774	486	1	201	86
医疗保障	3	75	63	1	11		46	39		7		29	24	1	4						
疾病预防控制	12	1 344	1 159	9	176		93	68		25		1 201	1 041	9	151		50	50			
卫生监督	5	250	249		1		66	65		1		184	184								
妇幼保健	8	1 021	864	4	153							1 021	864	4	153						
农村卫生	91	8 143	6 793	16	1 334							7 944	6 648	16	1 280		199	145		54	
其他医疗卫生支出	2	14	11		3		6	3		3		8	8								
环境保护	31	954	879	5	70		455	394	4	57		463	449	1	13		36	36			
环境保护管理事务	9	499	432	4	63		410	349	4	57		53	47		6		36	36			
环境监测与监察	6	211	204	1	6		8	8				203	196	1	6						
污染防治		37	37				37	37													

续表

预算科目	年末机构个数（个）	年末人数					年末人数中：													
							一般预算财政拨款开支人数					一般预算财政补助开支人数					经费自理人数			
		合计	在职人员	离休人员	退休人员	其他人员	小计	在职人员	离休人员	退休人员	其他人员	小计	在职人员	离休人员	退休人员	其他人员	小计	在职人员	离休人员	退休人员
天然林保护	14	184	184									184	184							
能源节约利用	1	5	4		1							5	4		1					
资源综合利用	1	18	18									18	18							
城乡社区事务	85	7 655	6 488	49	1 118		2 479	2 128	42	309		4 762	3 969	7	786		414	391		23
城乡社区管理事务	40	2 293	2 054	18	221		1 254	1 116	17	121		1 021	926	1	94		18	12		6
城乡社区规划与管理	12	848	741		107		284	227		57		354	321		33		210	193		17
城乡社区公共设施	14	1 655	1 398	23	234		567	475	23	69		1 078	913		165		10	10		
城乡社区住宅	1	18	15		3		18	15		3										
城乡社区环境卫生	12	2 389	1 952	4	433		262	224		38		1 984	1 585	4	395		143	143		
建设市场管理与监督	3	92	71	2	19		81	60	2	19							11	11		
其他城乡社区事务支出	3	360	257	2	101		13	11		2		325	224	2	99		22	22		
农林水事务	218	10 072	8 303	62	1 707		3 252	2 511	42	699		5 673	5 157	13	503		1 147	635	7	505
农业	137	5 334	4 497	27	810		1 709	1 271	20	418		3 510	3 111	7	392		115	115		
林业	40	1 544	1 303	11	230		652	498	7	147		823	799	3	21		69	6	1	62
水利	33	3 079	2 390	24	665		799	652	15	132		1 317	1 224	3	90		963	514	6	443
扶贫	6	55	53		2		52	50		2		3	3							
农业综合开发	2	40	40				40	40												
其他农林水事务支出		20	20									20	20							
交通运输	18	4 832	3 599	23	1 210		1 015	638	15	362		2 592	2 149	5	438		1 225	812	3	410
公路水路运输	16	3 450	2 694	17	739		841	638	9	194		1 647	1 244	5	398		962	812	3	147
民用航空运输	1	58	18		40							58	18		40					
其他交通运输支出	1	1 324	887	6	431		174		6	168		887	887				263			263
采掘电力信息等事务	53	1 285	834	34	417		989	633	26	330		240	146	8	86		56	55		1

续表

预算科目	年末机构个数（个）	年末人数					年末人数中：														
							一般预算财政拨款开支人数					一般预算财政补助开支人数					经费自理人数				
		合计	在职人员	离休人员	退休人员	其他人员	小计	在职人员	离休人员	退休人员	其他人员	小计	在职人员	离休人员	退休人员	其他人员	小计	在职人员	离休人员	退休人员	其他人员
采掘业	1	43	36		7		16	16				27	20		7						
制造业	31	708	437	14	257		539	345	7	187		167	90	7	70		2	2			
建筑业	4	138	66	7	65		116	45	7	64							22	21		1	
电力监管支出																					
工业和信息产业监管支出	1	51	25	1	25		51	25	1	25											
安全生产监管	8	118	117		1		86	86				15	14		1		17	17			
国有资产监管	2	68	67		1		68	67		1											
支持中小企业发展和管理支出	5	82	62	2	18		36	25	1	10		31	22	1	8		15	15			
其他采掘电力信息等事务支出	1	77	24	10	43		77	24	10	43											
粮油物资储备管理等事务	37	1 479	1 130	63	286		752	570	19	163		658	514	41	103		69	46	3	20	
粮油事务	9	400	267	19	114		320	222	14	84		72	37	5	30		8	8			
商业流通事务	12	814	655	38	121		222	179	2	41		531	438	33	60		61	38	3	20	
物资储备	6	113	80	6	27		84	67	3	14		29	13	3	13						
旅游业管理与服务支出	8	96	88		8		74	66		8		22	22								
涉外发展服务支出	2	56	40		16		52	36		16		4	4								
其他支出(类)	17	755	665	2	88		244	214		30		213	175		38		298	276	2	20	
其他支出(款)	17	755	665	2	88		244	214		30		213	175		38		298	276	2	20	
合　计	2 080	191 941	147 191	1 687	42 897	166	56 057	40 321	884	14 852		130 156	102 675	786	26 695		5 728	4 195	17	1 350	16

表 46 **行政事业单位收入分项**

单位：元

单位	本年收入合计	财政拨款	行政单位预算外资金收入	上级补助收入	事业收入		经营收入	附属单位缴款	其他收入
					小计	其中：事业单位预算外资金收入			
襄樊市	16 075 862 491.16	12 367 627 918.78	115 104 562.83	43 170 712.37	3 298 026 040.7	600 379 946.26	28 952 220.62	2 444 432	220 536 603.86
市直	6 243 938 814.38	4 220 264 827.36	30 106 247.81	27 197 674.38	1 859 184 289.73	419 159 824.1	23 955 884.62	2 364 432	80 865 458.48
襄阳	1 766 782 779.93	1 475 789 049.39	4 978 471.35		259 454 710.91	36 929 249.46	3 350 336		23 210 212.28
枣阳	1 773 967 007.43	1 397 258 174	11 591 800	3 361 032.8	349 395 076.63	44 316 062.78	1 296 000		11 064 924
宜城	1 271 144 844.34	1 125 565 450.26	10 300 123.40		135 279 270.68	1 700 000			
南漳	1 046 481 685.63	799 651 791.89	10 473 460	10 201 490.38	191 651 499.74	27 134 642		80 000	34 423 443.62
谷城	1 109 538 398.43	830 129 731.10	11 101 681		223 408 614.85	9 114 565.45	350 000		44 548 371.48
保康	886 732 092.69	733 520 000	19 820 000		115 103 409.06	12 230 000			18 288 683.63
老河口	1 209 389 912.45	1 039 901 710.78	13 690 379.27	1 200 000	146 471 696.63	38 340 215			8 126 125.77
襄城	291 989 269	282 717 184	2 650 000		6 622 085				
樊城	475 897 686.88	462 830 000	392 400	1 210 514.81	11 455 387.47	11 455 387.47			9 384.6

表 47 **行政事业单位支出分项**

单位：元

单位	本年支出合计	基本支出	项目支出	上缴上级支出	经营支出	对附属单位补助支出
襄樊市	15 930 426 214	9 302 374 906.84	6 601 189 931.6	547 880	25 798 581.52	514 914.04
市直	6 131 763 377.51	2 959 566 035.65	3 151 819 434.08	65 000	20 063 327.78	249 580
襄阳	1 748 043 073.43	973 893 836.71	770 059 982.98		4 089 253.74	
枣阳	1 768 847 158.43	1 370 206 310.35	396 895 848.08	449 000	1 296 000	
宜城	1 271 144 844.34	732 155 806.94	538 989 037.4			
南漳	1 043 331 371.94	611 024 329.89	432 007 828.01	33 880		265 334.04
谷城	1 103 834 202.25	662 812 230.05	440 671 972.2		350 000	
保康	886 098 036.9	471 766 553.67	414 331 483.23			
老河口	1 209 389 912.45	845 865 566.83	363 524 345.62			
襄城	291 989 269	255 139 269	36 850 000			
樊城	475 984 967.75	419 944 967.75	56 040 000			

表 48 **非税收入征缴情况**

单位:元

单位	合计	实际纳入预算管理		实际纳入预算外管理	
		小计	已缴国库	小计	已缴财政专户
襄樊市	3 505 166 392.14	2 926 599 391.55	2 926 599 391.55	578 567 000.59	578 567 000.59
市直	1 704 933 982.35	1 343 568 357.19	1 343 568 357.19	361 365 625.16	361 365 625.16
襄阳	339 897 907.41	297 988 899.6	297 988 899.6	41 909 007.81	41 909 007.81
枣阳	344 458 435.64	303 209 683.64	303 209 683.64	41 248 752	41 248 752
宜城	177 981 892.01	177 981 892.01	177 981 892.01		
南漳	113 095 300.77	83 786 198.77	83 786 198.77	29 309 102	29 309 102
谷城	188 016 718.45	173 757 723.3	173 757 723.3	14 258 995.15	14 258 995.15
保康	72 061 000	46 811 000	46 811 000	25 250 000	25 250 000
老河口	503 699 508.16	452 971 777.16	452 971 777.16	50 727 731	50 727 731
襄城	22 762 860.95	20 112 860.95	20 112 860.95	2 650 000	2 650 000
樊城	38 258 786.4	26 410 998.93	26 410 998.93	11 847 787.47	11 847 787.47

【社会保障基金征管】 全年市区征收13亿元社保基金，实现超计划超同期的目标。落实扶持创业和促进就业工作，本级安排就业专项资金1 450万元，多渠道筹措资金1.9亿元，支持培训城乡劳力、转移农村劳力、开放公益性岗位和新增城镇就业人员。阶段降低困难企业四项社会保障费率，市直为59家困难企业发放稳岗人员社保补贴2 436.71万元。推进基本医疗保障制度建设，市本级全民医保政府补助资金已全部到位，市区城镇居民参保率达96%，城镇职工参保率达99%，市区农民参合率达92%，制订出台社区工作者养老保险金、医疗保险金资金征缴具体意见。出台《襄樊市贫困群众医疗救助实施办法》和《襄樊市贫困群众临时救助实施办法》。

【改善办学条件】 对市区24所薄弱学校进行改造是市政府2009年的“十件实事”之一，市本级先后安排资金1 350万元，确保改造任务的基本完成。市区全年增加兑付义务教育教师绩效工资16 464万元。

【支农补贴】 2009年发放四项惠农补贴资金7.15亿元，其中农作物良种补贴11 376万元、粮食直补12 663万元、综合直补41 739万元、农机购置补贴5 647万元。落实惠农补贴政策，确保补贴资金兑付到户。全市落实家电下乡补贴资金4 525.19万元、汽车摩托车下乡补助资金5 804.9万元，落实农业保险补贴资金3 500万元。

【廉租住房建设】 预算安排廉租房建设资金2 000万元，多方筹措资金1.66亿元，落实廉租住房房源1 041套，开工面积5万平方米。同时，拨付全市农村危房改造资金300万元。

【支持文化事业】 继续支持“农家书屋”工程建设，新建规范化的“农家书屋”550个；建设6个乡镇综合文化站；同时，对市图书馆进行维修改造，支持建设社区流动图书站；投入190多万元资金支持市博物馆实行免费开放。

【压缩一般性支出】 配合纪检监察等相关部门贯彻落实厉行节约八项要求，禁止以各种名义用公款出国(境)旅游，公款出国(境)支出在近三年平均数的基础上压缩20%；车辆购置及运行费用支出在近三年平均数的基础上降低15%；制订出台《襄樊市市级国家机关和事业单位差旅费管理办法》、《襄樊市市级会议费管理办法》，公务接待费用支出在上年的基础上消减10%，党政机关节电、节油、节水指标在上年的基础上降低5%，会议、文件、通信费用实行支出零增长。

【“小金库”治理】 按照统一部署，全市应纳入“小金库”治理的行政机关和事业单位2 655户，其中市直346户。财政部门与监察、审计等部门联合查处一批“小金库”违法违纪案件。

（梁天福）

国　　税

【概况】 2009年，全市国税入库各项国税收入617 168万元，同比增长9.86 %，增收55 411万元，其中，一般预算收入完成71 295万元，同比增长9.82%，增收6 368万元。按结构性减税因素还原计算，总收入同比增长24.19%，一般预算收入同比增长32.05%。同时，落实结构性减税80 456万元，办理出口退税30 111万元，办理福利退税、资源利用退税9 275万元。

襄樊市国税局被中央文明委授予“全国精神文明建设工作先进单位”，车购办被全国总工会授予“全国工人先锋号”，枣阳国税局办税服务厅被全国妇联授予“全国巾帼文明岗”称号，全系统10个创建单位实现省级文明单位“满堂红”，其中省级最佳文明单位9个。

全市国税收入完成情况见表49。

【第二期消费发票摇奖】 4月22日，市国税局投入资金10万元举行全市第二期有奖消费发票摇奖仪式。摇出133个中奖号码，其中特等奖、一等奖、二等奖和三等奖获得者分别奖励10 000元、5 000元、1 000元、500元。

【增值税行业精细管理】 4月，市国税局选择具有代表性的21个行业作为管理重点，成立43个专班开展重点评估。结合往年评估和新增评估案例总结规律，统一内容和结构，编写各行业《增值税专业化管理指南》，并运用《管理指南》指导日常管理和纳税评估，推行增值税行业精细化管理。

【规范流通领域税收秩序】 8月10日开始，市国税局检查全市批发、零售、仓储、物流等行业2008年1月至2009年6月纳税情况。全市流通领域18 332户纳税人开展自查，自查面达100%，在纳税人自查自纠的基础上，国税部门重点评估稽查纳税人3 324户，2 613户纳税人自查或经评估稽查补缴税款6 198万元。

表 49　全市国税收入完成情况

单位:万元

	2009 年	比上年增减(%)
全市	617 168	9.86
七县(市)	112 570	17.53
襄　阳	16 136	10.20
枣　阳	21 514	29.83
宜　城	15 010	4.89
南　漳	10 749	23.83
保　康	11 757	16.95
谷　城	21 739	24.48
老河口	15 665	11.45
市区	504 598	8.29
襄　城	40 954	18.80
樊　城	247 850	15.40
高新区	39 453	-20.17
直属局	154 443	5.28
稽查局	68	-38.74
车购办	21 830	6.48

【构建会计核算软件备案查验机制】 2009 年,市国税局以高新区局和南漳局为试点,制定操作规范,备案查验全市 235 户企业的 121 种财务软件,初步探索一条会计电算化条件下的税源控管之路,《中国税务报》对此作头条长篇报道。

【以案说查】 2009 年,市国税局组织编写评估稽查案例 137 个、行业税收检查手册 27 个,召开"以案说查"培训讲座 65 场。通过剖析典型案例,探索涉税违法规律,讲解评估检查方法。被省国税局评为精品项目。

(乔静波)

地　　税

【概况】 2009 年, 全市完成各项税费收入 540 484 万元,同比增长 19.98%。其中税收收入完成 272 826 万元, 同比增长 24.25%;社保费完成 232 510 万元,同比增长 15.98%;其他收入完成 35 148 万元, 同比增长 15.56%。地方一般预算收入完成 220 158 万元, 同比增长 27.73%。

地税收入分产业分行业分单位见表 50。

全市地税各项收入分单位分税种分级次见表 51。

【市区办税实行"一城通"】 2009 年,成立办税服务中心厅,在市区原有 4 个办税厅的基础上,推行"厅进银行"举措,增设 8 个办税服务点,确保市区每隔 3 至 5 千米就有办税服务网点。实行流动办税和上门办税,解决城郊偏远办税难的问题。纳税人在市区内实现同城通办、通缴、通售。同时,在市区委托中国银行、建设银行等 71 个网点代收社保费,在农村委托中国邮政银行代征社保费。

【推行网上办税】 9 月 2 日,襄樊安能热电有限公司、襄樊水务集团有限公司通过网上办税系统实现税款网上报缴,首笔税款 13 290 元缴入襄樊市中心支库。至 12 月, 全市 7 662 户纳税人签订 CA 协议、发放数字证书、实现网上申报,有 2 341 户签订横向联网三方协议。11 个县(市)区局有 5 个开通 TIPS 系统并实现税款划缴。

【打击制售假发票】 2009 年,全市地税部门和市公安部门联手开展打击发票违法犯罪活动,查获假发票 30 多万份、空白假税票 1 500 份、代开发票名片 15.3 万份,收缴假印章 41 枚,罚款 5.7 万元, 收缴作案工具 6 台,端掉制假窝点 6 个,抓获犯罪嫌疑人 11 名,刑事拘留 4 人。

(郭　毕)

审　　计

【概况】 2009 年, 市审计局有干部职工 114 人。局长王万清,副局长张振武、余汉国、胡国志、总审计师孙全华、纪检组长韩静(注:总审计师孙全华、副局长胡

表 50 地税收入分产业分行业分单位

金额单位：万元

项目 \ 单位	地税收入合计	第一产业	第二产业					第三产业												
			小计	采矿业	制造业	电力、煤气及水的生产和供应业	建筑业	小计	交通运输、仓储及邮政业	信息传输、计算机服务和软件业	批发和零售业	住宿和餐饮业	金融业	房地产业	租凭和商务服务业	居民服务和其他服务业	教育和卫生	文化、体育和娱乐业	公共管理和社会组织	其他行业
全　市	239 968	4	106 696	5 113	52 912	9 801	38 870	133 268	14 267	6 281	11 455	9 619	28 187	34 437	9 842	8 694	1 637	277	156	8 416
直　属	53 938	0	25 575	0	15 718	4 842	5 015	28 363	4 533	2 110	1 774	772	9 276	7 082	1 215	111	0	13	0	1 477
襄　城	25 192	0	8 841	2	2 405	1 695	4 739	16 351	62	73	637	1 594	5 465	4 269	1 925	917	1 114	70	78	147
樊　城	37 629	0	7 837	3	2 243	0	5 591	29 792	1 747	1 368	1 366	3 414	4 654	10 193	2 506	2 109	193	0	0	2 242
高　新	36 124	0	20 062	0	15 105	650	4 307	16 062	1 478	12	470	775	709	3 517	1 885	3 151	0	0	4	4 061
襄　阳	15 681	0	6 416	29	2 328	249	3 810	9 265	1 292	716	1 181	640	1 200	3 398	489	65	3	43	0	238
枣　阳	16 319	0	8 125	429	2 670	422	4 604	8 194	2 160	557	886	786	2 159	781	296	324	105	17	0	123
宜　城	12 093	0	6 801	58	2 881	291	3 571	5 292	599	163	327	452	1 214	1 841	517	0	57	59	63	0
南　漳	8 876	4	4 567	1 229	926	240	2 172	4 305	594	356	940	310	815	716	381	79	63	28	1	22
保　康	11 780	0	6 201	3 254	1 032	248	1 667	5 579	1 067	213	2 790	307	772	175	206	28	3	8	10	0
谷　城	12 867	0	7 700	65	5 448	483	1 704	5 167	536	303	674	200	961	618	375	1 303	96	6	0	95
老河口	9 469	0	4 571	44	2 156	681	1 690	4 898	199	410	410	369	962	1 847	47	607	3	33	0	11

表 51 全市地税各项收入分单位分税种分级次

金额单位:万元

单位 \ 金额 \ 项目	总计	一.税收收入合计	1.营业税	(1)金融企业营业税	(2)其他营业税	2.企业所得税	3.个人所得税	4.资源税	5.城市维护建设税	6.房产和城市房地产税	7.印花税	8.城镇土地使用税	9.土地增值税	10.车船税	11.烟叶税	二.其他收入合计	1.教育费附加	2.文化事业建设费	3.税务部门其他罚没收入	4.社会保险基金收入	5.残疾人就业保障基金收入	6.两税小计	耕地占用税	契税	7.其他收入	其中:河道堤防维护费	地方教育发展费	水资源费	排污费	其他	中央级	省级	地市级
全市	540 472	239 968	93 326	19 072	74 254	26 555	33 631	3 447	32 506	12 504	4 403	19 849	6 473	3 568	3 706	300 504	18 342	132	76	232 510	625	32 859	12 825	20 034	15 960	6 422	7 013	80	2 443	2	36 357	46 097	458 018
直属	101 090	53 938	20 128	6 105	14 023	1 707	7 690	0	15 196	3 148	913	2 812	1 150	1 194	0	47 152	10 579	4	31	25 997	258	5 212	158	5 054	5 071	2 297	2 010	12	750	2	5 713	10 486	84 891
襄城	99 027	25 192	12 473	4 350	8 123	2 155	3 290	2	2 963	1 156	302	1 872	793	186	0	73 835	1 285	29	2	67 161	60	3 614	781	2 833	1 684	659	722	3	300	0	3 297	5 510	90 220
樊城	67 184	37 629	18 874	3 276	15 598	5 215	4 404	3	2 885	1 569	636	1 850	1 13	480	0	29 555	1 244	57	9	23 076	13	3 169	675	2 494	1 987	1 223	683	0	81	0	5 779	8 604	52 801
高新	65 247	36 124	8 984	364	8 620	7 378	7 972	0	2 819	2 632	948	4 305	889	197	0	29 123	1 315	2	3	21 160	6	4 630	1 498	3 132	2 007	1 096	833	15	63	0	9 216	6 362	49 669
襄阳	40 201	1 568	7 294	754	6 540	677	1 147	50	1 304	817	368	2 980	551	167	326	24 520	554	11	2	17 656	61	4 933	3 437	1 496	1 303	396	713	4	190	0	1 113	3 114	35 974
枣阳	33 538	16 319	6 954	1 221	5 733	986	2 504	374	1 545	893	228	1 830	255	491	259	17 219	625	6	11	12 985	29	3 068	1 900	1 168	495	0	170	10	315	0	2 127	2 715	28 696
宜城	31 628	12 093	4 987	691	3 296	1 623	1 267	200	1 084	645	233	1 533	280	241	0	19 535	431	5	3	14 891	32	3 467	2 325	1 142	706	160	240	1	305	0	1 765	2 214	27 649
南漳	21 768	8 876	3 900	621	3 279	484	877	948	768	293	114	555	152	193	592	12 892	428	3	2	11 122	56	638	164	474	643	0	499	4	140	0	830	1 552	19 386
保康	19 336	11 780	2 653	560	2 093	2 421	1 487	1 672	629	155	50	162	22	66	2 463	7 556	383	2	4	6 759	14	209	8	201	185	0	160	14	11	0	2 347	1 435	15 554
谷城	29 960	12 867	3 330	526	2 804	3 245	2 107	117	2 027	522	356	751	206	206	0	17 093	915	3	5	13 435	49	1 608	816	792	1 078	242	644	10	182	0	3 229	2 269	24 462
老河口	31 493	9 469	3 749	604	3 145	664	886	81	1 286	674	255	1 199	462	147	66	22 024	583	10	4	18 268	47	2 311	1 063	1 248	801	349	339	7	106	0	941	1 836	28 716

国志9月到任)。设有14个职能科室:财政审计科、金融审计科、外资审计科、经贸审计科、农业与资源环保审计科、固定资产投资审计科、行政事业审计科、法规科、离退休干部管理科、派出综合科、人事科、综合科、纪检监察室、办公室。(注:下设社会保障和重点项目审计局、经济责任审计局)。

完成审计项目25个,查出违规金额155 052万元,其中应上缴财政4 000万元,应归还原渠道资金9 013万元;已上缴财政3 997万元。移送司法机关、纪检监察部门处理事项3件。提交审计工作报告、信息2 096篇,被采用1 441篇。先后被中央文明委授予"全国精神文明建设工作先进单位",被省委、省政府授予"人民满意公务员集体"等荣誉称号。

【财政审计】 组织对市本级、17个市直部门预算执行审计和1个县市财政决算审计以及市级转移支付资金审计,查出部分收入未按规定纳入预算管理、部分项目支出预算未细化、涉农专项资金分配较为分散、应缴未缴财政资金、预算编制不够规范以及部分县市财政收支核算反映不实、滞留欠拨和挤占挪用财政专项资金等问题。全年预算执行审计工作达到"五个更加注重":更加注重从总体上把握审计情况、更加注重披露民生问题、更加关注财政资金和项目的绩效问题、更加注重对审计整改情况的反映和更加注重发挥审计建设性作用。

【金融外资审计】 组织开展市城市商业银行、日元贷款植树造林项目等审计。在对市城市商业银行审计中,查出违纪违规资金1 300万元;日元贷款植树造林项目审计中,针对审计发现的项目可行性研究偏离实际,配套资金不到位,后期抚育管理投入不足等六个方面问题,有针对性地提出审计建议。

【固定资产投资审计】 一、突出抓好扩大内需新增投资项目审计,加强对项目资金到位和管理使用情况的审计监督。对全市3.3亿元扩大内需项目资金进行跟踪审计,查出部分地方配套资金不到位等问题,未发现截留、挤占挪用等现象。二、不断探索政府投资审计的新思路、新方法,加强对全市重点工程的全程跟踪审计。重点开展襄樊市对口支援单位——四川汉源县的皇木镇和清溪镇灾后恢复重建项目的跟踪审计,及时发现问题,并提出整改建议。

【企业审计】 开展国际金融危机对中小企业资产安全影响专项审计调查、政府还贷二级公路债务审计和破产企业审计。在中小企业专项审计调查中,重点对全市20户规模以上中小企业受金融危机影响状况、中央和地方政府出台的一系列扶持中小企业平稳健康发展的政策及实施效果等进行全面的审计调查,根据调查结果,综合分析襄樊市中小企业发展的现状与困境,从财税政策、信贷政策、外部环境、企业自身等四个方面提出审计建议。在破产企业审计中,对湖北襄樊陶瓷(集团)公司、市三九玻璃厂破产清算期间财务收支审计。查出挪用公款101.74万元,设置帐外帐17.18万元,清算费用超支274.62万元等问题。

【经济责任审计】 坚持县(市)区长、书记"同步"经济责任审计方法,加快经济责任审计制度化建设,完善审计情况沟通制度、审计结果通报制度、审计结果综合分析制度,提升经济责任审计成果运用水平。先后对68名党政领导干部进行经济责任审计,查出挤占挪用专项资金、私设帐外帐、乱收费、乱摊派和违反"收支两条线"规定,截留、坐支规费和罚没款等违纪违规行为金额105 821万元。

【专项资金审计与审计调查】 重点组织对五项社保基金、县乡医疗服务体系建设及经费管理使用情况、土地开发整理项目资金、汉江流域水污染防治资金、扶贫专项资金、住房公积金、城区移民资金等涉及民生和群众关心的专项资金审计。在五项社保基金审计中,市劳动和社会保障局积极采纳审计建议,做到边整改边完善,先后出台了《襄樊市特殊工种认定复核工作规则》、《襄樊市劳动和社会保障局关于进一步规范企业退休人员档案管理工作的通知》、《襄樊市医疗保险医用材料管理暂行办法》等规章制度,进一步规范和完善社保基金管理。同时,市劳动和社会保障局又根据审计建议,连续出台医保惠民政策,市政府以文件形式下发了《关于调整襄樊市区城镇居民基本医疗保险有关政策的通知》和《关于调整城镇职工基本医疗保险住院医疗待遇的通知》,切实减轻参保住院患者个人医疗负担。在县乡医疗服务体系审计调查中,采取六结合的审计方式,摸清全市县乡医疗体系建设现状,揭露部分医疗管理部门及医疗服务单位存在的违规收费等现象。在土地整理项目审计中,市审计局揭露了部分地方存在耕地开垦费应征未征到位、虚假招投标、非法转分包、工程造价不实、虚报工程成本以及挤占挪用项目资金等问题。

(石　勇)

银行·证券·保险

责任编辑
责任校对　黄立平

中国人民银行襄樊市中心支行

【概况】 2009年，全市金融机构存款本外币余额1 054.25亿元，比上年增加219.29亿元，增长26.26%，比上年多增70.52亿元；贷款本外币余额524.57亿元，比上年增加144.79亿元，增长38.12%，比上年多增87.27亿元，余额存贷比首次超过50%。5月，襄樊市中心支行获“全国金融五一劳动奖状”。

【搭建政银企合作平台】 2009年，人行市中心支行与市发改委、市经委签订《金融支持重点项目合作备忘录》和《金融支持企业成长工程合作备忘录》，建立双方“情报互通、信息共享、相互配合、共促发展”的合作机制；与市房管局、房协联合举办促进房地产业健康发展银企合作座谈会暨签约仪式；协助市政府举办金融支持重点项目建设签约仪式、政银企枣阳对接现场会，组织金融联席会议成员单位到鱼梁洲经济开发区进行实地考察。全年，工商银行、农业银行、中国银行、建设银行、交通银行、中信银行6家商业银行省分行分别与襄樊市签订1~3年银政合作协议金额798亿元。

【金融扶弱工程】 至12月底，全市小额担保贷款余额达6 853万元，比年初增加5 716万元，增长502.7%；县域贷款余额167.11亿元，比年初增加39.19亿元，增长30.64%，增幅高于上年同期18.06个百分点。

【优化金融生态环境】 2009年，支行组织银行业金融机构对全市300多家企业进行信用评级培训，推动市农业银行在全市范围开展贷款诚信乡镇、诚信村、诚信户建设活动。襄樊市连续第五年被省政府评为全省“A级信用市州”，辖内7个县(市)区全部进入湖北省“最佳金融信用县市”行列。

【完善外汇管理服务体系】 2009年，襄樊市中心支行推广出口收汇网上核销办法，简化贸易信贷项下用汇审批流程，为企业办理贸易信贷项特批业务48笔、2 497万美元。

(王　珏)

中国银行业监管会襄樊监管分局

【概况】 2009年，襄樊银监分局受理和审查银行业金融机构设立、变更、终止行政许可事项371件，核准高管人员任职资格127人，组织银行代客理财业务、房地产开发贷款、新增贷款风险、表外业务管理以及信息科技风险等26项现场检查。至12月底，全市银行业金融机构存款余额1 033.77亿元，比年初增加218.17亿元，增长26.26%，是历年增长最多的一年；各项贷款余额524.56亿元，比年初增加144.78亿元，增长38.12%，增速为历年最快；实现净利润11.91亿元，同比多盈2.66亿元。

【银行业改革】 7月，全市第一家股份制银行中信银行襄樊分行开业。12月，华夏银行襄樊分行获湖北银监局批准筹建。招商银行、民生银行、光大银行等股份制银行启动筹建工作。指导和帮助老河口市联社达到转制农村商业银行的条件。协调襄樊市商业银行成功引进战略投资者，资产规模年底达到38.2亿元，比年初增加14.8亿元。同时，引导该行向下延伸营业网点，先后设立光彩支行、谷城支行、老河口支行。

【防控金融风险】 2009年，襄樊银监局以房地产贷款风险、集团客户风险、政府融资平台贷款风险监管为重点，采取余额和占比“双向控制”，落实银行与监管职能部门“双线责任”，督导银行不良贷款余额和占比实现逐月“双降”。至年底，银行不良贷款年底余额和比例分别比上年下降0.73亿元、3.22个百分点。

【小企业金融服务】 至年底,全市中小企业贷款214.25亿元,比年初增加61.39亿元,增长40.16%;全辖县域贷款余额167.11亿元(不含襄阳区),比年初增加39.19亿元,增幅为30.64%,比上年提高18.06百分点,在湖北银监局组织的年度工作考核中名列全省第一,襄樊银局被评为"全省银监系统小企业金融服务推进工作先进单位"。

【金融创新】 3月,襄樊银行同业联席会成立,形成全新的银行业交流合作与对话机制。6月,促成建行、农行、工行、中行、交行5家银行共同签署银团贷款协议,为襄樊万达投资有限公司授信15亿元,全年发放银团贷款10亿元。

(金 飞)

中国农业发展银行襄樊市分行

【概况】 2009年,全市农发行累放贷款47.6亿元,占全省农发行放贷总额的14.3%,位居全省第二。累放政策性和准政策性贷款35.3亿元,支持收购小麦9亿斤、稻谷12亿斤、棉花45.4万担、油脂2.4亿斤。实施商业性贷款项目68个,累放商业性贷款12.3亿元,同比增加4亿元。年末贷款余额创历史新高,达到93.2亿元,比年初增加9.31亿元,位居全省前列。其中,商业性贷款余额20亿元,比年初增长56%,商业性贷款占总贷款的比例达到22%,比年初上升6.4个百分点。

【经营业绩考核】 全行经营绩效考核综合得分118.18分,全省排名第一。账面盈利1.44亿元,在全省农发行中排名第二位。人均利润、贷款利息收回率、人平日均存款、人均中间业务收入、不良贷款比例,均创同期最好水平。市分行营业部、枣阳市支行、襄阳区支行等5行(部)次进入省分行业务发展"十强"。

【存款余额实现历史性突破】 年末,存款余额达到18亿元,比年初增加10.4亿元,增幅138%。负债结构明显改善,存贷比例达19.2%,比上年末提高11个百分点。全口径日均存款余额16亿元,比上年增加7.5亿元,增长88%,居全省第二位。

【全程管控风险】 2009年,市农发行推行法人财产、股东财产抵押贷款方式,落实库存抵押、第三方管库,对98家民营企业的108笔贷款、金额12亿元,签订无限连带责任保证合同。

【收购资金非现金结算试点】 2009年,市农发行被省农发行确定为收购资金非现金结算业务推广的试点行。至12月末,市农发行开户企业总数437户,开户企业开立网银账户103户,开户企业(与工行合作)网银账户累计资金往来达184 951万元。

(张运年)

中国工商银行股份有限公司襄樊分行

【概况】 2009年,建行襄樊分行辖有支行级机构22个,储蓄所和营业网点57个,在岗员工1 569人。全行人民币存款余额142.1亿元,比年初增加31.7亿元,同比多增14.4亿元,创建行以来年度增量最高纪录;人民币贷款余额77.5亿元,新增各项贷款19.7亿元,增幅为31.9%,贷款不良率为0.06%。达到10年安全无事故目标。

【支持地方经济发展】 2009年,市工行向企业发放贷款14.3亿元,贷款增量居全市各商业银行前列。向公路、铁路、电力、城建、汽车五大行业发放贷款49.62亿元,向124户中小企业发放贷款4.1亿元。在城区支行建立"个贷营销中心",加强个人房屋抵押贷款、个人住房按揭贷款、个人汽车消费、个人综合消费等业务营销,个人贷款余额达14.96亿元,增加7.8亿元,同比多增5亿元,净增额居全市各商业银行之首。

【首创专利权质押贷款】 4月29日,市工行以专利技术为质押成功向襄樊航宇机电液压应用技术有限公司发放贷款500万元。这是湖北工行同时也是襄樊市有史以来第一笔以知识产权为质押的贷款。

【5家贵宾理财中心投产】 9月28日,市工行所辖襄城支行贵宾理财中心、樊西支行贵宾理财中心、长征路支行贵宾理财中心、高新支行贵宾理财中心、樊东支行贵宾理财中心投产。5家贵宾理财中心配备有取得AFP/CFP资质的金融理财师,可为客户提供"专属、专家、专享、专供、专业、专有"的理财服务。

【优质服务"神秘人"制度】 5月,市工行在全辖推行优质服务"神秘人"制度,即聘请第三方服务监督人员，由其以普通顾客身份对所辖营业机构服务情况进行“暗查”。

(王道军)

中国农业银行股份有限公司襄樊分行

【概况】 至年底，中国农业银行襄樊分行辖有机构103个。其中，二级分行1个，辖属一级支行9个，二级支行38个，分理处55个，在岗员工1 977人。年末各项存款247.5亿元，比年初净增48.29亿元；贷款余额76.7亿元，比年初增加30.3亿元，剔除转贴现后各项贷款净增23.4亿元。按全口径计算，中间业务收入11 107万元，清收自营不良贷款本息9 787万元，清收委托资产本息3 681万元。年末，全行不良贷款净下降5 711.6万元，占比3.42%。考核口径实现拨备前利润21 868万元。

【政银合作】 2月19日，襄樊市人民政府与中国农业银行湖北省分行举行战略合作备忘录暨提供150亿元人民币意向性信用额度签字仪式，启动“共谋大发展、共建新襄樊”为主题的服务“三农”楚天行动走进襄樊活动。未来三年，农行湖北省分行将向襄樊市提供不少于150亿的意向性信用额度。其中，“三农”板块60亿元，汽车、纺织、化工、食品加工板块34亿元，能源板块20亿元，文、教、卫、旅游业及城市基础建设板块29亿元，其他7亿元。同时，襄樊分行分别与襄阳区政府和谷城县政府签订惠农卡整体推进区、服务“三农”重点推进县合作备忘录，与市经委签订中小企业融资合作备忘录，与大唐襄樊水电有限公司、襄樊市建设投资经营有限公司、襄阳鲁花浓香花生油有限公司、湖北骆驼蓄电池有限公司、湖北佳通钢帘线有限公司等签订全面合作协议。年末，分行累计投放各类贷款107亿元，净投放30亿元，贷款余额达77亿元，当年累放额和净投放额居全省各地市州农行和襄樊金融同业第一位。

3月25日，襄樊分行与南漳县人民政府启动“共谋大发展、共建金南漳”为主题的服务“三农”楚天行动走进南漳活动。未来三年，襄樊分行将向南漳县提供不少于9亿元的意向性信用额度。其中，农户惠农卡2亿元，专业合作性公司及城镇建设改造1亿元，龙头产业化等企业法人4亿元，文、教、卫等事业法人1亿元，城市基础设施建设等1亿元。

5月6日，保康县人民政府与中国农业银行襄樊市分行启动“共谋大发展、共建新保康”为主题的服务“三农”楚天行动走进保康活动。未来三年，襄樊分行将向保康县提供不少于9亿元的意向性信用额度。其中，磷矿资源产业群5亿元、种养业及农户贷款0.8亿元、能源基础建设项目1亿元、县域中小企业1亿元、农业产业化企业0.5亿元、旅游资源开发等项目0.7亿元。

【整合城区网点】 5月起，城区网点机构由39个整合成为34个，由市分行直接进行穿透式管理。樊西支行和樊东支行合并成立樊城支行，米公支行门市业务归并到建设路支行，建设路支行更名为长虹路支行，裁撤4个低效网点。通过精简分行机关内设机构，取消城区机关层次，向各网点增加人员85人，前台营销人员增加91人。

【支持农村青年创业】 12月7日，市委组织部、团市委、农行襄樊分行联合召开全市农村青年诚信创业暨大学生村官农村金融知识培训会议。分行现场向有创业项目的7名大学生村官分别意向授信2万元，并面向大学生村官现场招募农村金融信息志愿者120余名，占全市大学生村官的88%。

【银邮合作协议】 7月24日，襄樊分行与襄樊市邮政局举行集中对账账单投递签约仪式。即采取农业银行将银企对帐数据提取加密后传递给第三方邮政局，由投递员投递。企业收到对帐核对相符后封存，由投递员上门收取。邮递员定期将收回的对帐回执交委托方(银行对账中心)核对，全过程实行封闭运行。

【贷款农户会员制管理】 2009年，分行对小额贷款农户及担保人、专业合作社理事长及其社员、大学生村官、村支书和主任以及农村先进党员代表实行会员制管理方式。至年底，发展会员小组57个，会员及监督员5342名，信息志愿者321名，会员监督化解风险贷款21笔、54万元，提供贷款需求信息300多条。

【实施“富民兴社诚信创业计划”】 8月25日，襄樊市人民政府办公室下发《市人民政府办公室转发市农村经营管理局、中国农业银行襄樊分行关于开展“富民兴社诚信创业计划”的意见的通知》(襄樊政办发[2009]71号)。计划明确，在贷款方式上，可实行多户联保反担保、农民专业合作社担保反担保、城区房地产抵押、公司+农户担保反担保、可流转土地抵押和中介担保公司担保等形式。每个借款人可申请贷款额度 3 000 元~30 000 元，期限一般不超过一年，最长不超过 3 年，对从事林果业等回收周期较长的生产经营活动，可延至 5 年。贷款利率按国家规定同档次贷款基准利率上浮至适度保本点。行动计划实行台账管理，由各级农经局和农行分别建立“富农兴社诚信创业计划”贷款台账，并定期开展借款人信用评比，督促借款人按时归还贷款。

【“传世之宝”实物黄金业务】 7月，全市农行开办“传世之宝”实物黄金业务。“传世之宝”实物黄金品牌成色为 Au99.99，包括金条和金钱两个品种。金条有 20 克、50 克、60 克(建国 60 周年限量版)、100 克、500 克 5 种规格；金钱规格为 10 克。至年末，全行销售“传世之宝”实物黄金 1 580 克。

(郑庭国)

中国银行襄樊分行

【概况】 2009 年，中行襄樊分行全口径人民币存款余额 80.57 亿元，比年初增长 22.15 亿元。其中，人民币储蓄存款 31.35 亿元，比年初净增 61.22 亿元；人民币公司存款 36.83 亿元，比年初新增 57.52 万元；金融机构存款 10.94 亿元，比年初增长 10.2 亿元。按各货币折人民币口径统计，全行净收入 24 110 万元，同比增加 4 880 万元，增幅 25%；税后净利润 8 630 万元，同比增加 582 万元，增幅 2%，人均净利润达 14 万元。

【创新产品组合】 2009 年，分行与妞妞食品有限公司联合推出“妞妞都市卡”，至年底，发放“妞妞都市卡”6 000 余张；加快放贷速度，提升产品竞争力，零售贷款新增和计划完成率居全省第一，余额突破 10 亿元，新增市场份额 27.38%；推广国内信用证、国内保理产品、国内供应链产品等国内结算产品，发放供应链贸易融资 19 300 万元，办理“福费廷”632 万美元，保函 3 785 万元，国内商业发票贴现 14 771 万元。

(汪建平)

中国建设银行股份有限公司襄樊分行

【概况】 2009 年，中国建设银行股份有限公司襄樊分行下辖 5 个县(市)支行、49 个市区支行，营业网点 63 个，在岗员工 1 297 人。全口径存款新增 49.45 亿元，余额 253.55 亿元，市场占比连续 15 年位居当地同业第一；净增加贷款 18.98 亿元，余额达到 93.51 亿元，同业最多。其中，个人贷款当年新增 7.45 亿元，余额达 30.05 亿元；中间业务收入总量 1.16 亿元，连续两年超亿元，连续三年位居同业第一；实现利润 3.4 亿元，连续两年超 3 亿，稳居同业第一；不良贷款较年初下降 414 万元，不良贷款率由年初的 0.37% 下降为 0.33%。

【税费代理服务】 3 月起，建行与襄樊市地税局、劳动局建立战略合作，为全市 18 万人次提供总额达 40 亿元的个人社保代收和税费代缴业务，成为全省建行第一家全方位集中承办税费代解专户的金融机构。

【搭桥贷款】 4 月，建行襄樊分行为大唐公司投资兴建的新集水电站建设项目向上级行争取 “搭桥贷款”授信 1 亿元，当年发放到位 1 100 万元，是全市银行业和全省建行系统第一笔“搭桥贷款”。

【中小企业“信贷工厂”】 6 月，建立小企业“信贷工厂”经营模式，对中小企业贷款的设计、申报、审批、发放、风险控制等业务全程按照标准化“流水线”作业方式进行批量操作。全年累计发放“速贷通”“成长之路”小企业贷款 135 笔共 7.5 亿元，同比多发放 3.85 亿元。

【发起首起银团贷款】 8 月，建行襄樊分行牵头工商银行、农业业银行、中国银行、建设银行、交通银行 5 家银行组团与襄樊万达广场签订贷款 15 亿元的银团贷款合作协议，并率先发放到位 5 亿元。此项贷款是襄樊市有史以来首起银团贷款。

【信贷产品创新】 推出“出口退税权利质押贷款”、“中信保应收账款买断贷款”、“供应链融资保理业务”、“工程保业务” 等系列新产品。全年对 13 家企业发放保理预付款 1.5 亿元。

【零售网点二代转型】 2009 年，建行襄樊分行启动零售网点二代转型，促进 VIP 客户服务销售工作从“产品驱动”模式向“客户需求驱动”模式转变。全年新增 AUM 值 20 万元~300 万元的个人中高端客户 7 600 户，增长 56.7%，总户数达 21 050 户。

【国际业务逆势增长】 2009 年，建行襄樊分行实现国际结算量 12 003 万美元，同比增长 4 091 万美元，增幅 51.71%，结售汇 10 965 万美元，同比增长 3 692 万美元，增幅 50.76%。结售汇由上年的同业第三跃升第二位。

【电子银行网点建设】 全年新装修网点 3 个，增加离行式自助银行 3 个，新增自助设备 32(台)套，自助设施总数达到 181 台(套)。同时，实现个人网银和短信通客户新增双双突破 10 万户，同比分别增长 4 倍和 8 倍，个人网银新增首次实现当地市场第一的佳绩。推广电话宝、支付密码等现代金融支付工具，全行电子银行业务量与柜面业务量比率达到 50%。

(敖跃华)

交通银行股份有限公司襄樊分行

【概况】 2009 年，交通银行襄樊分行设有综合管理部、风险管理部、公司业务部、个人金融业务部、营运部 5 个分行机关部门和 1 个营业部、2 家离行式自助银行，有正式员工 46 人。至年底，人民币各项存款余额 148 785 万元，其中，对公存款余额 123 531 万元，人民币储蓄存款余额 25 254 万元。人民币各项贷款余额 160 529 万元，比年初增加 129 472 万元，其中零售贷款余额 30 862 万元。全年实现中间业务收入 557 万元，账面经营利润 2 048 万元，在系统内年度经营管理目标考核中为省辖行第二名。

【提升市场份额】 至年底，交行襄樊分行人民币各项存款余额比年初增长 168.11%，市场占比增加 0.99%，其中，对公存款余额比年初增长 166.16%，市场占比增加 1.84%。储蓄存款余额比年初增长 178.02%，市场占比增加 0.30%。人民币贷款余额比年初增长 416.08%，市场占比增加 1.35%。

【支持地方经济】 支持汉江三桥、航空工业园、恩菲能源、葛洲坝水泥等一批重点项目建设，向企业发放贷款 160 529 万元，办理票据贴现 25 786 万元，同时向小企业发放贷款 6 650 万元。

【拓展电子银行业务】 8 月，交行九隆广场和开放广场两家离行式无人自助银行开业，开办武当山特约商户业务，电子银行分流率达 60%。

(陈　志)

襄樊市商业银行

【概况】 至年底，市商业银行股份有限公司注册资本 1.7 亿股，比上年增加 7 000 万股，资产总额 38.21 亿元，比上年增加 14.84 亿元，所有者权益 31 890 万元。其中，存款 306 283 万元，比上年增加 105 382 万元；贷款 183 028 万元，比上年增加 55 557 万元；经营利润 7 012 万元，比上年增加 1 994 万元，比上年增长 40%；人均创利 38.53 万元，比上年增加 1.53 万元；不良贷款率 1.25%，拨备覆盖率 159.08%，资本充足率 12.58%。

【支持地方经济建设】 2009 年，累计向襄樊各类经济体提供融资支持 38.22 亿元，比上年增加 14.44 亿元，增长 60.72%。其中，发放贷款 19.79 亿元，比上年增加 5.94 亿元，增长 42.89%；签发银行承兑汇票 16.28 亿元，比上年增加 7.35 亿元，增长 82.29%；发行理财产品 2.15 亿元，比上年增加 1.15 亿元，增长 115%。

【汉江借记卡业务】 2009 年，市商业银行汉江借记卡新增 21 899 张，累计发卡 360 231 张；卡内存款余额 1.7 亿元，比上年增加 1.3 亿元；刷卡消费交易金额 6 686.99 万元，比上年增长 4 893.05 万元；受理 ATM 跨行取款 26 614 笔、2 303.28 万元，分别比上年增长 16 552 笔、1 466.52 万元。

【汉江信托理财产品】 2009 年，市商业银行发行“汉江信托 2 号、汉江信托 3 号、汉江信托 4 号”三期理财产品，募集资金 2 亿元，用于支持旺前实业集团有限公司、襄樊市建设投资经营有限公司。

【完善电子渠道】 2009 年，襄樊市商业银行建立支票影像交换系统和远程清算系统，开通电话银行转账功能、自助银行、凭证影像交换传输系统、同城清算数据传递、新代收付系统，上线和新增自动柜员机 12 台，全行自动柜员机总量达 17 台。

【网点建设】 全年新增光彩、中原、谷城、老河口四家支行，内设机构增加微小企业贷款中心、小企业贷款中心、票据中心 3 家中小企业贷款专营机构。其中，光彩、中原支行是定位大型市场、服务周边商户的特色支行，谷城、老河口支行是首批县域支行。至年底，营业网点 10 个，比上年增加 4 个，内设机构 15 个，比上年增加 3 个。微小企业贷款中心向 376 家微小企业和创业者提供贷款 0.87 亿元，小企业贷款中心向65家小企业提供贷款1.16亿元；谷城支行和老河口支行向当地32家中小企业提供贷款2.22亿元。

【产品创新】 4月，推出“小灵贷”、“助成长”、“金循环”系列适合微小型企业的贷款品种。9月，推出“卧龙腾飞”成长型小企业系列贷款产品。

【增资扩股】 9月28日，湖北省银监局以鄂银监复[2009]345号批准襄樊市商业银行增资扩股7 000万股方案，增资扩股后该后总股本1.7亿股。

【信贷授信】 4月21日，参加由襄樊市政府举办的襄樊促进房地产健康发展银企合作签约仪式及座谈会，向襄樊市五龙房地产开发有限公司授信1 000万元，向襄樊市华凯实业投资有限公司授信1 000万元。

（张　琴）

中信银行襄樊分行

【概况】 中信银行襄樊分行是中信银行武汉分行在湖北省内设立的第一家二级分行，7月2日开业。分行设有“五部一室”，即办公室、公司银行部、零售银行部、风险管理部、会计管理部、营业部，员工41人。至12月30日，全口径存款余额22.14亿元，发放贷款17.5亿元，不良贷款率为0，实现账面利润2 354万元。

【银政银企合作】 7月2日，分行与襄樊市政府签订银政战略合作协议，承诺5年内向襄樊地区给予200亿元的信贷支持；与东风康明斯发动机有限公司、东风渝安车辆有限公司、襄樊市建设投资经营有限公司、航宇救生装备有限公司、襄樊公路管理处、襄阳鲁花浓香花生油有限公司、襄樊冠良实业有限公司、襄樊学院和随州新楚风汽车股份有限公司等企业签署银企合作协议，授信额度18.15亿元，并已陆续到位。

【业务品牌】 2009年，分行推出中信银行“汽车金融”、“保兑仓”、“工商银”、“中信出国金融”、“房易宝”、“存贷宝”、“中信女士香卡”、“中信魔力信用卡”等金融服务品牌，全面开办存贷款、理财产品和基金销售、贴现、承兑、住房贷款、网上银行等业务。

（许圆圆）

襄樊市农村信用合作社联合社

【概况】 2009年，襄樊市农村信用合作社联合社辖7个县级农村信用合作联社、104个农村信用社、94个信用分社，从业人员2 450名。全市农村信用社各项存款余额130.86亿元，比年初增加22.81亿元，增长21.11%；各项贷款余额78.56亿元，比上年增加21.41亿元，增长37.45%，；“三农”贷款余额达到66.56亿元，占贷款总额的84.73 %，占全市金融机构“三农”贷款总额的36.5%；实现利润22 408万元，同比增加18 723万元，增幅508%，7家联社全部实现盈余。各项拨备和应付利息得到有效补充，抗风险能力逐步增强。

【支农工程】 全面实施“铺天盖地”和“顶天立地”两大信贷支农工程，评定信用农户59.4万户，颁发《贷款证》50万本，当年累放农户贷款19.8亿多元，持证农户贷款需求满足率达100%；为1 200多家企业建立经济档案，与800多家企业建立信贷关系，当年累放中小企业贷款23.3亿元；开展社团贷款业务，营销并组建社团33个，承诺贷款172 670万元。

【控新降旧】 2009年，累计清收不良贷款20 939万元，完成省联社年计划的174.49%，超出全省平均水平27.7个百分点，排名全省第二。不良贷款余额77 801万元，占比9.9%。处置抵债资产处置54笔，账面价值724万元，处置变现922万元。

【福卡发行】 全年新发行32万张，总量95万张；新增福卡活卡率82%；新增刷卡机157台、ATM自动柜员机15台、自助查询机1台。

【网点建设】 全年累计投资1 047万元，改造金库10个，营业网点16个，新购运钞车3辆，监控设施30套，各类安保器材515件，除部分在建网点外，全市农信社营业网点全部安全达标。

（傅　伟）

证券营业部

【银河证券襄樊营业部】 2009年，营业部有客户50 707户，新增客户1 587户，客户总资产为18.47亿元，全年实现总交易额314.77亿元。

（陈　岚）

【中信建投襄樊营业部】 2009年，中信建投证券襄樊营业部客户规模6.2万户，客户保证金额4.6亿元。全年完成交易额385亿元，实现税前利润6 900万元，上缴税收2 355.34万元，效益在全省124家券商营业部中跻身十强。营业部获中国武汉金融博览会“十佳优质文明服务金融机构”称号，是除武汉市外唯一获奖的地市级金融机构。

(杨宇华)

【长江证券襄樊建华路营业部】 长江证券股份有限公司交易品种包括A股、B股、开放式基金、封闭式基金、债券、权证、期货IB等各项业务资格。同时，与襄樊当地工商银行、农业银行、中国银行、建设银行、交通银行等各大行开立三方存管业务，并提供手机短信、客户经理、股民夜校等服务项目。2009年，新增客户11 070户，客户资产9.19亿元，交易量176.97亿元。

(唐　哲)

【国泰君安襄城南街营业部】 2009年，国泰君安证券襄樊襄城南街营业部客户规模2.7万户，客户保证金额1.8亿元，完成交易额222亿元。

(刘蓓蓓)

襄樊市保险同业协会

【概况】 2009年，全市保险业保费收入320 523万元，同比增长6.26%。其中，财产险保费收入54 669万元，同比增长34.05%；人寿险保费收入265 854万元，同比增长1.92%。赔款和给付支出67 720万元，同比增21.74%。其中，财产险赔款支出34 726万元，同比增32.02%；人身险赔款和给付32 994万元，同比增12.52%。

(李全志)

【湖北华康保险代理有限公司】 2009年，湖北华康公司有市级分公司10家、营业部40个、营销人员近5 000人，销售网络和渠道遍及全省。业务收入5 662.94万元，保费规模突破2.3亿元(含续期及产险)，居2009年全国保险代理公司第9名。10月，公司获年度中国最具投资潜力企业100强第一名；12月，入选《红鲱鱼》亚洲最具投资潜力企业100强，代表亚洲角逐全球100强。

2009年，公司推出“中华卡”创新型保险产品。该产品是湖北华康与中英人寿共同研发的集全面保障为一体的保险卡，客户年缴纳100元保障费用，即可获得26万的身故保障和因意外而造成人身伤害的相关医疗治疗费用的保障和补贴，1~6类职业均可参加，填补高风险职业不能投保低费用的意外险的市场空白。其查勘理赔由湖北华康全权处理。

“六一”儿童节前夕，公司通过襄樊市慈善总会和邮政局，向全市的53所中学和13所希望小学赠送37 600支华康专用笔；同时，组织全省员工向襄樊地区贫困学生部分希望小学的近两百名特困学生捐助由慈善总会统一组织的“爱心包裹”，向襄樊市区3 960名贫困学生资助学习文具用品折合人民币36 700元，现金22 000元。5月27日，湖北华康工作人员与市慈善总会、邮政局、教育局、民政局、团委等相关部门领导和工作人员到卧龙镇回龙村金飞环希望小学，将“爱心包裹”发放给该校117名特困学生。6月，市客运管理处、襄广电台发起“2010高考的士志愿者服务车队”活动，由106辆的士和私家车组成的志愿者车队在高考期间免费接送考生，湖北华康公司向志愿者车队驾驶员每人赠送最高40万保额的意外保障。

(王　瑜)

财　产　保　险

【中国财保襄樊分公司】 2009年，公司承担保险风险504.84亿元其中，非车险市场份额78.4%，企财、货运、责信、意外险市场份额分别为57.2%、76.3%、68.5%和50.8%；政策性三农保险等业务市场占比达94.9%；车险市场存量份额39.2%。保费规模达到26 322万元，增长25.77%；处理赔案3.87万起，赔款19 453万元，简单赔付率69.65%，同比增加10.1个百分点。全年报价岗核减赔款374多万元，医疗审核核减5 803笔，核减赔款743.26万元。

2月，公司推行管理人员参与的理赔查勘定损管理。至年底，理赔现场查勘案件2 600起，发现虚假的“以少报多”、“移花接木”赔案250起，挽回经济损失420万元，并完善理赔管理制度36条次。

4月上旬，市政府将公司纳入“市厅共建”成员单位。公司全年独家承办政策性“三农”业务，承保水稻15.16万公顷，承保森林火灾0.13万公顷，承保奶牛1 546头，承保两属(军、烈属)两户(低保户、五保户)农房7.9万户，承保农民工意外伤害保险7.57万人，承保能繁母猪

26.76 万头。

（谢　平）

【永安财保襄樊中心支公司】2009 年，中心支公司实现保费收入 2 662 万元，占公司全省保费收入的 20%。在襄樊 15 家产险公司中位居第五，市场份额 5%。全年保单满期赔付率 47.71%,比 2008 年降低 29.8 个百分点，为公司开业 5 年来效益最好年。

（王　晖）

【永诚财保襄樊中心支公司】至年底,永诚财保襄樊中心支公司完成保费收入 1 506.28 万元，增长 114.26 %;赔款支出 887.87 万元，满期保费赔付率为 88%，同比下降 2 个百分点;综合赔付率 89.94%。

（邹雪琳）

【天安保险襄樊中心支公司】天安保险股份有限公司襄樊中心支公司下设枣阳营销服务部和老河口营销服务部。2009 年，公司与旺前、中机亚飞、虹通担保、顺和达等公司签约成块业务，保费 783 万元，占公司业务保费的 34 %；消化以前年度的费用袍袱 32 万元；建立快速理赔机制，3 000 元以下案件资料齐全当日结案；建立客户回访制度，对保险事故从报案、查勘、定损、结案和付款全过程跟踪。全年承保业务 12 172 件，承担保险风险 30.62 亿元，保费收入 2 317 万元，同比增长 78 %。其中，非营业用车 201 万元，家用车 994 万元，营业用车 323 万元，其他车辆 16 万元，交强险 718 万元，非车险 12 万元。至 12 月底，已决赔付支出 1 217 万元，已决赔付率 53.78%，未决赔款余额 654 万元,综合赔付率为 82.6%。

（王　楠）

【华安保险襄樊中心支公司】2009 年，华安保险襄樊中心支公司保费收入 1 081 万元。其中，车险保费收入 996.2 万元，财产险保费收入 11.5 万元，人身险保费收入 42 万元。接报案 1 350 笔，支付赔款金额 490 万元，当期结案率 88%，5 000 元以下小额案件 3 天赔付到位。

（徐园园）

【渤海财保襄樊中心支公司】2009 年，渤海财保襄樊中心支公司保险费收入 572 万元。其中，车险保费收入 550 万元，非车险保费收入 22 万元。接报案 1 247 笔，结案 1 051 笔，赔款金额 242 万元，注销、撤销各类案件 100 起，立案率 95.5%，结案率 84.28%，历年制赔付率 79%。

（胡雪晴）

【安邦财保襄樊中心支公司】2009 年，安邦保险襄樊中心支公司保费收入 2 997 万元，比上年增长 528%。在当地市场份额占比 5.3%。其中，交强险 13 546 笔，保费 15 887 747.54 元；商业车险 5 518 笔，保费 13 400 850.33 元；摩托车交强险 732 笔，保费 87 840 元，承运人责任险 5 笔，保费 6 487 元，财产险 47 笔，保费 5 934 190.56 元。受理保险事故索赔案件 2 151 起，支付赔款 698 万元。历年制赔付率为 56.43%，结案率为 88.47%。综合费用率为 22.74%，综合成本率为 79.17%。

（任青华）

【平安财保襄樊中心支公司】2009 年，中国平安财产保险股份有限公司襄樊中心支公司承保企财险保险户数 1 828 笔，保险责任 87.37 亿元；承保家财险保险 1 358 笔，保险责任 17 478 万元；承保货运险业务 60 笔，保险责任 4.33 亿元；承保机动车 18 547 笔，保险责任 3.9 亿元；承保人身意外伤害和短期健康保险业务 410 笔，保险责任 267.78 万元；承保交强险业务 18 547 台，处理赔案 5 967 件，支付赔款 983.35 万元。全年处理赔案 5 976 笔，支付赔款 983.35 万元，满期赔付率 47%、件数结案率 96.72 %、金额结案率 96.90 %。

（褚正平）

【中华联合财保襄樊中心支公司】 中华联合财保襄樊中心支公司有职工人 71 人。2009 年，公司实现保费收入 3 487.92 万元，赔款支出 3 494.42 万元。其中，企业财险保费收入 50 万元，赔付 89 万元；车险 3 261 万元，赔付 2 847 万元；意外险 129 万元，赔付 98 万元。

（宋久伟）

【大地财保襄樊中心支公司】中国大地财产保险股份有限公司襄樊中心支公司有在编员工 37 人，展业人员 189 人。2009 年，公司保险费 1 043 万元。其中，车险保费 853 万元，企业财产险保费 126 万元，人身险及其它家财险保费 64 万元，满期赔付率控制 60%，报表利润持平，未出现亏损。

（林乐民）

【都邦财保襄樊中心支公司】2009 年，公司保费收入 1 045 万元，赔付 695 万元。其中，车险保费收入 945 万元，赔付 665 万元；责任险保费收入 35 万元，赔付 4 万元；意外险保费收入 33 万元，赔付 16 万元。企业财险保费收入 20 万元，赔付 4 万元。

（郭建敏）

【太平洋财保襄樊中心支公司】2009年，太平洋财保襄樊中心支公司保费总收入4 499万元，赔付支出2 801万元。其中，企业财险收入460万元，赔付176万元；车险收入3 749万元，赔付2 467万元；运输险收入35万元，赔付46万元；责任险收入82万元，赔付29万元；意外险收入11万元，赔付20万元；其他险收入162万元，赔付63万元。

(罗　涛)

人　寿　保　险

【中国人寿襄樊分公司】2009年，中国人寿襄樊分公司系统累计实现总保费5.43亿元。其中，股份公司保费收入5亿元，市场份额约为20.6%，继续保持襄樊寿险市场领先地位。股份公司长险各项给付支出4 273万元。其中，满期给付2 418万元，死亡伤残医疗给付1 079万元，年金给付777万元，短险赔款支出3 519万元。全市系统有标准A类柜面1家，B类柜面6家。累计发放鹤卡4万张，发送"国寿资讯通"短信227 819条，"95519"客服热线打、接客户电话约9 000余次。

(王　芹)

【太平洋人寿襄樊中心支公司】2009年，公司保费收入2.49亿元，比上年同期增长29%。其中，个人保险比上年增长26%，团体保险比上年下降7%，银行保险比上年增长52%。累计立案各类理赔案4 100件，结案4 079件，结案率99.5%。推行理赔大提速措施，即小额赔案当日给付，结案率要达到60%，3天内的案件结案率要达到45%，10天内的案件结案率要达到83%。9月，在襄樊市农信社推出专为银行个人贷款客户量身打造的增值服务，即安贷宝业务。

(望英英)

【平安人寿襄樊中心支公司】中国平安人寿保险提供的保险品种主要包括：分红保险、万能险、投连险、少儿保险、养老保险、医疗保险、健康保险、理财保险、保障保险等。2009年，公司实现保费收入3.7亿元，完成税收580万元。其中，年度新契约保费7 800万元，银保3 356.2万元，续期保费22 000万元。承保新契约18 232件，年化保费7 751万元，达成全年计划任务111%。理赔十日结案率96.98%，赔付理赔案4 111件，赔付总金额达1 431.7万元，各项后援指标名列全省系统首列。其中，13个月续期92.07%、25个月续期96.44%，保持三级机构领先水平。公司被省劳动和社会保障厅授予"劳动保障诚信单位"称号。

(杨君兰)

【泰康人寿襄樊中心支公司】2009年，公司保费收入4.2亿，同比增长35%。其中，个人营销保费收入2 495万，银行代理保险保费收入3.22亿，团体保险收入236.92万元，续期收入7 816.29万元。理赔结案2 285件，赔付总金额761.23万元。保费收入12.6亿，为28 147位客户提供保险服务，保险理赔总金额2 761万元。

2009年，公司推出"永福人生"(年金分红型)、"卓越人生终身寿险(万能理财险)"、"安享人生B款两全保险(分红型)"、"爱家之约家庭保障计划"(幸福版)、"金满仓B款年金保险分红型"、"合家欢卡（团体卡单)"6种保险新产品。其中，"金满仓B款年金保险分红型"产品获2009中国（湖北）理财总评榜"2009年度最具创新的保险理财产品"奖。

开展"百万图书下县乡，惠农兴农共泰康"活动，建立乡镇网点24家，捐献图书1 800余本，在各县中心乡镇建立泰康图书室7家，并订阅《人民日报》和《湖北日报》供当地群众阅览。

(金倩蓉)

【合众人寿襄樊中心支公司】合众人寿襄樊中心支公司下设本部服务部、枣阳服务部、河口服务部、随州服务部、宜城服务部、谷城服务部、南漳服务部等7家四级机构，形成以襄樊为中心、幅射县、镇、农村的服务网络。2009年，公司完成个险首期标保985万，续期870万，银保3 644万，总保费在分公司排名第五。续期13月继续率73.5%，25月继续率87.2%。中心支公司结案118件，赔付金额648 941元。

(吕　慧)

【生命人寿襄樊中心支公司】2009年，生命人寿襄樊中心支公司新推出生命智鑫终身寿险(万能型)、生命伙伴财富连连年金保险(分红型)二种保险新产品，保费20 670万元。其中，个险规模保费1 391万元，标保940万元；团险保费278.56万元，标保109.00万元；银代1.9亿元。

(胡阿梅)

科 学 技 术

责任编辑
责任校对 郭 炜

科 技

【概况】 2009年，全市有高新技术企业58家，实现高新技术产业产值626.3亿元，完成高新技术产业增加值184.7亿元，同比分别增长33.7%和33.8%。争取国家、省科技计划项目91项，获无偿资金资助4 805万元，比上年同期增长98.4%。其中，国家级创新基金项目35项，无偿资助金额1 790万元，居全省各市州第一名。9项成果获湖北省科学技术奖励。全市专利申请2 302件，其中发明专利490件，授权专利965件。襄樊市被国家科技部确定为全国科技进步示范市，连续三次被科技部评为全国科技进步先进市，所辖的9个县(市)区全部通过全国县(市)区科技进步考核，其中谷城、枣阳、樊城被评为全国科技进步先进县(市)区。谷城和宜城分别被评为国家级和省级可持续发展实验区。市科技局连续两年被省科技厅评为全省科技工作先进单位。

【科技发展计划】 2009年，全市科技发展计划项目168项，其中，国家级41项、省级50项。科技经费7 181万元，其中，国家、省无偿科技经费4 805万元(国家级经费2 250万元，省级经费2 555万元)，市级科技项目经费2 376万元。

重大科技专项与研发计划105项(课题)，无偿科技经费投入3 230万元。其中，省重大科技专项3项，科技经费1 500万元；省级研究与开发计划25项，科技经费799万元；襄樊市2009年科技支撑计划项目安排77项，科技经费1 096万元；新能源汽车专项1 100万元；县域科技专项180万元。

科技型中小企业技术创新基金项目49项（国家级35项，省级14项），拨款2 030万元（科技部拨款1 790万元，省科技厅拨款240万元)。

创新平台计划项目5项，经费165万元。其中：工程技术研究中心3项，经费130万元；校企共建研发中心2家，经费35万元。

国家国际科技合作计划1项，经费200万元。国家火炬计划2项，经费200万元。国家重点新产品计划3项，无偿科技经费60万元。

省自然科学基金2项，经费12万元。省软科学项目1项，经费4万元。

【高新技术】 2009年，全市完成高新技术产业产值626.3亿元，高新技术产业增加值184.7亿元，分别同比增长33.7%和33.8%，形成“两大园区、四大产业集群”的产业格局。全区工业总产值655亿元，同比增长26%。工业增加值185亿元，同比增长48%，比全国57个国家级高新区的平均增幅高出10个百分点。襄樊高新区在全国57个国家级高新区中排34名。

襄樊汽车动力与部件、节能与环保、节能电机与控制设备三大特色产业基地，汇聚26家骨干高新技术企业、网络科技型企业100多家，高新技术产值263亿元，占全市高新技术产业产值的42%。实施科技型中小企业成长路线图计划，全市13家企业被列入全省科技型中小企业成长路线图计划重点培育企业，其中湖北回天胶业股份有限公司和湖北台基半导体股份有限公司在创业板上市，分别募集资金6.188亿元和6.195亿元。

推进襄樊汽车零部件产业集群示范区和电机控制与电能质量优化装置产业集群示范区建设。按照新的高新技术企业认定办法，全市高新技术企业达58家；新认定省级工程技术研究中心3家、校企共建研发机构1家；五二五泵业有限公司被认定为国家创新型试点企业，14家企业被认定为全省首批创新型试点企业；3家企业被认定为省制造业信息化科技工程示范企业。

2009年新认定高新技术企业名单(21家)：

襄樊航鹰航空科技有限责任公司
湖北江山重工有限责任公司
湖北汉丹机电有限公司
湖北华中药业有限公司
襄樊市新兴联机械有限公司
襄樊金和环保科技有限公司
襄樊大力电工有限公司
襄樊航正航空科技有限公司
东风襄樊旅行车有限公司
襄樊凯瑞电力科技有限公司
襄樊达安汽车检测中心
襄樊新火炬数控机床有限公司
襄樊康豪机电工程有限公司
襄樊群龙汽车部件有限公司
襄樊东捷精密机械有限公司
襄樊航力机电技术发展有限公司
襄樊汇尔杰玻璃纤维有限责任公司
枣阳化工工业有限公司
襄樊市三三电气有限公司
湖北江华机械有限公司
湖北骆驼蓄电池股份有限公司

【电动汽车产业】 2009年,科技三项经费中支出1 000万元支持青山纯电动汽车项目建设和发展。同时,通过国家科技型中小企业创新基金、省重点科技攻关计划、省电动汽车专项计划、市级科技计划,对东风旅行车公司、宇清公司、高新青山电动车公司等企业给予支持,获国家、省、市科技计划无偿经费600多万元,其中高新青山电动车公司获省电动汽车专项资金500万元;以产学研的模式引导组建襄樊市宇清电动汽车有限公司。宇清公司注册资本200万元,其中,武汉理工大学以技术入股30万元,襄樊生产力促进中心出资50万元,襄樊特种电机有限公司出资30万元,襄樊江山汽车变速箱有限公司出资10万元。襄樊特种电机有限公司利用在汽车电机方面的技术优势,吸纳襄轴实业公司出资,企业实现重组。

【厅市科技合作】 6月27日,市政府与省科技厅在襄樊南湖宾馆签署厅市共同推进襄樊创新型城市建设备忘录。厅市科技合作包括:共同推进襄樊高新技术产业发展;共同推进以企业为主体、市场为导向,产学研相结合的创新体系建设;共同推进科技融资体系建设。双方议定,联合成立厅市科技合作委员会,每年定期召开会商会议,协调重大合作事项。

【科技孵化器】 8月,襄阳、襄城科技孵化器被省科技厅认定为省级科技企业孵化器。全市5家科技企业孵化器中,有1家国家级、3家省级,孵化总面积达12万平方米,累计孵化企业404家。

【创新科技投入方式】 1. 构建创业投资机构与企业对接的长效机制。邀请省高投、华工创投等投资机构,实地考察近30家企业,达成投资协议近20项,新火炬公司分别与省高新技术投资公司、香港风投公司实现1 500万元、2 200万元的股权风险投资。2. 推动企业专利权质押贷款融资。工商银行襄樊市分行与襄樊航宇机电液压应用技术有限公司签订首笔专利权质押贷款协议,襄樊航宇机电液压应用技术有限公司以三项专利作质押向工行贷款500万元。3.推动襄樊高新区进入"新三板"工作试点。

【科技外事】 2009年,组织申报引智项目7项10人次,国家外专局批准立项5项7人次。襄樊市科星技术协作有限公司引进的法国专家组织义务咨询协会的专家JOSEPH/HESSE JEAN,对该公司现生产的水性汽车漆工艺进行指导,华光新材料有限公司在俄罗斯、乌克兰专家的帮助下引进的先进的红外材料、红外单晶材料生产技术,满足国防科技建设的需要。襄樊市农业科学院和樊城科技局引进小麦和蔬菜专家。

【省市科技进步奖】 2009年,全市9项成果获湖北省科学技术奖。其中,中国航天科技集团公司第四研究院第四十二所"舱外航天服用FTB橡胶件研制"项目获省科技进步二等奖,湖北中航精机科技股份有限公司的"一种座椅角度调节装置"、湖北金洋冶金股份有限公司的"铅基合金深度脱氧工艺"两个项目获省技术发明三等奖,际华三五四二纺织有限公司的"高档家纺装饰面料研究与开发"、襄樊五二五泵业有限公司的"高效烟气脱硫循环泵"、襄樊大力工业控制股份有限公司的"大型电动机降补固态软起动装置"、湖北万洲电气集团有限公司的"突变式负载进相器",东风襄樊仪表系统有限公司的"汽车用MEMS压力传感器"、中国中铁四局集团有限公司市政分公司的"DN1350刀盘可浮动式泥水平衡顶管掘进机的研制"6个项目获省科技进步三等奖。

2009度襄樊市科学技术奖励项目目录

一、科学技术突出贡献奖(2项):

吴少伟 湖北新火炬科技股份有限公司高级工程师

余华强 襄樊市农业科学研究院农业推广研究员

二、技术发明奖(7项):

二等奖(2项)

耐磨陶瓷-金属粘接剂

襄樊封神胶业有限公司

李怀新

一种铁路货车用钩尾框的制造方法

湖北三环车桥有限公司:

谢家洲　陈昌银　郑乐启
王吟洪　邓正友　王峥嵘
蒋林涛　周发明　金永洪
朱国军

三等奖(5项)

HJS5310ZFL粉粒物料自卸车

江山专用汽车有限公司：
张玉林　张金生　徐　伟

采矿输送机

襄阳忠良工程机械有限责任公司：
王华忠

组合型耐磨合金管

枣阳秦鸿新材料有限公司：
张　庆

工业雷管激光编码自动生产线

卫东机械化工有限公司：
顾　勇　曹晓宏　刘辉松
王解洪　赵吉华

牲猪自动两用喂食机

襄阳老意思养殖有限公司
杨帮玉

三、科学技术进步奖(61项)

一等奖(12项)

大体积无粘结预应力混凝土卵形消化池施工关键技术

中铁四局集团有限公司市政工程分公司：
刘雪平　陈　军　杨国新
李　亮　张海涛　孙焕斌
李　戈　王　宁　徐　曼
胡　胜

汉麻纤维嵌入纺纺纱技术研究

际华3542纺织有限公司：
邱卫兵　张慧霞　晏顺枝
王　平　刘　辉　唐建东
刘万宏　陈保民　张纯芳
刘定会　李雄兵　王　慎
马长青　夏华军　魏厚云

低压降功率半导体器件

湖北台基半导体股份有限公司：
刘　鹏　张　桥　张志平
杨成标　吴拥军

KKY400型整体吸能航空旅客座椅

航宇救生装备有限公司：
何才富　王廷江　陈东明
冯海波　何斌意　储　明
胡砚军　王羚杰　王国耀
周　昊　闫　凯　闵立武
洪　涛　洪苏雁　冷　明

全自动数控轮毂轴承内法兰盘滚道磨床

襄樊新火炬数控机床有限公司：
鲁　锋　吴卫东

动态服务组合关键技术与性能优化

襄樊学院：
吴　钊　袁　磊　王新颖
宁　彬　熊　伟　杨建强

随机滚子组件的圆锥滚子轴承全自动装配线

襄阳汽车轴承股份有限公司：
王冠兵　陈於学　陈华军
李春晖　柳　剑　何贞志
杜秋华

外墙外保温专用耐碱玻璃纤维网格布

襄樊汇尔杰玻璃纤维有限公司：
杨兴明　郭　清　张先玲
潘建军　吴敏勇　李书达
杨　群

鄂芝4号的选育及应用

襄樊市农业科学院：
贺建文　蒋相国　陈捍军
李红梅　白桂萍

冠心病患者白介素-18基因多态性的研究

襄樊市中心医院：
刘文卫　刘永胜　江　华
丁祥武　魏　敏　朱　锐
汤永谦　李　彬

进展性脑梗死危险因素及干预方法临床研究

襄樊市第一人民医院：
王普清　罗韵文　柳娟娟
张贵斌　罗文浩　李晨旭

黄本友　李　光

表皮生长因子在鼻窦手术后术腔上皮化过程中作用及机理研究

襄樊市中心医院：
王鹏举　沈　莹　曹　红
吴　莉　赵晓丽　柯赛雄
肖　虹　张　勤　李江平
刘　君

二等奖(20项)

棉澳毛混纺高支纱(系列)

际华3542纺织有限公司：
邱卫兵　张慧霞　晏顺枝
王　平　张纯芳　刘定会
刘　辉　唐建东　刘　鹏
王　慎

Al-Ga-B复合(分布)扩散法

湖北台基半导体股份有限公司：
颜家圣　张　桥　刘　鹏
刘小俐　杨　宁　肖　彦

电力设备和线路的微机型综合保护装置

湖北万州电气集团有限公司：
赵世运　黄　凯　唐金龙
欧阳军刚　陈如鲲　叶进娥
屈中强　黄甫念　袁宏娟
刘　端

新型物理多级循环废水处理工艺及设备

襄樊同康实业有限公司：
郝新全　胡　刚　郤学敏
王　潇　田志高　倪文斌

分子固体磁性理论研究和分子磁性材料的设计与制备

襄樊学院：
屈少华　付华华　杨德军

以含镍废料再生为原料制备高活性镍饼

襄樊化通化工有限责任公司：
赵成显　王　敏　吴　涛
王进军　杨运波

两弯两矫拉伸弯曲矫直设备

襄樊市新兴联机械有限公

司：

潘全胜 尹照明 钱 军
陈 新 范艳华

花生低温制油同步制取花生浓缩蛋白工艺

宜城天鑫油脂公司、武汉工业学院：

刘大川 王祖奎 贺冬骅
卢春成 张 亮 曾庆高
张 磊 邱 伟

襄樊西南山区冰雹时空分布及预报方法研究

襄樊市气象局、保康气象局、南漳气象局：

冯 新 郭 彬 邹从鹏
杨芙蓉 方 怡 陈光荣
杜明生

小麦重大病虫害生物生态防空技术攻关研究

襄樊市植物保护站、南漳植物保护站、宜城植物保护站、枣阳植物保护站、谷城植物保护站：

黄朝炎 赵 强 张 君
王长清 李光牛 肖辉荣
黄杏平 石 磊 宫 振
张广照

水稻全优128的选育

湖北枣丰种业有限公司：

范亨明 刘国清 唐齐毅

密集烤房及其配套设备的研究与应用

湖北省烟草分公司襄樊市公司：

王学龙 苏兆俊 沈文静
郭 利 陈永德 李友群
曹祥练 龚传清 李永辉
曹 林

"谷城大青果"油茶选育

谷城林业局、襄樊市林业局：

赵开德 李德明 饶泽宽
王绿林 鲍春红 胡勇华

射频灼除及高频电切治疗胃粘膜脱垂症

襄樊市第一人民医院：

乔传虎 赵丽萍 吕若玉
刘 波 周天航 周和荣

透明质酸钠与曲安奈得治疗颞下颌关节滑膜炎的临床对照研究

襄樊市中心医院：

罗伟民 杨玉茹 张志红
王秀荣 徐 卫 陈文杰
徐应浩 龚 蕾 韩春莲
宋爱国

支气管肺泡灌洗液T淋巴细胞亚群对肺部病变的诊断价值

襄樊市中心医院：

李向阳 郑玉兰 黄远东
莫 扬 李光元 王世国
陈学珍

疏肝活血法治疗慢性非细菌性前列腺炎的临床研究

襄樊市中医院：

邹如政 段华汛 乐才文
李 青 李莉娅 卢晓苇
周水平 李秀清 王 蕊
司 谦

耐甲氧西林凝固酶阴性葡萄球菌抗菌药物及消毒剂耐药基因研究

襄樊市第一人民医院：

董明驹 刘 敏 史 莉
李 萍 王文平 宋 涛
孙光成

TRAIL联合阿霉素诱导肝癌耐药株凋亡的试验研究

襄樊市第一人民医院：

赵 旭 殷 明 李晨旭
刘 羽 张 倩 李恒平
黄卫东 丁正华 王 俊

糖尿病诊断专家系统

襄樊市中心医院：

马 计 杭 波 高 凌
袁 磊 帅红霞 张光梅

三等奖(29项)

TC4材料电镀关键技术研究

中国人民解放军5713工厂：

王彦岭 吴建军 黄新民
明继清 张 斌 龙俊波
张红涛

半导体模块真空灌封脱气技术

湖北台基半导体股份有限公司：

陈崇林 邢 雁 李新安
张国常

大苏打新工艺开发研究与应用

襄樊纽士达化工有限公司：

梅润生 田文庆 田亚东

新型机油液位传感器开发

东风襄樊仪表系统有限公司：

王太斌 杨 建 侯 斐
唐西清 邱伟平 彭高峰
杨英杰

高模低缩(HMLS)帘帆布的差别化研究与开发

湖北化纤开发有限公司：

盛永新 陈文胜 王友春
张志华 方庆文 张成杰
周 鸣

嘧啶类配合物的热化学性质研究与应用

襄樊学院：

雷克林 杨海浪 赵燕萍

带CAN接口的汽车行驶记录仪开发

东风襄樊仪表系统有限公司、东风电子科技股份有限公司：

王太斌 陈晓青 程 杨
陈新宇 蔡 旸 易 飞
韦 军

水平冲击实验设备技术改进

航宇救生装备有限公司：

王玉林 沈文波 闵立武
汪长年 洪 涛 阎 凯
郝 侠

多曲面超薄零件的固化成型制造技术

航宇救生装备有限公司：

宋传斌 李 霞

畜禽产品兽药残留检测方法的研究与应用

襄樊市动物防疫监督站：
胡玉兵 邓中清 陈 哲
冷光敏 胡华学 郭晓敏
侯向进

襄樊市萧氏松茎象国家级综合治理工程建设项目

襄樊市森林病虫防治检疫站：
罗敏华 李德明 占绍文
熊 杰 刘国斌

襄樊市农业面源污染研究

襄樊市农业生态环境保护站：
吕忠群 黄光霞 唐明琴
欧克年 冯 涛 宋晓武
张晓宇

南漳耕地地力评价及其应用

南漳土壤肥料工作站、南漳农业局：
卢殿友 黄有翠 李 杰
李红南 周启秀 杨汝华

襄樊市无公害蔬菜生产中高效低毒杀虫剂的选配及推广应用

襄樊市农药管理站：
黄朝炎 姜存炎 李新斌
徐学明 郝爱军 张 晋
刘 琪

自固化磷酸钙人工骨植入牙槽突裂的临床研究

襄樊市中心医院：
徐 卫 安 刚 肖青锋
申 琳 龚 蕾 罗伟民
陈文杰

重症乳腺增生非手术治疗的研究

襄樊市中心医院：
杜明国 廖晓锋 孙华鹏
杨海波 汪明清 张 玲
陈志丹

变应性鼻炎患者皮质类固醇受体表达及其临床意义

襄樊市中心医院：
罗 鸿 严能兵 曾平凡
甘泉涌 陶利元 周文澜
刘晓玲

管状视野晚期青光眼复合式小梁切除术效果观察

襄樊市中心医院：
黄 毅 史慧敏 周妍丽
张玉华 廖 微

大肠埃希菌基因及耐药机制研究

襄樊市中心医院：
李智山 周乐翔 赵建忠
杨 燕 邓三季 邹玖明
江 华

Intermedin 预处理对大鼠肾缺血离体再灌注损伤的保护作用

襄樊市中心医院：
陈 斌 石洪波 张雪军
余志运 郑 涛 任永生

抑癌基因 PTEN 诱导膀胱癌细胞凋亡并增强其对化疗药物敏感性机制的研究

襄樊市第一人民医院：
郭永连 张小平 李忠远
王咏梅

胃癌组织中 β-连环蛋白和核转录因子-kB 的表达及其对预后的影响

襄樊市第一人民医院：
李恒平 赵 旭 张 倩
童仕伦 夏 萍 殷 明
王 俊

CT 引导经皮肺穿刺切割活检的临床应用研究

襄樊市第一人民医院：
赵大兵 杨全喜 顾卫平
刘 琨 张 骅 董佑红
李 光

嵌压植骨在强直性脊柱炎全髋关节置换术治疗中的应用研究

襄樊市第一人民医院：
常增林 李 锋 李晨旭
闫学军 刘江涛

雾化吸入丹参酮ⅡA 磺酸钠对大鼠急性肺损伤的治疗作用

襄樊市第一人民医院：
张 骅 徐 鹏 苏仁意
张 民 赵勇勤 董明驹
王 磊

化积镇痛膏外敷治疗癌性疼痛临床研究

襄樊市中医院：
朱学明 阳国彬 莫励敏
卢晓苇 夏蝉鸣 付 烊
熊襄波

骨水泥钉道强化后内固定治疗骨质疏松性不稳定性椎体骨折的临床研究

襄樊市中医院：
皮红林 周立亚 何继文
刘家矿 卢晓苇 余 鹏

阴离子间隙在肝病中的研究应用

宜城人民医院：
陈红艳 刘明新 李今华
秦艳明 朱晓玲 吴文凯
王世国

基质金属蛋白酶-9、基质金属蛋白酶组织抑制因子-1 及其 mRNA 在脑膜瘤中的表达

老河口第一人民医院：
马 军 戴 锋 郑 刚
唐国庆 杨 军 李建飞
张 震

四、科学技术成果推广奖(12 项)

一等奖(1 项)

优质专用中筋小麦品种“郑麦 9023”的推广应用

襄樊市种子管理局、襄樊市农业局：
郝福新 苏绍元 张保清
张立华 王朝晖 陈桥生
李世义 张海发 毛德新
赵显政 刘福权 李洪林

二等奖(3 项)

制造业信息化技术应用示范工程

襄樊科联制造业信息化生产力促进中心：
李兴富 郭 云 余 波

农作物秸秆直接还田技术推广应用

襄樊市土壤肥料站、南漳土壤肥料工作站、谷城土肥站、襄

阳土壤肥料工作站、宜城土壤肥料工作站：

王国树 夏长元 朱建新
肖兴军 卢殿友 王道明
段建设 何全超

清香优质薄壳核桃的繁育研究与示范

保康圭萃园生态农业开发有限公司、华中农业大学：

章赐文 涂炳坤 舒常庆
史代林 刘应强 钟晓勇

三等奖(8项)

西瓜工厂化育苗技术研究与应用

宜城粮油技术站：

吴运明 赵尚明 何全超
郭正锋 李 奎 张国进

鄂育89杨优良无性繁殖与推广

襄樊市林业科学研究所：

张建华 刘宗恒 解志军
刘 同 谷凤平 冷 英

宜城市花生重大病虫害综合防治技术研究与推广

宜城植保植检站：

吴运明 肖辉荣 李正武
余小清 李洪涛 杨青松

鄂北岗地玉米旋播机械化技术推广

襄樊市农业机械化技术推广站：

刘继梅 秦鸿波 吴学军
叶 荣

天演杨新品种引进与推广

襄樊市林业科学技术推广站：

鲍春红 彭天忠 刁心军
李德明 熊 杰

襄樊市烟草平衡施肥技术推广与应用

湖北省烟草公司襄樊市公司：

唐启楹 袁伟玲 王学龙
陶表林 秦明松 宋彦君
陶新国

烤烟病虫害预测预报及综合治理技术的研究与示范推广

襄樊市烟草公司保康烟叶分公司：

宋彦君 曹祥练 胡功军
陈良存 郭 利 王学龙
苏兆俊

牛细管冻精技术推广与应用

南漳畜牧技术推广站：

谢志荣 华大全 韩远宏
都正权 邹桂秀 唐顺玉
刘大江

【农业科技】 2009年，建立枣阳优质水蜜桃水果科技创新示范基地等10个省级农业科技创新示范基地。保康绿源食品有限公司等12家企业被认定为省级农业科技创新示范企业，两家企业被认定为省级育种繁育基地。认定“枣阳精致农业有限公司”等22个单位为市级星火课堂，并利用星火课堂开展农业实用技术培训。在全市举办种植、养殖等各类星火技术培训班23个，培训农民达2.09万人，农村劳动力转移培训600人，组织科技下乡15次。

【产学研】 2009年，先后与清华大学、武汉大学、华中科技大学、湖北大学、中科院武汉分院等单位签订地校全面合作协议，全市50%以上的工业企业与清华大学、华中科技大学等高等院校、科研院所建立长期稳定的合作关系。市科研院校和大中小企业参加第五届中国·湖北产学研合作暨投资项目洽谈会，40多个企业签订合作协议。在2009中国(襄樊)中小项目投资创业洽谈会上，襄樊学院、襄樊职业技术学院、中航科技集团42所的专家和部分专利技术持有人做项目发布和推介，发布20多个适合中小投资者创业的科技成果和专利项目，涵盖了机械加工、农业生产、节能环保、医疗器械、家用便民等多个领域。

【科技活动周】 5月16—22日，在全市开展以“携手建设创新型国家”科技活动周活动。开展群众性科普主题活动54项，活动周经费总投入达15万元，发放各类资料13.9万份(册)；捐赠农资折合人民币5.8万元，赠送药品、药具折合人民币1.5万元，医疗义诊1 900人次，各类咨询3.8万人次；举办报告会30场，各类宣传展板1 143块，举办各类培训班52期，开放科技场馆、基地8个，更新科普画廊3 502米，放映科普影视101场，播发新闻稿件60条，送科技下乡53次，企业技术诊断8项，举办各类展览15期。

(龚为军)

科 技 信 息

【概况】 2009年，襄樊市科技信息局具有行业特色的维普中文科技期刊数据库更新513条，发展新会员一家，数据库用户53家，新增IBM服务器一台，联结磁盘阵列，实现网上双机运行；开辟31个主要版块，建立网上专利服务平台；网站访问量达199 314人次，总新闻量达到168 376条；全完翻译各类科技资料50万字，口语翻译5万字。

【襄樊市生产力促进中心】 2009年完成查新检索课题238项(其中5项国际国内检索课题，6项国外引文检索)，收集全市77个技术发明奖、科技进步奖、科技成果推广奖的材料，完成湖北天工机电公司、湖北卫东机械厂二家高新技术企业认定，帮助襄樊封神胶业有限公司、襄樊天宝机电有限公司、襄樊申冠机电有限公司、襄樊科能机电设备公司、襄樊宇虹金属制品有限公司、襄樊硅海电力电子有限公司6家企业创新基金创业项目获得国家支持资金400多万元。

（王咏梅）

科学普及与协作

【概况】 2009年，市科协组建企（事）业科协达到180多家，完成“金桥工程”项目39项，在45家企业开展“技术创新型车间（班组）”创建活动，促进企业节能降耗、提高质量、增加效益。召开全市企业科协工作暨“讲、比”活动总结表彰大会，推动群众性技术创新活动开展。3月，市科协与中国地质大学经济管理学院签订合作协议，编制《襄樊市投资环境蓝皮书》。11月，在全省企业科协座谈会、全国高新区科协年会上做典型交流。

全市创建科普示范学校38所、示范社区20个、示范村81个、示范基地31个，培养科技示范户320户，成立“协会+基地+公司+农户”的技术经济实体13个、“协会+基地+农户”的技术服务型组织65个，会员达12 560人，网络农村近80%农民技术人员，辐射带动全市10万余户农民依靠科技致富。

市科协所属学会（协会、研究会）50多个，全年组织开展各类学术交流活动135次、参加科技人员3 000余人次、交流学术论文300余篇。

全市新建科普画廊31处，科普画廊总数达到125处，市科协被中国科协评为“全国‘站栏员’（科普工作站、科普工作栏、科普宣传员）建设先进单位”。

市科技馆先后举办《科学发展在襄樊》、《襄樊工业60年成就展》等展览，参观人数达8万人次；组织青少年科技活动10次，参加人数达10万人次。市科技馆获“全国科技馆活动进校园”二等奖。

市科协先后获“省级文明单位”、“全市党建工作先进单位”、“全市平安单位”、“全市军队转业干部安置工作先进单位”荣誉称号，在2008年度全市县级领导班子和党政正职综合考核评价中，市科协被评为优秀等次。在2009年度全省市（州）科协工作目标考核中，市科协被评为优秀单位（第一名）。

【建立院士专家服务中心】 10月15日。市科协在高新技术开发区建立“院士专家服务中心”，在航宇公司、万洲电气公司建立“院士专家工作站”，开展院士专家企业行活动，帮助企业解决重大技术难题，提升技术水平，增强企业科技创新能力。建立高新区“院士专家服务中心”的做法在全国为首创，并在中国科协院士专家工作站调研会上作典型发言交流。

【科普惠农兴村】 全市争取国家“科普惠农兴村计划”和省“科普示范助力新农村计划”项目10个，落实项目资金150万元，项目总数和资金总额均创历史新高。全年争取到“科普大篷车”车载展品25件，价值20余万元；为保康县、襄阳区分别配备科普宣传车2辆，价值20万元；为宜城、谷城、襄阳3地争取到华硕科普图书室3个，价值15万元。

【实用技术培训】 各级科协组织利用2 019个全市现代远程教育网络接收站点，开展农村党员干部实用技术培训活动，受训人数达11.5万人，90%以上的农村党员普遍轮训一遍。开展“阳光工程”培训工作和为农民工“四送”活动，培训人数2.3万多人。

【科普活动】 科普大篷车全年巡展36次，获中国科协全国科普大篷车联合行动奖励。2009年科普日活动，全市组织20项专题活动，参加的公众人数82万人次，参与活动的专家1 000余人。市科协、谷城科协获“全省科普日活动优秀组织奖”。科技周活动期间，全市各级科协举办各类科普报告会32场次，听众达8 000余人次，举办科普展览42次，发放科普挂图4万余份，发放科普资料10余万份，开展送科技下乡60余次，公众参与人数30余万人次。市科协获“湖北省2009年科技活动周优秀组织奖”。

【青少年科技传播行动】 2009年，在湖北省第24届青少年科技创新大赛中获得一等奖17名，二等奖38名，三等奖51名的优异成绩，市科技馆获“全省青少年科技创新大赛优秀组织奖”。在青海西宁举办的第九届中国青少年机器人竞赛中，襄樊市25中代表队获得机器人足球（小学组）二等奖和创意（初中组）三等奖。在全国信息学奥赛中，本市获得四个高中组一等奖，取得高考优录和保送资格。

【科技工作者状况调查】 2009年市科协被中国科协确定为全国科技工作者状况调查站点。襄樊站点承接中国科协工作者状况调查项目，完成科技工作者状况数据调查100份，为建立中国科技工作者心理健康动态数据库提供基础性数据。开展谷城、保康乡土人才状况调查、航宇公司科技人员状况调查、宜城紧缺性高级人才状况调查,站点撰写的《谷城县乡土人才状况调查报告》被中国科协《调研动态》采用。

【学术交流】 10月,邀请中国工程院院士、浙江大学教授谭建荣,中国科学院院士、北京工业大学教授张泽在高新区创业服务中心作学术报告;邀请21名院士专家与有关企业开展数控设备技术研讨会。市科协对所属学会重点学术交流和科普活动进行项目资助,帮助指导医学会、农机学会、物理学会等重点学会开展学术交流达11场次;组织学会参加中国科协第十一届年会等活动。

【第14届自然科学论文评选】 3-11月,市科协、人事局、科技局联合开展第十四届襄樊市自然科学优秀学术论文评审工作,评出148篇优秀论文,其中一等奖15篇、二等奖36篇、三等奖97篇。

(徐　莉)

专　利　管　理

【概况】 2009年,全市申请专利2 302件,比上年增加159件,增长率为16.7%。其中:职务发明1 360件、非职务发明942件,分别占总量的59%、41%;发明专利申请490件、实用新型专利申请841件、外观设计专利申请971件,分别占总量的21%、37%、42%。

全年授予专利权965件。其中,发明26件、实用新型594件、外观设计345件;个人377件、企业526件、大专院校52件、科研单位1件、机关团体9件。专利实施企业56个,实施专利项目351项,创产值74.79亿元,利税7.93亿元,创汇8 603万美元。专利专项检索546件,法律状况检索61余项,全年查处假冒他人专利和冒充专利行为案件2件、侵权纠纷案件8件。

【中国汽车知识产权信息平台启动】 4月26日,“襄樊·中国汽车知识产权信息平台”在高新区创业服务中心启动。信息平台由国家知识产权局、湖北省人民政府批准建立,中国知识产权局提供“七国两组织”(中国、美国、日本、英国、德国、瑞士,欧洲专利局、世界知识产权组织)的专利信息资源。拥有中国专利文摘数据200万件,国外专利文献数据1 630万件,并配有专利信息检索和分析系统。

【专利质押贷款】 5月,经国家知识产权局登记备案,襄樊航宇机电液压应用技术有限公司以本公司3项专利权进行质押,向工商银行襄樊市分行贷款500万。

【专利“扫零”工程】 确定首批51家企业为“扫零工程”试点,分别为高新10家,樊城8家,襄阳、宜城、枣阳、老河口、谷城各5家,南漳、保康各3家,襄城区2家。51家企业均为当地骨干企业,但均无一件专利申请。

【中国(襄樊)知识产权维权援助中心】 6月9日,国家知识产权局以国知发管函字[2009]235号文批复同意设立中国(襄樊)知识产权维权援助中心。该中心组织18家维权援助合作单位、建立由32人组成的维权援助专家库,并于10月16日开通知识产权维权援助举报投诉电话0710-12330,向知识产权维权援助中心咨询保护知识产权相关事宜。

10月19日,中国(襄樊)知识产权维权援助中心揭牌仪式在川惠大酒店举行,国家知识产权局马维野司长、省知识产权局王国新副局长及襄樊市王彬彬副市长为中心揭牌,并为18合作单位及32位专家颁发牌匾与聘书。

【知识产权培训】 10月13—14日,全省知识产权培训班在襄樊举办,省直有关部门科技处或相关处室负责人、各市州有关部门负责人、部分县(市)区科技副县(市)区长(或党委、人大、政协分管领导)、各市州科技局或知识产权局负责人、有关高校、科研单位、企业负责相关工作的干部,以及全市50家重点企业150人参加培训,国家知识产权局条法司姜丹明处长、中南财经政法大学曹新明教授、华中科技大学朱雪忠教授分别就新专利法及湖北省知识产权战略的制定与实施为学员们进行培训。

(郑红梅)

防　震　减　灾

【概况】 2009年,襄樊辖区发生地震7次,总释放能量为48.211×10^6焦耳,其中,最大震级为保康8月6日M1.8级地震,释放能量为31.6×10^6焦耳。襄樊市地震局获2009年全省市级防震减灾工作先进单位、全省科技活动周优秀组织奖、市级平安单位等荣誉。在2009年度全省地震监测预报工作质量评比中，万山台获得地下流体水位观测第一名，地下流体水温观测优秀奖；市地震局获信息节点检查第二名。10月19日，市人民政府审议通过《襄樊市建设工程抗震设防要求管理办法》、市政府第6号市长令要求从2009年12月1日起施行，管理办法为推动襄樊市建设工程地震安全性评价和抗震设防要求的法制化、规范化管理，增强建设工程抗御地震灾害的能力起到积极作用。

2009年度地震目录见表52。

【"十一五"项目建设】 2009年，湖北省地震安全工程安排襄樊市12个项目，省级投入193.5万元，位居全省市州第二。主要项目是：建设地震信息社会服务区域分系统，建立襄樊防震减灾科普教育基地，新建保康、枣阳2个数字化测震台和南漳、谷城、保康、枣阳、老河口、宜城6个重点县市信息平台，改建万山地下流体观测台站，建设防震减灾视频会议等项目。其中，市区本级子项目4个：万山地下流体观测台改造、襄樊地震信息社会服务区域分系统、防震减灾科普教育基地和视频会议系统，省级投入项目经费85.5万元，解决观测技术改造、仪器设备购置、网络接入支持、软件支持以及系统设计及安装调试等。

【市地震学会成立】 4月10日，全市防震减灾工作会议及地震学会第一次会员大会召开。大会选举产生地震学会工作机构，审议通过《地震学会章程》和《会费收取办法》，市地震局局长余鄂洪当选理事长，有26人当选理事。

【创建地震安全示范社区】 11月25日，樊城区回龙寺社区召开创建"地震安全示范社区"暨地震应急救援志愿者队伍成立大会。该社区的创建工作在全省取得"三个第一"：第一个开展地震安全示范社区创建、建立第一支社区地震应急救援志愿者队伍、印制第一本社区地震安全手册。襄樊市地震应急志愿者队伍由屏襄门派出所、第五医院、襄樊广播电台、社区治保骨干等单位的60人组成，根据队员专业特长，分为突击救援抢险、医疗救护、后勤保障、治安保卫四个组，平时承担地震应急培训宣传、地震应急演练，震时承担应急抢险救援、震情灾情速报任务。

【地震应急预案体系】 2009年，襄城区政府和地震部门地震应急预案编制完成，至此全市已制定1个市级政府地震应急预案，10个地震部门地震应急预案，下辖9个县（市）区政府全部编制地震应急预案。

【防震减灾科普示范学校建设】 11月24日，省地震局、教育厅、科技厅、科协对申报省级示范学校进行评审，襄樊市地震局向省推荐的3所学校被评为省级防震减灾科普示范学校。12月，3所学校被市地震局、教育局、科技局、科协四部门评为市级防震减灾科普示范学校。至此全市有3所省级防震减灾科普示范学校，5所市级防震减灾科普示范学校。

【《研究报告》获奖】 2009年，将以往季度会商改为月度会商，通过运用b值、波速比等预测方法，完成全年12个月度襄樊及邻区地震趋势会商，在此基础上形成《2010年度襄樊及邻区地震活动趋势研究报告》，此报告在鄂豫陕毗邻地区地震联防会上获二等奖，在湖北省地震趋势会商会上获得优秀奖。

（刘　唐）

表52　2009年度地震目录

时间	纬度	经度	地点	震级(ML)	能量(焦耳)
5月6日	31°58′	112°31′	襄樊	0.8	1.00×10^{6}
6月8日	31°32′	111°47′	南漳	1.5	1.12×10^{7}
7月11日	31°44′	111°47′	南漳	1.1	2.82×10^{6}
8月6日	31°48′	110°48′	保康	1.8	3.16×10^{7}
8月8日	31°29′	111°21′	保康	0.8	1.00×10^{6}
10月29日	31°29′	111°55′	南漳	0.6	5.02×10^{5}
11月20日	31°34′	111°27′	保康	0.1	8.92×10^{4}

教　育

责任编辑
责任校对　洪　军

教育管理

【概况】2009年，全市有各级各类学校1 335所，其中：高校4所（襄樊学院、襄樊学院理工学院、襄樊职院、襄樊电大），中等职业学校41所（普通中专27所、成人中专1所、职业高中8所、调整后的中职学校5所），普通高中49所，初中207所，小学863所，特殊教育学校5所，幼儿园166所；在校生868 665人，其中：高校49 023人，中职学校在校生98 678人（普通中专48 896人、成人中专46人、职业高中20 082人、调整后的中职学校14 271人），普通高中115 736人，初中201 205人，小学332 240人，特殊教育学校331人，在园幼儿71 452人。全市有教职工61 035人，其中专任教师50 154人。全市高中专任教师学历合格率为96%，较上年提高1.3个百分点；初中教师学历合格率为97.9%，较上年提高1个百分点；小学教师学历合格率为99.5%，较上年提高0.2个百分点。

枣阳吴店镇、王城镇，襄阳古驿镇，宜城小河镇、郑集镇，老河口仙人渡镇，南漳巡检镇，保康后坪镇、马桥镇，樊城太平镇，高新团山镇等12个乡镇被评为市级“基本无辍学乡镇”。

投资280万元的襄樊市盲聋哑学校改造项目完工。

全市小学生均校园面积41.71平方米，生均校舍建筑面积9.62平方米。中学生均占地面积32.3平方米，生均校舍建筑面积13.5平方米。

全市学校基本情况见表53。

【签订合作协议书】5月12日，市政府与省教育厅签订《共同促进襄樊市省域副中心城市建设教育合作协议书》（以下简称《协议书》）。《协议书》提出“构建襄樊从学前教育到高等教育的比较完善的国民教育体系，加快基本实现教育现代化的进程，建设全民学习、终身学习的学习型社会，为襄樊省域副中心城市建设和整个鄂西北地区经济社会发展提供人才保障和智力支撑”的合作目标，合作内容包括“共同推进襄樊基础教育现代化进程，加快义务教育均衡发展步伐”、“共同推进襄樊中等职业教育健康持续发展”、“共同推进襄樊地方高等教育发展，为地方经济社会发展提供智力支撑”三个方面。其中，中职教育方面，市政府规划在襄阳古城以南庞公至营盘20平方千米区域内，规划布局、重点建设若干所中等职业教育学校。另外，还将打破行业部门和学校类型界限，采取资产置换、资源重组等形式，对中职学校进行改造、扩建、整合。省教育厅从资金、政策等方面，支持襄樊教育的发展，优先在襄樊实施在全省范围内带有试验性的教育改革项目。

【地方教材——《襄阳好风日》出版】按照国家、地方、学校三级课程管理的要求，市教育局组织相关部门编写地方教材《襄樊好风日》系列地方教材。市委书记唐良智为该书作序。全套教材共四册，其中，小学阶段2册，初中阶段1册，高中1册。该书“面向本土、来自本土、服务本土”，展现襄樊的自然环境、名胜古迹、风土人情、特色产品、建设成就、时代风貌及著名人士等。该书于2009年8月由长江出版社出版。

【获国家、省表彰的教师】4月，襄樊五中数学高级教师李泽贵获“全国五一劳动奖章”，襄樊市三十六中数学高级教师黄万峰、襄樊市三十三中校长王义清、保康教研室主任王智奎被授予“省劳动模范”称号；襄樊市三十五中语文教师谢昌玲因获得湖北省首届青年教师教学竞赛一等奖，被授予“省五一劳动奖章”。

【接受市人大专项评议】2009

表 53 全市学校基本情况

	学校数（所）	毕业生数（人）	招生数（人）	在校学生数（人）	教职工（人）	
					合计	专任教师
总计	1 335	219 736	239 491	804 259	57 839	48 125
高等学校合计	4	11 437	19 221	49 023	3 196	2 029
普通高校	3	9 426	13 249	36 813	2 814	1 804
成人高校	1	2 011	5 972	12 210	382	225
高中阶段教育	90	61 605	64 626	199 031		7 861
中等职业教育合计	41	24 657	25 116	83 295	3 543	2 326
普通中专	27	14 308	14 672	48 896	2 202	1 314
成人中专	1	17	15	46	28	21
职业高中	8	5 270	5 822	20 082	635	495
调整后的中职学校	5	5 062	4 607	14 271	678	496
普通高中	49	36 948	39 510	115 736		5 535
义务教育	1 075	135 821	117 310	533 776		38 639
普通初中	207	79 315	59 190	201 205		16 074
普通小学	863	56 488	58 055	332 240	24 860	22 493
特殊教育	5	18	65	331	98	72
学前教育	166	22 310	57 555	71 452	2 389	1 625

年，市教育局被市人大确定为评议单位，对市人大评议反馈的29条意见建议进行整改，处理11所办学行为不规范和20名从事有偿家教的教师。12月3日，经市人大测评，市教育局在10个被评单位中，得分97.242分，排名第三，通过评议。

幼 儿 教 育

【概况】 全市幼儿园166所，班数1 973个（其中学前班1 124个），在园幼儿数71 452人（其中学前班人数40 704人）。幼儿教职工数2 389人，其中专职教师1 625人。全市城镇3-6岁幼儿入园率达到95.2%。

中小学教育

【概况】 全市有普通中小学幼儿园1 290所，在校生720 964人。其中高中49所，在校生115 736人；初中207所，在校生201 205人；小学863所，在校生332 340人。特殊教育学校5所，在校生331人；幼儿园166所，在园幼儿71 452人。全市城镇3-6岁幼儿入园率95.2%，全市小学适龄儿童入学率100%，巩固率100%；初中适龄少年入学率达到100%，巩固率99.2%；残疾儿童少年入学率91%。初中毕业生升入高中阶段学校的比例达88%。高考生上省线比例达80%以上，其中本科上线比例达40%以上。

【改造薄弱学校】 2月8日，市政府与襄城、樊城、襄阳3个城区政府及高新区管委会签订薄弱学校改造责任书，各城区、高新区均成立以区政府分管领导为组长的薄弱学校改造工作领导小组，制定“改薄”工作专项规划，落实改造薄弱学校的各项任务。至年底，投入市区薄弱学校改造资金4 711万元，其中市级资金1 709万元，区级配套资金3 002万元；完成征地及校舍改扩建项目41个；完成实验室、功能室、校园网装备项目58个，完成仪器设备、课桌凳、图书采购项目47个。

暑期，培训和调整全市薄弱学校领导班子，培训校级领导85人，调整校级领导18人。为薄弱学校交流培训骨干教师259人，补充新教师28人，市、区两级培训教师1 067人，帮助薄弱学校提高教师队伍整体素质，薄弱学校市、区级骨干教师达到259人，占专任教师总数的19.5%。同时，在推荐招生中，将薄弱初中的推荐指标在核定数的基础上提高2%，使2009年13所薄弱初中的推荐指标比按正常比例推荐增加74人，为薄弱学校稳定生源提供支持。秋季，24所薄弱学校招生人数达到5 496人，比2008年秋季招生人数增加1 083人，增幅达24%。

8月20日，市十八中正式与襄樊七中合并，原十八中更名为“襄樊七中岘山校区”。合并后两校区原招生范围不变，实行“共同教研，同步教学，同步训练，同步测试”的管理模式。经过改造，薄弱学校新生入学率得到巩固和提高，学区内初中、小学新生入学率分别达到79%和82%，到位率分别增长23%和20%。

【县域义务教育均衡发展】 3月，襄阳被湖北省确定为襄樊市“义务教育均衡发展行动计划试验区”。至年底，该区争取到三项资金：义务教育均衡发展试验区启动资金1 000万元；初中二期改造项目700万元；“明德基金”无偿捐赠资金100万元，用于襄阳区张湾镇武坡小学建设。其他县(市)区义务教育均衡发展工作启动。

【贫困生资助】 2009年，全市建立起较完善的市、县、校三级资助体系，开辟贫困学子入学的“绿色通道”。全年资助45 332名农村初中生，每人每天补助3元；20 745名小学生，每人每天补助2元；资助1 744名城市初中生，每人每天补助1.5元；2 504名小学生，每人每天补助1元。争取到164.1万元国家福利彩票公益金，按每人1 000元的标准资助全市高中贫困生1 641人。同时，要求普通高中学校在每年收取的择校生学费中拿出10%的资金，用于奖励、资助优秀学生和贫困学生。全市高校生源地贷款新增4 293人，贷款总额2 575.8万元。

【弱势群体子女接受义务教育】 2009年，市、县(市)区教育行政部门调整接收农民工适龄子女就读指定学校。秋季，襄樊城区新增指定学校18所，指定学校达到48所。城区接受农民工适龄子女6 522人，全市城镇学校接收农民工适龄子女26 343人，实现进城务工人员子女“就近入学”；全市71 165名农村在校“留守儿童”，均建立留守学生档案和联系卡，实行党员、教师帮扶，进行定期家访、谈心，落实留守学生安全工作责任制等措施。春季，全市免除235 759名农村住宿生住宿费(免费标准为小学每生35元、初中每生40元)，免费资金达884.10万元。

【中考改革】 在“保持连续，小步快进”的原则下，2009年继续推进以部分省市级示范高中和各县(市)区一中推荐招生为重要内容的中考改革，推荐招生比例最高的襄樊四中和襄樊五中达70%，取消各类竞赛的加分项目，实验操作、体育等考查考核科目的设计。

【优化高中教育资源】 7月，襄樊一中被命名为省级示范高中；10月，襄樊市致远中学顺利通过省级示范高中复评；12月，枣阳一中通过省级示范高中创建评估。全市省级示范高中达到6所，市级示范高中达到21所，省、市级示范高中的比例达到52%，在校生比例达到79%。2009年，全市高考上省线率89.9%，其中本科上线率52.14%，列全省第一。优质高中高考上线率为93.92%，本科上线率为63.86%，优质高中的上线人数占全市上线人数的76.11%，其中本科上线人数占全市91.13%。

9月，投资8千万元、占地11.3公顷的东风中学新校区交付使用，年招生规模超过1 500人，实现招生能力翻番。

10月7日，投资3个亿、占地30公顷的襄樊五中新校区落成。学校的招生规模突破6 000人。

【新课程培训】 按照“先培训、后上岗，不培训、不上岗”的原则，7月，全市启动“襄樊市高中教师远程培训”工作，选派104名辅导教师和13名教研员赴武汉各大高校参加集中培训。严格按照每个培训班学员不低于30人、不多于50人的要求，编排52个培训班，培训教师1 952人，参训率为89.6%。暑期，组织所有新学年即将担任高一新课程的老师参加新课程专项培训活动，历时12天，培训语文、数学、英语、物理、化学、生物、历史、地理、思想政治、音乐、体育与健康、美术、信息技术等13个学科，发放各类培训资料20 240套，参训教师(含市县教研人员)2 463人。11月初，组织全市第二轮继续教育培训测试。

【高考成绩创历史新高】 2009年，全市44 507名考生参加高考，本、专科上线人数39 759人(占全省招生计划的12.99%)，上省线率达到89.33%。其中，本科上线人数23 202人(占全省招生计划的15.35%)，上线率52.13%；专科上线人数16 557

人(占全省招生计划的 10.72%)、上线率为 37.2%。全市文、理科重点本科(一类本科)上线人数达到 3 632 人，比全省 7.73%的重点本科上线率高出 1.89 个百分点,高出全省各大市州的重点本科上线率。文科 600 分以上的考生 5 人(全省 25 人)占全省总数的 20%,580 分以上的考生有 21 人(全省 165 人)占全省总数的 12.73%;理科 600 分以上的考生有 379 人(全省 4 511 人)占全省总数的 8.4%，均名列全省前茅。体育、艺术专业上省线的考生 3 699 人，比上年增加 182 人；其中本科上线的考生 1 595 人,比上年增加 97 人。高职上省线的考生 2 326 人，其中本科 404 人。

【两校获“中国百强中学”称号】 5 月 25 日,2009 第三届中学名校校长论坛暨第三届“中国百强中学”新闻发布会上,襄樊四中、五中获“中国百强中学”称号。

【襄樊五中举行新校区落成暨建校 107 周年庆典】 10 月 7 日，位于高新区邓城大道 66 号的襄樊五中举行新校区落成暨建校 107 周年庆典。新校区占地 450 亩,总建筑规模达 12 万平方米,学校的招生规模突破 6 000 人,比老校区增加 3 000 人。

职业与成人教育

【概况】 2009 年，全市有国家级重点职业学校 11 所，省级重点中等职业学校 6 所;国家级实训基地 3 处，省级实训基地 7 处,省级品牌专业 2 个,省级重点专业 16 个。全市中等职业学校招生 31 000 人(不含技工学校),完成农民工培训 12 144 人，完成农民实用技术培训 114 910 人次，完成下岗转岗职工培训 11 752 人。

【中等职业学校技能大赛】 4 月,举办全市中等职业学校学生第一届技能大赛，有 6 个专业 350 人参加。一等奖 30 人次,二等奖 48 人次,三等奖 60 人次。

【校企合作】 6 月 19 日，市工业学校与深圳长城开发科技公司举行了“深圳长城科技开发公司人才培育基地”揭牌仪式,就校企合作达成协议。市工业学校与深圳长城开发科技公司合作，促进学校专业建设与教学改革，解决学生就业问题。

【中职教师培训】 2009 年,全市中等职业学校教师 3 543 人，其中专任教师 2 326 人。7 月,组织 15 名专业课教师参加国家级培训，100 名教师参加省级培训。全市专任教师学历合格率达到 76.8%,双师型教师占专任教师比例达 19%。

【示范中等职业学校创建标准】 2009 年,市教育局制定《襄樊市示范中等职业学校标准(试行)》(以下简称《标准》)。《标准》规定申报襄樊市示范中等职业学校的学校未来 5 年学校发展规划科学可行,以就业为导向的学生数占在校学生比率不低于 80%，中等职业学历教育在校生不少于 3 000 人(含实习学生)。《标准》强调专业建设、实习实训条件、教育成果、教育管理等方面的要求。《标准》为襄樊市设置中等职业学校的最低标准,是教育行政部门审批、检查、评估、督导中等职业学校的依据,适用于襄樊市各级政府部门、行业、企业、其他社会组织和个人举办的各类中等职业学校。襄樊市示范中等职业学校采取分年度分批建设,分批认定的办法进行。力争用三年左右时间在全市基本建成 15 所左右市级示范中等职业学校,并使其中部分学校进入国家级、省级示范中等职业学校行列。

【创建市级示范中等职业学校】 2009 年,市机电工程学校、市工业学校、市护士学校、襄城职高、枣阳职教中心、谷城职教中心、保康职教中心等 7 所学校被命名为襄樊市示范中等职业学校。

【资助贫困中职生】 2009 年，资助贫困中职生 64 586 人,资助金额为 10 013.4 万元,受资助的学生占中等职业学校在校生总数的 90%。

高　等　教　育

【襄樊学院】 2009 年，学院新聘“楚天学者”特聘教授 1 名，“隆中学者”1 名，客座教授 14 名,研究人员 4 名,引进博士和教授 13 名,硕士 15 名。10 名教师新聘为重点高校兼职硕士生导师,近 20 名硕士研究生进校接受培养。200 余名教师晋升高一级专业技术职务，全校高级职称专任教师达 269 人,100 余人次教师外出访学、赴境外进修或考研攻博。文学院王辉斌教授跻身全国文学类著名学者行列，在古代文学中排名全国第一，为地方高校专家的唯一代表。

调研完成《襄樊学院 2010—2014 年学科建设规划》等制度规范编制工作,并进入论证实施阶段。新增临床医学、建筑学、动画、物流管理4个本科专业。增列车辆工程为省级重点学科。新增设备投入350万元,改善汽车和化工等重点实验室条件。增签武汉体院为协议合作高校。

经济与政法学院成功实施“村官进大学”计划,全年培训村官近300名,还受邀为全市700多名城管队员授课、培训,全院学生司法考试通过率达到国家平均水平。物电学院、教育学院、地理科学专业分获国家级人才培养模式改革创新实验区和特色专业,机汽学院综合工程实训中心、文学院《外国文学史》分获省级教学示范中心和精品课程,机汽学院还新增省级重点学科1个。音乐学院学生原创作品《荆山楚源》、《鼓盆歌》分别登上省级舞台和中央电视台元旦晚会。美术学院成功承办环境美学国际论坛。

2009年,全校学生获得各级各类竞赛奖励320余项。5月,学院由二本(二)院校升格为二本(一)院校。秋季,招收普通全日制新生3 947人,理工学院招收新生1 564人;招收全日制自考班学生1 548人,成人学历教育学生3 002人。

【襄樊职业技术学院】 2009年,襄樊职业技术学院新增汽车制造与装配技术、动漫设计与制作、助产3个专业,专业总数达45个。医学影像技术专业被遴选为省级重点专业,畜牧兽医、护理被遴选为省级教改试点专业,重点专业、试点专业总数5个。《会计核算基本技术》被评为国家级精品课程,《危急重症护理》、《网络安全》、《残疾儿童行为矫正》、《微生物检验技术》被评为省级精品课程,国家级、教育部教指委级、省级、院级精品课程总数分别达5门、5门、16门、91门。

开展“三对接一贯穿”工学结合人才培养模式改革(专业与地方支柱产业对接,人才培养规格与用人单位需求对接,课程与岗位工作任务对接,校企合作贯穿人才培养全过程),形成“岗位接轨三步式”(练岗+轮岗+顶岗)、“任务引领、双证融通”、“订单式”、“校(院)企合作、岗位导向”等多样化人才培养模式。启动基于工作过程的人才培养方案及课程开发改革。新建校外实习实训基地48个,立项建设校企紧密型合作项目9个,新建省级高职教育实训基地建设项目2个。受省教育厅委托,牵头成立由12所高职院校组成的“鄂西生态文化旅游圈高职教育联盟”,并成为理事长单位。

招收高职生5 036人,普通中职生1 105人;招收各类成人学历教育学员472人;招收“一村一名大学生”132人。订单培养班级总数达14个。

开展第二届第三批“131人才”评选,选聘专业带头人3名、优秀骨干教师7名。4名行业、企业的技术骨干被聘请为“楚天技能名师”,聘任首届“襄江能人”11名。护理专业教学团队被评选为“湖北省高等学校教学团队”。立项教科研课题62个,结题37项。完成教科研项目31项。获省政府高校教学成果二等奖1项,三等奖2项,获专利5项。

6月30日,主校区新区建设工程全面启动,市委书记唐良智、市长李新华等市领导亲自为工程奠基。教学楼、学生公寓、学生食堂、图书馆等7万多平方米的校舍进入主体建设阶段。

附属医院先后被市政府确定为市立惠民医院、二级优秀医院、襄樊市城镇居民医疗保险定点医院、襄樊市公务员体检定点医院。

2009年,襄樊职业技术学院档案管理通过国家AA级达标验收。《学报》被全国高职高专学报研究会确定为“中国高职高专核心期刊”和“优秀学报”。图书馆获湖北省高职院校“先进图书馆”称号。

【襄樊广播电视大学】 2009年,全市电大系统在校学生12 210人,招生5 976人。其中,开放教育4 047人,脱产大中专学生271人,校企合作办学招生820人,华师奥鹏301人,成人专本科537人。招生数量在全省电大系统居首位,受到中央电大、省电大的充分肯定,被评为全国、全省招生工作先进单位。全年安置大中专毕业生215人。重新启动襄阳汽车职业技术学院申办工作。

2009年,学校举办“基于工作过程的课程设计讲座”,开展校本培训和教研活动、通过公开课,互听互评等形式,带动年轻教师成长,选派5名教师参加国家级骨干教师培训,提高教师的教学水平和实践能力。推进职业资格证书制度和“双证制”,提高学生就业竞争力,2007、2008级在校生全部参加技能证书考试,并获得证书。

湖北电大建校30周年活动中,学校选送的诗朗诵、歌伴舞《春天的故事》在文艺汇演晚会上,被评为“文艺汇演一等奖”。学生叶本翠、刘小群、秦义强、虢先科等同学被授予“杰出毕业生”称号,辛德学被授予“优秀毕业生”称号。

2009年5月,学校被湖北省委、省政府评为“2007—2008年度省级文明单位”。

(安良海)

卫　　生

责任编辑
责任校对　张　俭　胡广海

综　合　管　理

【概况】 2009年，全市有各级各类医疗卫生机构3 181个，其中医院57个，卫生院134个，村卫生室2 333个，其他医疗卫生机构657个；床位17 016张；卫生技术人员24 989人。平均每千人拥有执业医师1.49人，护士1.36人。全市卫生事业经费15 407.7万元，固定资产230 918.5万元，其中设备价值109 870.8万元。

【2008年度感动襄樊十大人物】 2月26日，市中医医院蔡志强获"2008年度感动襄樊十大人物"称号，其任队长的赴阿尔及利亚医疗队获阿尔及利亚最高荣誉"五一劳动奖章"，同时该队被国家卫生部评为"援外先进医疗队"，蔡志强被湖北省卫生厅授予"全省援外医疗工作先进个人"称号。

【全国医院感染监测先进单位】 3月，市中心医院被卫生部授予2008年度"全国医院感染监测先进单位"称号，这是自2003年以来医院连续第四次获此称号。

【全国"五五"普法先进集体】 3月，市中医医院被中共中央宣传部、中华人民共和国司法部、全国普及法律办公室联合授予全国"五五"普法中期先进集体称号。

【襄樊市急救中心】 4月24日，经市机构编制委员会批准（襄机编[2009]16号），市紧急医疗救援中心加挂"襄樊市急救中心"牌子，"襄樊市急救中心"作为第一名称对外使用，"襄樊市紧急医疗救援中心"作为第二名称使用，单位性质、机构规格、人员编制、经费渠道等不变。

【护理工作奖励】 5月8日，市中心医院和市第一人民医院分别被湖北省卫生厅授予湖北省三级医院护理质量银、铜奖，市中心医院何红、市传染病医院王秀平被授予湖北省"十佳护士提名奖"，市第一人民医院段红玲、市中医医院刘朝霞、宜城中医医院贾崇芝被授予湖北省"优秀护士"。11月23日，市中心医院、市中医医院、市铁路中心医院被省卫生厅确定为湖北省创建"护理示范医院"定点医院。

【副省长张岱梨到襄樊调研】 5月31日，副省长张岱梨带领省卫生厅厅长焦红一行到襄樊，实地察看襄樊甲型H1N1流感密切接触者医学观察点（市东风宾馆）、市传染病医院、市疾病预防控制中心、市紧急医疗救援中心、市甲型H1N1流感防控工作领导小组办公室等单位防控措施落实情况，听取襄樊甲型H1N1流感防控工作领导小组组长、市政府常务副市长施真强关于襄樊甲型H1N1流感疫情工作情况汇报。张岱梨充分肯定襄樊工作，要求下一步要围绕堵、防、治开展工作。一、完善医学观察点设施和制度建设，彻底分开隔离病人和非隔离人员。二、规范定点医院管理。市传染病医院要严格落实"三区两通道"，加大经费投入和人员培训力度，提高应急能力。市级要加大对各县（市）、区定点医疗机构督查力度，确保病人能够得到及时有效的救治。三、搞好实验室建设。市疾病预防控制中心要一边加快实验室建设，一边立足现有条件开展甲型H1N1流感检测工作。四、做好学校和托幼机构的晨检和健康教育工作。五、建立健全卫生、民航、铁路等相关部门的联防联控工作机制，做好密切接触者的追踪、监测工作。

12月6日，张岱梨、焦红一行到襄樊调研甲型H1N1流感重症救治和防控工作。张岱梨指出襄樊下一步甲流疫情防控工作重点要抓好6个方面：一、防控重点突出学校，注意农村。二、加大医疗救治工作力度，对重症患者做到早识别、早治疗。三、千方百计、不惜代价做好重症、危重病例的救治。四、进一步提高救治能力。五、做好药品、医疗设备和疫情防控的各项物资储备工作。六、启动孕妇管理系统，做好孕妇流感早期症状监测。

【市康达医院更名】 7月9日，经市机构编制委员会批准(襄机编[2009]25号)，市康达医院更名为“襄樊市铁路中心医院”，机构规格、人员编制和经费渠道不变。

【签署合作备忘录】 7月31日，省卫生厅与市政府在南湖宾馆签署合作备忘录，决定从2009年到2013年，开展创建国家卫生城市、疾病预防控制机构和卫生监督机构能力建设等合作共建，推动襄樊市卫生事业又好又快发展。省卫生厅厅长焦红，市领导唐良智、李新华、黄德华等出席签字仪式。合作备忘录约定，省卫生厅支持襄樊创建国家卫生城市，计划2011年申报，力争2012年通过国家评估评审；在艾滋病防治工作中，省卫生厅在防治经费的投入、合作项目的立项与争取、县级艾滋病防治机构能力建设等方面对襄樊给予支持；在加强疾病预防控制机构建设中，省卫生厅加大对襄樊疾病预防控制机构实验室装备投入，加强技术指导，促使襄樊市市、县两级疾病预防控制中心实验室在2010年底前达到国家规定标准；省卫生厅加大对襄樊市市、县两级卫生监督机构设备、装备和经费投入，增强卫生监督执法能力；加强襄樊市县级医院、乡镇卫生院和村卫生室基础设施和能力建设，到2010年底，90%以上的县、乡、村三级医疗卫生机构达到国家建设标准，优先建设襄南新农村建设示范区的乡镇卫生院和村卫生室，在2009年底全部达到国家建设标准；加强血吸虫病防治，集中力量综合治理南漳九集镇血吸虫病新疫区，到2012年重新达到血吸虫病传播阻断标准；联手开展白癜风防治，积极申办白癜风治疗药物审批手续；实施白内障复明工程，从2009年起，用2—3年时间把襄樊建成白内障复明无障碍市。

【市传染病医院隶属关系变更】 8月28日，经市机构编制委员会批准(襄机编[2009]30号)，市传染病医院交由市中心医院管理，其隶属关系变更后，机构名称、规格、人员编制、经费渠道等不变。

【全国急救中心驾驶员技能大赛】 9月5日至6日，在全国首届急救驾驶员驾驶技能大赛上，市急救中心代表队获团体三等奖，在27支参赛队中名列第七，在全国地级市急救中心代表队中名列第一。参赛选手黄跃获个人二等奖和“全国急救驾驶技能技术能手”称号，詹建国、刘华伟获优胜奖。

【医药卫生体制改革】 10月26日，全市召开深化医药卫生体制改革工作会，市委副书记、市长、市深化医药卫生体制改革工作领导小组组长李新华，市领导施真强、黄德华出席会议。会议提出到2011年，襄樊实现基本医疗保障制度全覆盖。至2009年底，医药卫生体制改革工作开局良好。新型农村合作医疗方面：襄城、谷城、老河口、宜城2009年下半年新型农村合作医疗住院费用报销比例同比提高5个百分点，完成湖北省下达的目标任务。国家基本药物试点方面：老河口、谷城、保康纳入湖北省37个实施基本药物制度试点县(市)，完成在用药品的盘存报备工作，确定13家配送企业。1月31日启动实施国家基本药物制度，实行零差率销售，并制定补偿方案。公共卫生服务方面：城市居民健康档案建档率和农村居民建档试点分别超过和达到要求；完成14岁~15岁儿童补种，儿童乙肝疫苗全程免疫接种率95%以上。公立医院改革方面：向湖北省、市医药卫生体制改革工作办公室申报宜城人民医院作为公立医院改革试点，市中心医院对8个病种、市一医院对6个病种、市中医医院对20个外科单病种实行临床路径管理探索工作。开展住院医师规范化培训制度试点工作，将襄樊市区三家三级医院纳入试点，并对管理人员进行培训。

【国家拉动内需建设项目】 至2009年底，襄樊争取中央拉动内需卫生事业项目61个，建设面积130 650平方米，总投资18 165万元。其中，中央投资11 088万元，湖北省投资70万元，地方配套7 007万元；县级医院6家，乡镇卫生院25家，农林场卫生院4家，村卫生室19家，社区服务中心7家。52个项目竣工并投入使用，9个项目尚在土建施工中。

【医疗废物集中收集处置】 至12月31日，襄樊市区和各县市80家医疗机构纳入医疗废物集中收集处置。社区医院和个体诊所近400家实现医疗废物无害化处置（其中63家签订收集运送合同），年收集运输医疗废物7万桶，合700吨。

基层及妇幼卫生

【概况】 2009年，襄樊有妇幼卫生机构10个，职工1061人，其中卫生技术人员830人。村卫生室建设达标率89.27%，覆盖率97.48%。

【妇幼保健】 2009年，襄樊孕产妇死亡率27.92/10万，5岁以下儿童死亡率7.74‰，婴儿死亡率6.36‰，孕产妇系统管理率88.83%，高危孕产妇管理率100%，新法接生率99.99%，住院分娩率98.87%，新生儿疾病筛查率65.99%，孕产妇HIV抗体检测率96.65%，5岁以下儿童中重度营养不良发生率0.54%，7岁以下儿童保健管理率89%。8月18日，市妇幼保健院检验科通过省妇幼保健机构临床实验室评审专家组考评。12月3日至5日，市妇幼保健院三级妇幼保健机构管理工作通过省卫生厅评审。

【新型农村合作医疗】 2009年，襄樊有355.43万农民参加新型农村合作医疗，参合率98.45%，比上年提高5.34%，超出省平均参合率4.06%，连续3年居全省第一。10个县(市、区)参合率：襄阳102.36%、枣阳99.73%、樊城99.64%、南漳99.33%、保康97.04%、老河口96.28%、宜城95.93%、高新95.54%、谷城94.43%、襄城93.94%。2009年起，襄樊参加新型农村合作医疗农民个人缴费标准提高到每人20元，人均筹资标准100元。确定各地住院费用补偿封顶线2.5万元~3万元，参加新型农村合作医疗的农民住院费用封顶线均达上年度当地农民年人均纯收入的6倍以上。有209万人次得到门诊、住院、体检和大病补助等补偿，累计补偿资金3.11亿元。其中：住院补偿25万人次，补助2.52亿元；门诊补偿166万人次，补助3 732万元。11月1日，老河口、襄阳、襄城全面启动新型农村合作医疗门诊统筹。

【社区卫生】 至2009年底，全市建成社区卫生服务机构86家，其中城区48个、中心16个，服务站32个；各县(市、区)中心和服务站共38个。16个社区卫生服务中心，政府举办4个(檀溪、清河口、定中门和柿铺中心)，大医院领办4个(中原、米公、紫贞和车城中心)，国有企事业单位医疗机构转型2个(陈家湖和隆中中心)，民营6个（汉江、王府、昭明、庞公、屏襄门和王寨中心)；社区卫生服务站中政府举办8个，民办24个。社区卫生服务机构有各类人员830人，其中医生446人，护士249人，公共卫生人员63人。

2009年，南漳、保康、谷城制定《社区卫生服务发展规划和社区卫生服务机构设置规划》，启动县级社区卫生服务工作。

【樊城推进社区卫生服务建设】 2009年，樊城建成汉江街、王寨街、清河口街、屏襄门街、中原街、定中门街、米公街、柿铺街、陈家湖9家社区卫生服务中心及梯子口、水星台、万户等17家社区卫生服务站，社区卫生服务机构覆盖率90%，建成以医疗、预防、保健、康复、健康教育和计划生育技术指导“六位一体”的新型社区卫生服务模式。至年底，免费为辖区居民建立健康档案12.7万余份，34万余人，开展健康教育2.7万余人次；开展健康教育进社区活动30余次，开展慢性病普查、妇女病普查、儿童保健免费健康体检3.9万余人次；开展康复指导3 293人次，计划生育技术指导服务6 900人次；开展家庭病床日数567天，上门服务4 279人次，减免人次65 500人次，减免费用34万余元。

【妇女乳腺普查工程启动】 3月10日，市康达医院乳腺诊疗中心揭牌，由中国抗癌协会发起的中国百万妇女乳腺普查工程在襄樊启动。

【世界首报异常染色体核型】 7月，由著名医学遗传学专家、院士夏家辉签署鉴定书，确认市妇幼保健院发现的2例异常染色体核型未见文献记载。

医　　疗

【概况】 2009年，襄樊有医院57所，职工14 648人，其中卫生技术人员11 851人，医院床位11 392张，全年治愈病人338 252人次，门急诊11 812 946次，治愈率64.35%，好转率33.25%，病死率0.54%。全年健康检查854 008人次。乡镇卫生院134个，执业医生2 635人。中医院8家，病床4 451张。传染病医院1家，职工106人。2009年对湖北省卫生厅确定的87项、襄樊确定的29种常见疾病的65项中医药适宜技术在襄樊推广应用。4月，襄樊精神专科落户市第一人民医院，成为鄂西北地区首家三级医院精神卫生中心。7月，市中医医院心血管病专科、肛肠病专科通过省卫生厅评审验收，被确定为省“十一五”中医重点专科建设单位。11月，该院骨伤科、脑病科通过国家级重点专科中期评估。市铁路中心医院白癜风专科成为省“十一五”重点中医专科建设单位，9月被省卫生厅列为“湖北省中医重点专科建设项目”，拥有自主知识产权的“加味愈白丸”被市人民政府批准为襄樊首个自主研发的创新型药品，并申报国家准字号新药。4月10日、9月16日、11月2日，市第一人民医院、市中心医院、枣阳第一人民医院分别举行建院六十周年庆典活动。11月，襄樊确定市中心医院、市一医院为市级甲型H1N1流感重症病例定点救治医院。同月,市中心医院手术室、肿瘤科、急诊科获省卫生厅“专科护士培训基地”资格,成为省级专科护士临床培训基地。

【医疗急救】 2009年,市120电话呼入113 121次,派车13 849次,同比增加14.4%;救治病人12 552人次,同比增加20.6%;平均摘机时间3秒、调度时间70秒、出车时间66秒;空诊率3.59%,同比下降45.19%;有效出车率96.41%,同比增长3.17%;病人抢救成功率97.46%。处置突发事件86起,突发事件救治病人278人次。执行城区甲型H1N1流感疑似病例和确诊病例转运任务40余次,安全转运甲型H1N1流感病例及疑似病例77人次。

【协作医院挂牌】 3月20日,市中心医院与樊城太平店中心卫生院成立协作医院并挂牌。

【首届电子超声内镜研讨会】 4月11日,市中心医院消化内科承办的襄樊第一届电子超声内镜临床应用研讨会在该院召开,全市各级医疗单位消化内科和内镜专业150余名同行参加。

【首家肿瘤专科医院】 4月18日,市首家肿瘤专科医院在襄樊军工医院挂牌成立,同时,中国初级卫生保健基金会肿瘤早期筛查基地也落户该院。由中国初级卫生保健基金会健康扶贫工程组委会资助该中心价值1 000余万元的医疗仪器设备,开展宫颈癌、乳腺癌、食道癌、胃癌、大肠癌、肝癌、肺癌、鼻咽癌等8种重点癌症筛查工作,经筛查确诊的每位病人可获中国初级卫生保健基金会提供的1 000元救助金。

【市中心医院获国际医学检验通行证】 4月,市中心医院检验医学部创建ISO15189国际标准通过中国合格评定国家认可委员会专家组现场评审。10月,获ISO15189国际标准认可。

【太平镇中心卫生院成为协作医院】 7月3日,市一医院与枣阳太平镇中心卫生院达成协作协议,建立长期协作关系。

【试点单病种限价收费】 12月1日起,市中医院试行单病种限价收费。该院首批共20个病种试行单病种限价收费,收费标准分别低于医院2008年治疗该病种实际平均医疗费用的4%~36%。

疾病预防控制

【概况】 2009年,襄樊市有疾病预防控制机构8个,职工836人,职业病防治院1家,职工170人,结核病防治院1家,职工170人。

【传染病疫情】 2009年,全市报告甲乙丙类传染病19967例,死亡43例。报告发病率365.38/10万,死亡率0.78/10万。无甲类传染病报告,乙类传染病报告14种、12 660例,死亡43例。乙类传染病总报告发病率231.67/10万,总报告死亡率0.79/10万,总报告病死率0.34%。比上年分别下降3.84%、37.89%和35.41%。报告病种增加甲型H1N1流感,减少流脑、新生儿破伤风和血吸虫病。8种传染病报告发病率上升,按上升幅度大小分别是伤寒和副伤寒、流行性出血热、梅毒、猩红热、艾滋病、狂犬病、病毒性肝炎和淋病;5种传染病报告发病率下降,按下降幅度大小分别是疟疾、肺结核、麻疹、乙脑和痢疾。报告丙类传染病6种、7 307例,无死亡,总报告发病率133.71/10万。与上年相比,报告病种不变,总报告发病率上升61.32%。流行性腮腺炎和风疹发病率下降,流行性感冒、急性出血性结膜炎、其他感染性腹泻和手足口病发病率上升,其中以流行性感冒的报告发病率上升幅度最大(1459.34%)。1—12月,襄樊报告手足口病4 006例,其中重症7例,无死亡病例发生。

【甲型H1N1流感防治】 自5月2日以来,全市排查追踪、隔离观察入境人员和其他相关人员8 000余人,调查处理发热疫情50余起。通过各类新闻媒体宣传甲型H1N1流感防控知识,通过12320公益电话平台接受公众对甲型H1N1流感防控知识的咨询。印发各类宣传资料200余万份,培训人员近60万人次。至12月31日,襄樊确诊甲型H1N1流感病例262例,其中重症3例,住院47例,居家隔离治疗215例,已全部治愈。11月以来,开展甲型H1N1流感疫苗接种,接种15.28万人份,未出现接种严重异常反应现象。

【艾滋病防治】 1995年4月,襄樊在献血员中报告第一例艾滋病病毒感染者,至2009年12月31日,累计报告艾滋病病毒感染者/病人1 022例,其中病人752例,死亡392例。

【结核病防治】 2009年,市结核病防治机构接诊疑似肺结核病人19 491例,发现和治疗活动性肺结核病人4 011例,其中涂阳病人2 812例,涂阴病人1 199例。初复治涂阳肺结核病人治愈率95%以上。城区接诊疑似肺结核病人 2 890 例，发现涂阳病人 400 例，涂阴 200 例。肺结核病人系统管理率 99.66%以上，对辖区内网络直报的肺结核病人追踪率 99.07 %以上，追踪到位率 84.01%，涂阳肺结核病人密切接触者可疑症状筛查率 99.96 %以上。

【血吸虫病防治】 2009 年累计查出有螺面积 30.47 万平方米，全部进行药物灭螺，疫区人畜血吸虫病感染率为零。

【计划免疫】 2009 年，全市常规免疫累计接种 1 040 961 人次，扩大国家免疫规划疫苗的基础免疫和加强免疫的报告接种率 96%以上。开展两轮脊髓灰质炎疫苗强化免疫，其中第一轮强化免疫常住儿童应种 181 781 人，实种 173 300 人，接种率 95.3%；第二轮强化免疫常住儿童应种 184 936 人，实种 179 967 人，接种率 97.3%。

推广强化免疫及查漏补种工作，全市 8 月龄至 14 岁摸底登记目标儿童 750 498 人，实种 735 808 人，报告接种率 98.04%，分年龄组统计各年龄组报告接种率平均 97%以上。在各县（市、区）开展接种率快速评估，调查适龄儿童 1 350 人，接种 1319 人，接种率 97.70%。

【突发公共卫生事件】 2009 年，全市报告突发公共卫生事件 17 起，均发生在学校。其中一般性突发公共卫生事件报告 6 起，未分级报告 11 起。报告发病 795 人，波及 40 742 人，罹患率 1.95%，无死亡。

【甲型 H1N1 流感防控指挥部】 6 月 2 日，襄樊甲型 H1N1 流感防控指挥部成立，实行集中办公，统一指挥全市甲型 H1N1 流感防控工作。市长李新华任指挥长，常务副市长施真强任常务副指挥长，副市长黄德华任执行副指挥，市政府研究室、市卫生局、市政府应急办、市委宣传部等 31 个部门和单位的主要负责人为指挥部成员。指挥部下设办公室。

【确诊首例甲型 H1N1 流感病例】 9 月 16 日，襄樊确诊首例甲型 H1N1 流感病例并隔离治疗，对其密切接触者 77 人实行集中医学观察。患者为襄樊学院理工学院建筑工程专业大一学生，家住襄阳区，9 月 10 日上午出现咽痛、咳嗽、乏力等症状，测量体温 37.2℃。该生 11 日上午到市第一人民医院发热门诊就诊，查体温 38.7℃，并采集鼻咽拭子。经市疾控中心流感实验室检测，初步确诊该生鼻咽拭子甲型 H1N1 流感核酸呈阳性。16 日，省疾控中心确诊该病例为甲型 H1N1 流感。

【启动甲流应急预案】 9 月 16 日，市委、市政府召开襄樊市甲型 H1N1 流感防控工作电视电话会，通报襄樊首起甲型 H1N1 流感疫情情况，宣布从 16 日起，启动甲型 H1N1 流感应急预案。

卫 生 监 督

【概况】 2009 年，全市有卫生监督机构 7 个，职工 322 人。在湖北省卫生执法案件评审中，襄樊获第二名。

2009 年，市卫生监督局办理各类许可证 3 189 份，其中食品卫生许可证 1 724 份，餐饮服务许可证 885 份，保健食品销售卫生许可证 67 份，公共场所卫生许可证 497 份，供水单位卫生许可证 10 份，放射诊疗许可证 6 份，健康证明 25 619 份。

【卫生监督监测】 2009 年，襄樊监测各类健康相关产品样品 18 660 份，合格 14 953 份，合格率 80.13 %；其中公共用品 1 090 份；食品 3 526 份，合格 2 578 份，合格率 73.11 %；餐检 13 665 份，合格 10 539 份，合格率 77.12%。监督检查公共场所 2 351 户，监督覆盖率 100%，责令整改 135 家，行政处罚 29 家。监督检查放射诊疗单位 248 家，责令整改 71 家，行政处罚 5 家。餐具监测餐饮单位 1 131 家，监测餐具样品 8 804 份，合格 6 584 份，合格率 74.78%。

【卫生执法整治检查】 全年开展化妆品专项整治 53 次，检查化妆品经营单位 365 家，责令整改 43 家。开展手足口病、甲型 H1N1 流感等重点传染病督导检查 3 237 家，其中医疗卫生机构 1 372 家，学校 1 014 家，托幼机构 210 家，疾病预防控制机构 8 家，公共场所 733 家，下达整改意见书 720 份。市卫生监督局检查医疗机构 621 家、学校及托幼机构 273 所、养老院 10 所。开展打击违法添加非食用物质和滥用食品添加剂专项整治活动，出动执法人员 26 078 人次，检查餐饮单位 12 697 户次，查处案件 17 起，发现问题食品种类 28 种。全年立案查处违法案件 585 件，向司法机关移送涉嫌犯罪案件 2 件。开展打击非法行医和非医学需要鉴定胎儿性别、选择性别人工终止妊娠专项行动，立案查处“黑诊所”等非法行医案件 668 起，取缔无证医疗机构 324 家，责令停止诊疗活动 377 家，移交司法机关案件 67 起，追究刑事责任 1 人。

【食品卫生量化分级管理】2009年，襄樊继续推进食品卫生监督量化分级管理，市卫生监督局在市区3 069家餐饮单位全面实行卫生监督信息公示，在店堂醒目位置悬挂“卫生监督信息公示牌”。5月底至6月初，专项监督检查市区30家等级为A、B级的餐饮单位，对两家评分达不到原级别要求的单位作降级处理，对两家评分超过原级别要求的单位提升其卫生信誉度级别，对三家内部管理不到位，存在一定食品安全隐患的单位给予通报批评。

【职业病防治】2009年，市职业病防治院对市区20家用人单位开展职业健康体检8 175余人次，对26家用人单位进行职业卫生日常检测，检测粉尘159点次、物理因素384点次、化学因素186点次、生物样品699人份。对5家单位的7个建设项目开展职业病危害评价。对12 000余名驾驶员进行职业健康检查；开展职业病诊断10余次，发现职业病22例，收治职业病病人251例。

【饮食规范管理街】7月，襄樊确定樊城区春园西路襄樊经济委员会对面、人民广场南侧、风华路、襄城区吉庆街、闸口二路、高新区富康市场饮食一条街、襄阳区张湾镇台湾街、鱼梁洲开发区明珠路、隆中风景名胜区襄隆路等9条街道为特色饮食街卫生规范管理试点。樊城区建华路、红光南路、泰安路、洪铁路，襄城区民主路、铁佛寺路、宜宾路，高新区陈营路等8条街道为“六小行业”(小餐饮、小副食、小美容美发、小旅馆、小浴室、小网吧)卫生管理示范街道。

卫生科教

【概况】2009年，襄樊有中等卫生学校4所，教职工284人。培训乡镇卫生院全科医师150人和城市全科医生、社区护士284人。动员组织651名乡村医生参加乡村医生中专学历教育。开展乡镇卫生院医师到县级医院进修、乡村医生专科在职培训工作，培养乡镇卫生院医师125名，培训乡村医生2 800人次。

全年召开各专业学术年会36次。承办国家级学术会议5次，省级学术会议8次。

【科研课题及成果】全年申报市级科研立项42项，申报重点专科临床研究中心4个，配合市科技局开展医学科研成果鉴定14项，获批2009—2010年省级科研“一般项目”2项。

市中心医院申报课题20项，其中申报国家自然科学基金项目3项、湖北省自然科学基金项目5项、襄樊市科技计划项目12项。11项科研成果获市科技进步奖或自然科学奖，其中一等奖2项、二等奖3项、三等奖6项。2月，市中心医院《消化系统疾病诊治新进展》获国家卫生部继续医学教育项目立项。6月，该院《变应性鼻炎规范化诊断和防治体系的研究》参与国家“十一五”科技支撑计划课题研究。8月，该院《前庭中枢代偿机制及眩晕疾病规范化诊断与康复治疗方案研究》纳入“十一五”国家科技支撑计划课题。

市一医院完成科研课题13项，9项通过鉴定，全部达到国内领先或先进水平，其中湖北省科技重大成果一等奖1项、二等奖3项、三等奖5项。《内科治疗干预症状性颅内动脉狭窄脑血管事件的安全性和疗效前瞻性研究》科研课题，被列入湖北省2009—2010年度科技攻关项目。《面神经炎的临床表现及治疗方法》专项科研纳入国家重点基础研究发展计划（即“973计划”)项目。7月，“十一五”国家科技支撑计划重点项目《心理疾患防治研究与示范》落户该院。

市中医院被市科技局课题立项18项，6项课题通过鉴定，3项成果获市科技进步奖，其中二等奖1项、三等奖2项。1月，肝胆病专家、主任医师贵襄平入选第二批国家中医药管理局优秀中医临床人才研修项目的培养对象。12月，“襄樊市中医儿科临床研究中心”被确立为襄樊2009年重大科技计划项目。

市铁路中心医院病理科《宫颈细胞DNA定量分析及相关病理研究》课题获市科技进步三等奖。

市妇幼保健院开展的“新生儿疾病筛查管理流程研究”课题获市科技进步二等奖。

【下肢骨折弹性钉内固定术】2月，市首例儿童下肢骨折弹性钉内固定术在市一医院获成功，患儿痊愈出院。创伤小，仅需行约1.5厘米切口，平均住院时间4~7天。

【首例经皮穿刺胃造瘘手术】4月2日，市中心医院成功为一进食困难患者实施湖北省首例经皮穿刺胃造瘘手术(PEG术)，填补湖北省在消化内镜造瘘领域技术空白。

【确诊一例内地肺棘球蚴病】6月10日，市一医院为一患者手术切除体内一16厘米长的椭圆形球体，证实为内地罕见的肺棘球蚴病。肺棘球蚴病（肺包虫病）为一种人畜共患的寄生虫病，在内蒙、甘肃、新疆等牧区多见，是进食被犬绦虫蚴污染的食物所致。

【幽门支架置入术】 8月，市一医院成功为一胰腺癌引起幽门狭窄的患者施行全市首例幽门支架置入术。在X线透视下，将导管、导丝经患者口插到胃窦部，找到幽门管，行胃窦、幽门及十二指肠造影，测量狭窄段长度、程度并准确定位，选择合适的支架；将导丝、导管送入幽门并通过之，直达十二指肠远端，交换超长硬导丝，退出导管，将支架输送器插到预先确定的位置后，撤去输送器外管固定插销，固定输送器轴心管，后退外管逐步释放支架,完全释放后拔出支架固定销，使支架脱离输送器，退出输送器，行上消化道碘水造影示支架张开情况及部位。

【肢体动脉支架植入术】 12月，市中心医院收治一位患有双下肢动脉硬化闭塞症患者，通过一条入路在病人双下肢动脉血管腔内同时置入支架，治疗髂总动脉、股浅动脉狭窄闭塞症获得成功，填补全市空白。在介入手术中首先实施双下肢动脉手术，在局部麻醉和心电监护下将其左股动脉处切开约2毫米的小口，然后插入一根特制导管，进行动脉造影后，在病人左侧髂动脉、右侧股浅动脉远段分别植入一枚支架，造影显示闭塞的血管立即恢复通畅。

【破裂型腹主动脉瘤切除手术】 12月，市中心医院应用人工血管搭桥为一腹主动脉瘤重症患者实施腹主动脉瘤切除+人工血管置换手术获成功，为全市首例。在腹腔持续出血情况下，在瘤腔近端腹主动脉处进行解剖分离、阻断，控制瘤腔大出血，顺利切除主动脉瘤。然后利用一根人工血管分别与腹主动脉、双侧髂动脉吻合，重新建立生命通道，恢复腹腔和双下肢正常血流。

无 偿 献 血

【概 况】 全年无偿献血率100%，自愿无偿献血率100%。采集血液44 060人次，采血76 345单位（15.2吨），比上年增长17.3%（采血总量位居全省市州级第一名），捐献机采血小板1 693人次，1 839个治疗量，同期增长20.4%。1月，市中心血站贯彻落实“一个办法两个规范”(《血站管理办法》、《血站质量管理规范》、《血站实验室质量管理规范》) 通过国家卫生部督导检查组检查。3月起，全市停止使用冰冻血小板，全部改用新鲜血小板。4月，市中心血站在湖北省血站业务督导检查评比中获第一名。6月，据卫生部《采供血机构设置规划指导原则》和《湖北省采供血机构设置规划（2006—2010）》要求，关闭保康中心血库，在保康人民医院设置储血点。12月，在枣阳建立首个爱心献血屋。

【全自动细菌培养仪】 3月，市中心血站在湖北省血站系统率先启用Bact/ALERT 3D全自动细菌培养箱，用于孵育，混匀测试品，连续检测需氧菌及有氧菌，可提高细菌检测监控度，减少人为误差。

【医院血液储存远程温度监控】 4月15日，市中心血站在远程医院联网基础上，利用已有互联网资源，增加医院方血液储存箱冰箱温度监控设备，实现临床用血全程冷链监控。确保医院客户方储血箱24小时温度记录，形成电子数据加以保存，每10分钟将各医院血库储血箱温度上传至市中心血站服务器，随时了解各医院端血液储存环境。

【无偿献血征文活动】 11月，市中心血站与襄樊日报社联合举办《捐血献爱心，血浓情更浓》征文活动，收到来稿40余件。经评选，其中6篇作品分获一、二、三等奖，12月11日举行颁奖仪式。

【爱心互助奖学金颁奖】 12月9日，市职业技术学院2008—2009学年爱心互助奖学金颁奖仪式在主校区举行，有106名学生获奖学金及奖励证书。

【临床输血技术培训班】 12月28日至29日，全市召开2009年度临床输血技术培训班。邀请全国临床输血知名教授田兆嵩分别在市中心医院和市第一人民医院作专题讲座，各县市23个医疗单位的医生和护士600余人参训。

爱 国 卫 生

【概况】 2009年，全市开展卫生城市创建活动，市区建成大世界、新长春2个规范化大市场、9条特色饮食示范街、8条“六小行业”卫生管理示范街。保康实现灭鼠达标,获省级卫生县城申报资格。南漳九集镇旧县铺村、老河口仙人渡镇柴店岗村等12个村被授予湖北省卫生村称号。编印10万册《健康66条》宣传画册,达到“市区所有机关、团体、企事业单位人手一册,社区居委会全覆盖”。开展春秋两季以灭鼠为重点的除四害活动,老河口、谷城通过灭鼠、灭蟑达标复查。

【健康教育与健康促进工作】 4月22日至23日,市健康教育与健康促进能力建设综合试点项目工作接受湖北省检查组终期督导评估。检查组采取听汇报、查资料、看现场方法,先后对项目试点谷城石花镇小坦山村、市疾病预防控制中心健康教育所项目工作开展情况进行现场检查评估,随机抽查市一医院健康教育与健康促进工作。9月,省爱卫办授予襄樊为省健康教育与健康促进能力建设合格市。

【“健康66条”知识竞赛】 6月,由市爱国卫生运动会办公室、市卫生局、市健康协会主办,市疾病预防控制中心、市中心医院、市一医院、市中医院、市中心血站协办的市“中国公民健康素养66条知识竞赛”活动,至11月收到287份答题卡。2010年1月14日,抽奖活动在襄樊健康教育所举行。按照抽奖活动方案,从全部答对题目的满分者中随机抽取一等奖1名,奖金1 000元;二等奖3名,各500元;三等奖10名,各200元;纪念奖100名。

【老河口农村改厕项目验收】 12月29—30日,老河口农村改厕项目工作通过湖北省政府农村改厕项目考核组考核验收。至12月1日,该市李楼、仙人渡、洪山嘴、孟楼、竹林桥、袁冲等6个项目乡镇60个行政村完成农村改厕任务10 044座。

(贾赞琴)

市红十字会

【概况】 2009年,市红十字会基层组织84个,团体会员单位119个,青少年会员11 200人,志愿者2 512人。全年接受捐款139.9万元,在全市发放救灾救助物质受益82 038人次。11月12日,武汉马应龙药业集团股份有限公司向枣阳红十字会捐赠价值20万元的药品。全年培训救护员2 845人,接受救护知识普及宣传群众达44 686人次。参与无偿献血56 794人次,3例志愿捐献遗体者经过司法公证并在市红十字会备案。

6月29日,市志愿者协会成立仪式在市人民广场举行,市红十字志愿者组织为该协会分会,被授分会会旗。11月18日下午,市红十字会第二届理事会第二次会议在名人城市酒店召开。各县(市)区红十字会会长(县(市)区政府分管县(市)长)、专职副会长、秘书长,市红十字会理事50余人参加会议。会议选举产生新一届市红十字会领导。市委书记唐良智为市红十字会名誉会长,副市长黄德华为市红十字会会长。

【公益行动】 9月4日,市红十字会在南漳第一中学举行为山区留守特困学生发放助学金仪式。该活动是市红十字会向社会推出公益项目后,首个得到响应项目,募集定向捐款4万元。9月25日,“快乐飞翔群”网友主动联系市红十字会,提出愿意成为中国造血干细胞捐献志愿者。次日市红十字会和市中心血站联系,抽出专门工作人员,安排采血车,迎接“快乐飞翔”者。62名群中成员资料被录入中国干细胞库。该活动是全市新生组织中第一个公益行动。

【市红十字应急救援队成立】 5月8日,市红十字应急救援队在市红十字医院成立,并举行授旗仪式。应急救援队由40多名医护人员组成,他们将担当在突发事件和自然灾害发生时的医疗援助任务。市红十字医院医学博士、心内科主任刘福元担任应急救援队队长。

【友好市区红十字会】 3月5日,市红十字会与北京市东城区红十字会结成友好市区红十字会,签字仪式在市红十字会举行。两地红十字会从工作联系、信息交流、广泛合作、开展活动、相互邀请五个方面达成协议。

【骨髓捐献者——刘小旋】 2008年7月18日,襄樊老河口人刘小旋成为中国第1 000例干细胞捐献者。中华骨髓库和中国邮政发行纪念邮票一套两枚,刘小旋成为其中一枚的主人公。纪念邮票限量制作5 000套,属于个性化邮票,刘小旋个性化邮票票面是:大红的中国结、她本人的头像和“中华骨髓库第1 000例捐献者刘小旋2008.7”字样。

(高俊红)

文化·体育·社会科学

责任编辑
责任校对 吴忠秀

文　　化

【概况】 2009年,襄樊市有专业艺术表演团体10个。其中,京剧团1个,歌舞剧团1个,襄阳花鼓戏剧团1个,豫剧团(院)3个,艺术团2个,曲剧团2个。全市已查明不可移动文物3 390处,其中市区(不含襄阳区)1 004处,有10处被国务院公布为全国重点文物保护单位;106处被省政府公布为湖北省文物保护单位。市、县两级博物馆收藏文物达35 839件(套),其中,市博物馆收藏13 657件(套),一级品57件、二级品262件、三级品1 022件。

全年演出2 444场,演出收入299万元,观众307万人次。放映电影27 695场次,观众510 660人(次)。公共图书馆图书总藏量125.7万册,新增图书4.11万册,购书经费82.8万元。举办各种群众文化活动(文艺活动、展览等)213次。文物藏品13 657件(套)。

【文化发展合作备忘录】 4月20日,湖北省文化厅、襄樊市人民政府在南湖宾馆举行《湖北省文化厅、襄樊市人民政府关于共同推进襄樊市文化发展的合作备忘录》签字仪式。

《合作备忘录》主要从推动襄樊市艺术创作繁荣、公共文化服务体系建设、文化产业发展、加强文化遗产保护、对外文化交流、文化体制改革、文化人才培养七个方面达成共建协议。

【送戏下乡】 3月,在宜城小河镇举行2009年送戏下乡启动仪式,全年送戏下乡1 000多场次,观看演出群众180余万人次。

【艺术精品】 6月20—21日,应中宣部、文化部邀请,湖北省豫剧团(襄阳区豫剧团)创作排演的现代大型豫剧《山野秀才》,代表湖北省在北京民族文化宫大剧院参加新中国成立六十周年献礼演出,为首都观众展示南派豫剧风采。襄阳区豫剧团是参加献礼演出的100多个剧团中唯一的一家县级剧团。该剧已在省内外累计演出800多场,观众达150多万人次。

6月初,襄樊市豫剧团演出现代大型豫剧《心灵的选择》。著名导演余笑予、文化部艺术局原局长姚欣、湖北省文化厅、省艺术研究所、著名编剧宋西庭等领导和专家观看演出。

9月初,由保康文化馆青年作家宋进潮创作的大型原创先楚风情歌舞诗《荆山楚源》由襄樊市豫剧院排演,并于9月18日作为全国楚文化研讨会接待演出剧目在襄樊市豫剧院进行首演。10月中旬,修改后的该剧作为全国高新技术开发区主任会议接待演出剧目在襄阳剧院连演三场。11月,登上武汉市国际旅游节的舞台,同时选自《荆山楚源》的《鼓盆歌》、《苞茅酒》分别获得第十一届楚天群星奖金奖、银奖。12月,在武汉洪山礼堂参加全省"文化惠民"工程演出。

【文艺创作研究】 王瑞国创作的大型战争题材戏曲《藏你藏在心窝窝》获第六届中国戏剧文学奖剧本奖。

2009年初,董治平的《河南坠子襄河道流派及形成》、李大庆的《从襄河道坠子说起》论文演讲和郝桂萍老师的现场表演,被中国音乐学院邀请讲学表演。

6月,李大庆应首届中国曲剧艺术节组委会邀请,参加在河南曲剧发祥地——汝州举办的首届中国曲剧艺术节,并在中国曲剧艺术发展论坛上宣读题为《这里曲剧花也红》的学术论文。

【省级比赛】 由襄樊市歌舞剧团、豫剧院、京剧团、花鼓戏剧团(宜城艺术团)联合编排演出的襄樊市2009年春节晚会获湖北省"春满楚天"春节电视展播评比特等奖、最佳舞美设计奖。其中,襄樊市歌舞剧团创作排演的《打春牛》获最佳原创节目奖。

在湖北省文联、省剧协举办的三年一度的湖北省戏剧表演最高奖——"第八届湖北戏剧牡丹花奖"大赛上,襄樊市豫剧院刘丽霞、宋彬和湖北省豫剧团罗敏获"牡丹花奖",襄樊市豫剧院获组织工作奖。

在省文化厅举办的全省专业艺术最高政府奖——第九届“楚天文华奖”音乐舞蹈比赛中，市歌舞剧团武保建创作的音乐作品《娃娃听墙根》获“楚天文华奖”音乐作品二等奖和全省“金编钟奖”银奖，王久林、秦晓芳获“金编钟奖”优秀表演奖，韦高罡获得“楚天文华奖”器乐表演二等奖第一名(一等奖空缺)，王晓毅的舞蹈《依靠》获得“楚天文华奖”舞蹈作品三等奖和全省“金凤奖”表演三等奖。

在第十五届香港—亚洲钢琴公开赛中，韦高罡夺得中国作品高级演奏组一等奖。

在第二届全省文化系统艺术院校青年教师技能大赛中，市歌舞剧团12名青年教师进入决赛，占全省决赛人员的22%，其中，韦高罡获得器乐组一等奖第一名，王久林获得声乐组一等奖第二名，秦小芳(声乐)、陈鹤、叶海珊(器乐)、贾梦(舞蹈)4人获得二等奖，张峰、胡栓栓(声乐)薛献忠、魏然(器乐)、王晓毅、龚禹(舞蹈)等6人获得三等奖，市歌舞剧团获“优秀组织奖”，总成绩居全省市州第一名。

【文化惠民】 12月22—26日襄樊市豫剧院、省豫剧团(襄阳区豫剧团)开展“文化惠民、免费看戏”活动。省豫剧团的《山野秀才》、《儿子老子弦子》在襄阳剧院连演5场，观众上万人。12月23—24日，市豫剧院的《荆山楚源》在武昌洪山礼堂连演2场，省委常委、宣传部长李春明等领导观看演出，并接见全体演职人员。

【声乐艺术研究会成立】 3月，襄樊市声乐艺术研究会成立，聘湖北省歌剧舞剧院著名女高音歌唱家刘佳宜为名誉会长，并开辟“汉江歌坛”栏目，同时举办首次“汉江歌坛”音乐会。观众达3 000多人。

【艺术教育】 在2009年高考中，市歌舞剧团艺校高考35名毕业生中被国家一本院校录取的学生达13人，其中仅武汉音乐学院就录取该校毕业生8人，学生高考录取率达95%。

【群众文化精品】 12月5日，在湖北省文化厅举办第十三届“楚天群星奖”决赛中，由市群艺馆组织选送的音乐节目《鼓盆歌》获金奖，舞蹈节目《苞茅酒》获银奖，曲艺节目《祖孙仨》获铜奖。

【非物质文化遗产保护】 3月，襄樊市政府确定公布“伍子胥传说”等19项非物质文化遗产为第二批市级非物质文化遗产。5月31日，省人民政府公布襄樊市南漳传统舞蹈（民间舞蹈)高跷花鼓、传统音乐(民间音乐)南漳阴锣鼓，谷城传统音乐(民间音乐)南河套曲、石花奎面制作技艺，襄阳酱菜制作技艺(襄阳大头菜腌制技艺)5项非物质文化遗产列为第二批省级非物质文化遗产名录。

襄樊市第二批省级、市级非物质文化遗产名录

省级名录：

高跷花鼓　在南漳高跷花鼓中分“文跷”和“武跷”。文跷注重扭、摆、说唱，武跷侧重特技造型表演。武跷和文跷一上场都要穿花，当地叫“穿地步笼子”。武跷子能表演20多种造型，有仙人过门、五子登科、二龙戏珠等。

阴锣鼓　南漳长坪、肖堰、板桥、巡检、九集等镇的阴锣鼓源于古楚文化，目前尚有曲牌达30多种，艺人保存的古唱本及手抄唱词达1 079首。

南河套曲　谷城南河套曲俗称“火钹曲”，1994年南河套曲中的《穆桂英下山》、《小开套》等曲牌被收录在《中国民间音乐集成·湖北卷》中。

石花奎面制作技艺　谷城石花奎面的“伴”、“和”、“揉”、“搓”、“拉”等工艺。

襄阳大头菜腌制技艺　襄阳大头菜传统腌制技艺主要有五香大头菜和普通大头菜。其工艺具有“三腌五卤六晒一封缸”的流程，腌制后的大头菜呈黄褐色，质地脆嫩，并含有人体所需的蛋白质、糖类、脂肪等营养成分。

市级名录(第二批含省级)：

伍子胥传说　作为“伍子胥故里”的谷城冷集镇伍家坡(民国年间为伍员乡)，以口头文学方式，通过200多个神话、传说、故事，传诵伍子胥的传奇经历。

紫金山歌　主要流传于谷城城薤山的紫金、粟谷等地，包括劳动号子、田歌、牧歌、情歌、孝歌，以及其他风俗仪式歌，词曲结构上有二、三、四、五句子等，曲调上有“鸡鸣调”、“喇叭调”、“金盒调”、“东阳调”、“竹枝调”、“米罗调”、“老汉调”等。

石花什样锦　流传于谷城石花镇及周边地区，属于吹打乐，以本地民间乐曲为主吸收外地流入小调演化而成，采用含尾手法，并用“点子锣鼓”串接，组成大型套曲，应用于朝拜活动及其他民俗节日活动之中。

船工号子　分为上水、下水、靠离岸三种。上水有“扯篷号子”、“撑篙号子”、“拖号”；下水号子有“摇橹号子”、“起湾号”；靠离岸是一种安全悠闲的号子，节奏自由，都是一领众和。

滚灯舞　是谷城群众在节假日期间自发开展的一种民间文艺形式。是当地民间艺人在传统花灯的基础上安上轮子，形成的能推动转动又可红火闪亮的滚灯，有单、双灯。

板龙灯　是小型传统龙灯的民俗表演形式，融合龙灯、板凳、鱼尾和杂要，适宜于高山边远人烟稀少地区的民间艺术。通

常是在开镰收割和传统节日时表演，祈求上天保佑，风调雨顺，五谷丰登，年年有余，去邪祛病。

冲老爷　是集说唱和滑稽表演于一体的民间舞蹈，有说有唱，唱词即兴而作，采用当地花鼓戏中的汉腔四平演唱。

高公喜神　又名“端公舞”，与荆山山地各县所流行的“杠神”同属于一个巫教体系，也是同一个品种，是一种古老的祭祀歌舞。其舞蹈动作基本步伐有前屈拜、三拍屈拜、二步罡等，基本动作有转扇鼓、前后转扇鼓、左右转身举鼓、上看、化钱纸、走太极、三步一距等。音乐由唱腔与打击乐器组成。

赶骡车　是以《王莽赶刘秀》历史事件引发而创生的一个襄阳民舞节目。3人表演在颠簸不平道路上的行走动作，时慢时快，时上时下，躲避、倒退等。同时以襄阳民歌音调唱出王莽赶刘秀的内容。后来，又把旱船作为配称，并随着骡车的不同表演，协调晃动作旱船。

卧龙吴氏武狮　起源于1746年的清代，在原舞狮基础上发展而成，以武术、体育、健身为主，利用传统武术中的刀、枪、棍、剑，把文狮演成武狮。使用的器械有：九节神鞭、阴阳双剑、龙凤双刀、青龙偃月刀、雌雄双哨、神力大哨子、武氏双锏、狮子绣球，以及锣鼓家业等。

襄阳面塑　以面粉为原料加入颜色，由艺人用捏、揉、搓、挤、压、团、掀等手法，塑出各类动物、人物、植物、花鸟草鱼等形象。

黄杨木雕　明清时期，谷城境内盛产优质黄杨树木，谷城民间能工巧匠开设有上百家“黄杨木雕”作坊，清乾隆年间境内黄杨木雕工艺雕刻技艺盛兴。

老河口木雕　明清时期有数百家作坊木雕工艺技艺。新中国建立以后，政府成立老河口木雕工艺厂。产品有根雕家具，黄杨木雕，仿古器皿，民间乐器等。

土纸制作技艺　在南漳漳河源头高山峡谷中。陈氏百年造纸作坊至今仍保留着古老的造纸设备，传承72道制作技艺。

穿天节　是襄樊市特有的民俗节日，基本特征是早春郊游、游山水、拣石祈福。

【乡镇综合文化站建设】　至2009年，市文化局向国家、省争取乡镇综合文化站建设资金332万元，保康后坪、寺坪、城关镇，襄阳东津、朱集、张家集、双沟、张湾镇，谷城茨河、南河、五山、紫金镇，枣阳王城、鹿头、平林、吴店镇，南漳城关、板桥、长坪镇，宜城雷河镇，老河口张集镇等21个乡镇综合文化站建成并全部投入使用。

【信息资源共享工程】　2009年，省财政向襄樊市下拨信息共享工程建设资金468万元。老河口、宜城和南漳完成县级支中心和乡镇、行政村服务点的初期建设任务，其他县(市)正在组织设备指标工作。

【市场监管】　6月12日，全市聘请29名“五老”(老干部、老战士、老专家、老教师、老模范)网吧义务监督员，分成四个组，每组又分为若干个小组，每组每日集中检查不少于1次，定期不定期检查若干次。全年查处违规经营网吧117家次，取缔黑网吧26家，查处涉黄歌舞娱乐场所35家次，销毁各类赌博机近400台，收缴非法音像制品15万余盘。

文　　博

【概况】　2009年，市文物部门对60余个建设项目实施地下文物勘探，勘探面积266.7公顷，发掘面积3 000余平方米。其中，古墓葬300多座，古遗址2 000余平方米，出土各类文物及标本2 000余件，年代跨度从新石器时代至明清时期。

【修复大铜马】　文物考古研究所全年修复陶、瓷器1 000余件，青铜器40余件；完成长虹路供电综合楼基建工地出土的有“华夏第一马”之称的大铜马修复(2008年11月在市长虹路一建设工地发掘，系大型魏晋早期墓葬)，并于2009年底在市博物馆(昭明台)对外展出。铜马，先分体铸造，后合范包铸而成。站立状，面颊平，双耳直立如削竹，两目凸出，翘鼻，张口露齿，双耳间立一扁长条状纛，纛顶端凹弧，额部錾刻有阴线流苏，长颈丰腴，上部有直立鬃毛，作引颈嘶鸣状。两前肢微外张，后肢直立，马尾下垂。肌肉发达，躯体矫健。通高163厘米、长163厘米。

【老河口九里山秦汉墓】　2009年11月由襄樊市文物考古研究所，武安铁路复线九里山考古队编著的《老河口九里山秦汉墓》一书，由文物出版社出版发行，全书90万字。介绍2005年6月至2006年7月，湖北省文物考古研究所、襄樊市文物考古研究所、老河口博物馆为配合武(汉)安(康)铁路复线建设，在老河口市九里山墓地调查发现墓葬千余座，勘探墓葬257座，发掘墓葬194座，除1座宋墓外，均为秦汉墓。

该书全面、系统地反映出发掘的秦汉墓葬资料，并推断出九里山墓地是一处统筹规划、集中管理、长期使用的大型低等贵族、中小地主和平民的公共墓地，时代上起公元前279年秦占本区战国晚期后段，下到公元40年的东汉初年，且与其南侧的大型中心聚落——柴店岗遗址相配套。

【重要考古发现】 7—10 月，省、市文物考古研究所组成联合考古队，对位于高新区邓城城址西北的韩岗遗址进行考古勘探、发掘，发现南朝孝建元年韩氏家族墓。其中 3 座带斜坡墓道的长方形券顶砖室墓座北朝南、东西并排，保存完好，发现大量模印“韩”、“辽西韩”、“孝建元年岁在午八月四日韩法立为祖公母父母兄妹造”等字样的砖，出土铁镜、刀，陶罐、青瓷盘口壶、鸡首壶、四系罐、盏、“五铢”钱等文物，为中国南北朝考古提供断代的标尺。一次发现上百块有字的墓砖，一块墓砖上印有数十字的纪年纪事文字，这在中国南北朝古墓中被发现属首例。

（王云鹏）

体　　育

【概况】 2009 年，市文体局获湖北省体育局颁发的“年度全省青少年儿童体育竞赛最佳赛区”、“第十一届全国运动会人才输送先进单位”、“年度湖北省竞技体育后备人才工作绩效综合评定第四名”等称号，同时获湖北省体育协会颁发的“湖北省网球事业后备人才培养优胜奖”。市文体局被国家体育总局、省体育局评为全民健身周活动先进单位。

2009 年襄樊市参加省年度竞赛得分得牌成绩见表 54。

【群众体育】 4—6 月，先后举办全市中学生运动会、全市第二届警体运动会、市直机关羽毛球比赛、市税务系统篮球赛等。其中，全市的警体运动会设有 5 大项 13 个项目，参赛人员达 2 500 多人次；市直机关羽毛球比赛有 66 支代表队，354 名运动员参加，其中县级领导干部有 80 多人。6 月 20 日 由市文体局举办、市桥牌协会承办的襄樊名人桥牌邀请赛暨首届鄂西圈桥牌联谊赛在市桥牌活动中心举行。来自荆门、荆州、宜昌、十堰、恩施、随州、襄樊等地以及东风公司、三峡开发总公司 10 支代表队参加比赛。名人赛南北方向前三名分别是周坚卫/鲁洪海、卢冶/柳立志、高瑞科/马义才；东西方向前三名分别是周超/王卫东、虞国旗/周道富、王全生/刘世铜。联谊赛为东风公司代表队获第一，东风股份公司襄樊基地、三峡总公司分列第二和第三。

8 月 7 日，由襄樊市人民政府主办，市文体局等单位承办，在市烈士陵园广场隆重举行以“健步走古城，领略襄阳历史辉煌；攀登岘山峰，俯瞰襄樊现代风貌”为主题的 2009 年襄樊市“体彩杯”全民健身日活动启动仪式，群众体育健身项目表演、体育彩票销售和国民体质测试等活动同时进行。100 多家单位 6 000 余人参加启动式登山和健步活动。

12 月 10 日，由襄樊市教育局、文体局、共青团在襄樊五中新校区联合举办“阳光体育与全民健身同行”为主题的冬季长跑活动启动式，近 5 000 名中小学生参加。

【国民体质监测】 5 月开始，襄樊市国民体质监测队先后到襄阳、谷城、宜城、枣阳等地开展国民体质测试工作，抽查测试人员 5 300 多人。

【社会体育培训】 2009 年，全市培训三级社会体育指导员 220 名，二级指导员 100 名，参加一级指导员培训 8 名，各单项体育骨干培训人员 300 多人次。

【场地建设工程】 2009 年，市文体局超额完成市政府下达的城市社区新建体育设施“十件实事工程建设任务”，在 90 个村（南漳 15 个、保康 15 个、谷城 15 个、枣阳 15 个、襄城 15 个、襄阳 15 个、宜城 15 个）和 20 个社区（襄城 7 个、樊城 8 个、襄阳 1 个、高新 4 个）投资 225 万元增加各种体育设施。

【群众体育比赛】 6 月 5 日，老河口代表队参加第三届全国旅游名城太极拳邀请赛，李开方获得男子 D 组（65 公斤以上）个人第二名、集体项目三等奖。

6 月 5 日，陈海平在克罗地亚参加国际滑联举办的国际滑翔伞锦标赛中，分别取得团体和个人亚军好成绩。

7 月 20—25 日，襄樊市作为湖北省唯一的代表队，参加在云南省昆明市举行的第一届全国老年人体育健身大会柔力球项目比赛，分别获得集体全能、个人肖莲琼（女）自选项目金奖、团体

表 54　2009 年襄樊市参加省年度竞赛得分得牌成绩

时间	项目	奖牌		
		金	银	铜
4 月	田径		2	8
7 月	武术	5	1	4
7 月	排球(室内/沙滩)	24		
7 月	羽毛球			
7 月	游泳	10	10	11
7 月	乒乓球			2
7 月	举重			
7 月	赛艇\皮划艇	10	6	10
8 月	女子篮球	4		
8 月	跳水	2	4	5
8 月	跆拳道		2	1
8 月	体操	11	4	3
8 月	男子篮球			
8 月	摔跤	0	4	3
8 月	柔道	1		
11 月	短池游泳			
11 月	网球总决赛	1	2	1
12 月	足球 U-13			
合计		68	35	48

竞技银奖和体育道德风尚奖。

【全国男子篮球附加赛】 5月29日—6月1日，由国家体育总局主办，湖北省体育局、襄樊市人民政府承办的第十一届全运会“襄樊高新杯”男子篮球附加赛在襄樊举行。新疆、上海、黑龙江、浙江的4支球队进行8场比赛，争夺10月在山东举行的第十一届全国运动会男篮决赛资格。新疆、上海、黑龙江队分获一、二、三名。襄樊赛区获全运会“最佳赛区”称号。

【承办全省比赛】 5月22—24日由湖北省体育局、省教育厅主办，省网球运动管理中心、襄樊市文化体育局承办的中国电信“天翼杯”湖北省青少年网球巡回分站赛在襄樊市体育场楚星网球俱乐部举行。武汉、襄樊、黄石、十堰、宜昌、荆门、荆州7支代表队188名运动员、教练员参加比赛。襄樊获全省“最佳赛区”称号。

8月10—14日由湖北省体育局、省教育厅主办，省体操运动管理中心、襄樊市文化体育局承办的湖北省少年儿童体操比赛在襄樊市体育馆举行。武汉、襄樊、黄石、宜昌、荆州、仙桃、孝感、黄冈8支代表队215名运动员、教练员参加比赛。襄樊代表队获金牌11枚、银牌4枚、铜牌3枚。

【市级出线名额比赛】 2009年9月20—11月8日，在诸葛亮广场举办肯德基全国三人篮球冠军挑战赛(襄樊赛区)比赛。襄樊四中、五中、二十四中、襄樊学院附属学校等26支代表队分成两个小组进行单循环比赛，小组第一名争夺出线名额。襄樊四中获冠军，并代表襄樊市参加省级淘汰赛。

【体育彩票销售】 2009年，全市体育彩票销售124 532 708元，比上年增长1 410 181元，增幅1.15%;终端机数量383台，获“湖北省体育彩票销售贡献奖”。

(李佳锋)

社 会 科 学

【概况】 2009年，全市新增社会科学学会(协会、研究会)团体会员单位9个，新增会员1.5万人。举办学习培训班75次，组织编写辅导资料8种，召开理论研讨会35次，交流论文2 000余篇，撰写发表(出版)社科知识普及读物及学术专著35部，撰写并发表论文(调研报告)2 000多篇，其中国家级刊物173篇，省级刊物751篇，市级报刊1 400多篇。10月11—13日全国大中城市社科联第二十次工作会在山东省东营市召开。襄樊市社科联获“全国大中城市先进社科联”称号，何明太获“全国大中城市社科联先进工作者”称号。

【学会活动】 1. 市延安精神研究会9篇论文在全省庆祝建国60周年征文活动中获奖，同时获组织奖。2.市老区教育研究会围绕未成年人思想道德建设这一主题，采取组织报告团、演讲会、故事会、征文竞赛、祭扫和瞻仰烈士墓、参观革命传统教育陈列室等形式，帮助青少年树立人生观、价值观和世界观。3.市新四军历史研究会以纪念李先念诞辰100周年和新中国成立60周年两大纪念活动为主线，召开学术座谈会，撰写革命回忆录、纪念性文章、举办报告会等。4.市图书馆学会创建公共文化服务品牌“汉江讲坛”，全年举办讲座50余场，听众6 000多人次。5.市财政学会组织县(市)区财政局开展课题调研活动，编辑出版《2009财政调研课题报告》。6. 市荆楚文化研究会胡中才、杨顺适、李素娥三学者整理荆山传统音乐文化遗存，编写《荆山阳锣鼓》和《荆山阴锣鼓》、《荆山杠绳》、《荆山巫音》四本专著。

【发展学会组织】 2009年，市社科联对新增的襄樊市母亲教育协会、襄樊市饮食文化研究会、襄樊市长寿研究会、襄樊市致远企业成长咨询中心、襄樊爱无界心灵成长中心等社团组织进行资格审查和报批。

【普及文化遗产保护活动】 2009年6月13日，是中国的第四个“文化遗产日”，主题是“弘扬民族文化，延续中华文脉”。由市文体局、市群艺馆、市非物质文化遗产保护中心等部门共同举办，在襄城昭明台门前开设展板，市收藏家协会约20名会员到现场，免费为市民提供藏品鉴定。民间艺术展演同时在樊城区陈老巷举行，捏面人、泥塑、手工童鞋、风筝制作、剪纸艺术等手工艺人在陈老巷现场表演展示。

【高职教育联盟成立】 6月20日，湖北省西部地区高等职业教育改革发展研讨会在襄樊职业技术学院召开。会议宣布，即日起成立鄂西生态文化旅游圈高职教育联盟。鄂西圈现有高职院校12所，在校生近10万人，开设有160个专业。鄂西生态文化旅游圈高职教育联盟成立，将全力打造鄂西生态文化旅游圈内高职院校资源整合平台、信息共享平台、联合育人平台，形成圈内高职院校发展特色，增强各自实力，服务圈域经济。

【七夕文化研讨会】 8月24日，“中国·老河口首届七夕文化研讨会”在老河口举行，省内专家学者和襄樊市民间文化爱好者 100 多人参加研讨。"七夕节"的母体"穿天节"是襄樊、老河口的传统节日，七夕活动的母体"请七姐"也是襄樊、老河口境内古老的习俗，"牛郎织女传说"和"七夕节"起源于汉水流域；老河口地处汉江中游，这里江面宽阔、天水相连，是汉水连天河传说中"天河口"的所在地。

【南漳历史文化遗产上央视】 6 月 9 日，中央电视台 7 频道《乡土》栏目播出时长 30 分钟的南漳历史文化遗产专题节目。南漳为三国故事源头、楚文化发祥地。全县有 39 处省级文物保护单位和 841 处保存完好、文物点相对集中。2008 年，南漳被命名为"中国锣鼓艺术之乡"，东巩镇被命名为"中国高跷艺术之乡"。该专题以三国文化旅游资源为主线，反映以东巩镇春秋寨、卧牛山寨为主的古山寨文化旅游资源和高跷艺术、沮漳巫音、端公舞等非物质文化遗产以及漳河源头原生态古老民间造纸技艺。

【早期楚文化研究】 9 月 19 日，湖北省楚国文化研究会第六届会员代表大会暨"早期楚文化"研讨会在保康召开。保康是楚国早期楚文化的发源地之一。研讨会上，武汉大学历史学院教授王克陵提出"熊绎辟荆山，渊源就在现在的保康聚龙山一带"，他根据 1972 年长沙马王堆三号西汉古墓出土的古地图，利用国际先进的测绘方法，得出荆山主峰就是保康县境内的聚龙山，他的研究成果得到专家共同认可。华中师范大学历史文化学院教授蔡靖泉认为保康与早期楚文化关系一直是楚学界关注焦点。保康楚文化研究者虢光新，引用已故中国著名史学家、楚学泰斗张正明在《楚文化史》的观点，根据近几年发掘出来的西周诸侯国都城遗址，得出丹阳必在荆山主峰聚龙山南部，也就是现在保康马良镇重阳。2002 年，南漳楚史研究者刘久和在《炎黄》杂志上发表的论文《早期楚都从丹淅到纪南城中间迁都在何处？》中，也论证指出楚都就在南漳以西，保康重阳。重阳位于保康南部，是湖北早期楚文化遗存最多的地区。1976 年，重阳出土楚国早期的三足鼎，并发掘公元前 1 046 年的楚子祭祀天神的东西南北庙。这里仍保留哭卞和庙，把卞和当神，对亡人感恩，给竹子戴孝、给果树贴红、喂饭等习俗。

【《文化襄樊编辑》出版】 5 月，由刘克勤主编《文化襄樊编辑》一书，在湖北长江出版集团、湖北人民出版社出版发行。该书 60 万字，内容分 8 个章节，即：历史叙要、文化撷英、文物瑰宝、先贤名流、山川形胜、艺林揽粹、民俗风情、当代风流，有 300 幅照片。

【《鹿门山》出版】 2009 年 3 月，由刘国传、叶植、刘伟云联合编辑的《鹿门山》一书在文物出版社出版。

(黄学芬)

档　　案

【概况】 2009 年，全市有 10 个档案局(馆)、1 个专门档案馆(市城建档案馆)。档案馆总建筑面积 12 003 平方米，其中：档案库房面积 4 858 平方米，占总建筑面积的 40%；档案技术用房面积 1 087 平方米，占总建筑面积的 4%。有干部职工 208 人，女性 126 人，占 61%；大专以上文化程度人员 181 人，占 87%。襄樊市档案局被省档案局授予"2009 年度先进档案局"称号，同时受表彰的还有南漳、保康、襄阳档案局。

全市国家综合档案馆征集、接收各种门类和载体档案 2 044 633 卷(件、盘、张)。至年底，全市馆藏档案达到 1 493 个全宗。其中：档案 726 952 卷、209 633 件，录音、录像磁带、影片档案 1 784 盘，电子档案 909 盘(张)，照片档案 45 527 张，底图 6 622 张。馆藏资料 141 410 册。应抢救国家重点档案 14 701 卷、119 589 件，已抢救 392 卷、6 377 件，占应抢救档案卷数的 3%、件数的 5%。

全市国家综合档案馆接待档案利用者 23 318 人次，调阅档案 82 546 卷(件)次，提供利用已公开现行文件 2 760 件次，提供利用资料 2 619 册次。编研公开出版资料 12 种、308 万字，内部参考 16 种、104 万字。档案馆向社会开放 763 个全宗档案 80 997 卷、17 620 件。

【机关档案执法检查】 市档案局年度执法检查市直 55 家机关、团体、企业事业单位档案工作，确定优秀单位 25 家，合格单位 29 家，申请缓检单位 1 家。认定机关档案工作目标管理 197 家，其中省特级 15 家、省一级 40 家、省二级 142 家。复查 2005 年以前通过省二级以上机关档案工作目标管理等级考评单位 197 家。

【企事业单位档案】 2009 年，全市新增档案规范管理 A 级以上企业、科技事业单位 9 家。复查 2005 年以前通过档案规范管理 A 级以上企业、科技事业单位 2 家。

【"三农"档案】 襄樊市档案局、市委农办联合确认保康歇马镇等 28 个单位为襄樊市第二批"三农"档案工作示范单位。其中，襄阳 3 个：东津镇崔胡村、古驿镇孙寨村、伙牌镇老李家村，枣阳 3 个：琚湾镇郑岗村、刘升镇李老湾村、南城办事处王家湾村，宜城3个：王集镇、孔湾镇杜岗村、郑集镇魏岗村，南漳3个：武安镇刘家河村、长坪镇黄潭村、城关镇关庙集村，保康3个：歇马镇、歇马镇歇马街村、城关镇陈家河村，谷城3个：盛康镇刘家畈村、茨河镇庙岗村、庙滩镇财神庙村，老河口3个：洪山嘴镇苏家河村、洪山嘴镇太山庙村、李楼办事处朱楼村，襄城3个：尹集乡凤凰村、檀溪办事处营盘村、庞公办事处杨家河村，樊城3个：柿铺办事处杨湖村、柿铺办事处白湾村、柿铺办事处柿铺西村，襄樊市高新技术产业开发区1个：团山镇。市档案局在南漳武安镇界碑头村举办“三农”档案工作试点，开展村级档案室规范化建设。保康将村级档案室建设纳入脱贫致富奔小康试点县建设方案，至年底，有120个村达到省二级标准。

【林权制度改革档案】 南漳集体林权制度改革试点档案工作通过湖北省档案局、林业局联合评审验收，南漳政府、档案局作为全国3个先进单位之一、湖北唯一的代表，参加在成都召开的全国林权制度改革档案工作会议，并在大会上交流林改档案工作经验。

【档案信息化建设】 2009年，襄樊市县两级综合档案馆录入档案目录32万多条、全文扫描24万多幅。全市档案局(馆)实现全部在互联网和省档案局网站集群系统建立档案信息网站的目标。市档案局(馆)全年在“襄樊档案信息网站”编发稿件、照片、视频300多篇(幅、段)，网站访问总量10万多人次。同时，将已进行数字化处理的开放档案、已公开现行文件和图书资料目录18854条上载到网站查询系统，供公众查询。全市基层档案室新安装使用科怡档案管理软件41家，部分档案室开展档案目录和全文扫描数字化工作，开始实行“双套制”(纸质档案和电子档案)归档。

【全省档案安全检查】 全市各级档案馆完善安全管理制度和安全保护设施，开展监督检查和破损档案抢救，确保档案安全。9月1日在全省国家综合档案馆安全大检查中，襄樊市档案馆以94.5分的成绩，被评为“优秀单位”。全市受检的其他5个县级档案馆全部达到合格以上标准，其中南漳、宜城档案馆被评为“优秀单位”，樊城、保康档案馆被评为“良好单位”，老河口档案馆被评为“合格单位”。

【百年襄樊老照片展】 11月21日，由襄樊市档案馆、市委宣传部等相关部门联合主办的“石花杯·襄樊记忆——百年襄樊老照片展”在市博物馆开展。展出反映襄樊近一个世纪的百姓生活、风土人情和城乡风貌老照片300多幅，观众5万多人次。

【档案馆晋级】 12月16—17日，经过湖北省档案局专家组评审，襄阳档案馆晋升为国家三级馆，南漳档案馆晋升为国家二级馆。南漳档案馆、襄阳档案馆成为实施《市、县级国家综合档案馆测评办法》后襄樊市首批达到国家级别的县级国家综合档案馆。

【农家档案传承两百年】 保康档案馆为该县歇马镇南山村一农户专门建立家庭档案，档案的主人名叫汪朝礼，是歇马镇南山村原党支部书记。其家庭档案从清代嘉庆年间至今已八代，起始时间可上溯到清代嘉庆十一年（公元1806年），这一年，汪朝礼进山祖拜庚帖，请先生算生辰八字，这张庚帖成为最早的记录。此后，这个家庭的所有凭据和重要文书均被保留，历经204年。有54件珍贵实物，其中包括清嘉庆年间庚帖1件，清光绪年间过继文书2件，清宣统年间山田契约3件，民国二十七年公养公用骡子文书1件，民国元年至民国三十五年的耳排税、屠宰税、钱粮税、田赋、捐资等凭单核通知单47件。是保康的一部家庭档案。

（朱建国）

【城建档案】 2009年，全年办理市区在建新建工程项目《建设工程档案报送责任书》327个，办理《工程档案合格证》250个；组织工程档案预验收295个单项，达到竣工工程数的100%；拍摄建设工程照片596张，接收竣工工程档案316个单项，完成档案整理、标准化著录9 711卷；档案扫描录入8 000卷，新增入库档案9 711卷。为社会各界提供档案利用337人次、538卷，为建设单位和施工单位提供档案利用复印3 856份。1981年成立城建档案馆至2009年，整理入库、上架档案57 716卷。

【重点工程档案服务】 湖北深圳工业园是经省政府批准的首家主要承接深圳产业转移的工业园区，市城建档案馆组织业务人员驻深圳工业园区履行城建档案馆工作职能，指导各类工程竣工档案归档。

【编研成果】 7月由王庭富、陈家驹主编的《襄樊城市变迁》一书编撰完成。全书28万字，由湖北人民出版社出版发行。该书主要由城市基本情况、襄樊城市演变与发展、襄樊城市形态的变迁、市区自然地理及气候的变化、河湖及水面的变迁、对外交通的变迁和城市基础设施的变迁等部分组成。

（朱继业）

新闻出版·广播电视

责任编辑
责任校对 郭 炜

报　　业

【概况】 2009年，襄樊日报社在主题宣传上，主要突出四个重点：一、学习实践科学发展观活动的宣传报道。通过重点策划、连续报道，形式多样，对全市学习实践活动进行全方位、多角度的新闻宣传，为全市开展深入学习实践活动营造良好的舆论氛围，二、全市GDP翻番目标的宣传报道。围绕年初市委市政府提出四年GDP翻番的目标，《襄樊日报》开辟详细解读、系列报道、典型介绍等多个专栏。三、是招商引资、项目建设、全民创业的宣传报道。四、纪念新中国成立60周年的宣传报道。《襄樊日报》开辟征文、寻找老照片、与"共和国同行"特刊，《襄樊晚报》开展"动地史诗"系列报道，汉江传媒网站开设专题栏目等。

2009年，襄樊日报社被中国地市报研究会授予"中国地市报报业发展50强"、被湖北省报业协会授予"湖北省报业经营管理先进单位"称号，获得2009年度全市文明单位、平安单位、党建工作先进单位和全市宣传思想工作先进单位。《襄樊日报》的"记者陪您看襄樊"、"新闻相册"和《襄樊晚报》的"城事周刊"、"新话题"被市委宣传部评为"全市首届十佳品牌栏目"，《襄樊晚报》获全省晚报类编校质量竞赛第一名，《汉江传媒网》受到省通报表扬。新闻宣传成果丰硕，有103件新闻作品获湖北新闻奖、中国地市州报新闻奖、全国城市党报新闻奖、湖北省市州报新闻奖、中国晚报新闻奖，其中有2件作品获湖北新闻奖一等奖，有14篇论文发表或获奖。报社先后获"人大宣传工作先进单位"、"公安宣传特别贡献奖" 等，有20余人次获得市级以上表彰，记者龚莉被评为"湖北省十杰青年记者"，记者萧雨林、宋毅、项琼、梁伟4人获襄樊市第三届"十佳新闻工作者"称号。

2009年，襄樊日报社经营总收入达到6 400万元，其中广告经营收入4 200万元。

【组建襄樊日报报业集团】 为了深化文化体制改革，加快文化体制机制转变，2009年12月9日，襄樊市委常委会议研究决定，组建襄樊日报报业集团，将《襄樊日报》、《襄樊晚报》、《名城报》、《新闻大地》、汉江传媒网、襄樊政府网站、市展览馆统一划归报业集团所有，实行企业化运营管理模式，以更好的盘活文化资源，繁荣文化事业，壮大文化产业。襄樊日报报业集团由《襄樊日报》、《襄樊晚报》、汉江传媒网、《新闻大地》杂志、《襄樊手机报》、《襄樊掌中报》、《汉江时报》、《数字报》8个媒体和广告、发行、印刷、会展、教育培训、旅游等多个产业组成。

【《襄樊日报》创刊60周年】 9月，襄樊日报社分别在南湖宾馆、川惠大酒店和报社本部举行创刊60周年纪念大会。分别举行中国地市党报改革创新研讨会、媒体与企业长期合作共同发展战略研讨会、通讯员、读者代表座谈会、名家书画笔会、体育竞赛等活动，纪念《襄樊日报》创刊60周年。《襄樊日报》创刊于1949年9月10日。

【十大经济人物评选】 3月30日，由襄樊市委宣传部主办，襄樊日报社、襄樊市工商联、襄樊电视台承办的2008年度襄樊十大经济人物评选揭晓。湖北华中药业有限公司总经理刘玉亭，湖北台基半导体股份有限公司总经理邢雁，襄樊天舜化工集团董事局主席宋开荣，襄樊新四五印染有限责任公司董事长张艳，襄樊金鹰轨道车辆有限责任公司董事长、党委书记段红兵，工商银行襄樊分行行长班建伟，湖北回天胶业有限公司总裁章锋，湖北汉丹机电有限公司总经理葛懿，湖北奥星粮油工业有限公司董事长梁红星，湖北江山重工有限责任公司党委书记、董事长胡守军10人被评为2008年度襄樊十大经济人物。

【党报热线进社区】 1月，襄樊日报推出"党报热线进社区"采访活动，先后与市直有关部门开展到社区送温暖、送绿化、送就业岗位、送科普、送电力服务、送食品安全知识、到南渠开展环境保护等，与社区居民进行互动，为社区提供服务。全年开展13站活动，走进18个社区。

【新媒体建设】 依托汉江传媒网，在开发襄樊手机报、《襄樊日报》、《襄樊晚报》多媒体数字报纸和开发上线具有3G功能的手机移动原版再现报纸《掌上襄樊》的基础上，2月，投资40多万元开通网络视频直播系统，建成了网络视频演播厅，9月推出网络报纸《汉江时报》，建设开通新闻图片库。

（张继烈）

出　　版

【概况】 2009年，全市有全国统一刊号的报纸5种，期刊5种，连续性内部资料性出版物34家。印刷企业235家，出版物印刷企业18家，包装装潢印刷企业41家，出版物专项许可企业3家，其他印刷品印刷企业174家。从业人员5 000余人，全年生产用纸量7.4万吨，完成生产总值4.5亿元。全市复印、打字企业（摊点）250家。国有新华书店城市门市部21个，个体图书和电子出版物经营户399家，电子出版物经营户8家。有1个专业性图书音像批发市场，4家图书超市，19家区域性的连锁店，363家民营书报刊零售摊点，从业人员2 100多人。2009年图书发行业销售码洋3.4亿元，销售收入2.3亿，销售利润3 000万元。

全市检查出版物市场385个（次），印刷企业和书报刊销售店（摊）1 300余家，查办各类案件120件，收缴各类非法出版物103 000册（份）。

2009年，市新闻出版局先后被国家版权局授予"全国版权管理先进集体"、"全国查处侵权盗版案件有功集体一等奖"称号。

襄樊市内部资料（报型）见表55。

全国统一刊号报刊见表56。

襄樊市印刷企业名录见表57。

【查缴政治性违禁出版物】 以查缴政治性违禁出版物为重点，联合公安、工商、文体等部门集中检查市内重点场所、重点部位出版物市场，查缴各类非法出版物近3 000册，其中涉嫌色情淫秽图书报刊、音像制品250多本（张）。5—9月，集中清缴政治性非法出版物。各县（市）区查缴政治性和黄色淫秽出版物8 000余册。

【净化社会文化环境专项行动】 加大网上监控力度，网站监控实行轮流值班制度，实时监控市内各主要网站的网络文学、手机文学中的内容。查获"2·12"非法复制音像制品著作权侵权案，其中查缴已复制音像制品1 527盘，空白光盘600盘及帐本、戏剧光盘202盘；按照省新闻出版局、省工商局和省教育厅《关于加强中小学校和高等院校校园及周边出版物市场管理工作的通知》精神，联合人民银行、公安、工商、教育等部门，对学校周边图书及文具经营摊店、小商品市场开展了收缴少儿版假人民币专项行动；"4·23"世界版权日，开展非法出版物集中销毁行动，销毁各类非法出版物近7万余册（盘），其中侵权盗版图书4万多册，光盘3万多盘。

【大案要案查处】 全年受理各类版权投诉20起，其中境外权利人投诉16起。11家同权利人达成和解协议，5家作出行政处罚。会同公安部门查处宜城教育书刊社发行侵权盗版教材侵犯湖北少儿出版社著作权案、湖北万洲电气集团有限公司投诉湖北华誉电气制造有限公司工业产品版权侵权案两起大案要案，逮捕犯罪嫌疑人1名，刑事拘留3名。其中宜城教育书刊社发行侵权案被中央"扫黄办"列为全国第三阶段打击侵权盗版教材教辅专项行动第一案。

【规范出版行为】 完成全市平面媒体记者证换证工作。制定下发《关于2009年襄樊市报刊审读工作安排意见》，把《襄樊晚报》、《楚天声屏报·襄樊周刊》、《楚天都市报·襄樊版》作为审读重点。联合市工商、药监、食品卫生、信息产业局等有关职能部门，专项治理报刊、电台、电视台、网络媒体广告。对全市3家媒体违规刊播广告的行为提出了警告，并责令限期整改；年检全市34家连续性内部资料性出版物、42家图书型内部资料性出版物、公开发行的4报5刊。约请2家有严重违规行为的内部资料性出版物，单位负责人谈话，责令写出整改方案，制定下发《关于进一步规范内部资料出版行为的通知》。

【印刷业管理】 对全市230家印刷企业，组织开展4次印刷复制企业专项检查，同时重点检查30多个书刊、包装装潢和其他印刷品厂家。全市新增出版物印刷企业1家，包装装潢印刷企业2家。襄樊金飞环彩色包装有限公司、文字六〇三厂、襄阳实业有限责任公司3家企业列入"湖北省印刷企业50强"行业。

（王　慧）

表 55 襄樊市内部资料(报型)

报刊名称	创办时间	统一刊号	主办单位		开本	类别	刊期	期发行数	承印单位
			名称	地址					
卫东人	1999	1001/XF	湖北卫东机械化工有限公司	市环山路孙家冲1号	4/4	综合	月刊	500	鑫昀印务有限公司
襄樊学院理工学院报	2008	1002/XF	襄樊学院理工学院	市中原路48号	4/4	综合	月报	1 000	襄樊地久印务有限公司
华中航修	2000	1003/XF	中国人民解放军第五七一三厂党委	襄樊市人民西路28号168信箱政治部	4/4	综合	月报	1 000	襄樊日报印刷厂
铁建工人	1993	1004/XF	铁十一局党委	武汉市武昌区中山路347号	4/4	综合	旬报	3 000	武汉汉邦彩色包装印刷公司
襄樊烟草	1999	1005/XF	襄樊卷烟厂	市朝阳路92号	4/4	综合	月报	4 500	鑫昀印务有限公司
襄轴人	1989	1006/XF	襄轴股份有限公司	襄城轴承路1号	4/4	综合	周一	5 500	鑫昀印务有限公司
金环集团	1990	1007/XF	湖北化纤集团公司	襄阳陈家湖	4/4	综合	半月	3 000	襄樊日报印刷厂
东方快讯	1999	1009/XF	湖北东方化工公司	宜城214信箱党委	4/4	综合	半月	1 200	宜城天地印刷厂
航宇风采	1999	1010/XF	航宇公司党委宣传部	新华路104号	4/2	综合	半月	8 000	襄棉印刷厂
中化六建	1988	1011/XF	中国化工六建公司	市胜利街30号	4/4	综合	半月	1 000	化六建印刷厂
江山报	1973	1012/XF	湖北江山重工有限责任公司	老河口225信箱党委	4/4	综合	周一	4 000	江山印刷厂
名城报	1996	1013/XF	市名城研究会	襄城陈侯巷仲宣院内	4/2	综合	周一	5 000	鑫昀印务有限公司
华光信息	1999	1014/XF	湖北华光新材料有限公司	市长虹北路67号	4/4	综合	周一	1 500	鑫昀印务有限公司
襄樊移动	2007	1015/XF	中国移动襄樊分公司	中原路78号	4/4	综合	半月	2 000	阳海天印务公司
二高级技校月报	2007	1016/XF	襄樊第二高级技工学校	襄城建锦路1号	4/4	综合	月刊	2 000	襄樊日报印刷厂
襄樊市高级技校月报	2008	1017/XF	襄樊市高级技工学校	市人民路35号	4/4	综合	月报	600	襄樊地久印有限公司

广 播 电 视

【概况】 2009年，襄樊人民广播电台公共广播节目播出时间15 376小时，按节目来源分：转中央台节目730小时，转省级台节目356.30小时。播出自制节目12 783小时，购买交换节目1 506.30小时；按节目类型分：新闻资讯类节目4 241.30小时，专题服务类节目2 956小时，广告类节目628小时，广播剧类节目1 277小时，其他类节目6 273.30小时。

襄樊电视台公共电视节目播出时间16 340小时，按节目来源分：转中央台节目292小时，播出自制节目3 341小时，购买交换节目11 831小时；按节目类型分：新闻资讯类节目1 823小时，专题服务类节目701小时，综艺类节目1 454小时，影视剧类节目9 690小时，广告类节目1 638小时，其他类节目1 034小时。

2009年全市广播综合覆盖人口:568.15万人，综合覆盖率:97.22%。电视综合覆盖人口573.65万人,综合覆盖率:98.16%。

襄樊有线广播电视网络中心传输模拟电视节目32套，数字电视节目125套(其中高清节目10套)，新增电视用户12 284户，改造电视用户11 374户，新增宽带用户2 613户。

2009年，围绕“学习实践科学发展观”、“新中国成立60周年”、“应对金融危机”、“优化经济发展环境”、“招商引资”、“GDP全年翻番”、“十件实事”等重大宣传主题，襄樊人民广播电台、襄樊电视台策划安排系列报

表 56 襄樊市全国统一刊号报刊

报刊名称	创办时间	统一刊号	主办单位	报刊地址	人员	开（版）	刊期	承印单位
襄樊日报	1949	CN42-0048	襄樊市委	襄城新街 7 号	210	4/2	周六	襄樊日报印刷厂
襄樊晚报	1993	CN42-0105	襄樊日报社	襄城新街 7 号	57	24/4	周六	襄樊日报印刷厂
楚天声屏报·襄樊版	1988	CN42-0114/01	襄樊电视台	檀溪路广电中心	20	24/4	周一	襄樊日报印刷厂
襄樊学院报	1981	CN42-0858/G	襄樊学院党委	市隆中路 7 号	2	4/4	半月	襄樊鼎力印务
粘接	1979	CN42-1183/TQ	市胶粘技术研究所	市清河路 33 号	8	大 16	月刊	襄樊创尔印务公司
物流技术	1992	CN42-1307/TB	湖北物流技术研究所	市长虹路 44 号	11	大 16	月刊	襄樊创尔印务公司
农村经济与科技	1994	CN42-1374/S	市委农办	市檀溪路 18 号	8	大 16	半月	襄樊阳海天印务
襄樊学院学报	1999	CN42-1449/G4	襄樊学院	市隆中路 7 号	10	大 16	月刊	鑫趵印务有限公司
襄樊职业技术学院学报	2002	CN42-1651/Z	襄樊职业技术学院	檀溪路 72 号	13	大 16	双月	市政府机关印刷厂
楚天都市报·襄樊版	2009	CN42-0103	湖北报业集团	襄城荆州街 34 号	34	16/4	周五	楚天都市报印刷厂

表 57 襄樊市印刷企业名录

印刷企业名称	法人代表	经营地址
出版物印刷企业（19 家）		
文字六〇三厂	张忠灵	襄樊市襄城区盛丰路 45 号
襄樊日报社印刷厂	陈德发	襄樊市襄城东街 76 号
襄樊飞日彩印有限公司	白襄福	襄樊丹江路 30 号
湖北日报报业集团楚天印务总公司襄樊印刷厂	侯跃明	襄阳区交通路
襄樊市政府机关印刷厂	刘全英	襄樊市襄城荆州街 73 号
南漳金鑫印务有限责任公司	雷道东	南漳县城关镇水镜路 23 号
襄樊市统计局印刷厂	熊雪意	襄樊市檀溪路虎头山路 1 号
襄樊楚天日清印务有限公司	郭俊魁	襄樊市高新区商贸小区
老河口教育印刷厂	徐应明	老河口市和平路 315 号
保康教育印刷厂	余正明	保康县城关镇东沟 30 号
襄樊市创尔深美广告印务有限公司	汤立新	王寨工业区
襄樊市鑫趵有限责任公司	唐　虎	襄城区陵园路 1 号
襄樊铁路高级技工学校印刷厂	江万宝	樊城区大庆路旭东巷 3 号
襄樊市瑞发印务有限公司	邱道军	襄城南街 25 号
襄樊市鼎力印务有限公司	孙康敏	襄城民主路特 100 号
襄樊地久印务有限公司	陈玉国	樊城区汉江路 53 号
襄樊阳海天彩印广告有限公司	杨邦学	樊城长虹路海润名都 B1-306
襄阳区教育印刷厂	肖志国	襄阳区张湾镇实验小学院内
襄樊大唐彩印包装广告有限公司	潘洪铸	樊城长虹路 323 号金座大厦 11 楼

续表

印刷企业名称	法人代表	经营地址
包装装潢印刷企业(41家)		
襄樊金飞环彩色包装有限公司	蔡　得	襄樊丹江路30号
襄樊市明浩印务有限公司	汪　健	樊城区汉江北路171号
襄樊市新起点印务有限责任公司	杨　琴	襄樊市建设路29号
襄樊市新怡印务有限责任公司	喻春华	襄城向阳路27号
襄樊成峰印务有限公司	熊秀成	襄樊市工业干校院内
襄樊市金石花包装有限公司	黄才勇	谷城县石花镇武当路76号
襄樊金太纸制品有限公司	赵尔达	樊城米公路45号
襄樊华灿印务有限公司	胡维华	襄樊市大庆特东路44号
襄樊市凯达包装商标彩印有限公司	吴国强	襄城区环山路26号
襄樊市长江印刷有限责任公司	秦全堂	樊城区金融巷1号
襄阳实业有限责任公司	李金春	樊城人民路17号
襄樊全德印务有限公司	吕德全	襄城檀溪路3号
襄樊金瓯包装有限责任公司	张群贤	樊城七里桥
襄樊市立业实业有限责任公司	刘家国	樊城立业路9号
襄樊金彩天印务有限公司	贾　耘	樊城区长虹路148号
襄樊金美彩色印务有限公司	朱林贵	樊城区长虹路105号
襄樊福运来广告印务有限公司	胡　伟	高新区长虹北路
襄樊市巨彩包装有限公司	贵　军	襄阳区档案局院内
襄樊市帮理彩印印务有限责任公司	刘　军	襄城真武山工业园
襄樊市玖恒塑业有限公司	王卫辉	襄阳区张湾镇潘台村七组
襄樊市怡林彩色印务有限公司	李统到	襄阳区张湾镇荣华工业园
襄阳区瑞凯包装制品有限公司	许心安	襄阳区黄集镇
襄樊利新塑印有限公司	王利华	襄樊市汉江北路
襄樊悦兴纸箱制品有限责任公司	邓新华	樊城人民路48号
圣广印务有限公司	李玉香	樊城建设路28号
襄樊艺雅印务有限公司	谢爱平	高新区七里河路5号
襄樊市精达美包装印务有限责任公司	郭　辉	高新区余岗村
襄樊市汇锦文化传播有限公司	李　坤	襄城檀溪路
襄樊市其美彩印有限责任公司	何厚平	樊城衡庄居委会院内
襄樊市金花慧纸业有限公司	胡捍卫	襄城区庞公办事处
襄樊威华印务包装有限公司	李秉霞	襄城区十家庙村岘山路5号
湖北化纤集团有限公司综合经营公司	王卫民	襄樊市太平店镇金环路
湖北省谷城县教育印刷厂(内部资料)	林永宏	谷城县银城大道8号
枣阳东立印务有限公司	武登峰	枣阳市襄阳路36号
枣阳世彩印务有限公司	蔡世春	枣阳市北城静乐巷71号
枣阳文廷源实业有限公司	胡　伟	枣阳市西环二路19号
枣阳市彩天印务有限公司	李建军	枣阳市吴店镇寺沙路
枣阳市一森印刷有限公司	王海翔	枣阳市襄阳路133号
宜城市以利印刷包装有限公司	李岳环	宜城汉江路49号
宜城市教学服务站	张厚全	宜城市工农路15号
保康县方正印务有限公司(内部资料)	程玉林	保康县城关镇新街25号
出版物专项印刷企业(2家)		
襄棉集团有限责任公司印刷厂	孙　猛	襄樊市人民路251号
襄樊铁路分局电务段劳动服务公司	徐国民	樊城区丹江路16

道，推出《辉煌 60 年》、《襄樊记忆》、《坚定信心·科学发展》、《推进“三城联创”》、《共建和谐襄樊》等专题性特别节目。在新闻节目中开办 80 多个主题宣传专栏、专题，播发主题宣传稿件 700 多篇。

2009 年，襄樊人民广播电台和襄樊电视台有 1 435 条稿件被省台采用，其中电台 1 030 条，电视台 405 条，比上年增长 60%；68 条稿件被中央台采用，其中电台 21 条，电视台 47 条，比上年增长 13%。襄樊电视台自办栏目和优选电视剧收视率创新高，其中《今日播报》收视率达 16%。市场份额占 53.5%，优选电视剧收视率达 4.5%，市场份额占 12.5%。完成农村公益电影放映场次 30 782 场，比上年增长 7%，观众 819 万人次，比上年增长 8%。全市提前一年完成“十一五”规划的 20 户以上已通电自然村 1 752 个村的“村村通”广播电视工程任务。2009 年 1 月，襄樊有线广播电视网络中心被省委宣传部、省文明办、省纠风办、省总工会等 7 部门授予第七届省职工职业道德建设先进单位。2009 年 4 月，襄樊有线广播电视网络中心被省委、省政府授予湖北省最佳文明单位。

2009 年 10 月，襄樊有线广播电视网络中心被襄樊市工商局、市物价局、市纠风办评为 2009 年度消费者满意调查优秀单位。

2009 年市广播电视局被评为省级文明单位。

【购置广播直播车】 7 月，襄樊人民广播电台投入 30 余万元，购置一台广播直播车。直播车车型为克莱斯勒大捷龙商务版。投入近 40 万元对直播车进行改装并购置车载设备，8 月 5 日投入使用，首场广播直播为《湖北省维护稳定会议》现场直播。

【襄樊汽车电台】 襄樊人民广播电台，将原文艺台使用的调频 105.3 兆赫改版为襄樊汽车电台 AUTORADIO，频率口号：“爱车、爱生活、都市人的生活、有车族的广播，轻松开车，快乐生活”。同时，注册成立汽车俱乐部。

【《垄上行》栏目互动活动】 3 月 30 日，襄樊电视台自办农业栏目《垄上行》扩版，将原每周一期改为每周两期，在保留原版块的基础上增设 3 个小版块：农时气象、农市瞭望、田间送宝，同时将《热线帮忙》改为由主持人口述问答。其主要内容在屏幕下方以字幕形式游动。栏目播出时间：每周一、二、四、五在襄樊第二套电视节目（XFTV-2）19:20 分播出。

扩版后的《垄上行》举办活动 10 余次，其中有：8 月 8 日，在老河口举办《梨园垄上行、城乡结真情》户外活动，帮助果农解决销售难问题；9 月，栏目组与农机部门联系玉米收割机，号召热心观众到襄城区庞公办事处义务帮助农民收割 0.7 公顷玉米；9 月，组织襄樊第二十五中学学生到古驿农场摘棉花，并请农科院专家给农民讲授棉花的相关知识；11 月 21 日，在襄阳黄龙镇举办《黄龙冬桃美桃园垄上行》观众互动活动等。

【少儿栏目《天天向上》开播】 7 月 15 日，襄樊电视台自办少儿栏目《天天向上》开播。每周一期，15 分钟。栏目设置三个版块：“连连看”报道学校活动，由学生采访报道，“棒棒堂”报道优秀学生、老师及办学举措、特色、展示教学成果，“斗你玩”把跳绳、踢毽子、孔明灯制作等游戏竞赛带入荧屏。先后有 48 名小主持人走进演播室，和栏目主持人共同主持节目，有 120 余名小记者采写的校园新闻在栏目中播出。在襄樊电视台第三套节目（XFTV-3）每周六 19:05 分首播。

【《快乐一家人》开播】 8 月 21 日，襄樊电视台自办家庭娱乐栏目《快乐一家人》开播，由参与栏目的家庭共同展示，每期设不同的六关游戏，三个家庭成员共同合作，游戏中不断晋级，现场竞赛完成闯关；每期产生一个优胜家庭，有 80 余个家庭参与。每周一期，每期 60 分钟，每周五 19:05 分在襄樊第三套节目（XFTV-3）中播出。

【《话世界》栏目开播】 12 月 25 日，襄樊电视台《话世界》栏目开播，主要对该台各频道即将或正在播出的影视剧进行评点，推介播放精彩片断，对观众收看电视节目起引导作用。每周三期，每期 20 分钟，在襄樊电视台第四套节目（XFTV-4）播出。

【《襄樊广播电视报》更名】 1 月，原《襄樊广播电视报》更名为《襄樊周刊》。7 月，《襄樊周刊》改版，总版面 40 版，其中铜版纸 4 版，新闻纸内版 36 版。改版后的《襄樊周刊》设置“新闻”、“娱乐”、“生活”三大版块。10 月开设电子版。《襄樊周刊》单期零售量 3 000 份，单期发行量 3 万份，全年总发行量 150 余万份。

【新一代客户呼叫中心系统】 襄樊有线广播电视网络中心投入 40 余万元建设新一代客户呼叫中心系统，5 月建成使用，将原 8 个受理坐席升级为 15 个座席，缓解客户服务中心电话的拥塞，实现 24 小时呼叫服务应答，可满足 30 万户级运营需求。

【网络整合】 2009 年将襄樊卷烟厂、华中制药厂、401 厂等一批小系统整合联网，入网用户

3 500余户。同时贾洼、园林一组、内环线还建房等近郊2 000余户也入网。5月,樊城太平店镇广电服务中心广播电视网整体并入襄樊有线网,太平店镇是全市首个并入城区有线网络的乡镇。并网后的太平店镇广播电视服务中心成为襄樊有线广播电视网络中心的一个工作站,太平店镇广电服务中心职工20人整体并入,3 000余户入网,实行统一规划、统一建设、统一管理模式。

【建成综合管理运营支撑系统】 7月20日,襄樊有线广播电视网络中心投入180余万元建设的综合管理运营支撑系统(BOSS)投入使用。该系统主要用于各营业厅业务办理和公司内部的办公自动化,可满足多频点、大流量、多种类业务的即时办理,同时加快业务办理效率,提升企业管理和业务办理水平。

【启动互动平台建设项目】 9月16日,襄樊有线广播电视网络中心与深圳市同洲电子股份有限公司签约,启动数字电视互动平台建设项目,双方在三年内投资1.2亿元,建设可向襄樊市城区20多万数字电视用户提供高质量交互式视讯服务系统平台和网络。

【数字高清电视】 9月28日,襄樊有线广播电视网络中心对数字电视前端平台进行全面升级。6套高清电视频道:CCTV-1、北京、上海、深圳、江苏、湖南频道在襄樊落地。至年底,襄樊数字高清电视节目10套,在全国处领先水平,配备高清机顶盒的用户可免费收看9套高清综合频道和一套收费高清电视频道。

【无线覆盖村村通工程】 2009年,无线覆盖工程的单位有襄樊电视台虎头山发射台转播省台电视节目(17频道);谷城薤山发射台转播省台电视节目(2频道、转播省台调频广播节目(频率98.1赫兹));保康聚龙山发射台转播省台电视节目(9频道),转播省台调频广播节目(频率89.9赫兹)。

【接管电影职能】 6月,襄樊广播电视局更名为襄樊市广播电影电视局,电影职能由市文体局划入市广播电视局,承担电影发行、放映、监管工作职责,将市电影总公司(已改制)、襄城电影院和樊城电影院交由广播电影电视局管理,"两院"人员整体划转。

【新视听传播有限公司成立】 11月,筹建移动电视公司,又称CMMB公司。主要面向手机、PDA等小屏幕便携手持终端和车载电视终端提供广播电视服务,在襄樊市区主要地段可收看中央一套、三套、五套、新闻、少儿、晴彩电视和襄樊一套电视节目,可收听中央人民广播电台、国际广播电台两套广播节目。12月30日,襄樊新视听传播有限公司注册成立,注册资金50万元,公司主营业务包括手持电视(CMMB)在内的新媒体业务。

【组建广播电视台】 12月29日,广播电影电视局职责整体划入文化旅游和新闻出版局。组建广播电视台,将人民广播电台、电视台、有线广播电视网络中心的职能划入广播电视台,隶属市委宣传部管理。

(沈瑞阳)

图书发行

【概况】 2009年,全市新华书店销售一般图书、音像制品和教材10 516万元。其中,襄樊市新华书店图书销售3 558万元,代发中小学教材350万元,利润151万元。发行《中国特色社会主义理论体系学习读本》7 495册,码洋4.5万元,名列全省第一;发行《六个"为什么"——对几个重大问题的回答》7 856册,码洋6.28万元,名列全省第一;发行《理论热点面对面2009》10 025册,码洋13.53万元,名列全省第一。襄樊市新华书店被湖北省委、省人民政府评为2007—2008年度省级文明单位,被湖北长江出版传媒集团评为2008—2009年度"全省十大图书卖场",被湖北长江出版传媒集团评为2008年度"最佳零售连锁店",被湖北省新华书店集团评为2009年度"经营管理先进单位"、"一般图书发行先进单位"。

【读书教育活动】 全市发行《祖国在我心中》45.6万册,码洋230万元,其中襄樊市店发行9.6万余册。同时组织开展演讲、歌咏、征文竞赛,选拔优秀选手,参加省组委会决赛,襄樊市代表队获全省演讲比赛小学组、中学组第一名。

【农家书屋建设】 配合襄樊市新闻出版局,推进全市农家书屋建设,做好市直自建型农家书屋82家的征订发行工作,发行码洋123万元,名列全省新华书店榜首。

【教材发行】 随着循环教材的使用推广及高中新课改的实施,襄樊市新华书店确保"课前到书、人手一册",2009年襄樊市新华书店发行中小学教材2 372万元,比上年增加162万元。其中,发行循环教材7万余册,码洋51万元。

(邓　涛)

城区 · 开发区

责任编辑　段兰锦
责任校对

襄　城　区

【概况】　襄城区位于东经 112.14°，北纬 30.02°，地形为东低西高，呈三角形，东、北边界以汉江为界，沿江以平原为主，西南部以岗地、丘陵、山地为主。版图面积 684.8 平方千米。该区是襄樊市市级党、政、军领导机关所在地，学校相对集中，是全市的政治、文化、教育中心。

辖乡 1 个、镇 2 个、街道办事处 6 个，村委会 123 个、社区居委会 45 个，住户 14.85 万户，年末总人口 49.8 万人，其中非农业人口为 31.4 万人。人口出生率 10.61‰，死亡率 2.73‰，自然增长率 7.88‰，计划生育率 95.47%，人口性别比为 106.06。

2009 年生产总值 127.90 亿元，比上年增长 15.2%。其中，第一产业增加值 9.21 亿元，比上年增长 12.4%；第二产业增加值 46.08 亿元，比上年增长 17.5%；第三产业增加值 72.61 亿元，比上年增长 15.0%。第一、二、三产业比例为 7.2:36.0:56.8。完成地方一般预算收入 2.36 亿元，增长 25.8%。单位生产总值综合能耗下降 4.8%，主要污染物排放总量减少 2%。

农业耕地面积 17 351 公顷，其中水田 10 290 公顷，主产水稻，水稻品种主要是二优培九、Q 优 6 号、扬Ⅱ优 6 号三个品种，主要分布在尹集乡，欧庙镇的千弓、潼口、新街村，卧龙镇的新集、卧龙村。

新增规模工业企业 31 家，总数达 100 家。其中新增过亿元企业 2 家，总数达 13 家。产值 85 亿元，同比增长 23.8%；增加值 35.3 亿元，同比增长 38.78%；利税 69 225 万元，比上年增长 17.5 倍。实施重点技改项目 30 个，技改投入 10.3 亿元，同比增长 40%。经济开发区完成基础设施投资 1.6 亿元，建成面积由 20 公顷扩大到 133.33 公顷，新入驻企业 28 家，产值 46 亿元。

主要工业产品产量见表 58。

表 58　主要工业产品产量

产品	单位	2009 年产量	比上年增减（±%）
棉布	万米	3 485	12%
轴承	万套	1 984	5%
水泥	万吨	37.1	28%

社会消费品零售总额 51.3 亿元，比上年增长 24.9%。其中，批发零售贸易业总额 319 481 万元，同比增长 23.6%；住宿餐饮业零售总额 193 764 万元，同比增长 23.6%；外贸出口增势强劲，完成出口创汇 1 659 万美元。有自营出口企业 15 家，自营出口额 1 659 万美元 。新批外商（含港澳台）投资项目 3 个，实际利用外资 1 258 万美元。有三资企业（在经营的企业）5 家。

公路总里程 312.13 千米，其中，国道 31.32 千米、省道 47.49 千米、县道 26.33 千米，一级 59.80 千米、二级 30.02 千米、三级 4.41 千米、四级 217.9 千米。2009 年新建通村公路 218 千米，新建和改造桥梁 5 座，1 100 千米农村公路全部纳入养护范围。有汽车客运站 7 个，其中二级站 1 个、四级站 1 个、五级站 5 个。开通汽车客运线路 35 条、日平均班次 300 个。营运线路总里程 24 000 千米。可直达全国 10 个省。营运客车 248 辆，中巴车 70 辆。全社会公路运输完成客运总量 546 万人、旅客周转量 26 958 万人/千米、货运量 259 万吨、货物周转量 31 549 万吨/千米。

固定资产投资 28.03 亿元，比上年增长 149.3%。其中城镇 50 万元以上投资计 21.79 亿元，增长 265.7%。开工和建设过千万元项目 72 个，投资 19.6 亿元，其中工业投资 12.3 亿元，同比增长 70%。引进项目 247 个，投资总额 398.3 亿元，实际到位资金 37.2 亿元，同比增长 125.2%。其中亿元以上项目 34 个，投资总额 198.8 亿元，实际到位资金 14.2 亿元。争取市级以上投资项目 96 个，总投资 3.5 亿元，到位资金 2.02 亿元。实际利用外资 1 258 万美元，同比增长 100.3%。

科技机构34所，科研人员2.13万人。其中：从事科研项目攻关的科技人员1.17万人，在项目攻关的研究人员中，具有高、中、初级专业技术职称的分别为0.13万人、0.36万人、0.68万人。组织实施科技计划项目30项。年投入科研经费752万元。其中国家级、省级重大计划5项，市级23项，5项科技成果荣获市级科技进步奖。重点科研成果：襄樊台基半导体股份有限公司研发的低压降功率半导体器件、A1-GA-B复合（分布）扩散法及半导体模块真空灌封脱气技术分别获襄樊市科学技术进步奖一、二、三等奖；襄阳轴承股份有限公司研发的随机滚子组件的圆锥子轴承全自动装配线获襄樊市科学技术进步奖一等奖。襄樊卫东机械化工有限公司研发的工业雷管激光编码自动生产线获襄樊市科学技术发明奖三等奖。

各类学校60所，比上年增加2所。其中初级中学10所，在校学生10 767名，在任教师1 263人；小学48所，在校学生15 519名，在任教师1 421人。幼儿园（含托儿所）1所，在园幼儿390名。职业学校、中等专业学校1所，在校学生2 396名，在任教师92人，学龄儿童入学率100%，初中毕业生升学率85%，九年义务教育完成率98%。农村义务教育阶段全部免除学生学杂费。

乡镇广播电视服务中心3个，电视差转台日均播出节目24小时，广播覆盖率100%，电视覆盖率100%。区文化馆（站）1个，5人。

乡镇以上卫生机构14个，病床422张，专业技术人员493人。经医疗卫生部门批准持有医疗证照的乡村医生318人。乡镇以上医疗卫生机构年门诊437 600人（次），传染病发病率365.38/10万。

城镇居民人均可支配收入13 600元，比上年增长10.6%；农村居民人均纯收入5 930元，比上年增长12%。

襄城基本情况见表59。

【领导机构负责人】

中共襄城区委员会

书　记：贾石松

副书记：袁德芳（1月任）
　　　　李元明

常　委：刘文宝　江万丰
　　　　夏　禹（女）
　　　　许　云　董煜华
　　　　刘　路　胡　娟（女）
　　　　余四新（3月任）

襄城区人大常委会

主　任：贾石松（2月任）

副主任：易　军　王家良
　　　　王宽一　任金亭
　　　　李培坤　高均国

襄城区人民政府

区　长：袁德芳（2月任）

副区长：夏　禹（女）
　　　　许　云　王长轶
　　　　陈学斌　蔡金海
　　　　杨建业（5月任）

政协襄城区委员会

主　席：杨开忠

副主席：徐应安　武顺吉
　　　　周智慧（女）
　　　　聂　红（女）
　　　　荣德成（1月任）

【尹集乡】 辖村委会7个、社区居委会1个：尹集、姚庵、白云、凤凰、青龙、肖冲、江垱村委会和尹集社区居委会。地处襄城区西南，距市区8千米，襄樊内环以外、外环以内，留有中环道路位置，305省道东西横贯全境，襄荆高速公路南北纵贯全乡，是襄樊南出口，新207国道穿越全

表59 **襄城基本情况**

项目	单位	2009年	比上年增减(%)
总人口	人	498 000	
人口出生率	‰	10.61	1.07
死亡率	‰	2.73	-1.23
版图面积	平方千米	684.8	
耕地面积	千公顷	17.351	1.4
经济作物面积	公顷	5 723	-3.02
产值	亿元	4.13	6.72
占种植生产值比例	%	51.69	-0.96
专业种植蔬菜面积	公顷	4 890	-2.18
产量	吨	217 162	1.41
畜牧业产值	亿元	6.63	11.80
占农业总产值比例	%	43.1	0.47
肉类产量	吨	25 037	10.06
猪肉产量	吨	17 479	14.35
牛肉产量	吨	3 621	47.02
羊肉产量	吨	480	14.01
禽蛋产量	吨	6 321	-0.13
年末存栏猪	头	136 603	3.41
牛	头	25 411	-4.47
羊	只	28 344	23.63
渔业产量	吨	10 513	7.49
产值	万元	8 804	20.38

乡。年末总人口13 193人,男性6 911人。

2009年生产总值22 753万元,同比增长35.7%。其中第一、二、三产业分别为6 839万元、9 126万元、6 788万元。粮食总产量19 729吨、油料作物2 946吨,瓜果1 197吨,肉类2 045吨,水产品381吨,禽蛋1 370吨。财政收入336万元。农民人均纯收入5 983元,比上年增加12.5%。个体工商经营户674户,经营总额12 347万元。

该乡引进项目30个,协议总投资81 630万元,实际到资额16 750万元,其中有投资1.2亿元的湖北统领科技有限公司、投资2.29亿元的湖北古隆中演义酒业有限公司、投资1亿多元的山东龙泰工程机械有限公司、投资5 600万元的襄樊新利通有限公司。规模以上工业企业5家,增加值1 687万元,同比增长98%。第三产业蓬勃发展,形成以尹集集贸市场为中心,覆盖周边乡镇10千米范围的商贸圈;姚林超市、建华批发超市等一批商贸企业相继开业。引进5个农家乐项目投资6 900万元,初步形成以305省道、尹黄路为主线的农家乐休闲旅游业雏形。辖区内新增餐饮店3家,达到12家。

【卧龙镇】 辖村委会45个、社区居委会2个:街东、街西、新建、东合、光明、毛梁、薛梁、谭庄、高湾、胡巷、袁巷、居巷、黄河、魏湾、华岗、玉皇、白马、青山、迴龙、梁家、徐台、大堰、挡华、姚河、西乡、金桥、鄢洲、横岭、莲花、朝阳、洪庙、官山、晏湾、毕庙、杨井、云岫、岗庙、姜新、隆林、牌坊、观音、木桥、尤河、闻畈、平桥村委会和卧龙、新集社区居委会。

年末总人口95 900人,男性49 148人。

2009年生产总值96 957万元,其中第一、二、三产业分别为37 517万元、14 842万元、44 598万元,分别比上年增长14.2%、13%、16.5%。农业总产值中,粮食作物13 276万元,亩平1 350元;经济作物5 288万元;渔业2 775万元。农产品总产量:粮食68 111吨(其中小麦23 101吨、水稻38 001吨),油料作物4 351吨,瓜果550吨,肉类5 276吨,水产品3 807吨,禽蛋889吨。农民人均纯收入5 720元,比上年增长12%。个体工商经营户2 584户,经营总额64 600万元,税金1 862万元。

农作物种植面积稳定在1 400公顷,其中水稻制种面积533.33公顷,涉及25个村1.4万农民,是农民收入的主要来源。山药种植面积800公顷,产量4.8万吨,"茅庐"牌注册的精装山药,远销上海、南京、福建、黑龙江等10余个城市和地区,成为沿汉江12个村农民快速增收的产业,仅此一项人均增收达3 000多元。2家养殖小区和4个养殖专业合作社,年饲养母猪1 000余头,出栏商品猪2.5万头,产值6 000余万元。

卧龙镇生态文化旅游度假区项目于4月7日动工,已投入资金9 500万元。地热温泉钻探、景观大桥、循环公路建设、观景亭阁已经建成,温泉接待中心、网球健身场、办公接待大楼正在建设中,五星级宾馆建设项目即将启动。对接配套该度假区连接古隆中与温泉度假村的卧龙生态景观公路建设,由市政府直接投入1 000万元,目前3.1千米景观公路基础路基的修铺正在进行之中。以温泉度假村为龙头的旅游项目带动回龙湖、九天娘娘洞、木牛山等景区和有机观光农业旅游项目的开发。

三产业总数达1 045个,增加值1.31亿元,同比增幅15.8%。工企业。以木材加工、汽配、铸造、建材、光学元件、粮食加工为主的工企业,成为二产业主导,工业企业个数1 655家,同比增长16.2%,新增规模以上企业2家(兴顺粮食储备加工、胜嘉轴承有限公司),规模以上企业达5家,就业人员6 132人。二产业增加值4 625万元,同比增长18%。全社会固定资产投资3.2亿元,同比增长达65.2%,社会消费品零售额1.61亿元,同比增长38.1%。

【欧庙镇】 辖村委会50个、社区居委会2个:胡河、张东、张西、郭河、陈河、刘口、梁东、梁西、康湾、石湾、李湾、李垴、桃园、大洲、肖洲、大营、散洲、庞岗、熊庙、褚庙、江庙、卞岗、聂营、卸甲山、康咀、千弓、新街、何湾、赵山、西湾、鲁衙、王岗、杨集、九屋、孟湾、梅岗、闫咀、刘庄、徐湾、付岗、黄冲、橡树、章洲、黄桥、邹湾、文垴、柳林桥、卢畈、王沟、潼口村委会和欧庙、新街社区居委会。年末总人口102 055人,男性50 012人。

2009年生产总产值126 959万元,其中第一、二、三产业分别为61 164万元、21 545万元、44 250万元。分别比上年增长10%、33%、45%。农业总产值中,粮食作物12 627万元,亩平826元;经济作物20 507万元;渔业3 130万元。农产品总产量:粮食71 740吨(其中小麦25 901吨、水稻43 618吨),油料作物3 179吨,肉类9 140吨,水产品4 317吨,禽蛋2 498吨。税收900万元,财政收入3 450万元,支出3 450万元。农民人均纯收入5 910元,比上年增加613元。个体工商经营户2 651户,经营总额46 091万元,税金995万元。

欧庙镇是农业和人口大镇。境内地势平坦,有石灰石、硅矿等矿产资源。镇东部俗称“河地片”,主产以蔬菜、药材为主,主要农副产品有麦冬、山药、大白菜、胡萝卜、包菜等,其中麦冬、胡萝卜销全国各地,并出口到韩国、日本等国家或地区,有“全国麦冬之乡”之称。镇西部俗称“岗地片”,常年种植水稻、小麦、油菜等农作物,水库13座,堰塘密布。

【王府街道办事处】 辖社区居委会13个:王府口、冯家巷、仲宣楼、绿影壁、红花园、西街、民主路、凤雏、铁佛寺、长虹、檀溪、陵园路、擂鼓台社区居委会。年末总人口78 276人,男性42 949人。

2009年生产总值12 090万元,其中第二、三产业分别为4 870万元、7 200万元,分别比上年增长121.66%、107.63%。个体工商经营户5 271户,经营总额481 200万元,税金1 570万元。

办事处位于襄城区中心地段,辖区面积2.6平方千米,驻辖区机关和企事业单位120余个,是区委、区政府所在地。有西街印刷厂、福利机件加工厂、天环铸业有限公司、真武大酒店、汽车配件大市场等骨干企业和一个真武工业园区,总资产亿元。2009年引进项目18个,到位资金26 567万元。原有12家规模以上工业企业基础上,新增2家规模工业企业。辖区私营企业762家,其他725户。从业人员37 058人。

【昭明街道办事处】 辖社区居委会13个:昭明台、新街、杨家花园、卉木林、马王庙、中山巷、荆州街、大北门、四季青、苏家园、闸口、东门、建锦社区居委会。年末总人口79 042人,男性39 423人。

2009年生产总值280 165万元,其中第二、三产业为31 309万元、248 856万元,分别比上年增长23%、25%。个体工商经营户3 618户,经营总额87 400万元,税金2 622万元。

办事处位于市区中心,辖区北临汉江,南与王府办事处毗邻,西至襄阳西护城河,东与庞公办事处接壤。近几年,国美电器、雅斯超市、武商量贩、马应龙药业、武汉工贸、麦当劳等一大批国内零售业巨头入驻。按照建设鼓楼商贸经济圈的规划,逐步建设以鼓楼商场为龙头,集文化体验、娱乐休闲于一体的全国最长北街仿古特色步行街;集特色小吃与展示古城文化于一体的古治街;荆州街名烟名酒一条街和凯达时尚购物广场、荣安大厦共同组成的购物黄金圈等。投资2.8亿元兴建总面积为7.5万平方米的怡和苑小区,投资8 000万元兴建总面积为4.5万平方米的怡心园小区,投资1亿元兴建总面积为3万平方米的御龙湾小区,投资3 800万元兴建总面积为7 000平方米的五龙商住楼等一批中高档住宅小区。

【檀溪街道办事处】 辖村委会2个、社区居委会5个:营盘、麒麟村委会和顺安山、万山、虎头山、慧苑、檀溪湖社区居委会。年末总人口50 800人,其中农业人口4 102人。

2009年生产总值385 730万元,其中第一、二、三产业分别为3 834万元、220 996万元、160 900万元。分别比上年增长19.7%、200%、47%。农业总产值中,粮食作物262万元,亩平522元;经济作物3 394万元;渔业178万元。农产品总产量:粮食1 423吨,(其中小麦745吨、水稻372吨)、油料作物31吨,瓜果3 792吨,肉类845吨,水产品226吨,禽蛋225吨。农民人均纯收入7 538元,比上年增长15%。个体工商经营户3 030户,经营总额167 224万元,税金3 264万元。

办事处位于古襄阳城区西端,东起汉江长虹大桥,西交隆中风景区,北滨汉江水域,南邻尹集乡凤凰村,版图总面积22.6平方千米。辖区内各类工业企业106家、商贸经营企业36家,饮食、服务行业30家,各类水产、禽畜养殖企业25家。

【隆中街道办事处】 辖村委会2个、社区居委会1个:贾洲、花木店村和千山社区居委会。年末总人口27 132人,男性13 580人。

2009年生产总值70 568万元,其中第一、二、三产业分别为2 620万元、26 548万元、41 400万元。分别比上年增长7.5%、5.0%、22%。农业总产值中,粮食作物583万元,亩平1 100元;经济作物420万元;渔业26万元。农产品总产量:粮食3 119吨(其中小麦1 800吨、水稻634吨),油料作物1 146吨,瓜果618吨,肉类203吨,水产品60吨,禽蛋50吨。农民人均纯收入5 990元,比上年增长12%。个体工商经营户550户,经营总额37 400万元,税金1 300万元。

办事处地处古城襄阳西郊,主业为旅游业、城郊农业、民营企业三个板块。辖区内建有古隆中、黄家湾两个风景区和万山文化公园;有航宇公司C区、航空609所和610所三大军工企业;襄樊学院、襄樊职业技术学院主校区均建于此,另外还建有襄樊护士学校(中专)。襄荆高速公路自北向南,303省道自东向西穿境而过,在该处贾洲村5组呈“十”字形交汇,并在此建有襄荆高速公路贾洲进出口。

【庞公街道办事处】 辖村委会5个、社区居委会7个：洪庙、涂巷、孙巷、河心、杨家河村委会和十家庙、观音阁、南丽、王家洼、文昌门、庞公祠、胜利街社区居委会。年末总人口65 600人，男性34 680人。

2009年生产总值431 512万元，其中第一、二、三产业分别为20 257万元、233 940万元、177 315万元。分别比上年增长11%、67%、25%。农业总产值中，粮食作物122万元，亩平740元；经济作物246万元；渔业477万元。农产品总产量：粮食697吨（其中小麦527吨、水稻79吨），油料作物687吨，肉类3 113吨，水产品786吨，禽蛋200吨。农民人均纯收入7 240元，比上年增加16%。个体工商经营户1 640户，经营总额21 173万元，税金4 927万元。

办事处地处襄阳古城南门外，207国道、焦枝铁路、城市内环线等穿境而过，属于城乡结合部，总面积68平方千米，辖区内有国家、省、市、区属机关企事业单位48个，以蔬菜生产为主，建有万亩的无公害蔬菜生产基地，蔬菜品种30多个，年产蔬菜8 000万公斤，产值8 300万元。在满足本地市民菜篮子的同时，远销武汉、北京、上海等全国部分大中城市。有食品加工、纺织、机械、汽车零配件、商贸服务等规模以上企业18家，引进各类项目31个，投资总额15.6亿元，到位资金12.3亿元，固定投入8.96亿元。工业生产基本形成以建材、汽车零配件、纺织、食品加工为主的四大产业。

【余家湖街道办事处】 辖村委会12个、社区居委会1个：水洼、枣林、曹湾、黄龙观、王树岗、贺店、周营、莫康、李刘集、曾垴、涂沟、赵庄村委会和钱营社区居委会。余家湖街道办事处和襄城经济开发区实行一套班子两块牌子合署办公。年末总人口22 401人，男性11 278人。

2009年生产总值207 315万元，其中第一、二、三产业分别为8 300万元、188 574万元、10 441万元。分别比上年增长17%、53%、90%。农业总产值中，粮食作物1 415万元，亩平1 049元；经济作物5 853万元；渔业33万元。农产品总产量：粮食7 180吨，（其中小麦2 648吨、水稻4 364吨）、油料作物788吨，瓜果251吨，肉类2 365吨，水产品34吨，禽蛋505吨。税收23 995万元，财政收入1 710万元，支出700万元。农民人均纯收入7 432元，比上年增加18%。个体工商经营户987户，经营总额31 946万元，税金1 113万元。

余家湖办事处（襄城经济开发区）位于襄樊市南12千米处，东起长江中游最大支流汉江西岸，西至207国道，南至襄樊东外环，北至崔家营，总体规划面积24.88平方千米。是襄樊市水陆联运枢纽，以发展火电能源、化工、建材工业为主体，发展循环经济产业链为特色的生态型城市工业园区。公路有207国道、麻竹高速、襄荆高速，水路有优良岸线和港口(余家湖港)，铁路有焦柳铁路和两条铁路专用线——码头专用线和电厂专用线。

经过近两年的建设，余家湖工业园建成面积133.33公顷，基础设施覆盖面积3.5平方千米，入驻企业30多家，产值46亿元。总投资300多亿元建设火力发电厂项目、崔家营航电枢纽项目、航天42所、湖北制药厂、金鹰轻轨试验基地等大型项目；总投资40多亿元引进泽东公司、华新水泥、襄樊科兴医药化工公司、净天环保、恩菲垃圾发电项目、楚天源化工项目、襄樊精细催化剂、和昌公司、冠都陶瓷、金源盛、裕昌化工、宇爵化工等多家化工建材企业入驻；储备了楚磷矿业、华中药业、西蓝天然气等30多亿元的项目。2009年，襄城经济开发区南扩7平方千米，建设保康磷化工业园，入驻企业5家。

曹湾村紧邻开发区，创办了曹湾村实业公司，投入资金1 000万元，发展物流业、建筑业等。辖区其他各村也相继筹备成立实业公司。

（徐林军）

樊　城　区

【基本情况】 樊城区位于湖北省西北部，襄樊市中部，版图面积566平方千米，东西长约40千米，南北宽约20千米，辖太平店、牛首两镇，柿铺、清河口、屏襄门、定中门、中原、王寨、汉江、米公8个街道办事处，81个村委会、74个居委会，年末总人口638 727人，其中农业人口208 329人。人口出生率12.41‰，死亡率1.25‰，自然增长率11.16‰。

2009年生产总值61.33亿元，同比增长26%，其中一、二、三产业增加值分别达7.84亿元、33.08亿元、20.41亿元，同比增长17.5%、32.32%、20.06%。农林牧副渔业总产值128 559万元，同比增长11.71%。其中，农业74 565亿元，同比增长5.76%；渔业3 433万元，同比增长15.47%；林业2 942万元，同比增长37.22%；牧业43 889万元，同比增长17.4%；农林牧渔服务业3 730万元，同比增长79.32%；粮食33 209万元；油料作物5 959万元；棉花1 918万元；蔬菜种植面积7 333.33公顷，总产量2.6亿公斤，产值3.9

亿元,同比分别增长12%、15%。猪、牛、羊、家禽存栏量分别达8.6万头、2.6万头、1万只、130万只,比上年同期分别增加4%、5%、6%、8%。猪、牛、禽的规模养殖比重上升到40%、31%、50%,畜牧业产值2.26亿元,占农业总产值的比重达30%。新培育标准化生猪养殖大户12家。省级标准化规模养猪(小区)建设项目——家智兴万头生猪养殖小区通过省级验收,半头山养殖合作社、安达养殖场建成投产。森林总蓄积量80万立方米,森林覆盖率14.5%。其中林业用地蓄积75万立方米,林木年生长率为7%,年总生长量为5 600立方米。

全口径工业完成总产值108.9亿元,同比增长35.5%。新增规模企业34家,总数达136家,新增产值过亿元企业12家,产值过5 000万元企业10家。规模以上工业总产值90亿元,同比增长48%;增加值27亿元,同比增长42%。襄樊航空航天工业园、林业科技产业园成功奠基,太平店轻纺工业园、牛首工业园基础设施正逐步完善。新开工建设55个重点工业项目,金瓯包装、腾威机械等20个项目建成投产。

固定资产投资完成40.3亿元,同比增长71%,开发区完成投资160 420万元,同比增长86.1%。总量位居全市第六,增幅位居全市第七。外贸出口1 520美元,同比下降24.53%。引进内资项目186个,实际到资25.6亿元,同比增长42%,实际利用外资1 860万美元,同比增长55%,出口创汇2 000万美元。

社会销售品零售总额75.5万元,同比增长25%,批发零售贸易业总额71 485万元,同比增长23.86%;住宿餐饮业零售总额121 604万元,同比增长26.33%。零售业零售额557 078万元,同比增长24.71%。地方财政一般预算收入4.59亿元,同比增长21.3%。城镇居民人均可支配收入13 409元,同比增长9.1%;农民人均可支配收入5 958.78元,同比增长11.4%。

城区完成立业路、职工街、旭东路等9条道路改造和代家台、夏家台等20个社区的排水工程,为65条背街小巷安装路灯。义务植树15万株,高标准绿化社区8个,创建市级绿化先进单位、园林式单位8个。启动太平店省级新农村试点镇建设,编制大李营、刘河等6个村的村庄规划,建设杨旗营、田山、高田、郭岗、刘古岗等第一批示范村,完成37个村级组织活动场所建设任务。新建农田水利工程103处,全面完成大李沟清淤整治工程,除险加固病险水库5座,清淤渠系84千米,樊城区被授予全省农田水利建设先进单位。新建、续建饮水工程3处,解决农村2.84万人的饮水安全问题,修建农村公路243.6千米,新建户用沼气池2 000口。发放惠农资金2 283.28万元。

专利申报立项38项。其中国家级科技计划4项,省级科技计划5项,市级计划29项,争取项目资金1 001万元。创建知识产权试点社区1家,妞妞、赛亚、农兴达等企业被确定为湖北省农业科技创新示范企业和科技创新示范基地。90%以上的规模企业与高等院校、科研院所开展产学研合作,189家企业与52所高校、科研院所建立长期的产学研合作关系。

有区属各级各类学校125所,其中中学29所(含3所普高、职高2所、九年一贯制学校)5所,小学93所,幼儿园3所,登记注册的民办学校1所,民办幼儿园11所。中小学入学人数68 055人,其中:小学39 074人、中学22 152人,高中8 513人。小学生入学率100%,中学入学率99.7%。有在岗在编教职工4 570人,离退休教师1 801人,其中专职教师4 300人。区财政对教育的预算拨款20 028万元。

成立区劳动技能培训学校,整合资金800万元,培训返乡、失地农民和下岗、失业人员7 500多人。组织各类招聘会98场次,提供就业岗位6 000多个,城镇新增就业人员4 951人,城镇登记失业率控制在4.2%以内。向14 281户38 120名城市低保对象发放保障金5 242.7万元,向2 374户7 013名农村低保对象发放保障金438.5万元。参加农村合作医疗农民16.8万人,参合率达99%。新办理城镇居民养老、医疗、工伤、失业、生育等保险31 376人。为原迁移民和移民新增人口发放直补资金和项目扶持资金560.7万元。

适龄儿童入学率达100%。中考成绩连续13年名列全市第一。新创建甲级村卫生室20家,78家农村村级卫生室达到规范化标准,甲级村卫生室达57家;建成9家社区卫生服务中心和17家社区卫生服务站,达到每个街道办事处有一家社区卫生服务中心。开展"和谐社区行"歌舞演唱系列活动20场次,建成农家书屋17家。

樊城基本情况见表60。

【领导机构负责人】

中共樊城区委员会

书　记　杨述明
副书记　项晓峰　李太平
常　委　黄汉平　胡　锃
　　　　鄢汉生　陈　勇
　　　　周保汉　田　力
　　　　汪自亮
　　　　黄　进(5月止)
　　　　郭芳芳(5月任)

表 60 樊城基本情况

项目	单位	2009 年	比上年增减(±%)
总人口	人	638 727	1.2
人口出生率	‰	12.41	
死亡率	‰	1.25	
版图面积	平方千米	566	
耕地面积	公顷	15 540	33
人口密度	人/平方千米	887	-16
人均耕地面积	公顷	0.18	12
职工人均收入	元	25 162	12
地方财政收入	万元	45 910	22.88
支出	万元	49 817	31.69
国税完成	万元	5 383	20
地税完成	万元	39 672	30
经济作物面积	公顷	13 510	36
产值	亿元	1.7	42
专业种植蔬菜面积	万公顷	0.73	23
产量	亿	2.6	12
畜牧渔业产值	亿元	4.73	18
占农业总产值比例	%	63	11
肉类产量	吨	14 870	7.5
猪肉产量	吨	11 984	8
牛肉产量	吨	1 355	3.3
羊肉产量	吨	130	11.7
禽蛋产量	吨	1 401	0.32
年末存栏猪	头	125 712	4
牛	头	18 280	5
羊	只	10 881	6

樊城区人大常委会

主　任　杨述明

副主任　何家举　裴志强

潘世光　李天鑫

李　宁　王晓新

樊城区人民政府

区　长　项晓峰

副区长　胡　锃　周保汉

梅新道　曾小平

郑　红(女)

许万红　卓朝君

政协樊城区委员会

主　席　王　勇

副主席　王万绪　戴　涛

贾大安

卢爱华(女)

贺　凤(女)

【太平店镇】 辖村委会 42 个、居委会 3 个:小樊、沈河、刘河、乔岗、芦湾、邵楼、王台、龙巷、小龙洲、蔡岗、郭岗、五板桥、田山、严湾、合心、龚洲、杨旗营、高田、胥营、王堤、上茶庵、钱徐、梁庄、大冲、张祠、李集、晏楼、崔湾、宋闸、曾岗、徐堤、徐庄、石河、肖笆、李家湾、龙李、朱坡、张冈、徐营、杜湾、孙蔡、莫岗村和老街、共建街、朱坡社区居委会。版图面积 232.7 平方千米,耕地面积 5 666.67 公顷。年末户籍总人口 26 289 户,106 792 人。其中,男性 5.86 万人,城镇人口 2.94 万人,人口自然增长率 10‰,计划生育率 89. 05%。居民汉族人口占总人口的 99.9%。少数民族 24 人,其中回族 21 人,壮族 3 人。居民人平纯收入 6 050 元。

2009 年生产总值 40.8 亿元。其中,农业 4.8 亿元;工业 36 亿元,同比增长 15.38%;规模以上企业达 20 家,规模以上企业总产值 32 亿元,同比增长 15.94%;销售收入 31.1 亿元,税收 1.2 亿元。招商引资 4.54 亿元,直接利用外资 75 万美元,在建项目 6 个,建成投产项目 5 个,新增规模以上企业 4 家,过 5 000 万元企业 1 家。第三产业总收入 3.25 亿元,增加值 6 070 万元,消费品零售总额 14 334 万元,比上年增长 74.7%。批发零售贸易额 14 069 万元,占全镇社会销售品零售额的比重为 98.2%,饮食服务业零售额 2 354 万元,占全镇社会消费品零售额的比重为 16.4%。

有科技协会 43 个,建科技书屋 35 个,发放各类科技图书 6 万余册,影视光碟千余盘,文化科技中心户 14 家,人才交流中心 1 家。群众性科技组织 2 家,新成立种植合作社 2 个,养殖合作社 6 个。有各类科技人员 349 人,科研机构 3 所,科研人员 12 人。完成省级科研成果 1 项,市级科研成果 2 项。科技对经济的贡献值达 46%以上。农村合作医疗参合率达 95%以上,新建沼气 500 口,新建龚洲水厂安全饮水工程,日供水 5 000 吨,惠及 33 个村,64 000 人。农村五保集中供养 250 人、达 90%以上,城镇低保 121 户年发放低保金 60 多万元,救助农村困难群体 1 161 户 2 875 人,年发放救助金 163 万元。被列为全省 88 个新农村建设试点乡镇之一。完成郭岗、田山、杨旗营、高田、化纤东路等“四点一线”起步区建设任务,确定以郭岗为代表的产业对接型新村,以杨旗营村为代表的长效管理型新村,以高田为代表的汉江民居型新村。发放粮食直接补贴140.23万元，水稻良种补贴89.13万元，农资综合补贴472.64万元，油菜籽良种补贴18.35万元，小麦良种补贴20.20万元，棉花良种补贴60.52万元，退耕还林资金84.92万元，能繁母猪补贴19.12万元，汽车、摩托车、家电下乡补贴兑付94.46万元。各项资金全部实行一折通社会化发放。

12月28日，投资4 500万，占地5 469平方米，日供水5 000吨的龚洲水厂投产，33个村、64 000人吃上自来水。

【牛首镇】 辖村委会36个，居委会2个：牛首、春芳营、庞营、黄丰、花园、中号、茶庵、新集、袁营、新中、熊集、李洼、李沟、刘官冲、堰口、王坡、张湖、汪营、上堰、陈李湾、枣园、张岗、李冲、马棚、黄庄、卓营、九冢、汤岗、大李营、李马、熊营、兴隆、竹条、刘古岗、尹胡巷、张王岗村和牛首、竹条居委会。总面积183.93平方千米，其中耕地面积6 066.67公顷，可开发沙洲面积1 333.33公顷。

年末户籍总人口20 050户、100 254万人，其中，男性4.98万人，城镇人口2.23万人，人口自然增长率为9.12‰，计划生育率为97.39%。汉族人口占总人口99.9%。少数民族20人，其中回族17人，壮族3人。

2009年工业产值3.3亿元，其中规模企业产值1.9亿元，增长45%；商贸产值1亿元，增长50%；招商引资1.1亿元，其中妞妞鼎顺实业公司0.4亿元，先开环保公司0.3亿元，浩强公司0.1亿元，三色源生物有限公司0.3亿元，家智光农牧公司500万元。固定资产投入4.6亿元，新增规模企业5家。新增蔬菜面积340，蔬菜种植面积2 000公顷，种植大户15户，先后引进农业农头公司4家。9月，北京龙建集团落户牛首张营、汤岗两村，占地面积200公顷，计划投入6亿元，建设绿色食品交易中心。

全镇财政收入3 285万元，比上年增长13.8%。农民人均纯收入5 728元，比上年增加600元。商业零售网点增加到4 000个，饮食服务网点增加到108家，新增加大型超市6家。驻镇金融机构有农村信用社和农业银行营业所。发放农村低保金163.512万元，1 105户，3 019人享受到农村低保，城市低保金发放171.978万元。救助524户，1 227人。

【中原街道办事处】 辖居委会11个、实业公司3个：前进中路、茂盛社区、建新路、陈家营、董家台、雄风、云集、春园东路、洪家沟、幸福小区、铁路社区居委会和白鹤、雄风、速达实业公司。行政区划总面积4.5平方千米，年末总人口69 208人，其中男性37 856人。辖区有汉族、回族、满族等民族。

2009年全口径工业总产值23 800万元，同比增长19%。其中，规模以上工业13 000万元，规模以上工业增加值3 250万元。社会消费品零售总额17.9亿元，同比增长52%。第三产业总收入455 800万元，同比增长17%。固定资产投资完成25 000万元，同比增长212%。新增商贸企业20家，其中年营业额5 000万元1家。招商引资金额过1亿元。居民人均可支配收入超过1.3万元，比上年增1 117元。

办事处地处襄樊火车站、长途汽车客运站地区，位居樊城商贸区——襄樊高新技术产业开发区（国家级）—襄樊汽车产业开发区（省级）—鱼梁洲旅游经济开发区"金三角"地带，是襄樊市的商贸中心，辖白鹤、雄风、速达三大实业公司，经营性总资产3亿元，年经营收入2 000万元。辖区有建材类、服装类、小商品类、水果类、电器类等23家专业批发集贸市场，汉江国际大酒店、铁路大酒店等10家大中型宾馆，11家高中档酒店，136家各类餐饮网点。机关、事业、企业单位110个，大中专学校4所，区属中小学6所。

【屏襄门街道办事处】 辖居委会10个：红光、鹿角门、机坊街、肖家台、马道口、回龙寺、丹江路、泰安路、星火路、梯子口居委会。辖区主要聚居汉族、回族，另有蒙古族、土家族等少数民族。年末总人口53 338人(男性26 815人)，流动人口5 556人。

2009年第三产业总收入13.98亿元，同比增长46%，社会消费品零售总额9.47亿元，同比增长39.8%；规模以上工业总产值3.48亿元，同比增长65.7%；新增商贸企业16家；完成固定资产投资2.5亿元；外贸出口额108万元。

办事处地处襄樊市中心城区，东临旭东路、南傍汉水、北抵焦枝铁路、西至长征东路。辖区总面积4.5平方千米，有驻街单位120个。居民人均可支配收入10 550元，人均消费性支出8 396元。每百户居民家庭有家用汽车6.7辆、家用电脑42台。

【定中门街道办事处】 辖8个社区居委会：大井台、水星台、陈老巷、永安桥、定中桥、定中街、劳动街、望江街。年末总人口3万多人，流动人口16 000人，除汉族、回族外，有羌族、土家族、朝鲜族、藏族、满族、白族等少数民族。少数民族116人。

2009年工业总产值4 275万元，增加值1 083万元，上交税金241万元，同比增长30%。三产总产值103 100万元，增加值 16 830 万元，同比增长 20%。社会消费品零售总额 51 300 万元。居民人均纯收入 6 022 元。

办事处位于襄樊铁路桥东侧，南临汉江，西北靠焦枝铁路，面积 1.5 平方千米。有驻街单位 37 个，学校 5 所，文艺社团组织 7 个，服装鞋帽、手机等专业市场 12 个，大中型宾馆饭店 10 余家。办事处连续 4 年保持"全市社区党建工作示范街道"称号，多次获区委、区政府授予的"突出贡献单位"称号。

【清河口街道办事处】 辖社区居委会 8 个：清河桥、襄江、旭东路、王家台、代家台、夏家台、明晶巷、美满社区居委会。办事处位于樊城以东，辖区总面积 5.1 平方千米。东临小清河，西至丹江路，南至汉江，与鱼梁州隔江相望，北抵焦枝铁路线。辖区主要聚居汉族、回族、蒙古族、土家族 4 个民族的居民，年末总人口 37 727 人。

2009 年全口径工业总产值 5.5 亿元，同比增长 17%；第三产业总收入 8.4 亿元，同比增长 12%；社会消费品零售总额 4.3 亿元。新增规模工业企业 4 家。辖区重点项目追加投资 5 000 万元。

近年，先后建成鄂、豫、川、陕毗邻地区最大的集种子、农资、农械、农药等为一体的友谊种子大市场和新清河口种子大市场；以新清河口化工建材市场为中心的化工建材市场；以国美家电、小白象家电、长征路小家电特色街为中心的家电市场；以长庆市场、长征摩配市场为中心的摩托车配件市场。2008 年，总投资 1.2 亿的黑马金属材料大市场完成一期工程，该市场建成后，将是鄂西北地区规模最大的现代化专业钢材市场。总投资 1.5 亿元 30 层的"梨园大厦"动工兴建，建成后将成为全省最大的文化艺术娱乐中心之一。辖区形成化工、汽车配件、机电电器、农产品加工四大工业支柱产业群，万州电器、赛亚米业、湖北天鹅、丽明化工等规模以上企业成为全区的知名民营企业。

【米公街道办事处】 米公办事处地处樊城南部，西临长虹路，南抵汉江，北至建华路，东以一桥桥北西路为界，版图总面积 8 平方千米。辖社区居委会 9 个：友谊街、十字街、立业路、星月、大庆西路、朝晋门、韩庄、朝虹、解放西路社区居委会。居民以汉族为多，另有回族、蒙古族、土家族等少数民族。年末总人口增至 97 000 人，流动人口 3 800 人。

2009 年全口径工业总产值 34 859 万元，增长 30%。固定资产投资 18 150 万元。社会消费品零售总额 128 404 万元，同比增长 57.9%。

4 月 28 日至 5 月 4 日，联合襄樊日报社、襄樊市工商联合会、襄樊市家具商会，在前进路举办襄樊首届家居文化节。全年招商引资完成 6 000 万元，引进襄樊汇信投资管理有限公司、中国国际期货襄樊营业部、鑫元投资担保有限公司、汇金襄投资有限责任公司等现代金融服务业。

【汉江街道办事处】 汉江街道办事处位于长虹路 2 号（二桥头），东起长虹路以西，南起汉江河堤交振华路，西起振华路以东、人民路以南、汉江路以东（含一技校、瑞源、航宇集团汉江机械厂），北起长汉路以南，是襄樊市商贸、金融中心，辖区面积 5.1 平方千米。辖 10 个社区居委会：高庄、菜越、万户、毛纺小区、汉江北路、刘埂、赵家巷、汉江南路、长虹路、人民路，辖区居民以汉族为主，有回族、羌族、土家族、朝鲜族等少数民族。常住人口 8 万余人，2.9 万户，暂住人口 5 000 余人，辖区单位 81 个。

2009 年全口径工业总产值 100 136 万元，同比增长 31%；工业增加值 18 525 万元，同比增长 35%；销售收入 85 115 万元，同比增长 39%；实现利税 8 011 万元，同比增长 33%；其中规模以上工业产值 66 200 万元，同比增长 44.7%；培植规模以上工业企业 2 家（瑞金源纺织有限公司、赢豪纺织有限公司），新增过亿元企业 1 家（海荣服饰有限公司），新增过 5 000 万企业 1 家（鄂电大全股份有限公司）；新增过亿元社区两家（汉江北路社区、汉江南路社区）。第三产业总收入 93 300 万元，同比增长 52%；社会消费品零售总额 89 850 万元，同比增长 50%；新增商贸企业 23 家。上报招商项目 15 个。上报引进内资 7 111.6 万元。固定资产投资完成 18 000 万元，同比增长 474%。居民人均纯收入 6 606 元。

【王寨街道办事处】 辖居委会 7 个：七里桥、施营、乔营、前贾洼、后贾洼、王寨、衡庄居委会，辖区版土面积 20 平方千米，耕地面积 259.93 公顷。年末总人口 8 万多人，其中外来人口 6 万多人，除汉族、回族外，有羌族、土家族、朝鲜族等少数民族。

2009 年规模以上工业企业 68 家，其中过 5 000 万元项目 16 家，过亿万元企业 5 家，工业总产值 30.118 亿元，同比增长 93%；规模以上工业总产值 28.11 亿元，同比增长 52%；第三产业总收入 8.72 亿元，同比增长 31.7%；农业产值 1.1 亿元；社会消费品零售总额 7.886 亿元，同比增长 39.4%；集体经济纯收入突破 3 600 万元，同比增长 21%，居民人均纯收入 7 531 元，同比增长 13%。

【柿铺街道办事处】 办事处地

处城乡结合部，东离樊城3千米，南临汉江与古隆中隔江相望，北抵高新技术产业开发区，西接牛首镇。辖居委会6个:柿铺东、柿铺、柿铺西、白湾、杨湖、韩洼居委会,村委会3个:梁坡村、王伙村、张桥村。版图面积28.6平方千米，总人口26 920人,居民除汉族外,有回族、维吾尔族、土家族3个少数民族。

2009年生产总值22.9亿元，其中农业总产值0.9亿元，第三产业总产值1.2亿元,工业总产值20.81亿元,工业总产值比上一年度增长123.7%，新建工业项目23个，续扩建项目5个,招商引资3.28亿元,新建标准厂房16.2万平方米，规模企业由20家增至30家。

辖区内有100多家工业企业,30多家事业单位,630多家商业网点。耕地面积1 365.13公顷。建立2家科技文化书屋。11月,市公交9路、26路、517路线路延伸至柿铺西社区。

(彭　燕)

襄　阳　区

【基本情况】 襄阳地处汉水中游,唐、白、滚、清、淳河由此入汉。地形为东、西、北高,中间低平，形成向南敞开的不完整盆地。北部是秦岭余脉和伏牛山支尾的交接地带，为波形黄土高地，坡度多为10度左右，高差10~30米,属著名的“鄂北高地”的一部分，占总面积的70%以上，代表襄阳区的主要地形特征,中部和南部为汉水、唐河、清河、滚河诸河流冲击平原,占总面积的5%左右。襄阳半环襄樊市区,是全国著名的产粮棉大区和襄樊市新兴的工业强区。辖镇13个,村委会425个、居委会41个、住户33.3万户,年末总人口103.4万人。

2009年生产总值182.74亿元,比上年增长20.79%;其中第一产业36.49亿元，增长6.4%;第二产业66.03亿元，增长30.24%；第三产业80.22亿元,增长21.03%。农林牧副渔总产值77.65亿元,其中农业总产值37.517亿元，比上年增加10.84亿元,增长36.8%。粮食作物面积播种面积25.1万亩，粮食总产量115万吨，比上年增长14.37%,获“全国粮食生产先进县(区)”称号;棉花产量13 207吨，增长11.4%；油料总产102 711吨,比上年增长7.63%。申报省级土地整理项目4个,建成高产农田2.2万亩,新增耕地192公顷;完成受灾损毁土地修复项目、乾兴农业蔬菜基地扩建项目等农业综合项目4个;畜禽养殖区域布局初步形成三大板块,即沿汉十线为主包括整个襄北范围的优质三元猪示范区,以襄东为主的牛羊养殖示范区,围绕襄樊市城郊及汉江、唐白河、滚河沿岸的家禽养殖区。猪、牛、禽出栏分别为130.8万头、15万头、1 800万只,分别比上年增长18.6%、6.4%、14.1%。肉类总产量16万吨,同比增长10.3%。继续保持“全省畜牧生产第一大县(区)”的领先优势。凡新建一栋标准化“150”、“500”模式猪舍,经验收合格后,区委、区政府分别奖励1.5万元和3万元。有147栋“150”猪舍、33栋“500”猪舍、11个生猪养殖小区通过验收,3个镇被考核为生猪标准化建设先进镇。新建各类养殖小区10余个、新建2个万头猪场。其中硒山禽业养殖小区有限公司、古驿镇罗岗养鸡场等5家蛋鸡养殖小区和金农惠种畜禽有限公司、绿康农业开发有限公司2个万头生猪养殖小区通过省级验收。年新建标准化“150”模式猪舍125栋,“500”猪舍24栋,“1235”标准化羊舍18栋,鸡小笼5栋，猪小笼5栋,1+1+1模式34家。全区已发展养猪行业协会(合作社)13个,养禽协会(合作社)10个,肉牛养殖协会2个,肉羊养殖协会2个,养蜂和养兔协会各1个。对养殖大场大户进行二次免疫抗体监测,免疫抗体水平监测合格率达75%以上。引进西门塔尔、摩拉、里尼等优良牛冻精14 100支，用于品种改良工作，冻配牛8 458头，其中黄牛5 534头，水牛2 924头。引进优良公猪193头,完成人工授精88 637头。成片造林666.67公顷，四旁植树200万株,林业育苗80公顷,中幼林抚育4 000公顷，路渠绿化183条,长458.5千米,植树65万株。林业有害生物检疫12次，固定样点监测森林病虫面积2万公顷,病虫害监测率达99.8%。森林病虫害综合防治率达95%以上,成灾率控制在3‰以内。集体林权制度改革全面完成,林权证发放率达100%,发证林地8 533.33公顷。水利工程争取国家投资项目18个，争取项目资金总额3.9亿,中央省、实际到位资金1.8亿，包含有安全饮水,大、中、小型水库加固,电站更新改造,灌区改造,河道整治、民办公助等。新开工1个大型水库(红水河),3个中型水库(官沟、樊庄、秦咀),9个小(一)型水库,投资总额达1.5亿元。泵站更新改造项目完成大岗坡、太山庙的土建部分。全面整治小清河段、唐白河的武营崩岸、滚河入口的唐店段、六两河、航运公司段等，整治河道5 000多米。审批发放《取水许可证》79套，全区取水许可证办证率达90%以上,计量设施安装率90%。开展科普活动,测土配方施肥面积1万公顷;农业机械总动力114.5万千瓦,比上年增长18%,粮食生产综合机械化水平达70%,农村化肥使用量11.65万吨,增长0.6%;农村用电量10 406万千瓦时,增长5.35%。水产品产量38 327吨,同比增长9.9%。全省唯一平原地区"现代烟草农业示范村"落户古驿镇。新增农家餐饮店135家。新增襄阳鲁花浓香花生油有限公司、襄阳仁杰粮油有限公司为省级农业产业化重点龙头企业,襄樊巨灵源种猪场、襄樊天元俊毅公司、襄阳农首红薯加工厂3家公司为市级龙头企业。农民工培训机构培训农村劳动力15 500人,转移18 150人。返乡农民工创办回归实体380多家,吸纳农民工2 900多人,4 400名年初返乡农民工实现本地就业。朱集镇四新村、双沟镇双南村被批准为全省第二批省级新农村建设示范村,张湾镇魏庄村获得"全省村级集体经济发展先进村"称号。

工业企业1 025家,新增200家;规模以上企业159家,净增26家;产值过亿元的企业发展到26家,净增7家。规模以上企业产值130亿元,增长62%,增加值40亿元,是上年的1.67倍,占规模以上工业产值的比重达31%,比上年提高2.3个百分点。工业经济综合效益指数达245%,比上年提高25个百分点。第二产业占国内生产总值的比重达35.9%。比上年提高2.4个百分点。机电汽配产业销售收入50亿元同比增长43%;农副产品加工业产值110亿元,增长79%;物流企业发展到60多家,个体经营户达到3 000多家,现代物流服务业营业收入突破100亿元;房地产业、建材业、建筑业产值59亿元,各项收益2亿元。

针对重点区域、重点领域,组建27个招商联络站,在深圳、上海、杭州和新加坡、日本、韩国等地,组织或参加各种重大招商推介活动,引进、续建项目209个,其中亿元以上项目5个,千万元以上项目41个,在建项目125个,已建成投产项目46个,完成引资47.1亿元。经济开发区规模以上工业总产值45亿元,工业增加值15亿元,税收2.6亿元,各项经济指标在襄樊市县域开发区中保持领先。争取中央投资四批62个项目,到位资金1.32亿元。出口创汇2 200万美元,实际利用外资2 226万美元。外派劳务310人次。旅游业发展进一步加快,《襄阳区旅游发展总体规划暨重点项目规划》已进入评审阶段,鹿门山旅游开发项目进入实质阶段,东津镇三合村入选湖北旅游名村创建单位。

社会固定资产投资完成86.5亿元,比上年增加34.2亿元,增长65.5%。投资在千万元以上的在建项目163个,比上年增长57%;其中2009年新开工项目114个,同比增长115%。开发区千万元以上在建项目54个,比上年增长93%;完成投资23.3亿元,同比增长106.6%。开发区和园区投资总额占到全区城镇投资总额的55.6%。投资亿元以上的在建项目23个,博亚机械、长源东谷、光彩国邦、华中光彩、邓城生资、光彩襄樊工业园、天润国际新城、紫荆花园、深圳工业园9个市级亿元以上重点项目完成投资17.5亿元,占全区全社会投资的20%。争取中央新增投资项目62个,项目计划总投资2.5亿元,争取中央投资1.32亿元,到位中央资金1.27亿元。累计完成投资1.3亿元。社会消费品零售总额53.5亿元,同比增长25.8%。

市政基础设施投资9 800万元,相当于过去10年的总和。完成建设项目20个,新建、改造5 100米城市道路;投资3 800万元完成交通路改造工程,邓城大道东泵站、磷生泵站、城区七个泵站排水管网疏通工程建成并投入使用。张湾老街排水管道全部疏通,完成张湾、商贸城与城区排水管道连接工程前期勘察、设计工作。投资5 000万元,开工建设城区截污干管铺设工程。新修(改)建城市道路3条,总长2 500多米;修建排水设施9条,总长4 000多米;完成6条道路行道树栽植,植行道树1 506株;建设工程完成招标投标项目71个,中标总价40 985.86万元,公开招投标率达100%。建筑业领域新建和在建工程28个,建筑面积291 564平方米,竣工10个,创建结构优良工程3个。投资3 000万元,建设8个水厂,解决8.5万人安全饮水问题。新购清扫车、洒水车、垃圾清运车等先进环卫设备,安装园林大道路灯。城区之外的12个镇,投入870万元,改造完成路、水、灯、垃圾处理等基础设施。煤气供应总量280万立方米,比上年增长20.2%;城区道路面积225万平方米,比上年增长8.2%;排水管道总长64千米,比上年增长20%;建成区绿化覆盖面积236公顷,增长3.1%;建成区绿化覆盖率75%,比上年提高两个百分点。园林绿化面积216公顷,比上年增加9公顷;公共绿地面积155公顷,155公顷,比上年增加7公顷;垃圾处理站7个,比上年增加3个;生活垃圾无害化处理率100%。自然保护区1个,森林覆盖率10.8%,比上年增加5个百分点;工业废水排放达标量346.77万吨,比上年减少37.8%;工业废气排放达标量113 240万标立方米,比上年减少30%;工业废水排放达标率92.91%,比上年提高1.38个百分点;工业二氧化硫排放量358.68吨,比上年减少438.79吨。工业烟尘排放量238.32吨,比上年减少727.21吨；工业烟尘排放达标率96.52%，比上年提高3.77个百分点；工业废气排放量115 977万标立方米，比上年减少58 577万标立方米；工业固体废物产生量20.16万吨，比上年减少3.23万吨；全年环境污染治理投资总额143 970.4万元，比上年增长165.9%。新投入500万元，对80个村庄进行了整治。张湾镇魏庄村和朱集镇四新村通过全省集体经济发展先进村和新农村建设示范村检查验收。

公路里程3 468.58千米，其中等级公路3 276千米，农村通公路行政村比重100%。开工路桥建设项目72个，完成县通乡及省县际出口断头路建设40.96千米，新修通村公路161.8千米，开通长、短途客运线路6条，建成农村客运候车棚40个。公共汽车营运车辆数499辆，比上年增加30辆；出租汽车212辆，与上年持平。崔家营航电枢纽建成蓄水，第一台机组并网发电，启动淹没区防洪应急护岸及耕地保护工程，完成投资5 000万元，堤护工程直接保护土地291.33公顷。邮电业务营业收入2.09亿元，其中邮政业务营业收入1 783万元。固定电话用户89 214户，其中农村电话用户69 995户。移动电话年末用户296 548户，增长38%。

各类专业技术人员13 904人，比上年增长166人，其中中级技术职称以上人员6 368人，农业技术人员231人。向上争取各类科技计划项目10项，争取科技经费200万元，申报专利165件，科技创业服务中心被认定为省级科技企业孵化器，入驻企业15家，招商引资3 020万元。区科技创业服务中心被省科技厅认定为省级科技企业孵化器。中心在孵企业15家(包括园内和园外)，技工贸总收入15 670多万，在孵项目11项，获专利30件，帮助企业申报项目8项。区科技局被省科技厅授予“科技活动周优秀活动奖”。为襄阳民达粮油工贸有限公司、襄阳金来地化工有限公司、襄阳丰正汽车配件制造有限公司等企业申报科技项目35项。争取科技经费突破200万元，其中：襄阳丰正汽车配件制造公司承担的“空心汽车轮毂轴管”项目，分别被科技部、省科技厅批准为国家、省级科技创新基金项目，获无偿资金80万元、20万元；襄阳金来地化工有限公司承担的“富碳有机磷肥”被省科技厅批准为省级科技研究与开发项目，获无偿资金20万元；襄阳民达粮油工贸有限公司被科技厅认定为省级创新型试点企业。科技型企业有46家，生产有50多种高新技术产品。如新型磁粉探伤机、空心汽车轮毂轴管、镀膜轴承、加速度计、特种改装车等高新技术产品。新产品产值42 807万元，高新技术产业增加值12 556万元。

各类学校199所，其中普通中等专业学校1所，普通中学27所，小学171所，在校学生总数119 208人，专任教师8 361人。学龄儿童入学率100%，初中毕业生升学率65%，九年义务教育完成率98.27%。襄阳区被省教育厅确定为襄樊市唯一一家首批首批义务教育均衡发展实验区。城乡义务教育免费政策全面落实，3 447万元“普九”债务全部化解。6所农村初中改造工程被列为区委、区政府“九大民心工程”之一。筹措资金1 457万元(国家资金1 229万元，教育自筹228万元)，改造9所农村初中，建设面积达13 200平方米。9月初项目全部竣工验收投入使用。城区薄弱初中改造投入255万元(市拨110万元，教育自筹145万元)，先后完成教学楼加高改造项目、学生食堂各项配套设施建设、通透式围墙建设、校园文化设施建设、食堂防土墙建设等系列工程，新添置课桌凳800套，体育器材5套。城关二中改造全面启动，筹措145万元(市拨90万元，教育自筹55万元)，先后征地0.33公顷、完善学校校园文化设施建设。37名教师获市以上优质课教师称号，28名教师在市级教学基本功大比武、说课中获奖。其中，区一中谢彬教师获全国优质课一等奖，黄龙高小肖红玲、区二中李红菊等5位教师分获省优质课一等奖。高考上本科线人数3 616人，上线率64.3%，比上年上升1.4个百分点。区一中获高中教学质量综合评估一等奖，区二中获教学质量三等奖，区六中获教学质量三等奖。区教体局获高中教育教学质量综合评估二等奖。

广播站(电台)14个，有线电视台1个，无线电视台1个，广播覆盖率100%，电视覆盖率100%。文化馆(站)14个，专业演唱歌舞团体1个、44人，公共图书馆图书1个，总藏量11万册，比上年增长1%。城区坚持以广场文化演出为重点，先后举办“石花杯”2008年度群众文化系列活动颁奖晚会、庆“七一”唱红歌大型晚会等大型广场文艺演出8场，参加演出的区直部门和单位80多个，参加演出的人员近3 000人次。观众近10万人次。农村品牌项目“乡村夜话”公益演出256场。农家书屋建设被区委区政府列入“九大民心工程”，下达建设任务60家。采取自建、共建、援建和争取出版社垫资的办法，建成农家书屋261家(其中共建型50家，自建型211家)。组织大规模的“扫黄打非”4次，查获非法出版物700余册，没收并销毁淫秽光碟210余盘、非法光碟500余盘。先后开展了“网吧专项整治”、“印刷企业专项整治”、“娱乐场所专项整治”、“学校周边环境整治”、“国庆节文化市场安全生产大检查”及“零点行动”等七大整治行动，清查各类文化经营单位及印刷企业570家次。

卫生机构28个，包括8个区直医疗卫生单位、13家镇（中心）卫生院、7家地名卫生院，在册职工3 459人，卫生技术人员2 294人，其中医师1 109人、护士868人、药技317人。固定资产16 813万元，年度卫生事业费963万元，医疗业务收入2.1亿元，连续四年增幅在35%以上。全市第一批新农合门诊统筹试点元月1日在龙王镇、黄集镇、黄龙镇启动。11月1日其他10个镇新农合门诊统筹也全部启动。参合农民733 563人，参合率100%。在区镇公立医疗机构全部实行药械集中采购统一配送的基础上，选择黄集镇开展村卫生室配送工作。15个村卫生室纳入中央支持，获60万元资金支持；56个村卫生室纳入省扶持，获28万元资金。区财政扶持50万元。整建村卫生室145家，其中完成新建27个，改扩建118个。区妇幼保健医院60万元、区人民医院180万元国债建设项目完工。拉动内需第一批项目中，黄集镇中心卫生院50万元国债住院楼建设项目投入使用。张家集镇卫生院50万元国债住院楼改扩建项目3月启动，7月竣工。区人民医院门急诊综合楼建设项目，以及石桥、双沟、峪山镇3家中心卫生院已经省卫生厅、省发改委评审同意，纳入2009—2011年国家基层医疗卫生服务体系建设，分别获2 000万元、100万元、100万元、100万元。区惠民医院门诊住院综合楼11月建成，建筑面积4 000平方米。艾滋病防治项目被列为全国第二轮中央示范区建设。城区社区卫生服务在原有2个中心和5个站的基础上，增加经济开发区和金华2个社区卫生服务站。城区健康档案建档率40%，农村建档启动襄阳区被卫生部授予丝虫防治工作先进单位，被省卫生厅授予结核病防治工作先进单位。

新增城镇就业6 109人，转移农村劳动力就业19 875名；组织开展职业技能培训7 600人；社保新增扩面10 063人，征收社会保险费17 860万元，发放社保资金16 450万元，各项社保待遇及时足额发放到位。在全省率先启动被征地农民养老保险，首批146人已按时发放养老金。621名村主职干部全部参加养老保险。新改扩建农村福利院4所，新增集中供养五保340人，新增农村低保对象5 960人；发放各类救助资金5 095万元。新建廉租住房50套，深圳工业园魏庄村443套还建住房全部建成，云湾国际新城616套还建房主体工程完工。渔业社棚户区改造正式启动，农村特困户危房改造正式启动，移民安置张罗岗农场二、三分场移民建房全部完成。城镇人均住房使用面积27.29平方米，比上年增加1.57平方米；城镇人均住房建筑面积32.68平方米，增加0.94平方米；城镇居民人均可支配收入9 934元，增长9.5%；城镇居民人均消费支出7 890.77元，增长9.5%；农村人均住房建筑面积39.81平方米，增加4.99平方米；农村居民人均纯收入6 154元，比上年增长11.8%，农村居民人均消费支出3 595.9元，增长17.2%。

襄阳基本情况见表61。

【领导机构负责人】

中共襄阳区委员会

书　记　郭　忠
副书记　王　军　章　杰
常　委　罗兴合　郑国元
　　　　陶德慧　吴传虎
　　　　朱志坚　李　军
　　　　冯云波　胡明军

襄阳区人大常委会

主　任　郭　忠
副主任　郭富清　许广碧
　　　　靖炳坤　齐向东
　　　　汤开辉

襄阳区人民政府

区　长　王　军
副区长　罗兴合　朱志坚
　　　　王建军　余长虹
　　　　许　莉　张世伟
　　　　张双成

政协襄阳区委员会

主　席　张志顺
副主席　蒙世远　齐保山
　　　　王兴海　李连生

【张湾镇】 辖村委会15个、居委会10个：朱庄、郑岗、黄坡、魏庄、许营、武营、马营、肖王营、刘湖、大桥、武坡、史台、田寨、六两河、西岗村和云湾、西湾、红星、潘台、张湾、金华、刘集、洪山头、麻棉、航运居委会。年末总人口162 877人，其中男性81 232人。

2009年生产总值192 381万元。其中第一、二、三产业分别为49 823万元、103 267万元、39 291万元。分别比上年增长15.7%。农业总产值中，粮食作物9 872万元，亩平1 032元；经济作物4 987万元；渔业9 638万元；各类农产品总产量为：粮食54 981吨（其中小麦22 847吨，水稻7 766吨）、油料作物7 451吨，瓜果3 287吨，肉类19 483吨，水产品4 792吨，禽蛋1 124.6吨。税收11 962.6万元。财政收入4 996.6万元，支出1 200万元。农民人均纯收入6 961元，比上年增长15.7%。

引进各类项目50个，其中过亿元的两个，过5 000万元的4个。新增规模以上企业14家、

表61 襄阳基本情况

项目	单位	2009年	比上年增减(±%)
总人口	万人	103.4	0.92
男	万人	52.92	0.61
人口出生率	‰	9.24	-1.54
死亡率	‰	3.9	0.78
版图面积	平方千米	2 306	0
耕地面积	千公顷	97.5	9.6
人口密度	人/平方千	448.4	2.14
人均耕地面积	公顷	0.132	6.5
农民人均收入	元	6 154	11.8
城区建成面积	平方千米	18	
城区人口	万人	15	1.4
职工平均工资	元	12 457	37.5
人均住宅面积	平方米	32.66	2.96
地方财政收入	万元	30 002	33.4
支出	万元	162 641	52.2
国税完成	万元	16 134	52.24
地税完成	万元	20 614	32.48
年末银行存款余额	万元	1 153 057	24.1
其中个人存款余额	万元	753 754	17.4
各项贷款	万元	568 139	36.2
经济作物面积	公顷	39 893	3.62
专业种植蔬菜面积	公顷	6 845	27.78
产量	吨	314 831	-3.3
畜牧渔业产值	亿元	33.35	-0.3
占农业总产值比例	%	43	-4.9
肉类产量	吨	166 383	10.4
猪肉产量	吨	98 100	18.6
牛肉产量	吨	23 329	10
羊肉产量	吨	5 650	6.5
禽蛋产量	吨	46 702	6.4
年末存栏猪	万头	86.1	20.75
牛	头	267 242	28.3
羊	只	240 130	14.3
渔业产量	吨	38 327	3.66
产值	万元	36 216	10.87

达35家，规模以上企业工业产值26亿元。刘集花生、兴旺牲猪、田寨养鸭等产业协会发展“产业协会+公司+农户”模式，洪山头、刘湖、田寨、六两河等村发展种养殖专业村，实现产、加、销一体化，打造生猪养殖，花生、西瓜、红薯、蔬菜、优质稻生产等特色品牌。张湾镇将全镇25个村和社区划分为城郊综合服务型示范村、企业主导型示范村、农业主导型示范村、商贸物流型示范村、农副产品加工型示范村五类，制定三年发展规划。经营性收入过20万的村15个，其中过百万元的8个，襄阳区经济十强村张湾镇占有8席，魏庄村成为全省百强村。

【龙王镇】 辖村委会47个、居委会2个：龙兴、谢湾、曾陈、东楼、湖沿、四甲、闫营、白集、周岗、后王、前王、孙庙、柏营、刘李湾、吴马营、刘官、符庄、长岗、松树坡、庙坡、吴岗、龚湾、园艺场、肖集、肖刘、方冲、廖湾、刘冲、朱号、庙前、文湾、赵集、冯营、邓畈、胡营、杨湾、杨庄、唐岗、陈棚、黄畈、朱湾、张畈、蒲庄、下川、石庄、唐湾、上川村和龙兴、肖集居委会。年末总人口73 560人，其中男性36 659人。

2009年生产总值140 510万元。其中第一、二、三产业分别为47 010万元、39 900万元、53 600万元。分别比上年增长20.6%、14%、28.7%。农业总产值中，粮食作物22 379万元，亩平1 102元；经济作物2 338万元；渔业3 502万元；各类农产品总产量为：粮食124 329吨（其中小麦45 128吨，水稻68 665吨）、油料作物1 501吨，瓜果2 695吨，肉类14 811吨，水产品4 377吨，禽蛋5 323吨。税收144万元。财政收入141万元，支出635万元。农民人均纯收入6 163元，比上年增长20.1%。个体工商经营户1 500户，经营总额21 560万元，税金90万元。

张湾镇以种植优质稻为主产业，优质稻种植面积以每年新增1 000公顷的速度增长，达3 333.33公顷，其中高档优质香稻面积扩大到1 333.33公顷，优质稻谷的收购价格高于普通杂交稻市场价的10%~30%，农民年增收1 000万元，人均纯收入增加150元。优质稻产业形成“基地+龙头+协会+农户”产业化模式。基地建设争取到国家农业开发项目，建设高产田总投资2 500万元，其中硬化渠道60千米，新建U型渠80千米，改造和新建泵站6座，架设农业输变电线路60千米，新打机井26眼，改建和维修各类水利设施建筑物1 000余处，修建机耕路20千米，新增旱涝保收田地2 666.67公顷，改善和治理4 000公顷，新增高产田2 000公顷。与湖南农科院和岳阳水稻研究所建立合作关系，每年引进几个新品种，先后筛选出湘晚籼13号、天龙香103号、岳优9 113、鄂中5号等高产优质系列香稻，收购价均高于市场价的30%以上。同时，引进投资500万元的市级产业化龙头企业——宏海粮油，引进色选机、抛光机、真空包装机，提升精深稻米的质量。企业与农户签订种植合同，保证按高于市场价的10%~30%收购。

【石桥镇】 辖村委会33个、居委会1个：小河、梁营、宏道、竹园、周洼、石庙、上坡、柴岗、杜河、柳堰、郭营、老家、李庄、杨营、张史、大户杨、黑龙集、柳营、朱杨、崔岗、关庙、张营、史李、田营、司岗、前常、石黄、加岗、马坡、吴集、李百户、付王、付加村和石桥居委会。年末总人口61 958人，其中男性31 538人。

2009年生产总值8.7万元。其中第一、二、三产业分别为3.7亿元、4.8亿元、0.2亿元。分别比上年增长12%、13%、8%。农业总产值中，粮食作物2.3亿元，亩平1 750元；经济作物4 598万元；渔业646万元；各类农产品总产量为：粮食115 597吨（其中小麦62 329吨，水稻49 269吨）、油料作物5 505吨，瓜果8 000吨，肉类8 709吨，水产品6 461吨，禽蛋5 820吨。税收553万元。财政收入553万元，支出553万元。农民人均纯收入6 598元，比上年增长12%。

该镇粮食油料总产量分别达16万吨、0.6万吨，增幅分别为26%、15%；水稻总产5.2万吨、玉米3.1万吨、花生0.5万吨、棉花490吨，烟叶销售收入240多万元。沿引丹干渠10余千米水产养殖带及镇域内大、中、小型水库、堰塘等水产养殖形成规模，鲜鱼养殖面积1 000公顷，年产鲜鱼1.2万吨。畜禽养殖以良友金牛畜牧养殖有限公司和英豪万头生猪养殖公司为龙头，建设规模达万头以上养猪场1家（英豪万头生猪养殖场），5 000头以上养猪场2家（小国养殖场，爱凤养殖场），3 000头以上养猪场5家，2 000头以上养猪场1家，千头以上养猪场4家，以及2 000头以上养牛场2家（良友金牛畜牧科技有限公司、襄阳宏润牧业公司）。猪、牛、羊、禽出栏（笼）分别达295 000头、14 000头、39 000只、160万只。

【黄集镇】 位于鄂豫两省交界处，是湖北省政府命名为省级边贸口子镇。版图面积247平方千米。辖村委会35个、居委会3个：彭王、太山、李楼、大王、长王、温岗、王庄、陶家、耿寨、陶庄、耿坡、黄集、胡岗、毛岗、程营、薛刘、后薛、薛集、三王、姚刘、董王、马集、田湾、中郭、刘坡、彭梁、易岗、寨子、李冲、罗湾、吴楼、姚店、姜岗、施吴、黄营和芙蓉路、黄府巷、前进街居委会；1个镇属林场（温岗林场），年末总人口8.6万人（其中农业人口5.6万人、男性人口4.2万人）。耕地面积9 266.67公顷。镇区面积4.2平方千米，常住人口3万人，境内有湖北省襄北监狱、解放军武汉后方基地教导大队、武警市支队三大队、航宇公司撬滑轨试验场、耿坡国家粮食中转库、襄阳三中等驻镇单位。焦柳铁路、207国道、汉十、魏樊高速公路穿境而过。

2009年生产总值7 800万元。其中第一、二、三产业分别为3 400万元、2 100万元、2 300万元。分别比上年增长41%、84%、52%。农业总产值中，粮食作物2亿元，亩平1 400元；经济作物6 000万元；渔业5 000万元；农产品总产量：粮食135 000吨（其中小麦52 759吨，水稻41 603吨）、油料作物4 060吨，瓜果3 660吨，肉类10 364吨，水产品6 489吨，禽蛋1 037吨。税收372万元。财政收入890万元，支出890万元。农民人均纯收入6 400元，比上年增长24%。城镇居民人均可支配收入13 000元，比上年增长30%。规模以上工业企业总产值3.9亿元。规模以上企业7家（唐人面粉厂、清秀面粉厂、顺兴油厂、襄阳鹏发永胜新型建材厂、瑞凯包装有限公司、农首红薯加工厂、泉泰胶粘有限公司）。11月，农首红薯加工厂生产的农首红薯粉条荣获第六届中国武汉农业博览会金奖农产品。12月，该厂被认定为农业产业化襄樊市重点龙头企业，农首红薯粉条通过国家无公害产品认证（证书号WGH-10-02307）。300万元以上规模以下企业25家。（其中有：薛集兄弟预制构件厂、姜岗水泥砖厂、董王水泥砖厂、太山面粉厂、吴楼水泥砖厂、寨子预制构件厂、宝思服饰厂、驾昌机械有限公司、太山制衣厂）。固定资产总投资任务6亿元，完成6亿元。招商引资到位资金9 400万元。完成招商项目13个。个体工商经营户3 800户，经营总额48 000万元，税金276万元。

2009年向上争取到9个项目：陶家、耿寨1 200公顷土地整理项目，争取资金2 000万元；太山1 333.33公顷土地整理项目，争取资金3 000万元；马集片安全饮水项目，争取资金500万元；陶家安全饮水项目，争取资金400万元；秸秆制煤球项目，争取资金200万元；岗马路建设项目，全长8.5千米，争取资金170万元；毛岗烟叶专业新村项目，争取资金500万元；韩志贵养殖小区建设，争取资金40万元；9月与中储粮集团签订3 333.33公顷优质小麦订单。中储粮集团为农户提供每亩60元的良种，提供种子资金300万元。烟叶种植面积153.33公顷，农民亩产最高收入4 000元；襄樊农首红著加工厂被认定为市级龙头企业；沼气池达2 000多口，为全区沼气大镇。专业合作社11个，其中胡德定的红草养鱼合作社被评为“湖北省科普示范基地”。

【伙牌镇】 版图面积1.57平方千米，耕地面积6 727.6公顷，辖村委会28个、居委会1个：湾子、马庄、伙牌、下冯、王湾、南王、焦洼、董岗、沈岗、张伙、五龙、李食店、胡湾、姜沟、上张、老范、冯家、茶贝、邓湖、汤岗、闫徐、老李家、周家、尹张、王湖冲、王庄、刘家、郭庞村和襄部居委会。年末总人口为40 943人，其中男性26 937人。2009年被湖北省人民政府第二次经济普查领导小组授予“经济普查先进单位”。

2009年生产总值343 140万元，其中第一、二、三产业分别为41 060万元、270 000万元、32 080万元，分别比上年增长3.1%、114.3%、3.2%。农业总产值中，粮食作物18 428万元，亩平1 826元；经济作物21 090万元；渔业1 542万元；各类农产品总产量为：粮食83 126吨(其中小麦36 120吨、水稻26 466吨)油料作物571吨、瓜果11 448吨、肉类8 807吨、水产品1 843吨、禽蛋5 396吨。税收371万元，财政收入1 358万元，支出1 356万元，农民人均纯收入6 620元，比上年增长15.9%。个体工商经营户1 589户，经营总额52 990万元，税金520万元。

伙牌镇先后引进天行君子、时瑞达、润华粮业等企业20家，企业落实13个，引资额10亿多元，已投资5.3亿元，规模以上企业由8家增至15家，固定资产投资80 158万元，比上年增长54%，向上级部门争取1 200万元的镇域经济发展专项资金，帮助12家企业开展技术改造。采取“龙头企业+基地+专业合作社+农户”的模式，成立星火惠农食用菌、金玉双杰花生、鄂岗青豆、富源养殖4家专业合作社，建立3 333.33公顷高产优质花生基地，1 333.33公顷双低油菜种植基地，666.67公顷棉花种植基地，5万多平方米的双孢菇示范基地以及7个中小型养殖厂为支撑的养殖基地。有各类加工大户24家，年转化粮食近100万吨，转化油料8 000吨，农业产业化工业产值占全镇工业产值的74.5%。

【古驿镇】 古驿是古襄阳历史文化名镇，位于襄樊市正北方，距城区17千米，紧邻的二汽襄樊基地，217省道贯穿全境，焦枝铁路，汉十和许樊两条高速公路和还有207国道均由境而过，境北与河南新野县和邓州市接壤，素有“襄阳门户”之称。版土面积251.7平方千米，耕地面积10 708.67公顷。有3个中心集镇和3个小集镇，市场规模3.5平方千米。辖村委会30个、居委会2个：吕镇、孙寨、西马、李岗、金王、大营、小营、外沟、西尹、大张、张巷、岳岗、王楼、后咀、前刘、黄渠河、二房、余沟、安沟、张坡、下涂、下张、张官桥、东吴、罗岗、新庄、宋湾、余咀、唐吕、高王庄村和古驿、黄渠河居委会，1个镇园艺场。境内驻有襄北监狱一、二两个监区，襄樊市原种繁殖场、襄阳区张罗岗原种场。年末总人口79 614人，其中男性41 117人。

2009年生产总值112 710万元，其中第一、二、三产业分别为89 815万元、15 640万元、7 255万元。分别比上年增长12%、15%、10%。农业总产值中，粮食作物21 079元，亩平898元；经济作物17 872万元；渔业4 609万元；各类农产品总产量为：粮食128 959吨(其中小麦63 360吨，水稻22 253吨)、油粮作物23 645吨，蔬菜瓜果9 943吨，肉类21 924吨，水产品5 761吨，禽蛋806吨。税收146万元。财政收入730万元，支出730万元。农民人均纯收入5 861元，比上年增长19%。个体工商经营户591户，经营总额3 000万元，税金20万元。

该镇“150”标准化猪舍达36栋、“500”标准化猪舍达到6栋，“1235”标准化羊舍1栋，“165”标准化牛舍3栋。蛋鸡规模化养殖户82户，其中万只以上的养殖户13家；发展反季节西红柿33.33公顷、优质蔬菜440公顷；落实烟叶种植面积23.33公顷，产量72万千克、总产值482.5万元；完成通村公路36.5千米，解决8 000人的饮水安全问题；兴建沼汽池350多口；农村合作医疗全覆盖，20个村级卫生室完成达标建设；改造特困危房60户，农村五保实现应保尽保。工业企业产值突破1.65亿元，其中规模企业产值5 300万元,同比增长47%；规模企业由1家增长到3家，新增2家千万元企业；产值300万元以上的企业由8家增长到12家；新引进项目4个，招商引资到位资金6 750万元，增长67%。结合新农村建设，加强村镇建设管理。筹资100多万元对仿古街、四季街、红凌路、镇府路路面及下水道进行维修改造。7月，中共中央政治局常委、政法委书记周永康亲临视察。

【朱集镇】 辖村委会31个、居委会1个:朱集、王集、崔营、罗庄、潘湾、袁湾、郝湾、三合、刘湾、路庄、寇集、旺午、马套、柳林、马沟、宋王营、关庄、孟庄、上湾、下湾、水田、李坡、郭楼、尚寨、杨岗、雷庄、代碑、上陈、黄岗、翟湾、四新村和街道居委会。年末总人口77 995人,其中男性37 179人。

2009年生产总值124 395万元。其中第一、二、三产业分别为3.6亿元、6.8亿元、3亿元。分别比上年增长3%、5%、1%。农业总产值中,粮食作物20 436万元,亩平1 410元,经济作物15 642万元,渔业5 814万元,各类农产品总量为:粮食60 177吨(其中小麦28 424吨、水稻21 247吨)油料作物13 800吨,瓜果6 852吨、肉类4 273吨、水产品3 674吨、禽蛋2 649吨。税收105万元,财政收入405万元,支出405万元。农民人均纯收入5 930元,比上年增长25%。个体工商经营户1 571户,经营总额1.62亿元,税金60万元。

该镇修通村公路119千米,全部实现村村通。3家福利院改造工程完工。新建三个水厂,即四新水厂、中日友好刘湾水厂、翟湾水厂,解决全镇4.5万人饮用安全水问题。翟湾村、四新村相继被命名为省级新农村建设示范村。输出劳务2.5万人,居民存款额3.1亿元。先后有襄樊根基棉业公司、华得荣面条厂、四海富民业有限公司、襄樊德展彩瓦厂、制香厂等64农企业入驻朱集镇。在刘宋路一带建万亩土豆种植基地,翟双路一线建棉花种植加工基地,在四新、上湾一带建综合生态养殖基地,在潘湾白河滩涂地带建千亩林果基地,有12家农民专业合作社、产业协会。

【程河镇】 辖村委会27个、2个居委会:南元、赵营、崔营、王营、常庄、苏坡、李坡、张庄、邓岗、赵坡、代岗、宋庄、孙岗、曹河、谢营、西刘、小吕庄、华楼、陈庄、陈湾、乔庄、六房、七房、三房、上王庄、张寨、石台寺村和程河、埠口居委会。年末总人口72 295人,其中男性46 991人。

2009年生产总值14.5亿元。其中第一、二、三产业分别为6.5亿元、5.7亿元、2.3亿元。分别比上年增长14.5%、16.8%、14.2%。农业总产值中,粮食作物1.3亿元,亩平978元;经济作物1 411万元;渔业163万元;农产品总产量:粮食68 358吨(其中小麦33 237吨、水稻17 086吨)、油料作物5 442吨、瓜果3 500吨、肉类8 686吨、水产品2 038吨、禽蛋2 073吨。税收116.6万元。财政收入554.92万元,支出554.92万元。农民人均纯收入5 966元,比上年增长18.3%。个体工商经营户1 130户,经营总额2 360万元,税金55万元。

程河镇总耕地面积5 456.7公顷,其中柳条种植面积2 000公顷,是“柳编之乡”。形成“公司+基地+商会+农户”的柳编产业化格局,并以襄阳程河柳编工艺品公司、襄阳明定公司、云锡柳编公司为龙头,成立“襄阳程河柳编行业商会”,网罗120个柳编经销大户,5 000家农户、1.2万名编工,有曹河、谢营等10个柳编专业村,10个柳编半专业村,河滩淹没地和移村腾地的地全部种上了柳条,新扩柳条面积166.67公顷、总面积达2 000公顷。2008年11月,襄阳程河柳编工艺品公司被省林业厅评为“林业产业化龙头企业”,2009年2月,被市委、市政府确定为市级农业产业化重点龙头企业,柳条基地被省科技厅批准为“全省农业科技创新示范基地”。有150名编工通过考核获得国家农业部“蓝色证书”,精编工人数达1.2万人。设计、开发出了上千种国内外新式的草、木、竹、柳等混编工艺,柳制品发展到6大类400多个系列10 000多个花色品种,产品远销欧、美、日、韩、等20多个国家和港台地区。柳编产值8 000万元,直接出口创汇60万美元。成立柳编销售专班,开设柳编网站,创作柳编之歌。在春秋两届广交会上,程河柳编签单96个,价值8 000万元,创历届广交会之最。其编织技术被省劳动厅评为“全省十大劳务品牌”。

【双沟镇】 辖村委会42个、居委会3个:双南、双北、杨柳、赵湾、吴河、龚咀、仓房、陈湾、陶王岗、陶岗、陶河、赵寨、宋岗、梁咀、张岗、高营、韦庄、八里岔、程家、秦庄、杜沟、杜岗、余营、谭营、东王岗、朱楼、肖坡、杨坡、肖庄、李庄、刘大湾、余营、郭庄、郝营、相公庄、郑张营村、古城营、下郝湾、任庄、尚庄、胡庄、金营村和东街、西街、北街居委会,年末总人口98 413人,其中男性42 318人。

2009年生产总值358 355万元。其中第一、二、三产业分别为43 172万元、30.300万元、12 183万元,第一产业比上年减少9.3%,第二产业产分别比上年增44.8%第三产业比上年增长4.6%。农业总产值中,粮食作物20 618元,亩平968元;经济作物14 630万元;渔业2 041万元;农业总产量:粮食91 881吨(其中小麦42 300吨,水稻26 784吨)、油料作物8 475吨,瓜果9 600吨,肉类5 902吨,水产品2 041吨,禽蛋2 069吨。税收535万。财政收入762万元,支出730万元,农民人均纯收入

6 137 元,比上年增长 22%。体工商经营户 1 701 户,经营总额 30 000 万元,税金 17 472 万元。

该镇新增特色水产养殖面积 66.67 公顷,"一优两高"优质粮食播种面积 6 000 公顷,新增专业合作社 3 家,培育农业龙头企业 10 家,建成农机示范村 1 个,建立年循环养殖肉牛 20~100 头以上养牛场 7 个,年收入 5~10 万以上养鸭、养鸡场 22 个、养猪场 16 个、龙虾特色养殖户 8 家,养殖户户平收入 5 万元以上。乾兴公司蔬菜面积扩大到 266.67 公顷,蔬菜畅销香港、澳门,新建会达、天元、俊毅和深圳杨氏出口蔬菜基地 4 个,新增无公害蔬菜面积 280 公顷,建成蔬菜专业村 15 个,蔬菜种植年收入 2.5 亿元。新增个体私营企业 26 家。先后引进德实强建材有限公司、志耀生物制药公司、闽鼎建材公司、世海汽车磨擦件公司等规模以上企业 8 家。其中志耀生物制药公司实现当年签约、当年建设投产,预计年收入 500 万元以上。

【张家集镇】 辖村委会 28 个、居委会 1 个:郭湾、张咀、何营、孟集、韩集、周当、史畈、何岗、范湾、黄洼、高庄、韩岗、徐窝、梅铺、施营、刘寨、王营、新白、方寨、宋营、汪庄、杨榜、王岗、中营、李营、李坡、邵棚、聂岗村和张集居委会。年末总人口 54 359 人,其中男性 27 339 人。

2010 年生产总值 119 800 万元。其中第一、二、三产业分别为 7 360 万元、3 490 万元、1 130 万元。分别比上年增长 6%、9%、10%。农业总产值中,粮食作物 13 611 万元,亩平 1 530 元;经济作物 113 560 万元;渔业 3 686 万元;农产品总产量 105 096 吨:粮食 69 127 吨(其中小麦 22 658 吨、水稻 31 694 吨),油料作物 3 610 吨,瓜果 7 750 吨,肉类 20 224 吨,水产品 1 848 吨,禽蛋 2 537 吨。税收 39 万元。财政收入 286 万元,支出 283 万元。农民人均纯收入 6 636 元,比上年增长 15%。个体工商经营户 348 户,经营总额 1 000 万元,税金 30 万元。

该镇张集至郭湾的 10 千米蔬菜基地,土豆种植是支柱产业,土豆种植面积 2 000 公顷,亩产 2 000 公斤,总产达 59 100 吨,产值 8 865 万元。蔬菜种植面积 3 333.33 公顷,除土豆外,大头菜 666.67 公顷、其他蔬菜 666.67 公顷。养殖业有襄阳老意思养殖有限公司、襄阳建恒生猪养殖专业合作社、襄樊琛隆裕养殖有限公司、白营养猪厂、孟集永志丰满合作社等。规模以上养猪厂 4 个,规模以上养殖户 163 家,生猪出栏 22.1 万头,同比增长 23.5%。

【黄龙镇】 地处襄、枣、宜三(市)区结合部,辖村委会 24 个、居委会 1 个:新桥、徐岗、高明、向湾、杨山、罗岗、战胜、柏桥、贾湾、王门、宋咀、陶巷、红光、刘岗、丁湾、明湾、潘湾、黄祠、陈岗、姜营、陈桥、方岗、黄沟、井湾村和街道居委会。年末人口 42 896 人,其中男性 23 564 人。

2009 年生产总值 67 253 万元,其中第一、二、三产业分别为 43 103 万元,6 246 万元,20 053 万元。分别比上年增长 3.7 %、2.0%、2.5 %。农业产值中,粮食作物 7 035 万元,亩平 1 123 元,渔业 802 万元;农产品产量为:粮食 58 690 吨(其中小麦 29 101 吨、水稻 27 240 吨),油料作物 1 719 吨,瓜果 773 吨,肉类 10 798 吨,水产品 24 061 吨,禽蛋 4 609 吨。税收 118.1 万元。财政收入 365 万元,支出 365 万元,农民人均收入 5 678 元,比上年增长 18%。个体工商经营户 454 户,经营总额 586 万元,税金 13.8 万元。

该镇规模以上工业产值 4 400 万元,同比增长 75%,新增规模以上企业 2 家,即襄阳超凡粮油有限公司、襄阳情义明木业有限公司,新增 300 万元以上、规模以下企业 4 家,即襄阳鑫丰汇木业公司、襄阳山中峰耐火材料厂、襄阳成斌新型建材厂、襄阳顺科农业综合开发公司。招商引资有襄阳成斌新型建材厂,协议投资总额 1 000 万元,其中一期工程已完成投资 400 万元,3 月建成投产;向湾村"梦里桃香"旅游开发项目,由福建籍客商投资,计划总投资 3 000 万元,一期工程投资 300 万元,移栽 33.33 公顷核桃树苗;黄龙陶巷生态农业观赏园项目,协议总投资 400 万元,占地面积 133.33 公顷,完成投资 400 万元,兴建开发基地 40 公顷,水产养殖基地 26.67 公顷;襄阳李有明生猪定点屠宰场,计划总投资 350 万元,完成投资 300 万元。特产冬桃面积 200 公顷,产量近 250 万公斤,产值 1 500 多万元,远销浙江、广东市场,产品供不应求。养殖有井湾、红光、战胜小区,全镇新建"500"养猪模式 2 个,"150"养猪模式 3 个,标准化养鸡示范户 5 个。23 个村烟叶种植面积 66.67 公顷,税收 27 万多元;高油花生种植面积 700 公顷,马铃薯种植面积 80 公顷,优质中长绒棉种植面积 1 466.67 公顷;扩大"两高一优"粮食种植面积 200 公顷,投资 1 万元推广免耕技术,其中小麦 20 公顷,水稻 33.33 公顷。

【峪山镇】 辖村委会 37 个、居委会 2 个:贺岗、梅庄、毕岗、土沟、左庄、黄湾、王冲、打伴岗、响井、袁店、朱洼、柏店、蒋岗、樊岗、金寨、峪山、赵畈、孔湾、熊湾、陈集、闫坡、长山、泉眼、武马岗、许湾、方勤、泉水、下河、大坡、王咀、杨湾、姚岗、万荡、星火、宋冲、黑冲、八一村和峪山、方集居委会。年末总人口为42 755人,其中男性3.1人。

2009年生产总值36 000万元。其中第一、二、三产业分别为31 000万元、4 000万元、1 000万元。分别比上年增长5%、7%、6%。农业总产值中，粮食作物22 000元,亩平1 100元;经济作物4 500万元;渔业250万元；农产品总产量为：粮食64 030吨(其中小麦25 088吨,水稻28 880吨)，油料作物88 270吨,瓜果22 838吨,肉类15 109吨,水产品16 540吨,禽蛋4 318吨。税收75万元。财政收入370万元，支出320万元。农民人均纯收入4 526元,比上年增长20%。个体工商经营户380户,经营总额1 600万元,税金12万元。

该镇与华中农业大学、中国农科院油料作物所(以下简称中油所)合作,发展油菜、水稻制种1 333.33公顷，农民亩平增收600元。与市、区老促会及农村专业协会合作，建成133.33公顷花椒、666.67公顷优质西瓜、1 333.33公顷优质花生、1 333.33公顷双低油菜、2 000公顷优质棉花等高效农作物基地。与正大公司合作,兴建标准化养殖场,2个标准化养殖牛场,2个现代化养虾场。

【东津镇】 东津镇是孟浩然故里、大头菜原产地、构树产业之乡、小龙虾繁养中心和富硒产业基地。西与襄樊主城区隔江而望，北临鱼梁洲旅游开发区,与襄阳区政府所在地一桥相连,南依鹿门寺国家森林公园，汉江、唐白河、滚河、淳河交汇于此。版图面积277平方千米。辖村委会52个、居委会两个:上营、祁巷、东津、樊营、樊坡、陈坡、一社、二社、上洲、中洲、下洲、王寨、三合、李湾、前岗、后岗、魏李、庄冲、淳河、唐冲、秦咀、田冲、彭庄、茶场、堰坡、周寨、朱彭、覃湾、崔胡、肖岗、岳岗、唐店、孙王营、刘店、侯营、沈营、营口、付寨、吴湾、合力、吕寨、肖营、唐庄、岳底、马岗、柳沟、郑湾、打伙、七里、张咀、朱营、简坡村和中楼、东津居委会。年末总人口111 048人，其中男性55 687人。

2009年生产总值181 904万元。其中第一、二、三产业分别为61 804万元、71 800万元、42 000万元。分别比上年增长15%、31%、40%。农业总产值中，粮食作物23 664元,亩平1 118元；经济作物21 066万元;渔业5 609万元;农产品总产量为:粮食132 545吨(其中小麦57 264吨、水稻73 607吨),油料作物5 294吨,瓜果16 919吨，肉类43 193 吨,水产品7 803吨，禽蛋22 804吨。税收320万元。财政收入675万元,支出675万元。农民人均纯收入6 599元,比上年增长24.8%。个体工商经营户790户，经营总额6 726万元,税金31万元。

该镇有历史名人庞德公、孟浩然、皮日休先后隐居于此,境内有三国时期蔡瑁练军处、老营古井、鹿门寺、张咀古堡、明清老街和渡口遗址等历史文物古迹。距襄樊刘集飞机场10千米,处于316国道、207国道夹角之中,汉丹、武安铁路、218省道穿境而过。有22万千伏陈坡变电站、50万千伏望成岗变电站、崔家营航电枢纽工程。盛产优质小麦、优质水稻(富硒稻)、棉花、花生、畜禽、水产、蔬菜等。粮、棉、油总产分别达13.25万吨、1 851吨、5 294吨，同比分别增长22.7%、46.9%、204.9%。肉类总产量2.85万吨,同比增长65%。建成万头养猪场4个，千头养猪场10个,“150”模式猪舍33栋,“500”模式猪舍7栋,年出栏生猪27.89万头，同比增长178.9%;年出栏牛10 904头,同比增长55.5%;年出栏羊13 816只,同比增长75.2%;总出笼禽286.6万只，同比增长181.7%。市级以上农业产业化龙头企业达到4家,绿色无公害农产品6个,申办农业专业合作社12个,农业生产综合机械化水平达到70%。发放粮食直补等财政补贴资金8万多农民、1 800多万元。成片造林面积80公顷，四旁植树14万株；硬化通村通组公路20千米；新农村建设试点扩大到16个,新增沼气池195口;投资15万元,完成红石岩水库、枣林水库、肖岗水库等5处水库的除险加固;投资18万元,修复淳河堤水毁工程;投资40万元,清淤5.2千米。集体经济过50万元的村1个。有企业1 158家,从业人员8 900人,其中工业企业890家,规模以上工业企业6家,其中新增规模以上工业企业2家,同比增长100%;新增产值300万元以上、规模以下工业企业6家,同比增长200%;完成规模企业产值3.1亿元,同比增长94%。招商引资新上项目7个,其中过千万元项目3个,300万元以上的项目4个,招商引资协议资金4.28亿元，实际到位资金1.35亿元，同比增长110%。粮油加工、大头菜加工、蛋鸭养殖、构树产业化、棉花产业、小龙虾养殖和富硒产业七大特色经济形成集种植、加工、销售一条龙格局。棉花种植专业村有20个,种植户1 580户,种植面积3 666.67公顷,单产275千克,总产1 512.5万千克，收入11 000万元(均价1.82元/千克)。棉花系列产品生产加工企业38家,从业人员550人，投资总额9 500万元，其中固定资产投资5 000万元,流动资产规模4 500万元,年加工生产棉花系列产品1 800万公斤,财政税收40多万元。

(张建成)

高新技术产业开发区

【基本概况】 襄樊高新区是1992年11月由国务院批准设立的国家级开发区,下辖高新技术产业园、汽车工业园,总人口12万人,行政面积96平方千米,建成区面积22平方千米,是中国汽车工业、军工企业的聚集地。至2009年底,有美、日、法、德、等国家和台湾、香港地区的企业进区投资,注册各类企业2 365家,其中工业企业730多家,高新技术企业165家,规模以上工业企业140家。先后被国家科技部确定为全国汽车动力及关键部件产业基地,被国家知识产权局授予“国家知识产权试点园区”,连续两年被省政府授予“优秀开发区”,被科技部表彰为“全国科技管理系统先进集体”。举办中部高新区创新联盟论坛和第七届全国高新区主任联席会议,建成国内首家院士专家服务中心,被国家科技部表彰为“全国科技管理系统先进单位”。

2009年工业总产值655亿元,比上年净增135亿元,增长26%;利用外资1.0008亿美元;完成固定资产投资124.5亿元,同比增长56.5 %;工业增加值185.5亿元,同比增长32%;新增规模以上工业企业25家,规模以上工业企业达140家;新认定高新技术企业49家,创建省级以上企业技术中心2家,省级以上工程技术研究中心2家。招商引资全年新引进各类项目206个,总投资362亿元,其中工业项目171个,过亿元项目78个。新开工项目159个,已投资82亿元,其中已建成投产83个,在建76个。全部建成投产后可新增工业产值200亿元、安置就业1.5万人、实现税收20亿元以上。与深圳市创新投资(集团)公司合资成立襄樊创新资本创业投资公司,引进担保公司2家,小额贷款公司1家。全年规模以上企业获金融机构15.2亿元信贷资金的支持,同比增长35%以上。

全年组织申报市级以上各类科技计划91项,其中国家创新基金项目32项,国家火炬计划5项,国家重点新产品计划4项。申报省级创新型试点企业8家,国家自主创新产品试点1项。全年为科技企业及项目争取无偿资金1 500万元,创历史新高。生产力促进中心晋升国家队,科技信息共享平台、技术转移平台、测试技术及大型仪器共享平台等三个国家创新基金项目顺利通过专家评审。

全年专利申请量突破500件,比上年增长35%。其中发明专利占全年申请总量比上年上升10个百分点,达30%,职务发明所占比例达70%以上。资助企业专利申请项目255件,资助及奖励金额12.87万元。11月,高新区知识产权试点园区通过国家知识产权局届满验收,申报国家示范园区。

全区高中1所(民办)、在校学生1 304名,在任教职工89人。九年一贯制学校5所(其中厂校1所、民办学校1所),初级中学1所,小学12所。初中在校生2 800人,初中在任教师295人;小学在校生5 481人,小学在任教职工462人;幼儿园3所(民办),专任教师52人,在园幼儿1 830人;学校附设学前班10个,在班幼儿372人。另外,2009年高新区有市直学校1所(东风中学),小学部教职工91人,在校小学生1 815人,中学部教职工129人,有在校初中生524人,在校高中生972人。小学入学率达100%,中学入学率达99%,小学教师学历合格率达100%,中学教师学历合格率达99%。

各类医疗卫生机构11个,病床782张,专业技术人员892人,村医疗点5个,乡村医生16人,卫生人员32人。

新能源纯电动汽车产业方面,中大青山电动汽车项目签约,东风旅行车公司“天翼”牌纯电动客车投入运营,宇清公司混合动力汽车电动变速驱动系统下线,高新青山电动汽车有限公司投入运作,新能源汽车产业链初具雏形。节能环保低碳产业方面,湖北节能产业园暨中国节能谷项目已动工建设,首批7家节能装备制造企业入驻深圳工业园。生物医药产业方面,完成以中英合资同济堂医药有限公司为主、总面积3平方千米的健康产业园规划,已入驻隆中药业、中药材整理加工及中药饮片加工生产等6个项目。

依托新孵化大楼的硬件设施,创业中心累计吸纳中小企业330家,毕业企业85家,在孵企业98家,在研项目332项,拥有自主知识产权项目129个,吸纳就业人员2 570人。

抢抓湖北“黄鹤人才计划”和襄樊“隆中人才支持计划”的机遇,推进高新区人才工程,对新火炬公司引进8名乌克兰专家从事技术研发的行为给予100万元支持。

投资6 306万元实施汽车工业园北扩、汽车工业园6条道路路灯安装、神龙园路网建设,以及其他各类37项工程建设。高新技术产业园继续加大硬化、绿化、美化、亮化等市政基础设施建设,园区内供水、供电、供暖、供气协同跟进。土地开发储备经营累计平整土地371.47公顷。

新认定高新技术企业

第一批认定名单(鄂科技发

计[2009]3 号）

东风康明斯发动机有限公司，东风襄樊仪表系统有限公司，湖北回天胶业股份有限公司，湖北新华光信息材料股份有限公司，湖北新火炬科技股份有限公司，湖北中航精机科技股份有限公司，襄樊大力工业控制股份有限公司，襄樊航生石化环保设备有限公司，襄樊康晨机电工程有限公司，襄樊五二五泵业有限公司。

第二批认定名单（鄂科技发计[2009]5 号）

襄樊国网合成绝缘子股份有限公司，湖北鄂电大全电气设备制造有限公司，襄樊朗弘机电有限公司，襄樊东风汽车电气有限责任公司，襄樊市博亚机械有限公司，襄樊金飞环彩色包装有限公司，东风汽车股份有限公司，湖北追日电气设备有限公司，湖北泰和电气有限公司，东风襄樊旋压件有限公司，襄樊瑞福特电力设备有限公司。

第三批认定名单（鄂科技发计[2009]15 号）

东风德纳车桥有限公司，风神襄樊汽车有限公司，航宇救生装备有限公司，襄樊航天化学动力总公司，襄樊宏伟航天器有限责任公司，襄樊市长源东谷实业有限公司。

第四批认定名单（鄂科技发计[2009]22 号）

湖北汉丹机电有限公司，湖北江山重工有限公司，襄樊航鹰航空科技有限公司，

第五批认定名单（鄂科技发计[2009]62 号）

襄樊市新兴联机械有限公司，襄樊金和环保科技有限公司，襄樊大力电工有限公司，襄樊航正航空科技有限公司，东风襄樊旅行车有限公司，襄樊凯瑞电力科技有限公司，襄樊达安汽车检测中心，襄樊东捷精密机械有限公司，襄樊群龙汽车部件有限公司，襄樊康豪机电工程有限公司，襄樊新火炬数控机床有限公司，襄樊航力机电技术发展有限公司。

3 月 23 日　中大青山电动汽车有限公司与高新区管委会签署项目进区协议，首期投资 1 亿元，建设纯电动汽车动力总成项目，达产后产值 20 亿元。

3 月 24 日　东风股份新 LCV 阵地(A08 项目)奠基。

4 月 8 日　东风旅行车公司自主研发的第三代纯电动客车“东风天翼”在河南洛阳市投入试运行。

4 月 18 日　襄樊国际创新产业基地在高新区邓城大道核心区奠基。

4 月 21 日　高新区创业中心在孵企业永续植物科技公司自主研发的新产品玫瑰果籽油获得国家专利认证。

4 月 26 日　“襄樊·中国汽车知识产权信息平台”在襄樊高新区创业中心启动。

7 月 21 日　高新区创业中心在孵企业襄樊科越电气制造有限公司自主研发的 KP 系列智能电子式软进相器获国家专利认证。

8 月 4 日　汽车工业园襄樊五二五泵业有限公司研制出国内最大功率磁力泵。

8 月 6 日　由大连万达集团投资 40 亿元的襄樊万达广场奠基。

8 月 20 日　东风汽车公司被科技部确定为国家第三批创新型试点企业。

9 月 1 日　天津长城质量保证中心向高新区管委会颁发 ISO14000 环境管理体系认证证书。

9 月 20 日　东风股份第 100 万辆轻型商用车下线。

9 月 27 日　湖北回天胶业股份有限公司举行回天集团湖北基地新厂区启动仪式。

10 月 10 日　东风旅行车公司首批 15 辆“东风天翼”商品化纯电动客车在总装车间下线。

10 月 15 日　2009 襄樊企业创新服务平台建设暨高新区院士专家服务中心和企业院士专家工作站启动仪式在高新区成功举行。

10 月 28 日　由高新区引进的湖北·襄樊节能产业园暨中国节能谷在湖北(襄樊)深圳工业园奠基。

11 月 13 日　高新区通过国家知识产权局“国家知识产权试点园区”届满验收。

11 月 18 日　武汉东湖新技术创业中心与襄樊高新区创业中心举行合作签约仪式，共同组建孵化器管理公司。

12 月 18 日，湖北省劳动关系和谐企业与工业园区表彰暨经验交流大会在武汉市召开，襄樊高新技术产业园通过省劳动和社会保障厅、省总工会、省企业家联合会的三方验收，获“湖北省劳动关系和谐工业园区”称号。

12 月，回天胶业公司在创业板上市。

高新技术产业开发区情况见表 62。

【党工委管委会领导人】

刘金元　管委会主任、党工委副书记（12 月止）
陈万波　管委会主任（12 月任）
严传刚　党工委副书记（12 月止）
赵祥道　纪工委书记（12 月止）
叶　鸣　管委会副主任、党工委委员
冯雪恒　管委会副主任、党工委委员
王保国　管委会副主任、党工委委员
潘明志　党工委委员、组织部部长、人事劳动保障局局长

姜守德　党工委委员、汽车工业园办主任
鲁大全　管委会副主任、党工委委员(6月任)
詹昌忠　党工委委员、高新技术产业园办主任
伍义兵　管委会副主任、党工委委员(6月任)
王士金　管委会副主任、党工委委员(11月任)
王立福　党工委委员、公安分局局长
李晓晖　管委会副主任
郭宫达　管委会副主任、党工委委员(10月任)

【团山镇】　团山镇位居襄樊市北大门，邓城大道横贯东西、长虹北路纵穿南北，属于城市空间“北拓”发展的中心区域和“邓城商圈”的板块。辖区有湖北华光、江山重工、南车集团、追日电器、化通、科胜、高速公路客运站、襄樊五中、襄樊邮政局等170多家企业。镇辖村5个、居委会4个：邓城、台子湾、蔡庄、陆寨、施坡村和黄家、余岗、团山、祥云居委会，版图面积42平方千米。年末总人口43 313人，其中农业人口22 168人，非农业人口17 126人，常住流入4 019人。

2009年生产总值63 000万元，固定资产投资60 000万元，规模以上企业工业产值109 164万元，农民人均纯收入5 430元，个体工商经营户1 800户。

【米庄镇】　米庄镇位于襄樊市区东北，距市中心区仅9千米，版土面积48平方千米，207国道、316国道和襄新公路穿境而过，武康、焦柳铁路在此交汇。米庄镇辖5个村、6个居委会：清河、米庄、何庄、叶店、孙庄村和桐树店、米庄、孙庄、顺正河、谢洼、连山居委会。年末总人口2.35万人，其中男性1.2万人。

2009年农业总产值7 360万元，同比增长4.4%，其中粮食作物1 151万元；经济作物110万元；渔业678万元。农产品总产量：粮食6 076吨(其中小麦3 551吨、水稻1 160吨)、油料作物2 595吨，瓜果800吨，肉类1 472吨，水产品767吨，禽蛋469吨。农民人均纯收入5 050元，比上年增长150元。个体工商经营户3 150户，经营总额1.2亿元，税金1 460万元。

表62　**高新技术产业开发区基本情况**

指标	单位	2009年	比上年增减(±%)
总面积	平方千米	96	
总人口	万人	12.7	1.6
注册企业数	家	2 365	27.2
高新区生产总值	亿元	196	30.7
农业增加值	万元	13 347	5.8
工业增加值	万元	1 850 549	32.0
工业总产值	万元	6 554 403.1	25.9
高新技术产业产值	万元	6 271 474.1	29.2
营业总收入	万元	6 750 861.3	22.2
其中：产品销售收入	万元	6 002 013.7	18.1
利税总额	万元	608 920.7	17.8
其中：高新技术企业	万元	495 788.6	7.3
利润总额	万元	288 321.5	23.2
上缴税费(全口径)	万元	320 599.2	13.4
科技经费支出	万元	189 463	9.2
R&D支出	万元	180 520	10.6
固定资产投资	万元	1 244 566	55.2
从业人员平均数	人	68 669	11.7
硕士及以上人员占从业人员比例	‰	11.8	24.2
出口创汇(全口径)	万美元	29 892	-23.2
减免税	万元	14 419	62.0
高新技术企业个数	家	42	-74.5
新批三资企业数	家	1	
外资实际到位	万美元	10 008	44.3
全区社会消费品零售总额	万元	180 019	26.3
农业总产值	万元	20 534	5.8
农民人均纯收入	元/人	5 580	11.2

【紫贞街道办事处】　高新区紫贞办事处南临襄樊火车站、汽车站1千米，西靠诸葛亮广场，北依邓城神农园、锦锈园。长虹北路、春园路、中原路交叉穿境而达，辖区有数码城、轻纺城、茶叶批发市场、农机大市场、园林调味品批发市场等大型商贸市场。有48家企事业单位，其中有中铁十一局襄樊管理部、中航工业航宇救生装备有限公司、电气化二处等多家中央及省属企事业单位。正在施工中的的万达商业广场建筑面积60万平方米，竣工后将成为襄樊最大的商业中心。办事处设立于2001年2月，面积2.5平方千米，辖居委会2个：春园、园林居委会。2009年末总人口27 800余人，暂住人口6 000人左右。

【七里河街道办事处】 七里河街道办事处地处高新区东北部，东、南与樊城区中原办事处交界，西、北与高新区紫贞办事处毗邻。距襄樊长途汽车客运站和襄樊火车站不足1千米。辖区原为樊城区近郊区，2000年划归襄樊高新区管理。驻有机关、企事业单位79家，其中医疗卫生机构5个，学校4所。2001年2月成立襄樊高新技术产业开发区七里河街道办事处，辖居委会3个：新华、陈营、大石桥居委会。面积2.8平方千米，管辖13条街巷，总人口61 000人，其中常住居民36 506人，流动人口24 494人。

2009年社会销售品零售总额2.2亿元，利润2千余万元，创利税1 200万元。

（周建宏）

鱼梁洲经济开发区

【基本情况】 鱼梁洲经济开发区一洲两岛，2009年崔家营蓄水后，在鱼梁洲周边形成30平方千米的水域面积，水质达到国家二类水质标准，“洲、水、山、湖、城”形成旅游资源。洲面积17.64平方千米，唐诗中有鱼梁洲赞美句：“汉之广兮中有洲，洲如月兮水环流”。

2009年，鱼梁洲开始新一轮的开发，利用丹江口大坝加高后鱼梁洲防洪更有保障、开发更加安全的条件，确定“生态旅游地、天下鱼梁洲”的发展目标和开发定位。

年底，防洪评价报告基本编制完毕，进入评审程序。

【管委会负责人】

曾玉平　区党工委书记、管委会主任（2月任）

田智建　区党工委副书记、管委会副主任

郭明强　区党工委副书记、管委会副主任

彭刚伟　区党工委成员、管委会副主任

谢少茹　区党工委成员、管委会副主任

王应东　区党工委成员、总经济师

涂应文　区党工委成员、管委会副主任

王志勇　区党工委成员、管委会副主任、宣传部长

宋随生　区党工委成员、组织部长

什良明　区党工委成员、党工委办公室主任

【收回土地】 收回鱼梁洲内近18平方千米所有土地的所有权。

【实施洲滩整治】 洲滩整治工程6月5日动工，10月8日全面竣工，回填土方1 450万立方米，新增面积5平方千米，洲体面积达17.64平方千米，形成护坡22.3千米，高程66米（吴淞高程）。工程完工后扩大行洪断面，汉江南支由整治前的800米扩大到1 200米以上，北支由300~400米扩大到600米以上；同时降低河床，有利于开展水上运动和水上旅游，提高水面的利用价值，增加洲体的稳定性。

【招商引资】 储备一批诸如高尔夫球场之类的生态旅游项目。同时实施洲滩整治工程，吸引投资商投资3.1亿元用于工程建设；与新加坡三达集团签订由对方总投资20亿元，整体开发鱼梁洲生态花园城项目协议；11月21日，新加坡三达集团与鱼梁洲管委会合资成立的公司揭牌；启动与华洋堂签订的首期投资2 000万元的“移动森林”项目，该项目将成为鱼梁洲的一道园林景观，项目二期将投资1亿元建设五星级酒店项目；青岛牡丹园项目计划在鱼梁洲投资2个多亿，兴建世界上面积最大、品种最全、技术最先进的占地33.33公顷的牡丹园，每年在鱼梁洲举办一次世界性牡丹研讨会，年底前将建设2 300平方米的工厂式大棚举办花展。

【加强责任和能力建设】 为改变发展缓慢状态，在全洲工作人员中先后开展《我梦想中的鱼梁洲》、《未来的鱼梁洲需要什么样的人》、《我为鱼梁洲做的最有意义的一件事》演讲，从领导干部到普通工作人员，人人汇报自己所做的工作，个个畅谈鱼梁洲的未来。达到全体干部职工普遍增强强化“从我做起、从现在做起、从小事做起”的紧迫感。组织干部开展读9本书活动，这9本书是《自动自发》、《没有任何借口》、《责任比能力重要》、《细节决定成败》、《致加西亚的一封信》、《谁动了我的奶酪》、《新加坡为什么能》、《旅游学》、《世界是平的》。每个干部至少要读2本以上，读完之后撰写体会文章。与笑坤总裁培训中心签订常年的培训协议，定期请国内外著名的专家和教授讲课。2009年先后请北京知名旅游大师乔然、美国佛罗里达州立大学教授杨开锋等到鱼梁洲授课，让干部职工了解世界、认识襄樊、增强现代理念。

先后制定出台《机关工作人员行为规范》、《接待规程》、《总值班室工作制度》、《经济合同管理办法》、《档案保密管理制度》等，《投资优惠政策》、《目标激励机制》等制度正在修订之中。

（蔡念东）

县（市）

责任编辑
责任校对 段兰锦

南漳县

【概况】 南漳辖10个镇、1个管理区（农场）、282个行政村，版土面积3 859平方千米。地处湖北省西北部，汉水以南，荆山山脉东麓，属鄂西北山区向汉水中游平原过渡地带，东临宜城，西接保康，北靠襄阳、谷城，南连荆门、远安，地理坐标为东经111°26′—112°9′，北纬31°13′—32°1′。地势西高东低，大致形成三级阶梯，版土面积3 859平方千米，面积分布为“八山半水分半田”。境内最高处是西部的三尖山，海拔1 570米，最低处是东部的界碑头，海拔65米。县城海拔为101米。常用耕地面积41.56千公顷，同比增长5.6%，保持耕地的基本稳定。户籍总人口59.17万人，其中：男性30.74万人，女性28.43万人。年常住人口53.3万人。出生人口6 097人，人口出生率10.41‰；死亡人口1 808人，死亡率3.39‰。

2009年生产总值62.06亿元。其中第一产业21.97亿元、第二产业19.66亿元、第三产业20.43亿元，分别比上年增长15.9%、3.2%、26.8%、17.0%。粮食种植面积68.02千公顷，同比增长2.7%；粮食总产量37.71万吨，同比增长2.9%，连续六年增产丰收。棉花产量455吨，增长28.9%；油料产量1.81万吨，增长0.6%。畜牧养殖业快速发展，畜禽产品产量全面增长。生猪出栏89.09万头，增长11.3%；羊出栏9.10万只，增长23.2%；牛出栏15 828头，增长87.9%；家禽出笼263.93万只，增长10.1%；禽蛋产量10 992吨，增长3.4%；水产品产量6 085吨，增长14.2%。

工业增加值18.26亿元，同比增长29.1%。其中：规模以上工业企业增加值首次突破十亿元大关，达到10.08亿元，同比增长53.8%。规模以上工业企业数达85家，同比净增加23家。其中：产品销售收入过5 000万元以上的企业10家，过亿元的企业5家。主要工业产品产量：大米23.86万吨，增长93%；食用植物油5 321吨，增长1.69倍；水泥191.14万吨，增长6.95%；机制纸3.17万吨，增长15.2%；白酒5 441千升，增长28.6%；纱6 233吨，增长6.7%；布4322万米，增长7.7%；氮肥1.73万吨（折纯），下降4.6%；原煤29.2万吨，下降14.6%。资质等级三级以上建筑企业9家，从业人员2 578人，建筑业增加值1.4亿元，房屋建筑竣工面积9.98万平方米。

社会消费品零售总额237 767万元，同比增长23.9%。分城乡看：县城111 295万元，增长24.6%；农村126 472万元，增长23.3%。分行业看：批发零售191 234万元，增长24.6%；住宿和餐饮业32 814万元，增长32.2%。外贸出口772万美元，增长52%；实际利用外资1 210万美元，增长34%。

等级公路里程3 973千米，同比增加504千米。建成通村水泥路458千米，提前一年完成“十一五”通村公路建设计划。货物周转量83 475万吨千米，旅客周转量34 066万人千米，同比分别增长160%和40%。邮政业务总量2 648万元，增长9.0%；电信业务总量9 078万元，增长16.5%。年末固定电话用户3.37万户，移动电话用户17.35万户，互联网宽带用户1.2万户。启动古山寨开发、凤凰山旅游度假村、樱桃谷休闲旅游基地等景区建设，接待国内游客68.73万人次，增长10.8%；门票收入958.28万元，增长11.6%；旅游综合收入2.3亿元，增长15%。

引进项目113个，引进资金18.1亿元，同比增长30.5%。完成固定资产投资33.71亿元，同比增长53.3%。其中城镇50万元以上项目投资29.27亿元，增长59.6%；房地产开发投资8 649万元，同比减少49.9%；农村私人投资3.55亿元，同比增长83.9%。

各级各类学校103所，在校学生总数54 760人。其中：普通中学26所，在校学生24 950

人;小学76所,在校学生25 273人。有专任教师4 142人,学龄儿童入学率达100%,九年义务教育完成率达98%,初中毕业生升学率达79%,同比增长1个百分点。各类专业技术人员数为7 108人。其中:中级技术职称以上人员3 952人,农业技术人员136人。申报省级科技项目3个、市级科技项目4个,组织市级科技成果项目验收两个,专利申请70件。

有公共图书馆1个、体育场馆1个,公共图书馆图书总藏量10.8万册,博物馆1个。广播人口覆盖率96%,电视人口覆盖率99.2%。有卫生机构72个,其中:医院3个,卫生院22个,疾病预防控制中心和妇幼保健院各1个。卫生机构床位975张,卫生技术人员1 824人,其中执业医师和执业助理医师813人,注册护士467人。

城镇居民可支配收入达10 540元,农民人均纯收入5 011元,分别增长9.3%和11.4%。城镇居民人均消费支出7 645元,农村居民人均消费支出4 476元,分别增长9.3%和1.7%。居民居住条件继续改善,城镇居民人均住房建筑面积36.08平方米,农村居民人均住房建筑面积37.26平方米。城镇企业职工基本养老保险参保人数3.5万人,城镇职工基本医疗保险参保人数11.93万人,城镇失业保险参保人数1.92万人,居民最低生活保障已保人数2.93万人,参加农村合作医疗的比率达99.3%,参加农村养老保险的人数3.09万人。

新建污水处理厂1座,有垃圾处理站6个。生活垃圾无害化处理率达98.8%,工业废水排放达标率和烟尘排放达标率分别达97.73%和96%,工业固体废物综合利用率达100%。用于环境污染治理投资总额达3 300万元,同比增长32%。工矿企业安全事故死亡人数5人,安全事故损失额25万元,同比分别下降28.6%和66.2%

2009年,县委在十二届三次全体扩大会议上确立重点建设磷化工、森工、纺织、建材、农产品加工、机电六大特色工业园。入驻企业35家,其中矿产开发利用类的占41%,农产品加工类占38%;机电、纺织类占21%。华新水泥、广东威华板材、四川龙蟒磷制品、邓村茶业等知名企业相继入驻,规模以上工业总产值26.5亿元,固定资产投资额11.58亿元,税收收入4 996万元。

九集镇被纳入全省新农村建设"一线四点"核心起步区建设,道路硬化工程完成省道过境路4.6千米、县道3.8千米,村级道路72千米;起步区以外,完成九吴路13.6千米。农田水利基础设施建设改造低产农田93.33公顷,建设标准粮田1 333.33公顷、现代化标准生产示范田333.33公顷,维修堰塘泵站24处、硬化排灌渠道77千米,新建排污排灌管道2 000米。安全饮水工程完成集镇供水管网扩覆115户,泉水堰集中供水点建设完成水厂设施和管道开挖工程。"一建三改"建成沼气池114口,三改完成78户;同时,邓集、吴家大沟等5个村也启动户用沼气建设工程。九集农贸市场改造维修全部竣工投入使用,170户商铺全部入市经营。九集镇街道建设工程已完成首期"一条线三条街"基础设施建设工程,建设排水管道2 750米,铺设人行道2.04万平米、架设路灯145盏;纳入二期建设两条街基础设施建设项目进行之中。6 666.67公顷优质粮、1.33万公顷优质工业原料林、10万头优质商品猪、1 000公顷无公害绿色水产品养殖基地四大产业项目进展顺利。农村合作医疗、新型农村养老保险以入镇村文化体育设施、图书室、信息化网点建设全面实现预定目标。

南漳基本情况见表63。

【领导机构负责人】

中共南漳县委员会

书　记　潘启胜
副书记　李焕珍　陈礼龙
常　委　向玉国　郑凤元
　　　　郑玉清　朱华伟
　　　　廖明荣　张　珍
　　　　李宗春　张功玉
　　　　黄远春

南漳县人大常委会

主　任　潘启胜
副主任　钱廷铸　刘　敬
　　　　张端友　杨清虎
　　　　彭卫明　赵风玲

南漳县人民政府

县　长　李焕珍
副县长　向玉国　郑凤元
　　　　李宗春　柏松俊
　　　　李国栋　李泽军
　　　　曹祖金

政协南漳县委员会

主　席　杨仕汉
副主席　王国发　唐启念
　　　　李以声　曾年顺

(陈远凤)

【城关镇】 辖村委会33个:徐庶庙、便河、花石桥、船湾、文笔峰、南背、榆树岭、马家咀、殷庄、王山、木元、凉泉、洪河、大河、李家院、郭家土城、姚岗、关庙集、丁冲、胡家营、舒向湾、大堰冲、临沮岗、杨林、樊湾、张家营、余畈、大山、田家营、黄垭、车家店、张林、狮子包村。年末总人口148 544人,其中农业人口67 509人。

2009年农业增加值3.4亿元,同比增17.2%;工业增加值9 165万元,同比增41%。农村社会总收入5.85亿元,其中农民

表 63 南漳基本情况

项目	单位	2009 年	比上年增减(±%)
总人口	万人	59.17	-0.02
男	万人	30.74	-0.28
人口出生率	‰	10.41	0.45
人口自然增长率	‰	8.6	0.01
版图面积	平方千米	3 859	持平
耕地面积	千公顷	42.82	0.12
农民人均收入	元	5 011	11.4
城区人口	人	69 496	1.5
职工人均收入	元	16 252	12.2
人均住宅面积	平方米	36.08	10
地方财政收入	万元	23 374	18
支出	万元	123 620	11
国税完成	万元	1 949	33.7
地税完成	万元	7 904	26.2
年末银行存款余额	万元	559 865	19.2
其中个人存款余额	万元	416 219	18.6
各项贷款	万元	224 096	22.9
各类保险费收入	万元	7 132	-9.0
理赔	万元	4 299	18.6
农牧副渔产值	亿元	36.63	17.3
经济作物面积	公顷	15 807	-6.2
产值	亿元	38 430	2.1
占种植生产值比例	%	23.0	-6.4
粮食作物面积	公顷	68 020	2.7
产量	吨	377 101	2.9
水稻面积	公顷	22 770	0.04
产量	吨	191 892	6.1
小麦面积	公顷	28 850	3.3
产量	吨	106 465	-3.7
玉米面积	公顷	14 730	3.4
产量	吨	62 620	4.6
棉花面积	公顷	319	0.01
产量	吨	455	28.9
芝麻面积	公顷	460	-4.2
产量	吨	803	13.7
油菜面积	公顷	7 200	-13.6
产量	吨	15 965	-2.0
花生面积	公顷	440	4.8
产量	吨	1 356	34.5

家庭经营收入 4.94 亿元。同比分别增 0.55 亿元和 0.54 亿元，增长 10.37%和 12.27%。劳动力外出务工收入 8 954 万元，同比增 0.2 亿元，增 2.29%。农业总收入中，粮食作物 8 086 万元，亩平 1 139 元；经济作物 4 404 万元；渔业 719.8 万元，畜牧业 2.06 亿元，林业 1.05 亿元。主要农产品产量：粮食 45 764 吨，油料 1 273 吨，瓜果 1 850 吨，水产品 818 吨，蔬菜 35 317 吨，茶叶 67 吨。财政收入 1 187.63 万元，同比增长 14.8%；完成一般性预算收入 445.45 万元，同比增长 31.4%。城镇居民人均年可支配收入 8 500 元，农民人均纯收入 5 921 元，同比分别增长 24%和 12%。发放粮食直补、水稻良种补贴、退耕还林、能繁母猪补贴等 9 项补贴 17 465 户、1 022.91 万元。粮食作物复播面积 7 793.73 公顷，粮食总产量 45 764 吨，蔬菜种植面积 533.33 公顷，总产量 35 317 吨，其中商品菜面积 233.33 公顷。文笔峰村发展镁制蔬菜大棚 106 个。油料种植面积 379.87 公顷。饲养生猪 27.59 万头，出栏 16.54 头，存栏 11.05 万头；山羊存栏 9 641 只；牛存栏 3 609 头；家禽出笼 91.61 万只。养猪 500 头以上大户 29 户，千只以上的家禽大户 25 户，百只以上的养羊大户 10 户。栽植生态林、用材林、经济林 440.4 公顷，其中榆树岭发展杨树 180 公顷。水果总产量 1 850 吨。养殖水面 162.33 公顷，水产品产量 918 吨。工业增加值 9 165 万元，利税 4 225 万元，同比增 10.6%。招商引资项目 6 个，引资 9 397 万元，同比增 118.5%；出口创汇 81 万美元，同比增 305%；利美、宏联等骨干企业投资 2 700 万，改造设备，扩大生产规模。固定资产投资 5 700 万元，同比增 38%。新增便河免烧砖厂、徐庶庙页岩砖厂、博金建

续表

项目	单位	2009 年	比上年增减(±%)
瓜果面积	公顷	60	20.0
产量	吨	1 034	-4.0
茶叶面积	公顷	4 556	20.3
产量	吨	609	16.9
专业种植蔬菜面积	公顷	5 030	4.4
产量	吨	161 385	3.7
畜牧渔业产值	亿元	18.29	5.8
占农业总产值比例	%	49.9	-5.5
肉类产量	吨	76 501	16.0
猪肉产量	吨	66 817	11.3
牛肉产量	吨	1 625	32.8
羊肉产量	吨	2 028	82.4
禽蛋产量	吨	10 992	3.4
年末存栏猪	头	603 700	12.7
牛	头	54 929	10.4
羊	只	167 535	55.4
渔业产量	吨	6 085	14.2
产值	万元	6 114	22.2
农机总动力	万千瓦	56.87	1.4
耕作机械	台	44 408	1.08
排喷灌机械	台	2 456	0.01
收获机械	台	519	0.03
运输机械	台	3 499	0.11
财政支农资金	万元	11 182	2.77
金融农业贷款	万元	36 122	9.0

材厂、骏鹏建材公司、安沟石料厂、瑞欣木业公司、吴家沟石料厂、天发化工厂 8 家企业达到规模以上企业。旅游业收入增加值 18.01 万元，同比增 10.1%。引进襄樊客商张玉龙投资 900 万元新建南漳花石桥家万福超市；引进襄樊客商武明凯投资 1 200 万元，新建化联瓷土项目；引进荆州市客商郭克群投资 1 500 万元，新建南漳华宸制管厂项目；引进随州客商程克强投资 700 万元，新建便河砖厂（免烧）项目；湖北利美集团投资 1.2 亿元，新建 K45 紧密纺项目。

【武安镇】 辖村委会 43 个：刘家河、夏家湾、安乐堰、雷家营、界碑头、马家营、申家咀、赵家营、何家坪、总督包、俞家岗、七里店、洪堰、黄家寨、葫芦潭、木林包、双柏树、三股泉、董家河、砖桥冲、柴堰冲、谢家台、小洲子、莲花堰、向家湾、石牛坪、兴缘寺、白龙池、郑家咀、望家冲、长岗、跑马岗、文店、陈家集、邓家咀、洪山寺、罗家冲、大埠口、月明寺、刘家巷、老街、花门楼、回龙寺村。年末总人口 11.3 万人，其中农业人口 7.8996 万人，男性 3.97 万人。

2009 年生产总值 14.2 亿元，其中，第一、二、三产业分别为 82 720 万元、3 262 万元、6 273 万元。分别比上年增长 26.7%、40.8%、17.8%。农业总产值中，粮食作物 16 027 万元，亩平 720 元；经济作物 2 600 万元；林业 1 593 万元；渔业 914 万元；农产品产量分别为：粮食 95 262 吨、油料作物 3 795 吨、瓜果 784 吨、肉类 30 637 吨、水产品 850 吨、禽蛋 2 065 吨。财政收入 647 万元，同比增长 6.4%，地方一般预算收入 269.3 万元，增长 1.46%；人均纯收入 5 697 元，比上年增长 608 元。有各类农贸市场 17 个，总面积 15.3 万平方米。个体工商经营户 4 769 户，比上年增 4%，经营总额 4 833 万元，税金 537 万元。农业总产值 82 082.21 万元，农业增加值 53 483 万元，分别增长 12.2%和 10%。农田优质板块面积 6 000 公顷；生猪出栏 31.4642 万头，畜牧产值占农业总产值的 63.7%；林木蓄积量 93 万立方，年可采伐量达 1.31 万立方米。工业规模以上企业新增 4 家，总数达 10 家，产值 1.2 亿元，销售收入 9 600 万元，利税 480 万元，分别增长 39.5%、23%和 14.3%。

【九集镇】 辖村委会 42 个、居委会 1 个：泉水堰、八泉、尤岗、九仙观、旧县铺、邓集、方集、王花园、方庙、施沟、江冲、温畈、郑畈、大沟、染坊、邹湾、古林坪、石门集、胡家棚、沈家湾、泗渡河、双池寺、龙门集、县沟、易家湾、曾家畈、丁家营、老官庙、汪家井、彭家营、白马山、马家洲、木林、沙河、舞旗山、岳畈、吴家集、汤咀、双泉、袁家畈、曾家庄、徐家寨村和九集街道社区居委会。耕地面积 9 517.73 公顷，年末总人口 80 144 人，其中劳力 46 964 人（男性劳力

25 929 人、女性劳力 21 025 人)。

山林面积 18 333.33 公顷，养殖水面 637.67 公顷，是农业大镇，主导产业有优质稻产业、畜禽养殖业、水产养殖业、林业。农民人均纯收入 5 504 元。农村经济总收入 7 亿元，其中第一产业 4.5 亿元，第二产业 1 亿元，第三产业 1.5 亿元，分别比上年增长 1.4 亿元、4 000 万元、5 000 万元。农业收入中，粮食作物 1.87 亿元，亩平 1 360 元；经济作物 1 790 万元；渔业 1 780 万元。农产品总量：粮食 294 000 吨，(其中小麦 118 500 吨、水稻 173 699 吨)，油料 1 801 吨。出栏生猪 117 000 头，拆肉 10 002 吨。出笼家禽 120 万只，禽蛋总产量 4 045 吨。水产品产量 2 745 吨。财政收入 430 万元，比上年增加 64 万元。农民人均纯收入 5 504 元，比上年增加 546 元。优质稻种植面积 8 000 公顷，主导品种为 Q6 号、两优培九、杨两优 6 号。生产销售依托梅园米业公司，采取"公司+基地+农户"的方式，年优质稻总产 8.2 万吨。百头以上的养猪大户、千只以上养禽大户、十头以上养牛大户 130 户，其中"正大 150"15 户。各类养殖业大户达到 185 户。生猪饲养量 11.7 万头，出栏 11 万头；家禽饲养量 120 万只，产蛋 4 045 吨。水产养殖业：通过堰塘改造、堤坝修筑、冷浸田利用开发形成 653.33 公顷水面的水产养殖规模，年产成鱼 2 831 吨。以广东威华股份有限公司为龙头，建设 1.33 万公顷优质工业原料林。植树规模达 80 万株。

【李庙镇】 辖村委会 25 个：香石、星宿河、滋坪、鱼泉河、五渡沟、晓烟坪、刘坪、全家湾、石桩河、傅家坪、堰沟、北沟、磨坪寺、南沟、栎桦寨、赵店、高家庄、沙坪、主山寨、老君店、东沟、齐家岗、茅坪、水田坪、胡家坪村。年末总人口 26 727 人，男性 14 370 人。

2009 年生产总值 12 883.73 万元，其中第一、二、三产业分别为 12 429.86 万元、152.48 万元、1 100.7 万元，分别比上年增加 1 865.4 万元、减少 9.47 万元、增加 204.67 万元。农业总产值中，粮食作物 2 636.05 万元，亩平 456.6 元；经济作物 2 785.77 万元，渔业 42.10 万元。农产品总产量：粮食 13 519 吨(其中小麦 5 673 吨、水稻 1 968 吨)，油料作物 894.5 吨，瓜果 134 吨，肉类 2 400.3 吨，水产品 51 吨，禽蛋吨 405。税收 2 375 409 元，比上年(2 107 645 元)，增加 267 764 元，增长 12%；财政收入 1 987 412 元，比上年(1 699 008 元)，增加 288 404 元，增长 16%；支出 6 081 505 元，比上年(5 362 399 元)，增加 719 106 元，增长 13%。个体工商经营户 445 户，比上年(348 户)，增长 27.8%，经营总额 4 100 万元，比上年 (2 650 万元)，增长 54.7%；税收 78 万元，比上年(54 万元)，增长 44.4%。

农业总产值 12 429.86 万元，比上年(11 267 万元)，增加 1162.86 万元；农业增加值 6 603.87 万元，比上年增加 6 720 万元，粮食产量 13 519 吨，比上年增 1 354 吨(其中小麦 5 673 吨，比上年增 391 吨；水稻 1 968 吨，苞谷 5 018 吨)，油料产量 894 吨。烟叶种植面积 396.67 公顷，比上年增加 60 公顷；产值 504.14 万元，产值增加 166 万元，税收 78.6 万元。引进优良畜禽品种，建立"秦川牛"、"利木赞"、"西门塔尔"3 个品种冻配点，引进"长大"三元杂交种猪两头，"波尔羊"种羊 250 只，推广"山羊 12351"养殖模式和"生猪 150"养殖模式。生猪存栏 1 319 头，出栏 23 842 头，比上年减少 603 头；山羊饲养量 30 140 只，比上年增加 1 878 只，出栏 10 888 只，比上年增加 1 888 只；家禽饲养 207 200 只，比上年减少 24 800 只，出笼 93 600，比上年增 13 600 只。出栏生猪千头以上大户 2 户，达到"150 模式"养殖大户经县验收 1 户；山羊出栏 30~250 只的 40 户，达到"12351 模式"养殖大户经县验收 13 户。畜牧业产值 4 843.56 万元。成片植树造林 400 公顷，比上年增加 100 公顷；零星的旁植树 51 万株，比上年增加 11 万株；育苗 13.67 公顷；封山育林 2 686.6 公顷，比上年增加 2 539.93 公顷；当年木材采伐量 5 383 立方米，比上年减少 46 立方米；竹林采伐量 932 吨，比上增加 121 吨；木柴 20 061 吨，比上年增少 8 609 吨；林业产值 567 万元，比上年增加 41 万元。发展袋料香菇 425 万袋，比上年增加 80.8 万袋；食用菌总产量 567.2 吨，比上年增加 64.5 吨，其中香菇产量 508.2 吨，比上年增加 52 吨；黑木耳产量 58 吨，比上年增加 11.5 吨，食用菌产值 1 364.79 万元，比上年增加 85.79 万元。工业企业 2 家(鸿盛达矿业公司、汉辰氧化钙公司)。规模以上工业企业 1 家（汉辰氧化钙公司)，工业产值 1 800 万元，比上年(1 600 万元)，增加 200 万元，规模以上工业企业增加值 812 万元。旅游门票收入 120 万元，综合收入 720 万元。以"农家乐"餐饮为主的服务业达标并获授牌的"农家乐"56 家，年营业收入 112 万元。

【长坪镇】 辖村委会 14 个：黄潭、孔家畈、长岭、龙沟、东园、钟鼓坪、陡山、阳太坪、龙凤、赵岭、青林、标湖、朝阳、中岭村。年末总人口 20 142 人，男性 11 536 人。

2009 年生产总值 16 817 万元，其中：第一、二、三产业产值分别为 12 177 万元、2 260 万元、2 380 万元，分别比上年增长 13.2%、14.7%、14.4%。粮食总产 10 259 吨，比上年增长 16.7%；油料总产 840 吨，比上年增长 2.7%；农村总收入完成 11 211 万元，比上年增长 10.8%；农业增加值完成 8 317 万元，比上年增长 13.4%；人平纯收入 3 824 元，比上年增加 394 元，增长 11.5%。农业总产值中，粮食作物 2 136 万元，亩平 688 元；经济作物 2 570 万元；渔业 10.9 万元。农产品总产量：粮食 10 259 吨，（其中小麦 3 411 吨、水稻 1 201 吨）油料作物 840 吨，瓜果 394 吨，肉类 2 154 吨，禽蛋 424 吨。财政收入 305.7 万元，比上年增长 7.3%。农民人均纯收入 3 824 元，比上年增长 11.5%；个体工商经营户 710 户，经营总额 4 500 万元，税金 48 万元。

种植烤面积 453.33 公顷，烟叶产量 860 吨，比上年增加 125吨；产值 867 万元，比上年增加80 万元；税收 190.5 万元。种烟面积、烟叶产量、产值、亩平效益和税收等指标再创历史新高，位居全县第一。成片植树造林面积445.33 公顷，植树总株数突破 200 万株。发展袋料菌 48 万袋，椴木菌 10 800 棚，食用菌总产41 万斤，收入 1 090 万元。山羊出栏 19 400 只，比上年增加 1 053只；生猪出栏 20 680 头，比上年增加 1 845 头；家禽饲养量 58 400 只，比上年增加 4 300 只。畜禽养殖总收入 4 447 万元。组织外出打工劳力 4 400 人，户平 1人，劳务收入 3 000 万元以上。招商项目 6个，完成投资 1 600万元，重点项目包括旅游投资 100万元、发电站投资 700 万元；争取农村公路、农田水利、城镇建设、扶贫开发、支柱产业发展等国家和省市立项 14 个，争资引资 1 200 万元。

【薛坪镇】 辖村委会 29 个、社区 1 个：薛家坪、石桥、古树垭、杜冲、张家沟、陶沟、普陀庵、果坪、韩家山、泉湾、张铁沟、大石岜、顺流、觅水洞、栗林坪、孙山、火石观、孙湾、黑河、冥阳洞、曾家坪、三景庄、八里川、徐坪、龙王冲、张坪、寺冲、南冲、秦家坪村和薛坪社区居委会。年末总人口 38 303 人，其中农业人口 31 891 人、男性 20 917 人。

2009 年全镇生产总值 2.15 亿元，其中第一、二、三产业产值分别为 13 660 万元、328 万元、7 512 万元，分别比上年增长 21.7%、44.6%、27.6%。农业产值中，粮食作物 3 189 万元，亩平 650 元；经济作物 2 843.2 万元；粮食产品总产量 22 354 吨（其中小麦 6 540 吨、水稻 198 吨）；油料作物 6 800 吨；肉类 3 702 吨；禽蛋 532 吨。税收 217 万元。本级财政收入 162.4 万元，支出 527.75 万元。农民人均纯收入 3 876 元，比上年增加 770 元，增长 25%。

种植烤烟 260 公顷，产烟 7 800 担，产值 470 万元，烟叶特产税 94 万元。发展养猪大户 508 户，生猪饲养总量 77 166 头，出栏 35 354 头，分别比上年增长 25%和 28%；种牧草 26.67 公顷，改良草场 126.67 公顷；山羊饲养量 34 683 只，出栏 18 572 只，分别比上年增长 78%和 120%；鸡饲养总量 36.99 万只，出笼 21.32 只，分别比上年增 42%和 36%。畜牧收入 5 555.25 万元，人均畜牧收入 1 450 元。植杨树 90.1 万株，建成片杨树基地 433.33 公顷；栽杉树 60 万株，人工造林 33.33 公顷，抚育中幼林木 20 公顷。发展黑木耳 10 万棚、香菇 3 万棚，林特收入 1 696 万元。当年被市委市政府授予"林业生产大镇"称号。重点培育华盛建材厂，以生产空心砖、免烧砖为主，产值突破 550 万元，达到规模以上企业标准。旅游景区接待游客 3 万人，门票收入 110 万元，旅游综合收入 600 万元。

【板桥镇】 辖村委会 22 个：新集、冯家湾、晏山、河口、九龙观、青龙寨、任家庄、白云庵、龙淌、樊家河、木桥、断河坪、竹坪、双龙寺、宋家坪、天鹅池、什沟、董家台、老湾、古井、雷坪、灵观垭村。年末总人口 19 136 人，其中男性 7 853 人。

2009 年生产总值 1.26 亿元，比上年增长 0.2 亿元，同比增长 16%。其中，第一、二、三产业产值分别为 7 238 万元、4 136 万元、1 188 万元，分别比上年增 145 万元、137 万元、113 万元。农业总产值中，粮食作物为 2 764 万元，亩平 1 616 元；经济作物为 4 474 万元；粮食 7 823 吨，其中小麦为 2 865 吨；油料作物 773 吨；瓜果 588 吨；肉类 3 143 吨；禽蛋 164 吨。财政收入 203.5 万元，增长 25%，人平纯收入 4 666 元，对比同期上升 18%。个体工商经营户 462 户，经营总额 1 890 万元，税金 60 万元。

种植烟叶 284 公顷，产烟 9 000 担，产值 527 万元，税收 116 万元，分别比上年增长 23%、18%和 11%。396 个种烟户，户平产值过万元，其中产值过 3 万元的 6 户。建立 333.33 公顷"克新六号"土豆良种繁育基地和 200 公顷土豆高产示范基地，实行"市场+基地+合作社+农户"的模式，种植土豆 1 000 公顷，比上年增加 200 公顷，产土豆 3 万吨，创产值 2 700 万元，仅此一项使农民人均增收 200 元。发展"12351"养羊模式 12 户，存栏百只以上的 4 户，存栏 50 只以上的 6 户。"150"模式养猪的 1 户。养猪 58 300 头，比上年增加 5 100 头，出栏 36 500

头,比上年增加 4 400 头,增收 500 万元。工业企业首次在规模以上实现零突破,华朕瓷土有限公司跻身规模以上企业行列,年创产值 500 万元以上。投资 100 多万元的华丽超市开业。

【巡检镇】 辖村委会 24 个:峡口、汉三、雁落、百福、甘河、黄家坡、文家垭、通城河、胎坪、安山、不二坪、白鹤船、凤山村、指山坪、巡检司、金镶坪、小漳河、松树沟、龚家坪、南浴沟、高河清、院子湾、甘溪、三里岗村。年末总户数 11 055 户,总人口 33 969 人,其中农业人口 28 032 人、男性人口 14 932 人。

2009 年生产总值 18 875 万元,其中第一、二、三产业产值分别为 15 048 万元、595.2 万元、1 396.2 万元。分别比上年增长 7 567 万元、308.5 万元、355.14 万元;农业总产值中,粮食作物产值为 3 389.7 万元,亩平产值为 838 元;经济作物产值为 1 878.7 万元;林业产值为 542.2 万元;渔业产值为 20.8 万元。农产品总产量:粮食 17 339 吨(其中小麦 2 282 吨,水稻 7 290 吨),油料作物 3 077 吨,瓜果 17 000 吨,肉类 3 552 吨,水产品 423.3 吨,禽蛋 229.5 吨。财政收入 126.16 万元。农民人均纯收入 4 974 元,比上年增 641 元。个体工商经营户 365 户,经营总额 3 400 万元,税金 56 万元。

新发展橘园 200 公顷,总面积达 1 333.33 公顷,产柑橘总 3 000 万千克,比上年增 500 万千克;烤烟 166.67 公顷,产烟 16 万千克,同比增 2.9 万千克;发展代料食用菌 800 万袋,同比增 80 万袋;茶叶产量 1.75 万千克,销售收入 550 万元,年增 50 万元;出栏猪牛羊 8.1 万头(只),培植"12351"模式养羊大户 46 个,规模养猪 81 户,养牛大户 13 个,规模养鸡 6 户,牲畜防疫密度达 100%;新发展速生杨 333.33 公顷,林特经济 1 500 万元。

【东巩镇】 辖村委会 22 个、社区居委会 2 个:王家畈、大道、铁家垭、祝家湾、昌集、雨淋台、盘龙、苍坪、口泉、桂竹园、店子河、上泉坪、陆坪、杜家坪、双坪、碑垭、石佛寺、水坑、莲花池、石峡坪、信家沟、太坪村和王家畈、双坪街道社区居委会。年末总人口 37 247 人,男性 19 724 人。

2009 年生产总值 89 200 万元,比上年增加 16 759 万元,增长 23%。其中第一、二、三产业产值分别为 22 842 万元、51 285 万元、15 073 万元,分别比上年分别增加 1 001 万元、11 185 万元、4 573 万元,增长 5%、28%、43%。农业总产值中,粮食作物 4 659 万元,亩平 863 元;经济作物 2 580 万元;渔业 106 万元。农产品总产量:粮食 23 205 吨(其中小麦 4 720 吨、水稻 11 489 吨),油料作物 3 020 吨,瓜果 310 吨,肉类 3 714 吨,水产品 83 吨,禽蛋 428 吨。财政收入 1 346 万元,财政支出 708 万元。农民人均纯收入 5 013 元,比上年 4 472 元增 541 元,增长 12%。个体工商经营户 582 户,经营总额 28 500 万元。

主业袋料食用菌达 1 100 万袋,其中春栽代料 910 万袋,产量 250 万千克以上,种植大户 1 500 户,培育出 6 个百万袋的专业村,10 个 30 万袋的专业组,205 个万袋以上的专业户,组建食用菌生产协会,注册成立南漳益生香菇专业合作社,"和鹏公司"贸易出口创汇 32 万美元。东巩官米公司以"公司+农户+基地"的形式,与农户签订"官米"合同订单 333.33 公顷,形成"种植—加工—销售"一条龙,产品销往南漳、襄樊、荆门等市场和深圳、广州等超市。山场面积 3.47 万公顷,均为林木,木材蓄积量 74 万立方米;规模造林 200 公顷,四旁植树 20 万株,封山育林 0.67 万公顷(其中中幼林抚育 3 000 公顷),公益林 2 752 公顷,管理退耕还林 164.67 公顷。茶叶面积 202.46 公顷,产量 55 132 千克,产值 160 万元,产量比上年 38 210 千克增 16 922 千克,注册成立高龙泉茶叶专业合作社;银杏生产成片基地 466.67 公顷,加上农户房前屋后种植,总面积超过万亩 666.67 公顷,基地主要集中在太坪、水坑等村。畜禽养殖推行"猪—沼—田"生产模式,发展牲猪新型养殖"150"模式 3 户、"100"模式 1 户、"60"模式 11 户、"30"模式 37 户;建标准化"12351"养羊模式 40 栋,累计达到 110 栋;生猪出栏 43 762 头、存栏 28 550 头,山羊出栏 12 600 头、存栏 35 760 头,被县委、县政府授予"养殖大镇"。在养羊生产协会带动下,网络会员 65 名,分布 22 个村、农户 380 户 1 500 人。境内已探明煤炭储蓄总量 2 721 万吨,发热量均在 5 000 大卡以上,有煤炭生产矿井 18 个,其中"三同时"矿井 5 个,煤炭销售产量 21.5 万吨,收入 860 万元,规费收入 750 万元。利用煤矸石资源及林木资源,兴办环保节能型红砂石砖厂、松香厂及板材厂,建起两座年产 1 200 万块砖的红砂石砖厂,一座年产值 200 万元的松香厂和一座年产值 500 万元的板材厂。以卧牛山寨、春秋寨为代表的山寨文化旅游开发被新华社、《中国国家地理》等众多媒体宣传,武汉三特索道集团投资 1.16 亿元古山寨旅游已开工建设,全镇旅游资源丰富,拥有 73 座山寨,9 处寺庙、道观、尼姑庵遗址,5 处古民居、3 处溶洞,形成东巩两日游。招商引资项目3个,“恒泰隆畜牧养殖公司”首期投资540万元在双坪村建养殖场,完成土建工程;宜昌客商投资790万元建设“南山超市”开始营运,日营业额达5万元;投资300万元开发十菇洞矿泉水项目,生产矿泉水8 000桶。

【肖堰镇】 辖村委会24个:肖家堰(肖堰社区)、班竹坪、柏树岗、西流坪、曲阳坪、西泉庙、四垭、高坪、王家井、青龙湾、观音岩、幸家坪、峰山、观音堂、苗家沟、大坪、响水洞、龙坑、伏龙川、陈家榜、狮子口、杜家沟、周湾、花庄(花庄社区)。年末总人口350 697人,其中男性人口18 799人、农村人口28 909人。

2009年生产总值19 036万元,其中第一、二、三产业收入分别为15 262万元、560万元、3 212万元。在农业总产值中,粮食作物收入3 181万元,亩平963元;经济作物收入1 832万元,渔业收入21.6万元。农产品总产量:粮食17 558吨(其中小麦6 109吨、水稻4 499吨),油料作物1 118吨,水果149吨,肉类3 245吨,水产品66吨,禽蛋205吨。财政收入119.99万元、支出579.8万元。农民人均纯收入4 300元。个体工商户249户,经营总额2 179万元,税金66万元。

以龙王峡景区和云台山景区为主体,形成漂流游、观光游、采摘游旅游系列产品,配套八家湾沼气为主的清洁家园建设,发展响水洞和黄家湾柑橘采摘园。以瑞祥山羊合作社为平台,打造“荆山小肥羊”优质品牌,创建万只活羊交易市场,组建千吨山羊冷鲜产品加工集团,生产羊腿、羊排、羊杂、羊肉串系列冷鲜分割肉,“12351”模式养殖农户300家,山羊存栏突破5万只,山羊养殖收入2 000万元。加盟湖北邓村绿茶集团,以花庄、周湾、杜家沟、狮子口、陈家榜、响水洞、大坪7个村为主体,改造建设666.67公顷高香有机绿茶基地,生产加工天然有机绿茶系列产品,农业增加值1 000万元以上。以观音岩、幸家坪、青龙湾、峰山、高坪、王家井、四垭、苗家沟、龙坑、伏龙川10个高山村为基地,提倡白板田种烟,规范麦茬田种烟,杜绝油菜田种烟,建设肖堰烟站,调整种植烟叶面积266.67公顷,产量突破10 000担,特产税100万元。招商建成隆翔页岩砖场、广源矿务公司、响水洞方解石加工厂、珠海大林房地产等4个项目,配合县政府签约引进福建大长江矿务开发公司,加盟湖北邓村绿茶集团,招商引资突破2 000万元。

【清河管理区】 辖村委会3个、居委会1个:黄莲树、王家坡、雷家巷村和王家坡居委会。年末总人口14 358人,其中男性7 320人。

2009年生产总值9 023万元,比上年增长23.4%,其中第一、二、三产业产值分别为7 660万元、621万元、742万元,分别比上年的7 295万元、6 161万元、440万元、694万元增长23.7%、24.3%、41.1%、6.9%。农业总产值中,粮食作物3 018万元,亩平1 428元;经济作物638万元;渔业650万元。农产品总产量:粮食15 694吨(其中小麦4 890吨、水稻9 586吨),油料作物388吨,瓜果144吨,肉类4 845吨,水产品814吨,禽蛋2 216吨。税收162.1万元。财政收入138.92万元、支出464.4万元。农民人均纯收入5 673元,比上年5 026元增长12.9%。个体工商经营户202户,经营总额4 300万元。税金20万元。

粮食总产15 693吨,比上年增长7.5%;出栏生猪7.6万头(其中出口9 000头,创汇120万美元),出笼家禽30万只,生产禽蛋产品2 250吨,分别比上年增长42.6%、135.5%、53.1%;水产品产量910吨,比上年增长28.2%。争取资金11万元新建兽医站生猪品改站。在规范挚臻生猪、仙鹤禽业、兴渔水产三个专业合作社的基础上,成立“清河田野农业综合服务合作社”。继续示范推广“Y两优7号”和“培两优3076”两个超级稻品种1 333.33公顷,平均单产达728.5千克,比一般杂交稻单产增产103.5千克,亩平增收200元以上。实施叶家土城农业综合开发项目和黄莲树村土地整理项目,平整土地333.33公顷,改造中低产田106.67公顷,硬化排灌渠道10.64千米,配套桥涵闸42处。佳伦粮油公司成长为规模以上企业,规模以上企业达2家。收回闲置工业用地,新建6.67公顷亩的企业孵化园,收回改制企业用地;新建33.33公顷的创业园,4个项目入园。招商引资引进襄樊参果生物科技有限责任公司投资5 000万元建设年产5 000吨生物保健酒基地、投资500万元的宏兴酒业、投资1 300万元的“宏兴家园”、投资1 100万元的宏兴页岩砖等4个项目,其中宏兴酒业、宏兴页岩砖项目建成投产、生物保健酒、宏兴家园正在建设。

(陈远凤)

谷城县

【概况】 谷城辖9镇、1乡、1个经济开发区、1个旅游度假区、248个村民委员会、29个社区(居民委员会),21.03万住户、57.83万人。出生人口7 111人。

2009年生产总值80.05亿元,比上年(可比价)增长32.49%。其中第一、二、三产业产值分别为15.85亿元、42.79亿元和21.41亿元,分别比上年(可比价)增长4.27%、52.89%和24.25%,一、二、三产业比重由上年25.2:46.3:28.5调整为19.8:53.5:26.7。

工业总产值125.45亿元,比上年增长51.9%。其中:国有企业6.23亿元,增长21%;国有控股企业20.67亿元,增长23%;集体企业1.76亿元,增长22.2%;股份合作企业111.8亿元,增长54.7%;外商及港澳台投资企业2.7亿元,增长34.7%;其他经济类型企业2.96亿元,增长69.2%。轻工业64.37亿元,增长61.5%;重工业61.09亿元,增长42.9%;新产品产值14.51亿元,增长58.8。

工业企业实现销售收入120.2亿元,增长50.5 %,利税总额4.34亿元,比上年增长58.0%,工业经济效益指数达198.68%,比上年提高28.7个百分点;年销售收入500万元及以上规模工业企业146家,其中过亿元的企业达22家,过10亿元的3家,高新技术产业增加值占工业增加值的43.7%。主要工业产品及产量:发电量29 233万千瓦小时,比上年减少3%;棉纱18 267吨,比上年增长71.6%;布20 085万米,比上年增长93%;白酒8 263千升,比上年增长28.9%;蓄电池7 306 233千伏安时,比上年增长55.2%。

公路1 518条,总通车里程3 430.669千米(其中:高速公路1条36.65千米,国道1条49.852千米,省道2条99.148千米,县道9条212.064千米,乡道185条1 320.846千米,村道1 320条1 712.109千米)。其中:高速路36.65千米,一级路1.224千米,二级路180.88千米,三级路83.635千米,四级路2 315.614千米,等外路812.662千米。2009年投资13 699.80万元,新建和改宽公路388.7千米。其中:投资7 113.8万元完成通村水泥路359.9千米,投资156万元完成通达工程40.3千米,投资490万元完成石砦路9.8千米,投资1 180万元完成渡改桥、盛塬大桥、石花大桥及连接线2.1千米,投资462万元改造二级公路襄谷线(303省道)4.8千米,投资350万元改造县通乡公路庙滩至盛塬、盛塬至南河19.77千米,投资760万元完成省际断头路紫金至邓坪、五山至沙河16千米,投资3 200万元完成316国道刷黑工程20千米。各类客运站点302个,其中:二级客运站1个(县城中心客运站),三级客运站1个(石花客运站),四级客运站5个(庙滩、冷集、紫金、盛塬、五山),招呼站200个,乡村候车亭95个。开通汽车客运线路90条,其中:跨省线路13条,跨地、市、县线路27条,县内线路44条,公交线路6条,营运总里程91 868千米,可直达全国10个省、26个地(市)、57个县,营运客车280辆,2009年全社会公路运输完成客运量3 865万人次、旅客周转量99 201万人千米;货运量1 293.35万吨、货物周转量85 735万吨千米。邮电系统业务总量1.4亿元,同比增长8.54%;城乡电话用户706 528户,其中固定电话用户517 901户,移动电话188 627户。

全社会固定资产投资36.99亿元,增长75.72%,其中:城镇50万元以上投资31.88亿元,增长80.6%;农村50万元以上投资1.03亿元,增长1.7%;房地产投资2.26亿元,增长207.94%;农村私人投资1.82亿元,增长10.1%。在建亿元项目14个,比上年同期增加7个,实际投资完成13.2亿元,比上年增长7.8倍,占全县城镇以上投资总量的38.7%。工业投资21.3亿元,比上年增长91.8%。

财政总收入4.11亿元,增长18.7%;地方一般预算收入2.03亿元,增长27.8%,其中税收收入1.27亿元,增长27.8%,占一般预算收入的比重为62.4%。金融机构各项存款余额79.01亿元,比年初增加1.6亿元。其中:城乡居民储蓄存款余额56.75亿元,增加1.05亿元。金融机构各项贷款余额25.63亿元,比年初增加0.7亿元。其中:短期贷款余额19.24亿元,增加4.6亿元;中长期贷款6.11亿元,增加2.49亿元。

社会销费品零售总额25亿元,增长24.59%。其中:批发业3.77亿元,增长25.6%;零售业18.76亿元,增长24.1%;住宿和餐饮业2.2亿元,增长27.8%;其他行业0.25亿元,增长16.7%。有自营出口权26家,出口额495万美元,减少37.3%;接待游客80万人次,综合收入2亿元,分别比上年增长23.08%、33.33%。

有普通高中高中3所、在校学生8 085名,专任教师395人。高考升学率90%,高中毕业生上省线的比例89.6%,比上年下降两个百分点;职业学校(中等专业学校)1所,在校学生6 883名,专任教师171人;初级中学23所、小学148所、九年一贯制学校两所,在校初中学生33 684名,小学学生75 890名。初中专任教师1 889人,小学专任教师2 466人。县幼儿园(含托儿所)在园幼儿3 472名。

县电视台、电台各1个,各乡镇集镇建成有线电视网络,8个乡镇实现县、乡有线电视光纤联网,自办节目两套,转播电视节目41套,数字电视节目100套,24小时滚动播出,有线电视用户4万户,电视人口覆盖率

96%;乡镇广播(电视)转播站11个,广播覆盖率98%。公共图书馆1个,文化馆(站)11个,图书总藏量有8.5千册(件)。专业演唱歌舞团体1个54人。年演出187场(次),观众达12.2万人次。城乡电影院2座,年放映电影3 059场,观众79.9万人次。

卫生机构128个。其中乡镇以上卫生机构6个,卫生院12个,疾病预防控制中心(防疫站)1个,妇幼保健院1个。有病床1 818张,其中乡镇以上有病床1 193张,卫生院有病床555张。有卫生工作人员2 705人,专业技术人员2 417人。其中执业医师(助理)有1 007人,注册护士845人,卫生防疫人员266人。经医疗卫生部门批准持有医疗证照的乡村医生461人。乡镇以上医疗卫生机构年门诊777 543(次),传染病发病人数1 241人,发病率236.24/10万,比上年下降17.27%。农民365 889人参加新型合作医疗,参合率占农村人口的94.43%。

城镇居民人均消费支出6 669元,比上年增长7.98%,农村人均消费支出3 083元,比上年增长1.35%;城镇居民可支配收入9 578元,比上年增长9.48%,农民人均纯收入5 106元,增长11.66%;城镇、农村人均住房面积为39.07平方米。

参加城镇企业职工参加基本养老保险人数20 998人,比上年增加756人;参加失业保险人数20 469人,比上年增加192人;参加医疗保险人数43 907人,增加11 287人;参加居民最低生活保障人数24 940人,比上年增加1 664人。参加农村合作医疗人数365 889人,比上年减少3 528人;参加农村养老保险人数104 053人,比上年减少47人。

谷城基本情况见表64。

表64 谷城基本情况

项目	单位	2009年	比上年增减(±%)
总人口	万人	57.83	0.7
男	万人	29.85	0.61
版图面积	平方千米	2 553	
耕地面积	千公顷	28.92	1.8
人均耕地面积	公顷	0.5	3
农民人均收入	元	5 106	11.66
财政总收入	万元	41 065	18.7
财政完成	万元	6 700	29.0
国税完成	万元	3 207	18.7
地税完成	万元	10 382	30.0
年末银行存款余额	万元	79.01	26.15
各项贷款	万元	25.63	37.8
农林牧渔业产值	万元	290 200	9.72
农业产值	万元	107 113	-16.2
林业产值	万元	9 206	-7.2
牧业产值	万元	159 073	37.0
渔业产值	万元	8 808	34.6
农林牧渔服务业产值	万元	6 000	47.2
农作物播种总积	千公顷	58.90	-1.5
粮食面积	千公顷	48.35	2.74
产量	吨	257 100	0.82
水稻面积	千公顷	16.74	1.33
产量	吨	126 825	1.01
小麦面积	千公顷	20.95	3.61
产量	吨	87 395	7.76
玉米面积	千公顷	8.7	3.57
产量	吨	37 198	-11.46
棉花面积	千公顷	0.03	-57.14
产量	吨	15	-78.57
芝麻面积	千公顷	0.51	-66
产量	吨	883	-43.65
油菜籽面积	千公顷	3.41	-1.45
产量	吨	7 215	2.68
花生面积	千公顷	0.89	-19.09
产量	吨	2 856	-23.41
瓜果面积	千公顷	0.04	-73.33
产量	吨	2 135	-48.9
茶叶面积	千公顷	8.065	7.91
产量	吨	3 754	9.99

续表

项目	单位	2009年	比上年增减(±%)
蔬菜面积	千公顷	4.31	-26.7
产量	吨	290 734	-20.4
畜禽肉产量	吨	59 960	28.2
猪肉产量	吨	39 100	43.75
牛肉产量	吨	6 210	3.33
羊肉产量	吨	3 680	6.24
禽蛋产量	吨	29 075	8.3
年末存栏猪	万头	40.81	0.5
牛	头	130 665	3.8
羊	只	96 620	11.1
水产品产量	吨	7 350	16.89
农机总动力	万千瓦	24.93	4.97

【领导机构负责人】

中共谷城县委员会

书　记　李传寨

副书记　陈启合

常　委　李忠刚

付劲松(8月止)

曹荣葆　张天鄂

陈良金　陈　红

韩　鹏

李富文(3月任)

冯少波(11月任)

谷城县人大常委会

主　任　李传寨

副主任　周必良

李开明(1月任)

易永安　安伟国

肖明富

郭德全(1月任)

谷城县人民政府

县　长　艾文金

副县长　陈良金　任安强

冯少波(11月止)

王晓峻　曾　海

周　云(11月任)

政协谷城委员会

主　席　付顺明

副主席　王明书　帅启耀

罗时敏　乐洪运

张玉霞

【城关镇】　辖村委会22个:朱家洲、谢家营、石龙沟、洪胜、茶庵、格垒嘴、老军山、柜门关、太平坊、肖家营、韩家卡、柏果树、吴家营、安家岗、江家洲、曾家营、赵家坎、邱家楼、红石亮、龚家河、蒋家冲、苏家盘;社区居委会11个:三里桥、大古桥、皮家洼、龙湾、泰山庙、黄康、城内街、顺城街、老街、筑阳街、西关街。版图面积144.1平方千米,耕地2 691.8公顷。年末总人口16.12万人,其中男性7.92万人。

2009年生产总值24.6亿元,其中第一、二、三产业分别为2.66亿元、13.2亿元、8.74亿元,分别比上年增长15%、31%、35%。农业总产值4.83亿元,其中粮食作物3 791万元,亩平578元;经济作物2.78亿元;渔业526万元。农产品总产量:粮食25 668吨(其中小麦6 407吨、水稻8 354吨),油料作物1 527吨,瓜果2 060吨,肉类76 575吨,水产品1 039吨,禽蛋2 807吨。财政收入3 589万元、支出3 589万元,一般预算收入1 374万元。农民人均纯收入6 658元,比上年增加17.38%。个体工商户11 569户,经营总额173 535万元,税金8 676万元。

工业企业引资到位资金6.2亿元,引进项目79个,其中镇属项目26个,村街项目53个,纺织服装园13个,洪胜工业园22个,贡品农业园18个,湿地生态园13个,汽车配件和商贸服务产业13个。投资5 000万元以上项目17个,其中工业项目8个;投资1 000万元以上项目26个,投资500万元以上项目31个。规模以上企业37家,企业产值21.13亿元;新增工业企业14家,其中,天谷粮油公司投资1.1亿元,新建13万吨精米加工项目完成1号仓、2号仓建设;襄樊富仕与浙江新江南印染公司、钟祥泰丰公司合作,投资8 000万元,新增2万锭纺纱、400台织机完成投产;与浙江宏源公司共同投资1.2亿元,扩建4万锭纺纱项目征地工作基本完成;城南纺织小区投资5 000万元,新上纺纱2万锭,织机1 000台项目完成;卓力半轴公司投资5 600万元新建年产10万件半轴项目主体工程已完成,正在进行设备安装和配套设施建设;明辉公司投资5 000万元,新上年产5万吨硬脂酸生产项目投产,办公科研楼及仓储建设正在进行征地。同时,对谷城装潢印刷厂、城关新城砖厂、工艺美术厂3家老企业进行体制改革,对一砖厂、二砖厂、制箱厂、汉江化工厂、北河搬运站5家老企业进行清产核资、资产评估,盘活存量资产607万元,安置职工253人,嫁接引进一批新项目。落实城乡低保救助对象2 426户、4 779人,年救助金额576万元,城乡贫困居民享受低保覆盖面100%。

申报汉江国家湿地公园,通过国家林业局规划设计院和北京园林大学为汉江国家湿地公园作总体规划,将公园规划为神农农耕体验区、科普宣教区、生境游赏区、生态保育区、汉江文化展示区和管理服务区“六大功能区”。7月,总体规划通过省级专家评审,12 月通过国家级评审批准。

【石花镇】 辖村委会 37 个、居委会 8 个:界牌垭、铁庙沟、黄营、平川、裴桥、巩湾、杨溪湾、水星台、下新店、周湾、施湾、彭湾、鲍湾、蔡营、高冲、大峪、邵楼、陡坡、彪庙、土桥、同北、殷畈、凉水井、彭家岭、席垭、五家洲、岩湾、苍峪、柏家堰、铜山、将军山、杨家湖、小坦山、陈家楼、龙家沟、翠花铺、红马庙村和东门、西河、石溪、苍苔、后畈、民营、大峪桥、老君台社区居委会。版图面积 275 平方千米,耕地 4 393.33 公顷。年末总人口 11.37 万人,男性 5.8 万人。

2009 年生产总值 74.57 亿元,其中第一、二、三产业分别为 11.16 亿元、55.6 亿元、7.81 亿元,分别比上年增长 8.4%、增长 62.1%、增长 2.77%。农业总产值中,粮食作物 15 379.3 万元,亩平 1 106 元;经济作物 88 300 万元;渔业 7 900 万元。农产品总产量:粮食 38 731 吨(其中小麦 11 630 吨、水稻 24 199 吨),油料作物 1 114 吨,瓜果 12 101 吨,肉类 9 688 吨,水产品 858 吨,禽蛋 2 045 吨。税收 16 500 万元,财政收入 9 832.42 万元、支出 9 830.42 万元。农民人均纯收入 5 903 元,比上年增长 10.79%。

个体工商经营户 3 783 户,经营总额 19 231 万元,税金 617 万元。

石花镇是国家星火技术密集区、又是省管经济开发区,开发区初步形成四大产业:1.以骆蓄、金洋公司为龙头的汽车配件产业。骆蓄公司产值 30 亿元,产销量处于全国同行业第二,效益处全国同行业第一,并投资在襄樊建成国家蓄电池检测中心,“骆驼” 蓄电池为中国驰名商标和免检产品两个国字品牌;金洋公司是全国最大的合金铅生产和出口企业,被确定为武汉城市圈废旧电池收集网络试点企业和国家第二批循环经济试点企业,产值突破 15 亿元。2.以恒立公司为龙头的铸造产业。恒立公司是中南地区最大的精密铸造企业,个别尖端产品服务中国航天事业, 精密铸件在 “神一”至“神七”均有应用。近几年,铸造企业扩展达 17 家, 产品形成铸钢—铸不锈钢—铸合金钢的梯队。3.以石纺公司为龙头纺织服装产业。石纺公司引进的宽幅无梭喷气织机在中南地区处于国际先进水平,生产的“仙石牌”缕细布在国内具有较高的知名度;有纺织企业 6 家,形成纺纱——一般面料—中档面料—高档面料的纺织梯队。4.以奥西达公司为龙头的新型建筑建材产业。带动奥西达钢构公司、聚力公司等新型建筑建材的发展,发展工商企业和个体工商户 5 000 余家,比上年增加 2 000 余家,其中工业企业 125 家; 工农业总产值 60 亿元, 其中工业总产值 57.3 亿元;全社会固定资产投资 9.3 亿元; 招商项目 42 个, 投资总额 36 亿,完成建设工业、农业及社会事业等各类项目 49 个; 工商税收 1.3 亿元, 其中入库突破 8 520 万元;城镇居民支配收入达 1 万元,农民人均纯收入 5 946 元。

【冷集镇】 冷集镇辖村委会 39 个、居委会 1 个:塔湾、马台、朝阳湖、龙畈、邱家畈、胡家湾、冷家岗、袁冲、上集、小陌山、王家湾、冷家沟、花栎扒、甘家庄、双阳桥、李家洲、汉江、隋洲、尖角、黄家坪、梁家畈、刘家营、团湖店、彭家河、柏杨沟、马家沟、付家山、宋家洲、刘家洲、木排、常家营、马家庄、沈家湾、闫湾、龚畈、王家山、王家康、陈家山、磨盘山村和街道居委会。版图面积 266.8 平方千米, 耕地 5 106.67 公顷。年末总人口 57 715 人,男性 29 876 人。

2009 年生产总值 93 457 万元,其中第一、二、三产业分别为 29 093 万元、20 711 万元、43 653 万元, 分别比去年增长 19.3%、29.5%、41.3%。农业总产值中,粮食作物 8715 万元,亩平 1 272 元;经济作物 6 217 万元;渔业 3 006 万元。农产品总产量: 粮食 49 514 吨(其中小麦 18 052 吨、水稻 21 939 吨),油料作物 4 030 吨, 瓜果 934 吨,肉类 9 944 吨, 水产品 2 732 吨,禽蛋 2 618 吨。税收 729 万元。财政收入 1 588 万元,支出 1 588 万元。农民人均收入 5 691 元, 比上年增 5 095 元, 增长 11.7%。个体工商经营户 1 461 户,经营总额 39 764 万元,税金 56 万元。

初步形成建材、电力、冶炼、农产品、生物能源、畜禽养殖五大产业。完成技改项目 6 个,固定资产投资 1.5 亿元, 新增玉脂、九龙蛟、北辰、富磊等规模以上企业,产值过 1 000 万元的企业由 3 家增加到 7 家。引进利拓铁矿开采、蒸压灰砂砖、锆钢玉、预榨油、浸出油、浓香型特色油等 12 个企业项目, 总投资 1.6 亿元。在襄阳、宜城、钟祥等包地种山药的农民 4 000 多人,租地 666.67 公顷,镇内外山药种植面积超过 1 333.33 公顷,产值过 2 亿元。利用 6 666.67 公顷山场发展畜牧养殖业,以康利生态养殖公司为龙头,实施“百千万”畜牧养殖工程,100 头以上畜牧养殖户 100 家,1 000 头以上畜牧养殖户 5 家,10 000 头以上畜牧养殖户 1 家。生猪出栏 12 万头,牛出栏 8 000 头,羊出栏 2.3 万头。围堰养鱼 100 公顷,水产养殖面达 1 000 公顷以上。与凯迪公司合作,植树造林林业面积达 6 000 公顷。油菜制种面积突破 333.33 公顷、玉米制种 13.33

公顷，为县油菜制种的主要基地。完成土地平整项目3 700万元。

【五山镇】 辖村委会20个、居委会2个：文畈、七坪、咎铺、老湾、金店、田河、黄垭、堰河、西湾、秦畈、邓坪、何湾、黄峪铺、熊岗、九里岗、四棵树、东湾、夏家寨、黄龙沟、小星店村和谢湾、文畈居委会。版图面积250平方千米，耕地2 112.53公顷。年末总人口37 180人，其中男性19 741人。

2009年生产总值8.8亿元，其中第一、二、三产业分别为2.99亿元、4.8亿元、1.01亿元，分别比上年增长15%、23%、18%。农业总产值中，粮食作物2 153万元，亩平378元；经济作物925万元；渔业113万元。农产品总产量：粮食20 126吨(其中小麦6 226吨、水稻11 927吨)、油料作物599吨，瓜果3 779吨，肉类5 843吨，水产品280吨，禽蛋6 959吨。税收418万元，财政收入1 325.8万元、支出1 325.8万元。农民人均纯收入5 649元，比上年增长11.2%。个体工商经营户981户，经营总额9 700万元，税金289万元。

五山镇茶叶玉皇剑公司通过冠名“鄂西北茶王赛”，对湖北筑阳翠峰公司、薤山茶场、紫金铜锣观茶场进行兼并重组，使玉皇剑公司的茶叶种植面积扩大到6 666.67公顷，有生态茶场28家，专卖店38个，网络销售点198家，散货销售点1 500处，总资产6 700万元。茶叶产业产值近2个亿，效益比上年增加30%以上，正在建设中的玉皇剑公司综合服务大楼和五山茶城两个项目建成后，五山将成为鄂西北最大的茶业技术研发、茶叶产品展销及茶道文化交流平台。建成土鸡孵化中心和仔猪繁育中心，采取以奖代补的方式，形成茶园土鸡存笼量50万只、生猪出栏30 000余头、肉牛存栏500头、山羊存栏8 000只、龙虾养殖133.33公顷的规模。生态旅游原有天艺茶庄、银杏山庄、田河茗香阁农家乐园，又投资800万元，新建“堰河新村接待中心”，可接待150人的会议住宿和300人用餐。

【紫金镇】 辖村委会26个，居委会1个：垭子口、中股岭、花园、将军坪、吊楼、孙家沟、青湾、沈垭、干溪沟、观音堂、北峪沟、涨潮铺、铜锣观、倒沟、夫妇峪、柳树坪、浙峪、官坊、桃花沟、锡峰河、水田坪、油坊坪、蒋家坡、玛瑙观、孔溪沟、洪峪村委会和紫金镇社区居委会。版图面积374.3平方千米，耕地面积1 292.4公顷。年末总人口21 400人，男性11 300人。

2009年生产总值3.16亿元，其中第一、二、三产业分别为1.57亿元、0.6亿元、0.99亿元，分别比上年增长12.1%、增长7.1%、增长12.5%。农业总产值中，粮食作物1 650万元，亩平442元；经济作物4 300万元；渔业87.5万元。农产品总产量：粮食9 625吨(其中小麦2 743吨、水稻2 930吨)，油料作物433吨，瓜果3 826吨，肉类3 670吨，水产品95吨，禽蛋2 192吨。税收83万元，财政收入720.1万元、支出720.1万元。农民人均纯收入3 785元，比上年增长8.5%。个体工商经营户282户，经营总额9 200万元，税金920万元。

茶叶、土鸡养殖和林特产品三大特色产业。23家茶场更新换代各类制茶机械457台(套)，特别是新式的蒸气杀青机、干茶冷藏等设备逐渐推广应用。其中孙家沟茶场和铜锣观茶场投资500余万元，建成两个茶叶清洁化生产车间和茶叶加工厂，使茶叶精制加工能力达50万公斤。有机茶叶面积达1.32万亩，产茶叶66.5万公斤，产值达5 014万元，茶农人均纯收入2 395元。“观山云峰”获2009年全省茶叶博览会金奖。

发展1 000只以上土鸡养殖户70余户，年(存)出笼土鸡30万只，产蛋20余万千克，收入2 400余万元，奖励土鸡养殖户3.6万元，村配套奖励扶持资金8.4万元。抚育油茶、木瓜、核桃、板栗、刺槐400余公顷，老基地改造733.33公顷，完成生物能源林建设400公顷，并在花园、蒋家坡等村新开发核桃、油茶基地100余公顷。林特产业总产值3 830万元，其中菌类产品总产值526万元。27个村有26个行政村全部修通水泥路。移动、联通、电信基站29个，通讯网络覆盖全镇。逐步形成以垭子口粟香园生态农庄为代表的养牛、野猪、鸵鸟、龙虾、鱼等，休闲娱乐场所。城镇居民基本医疗保险和新型农村合作医疗基本实现全覆盖，参合农民1.82万人。城镇低保人数达77户、113人，月发放保障金16 250元。农村低保844户、1 605人，年发放保障金99.8万元。

【赵湾乡】 辖村委会10个：左庙、鲁家油坊、桃庄、长岭、渔坪、方家坪、窑岭、金盆岭、韩家山、青龙山村。30个组，3 318户。版图面积231.6平方千米，其中耕地面积730.8公顷。年末总人口14 046人，男性8 000人。

2009年生产总值1.456亿元，其中一、二、三产业分别为8 000万元、3 290万元、3 270万元，分别比上年增长14.6%、增长28%、增长69%。农业总产值中，粮食作物630.9万元，亩平576元；经济作物1 873.2万元；渔业10万元。农产品总产量：粮食3 655.2吨(其中小麦

1 006 吨、水稻 202 吨),油料作物 265 吨,瓜果 150 吨,肉类 3 902 吨,水产品 6 吨,禽蛋 2 000 吨。税收 21 万元,财政收入 369 万元、支出 369 万元。农民人均纯收入 3 265 元,比上年增长 11.6%。个体工商经营户 216 户,经营总额 418 万元,税金 3.9 万元。

以畜禽养殖、袋料食用菌和林特产业为重点,猪存栏 14 000 头,出栏 20 400 头;牛存栏 10 000头,出栏 3 000 头;羊存栏 14 300 头,出栏 16 000 头;家禽存笼 55 万只,出笼 40 万只。生猪、牛、羊、禽存栏(笼)分别比上年增长 31.4%、5.3%、19.8% 和 91%;畜禽总产值 4 544.6 万元,比上年增长 22.6%。以左庙村为重点的袋料食用菌 60 万袋,比上年增加 10 万袋;香菇、木耳 18 万棚,香菇总产 114.3 吨,木耳总产 105.9 吨,分别比上年增长 7%和 9.3%。投资近 20 万元,先后两次到河南采购优质核桃树苗 4 万多株,新发展核桃 200 公顷,达 666.67 公顷;抚育管理油茶 70.67 公顷;植树造林 266.67 公顷,中幼林抚育 1 333.33 公顷;能源林流转 1 000 公顷。投资 1 575 万元,完成 35 千伏变电站的升级工程,为西河电站的实施架设赵湾至西河输变电线路。

【南河镇】 辖村委 19 个:白水峪、干峰、熊家湾、东坪、莲花、龙滩、万兴、大谷峪、温坪、苏区、三岔、阳峪、汉峰、兴隆、观音沟、罗坪、笋峪、九里坪、岛岩沟村。版图面积 243.15 平方千米,耕地 953.33 公顷。年末总人口 2.13 万人,男性 1.14 万人。

2009 年生产总值 1.76 亿元,其中第一、二、三产业分别为 8 200 万元、2 500 万元、6 900 万元。分别比上年增长 22.4%、13.6%、13.1%。农业总产值中,粮食作物 1 254 万元,亩平 877 元;经济作物 2 446 万元;渔业 801 万元。农产品总产量:粮食 6 268 吨,(其中小麦 2 168 吨、水稻 1 988 吨),油料作物 269 吨,瓜果 548 吨,肉类 2 431 吨,水产品 667 吨,禽蛋 1 282 吨。税收 100 万元。财政收入 619 万元、支出 619 万元。农民人均纯收入 3 879 元,比上年增长 11.59%。个体工商经营户 552 户,经营总额 894 万元,税金 22.7 万元。

投资 690 万元,新建和拆建旅游景点基础设施 12 处,先后引进湖北正华石材有限公司、湖北三恩硅材料开发有限公司等企业,招商引资项目 9 个,到位资金 7 390 万元,同比增长 122%。投资 320 万元,对桃花溪、农博馆和娘娘洞景点进行升级改造,新建和整修游船码头 4 个,铺设步游道 2 000 米,栽植四季花木近万株,新建观景平台 300 余平方米,添置供游客休息的石椅、石凳。同时,按照鄂西北古民居建筑风格,改造镇区 115 户临街房屋立面,完成度假村停车场 2 600 平方米。

【盛墉镇】 辖村委会 26 个、居委会 2 个:大王庙、当铺、三官庙、刘畈、艾畈、绿洼、凤凰、什坪沟、陈家湾、蒋岭、莲花石、贾庙、付湾、柳铺、周湾、张蓬、双堰、庙子头、黄岗、王家井、后营、土岭、姜梁、小沟、筒车、凉水村和竹园、前后街居委会。版图面积 303 平方千米,耕地 3 946.4 公顷。年末总人口 67 265 人,其中男性 39 500 人。

2009 年生产总值 7.7 亿元,其中第一、二、三产业分别为 2.5 亿元、2.9 亿元、1.7 亿元,分别比上年增长 10 %、35%、40%.农业总产值中,粮食作物 6 950 万元,亩平 545 元;经济作物 425 万元;渔业 380 万元。农产品总产量:粮食 35 248 吨(其中小麦 10 200 吨、水稻 19 779 吨),油料作物 1 054 吨,瓜果 891 吨,肉类 8 504 吨,水产品 450 吨,禽蛋 2 053 吨。税收 453 万元,财政收入 1 600 万元、支出 1 600 万元。农民人均收入 5 592 万元,比上年增长 20%。个体工商经营户 1 612 户,经营总额 950 万元,税金 68 万元。

招商引资 1.3 亿元。新建和扩建招商项目 10 个,新增规模以上企业 3 个;工业产值 4.8 亿,增长 20%;规模以上企业产值超过 4 000 万元,增长 58%。企业税收占全镇税收比重 60%以上。新建现代农业园 333.33 公顷。组建谷城惠农农业开发有限公司,兴建山苦瓜示范基地 6.67 公顷,开发保健饮品山苦瓜茶。订单农业优质稻 666.67 公顷,亩平增收 200 元;发展优质油菜制种 200 公顷,每亩增收 800 多元。组建优质油菜制种、食用菌、养猪业、兔业养殖 4 个民间专业合作社组织。规模以上养猪场达到 10 个,养牛场 1 个,养鸡场 3 个,养兔场 1 个。年出栏生猪 78 100 头,家禽 350 260 只。

【庙滩镇】 辖村委会 30 个、居委会 4 个:熊家营、兰家圹、蒋家套、汪家洲、喻家湾、回流湾、万寿桥、兴隆殿、柳树沟、邓家湾、古乐寺、高桥河、彭家庄、万家营、高台铺、禹家岗、鸭子湖、新街、财神庙、申家冲、黄畈、王家咀、皂角树、张庄、小河、檀树湾、古林寺、水沟、郭峪、石库村和聚秀街、灵水街、宣武街、夕照街居委会。版图面积 221.4 平方千米,耕地 3 980 公顷。年末总人口 6.09 万人,男性 3.13 万人。

2009 年生产总值 7.18 亿元,其中第一、二、三产业分别为 3.43 亿元、0.94 亿元、2.81 亿元,分别比上年增长 33.4%、25.3%、24.8%,农业总产值中粮食作物

7 212 万元，亩平 1 697 元；经济作物 2 562 万元；渔业 500 万元。农产品总产量：粮食 33 367 吨(其中小麦 12 188 吨、水稻 16 060 吨)，油料作物 856 吨，水果 370 吨，肉类 9 992 吨，水产品 1 301 吨，禽蛋 24 025 吨。税收 178.2 万元，财政收入 1 499 万元、支出 1 499 万元。农民人均纯收入 5 350 元，比上年增长 10.6%。个体工商经营户 452 户，经营总额 1 164 万元，税金 20.1 万元。

扩大“南川贡芋”种植面积达 133.33 公顷，“茅坪莲藕”200 公顷，沿汉江洲地山药 666.67 公顷；建设黄畈“枣枣红”板栗基地 666.67 公顷，葛粉基地 200 公顷，樱桃种植基地 133.33 公顷；特种水产养殖基地小龙虾 200 公顷，生猪和獭兔养殖规模达 50 000 头。集体经济收入达 5 万元以上的村有 10 个，10 万元以上的村有 4 个，20 万元以上的村 1 个。组建魏家山畜禽生态养殖专业合作社，蛋鸡养殖规模突破 200 万只，产值 3 亿元，利税 9 000 万元，成为全市第一镇。其中襄樊天行君子现代农牧业发展有限公司，投资 5 000 万元，建设鸡蛋、生物有机肥和淘汰鸡三大深加工项目。植树造林 133.33 公顷，建设绿色走廊 19 千米，完成村村通工程 53.5 千米，投资 450 余万元，完成安全饮水工程 28 个村，“一建四改”686 户，28 个村的农户用上沼气。兴建农家书屋 30 家，广播电视村村通工程 25 个；投资 600 万元，实施农业综合开发项目，整修渠道 25 条 17 千米，新修 37.5 千瓦的泵站 1 个。工业企业以龙王洞水电站、双峰医药、珀琥板业为龙头，逐步形成水电开发、生态旅游、医药化工、建材加工四大经济板块。投入技改资金 6 900 万元，固定资产投资 7 500 万元，新上技改项目 7 个，新增规模以上企业 2 家，工业企业突破 30 家。其中投资过千万的 10 家，产值过千万的 6 家，利税过百万的 3 家。

【茨河镇】 辖村委会 15 个、居委会 1 个：白龙庙、下磨石、陶湾、后庄、前庄、承恩寺、石嘴子、庙岗、石井冲、金牛寺、胡家泉、断层沟、马家湾、青鞍山、杨村村委会，茨河街社区居委会。版图面积 184.4 平方千米，耕地 1 873.33 公顷。年末总人口 21 708 人，其中男性 11 070 人。

2009 年生产总值 2.17 亿元，其中第一、二、三产业分别为 1.1 亿元、0.78 亿元、0.29 亿元，比上年增长 13%、35%、25%；农业总产值中，粮食作物 4 192 万元，亩平 1 491 元；经济作物 487 万元，亩平 2 200 元；渔业 410 万元。农产品总产量：粮食20 958吨(其中小麦 6 208 吨、水稻 11 855 吨)、油料作物 973 吨，瓜果 294 吨，肉类 2 489 吨，水产 410 吨，禽蛋 1 365 吨。实现财政收入 551 万元，同比增长 13 %；农民人均纯收入 5 129 元，同比增长 11.8%。税收 101 万元，财政收入 572 万元、支出 571 万元。固定资产投资 1 500 万元，招商引资 9 780 万元。个体工商经营户 589 户，经营总额 2 900 万元，税金 55 万元。

投资 2 000 万元，新建银瑞建材公司主体建筑完成，机械设备安装到位。湖北承恩山泉饮品有限公司销售额 1 000 多万元，规模以上工业企业发展到 4 家。优质稻种植面积 333.33 公顷。优质油茶面积扩大 333.33 公顷。发展灵芝菌种植、生猪、土鸡、蛋鸭养殖等小型农业项目近 10 个，后注册生猪、土鸡、蛋鸭养殖、灵芝菌、油茶、木瓜、特种水稻种植专业合作社 7 个。流转土地 257.33 公顷，单个业主承包流转经营土地 6.67 公顷以上的 8 家。编制承恩寺旅游规划，涉及旅游开发建设重点项目 11 个，总投资 17.59 亿元。农村道路通车率 90%以上；投入 50 余万元，修建安全饮水工程管道近 2 千米，使 0.6 万人饮水问题得到解决；建成标准化农家书屋 7 家。

【薤山旅游度假区】 辖村委会 5 个：高庙、天子沟、石门、红军、万湾村和一个国有林场。版图面积 100 平方千米，其中耕地面积 300 公顷。年末总人口 0.32 万人，男性 0.17 万人。

2009 年生产总值 5 000 万元，其中第一、三产业分别为 2 000 万元、3 000 万元，分别比上年增长 12%、20%。农业总产值中，粮食作物 600 万元，亩平 1 200 元；经济作物 400 万元。农产品总产量：粮食 1 500 吨，(其中小麦 400 吨、水稻 400 吨)、油料作物 100 吨，瓜果 500 吨，肉类 1 000 吨，禽蛋 150 吨。税收 60 万元。财政收入 81 万元、支出 81 万元，农民人均纯收入 3 743 元，比上年增长 12%。个体工商经营户 65 户，经营总额 1 000 万元，税金 80 万元。

投资 1 324 万元，改造和维护薤温公路、别墅群、游客接待中心。其中：投资 260 万元，全面改造薤温公路进行，并完善相关附属工程建设；投资 1 000 余万元，开发薤山神农峡漂流项目；投资 8 万元，扩宽景区主锋“女儿峰”观景台，树立高刻字石一块 1.5 米，制作仿木桌三套，仿假石水泥地面 25 平方米；投资 5 万元，塑石处理前山垭子入口处“薤山石”，布置仿真树蔸、仿真桌椅、假山和相应的实物花草；投资 6 万元，维护核心景区音响、路灯；投资 10 万元，更换转播设备，完成核心景区模拟电视信号向数字电视信号的转换，确保覆盖率达 90%；投资 15 万元，维护核心景区主干道，修补面积1 000平方米，清理边沟3千米；投资20余万元，维护和亮化别墅群、游客接待中心和门楼，添置相应的设备。5月和10月景区分别接待旅客12万人次，其中团体旅客11万人次，散客1万人次，与同期相比增加30%。

【湖北谷城经济开发区】 辖村委会3个：刘家沟、洞山寺、彭家山；社区居委会7个：过山口、胡家井、锅底湖、三岔路、聂家滩、白龙岗、莫家河。版图面积24.75平方千米，耕地1 020公顷。年末总人口1.9万人，男性0.98万人。

2009年生产总值45.2亿元，其中第一、二、三产业分别为2亿元、42亿元、1.2亿元，分别比上年增长11%、83%、9%。农业总产值中，粮食作物1 800万元，经济作物5 000万元，渔业240万元。农产品总产量：粮食14 520吨（其中小麦4 300吨、水稻10 220吨），油料作物425吨，瓜果4 476吨，肉类4 500吨，水产品165吨，禽蛋1 200吨。税收21 000万元。农民人均纯收入5 500元，比上年增长7%。个体工商经营户2 100户，经营总额7 000万元，税金2 000万元。

三环车桥、三环锻造新区落成，金鹏、金耐特相继扩产，美亚达建材产业规模快速扩张，与河北邯郸正大制管集团共同出资30亿元新建的美亚达涂镀板有限公司即将开工，金洋公司、凯迪公司全部开工建设。开发区初步形成四个主导产业集群：以美亚达公司、南洋瓷业为代表的新型建材产业群，以三环、金耐特为代表的汽车配件产业群，以银纺为代表的纺织工业产业群，以金洋和凯迪公司为代表的循环经济产业群。其中，汽车配件产业群被列为全国47家汽车产业集群之一。谷城经济开发区循环经济园区是经湖北省政府批准的全省唯一一家循环经济试点园区。开发区内有大小企业140家。工业企业总产值42亿元，固定资产投资9亿元，税收1 000万元，同比分别增长69%、100%和59%。

（张海军）

保 康 县

【概况】 保康地处鄂西北，是襄樊市唯一一个全山区县。境内山峦重叠，沟壑纵横，地势起伏多状。荆山主脉横贯县中，自然形成南北两部。保南山势平缓，河谷较宽；保北山势高突，河谷狭窄。全县有大小山头3 100余个，大小山沟3 300余条，平均海拔910米。辖乡镇11个、村委会257个、社区13个、住户108 064户。

2009年生产总值29.66亿元（现价，下同），比上年增长16%(可比价,下同)。其中第一产业完成增加值9.81亿元，增长4%，第二产业完成增加值9.32亿元，增长25.2%，第三产业完成增加值10.53亿元，增长18.7%。人均生产总值首次突破万元，达到11 320元。三次产业结构由上年的34:29:37变化为33:31:36。

全县围绕建设全省“烟叶大县、核桃大县、茶叶大县、食用菌大县”目标，特色产业达到3.13万公顷，同比增加0.57万公顷。其中，新增烟叶面积533.33公顷，产量15万担、产值1.1亿元；新发展袋料食用菌1 363万袋，增收7 800万元；新增茶叶面积333.33公顷；发展核桃8 186.67公顷；建成万头养猪场两个，中小型规模养殖场352个，生猪出栏25.58万头，家禽出笼172.7万只。新增农业龙头企业2家，农产品加工企业达34家，辐射产业基地1.57万公顷，特色产业收入在农村经济总收入中的比重达70%。茶叶、食用菌和樱桃谷鸭等农副产品加工逐步由初级加工向精深加工延伸。输出转移劳动力6.45万人，农民务工收入3.7亿元。完成农村危房改造500户，第五批20个村整村推进工程通过验收，启动和实施73个村整村推进扶贫，1.3万人贫困人口稳定脱贫。

全县工业企业455家，比上年增加70家，其中规模以上企业33家，新增1家，销售收入过亿元的企业达到4家。工业总产值38.7亿元，同比增长30%；销售收入35.5亿元，增长31.8%；增加值7.22亿元，增长18.6%；利润2.3亿元，增长40.1%；上交税金2.59亿元，增长47.6%。其中规模以上工业企业工业总产值15.5亿元，同比增长41.1%；增加值5.61亿元，增长37. 9%。全县规模以上工业经济效益综合指数140.4%，比上年上升1.4个百分点。流动资产周转次数2.94次，资产负债率64.8%。两大支柱产业磷化工业产值4.1亿元，增长32.2%，水电工业产值1.1亿元，增长3.8%，对全县规模以上工业贡献率达23.1%。磷矿税费收入比上年净增5 840元，增长42%。农副产品加工业绿源、威杰、大山合三家新落户企业净增产值1.84亿元。主要产品产量：磷矿石238万吨，同比增长33.7%；黄磷1.38万吨，增长2.5%；水泥20万吨，增长27.6%；磷酸2万吨，增长62.6%；发电量3.5亿度，增长1.12%；供电量3. 41亿度，下降6.3%。全县资质等级三级及以上建筑企业10家，建筑业完成总产值4.4亿元，增长136.2%，增加值2.1

亿元,增长133.3%。房屋建筑施工面积和竣工面积分别为27.9和10.9万平方米。

社会消费品零售总额14.2亿元,比上年增长21.3%。其中,批发零售贸易业零售额11.4亿元,增长23.2%;住宿餐饮业1.9亿元,增长23.6%,其他行业0.9亿元。家电下乡销售网点备案82家,新建改建各类农家店140个,兴办村级综合服务社159家,县以下零售额完成7.9亿元,增长24.6%。居民消费价格总水平上涨0.5%,商品零售价格指数上涨0.6%。外贸出口678万美元,增长472.9%,实际利用外资513万美元,增长63.9%。接待国内游客45.1万人次,同比增长12.2%,国内旅游收入2.36亿元,增长13.5%。

公路总里程3 435千米,等级公路通车里程3 056千米。民用汽车3 100辆,其中载客汽车68辆,载货汽车2 286辆。旅客周转量14 207万人千米,增长5%,货运周转量25 358万吨千米,比上年增长5%。邮电业务营业收入6 772万元。邮政业务总量1 121万元,增长26.5%;电信业务总量1 951万元,下降5%;城乡固定电话用户4.56万户,比上年下降2.56%;移动电话用户6万户;互联网宽带用户6 600户。

完成固定资产投资25.6亿元,比上年增长60.9%。其中:城镇以上固定资产投资20.2亿元,同比增长49.3%;房地产开发投资1.8亿元,是上年的三倍;农村私人投资3.6亿元,增长85.9%。按经济类型分,国有经济投资8.7亿元,增长13.9%;集体经济投资2.3亿元,增长291.3%;个体私营经济投资1.2亿元,增长425.5%。按产业划分,全县三产业分别完成投资2.6亿元、9.3亿元和10亿元,同比分别增长23.6%、60.9%、53.6%。先后参与、举办各类招商活动20余次,接待外来客商考察40批次,引进外资项目126个,协议引资128亿元,到位资金11.6亿元。申报政策性项目238个,争取政策性资金10亿元。开工各类重点建设项目41个,其中过亿元项目10个。城区、周湾、横溪工业园配套设施3万吨食品级磷酸盐、1万吨黄磷、100万吨采矿项目投产或开车试产。城区农业加工园太空食品、光电子、2万锭精纺项目建成投产。襄樊保康余家湖工业园建设全面启动。

投资16.5亿元,加快城乡基础设施建设。城区二级橡皮坝、牌坊湾河堤加固、清溪河一桥维修工程建成投入使用,城区综合整治工程基本完工,神艺大楼、劳动人力资源大楼等标志性工程竣工,污水处理厂投入运营,沿河公园景观工程、金盘洞水库大坝主体工程正在施工。启动100个试点村建设和黄堡305省道沿线及歇马、马桥"一线两片"22个村的新农村示范区建设,硬化通村水泥路176千米,改造干线公路43千米,新建桥梁12座,恢复重建各类水毁工程1 100余处,完成安全饮水工程676处,烟水配套工程206处,"双低"改造1 846.67公顷,新建"一建三改"6 000户。

科技活动费用支出469万元,从事科技发展研究人员347人。组织申报国家和省级科技计划项目11项,争取国家和省级科技计划项目3项,获无偿资助经费33万元。襄樊巨力化工实业有限公司经省科技厅认定为高新技术企业。青山能源研究所"磷酸铁锂电动汽车专用电池研究与开发"项目被确定为全省重大科技专项,为该项目落户襄樊市高新技术开发区争取政策性资金500万元。县绿源公司被认定为全省100家农业科技创新示范企业,圭萃园生态农业开发有限公司优质薄壳核桃示范基地被认定为全省100家农业科技示范基地。申请专利80件,授权10件。

有各级各类学校91所,在校学生2.46万人。其中,中等职业学校1所,在校学生3 957人;普通中学18所,在校学生1.04万人;小学72所,在校学生1.03万人。幼儿园在园幼儿4 771人。全县有专任教师1 770人。初中毕业生升学率71%,九年义务教育完成率96%。1 113名考生参加高考,上本科线495人,上高职高专线544人。县一中考生孔中华以612分的成绩获襄樊市文科第一名,被北京大学录取。投入资金1 807万元,在全市率先完成"普九"债务化解任务。落实各种资助资金1 459万元,资助贫困学生12 000多名。有电视台1个、广播电台1个、有线电视台1个、差转站2个,广播人口覆盖率70%,电视人口覆盖率97%。有文化馆1个,公共图书馆1个,艺术表演团体1个,乡镇文化体育服务中心11个,电影院1座。公共图书馆藏书4万册。新建"农家书屋"73家,总数达149家,开展大型"送戏下乡"活动三次,演出155场次,放映电影3 132场次,举办各类体育竞赛190余次,完成"农民体育健身工程"32个。有乡镇以上卫生机构20个,其中医院和卫生院15个,妇幼保健院1个,疾病控制中心1个。卫生机构床位数787张,卫生技术人员1 090人,执业医师342人,注册护师(士)221人。乡镇以上医疗卫生机构年门、急诊435 911人次,住院治疗27 666人次,法定报告传染病发病率302.44/10万。新农合参合率达到97%,参合农民住院补偿率达45%,对22万多名参合农民免费进行高血压等四项体检。改扩建县乡卫生机构 7 家，整建村级卫生室 89 家。

城镇居民人均可支配收入 8 410 元，同比增长 9.5%；农民人均纯收入 3 425 元，比上年增长 11.8%。城镇人均居住面积 34.1 平方米，农民人均住房面积 37.2 平方米。城镇居民和农村居民家庭恩格尔系数分别为 44.7%、48%。参加城镇职工基本养老保险、医疗保险和失业保险人数分别为 20 267 人、20 159 人和 12 302 人，社会保险扩面新增 7 418 人，发放社会保险费 5 414 万元，发放率达 100%。新增就业岗位 1 084 个，发放就业小额贷款 253 万元，1 392 名下岗失业人员实现再就业，城镇登记失业率控制在 4.5 %以内城镇居民最低生活保障人数 6 846 人，农村低保人数 16 568 人，社会救济总人数 4.5 万人。有各类社会福利收养性单位 16 家，床位 1 560 张。

环境监测站 1 个、自然保护区 3 个。工业废水排放量 96.05 万吨，比上年减排 19.95 万吨，工业废水排放达标量 95.95 万吨，排放达标率 99.9%；二氧化硫排放量 205 吨，比上年减排 9 万吨；工业固体废物产生量 12.94 万吨，比上年减少 1.57 万吨，工业固体废物综合利用率分别为 100%；工业烟尘排放量 124 吨，排放达标率 91%。

2 月，保康被列为全省 7 个脱贫致富奔小康试点县之一后，启动 100 个重点村建设，细化各类建设项目 913 个。其中在 305 省道沿线和歇马、马桥两片选择 22 个村进行示范村建设，完成投资 15.9 亿元，启动实施高产农田、低丘岗地改造、土地开发、公路建设、危房改造、集镇建设等项目 229 个。开展“城乡结对共建”活动，省国土资源厅等 14 家省直单位与 14 个村结成帮扶对子，市委、市政府在已派驻 49 个小康工作队的基础上，新增 87 家单位帮助开展试点县建设，省市向各村投入驻村帮扶资金和物资 500 多万元。全县组建 106 个工作队帮扶 108 个村，帮扶资金 270 多万元，帮扶项目 150 多个。

6 月 16 日，保康县政府与襄樊市政府、襄城区政府签订协议，在襄樊市襄城区动工兴建保康余家湖磷化工业园区。工业园位于襄城经济开发区内，规划面积 6.9 平方千米，为襄樊市“一区四园”总体规划的重要组成部分，归口保康县管理，计划五年完成投资 100 亿元，实现产值 200 亿元，税收 10 亿元，建成全省乃至全国重要的磷化工业基地。到年底，水、电、路等基础设施建设全面铺开，湖北楚磷公司、天一公司、万丰公司等 5 家企业入驻，投资总额 44.2 亿元，并与一批国际国内大型企业达成投资意向。

保康对《沮水呜音》、《黑暗传》一批非物质文化遗产进行抢救整理和开发，编撰出版《保康楚源地》、长篇小说《卞和传奇》等一系列丛书典籍，并承办“湖北省楚国文化研究会第六届代表大会暨中国早期楚文化研讨会”。与襄樊市豫剧院等专业团体联合打造大型原创早期楚文化风情歌舞诗《荆山楚源》，于 9 月 17 日在县影剧院隆重首演。全剧由《披荆斩棘》、《伐木》、《割漆》、《鼓盆歌》、《走出荆山》等 12 章组成，以早期楚文化为背景，以熊绎辟荆山的故事为基本素材，通过歌舞的形式再现早期楚先民的生产生活情景。该剧先后在全省早期楚文化研讨会、武汉国际旅游文化节、全国高新区主任会议上演出，并作为全省“文化惠民，百姓看戏”活动的重点剧目于 12 月 23—24 日在武汉洪山礼堂演出。其中的《鼓盆歌》参加湖北省第十三届“楚天群星奖”决赛，入选中央电视台第七套春节晚会《三农记忆》。

9 月 18 日，九路寨大峡谷一期工程奠基仪式在歇马镇白竹村举行。九路寨大峡谷面积 170 多平方千米，规划建设面积 90 余平方千米，属华中地区高品位的大型生态旅游区，岩溶地貌、原始森林、峡谷溪瀑景点多达 100 多个，其中特品级资源 5 个，优良级资源 34 个，最具代表性的有黄龙洞、擎天峰、象鼻峰等。九路寨大峡谷项目为襄樊大荆山生态旅游区龙头项目，也是鄂西生态文化旅游圈重大核心项目，总投资 3.6 亿元，由武汉三特索道集团股份有限公司独资开发，建设周期 6 年。

保康县委在全县党组织和党员中开展部门联村、干部联户、党员联责“三联共建”活动，在省直、市直单位与 139 个村结对的基础上，组织 106 个县直部门和 41 家企业，采取“1+1”、“X+1”等形式与其他 118 个村结对，形成省、市、县三级立体帮带网络，覆盖到全县所有建制村。三级部门和单位累计投入资金 6 500 多万元，先后为 197 个村高标准修订新农村建设规划，新建办公活动场所 33 个、改扩建 67 个，创建农村综合服务社 159 个。组织全县 3 000 多名机关干部联系 2 900 多户贫困户；组织机关党员与农村党员结成互帮互助对子，帮助支持 1 500 多名农村党员创办、领办“双建双带”基地（公司）1 158 个；组织农村党员能人牵头成立专业合作社、产业协会 65 家，带动 8 万户农民发展核桃、茶叶、烟叶等特色农业基地 2.4 万公顷，每年为农民人均增收 1 000 多元。

保康基本情况见表 65。

表 65 保康基本情况

项目	单位	2009 年	比上年增减(±%)
总人口	万人	28.7	持平
男	万人	15.3	持平
人口出生率	‰	9.72	0.19
死亡率	‰	6.19	4.16
版图面积	平方千米	3 225	持平
耕地面积	千公顷	22.5	0.2
人口密度	人/平方千米	88.99	持平
人均耕地面积	公顷	0.078	持平
农民人均收入	元	3 425	362
城区建成面积	平方千米	5.5	
城镇居民人均可支配收入	元	8 410	731
人均住宅面积	平方米	34.1	持平
地方财政收入	万元	35 275	7 573
地方一般预算收入	万元	14 002	3 380
支出	万元	45 228	11 753
国税完成	万元	2 001	299
地税完成	万元	8 670	2 311
年末银行存款余额	万元	293 308	63 687
其中个人存款余额	万元	169 978	33 359
各项贷款	万元	117 455	32 937
各类保险费收入	万元	3 604	-1 489
理赔	万元	1 764	-1 224
农林牧渔产值	亿元	17.97	3.89
粮食作物面积	千公顷	29.12	-0.37
产量	万吨	11.83	0.22
水稻面积	千公顷	3.39	-0.06
产量	吨	24 070	230
小麦面积	千公顷	7.2	-0.6
产量	吨	20 443	-1 469
玉米面积	千公顷	12.29	0.47
产量	吨	57 129	2 113
油料面积	公顷	8 877	-199
产量	吨	13 500	264
烟叶面积	公顷	4 221	542
产量	吨	8 192	1 524
香菌	吨	6 285	3 458
黑木耳	吨	274	69
茶叶面积	公顷	6 667.47	持平
产量	吨	1 997	175

【领导机构负责人】

中共保康县委员会

书　记　陈丰林

副书记　叶　丛　雷运江

常　委　王宗惠　肖定佐

周国明　孙开林

张永仕　孟艳清

陈雪飞(4 月止)

杨克万

袁作新(挂职)

李向东(4 月任)

侯建峰(6 月任)

保康县人大常委会

主　任　陈丰林

副主任　彭宗文　刘精朝

叶　琳(女)

闫东文　吕克宪

杨承波(2 月任)

保康县人民政府

县　长　叶　丛

副县长　王宗惠　周国明

李新菊(女)

余宝军

王延华(援藏)

周广明　谢红兵

杨兴铭

政协保康县委员会

主　席　赵厚文

副主席　黄劲军　刘昌清

陶　婕(女)

周邦国　刘汉江

【城关镇】 辖村委会 20 个、居委会 5 个:三溪沟、东坡、堰塘、三道峡、小沟、云溪沟、土门、孙家湾、黄土岭、九皇山、白果园、管驿、螺丝沟、金盘洞、朱家厂、陈家河、刘家坪、长坪、郭家庄、凤凰山村和河西、新街、王湾、光千、城南社区。年末总人口 57 361 人,男性 30 185 人。

2009 年生产总值 49 173 万元,其中第一、二、三产业分别为 8 758 万元、20 650 万元、9 765 万元,分别比上年增长 27%、17%、11%。在农业总产值中,经济作物产值 1 796 万元,占总产

续表

项目	单位	2008 年	比上年增减(±%)
专业种植蔬菜面积	公顷	4 661	-441
产量	吨	111 931	-14 943
畜牧渔业产值	万元	74 233	20 657
占农业总产值比例	%	41.18	3.14
肉类产量	吨	28 157	6 910
猪肉产量	万吨	1.92	0.22
牛肉产量	吨	1 228	362
羊肉产量	吨	980	209
禽蛋产量	吨	3 230	445
年末存栏猪	万头	27.26	2.36
家禽	万只	189.43	67.43
羊	万只	10.43	1.23
渔业产量	吨	710	145
产值	万元	571	154
农机总动力	万千瓦	19.3	0.3
化肥施用量(折纯量)	万吨	1.38	0.05
农村用电量	万千瓦时	2 453	-332

值的 24.32%。农产品产量：粮食 7 590 吨（其中水稻 878 吨、小麦 736 吨、玉米 5 191 吨），油料作物 976 吨，瓜果 308 吨，肉类 3 755 吨，水产品 4.2 吨，禽蛋 438 吨。各企业 565 家，其中镇办 4 家，总产值 2 650 万元，其他权属 561 家。企业（民营经济）完成总产值 30 415 万元（其中工业总产值 18 000 万元），销售收入 30 000 万元，利税总额 2 470 万元。个体工商经营户 5 857 户，从业人员 13 990 人，经营总额 17 000 万元，税金 760 万元。财政收入 1 190.8 万元，支出 1 190 万元。农民人均纯收入 3 700 元，比上年增加 481 元。

以土门、孙家湾、封银岩、小沟、三溪沟等河边、路边村为主产区，重点发展蔬菜产业，新发展中拱棚 196 个，蔬菜总面积达 898 公顷，其中专业蔬菜面积 167 公顷，蔬菜总产 28 138 吨，产值 2 500 万元，成立蔬菜专业合作社，首批入会会员 30 多户。林果产业在巩固茶叶产业的基础上，以核桃产业为主，先后兴建百亩以上示范基地 3 个，在原有 333.33 基础上，新发展 566.67 公顷，已建成核桃专业村 1 个（螺丝沟村，人均核桃面积 0.13 公顷），组建核桃专业合作社 1 个，培育种植大户 327 户。发展“150”养殖户 30 户，生猪出栏 22 283 头。养鸡专业大户 14 户，樱桃谷鸭养殖大户 7 户，家禽出笼 20 万只，畜牧业产值达 4 009 万元，比上年增长 108%。

【黄堡镇】 辖村委会 29 个：黄堡、黄龙沟、水库、龙王沟、大竹园、雷家岭、韩家湾、后湾、水田坪、张弓、庙垭、花栎树包、百丰坪、青龙湾、耿家湾、三官庙、寨湾、午峪、大坪、张家沟、大屋场、大树垭、观音堂、天鹅、吴家岭、椴树、贯角尖、碾子坪、三管石村。年末总人口 23 412 人，男性 13 056 人。

2009 年生产总值 12 283 万元，其中第一、二、三产业分别为 6 981 万元、4 737 万元、543 万元，分别比上年增长 9%、50%、14%。农产品产量：粮食 9 549 吨（其中水稻 1 101 吨、小麦 1 780 吨、玉米 5 291 吨），油料 1 231 吨，肉类 6 144 吨，禽蛋 225 吨，水产品产量 0.8 吨，渔业产值 1 万元。工业企业 15 家，工业总产值 2 850 万元，销售收入 2 530 万元，利税 10 万元。个体工商经营户 870 户，从业人员 2 045 人，经营总额 1 505 万元，税金 8.3 万元。财政收入 110 万元，支出 85 万元。农民人均纯收入 3 347 元，比上年增加 719 元。镇农村经济总收入 1.23 亿元，比上年增长 24%。新发展核桃面积 666.67 公顷，核桃面积达到 1 100 公顷。烟叶产业稳步增长，烟叶种植面积 253.33 公顷，产量 75 万斤，产值 480 万元。投资 2 000 万元续建樱桃谷鸭养殖加工项目二期工程，兴建年产 6 万吨饲料加工厂，新增一个种鸭厂、孵化厂和一个年产 100 万只樱桃谷鸭的示范养殖基地，发展樱桃谷鸭 194 万只，收入 2 910 万元；完成“150”模式养殖户 17 个，“50” 模式养殖户 5 个，生猪出栏 3.1 万头，生猪存栏 1.6 万头，收入 1 550 万元；山鸡循环饲养 30 万只，收入 450 万元。组织培训 3 期 1 450 余人，输出劳力 5 100 人。茶叶产量 5.37 万公斤，销售收入 160 万元。

【后坪镇】 辖村委会 13 个：车峰坪、前坪、后坪、洪家院、高碑、九池、分水岭、汪家沟、蜡烛山、兴隆坡、詹家坡、三岔、堰塘冲村。年末总人口 10 296 人，男性 6 059 人。

2009 年生产总值 6 338 万元，其中第一、二、三产业分别为 3 400 万元、700 万元、2 238 万元。农业总产值中，经济作物产值 1 116 万元,占总产值的34.6%。农产品产量:粮食产量4 613 吨(其中水稻 351 吨、小麦478 吨、玉米 2 719 吨),油料300 吨,瓜果 150 吨,肉类 1 308吨,禽蛋 47.5 吨。财政收入167.32 万元,支出 402.52 万元。农民人均纯收入 3 848 元,比上年增加 680 元。个体工商经营户522 户,从业人员 603 人,经营总额 2 600 万元。

后坪镇六大产业(烟、菜、畜、袋料、干果、劳务)中,烟叶总产量 464 吨,产值 550 万元,税收 120 万元;以詹家坡村反季节蔬菜基地建设为龙头,带动全镇发展蔬菜面积 333.33 公顷;发展袋料农户 297 户 282 万袋,菌类产量 300 吨,增长 13%;建成养殖小区 2 个,300 头母猪繁育基地 1 个,“150”模式养殖户12 个,“30”模式养殖户 3 个,年产仔猪近万头,生猪存栏 8 261头,出栏肥猪 16 016 头,建成万只以上养鸡场 3 个;以板栗、核桃为主的干鲜果面积 1 333.33公顷,年产干鲜果 80 吨;培训农村富余劳力 5 期 5 000 余人,输出劳力 4 000 余人,劳务收入1 500 万元。

【过渡湾镇】 辖村委会 13 个、居委会 1 个:西邦、龙洞、三岔河、白峪沟、茶庵、二堂、倒座庙、梅花、罗家坪、中厂、清滩、过渡湾、鸿兴园村和过渡湾社区。年末总人口 11 570 人,男性 6 269人。

2009 年生产总值 9 168 万元,其中第一、二、三产业分别为2 730 万元、2 416 万元、4 022万元,分别比上年增长 15%、10%、25%。农产品产量:粮食4 953 吨(其中水稻 857 吨、小麦 444 吨、玉米 2 757 吨),油料 1 668 吨,瓜果 405 吨,肉类1 823.20 吨,禽蛋 110 吨,水产品 5 吨,产值 50 万元。财政收入50 万元,支出 340 万元。农民人均纯收入 3 264 元,比上年增加408 元。有个体工商经营户 90户,从业人员 1 810 人,经营总额 256 万元。

过渡湾镇以核桃、烟叶、蔬菜、袋料、畜禽养殖、劳务经济为六大特色产业,2009 年发展袋栽食用菌 300 万袋。蔬菜面积202.67 公顷。新发展烟叶 67.2公顷,产量 25 万斤。新种植核桃466.67 公顷,总面积达 666.67 公顷。新建“30–60”模式养殖户 13个,生猪出栏 15 000 头,畜牧业收入 1 600 万元,同比增加 269万元,增长 20%。转移农村劳动力2 691 人,劳务收入 1 784 万元。

【寺坪镇】 辖村委会 26 个、居委会 1 个:瓦房滩、庹家坪、岗子、台子包、寺坪、蒋口、简家坪、皮家坡、大畈、稻场坪、樟木沟、宦家坪、龙凤、峡口、升石坪、茶树坪、李家湾、大河洼、台口、七里扁、天子坪、三尖山、罗家湾、蒋峪、砂坪、金堂村和寺坪街社区。年末总人口 28 020人,男性 15 049 人。

2009 年生产总值 16 102 万元,其中第一、二、三产业分别为10 697 万元、5 128 万元、279 万元,分别比上年增长 28.4%、13.3%、下降 8.2%。农业总产值中,经济作物产值 920 万元,占总产值的 8.6%。渔业 108 万元。农产品产量:粮食 8 286 吨(其中小麦 2 310 吨、水稻 2 030 吨、玉米 2 590 吨),油料 1 777 吨,瓜果 515 吨,肉类 4 732 吨,水产品 180 吨,禽蛋 846 吨。工业企业 9 家,总产值 1 510 万元,销售收入 500 万元,利税220 万元。社会消费品零售总额2 250 万元,个体工商经营户330 户,从业人员 650 人,经营总额 2 450 万元,税金 42 万元。财政收入 158.2 万元,支出496.5 万元。农民人均纯收入3 397 元,比上年增加 433 元。

寺坪镇试种甜叶菊 200 公顷,发展魔芋 217.73 公顷,油料1 209.27 公顷,蔬菜 283.47 公顷,产值 1 702 万元。新增“150”养殖户 3 户,总数达 37 个,“30”、“50”标准化养殖 56 户,生猪存栏 3.8 万头,出栏 4.8 万头,山羊存栏 1.4 万头,出栏 1.1 万头,牛存栏 1 277 头,出栏 706头,畜牧收入 6 890 万元,比上年增加 2 160 万元。新增核桃种植面积 21.33 公顷,总面积达9 120 亩,林果业产值 810 万元。建南河渔业农民专业合作社,112 个农户筹资 168 万元,发展深水养鱼项目。制作袋料 224 万袋,菌类总产量 34 万斤,收入850 万元。组织劳务输出 7 012人,收入 4 079 万元,同比增加730 万元。

【歇马镇】 辖村委会 49 个、居委会 1 个:歇马、河东、邹家院、尚家坡、后园、庙坪、三坪、韩家坪、毛家河、尤家河、向家店、东坪村、欧店村、堰坪、蒋家坡、望佛山、沮源、莫家垭、长岭、油山、阳坡、大垭、官斗、金桥沟、横河、合作、金包、简槽、北水河、九路寨、马鹿岩、王家淌、杨家岭、施家沟、百峰、白竹、南山、王龙沟、胡家店、长坡、杨家湾、茅坪、盘龙、羊五、短峪沟、十字、刘家岭、小河沟、玄虎村和歇马街社区。年末总人口 47 147 人,男性 24 496 人。

2009 年生产总值 30 825 万元,其中第一、二、三产业分别为17 493 万元、10 671 万元、2 661万元,分别比上年增长 16.7%、12.3%、9.37 %。农产品产量:粮食 28 584 吨(其中水稻 5 200吨、小麦 5 833 吨、玉米 13 587吨),油料 2 161 吨,瓜果 724吨,肉类 4 640 吨,禽蛋 531 吨。工业企业 198 家,其中镇办 2家,其他权属 196 家,工业总产值 2 600 万元，销售收入 2 650 万元，利税总额 117 万元。有个体工商经营户 1 062 户，从业人员 1 895 人，经营总额 3 240 万元，税金 36 万元。财政收入 1 200 万元，支出 1 472 万元。农民人均纯收入 3 811 元，比上年增加 494 元。

歇马镇发展“一主四辅”(烟叶、食用菌、核桃、劳务输出、畜牧)特色产业。烟叶面积达 1 733.33 公顷，同比增加 200 公顷，产量 653 万斤，增产 28 万斤，产值 4 465 万元，增加 465 万元，税收 1 439.9 万元，增加 138.3 万元，烟叶产量、产值、均价和税收再创历史新高。发展袋料食用菌 823 万袋，产值 4 100 万元，同比增加 1 400 万元，其中 5 万袋以上的生产小区达 42 个，1 万袋以上的农户达 108 个，袋料食用菌产业成为全镇农民增收的主要产业。核桃面积达 1 426.67 公顷。引导输出农村剩余劳动力 9 500 人次，劳务收入 9 000 多万元，同比增加 1 000 万元。新建“30–50”模式生猪养殖场 11 个，生猪存栏达 5.5 万头，出栏达 4.4 万头，生猪养殖业收入 6 121 万元，同比增加 585 万元。

【两峪乡】 辖村委会 11 个：两峪、胡家台、枫香坪、王家坡、芭桃、程歧、百庙、长河、长冲、麻坪、东湾村。年末总人口 10 024 人，男性 5 285 人。

2009 年生产总值 6 195.5 万元，其中第一、二、三产业分别为 2 510.46 万元、40.6 万元、3 509.44 万元，分别比上年增长 55%、下降 31%、增长 41%。农业总产值中，经济作物产值 1 771.05 万元，占总产值的 25.15%。农产品产量：粮食 5 270.98 吨(其中小麦 1 132 吨、水稻 500 吨、玉米 3 058.2 吨)，油料 557 吨，瓜果 199.88 吨，肉类 1 346.79 吨，禽蛋 46.48 吨。工业企业 4 家，工业总产值701 万元，销售收入 160万元，利税 46.8 万元。个体工商经营户141 户，从业人员 219人，经营总额 900 万元，税金 11万元。财政收入 368.89 万元，支出 510 万元。农民人均纯收入 3 707 元，比上年增加 452 元。

两峪乡烟叶、袋栽食用菌、养殖和核桃四大产业。烟叶种植面积达 600 公顷，收入 1 600 万元，为农民增收致富的支柱产业。新建核桃苗木基地 3.33 公顷，育苗 16 万株，新增核桃面积 486.67 公顷。发展袋料食用菌 380 万袋，产值 2 470 余万元。新建 8 个“30”“60”养殖场，现代养殖基地达 19 个，出栏牲畜 1.7 万头，出笼家禽 6 万只。

【马桥镇】 辖村委会 30 个、居委会两个：周湾、张湾、河南坪、马桥街、中坪、黄龙观、鸡公岭、鳌头山、笔架、横溪、两河口、桃坪河、安家湾、白竹头、高桥河、峰山、黄湾、罗家山、林川、堰垭、董家沟、尧治河、白果、金头、古泉沟、大三沟、九里川、唐二河、老鸦池、分路碑村和寿阳、金斗社区。年末总人口 32 897 人，男性 17 961 人。

2009 年生产总产值 115 600 万元，其中第一、二、三产业分别为 25 600 万元、78 000 万元、12 000 万元。分别比上年增长 13.6%、21.4%、15 %。农业总产值中，经济作物 5 400 万元，占总产值的 21.09%；渔业 43 万元。农产品产量：粮食 15 161 吨(其中小麦 2 675 吨、水稻 2 938 吨、玉米 5 906)，油料 277 吨，肉类 3 609 吨，水产品 41 吨，禽蛋 447 吨。工业企业 83 家，工业总产值 73 270 万元，销售收入 60 782 万元，利税总额 11 375 万元。有集市贸易市场 1 个，总面积 1 200 平方米，固定摊位 80 个。个体工商经营户 121 户，从业人员 825 人。经营总额 3 605 万元。财政收入 10 104.35 万元，支出 1 410.43 万元。农民人均年纯收入 4 360 元，比上年增加 711 元。

马桥镇开工建设各类项目 60 余个，固定资产投资达 1.5 亿元。全年生产磷矿石 240 万吨，销售 210 万吨，收入 5.5 亿元，利润 1.1 亿元，水电工业产值 9 000 余万元。新发展核桃 733.33 公顷、葛根 266.67 公顷、三岛柴胡 80 公顷、袋料食用菌 218 万袋，巩固生猪“150”养殖场 65 家，新发展生猪“50”养殖场 32 家、菜牛“100”养殖场 2 家，中坪葛粉扩产及技术更新、禾丰公司苍术柴胡加工、唐二河村菜牛养殖等农业项目。输出劳力 6 250 人，新增就业岗位 500 余人。

【马良镇】 辖村委 39 个、居委会 1 个：宋家湾、松岗岭、阮家湾、深溪河、扁洞河、南垭、孟家湾、双坪、马良街、陈家湾、鸡冠河、八斗坪、榨溪、曾家垭、张家岭、溪峪、朱家湾、云旗山、赵家山、苏家寨、长岭湾、圣垭、松树堡、漆园、老湾、段江、下坪、西山、水斗、东风头、老林垭、峡峪河、鹭峰、重阳、潮水、姚家沟、紫阳、重溪、西坪村和马良街社区。年末总人口 33 273 人，男性 17 399 人。

2009 年生产总值 38 000 万元，其中第一、二、三产业分别为 16 012 万元、5 750 万元、5 750 万元，分别比上年增长 14%、14%、20%。农业总产值中，经济作物产值 6 959 万元，占总产值的 43.46%。农产品产量：粮食 20 962.97 吨(其中小麦 34 650 吨、水稻 6 488 吨、玉米 9 721 吨)，油料 3 176.4 吨，瓜果 1 378 吨，肉类 5 022 吨，水产品 12 吨，禽蛋 285 吨。税收 514.77 万元。财政收入 763.6 万元，支出

782.46万元。农民人均纯收入3 688元,比上年净增470元。个体工商经营户1 018户,从业人员2 036人,经营总额6 108万元,税金261万元。

马良镇烟叶产业以段江、云旗、五虎为主,水田、双坪为辅,发展烟叶666.67公顷,烟叶产量1 306吨,产值1 650万元。组织茶农改造老茶园240公顷,新发展有机茶园133.33公顷,建成乌龙茶生产基地20公顷,茶园面积已达666.67公顷,实现产值800万元。重点发展"150"、"60"、"30"养殖模式,扶持发展"150"养殖户14家,"60"养殖户60家,"30"养殖户90家;淡水鱼和意蜂特种养殖建成扁洞河大鲵繁育基地和双坪蜂蜜深加工基地,在建重溪红鳟鱼大型养殖基地。落实核桃面积666.67公顷,启动建设6.67公顷示范片39个。

【龙坪镇】 辖村委会10个、居委会1个:冯家岭、温坪、申坪、朱砂、龙坪、莲花、川山、仁和、大阳坡、十字冲村和龙坪街社区。年末总人口9 307人,男性5 157人。

2009年生产总值5 566万元,其中第一、二、三产业分别为4 226万元、216万元、1 125万元,分别比上年增长14.8%、14.8%、18.8%。农业总产值中,经济作物产值1 985万元,占总产值的46. 64%。农产品产量:粮食3 373吨(其中小麦514吨、玉米2 044吨),油料133吨,肉类1 244吨,禽蛋46吨。工业企业12家,工业总产值1 200万元,销售收入1 000万元。个体工商经营户325户,从业人员936人,经营总额567万元。财政收入240万元,支出380万元。农民人均纯收入3 803元,比上年增加670元。

龙坪镇农村经济总收入5 570万元。新增核桃面积498.27公顷,总面积达847.6公顷;发展烟农645户,烟叶种植面积新增2.67公顷、达413.33公顷,产量155万斤,烟农收入946万元,增长366万元,税收210万元。专业种植蔬菜1 065公顷,总产量28 430吨,与外商联合建成一条10千米100公顷高效精细蔬菜走廊,蔬菜生产总产值2 500万元。培育申坪、朱砂等袋料生产专业村,全镇发展袋料100万袋,产量31万公斤,收入350万元。新建"150"养殖专业户3户,建成母猪标准化养殖场4个,产值1 000万元。常年组织劳务输出1 800余人。

【店垭镇】 辖村委会17个、居委会1个:杨树垭、垭子口、格栏、贯坪、徐家堰、锅厂、望粮山、栾家坡、公溪沟、白蜡、黄坪、老街、神农、天宝寨、大林、天星、观淌村和老街社区。年末总人口16 905人,男性8 991人。

2009年生产总值14 193.8万元,其中第一、二、三产业分别为9 951.71万元、810.51万元、3 431.58万元,分别比上年增长13.3%、5 %、9.3%。农业总产值中,经济作物2 048.87万元,占总产值的20.96%。农产品产量:粮食9 952.2吨(其中小麦1 072.46吨、水稻3 648.93吨、玉米4 128.16吨),油料1 809.87吨,瓜果238.4吨,肉类3 471.67吨,水产品5.77吨,禽蛋216.34吨。工业企业50家,工业总产值2 731万元,销售收入2 116万元。有各类集市贸易市场5个,总面积3 200平方米,固定摊位120个,贸易成交额3 000万元。有个体工商经营户300户,从业人员1 295人,经营总额3 806万元,税金130万元。财政收入410万元,支出410万元。农民人均纯收入4 126元,比上年增加480元。

店垭镇以"三叶一畜一菌一果"六大产业为主,"高山烟叶低山茶,桑蚕畜牧进农家",桑园面积493.33公顷,年喂养蚕纸1 500张,销售收入84万元。新发展茶园面积133.33公顷,茶园总面积达1 129.53公顷,年产干茶76万公斤,销售收入2 280万元。店垭是省定科技兴烟示范园区,7个村、416户烟农种烟233.33公顷,虽遭严重雹灾风灾损失产量25万公斤,仍销售烟叶30万公斤,产值370万元。发展袋栽香菇248万袋,销售收入720万元。新建"30-60"型养猪场87个,年出栏生猪40 300头,出笼鸡69 000只,存栏生猪2.6万头,能繁母猪8 000头,畜牧业收入4 900万元。落实新栽核桃面积793.33公顷。

(贺保峰)

枣 阳 (市)

【概况】 枣阳位于鄂西北,东邻随州,南临宜城,西接襄阳,北靠河南唐河、新野、桐柏。汉丹铁路、汉十高速、316国道、寺沙省道穿境而过。境内大阜山金红石储量居世界第三、亚洲第一,大理石储量2亿立方米,膨润土储量52亿万吨,芒硝7 500万吨,盐1 140万吨。有新石器时代的雕龙碑遗址、白水寺、唐梓山、白竹园寺、青龙山·熊河风景区等多处旅游景点。辖12个镇、3个街道办事处、两个管理区(农场),1个省管开发区。户籍总人口111.86万人,其中非农人口50.34万人。

2009年地区生产总值153.93亿元,比上年增加30.69亿元,增长16%,增幅比上年下降0.5个百分点。第一产业增加值44.81亿元,比上年增长

2.1%；第二产业增加值 63.7 亿元,比上年增长 36.3%;第三产业 45.42 亿元，比上年增长 10.7%。三产业结构比为 29.1:41.4:29.5,与上年相比一产业下降 5.3 个百分点，二产业上升 7.7 个百分点,三产业下降 2.4 个百分点。人均生产总值 15 062 元,同比增长 24.7%。农林牧渔业总产值 89.8 亿元,增长 12.92%。粮食总产量 120.02 万吨，比上年增加 4.45 万吨，增长 3.86%；棉花产量 1.43 万吨，比上年增长 0.70%；油料总产量 4.87 万吨，比上年减少 4.13%。生猪出栏 90.01 万头，同比增长 12.51%；牛出栏 8.4 万头,同比增长 3.96%;羊出栏 38.43 万只,同比增长 4.94%。家禽出笼 2 400 万只，同比增长 5.04%;水产品产量 4.01 万吨,同比增长 8.97%。

规模以上工业企业由上年的 156 家增加到 181 家，净增 25 家。工业增加值 49.07 亿元，同比增长 34.6%。规模以上工业企业产值 142.7 亿元,同比增长 82.57%，其中汽车 17.31 亿元、增长 76.63%，纺织 14.72 亿元、增长 25.28%，食品 48.29 亿元、增长 131.83%,化工 12.54 亿元、增长 32.98%。销售产值 140.22 亿元,同比增长 84.98%,;工业增加值 43.14 亿元，同比增长 61.25%，其中，轻工业增加值 24.99 亿元，同比增长 61.29%；重工业增加值 18.12 亿元,同比增长 61.32%。主要产品产量“十升三降”。规模以上工业企业完成刹车片产量 34 950 吨，同比增长 2.79%；纱产量 6.35 万吨，同比增长 31.3%；布产量 7 346 万米,同比增长 112.12%;农用化肥(折 100%)产量 8.68 万吨，同比增长 16.07%；水泥产量 28.52 万吨，同比增长 21.97%；改装汽车 2 714 辆，同比增长 30.36%；小麦粉产量 118.7 万吨,同比增长 125.71%;合成氨产量 13.44 万吨，同比增长 4.3%;汽车车架 7.13 万架,同比增长 14.38%;金银饰品 298.7 万克,同比增长 28.2%;服装产量 195.55 万件,同比减少 56.69%;原盐产量 26.84 万吨,同比减少 13.88%；饮料酒产量 2 777 万升,同比减少 71.45%。

规模以上工业主营业务收入 129.85 亿元，同比增长 83.06%。利税总额 21.21 亿元，同比增长 29.48%。其中利润额 14.69 亿元，同比增长 59.09%。全社会用电量 11.08 亿千瓦时，同比增长 3.66%。其中，工业用电量 8.4 亿千瓦时，同比下降 0.37%。建筑业增加值 4.48 亿元,可比增长 0.2%。

外贸出口额 1 628 万美元，增长 29.62%。招商引资项目 256 个，比上年同期增加 38 个，增长 17.44%。招商引资额 28 亿元,增长 79.49 %。社会消费品零售总额 71.29 亿元,增长 24.9%。其中城市 38.92 亿元，增长 24.4%；农村 32.37 亿元，增长 25.5%，农村消费增幅快于城市 1.1 个百分点。

财政总收入 83 172 万元，同比增长 29.89%，其中税收收入 39 857 万元，同比增长 25.8%。地方财政总收入 55 688 万元,同比增长 22.8%。地方一般预算收入 36 447 万元，同比增长 25.3%。其中税收 17 823 万元,增长 25.3%;地方财政一般预算支出 202 386 万元，增长 56.8%。金融机构存款余额达 126.93 亿元，比年初增加 18.4 亿元,比同期增长 16.96%,其中居民储蓄存款余额 97.92 亿元，增加 13.42 亿元，比同期增长 15.81%，金融机构贷款余额 35.69 亿元，增加 8.38 亿元,比同期增长 30.71%。

全社会固定资产投资和城镇以上固定资产投资分别达 66.78 亿元和 53.07 亿元，分别增长 75.6%和 82.2%。在建施工项目 399 个,比上年同期的 243 个增加 156 个，同比增长 64.2%。其中，新开工项目 365 个，比上年同期的增加 164 个，同比增长 81.6%。第一产业完成投资 4.2 亿元，同比增长 309.5%。第二产业完成投资 39.6 亿元,同比增长 74.6%,其中:工业投资 39.6 亿元，同比增长 74.6%。采矿业 1.6 亿元,同比增长 9.04%,制造业 38 亿元,同比增长 79.1%。4 个亿元以上重点项目完成投资 4.2 亿元,同比下降 17.8%。房地产开发完成投资 4.42 亿元，同比增长 15.9%,房屋施工面积 74.4 万平米，同比增长 60.4%。其中,住宅 59.7 万平米,同比增长 63.9%。商品房销售面积 32.7 万平米，同比增长 209.2%。其中,住宅销售面积 29.6 万平米,同比增长 183.6%。商品房销售额 4.1 亿元,同比增长 285.7%。其中，住宅销售额 3.4 亿元,同比增长 232.0%。

公路通车总里程 4 570 千米。其中，过境高速公路 1 条 56 千米,国道 1 条 60 千米,省道 3 条 146.63 千米，县道 16 条 338.61 千米。货物周转量 147 328 万吨千米,旅客周转量 94 111 万人千米。邮政业务总量 3 417 万元,增长 11.07%;电信业务总量 21 313 万元,增长 5.48 %。移动电话用户 35.98 万户,增长 31.04%。年末固定电话用户 10.48 万户,比上年减少 2.2 万户。接待国内游客 85.9 万人 (次)，比上年减少 13.93 %;旅游外汇收入 87 万美元，增长 4.82%；国内旅游收入 3.12 亿元,同比增长 5.05%。

各级各类学校 189 所,在校学生 12.79 万人。其中:职业高中学校 5 所，在校学生 0.81 万人；普通中学 43 所，在校学生 5.75 万人;小学 141 所,在校学生 6.23 万人。专任教师 8 665 人,其中职业高中 426 人,普通中学 4 251 人,小学 3 988 人。幼儿园 204 所, 在园儿童数 1.84 万人。学龄儿童入学率 100%,初中毕业生升学率 91%,九年义务教育完成率 98.7%。

有博物馆 1 个,公共图书馆 1 个,图书总藏量 11.2 万册。体育场馆 13 个。广播综合人口覆盖率为 100%;电视综合覆盖率为 96%。卫生系统有卫生人员 4 778 人(不含社会办医),其中卫生技术人员 3 505 人。有卫生机构 617 家,其中卫生部门卫生机构 528 家,其他部门卫生机构 89 家。卫生部门卫生机构中有市直卫生单位 8 家(含市红十字会、市爱卫办、市合管办),中心卫生院 4 家,乡镇卫生院 23 家,村级卫生室 493 家。市区有市级综合医院 1 所, 地段医院 4 所,中医、防疫、保健和教学机构各 1 所。医疗卫生机构床位数 1 946 张, 每千人拥有病床数 1.77 张, 其中市区床位 832 张,市区千人拥有病床 3.78 张。

城镇居民家庭恩格尔系数 33.6%, 城镇居民人均居住面积 39.65 平方米; 农村居民家庭恩格尔系数 49.84 %, 农村居民人均住房面积 37.51 平方米。城镇企业职工参加基本养老保险人数 4.26 万人,比上年增长6.75%,农村参加养老保险人数 18.61 万人。城镇失业保险参保人数 2.58 万人,同比增长 0.94%。城镇职工基本医疗保险人数 4.38 万人,同比增长 12.13%。

工业废水排放达标量 381.59 万吨,比上年增加 61 万吨,工业废水排放达标率 97.77%,比上年增加 1.76 个百分点;二氧化硫排放量 796.07, 比同期减少 622 吨。环境污染治理本年投资总额 950 万元,同比增长 15.85%。当年造林面积 2007 公顷, 森林覆盖率 30.14%。

枣阳基本情况见表 66。

【领导机构负责人】

中共枣阳市委员会

书　记　岳兴平
副书记　汪厚安　陈玉麟
常　委　赵正鹏　范景玉
　　　　段永建
　　　　张智勇(11 月止)
　　　　杜受富(3 月止)
　　　　刘　明(12 月任)
　　　　柴普军　杨富杰
　　　　周世云
　　　　任继远(3 月任)
　　　　毕奎明(1 月任、12 月止)
　　　　张永海(3 月任)
　　　　吕清水(3 月止)

枣阳市人大常委会

主　任　岳兴平
副主任　赵志海　马长兴
　　　　柯德志　张洪全
　　　　魏学明　隗根朝
　　　　付　毅

枣阳市人民政府

市　长　汪厚安
副市长　范景玉　杨富杰
　　　　邱光秀
　　　　王士金(6 月止)
　　　　郭泽林　吴　恒
　　　　张晓军
　　　　毕奎明(1 月任、12 月止)
　　　　贺子保(1 月任、12 月止)

政协枣阳市委员会

主　席　杜国保
副主席　董良伦　程和平
　　　　马全新　张利平
　　　　陈大国

【北城街道办事处】 辖居委会 9 个:东园、南园、北关、北园、顺城回族、东南街、西南街、东北街、西北街社区居委会。年末总人口 26 050 人,男性 13 800 人。

2009 年生产总值 29.07 亿元,其中第一、二、三产业分别为 1 550 万元、124 300 万元、164 750 万元。农业总产值中,粮食作物 50 万元,亩平 1 100 元;经济作物 770 万元; 渔业 25 万元。农产品总产量:粮食 365 吨(其中小麦 165 吨、水稻 198 吨),肉类 310 吨,水产品 52 吨,禽蛋 85 吨。税收 1 361 万元,财政收入 2 101 万元,财政支出 2 101 万元。农民人均纯收入 6 630 万元, 比上年增加 1 310 元,增长 25%。个体工商经营户 3 980 户, 经营总额 12 700 万元,税金 700 万元。

招商引资形成汽车及汽车配件、轻纺服装、食品加工和玻璃工艺为主的四大龙头支柱产业,兴建新华、华夏、四方三大工业园,有工业企业 350 家,其中规模以上工业企业 22 家。新增投资过 5 000 万元项目 5 个:湖北浩南钢结构工程有限公司、湖北四海新材料股份有限公司、枣阳飞马面粉厂、湖北一锦汽车零部件有限公司、昶鑫纱业有限公司。

(李洲洋)

【南城街道办事处】 辖村委会 15 个、居委会 11 个: 惠岗、段湾、后湖、毛河、董岗、李庄、高寨、彭岗、耿畈、中陈岗、曹岗、舒庙、太平岗、严湾、毛岗村和李桥、史岗、沙店、砖瓦、霍庄、王湾、惠湾、梁集、宋湾、政法街、民营区。版图面积约 114 平方千米,辖区总人口 13 万,其中农业人口 53 153 人。

2009 年生产总值 15.6 亿元。农业总产值 2.9 亿元,其中,粮食作物 7 016 万元,经济作物 15 640 万元;渔业 634 万元。农业总产量:粮食 43 848 吨(其中小麦 16 291 吨、水稻 24 728 吨),油料作物 3 401 吨, 瓜果 11 150 吨,水产品 907 吨,禽蛋 318 吨。税收 3 360 万元,财政收入 3 254 万元(其中省下拨的财政补贴 1 238 万元), 财政支出 3 254 万元。农民人均纯收入 6 250 元,比

表 66 **枣阳基本情况**

项目	单位	指标	增加值	比上年增减（±%）
总人口	万人	111.86		
人口出生率	‰	12.01		
人口死亡率	‰	3.3		
版图面积	平方千米	3 277		
耕地面积	千公顷	109.65	7.82	
生产总值	亿元	153.93	30.69	16
农林牧渔总产值	亿元	89.8		12.92
农民人均纯收入	元	5 795	595	11.44
地方一般预算财政收入	万元	36 447	7 630	25.3
支出	万元	202 386	73 311	56.8
税收收入	万元	39 857		25.8
金融存款余额	亿元	126.93	18.41	16.96
金融贷款余额	亿元	35.69	8.39	30.71
农林牧渔产值	亿元	89.8	10.3	12.92
粮食作物产量	万吨	120.02	4.45	3.86
棉花产量	万吨	1.43	0.03	0.7
油料产量	万吨	4.87		-4.13
生猪出栏	万头	90.01		12.51
家禽出笼	万只	2 400		5.04
工业增加值	亿元	49.07		34.6
社会消费品零售总额	亿元	71.29		24.9
外贸出口额	万美元	1 628		29.62
招商引资额	亿元	28		79.49
全社会固定资产投资	亿元	66.78		75.6

（蒋宇航）

上年增加906元，增长16.9 %。个体工商经营户9543户，经营总额54 320万元，税金2 130万元。

办事处位于枣阳城郊结合部，汉丹铁路，孝襄高速穿境而过，316国道横跨东西，寺沙省道直贯南北。有企业280余家，形成化工产业、轻纺印刷产业、汽车配件摩擦材料产业三大支柱产业。米朗科技工业园区、“三金”精细化工工业园区、摩擦材料工业园区形成吸纳投资项目的经济“洼地”。

（章艳蓉）

【环城街道办事处】 辖村委会31个：土铺、柿子园、鲍庄、崔庄、西郊、杨坡、王寨、齐集、赵集、刘楼、二郎、刘桥、坡下、袁庄、双庙、玉皇、上河、下河、叶庄、孙庄、方湾、十里、孙井、花果、八里、侯井、东郊、草堰、赵当、上当、董田村。年末总人口57 885人，男性29 660人。

2009年生产总值18.96亿元，其中第一、二、三产业分别为4.6691亿元、12.7441亿元、1.5468亿元。一、二产业分别比上年增长27%、18%、三产基本持平。农业总产值中，粮食作物23 715万元，亩平2 482元；经济作物21 026万元；渔业1 950万元。农产品总产量：粮食53 821吨（其中小麦24 638吨、水稻24 798吨），油料作物3 244吨，果用瓜995吨，肉类50 000吨，水产品2 637吨，禽蛋4 405吨。税收1 258万元，财政收入3 001万元，（其中省下拨的财政补贴1 631.30万元）、支出2 992万元。农民人均纯收入0.57万元，比上年增加46%。个体工商经营户48户，经营总额384万元。

环城办事处以粮为主，棉花次之。蔬菜和渔业是特色产业。粮食播种面积13 593公顷，总产量5.4万吨。环城是枣阳市的“菜蓝子”工程基地，蔬菜瓜果种植面积57公顷，暖棚210余座，年产蔬菜18.7万吨供城区居民。四大水库水产面积660公顷，鲜鱼年产量2.88万吨。工业有粮食加工、棉纺、汽车配件制造和免烧砖。三杰有限公司年产面粉27万吨，标米5万吨，成为环城的龙头企业。

（王　玲）

【枣阳经济开发区】 辖居委会3个：西园、靳庄、茶棚居委会。年末总人口19 786人，男性10 065人。

2009年生产总值113 000万元，其中第一、二、三产业分别为1 519万元、72 126万元、39 355万元，分别比上年增长47%、106%、64%。农业总产值中，粮食作物695万元；经济作物226万元；渔业4万元。农产品总产量：粮食1 731吨（其中小麦896吨、水稻716吨），蔬菜1 160吨，瓜果200吨，肉类150吨，水产品4吨，禽蛋36吨。税收1 918万元，财政收入1 988万元、支出1 956万元。农民人均纯收入6 327元，比上年增加

5 263 元,增长 20%。个体工商经营户 365 户, 经营总额 29 520 万元,税金 195 万元。

(赵赞华)

【鹿头镇】 辖村委会 29 个、居委会 2 个:翟庙、武岗、尚庄、拾河、武庄、何庄、郭营、娄子庄、龙窝、简庄、松扒、九里、马冲、刘庄、吉庄、小王庄、董河、张庄、白庙、陈庄、邓店、张河、朱堰、方湾、吉岗、丁庄、蒋庄、郭巷、梁庄村和鹿头、吉河居委会。年末总人口 69 864 人,男性 32 672 人。

2009 年生产总值 78548 万元,其中第一、二、三产业分别为 51 092 万元、28 000 万元、5 618 万元, 分别比上年增长 10%、8%、10%。农业总产值中,粮食作物 12 253 万元, 亩平 1 420 元;经济作物 2 863 万元;渔业 1 760 万元。农产品总产量:粮食 65 144 吨(其中小麦 28 658 吨、水稻 33 111 吨),油料作物 2 948 吨,瓜果 38 084 吨, 肉类 1 750 吨,水产品 3 110 吨,禽蛋 2 600 吨。税收 839 万元, 财政收入 2 325 万元、支出 2 325 万元。农民人均纯收入 5 242 万元,比上年增加 720 元,增长 20%。个体工商经营户 302 户,经营总额 1.2 亿元,税收 26 万元 。

鹿头镇形成机械加工、粮食加工、木材加工和酿酒四大产业。年产轧面机 5 万台,标米 8 万吨,面粉 6.2 万吨,胶合板 20 万张,黄酒 2.5 万公斤,白酒 1.2 万公斤 。

(吕 强)

【新市镇】 辖村委会 39 个、2 个居委会:新一、前湾、赵庄、付家湾、谢棚、孟子坪、东李湾、前井、钱岗一、大堰、钱岗二、鸿雁河、熊岗、骆楼、钱当、李楼、王老庄、张巷、西李湾、汤河、王大桥、新集、肖庄、高庄、洛河北、山头李、黄湾、郑家湾、彭庄、邓棚、火青、任岗、周楼、杨庄、邢川、白露、姚棚、骆庄、泉沟村和新市、钱岗居委会。年末总人口 57 915 人,男性 29 895 人。

2009 年生产总值 60 421 万元,其中第一、二、三产业分别为 32 264 万元、19 555 万元、8 602 万元。分别比上年增长 12%、8%、7%。农业总产值中,粮食作物 6 791 万元,亩平 1 150 元;经济作物 10 548 万元;渔业 2 147 万元。各类农产品总产量分别为:粮食 46 425 吨(其中小麦 18 972 吨、水稻 24 050 吨),油料作物 8 557 吨, 瓜果 58 505 吨,肉类 29 415 吨,水产品 3 305 吨,禽蛋 5 800 吨。税收 310 万元,财政收入 2 210 万元(其中省下拨的财政补贴 1 512 万元)、支出 2 210 万元。农民人均纯收入 5 328 元,比上年增加 900 元,增长 20%。个体工商经营户 1 124 户, 经营总额为 3 372 万元,税金 180 万元。

新市镇水果产业桃生产面积 4 133.33 公顷,其中标准化生产示范基地 1 066.67 公顷,年产量 7.7 万吨,创产值 9 900 万元;养殖业以鑫泰养殖公司为龙头,养殖大户 390 户,出栏(笼)生猪 10.3 万头、牛 1.8 万头、羊 3.3 万只、禽 138 万只,产值 7 004 万;引进工企业项目 10 个, 合同利用埠外资金 6 790 万元,比上年增长 50.9%。新增个体工商户 76 户,新上民营企业 10 家。

(张前进)

【太平镇】 辖村委会 63 个、居委会 2 个:李岗、南街、北街、胡庄、余堰、李占岗、高楼门、卫岗、司岗、高夏庄、寺庄、王庄、五里桥、翟庄、肖毛、北张庄、北高庄、北刘庄、石矿场、东街、西街、付庄、陈河、桃园、桑园、西张庄、韩岗、赵庄、郭王、南高庄、李石、高公、三官、荣光、竹园、徐庄、秦岗、黄王庄、张柏岗、张当、五房、清凉、孟集、荣庄、莘庄、姜岗、蛮子营、蒜园、黄岗、南街、北街、杨庄、赵河、姜庄、舒庄、贾洼、大王、双河、三户刘、袁庄、康河、崔当、付岗村和太平、姚岗居委会。年末总人口 10.3 万人, 其中男性 5.3 万人。

2009 年生产总值 19.3 亿元,其中第一、二、三产业分别为 7.8 亿元、7 亿元、4.5 亿元。分别比上年增长 4.2%、73.3%、8.4%。农业总产值中,粮食作物 2.5 亿元,亩平 760 元;经济作物 5 128 万元;渔业 1 480 万元。农产品总产量:粮食 156 251 吨(其中小麦 73 002 吨、水稻 34 553 吨),油料作物 3 794 吨 ,瓜果 1 683 吨,肉类 9 162 吨,水产品 1 973 吨,禽蛋 3 164 吨。税收 477 万元。财政收入 1 028 万元(其中省下拨的财政补贴 350 万元)、支出 1 027 万元。农民人均纯收入 5 806 元,比上年增加 990 元,增长 20.6%。个体工商经营户 786 户,经营总额 1 200 万元,税金 29 万元。

太平镇位于鄂豫交界的唐梓山脚下,版图面积 252 平方千米。以农业为主。耕地面积 13 064 公顷,其中水田 3 549 公顷、旱地 9 515 公顷。粮食种植面积 21 924 公顷, 总产量 15.6 万吨,其中,水稻 3 408 公顷,总产量 3.5 万吨; 小麦 11 191 公顷,总产量 73 002 吨;杂粮 54 公顷,总产量 272 吨。经济作物中,棉花 516 公顷,总产量 516 吨;油菜 488 公顷,总产量 1 243 吨;芝麻 402 公顷,总产量 325 吨;绿豆、黄豆 284 公顷,总产量 862 吨;蔬菜 211 公顷,总产量 31 485 吨; 水果 1 275 公顷,总产量 15 348 吨。

(孙泽云)

【杨当镇】 辖村委会 38 个、居委会 4 个:黄庄、孙田、杜庄、杜庙、史庄、司庄、小河湾、西村、孙岗、赵堂、孙寨、刘坡、桃园、光寺、长营、徐寨、薛场、红沙河、杨田、店子、牛庄、马庄、前王、樊庄、代庄、仲庄、官亭、郝棚、闫宋、胡营、郝店、张官、张庄、夏庄、陈寨、聂集、石台寺、四铺村和高店、李庄、杨当中心、余庄社区居委会。年末总人口74 850人,男性39 200人。

2009生产总值76 085万元,其中第一、二、三产业分别为38 983万元、2 574万元、3 016万元,分别比上年增加10.28%、16.79%、28.18%。在农业总产值中,粮食作物14 645万元,亩平976元;经济作物3 200万元;渔业874万元。农作物总产量:粮食119 394吨(其中小麦55 660吨、水稻19 369吨),油料作物3 247吨,肉类10 020吨,水产品3 340吨,禽蛋5 015吨。税收286万元,财政收入2 816万元、支出2 816万元(含上级补助收入)。农民人均纯收入6 157万元,比上年增加1 202元,增长24.26%。个体工商经营户1 260户,经营总额33 568万元,税金270万元。

杨当镇地处枣阳西北,位于鄂豫两省四县(市)区交汇处,西与襄阳区接壤,北与河南省唐河、新野两县毗邻,是航天英雄聂海胜的家乡,是鄂西北的农业大镇。农业突出小麦、玉米、水稻三大主导产业,优质小麦种植面积保持在1万公顷以上,产量居枣阳第一。粮食加工企业50余家,年加工转化粮食15万吨,是鄂西北、豫西南的主要粮食集散地。养殖业形成以兔、猪、鸡、牛养殖四大主导养殖产业。农药化工产业天燕化工有限公司是农业部和原化工部定点的农药生产厂家,其农药产品有5大类80多个品种,年产值7 000万元。

(潘开祥)

【七方镇】 辖村委会69个、居委会5个:罗岗、贾岗、何湾、朱寨、东汪营、姜店、方庄、周庄、毛坡、卫庄、王庄、肖巷、于王岗、西坡、大付庄、阮店、宋王、黄河、潘岗、杨庙、祠堂、徐桥、罗桥、杜寨、王岗、花园、套楼、梁冲、张楼、邓寨、申冲、张桥、三官、夹河、隆兴、梁家、祝岗、木桥、大房、张冲、胡坡、文庄、闫坡、园林、孙坡、杜坡、闫岗、陈里店、王坡、罗咀、敖坡、李湖、杨冲、方寨、常庄、安庄、邓庄、郑庄、曹营、官庄、箱庄、老街、秦庄、赵岗、洪寨、汪营、崔岗、胡庄、彭家村和罗岗、七方、刘寨、高集、大店居委会。年末总人口105 315人,男性53 434人。

2009年生产总值181 051万元,其中第一、二、三产业分别为102 099万元、36 561万元、42 391万元,分别比上年减少3.6%、增加7.8%和6.4%。农业总产值中,粮食作物37 675万元,亩平884元;经济作物21 035万元;渔业2 524万元。农产品总产量:粮食200 014吨(其中小麦14 202吨、水稻53 166吨),油料作物2 178吨,瓜果186 411吨,肉类16 901吨,水产品3 219吨,禽蛋4 413吨。税收546.97万元,财政总收入3 717万元(其中省下拨79.87万元)、支出3 717万元。农民人均纯收入5 721元,比上年增加683元,增长13.6%。个体工商经营户869户,经营总额14 167万元,税金263万元。

农业按照"东瓜、西果、南油、北粮、全畜禽"的产业结构布局,西瓜、优质稻麦、油料种植面积常年保持在3 333.33公顷、1.33万公顷和2 000公顷,各类养殖小区10个,年循环养猪百头以上的大户300家、养禽万羽以上的大户18家。招商引资从2003年的100万元起步,到2009年累计引进埠外资金3亿多元(其中2009年招商引资1.34亿元),新上项目63个,初步形成农副产品加工、建材、纺织、化工四大产业雏形。建成七方商贸小区、七方腾飞大市场、罗岗金康苑小区等专业市场三个。

(陈华清)

【琚湾镇】 辖村委会34个、居委会1个:三王、青龙、长堰、罗棚、马岗、郑岗、程岗、侯岗、钱寨、古城、徐畈、高庵、三房、勾庄、杨畈、吴湾、曹冲、郭庄、闻庄、琚庄、琚东、琚西、闫家岗、蔡东、蔡西、吴坡、余咀、胡岗、芦坡、瓦子岗、刘岗、祝冲、尹寨、车站村和琚湾街道居委会。年末总人口81 226人,其中男性42 237人。

2009年生产总值208 985万元,其中第一、二、三产业为68 573万元、69 137万元、71 275万元,分别比上年增长5.71%、39.2%、40.1%。农业总产值中,粮食作物14 590万元,亩平818元;经济作物27 687万元,渔业4 142万元。农产品总产量:粮食88 447吨(其中小麦44 471吨、水稻36 356吨),油料作物4 646吨,瓜果25 290吨,肉类6 370吨,水产品5 279吨,禽蛋4 119吨。税收350万元,财政收入2 800万元(其中省下拨的财政补贴800万元)、支出2 800万元。农民人均纯收入5 816元,比上年增加716元,增长14.04%。个体工商户3 916户,经营总额46 800万元,税金120万元。

琚湾镇三大特色产业:棉花加工业。2005年4月枣阳市人民政府设立枣阳蔡阳棉花加工纺织工业园区,园区内形成以瑞丰棉业纺织有限公司、昌盛棉业纺织有限公司、丰宝棉业有限公司、襄樊银基棉业公司蔡阳分公司、宏达棉业公司为龙头的棉花加工企业91家,油脂加工企业

2家,纺纱企业2家,资产总额在1.5亿元以上,从业人员1.2万人,设备加工能力可达20万吨(皮棉),实际加工量3万~5万吨,产值4亿元以上,利税2 500万元,产品畅销广东、山东、浙江等20多个省市,成为华中地区最大的棉花加工经营集散地。剥板加工业形成以美森木业有限公司、闫小波剥板加工厂为龙头的剥板加工企业26家,压板企业1家。芥菜加工产业有申畈、古城等14个沿河村种植芥菜,并形成以襄樊市红宝酱制调味品厂、古城酱品厂为龙头的芥菜加工企业27家,企业总资产223万元,其中固定资产88万元,职工人数120人。

(耿学勇)

【熊集镇】 辖村委会23个、居委会2个:茶庵、檀湾、段营、熊集、熊河、前营、卢岗、杜岗、后营、湾堰、耿集、梨园、楼子、九龙、李湾、毛榨、赵庙、钟湾、红土、当咀、梁山、猴王山、风景区和熊集、耿集街道居委会。年末全镇总人口48 120人,男性24 385人。

2009年生产总值89 446万元,其中第一、二、三产业各44 620万元,3 400万元,10 826万元。分别比上年增长16%、47%、20%。农业总产值中,粮食作物产值为22 349万元,亩平2 300多元;经济作物产值为7 965万元;渔业3 875万元。农产品产量分别为:粮食55 315吨(其中小麦20 568吨、水稻34 372吨),油料作物2 703吨,瓜果13 526吨,肉类11 815吨,水产品4 505吨,禽蛋5 800吨。税收628万元,财政收入2 308万元、支出2 308万元,农民人均纯收入6 500元,比上年增加1 678元,增长26%。个体工商经营户436户,经营总额7 265万元,税金132万元。

招商引资及项目资金投入1.97亿元,新建扩建15个工业项目,其中新上项目3个,完成固定资产投入3 750万元;工业企业增加值7 650多万元,工业总产值3 400多万元。工商企业81个,其中从业人员4 374多人。形成四大支柱产业(以枣阳民生机件有限公司生产为主的汽车零配件产业,以唐军米厂为主的米面加工产业,以水晶钻石、木珠和头饰发夹为主的工艺品加工产业,以枣阳华毅建材制品有限公司生产为主的建材产业),主要工业产品有汽车钢板、汽车轮胎、珍珠饰品、木珠、头饰发夹、轧面机、拖车、光学镜片、红砖、复混肥、磷肥、木板、石灰粉、优质米面、茶叶、磷矿石、石灰石、过磷酸钙、木材精品包装箱等。工业销售收入13 493多万元,利税2 591多万元。畜禽养殖为农民增收的主导产业,2008年度被襄樊市授予家禽出笼大镇;2009年新增养殖户23家,养殖户89家,家禽养殖522万只。

(屠玉峰)

【吴店镇】 辖村委会44个、居委会2个:新庄、春陵、姚岗、西赵湖、圣庙、二郎、肖湾、周寨、黄家庙、东赵湖、树头、滚河、余畈、五口、沈畈、白马堰、高峰、达子、田台、徐楼、白水、凉水、李寨、同心、皇村、施楼、柴家庙、唐家老湾、东冲、蒋畈、喻咀、双槽门、三里岗、徐寨、程湾、双湾、井湾、旗杆湾、长里岗、大堰角、玉皇庙、何湾、花屋脊、史祠村和中心社区、清潭社区居委会。年末总人口94 188人,男性51 803人。

2009年工农总产值40.8亿元,其中工业总产值32.9亿元,农业总产值7.9亿元,分别比上年增长29%、23%。农业总产值中,粮食作物19 295万元,亩平1 044元,渔业2 321万元。农产品产量:粮食96 497吨(其中小麦37 590吨,水稻55 863吨),油料作物2 677吨,瓜果2 404吨,肉类21 368吨,水产品2 673吨,禽蛋4 233吨。税收1 631.86万元,财政收入3 055.21万元、支出3 049.71万元。农民人均纯收入6 368元,比上年增加1 102元,增长20.9%。

农业有甘蔗、食用菌、茶叶、优质桃、养殖业等特色产业,甘蔗种植面积333.33公顷,优质桃200公顷,食用菌100万袋,生猪20万头,家禽213万只。工业增加值9.7亿元,同比增长10%;完成固定资产投资52 000万元,同比增长30%。全年引资55 000万元,同比净增18 000万元,新上项目9个,同比增加2个,新增投资过亿元的项目1个,即中储粮襄樊分公司投资1.3亿元建设大型仓储基地。加强纺织、塑编、粮食加工等主导产业的提档升级。完成工业总产值32.9亿元。

投资1 000多万元,打造AAA级精品景区,完成光武祠组群、塑像、院内铺装和牌坊工程,通过省建设厅检查组对景区综合整治工作的检查验收,白水寺风景区列入国家AAA级风景名胜区。

(雷长艳)

【平林镇】 辖村委会18个、居委会1个:平林、余咀、方湾、新庄、杜湾、台子湾、高冲、北棚、宋集、柴家湾、清水店、范湾、吴集、包畈、胡湾、新集、雷山、杨集村和平林居委会。年末总人口32 110人,男性18 500人。

2009年生产总值5.8亿元,其中第一、二、三产业分别为3.5亿元、1.2亿元、1.1亿元,分别比上年增长4%、20%、10%。农业总产值中,粮食作物9 000万元,亩平 1 300 元;经济作物 700 万元;渔业 2 000 元。农产品总产量:粮食 51 222 吨(其中小麦 19 742 吨、水稻 26 749 吨),油料作物 1 319 吨, 瓜果 23 459 吨,肉类 3 万吨,水产品 1 764 吨禽蛋 123 吨。税收 293 万元,财政收入 1 200 万元、支出1 200 万元。农民人均纯收入 0.6187 万元, 比上年增加 987 元, 增长 19%。个体工商经营户 300 户, 经营总额 900 万元, 税金 80 万元。

平林镇系三大特色产业:水稻种植获湖北省优质稻示范区称号,平林镇牌大米获湖北省优质产品称号;四井岗油桃基地被评为省级标准化示范区,湖北省名牌产品;小区化养殖模式在枣阳得到全面推广。

(王军勇)

【王城镇】 辖村委会 33 个、居委会 2 个:古岭、长冲、陈店、黄楼、耿湾、王城、杜湾、双楼、柳湾、付寨、周湾、伍河、高庙、新店、金银、三门寨、付楼、官营、资山、董楼、罗汉、团山、端公、白水、松岗、胜龙、罗庙、王桥、李桥、螺丝岗、石堰、陈庙、雨坛村和王城、资山居委会。版图面积 188 平方千米。总耕地面积 4 744.07 公顷,其中水田 3 557.87 公顷,旱地 1 186.2 公顷。年末总人口 50 591 人,男性 26 283 人。

2009 年生产总值 86 000 万元,其中第一、二、三产业分别为 30 000 万元、29 000 万元、27 000 万元, 分别比上年增长 9.4%、10%、35%。农业总产值中,粮食作物为 13 037 万元,亩平 1 185 元;经济作物 7 300 万元;渔业 4 109 万元。农产品总产量:粮食 65 041 吨 (其中小麦 27 100 吨、水稻 36 271 吨),油料作物 1 440 吨,瓜果 5 357 吨,肉类 11 923 吨,水产品 2 687 吨,禽蛋 3 586 吨。税收 390 万元,财政收入 1 900 万元、支出 1 900 万元。农民年人均纯收入 6 307 元,比上年增加 1253 元, 增长 24.79%。个体工商经营户 668 户,经营总额为 5 980 万元, 税金 248 万元。

王城镇位于枣阳东南,大洪山余脉北麓,形成以茶叶、干果、黑木耳的特色种植产业和以农副产品深加工的农业产业化,以及以养鸡、养猪、养羊的养殖业。茶叶面积 533.33 公顷, 年产值达 600 多万元,其中圣龙山茶叶茶园面积 333.33 公顷, 年产优质茶 10 万公斤, 年产值 350 万元,利税 40 余万元。干水果总面积 533.33 公顷, 其中板栗 333.33 公顷, 油桃 66.67 公顷,冬枣 33.33 公顷,梨 66.67 公顷。黑木耳生产 500 万筒,年产黑木耳 750 吨, 产值 3 750 万元,人均增收 900 元。年出栏肉鸡 140 万只,禽蛋产量 3 481 吨,主要有长冲村的养鸡大户刘吉虎、付寨村的养鸡大户周明海等 17 个养鸡大户; 年循环出栏肉猪 5.7 万头,主要有三门寨的养猪大户谢传德、团山村的养猪大户吴地国等 43 个养猪大户; 年出栏肉羊 8.5 万只,创产值 5 440 万元,主要有资山村的张长顺、白水村的胡全学、长冲村的丁家红等 56 个养羊大户。

(余天水)

【兴隆镇】 辖村委会 32 个、居委会 2 个:刘畈、柏树、大西、旗杆、大庙、亢老湾、优良、李楼、白土、红花、柏湾、乌金、陈岗、周台、耿桥、万楼、冯楼、大堰、冯岗、贺湾、李庙、中楼、灵庙、随阳、竹林、陈楼、池湾、堂湾、紫庙、杨楼、兴隆、草寺村和街道、新鑫社区居委会。年末总人口 54 971 人,男性 28 118 人。

2009 年生产总值 216 637 万元,其中第一、二、三产业分别为 66 637 万元、90 000 万元、60 000 万元, 分别比上年增长 0.97%、25%、35%。农业总产值中,粮食作物 23 440 万元,亩平 1 669 元;经济作物 3 525 万元;渔业 4 109 万元。农产品总产量:粮食 71 315 吨(其中小麦 32 779 吨,水稻 33 996 吨),油料作物 2 601 吨, 瓜果 28 337 吨,肉类 13 458 吨, 水产品 4 958 吨,禽蛋 6 481 吨。税收 909 万元, 财政收入 1 370.43 万元、支出 1 325.56 万元。农民人均纯收入 5 958 元, 比上年增加 755 元,增长 14.51%。个体工商经营户 1 500 户,经营总额为 35 000 万元,税金 500 万元。

水稻种植面积 3 466.67 公顷、小麦 5 133.33 公顷、棉花 1 200 公顷、油料 866 367 公顷、瓜果 666.67 公顷,粮食总产 71 315 吨,棉花、油料、水果总产分别达 1 491 吨、2 601 吨、15 967 吨。年末生猪存栏 5 万头、出栏 8.5 万头,牛存栏 2.2 万头、出栏 0.58 万头, 羊存栏 1.5 万只、出栏 1.8 万只,鸡存笼 112.4 万只、出笼 151.2 万只,鸭存笼 26.4 万只、出笼 21.6 万只,鹅存笼 14.4 万只、出笼 20.2 万只。有渔堰面积 716 公顷, 产量 4 958 吨,产值 4 109 万元。生猪“150”型养殖场 14 家,“500 型” 养殖场 6 家; 养牛百头以上大户 2 户;养羊百只以上的大户 5 户; 肉鸡 10 万只以上的大户 5 户,蛋鸡 2 万只以上的大户 1 户,种鸡 1 万只以上的大户 1 户。李楼、杨楼在建两个万头养猪场。工业企业户数 870 家, 从业人员 8 430 人,其中工业 329 家,从业人员 5 735 人,规模以上工业企业 11 家, 总产值 15 亿元, 营业收入 13.5 亿元, 利润 8 500 万元,上交税金 510 万元。其中工业现价总产值 9 亿元,营业收入 8.1 亿元,利润4 000万元,上交税金420万元。汽车运输产业拥有各种不同类型的运输车辆1 400多辆,其中"拖头"、"康明斯"、"东风140"等大型长途运输汽车600多辆,"130"、农用车等小型短途运输汽车800多辆,长短途客运中巴车42辆,桑塔纳等个体出租车30余辆,从业人员3 600余人,年营运额3.5亿元,上缴各种税费1.5亿元。号称"汽车运输湖北第一大镇"。

(谢光泽)

【刘升镇】 辖村委会26个:油坊、黄湾、姜湾、高堤、杜当、生炉、王湾、习湾、刘升、李老湾、榆树、谢湾、杉树林、田湾、龚陈、马寨、北河、枣林、金峡、杨湾、罗寨、大河、小店、刘湾、赵老湾、杨老湾村。年末总人口35 723人,男性18 219人。

2009年生产总值57 062万元,其中第一、二、三产业分别为42 391万元、13 006万元、1 665万元,分别比上年增长8%、25%、8%。农业总产值中,粮食作物10 774万元,亩平2 031元;经济作物10 773万元;渔业1 279万元。农产品总产量分别为:粮食46 022吨(其中小麦21 893吨、水稻21 095吨),油料作物3 849吨,瓜果7 592吨,肉类10 187吨,水产品1 619.1吨,禽蛋4 527吨。税收313.5万元,财政收入1 646万元(其中省下拨的财政补贴1 038.8万元)、支出1 646万元。农民年人均纯收入0.59万元,比上年增加889元,增长17.7%。

个体工商经营户1 343户,经营总额2 683万元,税金35万元。

(杜群林)

【车河管理区】 辖村委会11个、居委会1个:车河、李楼、李集、王畈、顺河、檀楼、孙畈、吴湾、徐岗、碾子台村、林果茶业公司和车河街道居委会,年末总人口10 737人,男性5 608人。

2009年生产总值5 290万元,其中第一、二、三产业分别为3 461万元、932万元、897万元,分别比上年增长13%、29%、12%。农业总产值中,粮食作物3 096万元,亩平1 070元;经济作物1 860万元;渔业860万元。农产品总产量:粮食15 200吨(其中小麦5 885吨、水稻7 786吨),油料作物1 035吨,瓜果1 930吨,肉类1 320吨,水产品1 444吨,禽蛋321吨。税收75万元,财政收入350万元、支出350万元。农民人均纯收入5 823元,比上年增加625元,增长12%。个体工商经营户536户,经营总额1 370万元,税金46万元。

(龚龙生)

【随阳管理区】 辖村委会12个、居委会1个:高堤、东岗、李湾、孙湾、董湾、园艺、谢寨、亢湾、刘湾、王湾、关庄、油房村和杨岗社区居委会。1个果树试验站。年末总人口9 295人,男性5 577人。

2009年生产总值7 600万元,其中第一、二、三产业分别为4 496万元、2 600万元、504万元,分别比上年增长26%、33%、15%。农业总产值中,粮食作物2 380万元,亩平均1 180元;经济作物520万元;渔业500万元。农产品总产量:粮食9 292吨(其中小麦4 817吨、水稻4 475吨),油料作物339吨,瓜果2 660吨,肉类398吨,水产品560吨,禽蛋55吨。税收110万元,财政收入210万元、支出210万元。农民人均纯收入5 965万元,比上年增加1 146元,增长24%。个体工商经营户300户,经营总额4 820万元,税金15万元。

(张宏平)

宜 城 (市)

【概况】 宜城位于鄂西北部、汉江中游,版图面积2 115平方千米。汉江由北向南穿境而过,将版图分为东西两个部分,东部丘陵系大洪山余脉,西部丘陵属荆山余脉,中间为汉江和汉江宜城段最大支流蛮河的冲积平原,整个地形地貌呈现出"四山一水五分田"的格局。是抗日英雄张自忠将军的殉国地。1994年6月撤县设市。2009年末户籍总人口563 460人,全年出生人口5 753人,死亡人口1 902人,人口自然增长率6.91‰。辖8个镇、2个街道办事处、1个省级经济开发区、1个工业园区。

2009年地区生产总值(GDP)85亿元,比上年增长16.5%,其中:第一产业增加值22.91亿元,增长0.9%;第二产业增加值38.9亿元,增长27.6%;第三产业增加值23.19亿元,增长15%,按常住人口计算,当年人均生产总值16 505元,比上年增加3 970元。生产总值中,第三产业增加值首次超过第一产业。三次产业结构由上年的30.78:39.65:29.57调整为2009年的26.95:45.76:27.29,其中第二产业增加值占生产总值的比重比上年提高6.1个百分点。

规模以上工业企业达151家,比上年净增36家,产值首次突破百亿大关,达103.04亿元,同比增长61.1%;工业增加值30亿元,增长51.8%。全年新增工业用地122公顷,工业累计用电59 442万千瓦时;产值超亿元的企业达24家,比上年增加6家;增加值30亿元,增长51.8%。企业主营业务收入94.11亿元,比上年增长62.2%;利税总额6.6亿元,增长59%,其中,利润

3.74亿元，增长125.8%；工业经济效益综合指数204.5%，比上年提高28.5个百分点。

资质三级以上建筑企业17家，总产值7.21亿元，比上年增长13.7%。房屋建筑施工面积49.26万平方米，比上年下降15.2%，房屋建筑竣工面积18.22万平方米，下降43.1%。商品房销售面积13.14万平方米，比上年净增2.53万平方米；商品房空置面积4.92万平方米，比上年减少2.78万平方米；商品房销售收入2.21亿元，比上年增长108.9%。

全社会固定资产投资总额44.19亿元，比上年增长74.2%。其中：城镇50万元以上投资36.96亿元，增长76.6%；农村私人投资2.21亿元，增长16.5%；房地产开发投资5.03亿元，增长98%。第一产业投资2.2亿元，比上年增长19.8%；第二产业投资24.03亿元，增长89.1%；第三产业投资17.96亿元，增长66%。民营经济总量达9 000余户（包括个体户），增加值54.55亿元，占全市地区生产总值的64.2%，上交税金1.64亿元，占全市税收总额的60.5%，吸纳从业人员3万余人。

公路通车里程3 182千米，其中，高速公路33.4千米，一级公路21.3千米，二级公路220.2千米，三级公路236.1千米。年末实有出租汽车141辆。民用汽车拥有量达7 320辆，比上年末增长2.3 %。货物周转量51 195万吨千米，比上年增长4.1%；旅客周转量35 554万人千米，增长3.2%。

邮电业务总量16 142万元，比上年增长6.3%。有固定电话用户4.85万户，比上年减少0.23万户，有移动电话用户27.37万户，新增4.26万户，电话普及率57.2部/百人，增长14.6 %，年末计算机互联网用户14 750户，新增2 817户。

社会消费品零售总额42.02亿元，比上年增长23.8%，按地区分，城镇24.58亿元，增长22.9%；农村17.44亿元，增长25.1%。分行业看：批发业6.14亿元，增长26.3%；零售业25.13亿元，增长27.5%；住宿餐饮业4.1亿元，增长28.8%；其他行业6.65亿元，增长7.4%。居民消费价格指数为98.7%，商品零售价格总指数98%，农业生产价格指数91.6%。出口创汇累计完成5 742万美元，同比增长9.2%。其中，按出口类别看，食品类3 014万美元，纺织品类2 634万美元，服装类66万美元，其他产品类28万美元。按单位看，雅新家纺1 360万美元、富亿织造1 035万美元、襄樊大山2 775万美元。实际利用外资4 401万美元，同比增长46%。招商引资总额39亿元，比上年增长150%。

有各类学校143所，在校学生58 472人，其中：普通中学在校生28 319人，同比减少2 626人；职业高中在校生3 780人，同比增加1 897人；小学在校生25 709人，同比减少24人；幼儿园在园人数6 731人，增加1 232人。小学、初中入学率分别为100%和98.7%，巩固率为100%和97.9%，“两率”达标创历史新高。高考一本上线487人，二本上线1 206人，上省线人数4 349人，上省线率86.8%，上本科线人数2 848人，上本科线率56.9%。600分以上的高分考生45人。参加中考考生5 682人，500分以上的考生1 899人。参加襄樊市第十五届中等学校田径运动会，获金牌8枚、银牌9枚、铜牌14枚。在国家、省、市各项比赛中，获金牌4枚，银牌5枚，铜牌6枚。

申报各类科技项目12项，到位项目无偿资金70万元，天鑫油脂、雅新家纺、襄大农牧等企业申报湖北省科学研究与开发项目6项，申报资金总额375万元；申报襄樊市级重点科学研究项目4项，申报资金89万元；楚台食品有限公司申报国家级星火项目1项，组织申报襄樊市科技成果奖励项目6项，其中有4项成果正在申请鉴定。鸿辉公司申报“年产40吨新型催化剂”项目获国家科技部立项，到位无偿资金70万元。有科技活动机构5家；安排科技攻关项目35项，完成专利申请量135件，其中专利发明5件，专利批准量35件；技术市场交易合同额1 600万元，主要农产品良种推广率97%。

挖掘整理传统舞蹈18种，民间乐曲120个曲牌，民间故事211篇，民间歌谣400首，民歌231首、1 017项。送戏下乡165场，另举办各种演出102场。送影下乡2140场，受众面达50万人次。广播电视台联办和自办栏目20个，广播电视覆盖率99.5%。

有卫生机构279个，其中医院、卫生院23个，疾病控制中心（防疫站）1个，妇幼保健院1个；卫生机构床位数1 163张；卫生机构人员1 851人，其中卫生技术人员1 503人，执业医师547人，注册护师（士）478人。无甲类传染病发生，累计报告乙类传染病962例，死亡2例，累计报告发病率为320.48/10万，累计报告死亡率为0.40/10万，与上年同期比下降75%。接种疫苗50 125人次，接种率98.54%；开展首批甲型H1N1流感疫苗免费接种，对一线医务工作人员和社区防控人员、消防干警、公共交通等重点人群进行接种，接种5 236人。

环境污染治理投资总额8 600万元。工业废水排放达标量1 310万吨，达标率98.2%，工业废气排放量253 903万标立方米，工业二氧化硫排放量1 950吨，工业固体废物产生量9.42万吨，“三废”综合利用产品产值827万元，“三废”综合利用产品利润243万元，地区地表水达标率100%，城镇大气环境质量达标率100%。大气总悬浮微粒年日平均值控制在0.08毫克/立方米以下，二氧化硫年日平均值控制在0.02毫克/立方米以下，城区环境噪声平均值控制在昼间67.5分贝以下、夜间53.5分贝以下，达城市功能区环境质量控制标准。万元GDP综合能耗2.08吨标煤，比上年的2.22吨标煤下降6.31%。

维修改造市区主次干道破损路面2万平方米，完成盘岗渠公园绿地6 930平方米，城市污水处理厂如期建成，投入使用。年末城市建成区面积达15平方千米，园林绿地面积390公顷，其中公共绿地面积73公顷，绿化覆盖率达32.1%。生活垃圾处理量6.2万吨，生活垃圾无害化处理率达90 %。供水综合生产能力15.83万吨/日，供水总量达31 941万吨。水资源总量7.03亿立方米。年末，有大中小型水库78座，其中大型1座，中型10座，小型67座，总库容45 219万立方米。天燃气供气总量达275万立方米。其中，居民生活用148万立方米，工业用748万立方米，商业及其他用379万立方米。

在岗职工年平均工资16 716元，比上年增长10%；农民人均纯收入6 063元，比上年增加611元，增长11.2%；农民人均生活消费支出4 028元，增长5.8%。城镇居民人均可支配收入10 269元，比上年增加889元，增长9.5%。城镇居民人均消费性支出7 340元，增长10.2%，恩格尔系数为39.3%。全年城镇新增就业人员6 657人，下岗失业人员再就业2 374人，农村劳动力转移就业13 896人；城镇失业率控制在4%以内。年末参加城镇基本养老保险人数72 411人，比上年增加2 107人。参加基本医疗保险人数33 917人，增加3 857人，参加失业保险人数21 880人，增加1 067人。企业、事业、机关单位离退休人员养老保险费1.98亿元，养老金按时足额发放。城镇居民最低生活保障标准为月210元，农村居民最低生活保障标准为年800元，保障城市低保对象11 920人，累计发放城市低保资金2 316万元，保障农村低保对象17 017人，累计发放农村低保资金1 351万元。接受社会捐赠75.5万元，年末各类收养性社会福利院35所，床位2 558张，收养2 518人。

9月1日，总投资6亿元的葛洲坝宜城水泥有限公司日产4 800吨新型干法水泥熟料生产线投产。由中国葛洲坝集团股份有限公司与宜城市建设投资经营有限公司分别按97%与3%出资比例投资兴建的宜城水泥熟料项目，概算总投资6亿元，于2008年3月签约，当年10月主体工程破土动工，2009年8月下旬竣工试生产。以高效、节能、低耗为目标的新型干法水泥熟料生产线，采用新型干法生产工艺，技术装备精良，部分关键设备从国外进口，环保设施配置优良，建成后粉尘、氧化氮、二氧化碳等污染物排放浓度均大大低于国家排放标准，各项经济技术指标领先于行业水平。当天上午投产庆典仪式结束后，18辆满载着800吨“三峡牌”水泥的散装罐车将刚出库的普通硅酸盐水泥运往襄樊、随州等地销售。

宜城基本情况见表67。

【领导机构负责人】

中共宜城市委员会

书　记　朱　慧

副书记　周森锋　何　飞

常　委　孙纯科　白志奇　郑土忠　王绍洪　阳以诚　黄　进　罗兴斌　楚定立　方泽顺

宜城市人大常委会

主　任　朱　慧

副主任　黄平用　陈连国　别祥贵　刘正忠　常建国　何晓波

宜城市人民政府

市　长　周森锋(6月任)

副市长　郑土忠(7月任)　罗兴斌　尚　瑾　楚定立(12月止)　刘清喜(8月任)　陈进雷(12月任)　张　驰　罗庆昌(2月任)　孙瑞杰(2月任)

政协宜城市委员会

主　席　石昌国

副主席　陈运才　张富山　朱寿成　盛建国　王国华

(余　飞)

【郑集镇】 郑集镇辖村委会30个、居委会两个：皇城、魏岗、金铺、赤坡、潘河、余营、蒋湾、红星、郝集、茅草、何骆、童梅、长湖、槐营、双龙、龙兴、望岗、王洲、张营、余套、王岗、八庙、轩庄、郭安、石孙、护洲、郭海、赤湖、武湖、干河和紫禁街、璞河社区居委会。年末总人口71 648人，男性36 197人。

2009年生产总值136 231万元，其中第一、二、三产业分别为54 307万元、49 039万元、32 885万元。分别比上年减10.6%、增长11.6%、增长12.4%。农业总产值中，粮食作物1 159万元，亩平592元；经济作物

表 67 **宜城基本情况**

项目	单位	2009 年	比上年增减(±%)
年末总人口	万人	56.3460	
男	万人	28.51	
女	万人	27.85	
年常住人口	万人	51.5	
年末总户数	户	188 512	1.32
从业人员	万人	33.91	
乡村从业人员	万人	18.92	
城镇从业人数	万人	14.99	
在岗职工人数	人	25 257	15.53
在岗职工年平均工资	元	16 710	10
全地域财政总收入	万元	43 382	22.8
地方财政收入一般预算收入	万元	27 811	28.2
国税收入	万元	2 275	16.5
增值税(17%)	万元	1 956	8.5
地税收入	万元	12 559	30
营业税	万元	3 491	24.5
企业所得税	万元	725	493
个人所得税	万元	317	18.7
地方财政支出	万元	125 777	42.7
教育支出	万元	24 446	15.4
文化体育与传媒支出	万元	1 436	38.2
社会保障和就业支出	万元	18 134	46.7
医疗卫生支出	万元	5 212	36.8
环境保护支出	万元	4 900	101
年末金融机构各项存款余额	亿元	65.29	22.7
居民储蓄存款	亿元	48.75	17.6
年末金融机构各项贷款余额	亿元	32	39.5
中长期贷款	亿元	10.76	121.8
各类保险费收入	万元	4 434	−37.8
理赔	万元	1 736	13.9
常用耕地面积	千公顷	57.08	56.87
农业机械总动力	万千瓦	59.58	2.8
化肥使用量(折纯量)	万吨	5.26	1
农村用电量	万千瓦/小时	7 522	3.1
有效灌溉面积	千公顷	29.02	0
农林牧渔业总产值	亿元	43.42	15.5

146 万元；渔业 4 110 万元。农产品总产量：粮食 104 318 吨（其中小麦 42 381 吨、水稻 51 550 吨），油料作物 6 645.95 吨，瓜果 1 655 吨，肉类 7 646 吨，水产品 6 850 吨，禽蛋 5 701 吨。税收 112 万元，农业税 50 万元。财政收入 1 521 万元，支出 1 521 万元。农民人均纯收入 5 920 万元，比上年增 821 元。个体工商经营户 426 户，经营总额 10 025 万元，税金 80.2 万元。

郑集镇是传统农业大镇。在皇城、魏岗、红星、武湖、长湖等村兴建改建高标准养鸭小区 22 个，年养鸭规模达 85 万只（蛋鸭 45 万只，肉鸭 40 万只；以双龙农牧业公司为龙头发展璞河社区、蒋湾、潘河基地养猪规模达 10 余万头；在汉江沿岸 16 个村开发建设绿色蔬菜走廊，推广大棚蔬菜、专业蔬菜、粮瓜菜立体种植蔬菜面积 1 533.33 公顷，形成以山药、大白菜、冬瓜、香瓜、辣椒多品种结构；建立 1 800 公顷优质稻基地；207 国道和集镇区域建设以湖北省农业产业化龙头企业楚台食品公司为龙头的 13 个以农副产品加工为主的规模龙头企业，形成以板鸭、肉鸭、皮蛋、咸蛋、大米等为主要产品的加工业园区。

（汤德成）

【小河镇】 辖村委会 28 个、居委会 3 个和农场 1 个：新华、荣河、明正、联盟、高庄、梁堰、胡湾、詹营、杨湖、张咀、蔚营、高湾、朱坡、杨岗、谭湾、郑湾、大冲、杨河、石灰、山河、曾庙、高土康、黄集、菜园、符垧、曾州、新庙、坪堰村和小河、朱市、砖庙街道居委会以及王旗营农场。年末总人口 54 829 人，男性 27 801 人。

2009 年生产总值 163 065 万元，其中第一、二、三产业分别为 40 574.77 万元、89 703 万元、32 787 万元。分别比上年增 8%、

续表

项目	单位	2009 年	比上年增减(±%)
粮食种植面积	千公顷	71.152	7.35
粮食总产量	万吨	57.54	10.5
小麦产量	吨	201 068	18
水稻产量	吨	313 658	3.6
玉米产量	吨	49 123	34.4
棉花总产量	吨	8 510	8.3
油料总产量	吨	74 232	13.4
油菜籽产量	吨	48 112	9.2
花生产量	吨	24 942	23.1
芝麻产量	吨	1 178	3.9
蔬菜总产量	吨	262 219	28.4
西瓜总产量	吨	244 566	5.1
水果总产量	吨	18 805	0.7
香菇总产量	吨	1 210	-17.9
猪肉产量	吨	54 008	12.5
牛肉产量	吨	6 947	3.7
羊肉产量	吨	657	5.29
生猪出栏	万头	72.01	12.5
牛出栏	万头	4.63	3.7
羊出栏	万只	4.38	5.3
家禽出笼	万只	724	10.7
禽蛋产量	万吨	1.84	22.9
水产品产量	万吨	2.8	22.8

主要工业产品产量

产品名称	单位	2009 年	比上年增减(±%)
棉纱	吨	22 477	5.2
布	万米	2 081	-31.3
啤酒	千升	148 842	9.1
氮肥	吨	77 636	-11.2
粘胶纤维	吨	25 271	77.4
水泥	万吨	96.52	168.9
服装	万件	109.38	39.5
硫酸	吨	89 585	175.3

47%、22%。农业总产值中，粮食作物 22 484 万元，经济作物 5 389 万元；渔业 3 360 万元。农产品总产量：粮食 113 634 吨，(其中小麦 40 027 吨、水稻 70 735 吨)、油料作物 999 吨，瓜果 788 吨，肉类 6 044 吨，水产品 4 567 吨，禽蛋 1 453 吨。地方税收 181.36 万元，财政收入 1 125.01 万元，支出 1 124 万元。农民人均纯收入 6 088 元，比上年增加 529 元。个体工商经营户 1 987 户。

4 月，小河镇被湖北省委、省政府定为“新农村建设试点乡镇”，被襄樊市委、市政府定为“襄南新农村建设示范区”、“平安乡镇”。

全镇 29 个村(场)先期启动的 8 个村 22 个组硬化通村组道路 30 多千米，修排水沟 23 400 米、隔离花墙 3 800 米，铺设涵管 460 米，铺设下水道盖板 18 000 余米，拆危房及乱搭乱建 64 处、厕所 143 处，房屋立面及偏房改造 200 多户，新建沼气池 200 多口，安装垃圾桶 206 个，安装太阳能路灯 36 盏。10 月，小河镇选择杨湖村七组和梁堰村七组做为迁村腾地示范点。杨湖村七组 44 户、186 人，宅基地占地总面积 8.8 公顷。迁村腾地后新建住宅区占地 1.33 公顷，建房 3 层、44 套，复垦后净增耕地面积 7.47 公顷；梁堰七组 87 户、381 人，有两个自然村分别在焦柳铁路两侧，西侧自然村 27 户，宅基地占地总面积 6.13 公顷，整体搬迁至小朱路边，新建住宅区占地面积 0.46 公顷，建房 4 层、24 套，复垦后净增耕地 5.67 公顷。

小河镇将 207 国道、随南路及小朱路沿线的新华、明正、荣河等 11 个村的 1 333.33 公顷农田纳入绿色稻米种植范围，将其打造成适合机械化种植、精细化操作的现代化农业基地，在基地内安装太阳能频振灯 300 盏，实行“上面点灯扑蛾，下面鸭子嘴嚗"的绿色种养模式。基地内稻米以高于市场普通稻米0.2元的价格被宇帆公司订单收购，5 000多农户实现亩平均增收200元。

(张宝华)

【刘猴镇】 辖村委19个、居委会3个:陈湾、刘猴、长乐、党畈、猴当、云台、石河、杨湾、黄金、洪岗、前程、三里、杨李、新当、钱湾、邓冲、团山、赵咀、胡坪村和刘猴、董集、李当社区居委会。年末总人口42 158人,男性21 925人。

2009年生产总值55 000万元,其中第一、二、三产业分别为30 000万元、18 000万元、7 000万元。分别比上年2.6%、105.2%、10.58%。农业总产值中,粮食作物10 115万元;经济作物10 080万元;渔业9 805万元。农产品总产量：粮食55 582吨,(其中小麦16 650吨、水稻32 286吨)、油料作物9 366吨，瓜果7 257吨，肉类29 806吨,水产品1 550吨，禽蛋1 400吨。财政收入820万元,支出818万元。农民人均纯收入6 500万元,比上年增加1 000元 。个体工商经营户510户,经营总额9 500万元。

全镇有万头猪场6家,生猪养殖大户610多户，建设"150"型猪圈450栋，出栏生猪50万头,母猪存栏量1.2万头,建立小南河生猪合作社。2008年度被评为湖北省生猪第一镇。春季植树造林面积680公顷,逐步形成以陈湾、前程、团山村为主的柑橘产业,党畈村为主的樱桃产业,猴当村、云台村为主的茶叶产业，胡坪村为主的金水梨产业。发展油茶、泡桐各200公顷。在三里、陈湾、钱湾、团山、前程等林木资源丰富的村发展食用菌产业，袋料香菇800万袋左右,产值4 000万元。引进香菇深加工企业1家，年底建成投产。

(杨丽萍)

【流水镇】 辖村委20个、居委会3个:黄冲、黄湾、黄岗、邓林、孔畈、莺河、僧庄、雅口、曾湾、余棚、讴集、杨林、杨棚、高楼、双山、刘台、马集、梅畈、马头、牌坊河村和流水、讴乐、落花潭居委会。年末总人口为39 962人,男性为19 689人。

2009年生产总值120 864万元;其中第一、二、三产业分别为44 883万元、71 830万元、14 455万元，分别比上年增长10%、5%、7%。农业总产值中,粮食作物为14 980万元，亩平1 498元;经济作物为35 748万元;渔业为1 454万元。农产品总产量分别为：粮食83 225吨,(其中小麦18 825.4吨、水稻61 880吨,油料作物为6 092吨,瓜果为188 337吨，肉类为8 696吨,水产品为2 254吨，禽蛋为2 037吨。各项税收为1 749万元,财政收入为1 568万元,支出为1 558万元。农民人均纯收入为6 850元,比上年增加950元。有个体工商经营户705户,经营总额为1 260万元,税金116万元。分别比上年增长1%、1%、2%。

流水镇西瓜、食用菌、生猪三大支柱产业。西瓜专业育苗户57户,育苗4 300万株,收入2 300万元,种植优质西瓜5 333.33公顷,收入2.6亿元,其中礼品西瓜4 666.67公顷，有20户西瓜收入超10万元的农户。西瓜年产2.05亿公斤，创收入1.46多亿元，户平增收1 600多元,并带动三产服务业收入4 000多万元。有10个经销户建立食用菌冷冻库,实行鲜菇销售。香菇产业在襄樊大山现代农业有限公司、襄樊中泰德胜现代农业有限公司两个龙头企业的带动下，增加品种,发展袋料香菇300万袋,年产鲜菇1 600余吨,年创收入6 000余万元,户平增收1 300多元。流水香菇销往湖南、广东、福建等省市,并出口日本、新加坡、泰国等国家。生猪养殖喂养二元杂交母猪1 350头,杜洛克公猪52头，年出栏千头以上的养殖大户4家,100头以上大户248家,50头以上的大户322余家，年增效益590余万元,人均增收250余元。农民增收900元,达6 890元。

(蒋 强)

【板桥店镇】 辖18个村委会、居委会2个:板桥、曾桥、上湾、牌坊、蛮力海 、李湾、田集、东湾、肖云、沙河、新街、王台、罗屋、胡咀、白合、范湾、珍珠、两河口村和新街、板桥居委会。年末总人口40 778人,其中男性20 941人、女性19 837人。

2009年生产总值68 611万元,其中第一、二、三产业分别为31 852万元、21 831万元、11 992万元。分别比上年增加18.6%、16.1%、5.2%。农业总产值中，粮食作物11 635万元；经济作物12 262万元;渔业1 728万元。农产品总产量:粮食52 479吨,(其中小麦18 561吨、水稻33 918吨)、油料作物9 159吨，瓜果40 543吨,肉类5 746.7吨,水产品2 790吨,禽蛋938吨。税收53万元，财政收入758.8万元，支出752.7万元。农民人均纯收入4 143万元,比上年增12.9%。个体工商经营户545户,经营总额4 837万元,税金53万元。

板桥店镇培育栽种抗病毒的基质西瓜,西瓜面积比上年扩大333.33公顷，全部为礼品西瓜。食用菌生产由栎木消耗型转向替代原料型。招商引资引进襄新砖厂、天蓬种猪、强龙房地产开发有限公司好时光的购物中心，准备进驻的还有投资5 000

万元的襄大农牧有限公司。在王台村投入20多万元,对12户民居进行伊斯兰教特色改造,在村入口处修建牌坊,扶持肉牛养殖业的发展,该村循环养牛580头,出栏420头,获纯利128万元。

(屠德学)

【王集镇】 辖村委16个、居委会2个:襄江、方阁、观音、槐树、庞居、新星、田畈、新洲、中心、三洲、新观、汉水、千柏、联合、响水、双泉村和王集、李街居委会。年末总人口40 346人,男性20 576人。

2009年生产总值46 455万元,其中第一、二、三产业分别为24 046万元、10 597万元、11 794万元。分别比上年增长25.6%、4.8%、17.5%。农业总产值中,粮食作物4 300万元,亩平858元;经济作物12 408万元;渔业230万元。农产品总产量:粮食23 469吨(其中小麦5 582吨、水稻6 144吨),油料作物22 053吨,瓜果6 933吨,肉类2 982吨,水产品384吨,禽蛋1 101吨。税收86万元,财政收入98万元,支出86.6万元。农民人均纯收入5 452万元,比上年增长764。个体工商经营户590户,经营总额715万元,税金65万元。

王集镇位于汉江中下游的宜城东北部,汉江自境内而过,是一个双向体制单位,又称王集农场,直隶湖北省农垦局。版图面积147平方千米,耕地6 533.33公顷,以种植和养殖为主,年优质高产油料复种面积8 666.67公顷,其中优质花生4 000公顷,油菜4 000公顷,芝麻666.67公顷,是湖北省最大的油料生产基地,为"十强商品基地"。花生种植形成中化、白沙系列、地膜覆盖种植模式,王集油料市场成为鄂西北最大的聚散地,产品销往广东、广西、江西等省市以及东南亚等国家。引进中油112、中油杂11、绵油14、绵油17、大地55、天禾油等14个品种油菜进行品种比较试验、示范。

(龚长海)

【雷河镇】 辖村委12个、居委会4个:廖河、新河、新集、官堰、民主、和平、辛常、季莲、胡耳、泉水、七里、前锋村和雷河、和平、鄂西、东方居委会。年末总人口37 555人,男性19 029人。

2009年生产总值114 677万元,其中第一、二、三产业分别为27 449万元、69 632万元、17 596万元。农业总产值中,粮食作物7 030万元,亩平912元;经济作物7 811万元;渔业1 603万元。农产品总产量:粮食39 522吨,(其中小麦11 822吨、水稻23 313吨)、油料作物4 819吨,瓜果1 166吨,肉类4 997吨,水产品2 652吨,禽蛋435吨。税收83万元,财政收入525万元,支出524万元。农民人均纯收入5 900元。个体工商经营户285户。

雷河镇有各类工业企业85家,初步形成以医药化工、水晶光学元件、精细化工、新型墙体材料为主导的产业集群;农业初步形成以畜禽、水产养殖主导产业。同时有宜城大虾养殖产业。

(余娇龙)

【孔湾镇】 辖村委11个包括、居委会1个:许岗、刘湾、江坡、台子岗、杜岗、钟岗、太山庙、石桥头、龚河、王淌、吕岗村和孔湾镇居委会。年末总人口22 396人,男性11 432人。

2009年生产总值54 237万元,其中第一、二、三产业分别为30 344万元、19 644万元、4 249万元。分别比上年增13.4%、47.7%、减12.7%。农业总产值中,粮食作物6 620万元,亩平1 093元;经济作物15 929万元;渔业1 379万元。农产品总产量:粮食33 104吨(其中小麦9 084吨、水稻21 024吨),油料作物3 968吨,蔬菜50 135吨,瓜果2 962吨,肉类3 359吨,水产品2 298吨,禽蛋435吨。财政收入946.08万元、支出945.6万元。农民人均纯收入5 892元,比上年增加540元。个体工商经营户360户,经营总额4 249万元,税金25万元。

孔湾镇位于宜城南部,与钟祥市胡集镇接壤,是襄樊、宜城的"南大门",版图面积90平方千米。汉水支流蛮河环绕东北,与雷河、郑集、璞河隔河相望。焦枝铁路、207国道、襄荆高速公路穿境而过。由于紧靠蛮河,土质好,出产的白菜、萝卜甘甜多汁,久煮不酸,青皮冬瓜皮薄肉厚、含糖量高,是鄂西北地区的"蔬菜之乡"。冬瓜销售价格一直稳定在每斤0.10元以上,最高价格0.15元,"娃娃菜"的销售全部采取经销商预付定金、订单销售的方式。西部唐家大山、蛟子岭、牛心寨等荆山余脉,磷、硅、钙、镁等矿产资源储量丰富。招商引资规模企业3家:宜祥粮油加工厂、湖北高科磷肥厂、农乐化肥公司。固定资产投资7 500余万元,规模企业产值2.35亿元。

(曾广梅)

【鄢城街道办事处】 辖村委会9个、居委会13个:腊树、谭垱、南河、木渠、周岗、七里岗、铁湖、太平、龙头村和窑湾、燕京、汉江路、文昌路、望江路、东街、紫盖山、龙门路、九龙、五条路、七里花园、鲤鱼湖、白庙居委会。年末总人口128 787人,男性63 744人。

2009生产总值174 199万元,比上年增10.77%。第一、

二、三产业分别为30 613万元、110 700万元、32 886万元，分别比上年增11.76%、8%、8%。农业总产值中，粮食作物6 552万元，亩平2 176元；经济作物9 272万元，亩平4 857元；林业481万元，牧业12 463万元，渔业1 846万元。农产品总产量：粮食31 635.5吨（其中小麦、水稻分别为11 929吨、16148吨）；油料作物1 434吨（其中油菜、芝麻分别为1 020吨、86吨），水果625吨、肉类5 910吨、水产品3 075吨、禽蛋2 246吨。税收482.4万元。财政收入590万元，支出590万元。农民人均纯收入7 177元，比上年增加1 217元。个体工商经营户3 000户，经营总额18 000万元。

（刘德恒）

【南营街道办事处】 辖行政村15个、居委会2个：铁炼、土城、五连、南营、龚垴、万洋、东台、韩公、安垴、三桥、官庄、南洲、金山、桐树、龙潭村和万洋、南营居委会。年末总人口为42 304人，男性为21 394人。

2009年生产总值47 256.46万元（现价、下同），比上年增长13.6%。第一、二、三产业分别为25 125万元、18 421.46万元、3 710万元，分别比上年增长2.89%、36.46%、8.15%。农业总产值中，粮食作物6 820万元，亩平1 150元，经济作物5 444.81万元、亩平1 617.04元，比上年增长2.13%、18.8%；林业217万元，渔业464.6万元，农产品总产量：粮食37 449.25吨，其中小麦、水稻分别为14 409吨、17 105吨，油料作物7 185.29吨，瓜果34 400吨，蔬菜19 648吨，水产品899吨，禽蛋1 186吨。财政收入714.6万元，支出713.96万元，农民人均纯收入5 743元，比上年增长600元。

（何丽丽）

老河口（市）

【概况】 老河口版图面积1 032平方千米，辖1乡、7镇、2个街道办事处，219个村民委员会，38个社区居委会，1 604个村民小组。年末总人口53.18万人，其中：男性26.93万人。新出生人口0.65万人；死亡人口0.23万人。

2009年生产总值84.98亿元，比上年净增23.18亿元，增长15.8%。其中：第一产业完成22.01亿元、第二产业完成45.64亿元，第三产业完成17.33亿元。三次产业结构比例为25.9:53.7:20.4。粮食总产324 618吨，增长1.1%。油料总产27 472吨，同比增长0.5%，棉花总产6 313吨，下降3.1%，水果产量增长15.6%。低产林改造面积666.67公顷，完成造林1 000公顷，通村公路绿化136千米，植树14.5万株，四旁植树150余万株，重点推广新品种核桃、黄桃林产业基地373.33公顷。推行奶牛胚胎移植、水奶牛改良，发展肉兔养殖，加快畜牧养殖小区建设。畜牧业产值16.04亿元，增长49.1%。生猪出栏60.21万头，比上年同期增长63.4%；牛出栏4.62万头，同比增长5.1%，羊出栏8.67万只，增长6.7%，家禽出笼855.17万只，同比增长35.8%。水产品产量3.33万吨，比上年增长9.3%。农业产业化规模企业增至56家。新增农民专业合作社29家，总数达60家。农业机耕、机收率分别达95%和80%以上。累计发放各项支农惠农补贴1 100万元，涉农专项支出达1.7亿元。新修农村水泥路210千米，建成13个农村客运候车棚和2个五级客运站。改造和新建农村电网线路54.55千米，新增配电变压器47台，完成张集35千伏变电站增容工程。实施“乡村清洁工程”，“一建三改”5 768户。市农产品加工示范园被列为全省9个农业产业化示范园区之一。

规模以上工业总产值突破100亿大关，达104.9亿元，同比增长59.9%；工业增加值达32.07亿元，同比增长59.9%。规模以上工业企业净增30家，达142家，其中产值过亿元的19家。工业形成六大支柱产业结构：机械汽车、纺织、化工、建材四大传统产业改造提升，农副产品加工业发展成为优势产业，冶金工业产业基础已现雏形。23家规模食品企业产值34.3亿元，同比增长1.2倍；23家规模建材企业产值7.9亿元，同比增长76.7%；17家规模化工企业产值10.7亿元，同比增长58.4%；35家规模纺织企业产值12.5亿元，同比增长42.9%；36家规模机械汽车企业产值32.7亿元，同比增长20.4%。规模以上工业销售产值101.8亿元，同比增长61.7%，工业产销率97.1%；利税48 892万元，同比增加19 723万元，利润30 255万元，同比增加17 151万元。重点建设项目开工建设千万元以上项目73个，完成投资18.3亿元。葛洲坝水泥、楚凯10万吨废旧铅酸蓄电池循环利用、奥星50万吨菜籽油精加工等重大项目建成投产。全市民营规模企业138家，占全市规模企业总数的95%。乡镇规模企业总数达87家，占规模企业总数的61.6%。发展农副产品加工等低能耗、高产出企业，单位GDP能耗同比下降4.93%。

全社会固定资产投资完成额40.06亿元，同比增长74.2%，其中城镇以上完成35.89亿元，同比增长73.9%。外贸出口1 752万美元，同比增长105.6%；利用外资1 807万美元，同比增长

87.8%。组建“百人招商团”上门招商，设立10个招商分局驻外招商，在各行业办和农办基础上组建6个专业招商分局，组织开展梨花节、深圳招商推介会等活动，邀请美国、日本、澳大利亚等9个国家和地区客商考察投资。2009年，在谈项目44个，投资总量63.72亿元。其中，工业项目30个，投资额53.99亿元；农业项目5个，投资额2.83亿元；三产项目9个，投资额6.9亿元。投资过亿元项目12个，5 000万元以上项目3个。签约项目24个，协议金额53.26亿元。其中，工业项目17个，投资额51.41亿元；农业项目1个，投资额0.1亿元；三产项目6个，投资额1.75亿元。投资过亿元项目5个，5 000万元以上项目两个。在建项目196个，总投资55.59亿元。其中，新建项目122个，投资额21.57亿元；续建项目42个，投资额31.26亿元；扩建项目32个，投资额2.76亿元。投资过亿元项目14个，5 000万元以上项目16个。投产项目54个，投资金额12.89亿元。其中，工业项目28个，投资额10.92亿元；农业项目11个，投资额0.43亿元；三产项目15个，投资额1.54亿元。投资过亿元项目两个。

公路通车里程1 628千米，其中等级公路达1 520千米。农村通公路行政村比重达100%。民用汽车拥有量5 190辆，其中：载客汽车3427辆，载货汽车1 763辆。公共汽车265辆，出租汽车100辆。全年邮电业务营业收入1.36亿元，其中邮政业务营业收入0.25亿元；年末全市移动电话用户总数达175 472户，固定电话用户36 243户。

全地域财政总收入9.05亿元，比上年净增1.7亿元；地方一般预算收入2.86亿元，增长26%，其中，税收收入1.22亿元，同比增长32.9%，税收占地方一般预算收入的比重比上年提高2.3个百分点。地方财政支出12.46亿元。成立农村合作银行，襄樊市商业银行网点进驻运营。金融机构全年完成贷款余额39.52亿元，比年初增加7.2亿元，中长期贷款和农业贷款余额分别比年初增加3.9亿元和1.8亿元。年末金融机构存款余额67.52亿元，增长18.6%。其中，城乡居民储蓄存款50.17亿元，比年初增加6.48亿元。

城市建设按照“南进、北延、东扩、西改”的思路，先后投资3.5亿元实施城建项目40多个。启动第六次城市总体规划修编，完成100个新农村村庄规划、环一路两侧和仙人渡工业园区控制性详细规划。旧城改造开工城建项目54个，新建房屋面积55万平方米。拆迁滨江大道、抗战文化广场面积4.79万平方米。环一路、光年路建设已完工，启动316国道改造、滨江大道(丁字街至大桥路段)建设。污水处理管网投入运行。中山公园改造全面完成，新增绿地8 500平方米。滨江景观带续建工程已完工。新建航空路、机场路农贸市场两所。改造修缮背街小巷24条。依法拆除违章建筑148起。被列为2009年政府十件实事之一的13座公厕改造及2座压缩式垃圾转运站建设通过竣工验收。

组织和申报各类科技计划12项。溶剂法提取辣椒碱新工艺、大型镁合金汽车零部件的开发应用、玉米醇溶蛋白改性添加剂及玉米黄素的产业化开发等诸多项目，获国家和科研院所的支持。有67项专利获得授权。

有各级各类学校65所，在校生6.51万人，其中普通中等职业学校3所，在校生0.4万人；普通中学17所，在校学生2.47万人；小学45所，在校生3.63万人。专任教师0.37万人。完成27个“就餐难”项目、18个“饮水难”项目、28个“入厕难”项目，改善农村办学条件。免除义务教育阶段6.7万名中小学生学杂费，资助4 263名中等职业学校学生。化解“普九”债务1 171万元；推进农村中小学标准化建设，10个乡镇分别建成1~2所功能配套窗口学校。襄樊市级示范学校达44家。

艺术表演团体1个，体育馆5个，博物馆1个，公共图书馆2个，图书总藏量100.77千册。完成数字电视整体转换，电视综合人口覆盖率98.4%；广播综合人口覆盖率100%。进一步打造四个文化品牌：“荆风沧浪看河口”的汉水民俗文化、名人(张光年等)文化、“梨花节”暨《黄河大合唱》艺术节的节庆文化和“汉水连天河——七夕”文化。举办第十一届梨花节、鄂西北地区体育舞蹈大赛等各类大型文化体育活动20余场(次)。向省、襄樊市输送体育人才8名。建成62家农家书屋、36个村级农民体育活动场所、7个乡镇综合文化站。在3个乡镇6个村建成村级共享工程基层服务点。投入30余万元建成71家网吧远程监控系统，实行24小时监控。

城镇新增就业6 655人，其中下岗失业人员再就业2 417人；组织农村劳动力转移就业13 685人；各类职业培训7 532人；社保扩面新增11 337人。养老保险参保74 817人，基本医疗保险参保40 029人，工伤保险参保36 974人，生育保险新增参保18 638人，失业保险参保31 400人。城乡29 769名低保对象实现应保尽保，全部纳入居民医疗保险或农村新型合作医疗保障范围。完成农村危房改造599户。完成211家村卫生室规范化建设、10个乡镇卫生院改扩建。安置原迁移民16 593

人，为原迁移民发放直补资金995.58万元，直补率100%。完成一期1.86万平方米的经济适用房建设，解决167户困难家庭住房；启动一期1.5万平方米廉租房建设和二期7.3万平方米的经济适用房。建立法律援助基金，投入12.3万元法律援助2 700人。

社会消费品零售总额45.5亿元，增长21.8%。从城乡看，城镇34.19亿元，增21.9%；农村11.28亿元，增长21.4%。城镇居民人均可支配收入11 044元，增长9.2%，消费性支出9 049元；农村居民人均纯收入6 059元，增长11.3%，消费性支出3 662元。城镇人均住房面积25.32平方米，人均建筑面积33.56平方米；农村人均住房建筑面积37.05平方米。

老河口基本情况见表68。

【机构负责人名单】

中共老河口市委员会

书　记　陈万波

副书记　王世荣　李　诗　黄其洲

常　委　黄久强　王红（女）　刘桥梁　黄克立　梁　军　刘黎明　姚明喜　刘道军　洪国平（4月止）　许世美（4月任）

老河口市人大常委会

主　任　陈万波

副主任　陈学成　郑德修　杜方健　闫新生　罗昌代　杨苏云

老河口市人民政府

市　长　王世荣

副市长　黄久强　刘黎明　胡桂军　宋福平（女）　梁文懂　曾红斌　张从宇（1月任；12月止）

市长助理　李　恒

表68　老河口基本情况

项目	单位	2009年
总人口	万人	53.18
男	万人	26.93
出生人口	万人	0.61
死亡人口	万人	0.28
版图面积	平方千米	1 032
耕地面积	千公顷	39.6
城镇居民人均可支配收入	元	11 044
农民人均纯收入	元	6 059
城区建成区面积	平方千米	27
城镇人口	万人	24.35
地方一般预算收入	亿元	2.86
财政总支出	亿元	12.46
国税收入	亿元	0.28
地税收入	亿元	1.02
年末银行存款余额	亿元	67.52
其中个人存款余额	亿元	50.17
各项贷款余额	亿元	39.52
农林牧渔业增加值	亿元	22.01
农作物播种面积	公顷	89 748.27
水稻面积	公顷	13 372.87
产量	吨	112 868
小麦面积	公顷	28 418.53
产量	吨	142 529
玉米面积	公顷	9 222.6
产量	吨	49 497
棉花面积	公顷	5 887.8
产量	吨	6 313
芝麻面积	公顷	3 223.93
产量	吨	3 231
油菜面积	公顷	6 943.53
产量	吨	15 006
红薯面积	公顷	2 218.27
产量	吨	12 960
水果面积	公顷	7 493.67
产量	吨	11 7364
蔬菜面积	公顷	14 376.47
产量	吨	546 495

续表

项目	单位	2009年
年出栏猪	头	602 084
牛	头	46 212
羊	只	86 732
家禽出笼	万只	855.18
禽蛋产量	吨	27 428
水产品产量	吨	33 329
农机总动力	千瓦	489 998
农药使用量	吨	735
农用柴油量	吨	8 710
农村用电量	万千瓦时	4 152

政协老河口市委员会

主　席　李守成

副主席　罗长青　石国强

罗亚民　龙成群

朱志军(1月任)

【袁冲乡】 辖村民委员会23个、居委会1个：牧场、六官营、吴家咀、吴家营、陡沟河、申家营、纪洪、孙家洼、韩高楼、刘湾、付家营、杜家庄、吴家桥、下四河淤、袁冲、马道岗、童湾、郝岗、薛沟、孟桥川、槐树湾、李文成、土地岭村和袁冲居委会。年末总人口36 058人，其中男性18 723人。

2009年生产总值40 994万元，其中第一、二、三产业分别为29 294万元、7 500万元、4 200万元。分别比上年增加24%、48.5%、15.9%。农业总产值中，粮食作物6 900万元，亩平960元；经济作物7 206万元；渔业1 358万元。农产品总产量：粮食27 316吨(其中小麦15 820吨、水稻3 451吨)、油料作物5 756吨，瓜果2 742吨，肉类6 400吨，水产品1 430吨，禽蛋1 737吨。税收135万元，财政收入780万元，支出776万元。农民人均纯收入0.52万元，比上年增加12.3%。个体工商经营户700户，经营总额3 500万元，税金18.8万元。

农业产值25 697万元，同比增长5.5%。投资20万元建成沼气池302个，改厕500户。植树20万株，重点对新修村级公路两旁植树；形成以烟叶、小香瓜、南瓜、花椒、核桃、红薯为主的六大农业产业化基地。夏粮油实现双增；133.33公顷烟叶获得丰收；133.33公顷阿玉小香瓜实现产值500万元，333.33公顷南瓜产值达1 000万元，小香瓜远销广州、武汉等大中城市；通过春生薯业合作社、新发核桃合作社和田甜专业种植合作社的带动，发展红薯、核桃、瓜果等产业。招商引资项目5 890万元，到位5 080万元，涉及建材、矿山、农产品深加工、养殖和市场建设等项目。新建项目6个，续建项目2个。其中：投资2 000万元以上的企业1家，投资500万元以上的企业4家。一般性预算收入突破98万元，烤烟特产税35万元。

【仙人渡镇】 辖村委会31个、居委会2个：马岗、白鹤岗、雷家牌坊、小张营、大张营、张家竹园、王楼、张岗、马冲、钟寨、北沟、黄庄、黄营、邓营、安岗、林岗、范湾、南岗、杜河、刘营、王营、范营、莫营、崔营、柴店岗、龙王冲、辛庙、李家染坊、茹家湾、靳家湾、西张湾、西街村和仙人渡、西街居委会。版图面积114平方千米，集镇建成区面积2.5平方千米。年末总人口45 346人，其中男性23 126人。

2009年生产总值75 515万元，其中第一、二、三产业分别为32 665万元、29 419万元、12 431万元。分别比上年增长24.6%、81%、15.1%。农业总产值中，粮食作物5 510万元，亩平1 600元；经济作物20 300万元；渔业5 443万元。农产品总产量：粮食30 609吨，(其中小麦10 826吨、水稻18 674吨)，油料作物3 971吨、瓜果36 730吨、肉类8 805吨、水产品5 996吨、禽蛋3 530吨。税收990万元；财政收入1 026万元，支出1 020万元，农民人均纯收入6 562元，比上年增加754元。个体工商经营户1 824户，经营总额67 436万元，税金720万元。该镇位于老河口城南15千米处，西临汉水，旁通巴蜀，屏蔽襄樊，汉丹、襄渝两条铁路在镇交汇，316国道、汉十高速公路纵贯全镇并设有互通。相传楚国名将伍子胥遭奸臣陷害逃到江边巧遇仙翁搭救脱险而得镇名，古有“千叶小舟云集、八方商贾过往”之称。先后引进伊姿秀羊绒制衣、楚运物流、雅美皮革等项目，招商引资到位资金3 170万元；伊姿秀羊绒制衣、楚凯冶金一期工程、雅美皮革顺利建成投产。规模以上企业13家，完成产值5.1亿元。服装纺织、汽车零部件、食品酿酒、玻璃工艺、金属冶金为五大支柱产业。

【李楼镇】 根据《省民政厅关于老河口李楼和洪山嘴街道办事处改镇的批复》(鄂民政发[2009]48号)、《襄樊市民政局关于老河口李楼和洪山嘴街道办事处改镇的批复》（襄樊民办[2009]103号）和《老河口市人民政府关于撤销李楼办事处、洪山嘴办事处设立李楼镇、洪山嘴镇的通知》（河政发〔2009〕41号），2009年12月，撤销李楼办事处，设立李楼镇，以原李楼办事处的行政区域为李楼镇的行政区域，镇人民政府驻李楼。该镇辖村民委员会22个、居委会1个：李楼、付堤、贾湖、黄寨、黄龙庙、张庄、鲍河、张沟、杨道子、必位岗、刘营、何营、火星庙、黎家卡子、方营、朱楼、王营、王湖、李河、亢营、陈埠、邓岗村和红庙居委会。年末总户数12 280户，总人口43 283人，其中男性22 249人。

2009年生产总值175 200万元，其中第一、二、三产业分别为34 260万元、79 000万元，59 240万元。分别比上年增长16.6%、46.2%、21%。农业总产值中，粮食作物5 028万元，亩平1 676元；经济作物17 231万元；渔业1 741万元。农产品总产量中：粮食28 308吨（其中小麦9 869吨、水稻15 470吨），油料作物1 942吨，瓜果462吨，肉类3 092吨，水产品1 217吨，禽蛋1 688吨。税收258万元。财政收入513万元，支出513万元。农民人均纯收入6 032元，比上年增长444元，增长7.9%。个体工商经营户440户，经营总额1 426万元，税金42.8万元。

新增规模以上工业企业3家（晟翔纺织、丹河稠酒业、澳赛太阳能），总数达11家。规模以上工业企业总产值5.19亿元，增长136%。完成固定资产投资2.26亿元，比上年增加1.21亿元，增长115.2%。规模企业中农产品加工业6家，纺织行业3家，汽车配件行业1家，规模企业占全镇工业经济的比重达65%，初步形成以农产品加工、纺织、汽车配件三大产业为主导的产业集群。

完成招商引资3 085万元，新引进项目8个，总投资2.05亿元。其中：新建投产项目4个，（梨花湖食品公司城东新厂区建设项目、晟翔纺织加工项目、森浩建筑公司免烧砖项目、茂盛粮油制品公司仓储项目），总投资9 000万元，实际完成4 144万元，建成后年可新增产值1.5亿元。签约项目3个（香港迪新制衣公司服装生产项目、丹河稠酒业公司市场开发项目、富歆加气混凝土切块及物流项目），协议总投资6 500万元。签署意向性协议一个（钢体结构制作安装项目），在谈项目4个。协议总投资超过70亿元。

农业产业基本形成五大生产基地：沿河200公顷山药种植基地，以王营、王湖、付堤、卡子、贾湖等村为主的666.67公顷优质粮生产基地，以黄寨村为主的26.67公顷大棚蔬菜基地，以张沟、鲍河为主的133.33公顷优质红薯生产基地，以李楼、王湖、火星庙为主的5 000头生猪养殖基地。

【张集镇】 辖村民委员会33个、居委会1个：任岗、龙兴寺、余刘、彭湾、李岗、三房营、二房营、大房营、张集、大王岗、闫家、江营、罗营、陈楼、油坊湾、赵湾、蒋湾、汤冲、钟湾、杜湾、孙楼、中杨湾、晋公庙、尚岗、罗湾、胡家寨、高湾、孙湾、武岗、高庄、张湾、赵营、詹冲村，一个原种场（老河口市二房营原种场）和张集居委会。年末总人口46 335人，男性23 729人。

2009年生产总值95 494万元，其中第一产业产值51 486万元，第二产业产值20 380万元，第三产业产值23 628万元，分别同比增长9%、5%、11%、10%。农业总产值中，粮食作物14 494万元，亩平840元；经济作物9 800万元；渔业2 710万元。农产品总产量：粮食73 484吨，其中（小麦30 121吨、水稻28 588吨）、油料作物5 346吨，瓜果630吨，肉类8 520吨，水产品5 793吨，禽蛋5 426吨。税收80万元，财政收入1 200万元，支出1 213.48万元。农民人均纯收入6 250元，比上年递增18.38%。个体工商经营户290户，经营总额1 000万元，税金24万元。

落实583万元的农场免税转移支付资金、262万元的农场改革补助资金、165万元的农场困难补助、400万元的农场标准粮田建设资金、50万元的农场测土配方施肥项目资金、77万元的农场"养事"资金、30万元的农场小农水建设资金、20多万元的老区建设资金等，争取各项政策与项目建设资金1 650万元。

完成标准粮田建设工程、测土配方工程、雄狮商贸城、盛泰新型建材、天龙综合养殖场、彭湾养羊场等社会固定资产投资1.35亿元。同时新购置墒情监测、配肥站实验室设备57台套，负责随州万福店农场、襄樊市清河农场、随阳农场、车河农场、王集农场、张集农场等6个农场的测土配方。通过平衡施肥和沃土工程，完成地力建设2 666.67公顷。

成立"一个公司三个专业合作组织"：农场五谷丰种业公司和张集农场新闰种植业合作社、张集农场肉鸭养殖合作社、张集农场农机协会。

【竹林桥镇】 辖村委23个、居委会1个：小贺营、梁曹洼、谢营、范冲、小陈营、大张洼、陈家营、小左岗、莲花堰、丁楼、贺湾、温岗、王李岗、王湾、马湾、朱岗、大堰、孟湾、苏家店、周岗、竹林桥、刘岗、邓家营村和竹林桥居委会。年末总人口 38 150 人，男性 19 225 人。

2009 年生产总值 11.99 亿元，其中一、二、三产业分别为 4.19 亿元、5.913 亿元、1.887 亿元。分别比上年 21.5%、48%、22.3%。农业总产值中，粮食作物 1.835 亿元，亩平 1 655 元；经济作物 2.355 亿万元；渔业 4.05 亿元。农产品总产量：粮食 48 639 吨（其中小麦 24 072 吨、水稻 18 411 吨），油料作物 1 403 吨，瓜果 8 579 吨，肉类 74 876 吨，水产品 7 067 吨，禽蛋 5 369 吨。税收 67 万元。财政收入 633.5 万元，支出 615 万元。农民人均收入 5 783 万元，比上年 567 元。个体工商经营户 651 户，经营总额 13.02 亿元，税金 29 万元。

招商引资 5 300 万元，建设项目 16 个，规模企业总产值达 7 890 万元的有莲花井米业有限公司、煜婷兔业有限公司、翔申玻纤有限公司、绿色食品公司 4 家。

发展高性能联合收割机 96 台，大型拖拉机配套旋耕机 118 台套，各类中小型拖拉机 10 212 台，农用运输车 2 669 台。推广优质高产小麦 4 666.67 公顷，推广棉花新品种的种植面积达 2 000 公顷，新玉米品种的推广使农民每亩收益增加约 60 元。新发展肉兔养殖户 5 000 余户，肉兔出栏 12 万余只、生猪 7 万余头、羊 1 万余只、牛 9 000 余头、渔产品达 7 000 余吨，家禽出栏 100 余万只。投资 300 余万元在范冲村建立“小麦万亩示范田”，基本农田保护率达 98%；水稻面积 2 000 公顷，小麦 4 666.67 公顷，棉花 2 000 公顷，玉米 2 666.67 公顷，油菜 666.67 公顷；建成以水稻、小麦、渔业、畜牧养殖为主的种植和养殖基地。

【薛集镇】 辖村委会 22 个、居委会 2 个：薛集、马岗、天明齐、潘洼、陈庙、关岗、南刘岗、齐岗、曾岗、上寨、杨集、王岗、王堰、王河、吴家洼、张岗、杜王营、秦集、徐营、余起营、赵岗、韩营村和薛集、振兴街居委会。年末 9 078 户，总人口 38 023 人。

2009 年生产总值 50 335 万元（现价、下同）。农业总产值中，粮食作物 22 801 万元；经济作物 2 060 万元；渔业 7 956 万元。农产品总产量 33 273 吨（其中小麦为 216 525 吨，水稻 11 621 吨），油料作物 1 283 吨，瓜果 1 167 吨，肉类 6 577 吨，水产品 7 197 吨，禽蛋 4 689 吨。各项税收为 69 万元。其中财政收入为 782 万元，支出为 780 万元，农民人均纯收入为 5 739 元，比上年增加 9.1%。个体工商经营户为 322 户，经营总额 370 万元，税金 23.1 万元。

水产品加工项目一期工程 5 000 平方米的厂房已经建成。该项目两期工程投资 5 000 万元，借助排子河水产资源主要生产鱼蛋白、鱼骨粉、氨基酸等产品，年产值将达亿元。全镇已开发精养鱼池 3 200 公顷，养鱼专业户 820 户，新引进名优特鱼种 6 个，产各类鲤鱼 260 万公斤，产值 2 830 万元，利税 1 272 万元，渔业生产占农业总收入的比重达 25%，占农民纯收入的 17%。建起 14 座“153”模式养鸡场，即一座鸡舍 5 000 只鸡，自动恒温、自动喂料、自动除粪，新增养鸡数近 10 万只。同时成立老东乡蛋鸡养殖专业合作社，提供全套养殖、销售、技术、市场服务。

【孟楼镇】 辖村委员会 20 个、居委会 1 个：孟楼、小黄营、大周营、申楼、曹坡、熊河、黄老营、秦庄、柴岗、曹营、韩堂、李河、杨岗、朱庄、朱寨、邓岗、田营、王楼、余沟、毕庄村和孟楼居委会。年末总人口 38 063 人，男性 19 593 人。

2009 年生产总值 80 552 万元，其中第一、二、三产业分别为 26 471 万元、41 565 万元、12 516 万元。分别比上年增长 15.3%、40%、9.2%。农业总产值中，粮食作物 6 044 万元，亩平 723.7 元；经济作物 5 307 万元；渔业 2 225 万元。农产品总产量：粮食 31 377.7 吨，（其中小麦 13 537 吨、水稻 9 679 吨），油料作物 1 285 吨，瓜果 1 258 吨，肉类 4 181 吨，水产品 2984 吨，禽蛋 1 601 吨。税收 90.3 万元。财政收入 830.8 万元，支出 623.7 万元。农民人均纯收入 5 909 元。比上年增加 562 元。个体工商经营户 1 390 户，经营总额 65 000 万元，税金 365 万元。

招商引资先后有香园公司二期扩建项目、小黄营商贸小区项目、财政加工厂商贸小区项目、孟楼村商贸小区项目、东辉免烧砖厂、永发养殖场、金谷源粮油贸易公司 7 个项目落户，引资额 2 500 余万元。规模以上企业达到 5 家，比上年增加两家。

有 65 名外出务工人员回乡创业，分别从事于商贸流通、养殖、建筑等领域，新增个体工商户 15 家，养殖户 8 家，成立两个农村专业合作社。

【洪山嘴镇】 根据《省民政厅关于老河口市李楼和洪山嘴街道办事处改镇的批复》（鄂民政发[2009]48 号）、《襄樊市民政局关于老河口市李楼和洪山嘴街道办事处改镇的批复》（襄樊民办[2009]103 号）和《老河口市人民政府关于撤销李楼办事处、洪山嘴办事处设立李楼镇、洪山嘴镇的通知》（河政发〔2009〕41 号）精神，2009 年 12 月，撤销洪山嘴办事处，设立洪山嘴镇，以原洪山嘴办事处的行政区域为洪山嘴镇的行政区域，镇人民政府驻洪山嘴。

辖村委会 26 个、居委会 5 个：傅家寨、杨家湾、艾家沟、石门、高楼、李家寨、六股泉、余家湾、庄家沟、军对河、苏家河、洪山嘴、太山庙、袁庄、池岗、兰家岗、牛王庙、尚湾、兴隆寺、红树木沟、瓦城沟、黄龙泉、小黄楝树、杨化岗、肖湾、荆家棚村和江山、宝石水泥厂、电器厂、工具厂、洪山路居委会。年末总人口 57 700 人，男性 30 080 人。

2009 年生产总值 111 955 万元，其中一、二产业分别为 49 036 万元和 62 919 万元。分别比上年增长 19.4%、283%。农业总产值 22 191 万元，林业 271 万元，牧业 23 186 万元，渔业 2 950 万元，农林牧渔服务 439 万元。农产品总产量：粮食 27 805 吨（其中小麦 11 518 吨、水稻 3 504 吨），油料作物 36 100 吨，瓜果 26 956 吨，水产品 2 891 吨，禽蛋 3 202 吨。个体工商注册经营户 600 户，经营总额 18 000 万元，税金 70 万元。农民人均纯收入 6 106 元，同比增长 12.7%。

规模以上企业 13 个，同比增长 71.4%；向上争取资金 345.5 万元，招商引资 3 126.7 万元；税收 672 万元，同比增长 46.2%。

省农业产业化龙头企业——老河口仙仙果品公司引资建成以生产水果罐头、果汁为主的华晟食品分公司，产值 1.5 亿元。襄樊市农业产业化龙头企业——老河口香源达公司建成淀粉糖和生物蛋白项目，年转化大米、玉米等农产品 4 万余吨，生产淀粉糖等 3 万余吨，在湖北同类企业中，规模排第二，产能排第一。洪山嘴初步形成以水果、花椒为主体的农业产业化格局，发展林果 1 533.33 公顷，花椒 2 333.33 公顷，汉水牌砂梨、仙仙牌大仙桃先后被评为全国优质水果、湖北省名牌产品。洪山嘴被湖北省人民政府授予全省优质水果示范基地，1999 年始连续 12 年的梨花节，全国各地到洪山嘴观赏梨花的游客达 10 万人次以上。

【酇阳办事处】 辖村委会 8 个、居委会 15 个：黄营、杨寨、卢营、太山、晨光、甫洲、八一、龙岗村和洪城门、大桥路、东启街、友谊路、牌坊街、仁义街、和平路、高潮、童营、航空路、酇南、临江、汉滨、城东、汉口路居委会。年末总人口 13 万人，男性 72 180 人。

2009 年生产总值 125 011 万元，其中第一、二、三产业分别 80 666 万元、34 557 万元、44 345 万元。分别比上年增长 12%、23%。农业总产值中，粮食作物 798 万元，经济作物 19 720 万元。农产品总产量：粮食 4 438 吨（其中小麦 1 227 吨、水稻 709 吨、玉米 2 449 吨），油料作物 1 055 吨，水果 31 236 吨，肉类 4 108 吨，水产品 698 吨，禽蛋 793 吨，蔬菜 111 607 吨。税收 2 650 万元，农民人平纯收入 6 822 元，比上年增长 777 元。城市居民可支配收入 10 620 元，比上年增加 505 元。

有工业企业 3 325 家、从业人员 8 267 人，其中规模以上企业 24 个、1 912 人。工业产品以汽配、建材为主。工业企业销售收入 108 850 万元，利税总额 8 345 万元，比上年增加 1.9%、8%。全员劳动生产率 32 814%，产品销售率 96%，总产值 4 318 万元，比上年增 1.8%。

招商引资紫薇大酒店、玉锦新城、酇阳新城、湖北奥丰化工、锦盛纺织、高隆预制构件、启星机械、友谊宾馆改造、湖北盛弘中药材加工等项目落户。

种植西末红蜜桃 286.67 公顷，种植花生、包菜等经济作物 200 公顷，发展肉牛 4 300 多头、生猪 36 000 多头、肉鸡 629.8 万只。劳务输出 3 000 余人次。

【光化办事处】 辖村民委员会 11 个、社区居委会 9 个：辛店岗、贾沟、查营、雷祖殿、明家山、柳树湖、徐家滩、老县城、冯营、西关、宋营村和胜利路、滨江、太平街、秋丰路、小东门、光明、望江楼、拦马河、三岔路居委会。年末总人口 7.77 万人，其中农业人口 2.34 万人，耕地面积 4 400 公顷。

2009 年生产总值 89 726 万元，其中第一、二、三产业分别为 21 535 万元、43 218 万元、28 782 万元。分别比上年增长 3%、2%、2%。农业总产值中，粮食作物 2 039 万元，亩平 682 元；经济作物 7 369 万元；渔业 1 020 万元。农产品总产量：粮食 10 369 吨（其中小麦 3 886.4 吨、水稻 2 761 吨），油料作物 927.4 吨，瓜果 10 吨，肉类 5 780 吨，水产品 662 吨，禽蛋 913 吨。财政收入 793 万元，支出 500 万元，农民人均纯收入 6 389 元，同比增长 628 元。

办事处形成汽配、化工、建材、纺织四大产业，有工业企业 43 家，其中规模企业 12 家，工业总产值 41 592 万元，比上年增加 21 350 万元；销售收入 39 512 万元，比上年增加 20 283 万元；利税 576 万元，比上年增加 345 万元。招商引资签订投资项目 7 个，协议投资额 2.3 亿元，已开工建设项目 7 个，其中已建成投产 3 个，实际到位资金 4 000 万元。

（曹金成）

人　　物

责任编辑
责任校对　段兰锦

劳动模范

【全国五一劳动奖章获得者】

李泽贵　襄樊第五中学教师
杜申奎　襄阳林业局副局长

【获全国五一劳动奖状集体】

中国人民解放军5713工厂

【全国工人先锋号获得者】

市国家税务局办税服务厅

【湖北省劳动模范】(27人)

霍法廉　湖北福田专用汽车有限公司班组长
肖辉荣(女)　宜城植保站干部
张广群　老河口看守所所长
刘文峰　南漳市容管理处清运司机
王智奎　保康教学研究室主任
王宏铃(女)　襄阳环卫所班长
王义清(女)　襄樊第33中学书记、校长
王遵义　樊城高庄社区居委会党支部书记、主任
李朝稳　襄樊大力工业控制股份有限公司车间主任
曹国斌　湖北江华机械有限公司董事长、总经理、党委书记
陶礼海　襄樊新襄棉纺织有限公司总工程师
陈光荣(女)　樊城公安分局汉江派出所民警
黄万峰　市36中数学教研组长
蔡志强　市中医院泌外科主任
徐永国　市国税局副局长
彭建国　襄樊供电公司总经理
毛　羽　湖北华电襄樊发电有限公司值长
胡二甫　中国化学工程第六建设有限公司副经理
刘振彪(女)　襄樊市人防办程科科长
余华强　市农业科学院院长
陈国文　襄阳龙王庙坡村农民
李堂国　枣阳新市任岗村农民
顾新芝(女)　宜城雷河胡耳村支部书记、主任
李顺军　南漳城关镇榆树岭村一组农民
梁红星　湖北奥星粮油有限公司董事长
陈　全　谷城庙滩魏家山村民
黄立杰　保康马桥镇中坪村书记、主任

【省五一劳动奖章获得者】

熊贻盛　襄樊供电公司书记
雷道东　南漳华海纸业有限责任公司总工程师
郭红民　中铁十一局电务公司工会主席

【省五一劳动奖状获得者】

老河口公路段
中国移动集团襄樊分公司
枣阳供电公司

【省工人先锋号获得者】

湖北中烟集团工业有限责任公司襄樊卷烟厂一车间
中房集团襄樊房地产开发股份有限公司物鑫分公司
湖北神州运业集团公司售票班
枣阳供电公司

【襄樊市工人先锋号获得者】

枣阳供电公司输电部
宜城中医医院一外科
老河口国税局洪山咀分局
老河口供水一公司营业部
南漳华海纸业有限责任公司七分厂抄造甲班
保康公路段红岩寺管理站
谷城供电公司输电部
襄阳供电公司东津营业所
襄樊正大有限公司机电维修班
襄樊吉源纺织有限公司前纺车间
湖北妞妞食品有限公司研发部
湖北追日电气设备有限公司生调中心
市公共交通总公司511路“诚信为民”文明示范线
襄樊市场开发服务中心新华市场物业管理四所
襄樊日报印刷厂印报车间
市军粮供应站“三八”服务班
湖北移动有限公司襄樊分公司集中维护中心
湖北卫东机械化工有限公司火工品装配分厂焊桥班
襄樊卷烟厂成型车间
电信襄樊分公司政企客户部
襄樊市第一人民医院儿科
襄樊市第37中学教研组
襄樊市第8中学三年级组
中国建设银行股份有限公司襄

樊分行铁路支行
中房集团襄樊房地产开发股份有限公司直属三分公司
襄樊市路灯管理处
际华襄樊新四五印染有限公司印染车间甲班印花小组
市引丹工程管理局三通碑管理处
市环卫处机械清洁服务公司
湖北天鹅涂料化工股份有限公司机动分厂维修班

（朱晓东）

逝世人物

【朱前非】（1921.6—2009.1），汉族，河北景县人。1938年10月至1939年9月在景县抗日农村参加革命工作。1939年10月至1940年1月任景县四区农会组织部长，1940年2月至8月任景南县青年救国会武装部长、青年突击队指导员，9月至12月在冀南区公安局受训。1941年1月至2月任景南县公安局二股长2月至4月任景南县公安局公安队指导员。1942年5月至1945年8月任冀南五分区公安局科员。1945年9月至1948年8月任景县公安局二股长兼一股长。1948年9月至12月任衡水县公安局副局长。1949年1月南下武汉，10月至12月任湖北省行政干校指导员。1950年1月至6月任湖北省财经干校教育科长。1950年7月至1951年8月任湖北革命大学教育科长。1951年9月至1952年6月带队到公安县荆江分洪区参加土改、分洪。1952年7月至1953年5月任湖北革命大学校部组织科长、干部科长。1953年6月至1954年6月任湖北省人事厅教育科长。1954年7月至1965年4月任湖北省统计局办公室主任，1965年4月至1966年10月任湖北省统计局副局长。1966年11月至1973年4月在省“五七”干校学习。1973年5月至1979年8月，任襄阳地区拖拉机厂副厂长、党委副书记、革委会副主任。1979年9月至1981年2月任襄樊市委常委、市革委会副主任，1981年2月至1984年1月任襄樊市人大第八届委员会副主任，1984年1月至1985年2月任襄樊市政协第七届委员会副主席。1985年2月离职休养。副厅级，因病逝世。

【马树忠】（1925.9—2009.4），汉族，山东省武城县人。1945年5月参加革命工作，1945年5月加入中国共产党。1945年5月至1948年8月历任二分区武委会学员，武城县一区武委会武装干事。1948年9月至1949年2月南下，任二野二纵四团管理员。1949年3月至9月历任湖北南保兴宜县一区公安助理、区委委员。1949年10月至1953年4月历任谷城县庙滩区委会组织委员、副书记、茨河区委副书记、城关镇委书记；1953年5月至1957年3月历任襄阳专区企业总工会主席、企业党委会副书记兼团委书记、工会主席；1957年4月至1958年9月任襄阳专区电厂党委书记；1959年10月至1963年2月任襄阳专区电业局党委书记、局长；1963年3月至1967年2月任襄阳地委办公室副主任；1967年3月至1968年12月任中共湖北省监委驻襄阳地委监察组副组长；1969年1月至1970年3月任襄阳专区抓革命促生产指挥部办公室副主任；1970年4月至1975年2月任襄阳地区革委会工交业务组副组长；1975年3月至1980年11月任襄阳地区革委会工业局局长；1980年12月至1983年10月任襄阳地区行署工交办公室副主任；1983年11月至1985年9月任襄樊市经济委员会党组成员、纪检组长；1985年10月离职休养。副厅级。因病逝世。

【段子高】（1918.5–2009.6）汉族，河北省井陉县人。1924–1933年在地都村读私塾和小学，1933–1936年在河北保定上中学，1936年春考入薄一波办的太原军政干校，11月加入牺盟会。1938年3月抗日战争爆发加入八路军一二九师，3月至4月任兵站文书、4月至6月在师供给部做文教、6月在政治处做技术书记，12月加入中国共产党。1939年2月至5月在师政工队学习（二期）、5月至9月任政工队组织干事、9月在师直属供给处任政治指导员、在敌人大扫荡太行山时将部队资料和财产埋入地下保全受到上级嘉奖。1940年8–12月随部队参加“百团大战”，历史5个多月打破击战无数（破坏正太铁路线的路轨、桥梁、隧道、水塔、车站等），缴获敌大量军用物资。1941年1月在师部印刷厂任政治指导员，2月在太行四分区黎城独立营任连政委，11月参加打黄烟硐堡战消灭日军一个班。1942年秋至冬季在四分区干部轮训队学习（三期），至1944年秋在太行四分区历任独立营连政委、三十二团七连政治指导员。1945年南下、渡黄河到豫西任六支队三十六团政治指导员，参加伏牛山战役打散一个日军师，与新四军回合，冬任中原一纵三旅政治部组织干事。1946年春在一纵三旅八团三营任政治指导员，6月奉命率队越平汉铁路向西挺进，部队边走边打掩护全军渡襄江，连续六七日昼夜兼程北上渡过唐河、白河到达河南唐河县黑龙镇，整团遭敌人袭击退到伏牛山脉冲出包围。在“中原突围”中身负炮弹伤三处（眉骨、头左侧、左膝盖,3块弹片伴随终生),另有左上臂一处子弹打人伤,被定为国家二等甲级战残(解放后经疗养于70年代改为乙级)。1947年秋任汉二军分区江京安县(京山、安陆一带)五区区长,当年冬任六区、城关区区委书记,1948年春调江汉军分区基干五团三营任教导员参加荆沙战役苦战半日缴获敌汽车等物资、担任突击队、剿匪、保南下大军渡长江。1949年6月任湖北大冶分区政治部直工科科长(副团级),1950年3月任大冶分区供给处副政委,6月与大冶军分区医院护士长王璞玉结为夫妻。1951年4月任湖北黄石市公安大队副政委,1952年7月任湖北公安总队速成学校政委,1953年被授少校军衔、7月任湖北公安总队内卫五十三团政委,1955年3月被授予三级独立自由勋章和三级解放勋章。入伍十余年,从南打到北,参加大小战役十多次。1958年1月转业到湖北省水利厅任水文总站主任,1959年11月任水利厅办公室主任,1960年农水处处长、工程管理局局长。1969年12月到省直“五·七”干校学习。1973年到襄樊市创办湖北省气象学校任党委书记、校长。1984年12月离职休养,任学校退休党支部书记、校关工委主任。因病逝世,葬于襄樊市归山陵公墓,按照其遗嘱“骨灰撒在气象学校后山上”,将部分骨灰葬于校区内张公祠门前400年龄的银杏树下。

【李凤祥】(1928.12—2009.6),汉族,河北省阜城县人。1945年3月在河北参军、加入中国共产党,历任战士、班长、排长。1947年11月至1952年6月随军南下至襄阳地区公安大队任干事。1952年7月至1960年9月任襄阳地区检察院科长。1960年9月至1964年11月任襄阳地区公安处科长。1964年12月至1980年1月任湖北省第五监狱党委书记、政治委员。1980年2月至1985年3月任湖北省襄樊监狱党委书记、政治委员。1985年4月至1990年7月任襄樊监狱正处级调研员。1990年8月离休,1991年6月享受副厅级待遇。因病逝世。

【归　捷】(1932.9—2009.6),汉族,河南新野县人,生于湖北老河口,1950年1月参加革命工作,1951年8月加入中国共产党,历任原光化县人民银行业务股长、副行长。1954年4月至1957年6月历任光化县人民政府工业科、文教科副科长、科长。1957年7月至1963年4月任光化县文教局局长。1963年5月至1965年9月任光化县计划委员会副主任。1965年10月至1966年12月任保康县人民政府副县长、县委委员。1967年1月至1969年3月受文革冲击被审查。1969年4月至1972年11月任保康县革委会政工组副组长。1972年11月至1978年6月任中共保康县委副书记。1978年7月至1983年12月历任襄阳地区行署办公室主任、文教办公室主任、党组书记。1984年1月至1994年4月任襄樊市政协秘书长、党组成员。1995年6月退休,正县级。因病逝世。

【刘舜荪】(1926.3—2009.8),汉族,河南罗山县人。1949年8月参加革命工作,1951年8月加入中国国民党革命委员会,1952年12月加入中国共产党。1947年考入武昌中华大学国际贸易系。1949年8月至1949年12月在湖北省人民革命大学学习。1950年1月至10月在省政府办公厅工作。1950年10月至1951年6月任省委驻孝感土改工作队队员、副组长。1951年6月至1958年2月在省政府办公厅工作,先后任主任科员、省长办公室组长、办公厅秘书等职。1958年2月至1964年2月任湖北省哲学社会科学研究所秘书。1964年2月至6月任省委驻天门县四清工作队副组长;1964年6月至1965年3月任湖北省社会科学联合会学术室秘书。1965年3月至1966年6月任《汉江学报》编辑部副组长、组长。1966年6月至1969年12月参加机关“文化大革命”;1969年12月至1970年6月在湖北沙洋“五七”干校学习;1970年7月至1989年3月从省“五七”干校调到襄樊纺织机械厂,历任党支部书记、厂革委会主任、副厂长、厂工会主席、研究室副主任。1986年7月为民革襄樊市第一届支部委员会主席,1988年5月为民革襄樊市第二届支部委员会主席,1993年3月任民革襄樊市委员会筹备委员会主席,1996年11月为民革襄樊市委第一届委员会名誉主委、第七届市政协常委。1989年3月至1999年1月任襄樊市政协第八、第九届副主席。1999年2月离休。副厅级。因病逝世。

【张明树】(1937.6—2009.10),汉族,湖北随州人。1954年6月参加革命工作,1950年11月加入中国共产党。1954年6月至1955年12月任随县廖岩区供销社职员。1956年1月至1960年5月任随县利兴、安居粮管所会计兼粮管站站长。1960年6月至1964年11月,历任襄阳地区财贸学校教师、襄阳地区五金公司物价科副科长。1964年12月至1970年8月任襄阳地区水利电力局副局长。1972年9月至1975年9月任襄阳地区建设银行副行长、行长。1975年10月至1983年12月任襄阳地区财政局副局长。1984年1月至1992年8月任襄樊市税务局党组成员副局长。1989年5月享受正县级待遇。1992年9月至1994年6月任襄樊市税务局党组书记、局长。1994年7月至1997年10月任襄樊市国税局党组书记、局长。1997年11月退休。因病逝世。

(冯成方)

附　　录

责任编辑
责任校对 段兰锦

襄樊市抗震救灾对口援建四川省汉源县清溪镇和皇木镇

【概况】 2008年5月12日四川汶川特大地震发生后，湖北省委、省政府根据党中央、国务院“举全国之力，一省帮一重灾县”决定，明确襄樊市对口支援四川省汉源县清溪镇和皇木镇，承担重建和修建地震被毁的乡镇道路、学校、计划生育服务站、农田水利灌溉渠道7个项目（清溪镇3个、皇木镇4个）。援建任务下达后，市委、市政府成立由市委副书记、市长李新华任组长，常务副市长施真强、副市长李跃华为副组长，相关部门、单位主要负责人参加的援建工作领导小组及办公室。市领导先后到灾区视察调研和慰问，同时配齐配强援建工作专班，从市政府办、市建委、市财政局等单位抽调熟悉业务的管理和技术人员奔赴灾区开展工作。2008年7月31日，召开市政府常务会，研究制订援建工作方案，印发《市政府专题会议纪要》，明确援建工作的运作方式、阶段目标、资金筹措和质量安全管理等事宜。

工程招标明确提出参加投标单位资质要高，有异地施工组织管理经验，有创造“楚天杯”的业绩。经招投标，清溪镇中小学校、计生站的施工任务由北龙建设工程有限公司中标承建；皇木镇中心学校、计生站、红花小学及幸福堰维修整治工程，由曾在西藏地区有十多年施工经验的市水利水电工程团担当施工任务；皇乌公路由在外地施工经验丰富的市交通局襄城公路段担当。同时按照省援建办、省审计厅的统一要求，市审计局指定专门审计人员跟踪审计援建资金的筹集、分配、使用和管理情况，检查监督规划设计方案的实施情况、工程质量情况，以及项目内部制度的建立、执行情况。每笔援建资金的拨付都必须由审计部门签署意见后再拨款。

襄樊援建的清溪和皇木两个乡镇，在汉源县一南一北，海拔均在2 000米左右，相距一百多千米，交通不便，穿越大渡河畔，经常面临滚石、滑坡和泥石流，同时灾区余震不断、高原缺氧、山高路险、施工条件艰难；幸福堰维修工程和红花小学地处海拔2 100米以上，位于半山腰间，一线施工的援建者将数百吨的建筑材料靠马驮人背搬上山。清溪镇位于汉源县北部，为大相岭山脉西南的高山河谷地带，东北以大相岭山脉同荥经县交界，面积33.1平方千米，东经102°37′，北纬29°35′。汉源县皇木镇位于汉源县东部，距县城60千米，北纬29°21′，东经102°54′，海拔在1 721~3 000米之间，面积140.4平方千米，地处高寒山区，冬春寒冷，夏秋阴雨连绵，年平均气温9.9℃，降水量829.5毫米，无霜期150天左右；耕地面积1 152.6公顷，只种一季，以玉米、土豆为主；境北为白沙河林区，有林地、草地8 000余公顷，铅锌、菱镁、磷矿资源丰富，省道峨（眉）富（林）、皇（木）越（西）公路在此交汇。

到2009年10月底，近千名襄樊援建者按时保质保量完成援建的7个工程项目。2008年，市援建办被四川省雅安市委、市政府和军分区授予“抗震救灾先进集体”称号。2009年10月，襄樊市政府被省政府表彰为“全省抗震救灾对口支援先进集体”。襄樊市援建工作在全省15个市（州）中位居第二。“清溪镇襄樊学校”被评为“四川省建筑结构优质工程”并获四川省优工程“天府杯”。

援建班子主要负责人员情况

姓名	年龄	原职务	援建班子职务
宋克定	52岁	襄樊市政府副秘书长	援建办主任
蒙爱成	46岁	襄樊市政府办四科科长	援建办副主任
吴刘浩	47岁	财政局财政征管中心副主任	援建办工作人员
倪春生	37岁	襄樊市政管理处	援建办工作人员
赵　云	33岁	襄樊市建设工程质量监督站	援建办工作人员

援建队伍人数:580人次

【总体资金投入】 根据中共湖北省委办公厅《关于印发〈湖北省对口支援汉源县灾后重建总体方案〉的通知》(鄂办文[2008]41号)文件精神,襄樊市援建资金的筹措按照"本地上年地方财政收入1%安排对口支援实物工作量",并以未来3年每年递增15%测算,湖北省分配襄樊市筹措援建资金的总额度为8 698万元,其中社会捐款4 329万元(市红十字会捐款2 173万元,市慈善总会捐款2 156万元),财政支付4 369万元。省援建办根据对口支援汉源县的统筹考虑,上解襄樊市5 196万元用于汉源新县城建设,襄樊市实际自行可用资金约3 502万元(初始安排3 412万元,后视工程追加资金规模90万元)。

襄樊援建的7个项目总投资6 019万元,其中市援建资金投资3 502万元;由汉源县追加灾后重建、配套专项资金2 517万元(灾后重建资金250万元,用于皇乌公路延伸段建设配套资金1 267万元,清溪镇社会事业服务中心专项建设资金1 000万元)。

援建方式为"交钥匙"工程。

【具体项目】

1.清溪镇中小学校。总投资1 150万元(原计划投资1 100万元,由汉源县追加灾后重建资金50万元),属灾后就地重建项目,主要包括新建教学楼、学生宿舍、大门、篮球场、围墙、厕所等设施,建筑面积5 385平方米。襄樊市第二建筑设计院设计,时间2008年12月—2009年9月,工程验收,评估为优质,获四川省"天府杯"。

(1)教学楼:中学楼建筑面积1 921平方米,楼形长42米、宽16.2米、高16.8米,3层楼,教室20间。教室内设日光灯、吊扇、插座,走廊有吸顶灯、安全指示灯。

(2)小学楼:建筑面积1 357平方米、楼形长38.4米、宽8.7米、高18.258米、4层楼、教室16间;教室室内设日光灯、吊扇、插座,走廊有吸顶灯、安全指示灯。

(3)学生宿舍:建筑面积1 607平方米,楼形长30米、宽14.8米、高10.5米,2层楼,寝室22间;寝室设室内日光灯、吊扇、插座,走廊有吸顶灯、安全指示灯。

(4)教学辅助楼建筑面积849.9平方米,楼形长23.6米、宽12.4米、高12.5米,3层楼,教辅室16间;室内设日光灯、吊扇、插座,走廊有吸顶灯、安全指示灯。

(5)学校大门:形状龙门型,钢筋混凝土框架,钢板门,高7.2米、宽18米。

(6)篮球场:塑胶球场28米×42米。

(7)围墙:长800米、高2.8米,砖墙。

(8)厕所:建筑面积276平方米。

2.清溪镇计划生育服务中心站(以下简称清溪镇计生站)。属灾后异地新建项目,主要包括新建业务用房及辅助设施。原计划投资155万元,由省援建办批准追加援建资金40万元。汉源县委、县政府为提高资金和土地使用效率,2009年5月报襄樊市政府和省援建办批准后,将襄樊援建的清溪镇计生服务中心站与清溪镇社会事业服务中心项目整合,以援建方式建设。该中心总投资1 195万元(汉源县灾后重建资金1 000万元,整合襄樊援建的清溪镇计生站195万元),建筑面积6 798平方米。

清溪镇计划生育服务中心站新建业务用房占地1 178平方米,建筑面积2 668平方米,楼形长35.1米、宽12.9米、高9.25米,3层楼,内部设室内日光灯、吊扇、插座,走廊有吸顶灯、安全指示灯。

3.幸福堰维修整治工程。投资70万元,属灾后就地维修整治项目,整修堰道14千米。

幸福堰设计流量0.5立方米/秒,灌溉面积373.33公顷,同时解决0.46万人和0.75万头牲畜的饮水问题。主要建设渠道整治5段,加固渡槽一座(采用内直径600毫米的地埋PE双壁波纹管代替原渡槽输水),渠坡裂缝处理,渠道管理所房屋重建。堰道宽度1.2米,混凝土面厚度0.2米,主要施工段在无路的山腰上。

4.皇乌公路。道路总投资2 817万元(其中襄樊市投资1 600万元,后由省援建办追加援建资金50万元,汉源县追加灾后重建资金1 267万元,属灾后就地新建项目,修建公路13.34千米,路宽度6米、厚0.24米,C30混凝土路面,主要是山道。追加修建皇木镇街道约3 000米。追加修建的皇木镇街道路宽5.5米、厚0.24米,C30混凝土路面。

5.皇木镇中心小学。总投资457万元(原计划投资307万元,由汉源县追加灾后重建资金150万元),属灾后就地重建项目,主要包括新建教学楼、学生宿舍、大门、围墙、篮球场、厕所等设施,建筑面积1 941平方米。襄樊市第二建筑设计院设计,襄樊市水利水电工程团施工,时间2008年11月—2009年9月。

(1)教学楼:占地4 417平方米(校园整体面积),建筑面积1 017.9平方米,楼形长38.4米、宽8.7米、高14.358米,3层楼、教室24间;教室内设施:课桌、黑板、讲台、电扇、日光灯等。

(2)学生宿舍:占地4 417平方米,建筑面积546平方米,楼形长21米、宽13.4米、高9.658米,2层楼,寝室面积316.8平方米。

(3)学校大门:形状门字形,钢筋混凝土结构,玻化砖饰面,高7.3米、宽1.2米。

(4)篮球场:18米×25米、环形跑道3 217平方米。

(5)围墙:长275米、高2.2米,水泥砖,内外粉刷。

（6）厕所：建筑面积 50 平方米，长 13.48 米、宽 3.9 米、高 3.6 米。

6.皇木镇计划生育服务中心站（以下简称皇木镇计生站）。总投资 205 万元（原计划投资 155 万元，由汉源县追加灾后重建资金 50 万元），属灾后就地重建项目，主要包括建设业务用房、辅助设施，建筑面积 850 平方米。

皇木镇计划生育服务中心站新建业务用房占地 3 930 平方米，建筑面积 2 144 平方米，长 32.1 米、宽 14.7 米、高 11.5 米，两层楼。

7.皇木镇红花小学。投资 25 万元，属灾后就地重建项目，主要包括教室、厕所等设施，建筑面积 126 平方米。襄樊市第二建筑设计院设计，襄樊市水利水电工程团施工，时间为 2008 年 11 月至 2009 年 9 月。

（1）教学楼：占地 3 980 平方米，建筑面积 95.6 平方米，楼形长 18 米、宽 5 米、高 5.3 米，1 层楼、教室 6 间，教室配课桌、黑板。

（2）厕所：建筑面积 30 平方米、长 10 米、宽 2.7 米、高 3.6 米。

【工程监理】

1.清溪镇中小学校由湖北鑫业监理公司监理。

2.清溪镇计生站由宜昌宏业监理公司监理。

3.幸福堰维修整治工程由市水利规划设计院监理。

4.皇木镇中心学校、皇木镇计生站、皇木镇红花小学、皇乌公路由武汉科达监理公司襄樊分公司监理。

【基本建设程序】 所有援建项目按照国家、湖北省和四川省有关抗震救灾、恢复重建项目基本建设程序要求，落实规划设计方案会审、施工图设计文件审查、招投标、合同管理、施工许可、工程建设监理、工程质量安全监理、工程竣工验收备案制度。要求先勘察、后设计、再施工，实行抗震设计专项审查制度。规划、设计、工程造价、施工许可等环节均按程序规范报批。

雅安市工程咨询中介机构逐一评估援建项目的造价，经汉源县财政评审中心评审后下达批文。援建资金纳入襄樊市级财政预算，采取援建资金跟着项目走，拨款跟着进度走，确保专款专用，安全使用，发挥最佳效益。

所有援建项目均实行项目法人制、建设监理制、合同管理制和廉政责任制。原材料进场、见证取样、送检报验都执行国家现行的报验制度。在工程质量验收方面，坚持三级报验制度，上一道工序不合格禁止进入下一道工序施工，不允许“先斩后奏”、隐报瞒报工程质量情况发生。

【大事记】 2008 年 7 月 18 日，市委决定成立襄樊市抗震救灾对口支援工作领导小组及其办公室。市长李新华任组长，施真强、李跃华任副组长，市委办、市政府办及市直有关部门主要负责人担任领导小组成员。

2008 年 7 月 22 日，受市委、市政府指派，市政府副秘书长、市抗震救灾对口支援工作领导小组办公室主任宋克定带领市援建办 5 名工作人员，赴四川省汉源县清溪、皇木镇实地核查援建项目，衔接对口支援工作。

2008 年 7 月 31 日，市长李新华主持召开市政府常务会，专题研究市抗震救灾对口支援工作，形成专题会议纪要[2008]40 号。

2008 年 8 月 5 日，市援建办进驻汉源县九襄镇并挂牌办公，具体负责襄樊对口支援的综合、组织、安排、协调等工作。

2008 年 9 月 22 日，第一个“交钥匙项目”幸福堰维修整治工程开工，市政府委托市水利局承建，市水利水电工程团施工。

2008 年 10 月 20 日，皇乌公路开工。

2008 年 10 月 22 日，幸福堰维修整治工程完工并通过竣工验收，移交受援方，此项目是湖北省援建乡镇 116 个项目中的第一个竣工项目，也是全省“交钥匙工程”的第一个竣工项目。

2008 年 10 月 23 日，皇木镇中心学校开工，由市水利水电工程团负责施工。

2008 年 10 月 24 日，皇木镇红花小学开工，由市水利水电工程团负责施工。

2008 年 10 月 25 日，皇木镇计划生育服务中心站开工，由市水利水电工程团负责施工。

2008 年 10 月 26 日，清溪镇中小学校开工，由北龙建设工程有限公司负责施工。

2008 年 11 月 28 日，市援建办被雅安市委、市政府和军分区授予“抗震救灾先进集体”称号。

2008 年 12 月 5 日，市建委建设工程质量监督站进驻援建项目工地，实地开展跟踪检测和监督管理。

2009 年 1 月 20 日，根据省委、省政府的统一安排，市政府副市长李跃华前往汉源县清溪、皇木镇送寒衣、送温暖，检查指导襄樊市对口支援工作，并到项目工地慰问一线援建工作人员，同时向当地受灾群众赠送慰问品。

2009 年 3 月 10 日，襄樊市审计局审计人员进驻援建项目工地，开展援建项目跟踪审计。

2009 年 4 月 8 日，市审计局局长王万清带领相关科室负责人前往汉源县清溪、皇木镇，检查指导对口支援项目的跟踪审计工作。

2009 年 5 月 28 日，清溪镇社会事业服务中心开工。

2009年8月26日,市委书记、市人大常委会主任唐良智,市委副书记、市长李新华等到汉源县清溪镇中小学校参加“襄樊市援建项目竣工移交仪式”。

2009年9月16—18日,四川省有关专家到皇木镇中心学校、清溪镇中小学校检查考核襄樊市申报“天府杯”项目。

2009年10月15日,汉源县皇木镇皇乌公路竣工。

2009年10月28日,湖北省政府在武汉召开全省对口支援汉源县乡镇援建工作表彰会,襄樊市政府被授予“全省抗震救灾对口支援工作先进集体”称号,宋克定、朱和云和印建被授予“全省抗震救灾对口支援工作先进个人”称号。

2009年11月5日,市援建办在汉源县华新苑向汉源县有关部门移交援建项目竣工资料、审计报告和质检手续等。

2009年11月20日,汉源县清溪镇中小学校援建工程获四川省建设工程省优“天府杯”奖。

2009年11月22日,市援建办移交汉源县交通局将皇乌公路援建项目工程竣工资料、审计报告和质检手续给汉源县交通局。

2009年12月,汉源县教育行政主管部门将“清溪镇中小学校”改名为“清溪襄樊学校”。

(宋克定)

省级(省管)经济开发区

【襄城经济开发区】 襄城经济开发区是2008年6月省政府批准筹建的省级开发区,功能定位为襄樊市能源、化工、建材工业基地,以发展循环经济产业链为特色的生态型城市工业园区,位于襄樊市南部,距市区12千米,总体规划面积31平方千米,东起汉江,西至207国道,南至襄樊东外环,北至崔家营电站。规划空间结构为“一心、八区”的组团式结构。“一心”即园区行政及商业中心,“八区”即火电能源产业区、建材加工区、精细化工区、塑料加工区、基础化工原料生产区、印染加工区、港口物流区、生活服务区,其中前六个为园区的产业区,后两个为配套功能区。交通公路有207国道、麻竹高速、襄荆高速,水路有余家湖港,铁路有焦柳铁路和余家湖码头、襄樊火电厂两条专用线。已投资3.5亿元配套5平方千米基础设施建设。远期规划50平方千米,围绕五个中心打造5大百亿产业板块:以“湖北制药厂”为中心的100亿医药板块,以火电厂和余家湖港口为中心的100亿能源物流板块,以开发区起步区为中心的100亿精细化工板块,以保康工业园为中心的200亿磷化工板块,以东外环南侧新扩区域为中心的100亿二类以上工业板块。

开发区已建有火力发电厂、崔家营航电枢纽、垃圾发电厂、航天四十二所、湖北制药厂、金鹰轻轨试验基地等大型项目,总投资规模200多亿元;近两年引进泽东公司、华新水泥、襄樊可兴医药化工公司、净天环保、楚天源化工项目、冠都陶瓷等化工建材企业入驻,总投资86亿多元;并为开发区的进一步发展储备楚磷矿业、华中药业、西蓝天然气等40多亿元的项目。开发区企业总数达53家。

2009年度襄城开发区考核指标见表69。

(徐林军)

【樊城经济开发区】 樊城经济开发区2003年1月经原省政府体改办、省开发区管理办公室批准设立,2004年6月全国开发区清理整顿中,被省政府确认为全省140家保留的开发区之一。开发区控制面积17平方千米,规划面积5.28平方千米,起步区面积2.46平方千米。2005年3月,襄樊市委、市政府在樊城经济开发区内设立襄樊市化纤纺织工业园,作为开发区的“区中园”,将开发区主导产业定位为化纤纺织工业,将樊城经济开发区建设列为全市重点建设项目之一,将园区列为全市汽车、化纤纺织、能源三大园区之一。2008年7月2日,市、区两级政府与广州中基市场开发公司签定协议,在樊城经济开发区内建立“襄樊广东工业园”。园区临近汉十、襄荆、孝襄、樊魏四条高速公路和襄渝铁路、316国道,附近有襄樊、武当山两个飞机场,并设有陈家湖火车站一个,汉江30吨级码头两座。园区内基础设施实现“五通一平”,有日供水20万吨的水厂两座,每小时供气325吨的公用设施一处,装机容量2.4万千瓦时的热电站一座,22万伏变电站一座,开通万门程控电话,设有金融、商贸、教育、卫生等社会配套服务体系。园区内有外资企业——博拉经纬纤维有限公司、上市公司——湖北金环股份有限公司,以及湖北化纤集团有限公司、湖北化纤开发有限公司等龙头化纤企业和16家高新技术企业、1家外商企业,初步形成化纤、纺纱、织布、印染、针织服装加工产业一体化以及板材规模化生产。

2009年底,园区内企业总数170家,其中规模企业106家,工业总产值41亿元,税收38 900万元,累计招商引资312 000万元。开发区实行镇区合一管理体制。

襄樊航空航天工业园:占地面积10平方千米,2009年8月30日成立。被列为省级工业园。主要经营:航空航天产业、新能源、生物科技、电子信息等工业项目。入驻企业有襄樊航宇公司、航天四十二所、正英集团、襄樊纳科特机械制造有限公司、襄樊俭鼎玻璃钢有限公司、襄樊汇尔杰玻璃纤维有限公

2009年度襄樊十大经济人物颁奖仪式

2010年3月18日晚，“君和杯”2009年度襄樊十大经济人物颁奖典礼在市广电中心演播大厅举行。

当选的十大经济人物是：东风襄阳旅行车有限公司总经理朱文灿；襄阳汽车轴承股份有限公司董事长、总经理高少兵；中国化学工程第六建设有限公司董事长、总经理王蜀闽；湖北华康保险代理有限公司总经理张勇军；中国建设银行襄阳分行党委书记、行长王波；湖北百盟投资集团有限公司总裁李家俊；襄阳万宝粮油有限公司董事长柴顺功；湖北金洋冶金股份有限公司董事长李富元；风神襄阳汽车有限公司党委书记、总经理陶晋；中航工业航宇救生装备有限公司董事长、总经理罗群辉。大会同时授予2009年在创业板上市的湖北回天胶业股份有限公司总裁章锋、湖北台基半导体股份有限公司总经理邢雁两家企业（创业板上市全省只有4家企业）领头人“2009年度襄阳经济人物特别奖”。 市委书记唐良智、市长李新华等领导为上述12人颁奖。

摄影：刘 涛

襄阳汽车轴承

中共中央政治局委员俞正声及湖北省委书记罗清泉等领导在襄轴考察

襄阳汽车轴承股份有限公司始建于1968年，是中国第四个五年计划期间投资1.2亿元人民币建设的、专为中国汽车制造配套轴承的国家重点项目；1993年完成股份制改造，公司股票“襄阳轴承 ”于1996年底在深交所上市（代码000678）；2003年襄轴公司实施以“国有职工身份转换”为主要内容的改制，近万名职工一次性完成身份转换。

襄轴公司是中国最大的汽车轴承制造专业生产厂家和轴承出口五大基地之一。在襄轴的建设和发展过程中，李先念、薄一波、方毅、李铁映、倪志福等老一辈领导人先后视察襄轴；1999年5月27日，

轿车轴承生产线

出口产品生产线

股份有限公司

颁奖词

受命于危难之时，扶大厦于将倾。转机建制，壮士何惧断腕；串巷走街，老总甘愿屈尊。强强联手重振昔日辉煌，中国轴承，再次唱响“哈瓦洛襄”。

董事长、党委书记、总经理：高少兵

党和国家领导人江泽民、吴邦国、曾庆红等视察襄轴，江泽民主席还为襄轴题写厂名。

襄轴公司“ZXY”商标被国家工商管理总局授予“中国驰名商标”称号，先后被湖北省人民政府认定为“高新技术企业”称号，被湖北省科学技术厅授予“汽车轴承工程技术研究中心”称号，被襄阳市人民政府认定为“总部性企业”。

2009年襄轴与湖北三环集团强强联手，规划建设新工业园区，打造中国一流汽车轴承科研及生产基地。

在建的襄轴工业园区

湖北华康保险

总经理：张勇军

张勇军，男，汉族，现年36岁，大专学历，国家一级理财师；2004年任湖北万家安保险代理有限公司董事长兼总经理；2008年至今任湖北华康保险代理有限公司总经理；2010年1月，在北京人民大会堂“中国经济高峰论坛暨第七届中国经济十大新闻人物颁奖典礼”上获“2009年中国经济百名杰出人物”的奖项；2010年3月入选“襄樊市2009年度十大经济人物”。

2008年2月28日，湖北华康落户襄阳，成为湖北第一家以国际风险投资机构IDGVC和经纬创投为投资方、将公司总部设在襄阳的金融保险机构。成立不到三年时间，在全省开设10多家分支机构、40多个县级营业部。2009年实现总保费收入2.3亿元，占湖北省保险中介行业寿险市场95%以上的份额，进入全国保险代理公司前十强（全国2 000多家保险代理公司）。2010年，经中国质量万里行市场调查中心审核，被授予“年度首批创建中国质量信用企业”称号。

自2008年湖北华康落户襄阳，当年纳税300多万，2009年实现地方税近700万，被襄阳市地税局推荐为“十强百佳”纳税户，2010年1-9月纳税总额已过1 000万元，预计2010纳税总额将实现突破1 500万元。

湖北华康立足襄阳地区，组建全省销售服务网络。成立近三年，在全省建成纵横交织的保险产品销售和售后服务网络，推广的“保险服务村村通”工程服务“三农”，为社会提供近5 000个就业岗位，且每年以新增1 000余个就业岗位的速度扩大华康保险队伍，不断为下岗人员提供再就业机会。

代理有限公司

颁奖词

从零起步，两年时间，裂变出10多个市级分公司，40多个县级营业部。这个以办公室为家的年轻人，以狼性法则训练出强劲的团队，鲶鱼精神搅活保险中介市场。襄阳总部通达四方，代理链条不断延伸。

湖北华康与国内国外保险行业的品牌企业建立战略合作伙伴关系，将襄阳和湖北华康推向全国推向世界，将中英人寿、海康人寿、长城人寿、民生人寿等中外合资寿险保险公司的优秀保险产品引入到襄阳的保险市场，推广到湖北的保险市场。公司与长安保险公司建立湖北全权代理的销售服务模式，在湖北车险市场不到三个月的时间里，创造日均签约车辆过百台，总保费过千万的记录；公司与中英人寿联合开发适应襄阳及湖北当地保险市场的“中华卡”意外保险产品，并获得理赔查勘授权；公司与海康人寿建立长期战略合作，为有效快捷地服务于襄阳和湖北的保险客户，将海康人寿中国西南地区客服中心设立在襄阳。

公司的领头人张勇军带领团队从创业开始，一直将加强保险代理人品质教育和管理视为治理企业的法宝，培养员工的社会责任感。员工家庭遇到困难，他组织员工帮扶；汶川地震他带头捐款；青海玉树地震他组织公司员工捐款，还为保险人设立捐款箱。2010年六·一前，通过邮政部门和市慈善总会牵线搭桥，华康将3万多支“华康专用笔”作为节日礼物，送给全市50多所学校的中小学生，并在全省员工中发起“小包裹，大爱心”的爱心助学活动，向襄阳市区及周边的希望小学捐助220个充满爱心与关怀的“爱心包裹”；高考期间，湖北华康向“襄樊市服务高考志愿者的士车队”全体驾驶员每人赠送最高40万保额的意外保险，为志愿者车队爱心护航；教师节前夕，向襄阳市盲聋哑学校捐献学生食堂就餐桌椅，为每位住读学生订制铺盖、床单、蚊帐等统一寝具，并向所有在校老师赠送教师节礼物，表达企业对残疾儿童的爱心与关注，对从事特殊教育工作人员的敬意与问候。

中央储备粮

中央储备粮襄阳直属库是于2004年8月经国家发改委等五部门批准上收的中央储备粮直属企业，主要负责襄阳、十堰两市的中央储备粮、最低收购价粮和临时存储粮的收购和管理工作,是湖北省规模最大的政策性粮油收购管理单位，是2008年国家发改委批准的国家现代粮食物流华中地区的节点之一。

襄阳直属库现有在岗员工80名，仓库37栋，库容量12.5万吨，两条总产能过30万吨的大米加工生产线，组建有4家核心企业和15家贴牌企业，年产能过100万吨。其中鄂西北规模

党委书记、主任：刘全书

储粮轮换现场

向四川地震灾区紧急发运抗震救灾大米

襄阳直属库

最大的粮油加工集团——湖北中储粮梅园集团，发展4万公顷订单农业，建成规模3万吨的油库和8个粮源基地。

近几年，襄阳直属库践行“两个确保”和“三个维护”的使命，在政策性粮食管理水平、项目发展、内部管理等方面都发生显著的变化，由过去单一的中央储备粮管理发展成为集粮油储藏、加工转化、物流贸易、订单农业等为一体的综合型企业。

襄阳市委书记唐良智(右二)、中储粮湖北分公司总经理傅廷福（左二）为湖北中储粮梅园集团授牌

襄阳直属库建设有完善的电子测温、机械通风、环流熏蒸、会计电算、闭路监控、红外监测、网络管理等系统，推进实施环流熏蒸、机械通风、隔热压盖、气囊储粮、谷物冷却机、谷物烘干机等多种方式的科学储粮技术，科学储粮技术综合应用率达到100%。

襄阳直属库上收6年，连续5年被湖北分公司评为“先进直属库”，连续3次被省、市文明委破格命名为“市级最佳文明单位”、“省级文明单位”和“省级最佳文明单位”，两次被中储粮总公司党组授予“先进基层党组织”称号，襄阳市委、市政府作出“要像支持东风汽车公司一样支持襄阳直属库在襄阳的发展”的决定。

党委书记、主任刘全书陪同袁隆平院士考察订单农业

武汉铁路局襄

党委书记：刘焱朋

武汉铁路局襄阳北机务段地处襄渝、焦柳、汉丹三条铁路线交汇处，由原襄樊北、随州、六里坪、枝江四个机务段合并组建而成，担负以襄阳为中心西至安康、东至合肥、北至郑州、南至张家界的客货列车牵引任务以及20多个站场的调车任务。牵引区段横跨六省4 000余公里，年完成总走行6 300多万千米，完成牵引总重1 000多亿吨千米。全段现有职工5 100余人，配属机车298台，下设12个行政科室、1个党群工作办公室、7个生产车间和1个集体企业管理办公室，有内电机车大中修台位4座，小、辅修台位9座，具有年承修机车大中修120台、小辅修1 200台的能力。

武汉铁路局局长余卓民检查职工作业情况

近数年间，襄阳北机务段运输能

机车制动机检测流水线

樊北机务段

段长：阎联合

力逐年增加，机车交路由以往平均不足150千米延长到600余千米，连续6年超额完成路局下达的运输生产指标。2010年襄阳北机务段实现大面积机车换型，在焦柳、汉丹线以韶山6型电力机车替换了东风4型内燃机车，在襄渝线以国产最先进的和谐型交流传动电力机车替换韶山3型电力机车，运输效率递增18%。机务段先后被武汉铁路局授予“安全优质段”、“先进单位”等称号，被省委、省政府评为文明单位。段党委也先后被省国资委和武汉铁路局党委授予“先进基层党委”称号。

湖北正

中共中央政治局委员、国务院副总理回良玉到公司视察

湖北正英实业集团股份有限公司历经半年完成资产重组及整改，新组建的湖北正英集团为以农业投资为主，工业投资及房地产开发为辅，涉及农产品批零、冷藏及保鲜、农机、工程机械、汽配、仓储物流、矿山开采、再生资源利用、工业投资及房地产开发多领域、多元化的企业集团。

公司法人代表及董事长殷武伦系经济学博士。公司前身为襄樊正英（集团）实业开发有限公司，创建于1996年，集团拥有10个全资子公司，合并注册资本1.7亿元，员工336人，净资产3.6亿元。集团旗下在襄阳的企业有襄阳地成房地产开发有限公司、襄阳九鼎房地产开发有限公司、湖北正英矿业有限公司、襄阳恒鼎钢结构工程有限公司等，开发经营长虹干菜城、邓城生资食品大市场、四季青冷藏中心、襄阳新城、瑞泰欣城、恒鼎钢构厂、仙牛山采石厂等项目。2009年缴纳税费3 600多万元。

英集团

公司近期规划目标：1.按照股份制公司要求，用3-6个月时间完成公司二次股改及内部各项治理机构。2.2010年12月公司办公迁入正英大厦。3.用3-5年时间在襄州伙牌镇兴建一个全国第四大农产品批发大市场—四季青农贸城（总投资8.5亿，占地180公顷，已完成冷藏中心的建设与招商；其他功能分区2011年前开工）。

公司前景规划目标为：以公司投资的长虹干菜城、邓城生资食品大市场、四季青农贸城为主要资产，包括正英工业园的部分资产，力争用两年左右的时间实现上市目标。

董事长殷武伦（右一）陪同市委书记唐良智（中）等市领导视察正英集团生资大市场

襄阳长虹干菜城

邓城生资食品大市场

湖北统领科技

湖北统领科技集团有限公司位于襄阳市襄城区尹集，是国内首家专业生产水泥助磨剂、混凝土系列外加剂等，集研发、生产和销售于一体的高科技型企业。公司在生产“统领”主导产品的同时，开发国内建材、化工等产业以及国家可再生能源的开发利用。

市委书记唐良智为公司董事长李正国颁发襄阳市“十大创业明星”奖

统领集团有员工近300人，其中博士、硕士和中、高级技术职称人员占15%。公司每年通过国内最具权威的ISO9001-2000质量管理体系和CTC产品认证审核，并实行“校企联姻”，先后与中国建筑材料科学研究总院、武汉理工大学、西安科技大学、襄阳学院建立技术合作关系，开展专业的技术培训服务和关键技术的联合攻关。

目前，公司达到年产液体水泥助磨剂15万吨，粉体助磨剂5万吨的生产能力，“统领”牌水泥助磨剂远销河北、安徽、内蒙、陕西、福建、重庆、江西等10多个省市自治区。公司先后被授予“襄樊市守合同重信用企业”、“襄樊市消费者满意单位”、“全国水泥助磨剂十大名优品牌”、“全国用户满意企业”、“中国最具节能减排成效企业”、“襄樊市十大诚信品牌企业”、“中国质量信用AAA级企业”、“湖北省年度科技创业企业”、“全国水泥助磨剂十强企业”等称号。

李正国董事长和中国建材工业联合会会长张人为、中国水泥协会会长雷前治切磋书法技艺

公司董事长、总经理李正国为“世界杰出华商协会理事会副理事长”、“世界杰出华商新能源协会副会长”、“中国水泥协会水泥助磨剂分会副会长”、“湖北省河南企业联合会执行会长”、“襄樊市十大创业明星”、“襄城区优秀中国特色社会主义建设者”、襄城区第四届人大代表、“襄城区劳动模范”、“2009年度创业先进个人”和“襄樊市讲理想、比贡献”活动科技标兵等。

公司拥有多项专利产品技术，其中“统领”牌水泥助磨剂产品是由公司自主开发，具

液体水泥助磨剂系列原料储罐

集团有限公司

有自主知识产权的拳头产品：第一类为TL-A系列复合多功能水泥助磨剂，第二类为TL-T系列复合高效液体水泥助磨剂，第三类是TL-J系列混凝土减水剂。

2009年11月，公司与河南聚塑管道有限公司联合，成立湖北聚塑管道有限公司，在襄城尹集占地4.27公顷，投资近亿元，分三期建设25条PVC管材生产线，该项目主要致力于国内塑料管道领域的研发、生产和销售。目前已引进5条国内先进的管材自动化生产线，主要生产PVC-U水管、PVC-M给水管、PE冷热水管、PP-R稳态复合管等产品，并达到年产管材、管件3.8万吨的生产能力，配套项目建设完工后，逐步形成生产、销售、安装、售后一条龙服务，实现“资源节约型”和“环境友好型”的创业目标。

李正国董事长在世界杰出华商协会上与国外专家友好合影

2010年8月，公司又投资近400万元收购原襄樊市香倒翁油脂有限公司，并购买先进的生产设备，加大对小磨香油、花生调和油、茶籽核桃油等系列食用油产品的生产和销售。

目前，统领集团发展河南统领、陕西统领、江西统领、重庆统领、新疆统领、云南统领及统领华东分公司等10家分公司，以及辽宁鞍山专业生产基地。

全国水泥助磨剂十强评选调研会

总部地址：襄阳市襄城区尹集统领科技园
邮　　编：441021
销售热线：0710-3576441
传　　真：0710-3574999
公司网址：www.tonglin.net

湖北尧治河化工

湖北尧治河化工股份有限公司于2007年9月在襄阳工商局注册成立。公司注册资金7 235万元，法人代表许列奎。公司现有员工518人，其中技术人员187人，大专以上人员261人。

公司生产基地位于宜昌、襄阳、十堰和神农架的交界处，地处中国第四大磷矿的中心地带。公司拥有优质的磷矿及水电资源。磷矿资源品位高、储量大，涉及两县（保康、房县）四镇，其保有储量为6 000万吨，远景储量（包括三处探矿）可达1.8亿吨以上；水力发电能力为1.2亿千瓦/时。

尧治河股份有限公司经营范围：磷矿、硅矿产品开采、加工、销售；磷化工产品生产、销售及技术开发与服务；水力发电开发经营。公司下辖丰荣公司、矿业公司、泰然公司、双兴公司、华兴公司、生产部（尧治河矿区）、水力发电部7个子公司，具备年产销磷矿石120万吨、黄磷1万吨、赤磷600吨、五硫化二磷6 000吨、乙基氯化物3 000吨的产销能力。公司固定资产达4.6亿元，可年创产值3.8亿元，利税6 300万元。

公司先后被省、市、县、镇评为"安全生产先进单位"、"纳税大户"，被尧治河村党委评为"红旗单位"、"五星党支部"。公司法定代表人、董事长许列奎2009年被评为保康县"十大创业明星"、2010被授予襄阳市"优秀共产党员"称号。

为了进一步整合资源，提高效益，不断增强经济发展后劲，公司自注册成立之日起就着手上市操作，计划于2011年成功上市。公司充分利用丰富的磷矿和水电资源为依托，以高新技术为突破口，全力开发磷化工系列产品。2008年整体收购整合房县华兴磷化公司，开发以黄磷为原料的精细磷化工产品，形成精细磷化工产品园区。同时在保康县马桥工业园区（周湾小区）征地14.9公顷，加快磷化工产品的开发。目前，工业园区投资5 000万元的一期万吨黄磷电炉工程已竣工投产，设备设施运行正常，符合国家和行业技术标准。一期投产后新增销售收入1.8亿元，利税2 500万元。根据公司发展情况，公司计划在马桥工业园区投资10亿元，以黄磷和窑法磷酸项目为依托，逐步开发中下游精细磷化产品，用3～5年时间建成2万吨/年黄磷、3万吨/年热法磷酸、5 000吨/年聚磷酸铵、4 000吨/年电子级磷酸、2.2万吨/年食品级六偏磷酸钠、5万吨/年窑法磷酸和30万吨/年饲料磷酸钙等项目，全力打造尧治河磷化工业园区。届时公司将新增销售收入20亿元，利税3亿元。

地　　址：湖北省保康县马桥镇尧治河村
邮　　编：441614
电　　话：0710-5067359
传　　真：0710-5067592
电子邮箱：yhgf668@163.com

股份有限公司

尧治河万吨黄磷电炉实现9项技术创新

湖北尧治河化工股份有限公司新建万吨黄磷电炉于4月中旬点火运行，5月22日中国无机盐协会吴明钰副会长、王佩琳副秘书长、卢柏廷顾问等一行7人前往公司到现场实地查看，认为电炉在工矿控制、平炉盖、铜管短网、水冷电缆、四塔冷却、尾气利用、淬渣蒸汽收集等9项技术的运用和改造方面有较大的创新性，符合黄磷新标准的基本要求。其配套后续建项目投产后将达成循环利用、节能减排效果。

湖北妞妞食
襄阳鼎顺实

董事长：宋爱洁

湖北妞妞食品有限公司创立于1992年6月，1996年注册妞妞商标，是中华全国工商联烘焙业协会首批会员单位，是一家集烘焙、中西餐饮、香粽销售、生态农业为一体，以直销方式为主的劳动密集型民营企业。

妞妞经历18年的历程，将一个3～5人的面包小作坊，发展到拥有8个分公司（襄阳、十堰、荆沙、宜昌、南阳、随州、海口、鼎顺实业）、80多个直销店和1个工业园（生产基地）。公司产品由单一的面包发展到有6大类、12大系列、500多个品种，产业由烘焙、餐饮、粽子行业发展到鼎顺生态农业领域。

公司先后被湖北省和襄阳市评为“湖北省重点农业龙头企业”、“优秀民营企业”；“妞妞”商标被评为“湖北省著名商标”；公司生产的烘焙食品被湖北省评为“名牌产品”；公司还被中国焙烤食品糖制品工业协会、全国饼店委员会评为“全国优秀饼店”和“全国十佳饼店”。公司研发的“孔明饼”在全国糕点行业特色产品大赛中获“全国特色糕点”称号；研发的“孔明粽”获“首届中国粽子文化节全国粽子大奖赛”金奖。2005年7月，公司通过ISO9001：2000质量体系认证；2007年8月通过QS食品安全生产许可

襄阳首届十大爱心人物宋爱洁（前排中）

品有限公司
业有限公司

证。近几年，公司销售额保持每年以30%的速度增长。

2006年，公司投资1.1亿元征工业用地4.67余公顷，发展生态农业精加工项目，并成立子公司襄阳鼎顺实业有限公司。鼎顺公司成立后，采取边研发产品、边生产产品、边开发市场、边基建的方法运行：1.公司与相关大专院校共建科研所，实行“产、学、研”的合作模式，联合研发新品，并对现有的333.33公顷核心示范种植基地的农户进行科学种植技术的培训，指导农民“科学化、规范化”管理，采用有机肥种植；2.在建立种植基地的基础上，采取“公司＋基地＋农户”的农业产业化经营模式，实行订单农业，用5年时间将种植面积扩大到6 666.67公顷，带动3万多农户致富；3.公司以酱制品“隆中牌”襄阳大头菜项目开发为切入点，快速发展生态农业项目。公司董事长宋爱洁先后被评为全国“走向新世纪新闻人物”、“全国三八红旗手”、“全国优秀女企业家”、“湖北省自主创业带头人”、湖北省和襄阳市“中国特色社会主义建设者”、“襄樊市十大爱心人物”、“襄樊十大魅力母亲”、“双爱双评优秀经营者”等称号。目前，公司研发出领先国际水平的富含氨基酸、低盐的大头菜新产品。该产品已通过中国绿色食品认证，并获首届、第五届、第六届中国武汉农业博览会金奖，第六届中国武汉农业博览会地方特色农产品奖，襄阳十大名牌农产品奖等。产品已上国航、东航及铁路线路，以及沃尔玛、武商、南京等超市，并进入上海世博会。

隆中牌大头菜

2010年上海世博会
世贸中心协会馆

全国统一热线：400 6600 517

妞妞工业园地址：襄阳市万洲大道7号

公司电话：0710-3112526

火炬计划项目证书
名称：特高压1000kV交流复合绝缘子
襄樊国网合成绝缘子股份有限公司
号：2009GH040157
关：中华人民共和国科学技术部
机关：科学技术部火炬高技术产业开发中心
日期：二〇〇八年十一月

襄樊国网合成绝缘子股份有限公司

Xiangfan Guowang Composite Insulators Co.,Ltd

◆国家火炬计划重点高新技术

◆湖北省高新技术企业

◆湖北省文明单位

◆湖北省优秀企业

◆19项国家专利

◆22年的品质保证

◆28个国家的自然考验

◆100万支复合绝缘子的年生产能力

◆湖北省名牌产品

◆国家自主创新产品

◆国网特高压复合绝缘子供应商

襄樊国网合成绝缘子股份有限公司的前身是1988年成立的襄樊电力设备厂复合绝缘子分厂，至今22年。

公司占地近百亩，具备年产100万支标准复合绝缘子的产能，属国家火炬计划重点高新技术企业、湖北省高新技术企业和湖北省上市后备企业。

公司同时拥有芯棒护套挤包伞裙套装和整体注射成型两种工艺，具备同行业最先进的检试验设备和手段，产品覆盖国家电网和南方电网区域的31个省级行政区域和意大利、英国、伊朗、越南、韩国等28个国家。

公司引进和开发如下多个系列产品：悬式产品系列、针式产品系列、横担式产品系列、支柱式产品系列、相间间隔棒产品系列、防风偏产品系列、电气化铁道用产品系列和其它产品系列。

2010年，公司再次增资扩股，注册资本达到4 500万元，一期工程拟扩建100万支注射成型工艺生产线，计划实现生产200万支标准复合绝缘子的生产能力。

地址：襄阳市高新区邓曼路10号　　邮编：441057

传真：0710-3242099　　电话：0710-3262523　3706011

网址：www.3242099.com　www.xfgw.com.cn

邮箱：xfgwgs@xfgw.com.cn

阳光保险集团
Sunshine Insurance Group

中支开业向市环卫人员赠送意外保险

阳光保险集团股份有限公司是国内七大保险集团之一，由中国石油化工集团公司、中国南方航空集团公司、中国铝业公司、中国外运长航集团有限公司、广东电力发展股份有限公司等大型企业集团于2005年发起组建，注册资本金37亿元人民币。公司股东实力强大，涉及行业广泛，股权结构合理，符合现代企业制度。目前拥有阳光财产保险股份有限公司和阳光人寿保险股份有限公司等多家专业子公司。

五年间，阳光保险集团累计承担社会风险近17万亿元，累计支付各类赔款近90亿元，创造就业机会6.9万个，上缴税收超过26亿元，为2200万个客户提供保险保障。至2010年6月，集团当年保费收入达130亿元，总资产达330亿元。

襄阳志愿者在行动

公司先后获“百佳中华儒商”、“五十强人民信赖品牌”、“十强保险行业竞争力品牌”、“亚洲500最具价值品牌”、“亚洲十大最具影响力品牌”、“中国最佳商业模式前三甲”、“中国公益50强”、“最佳企业文化奖”、“中国金融企业慈善榜保险业突出贡献奖”、“中国服务业企业500强”、“理赔最迅速保险公司”、“中国红十字勋章”、“金融行业首家”、“全国企业文化示范基地”等称号。董事长兼总裁张维功先后获“中国金融年度人物”、“中国保险年度人物”、“中国十大人民尊敬企业家”、“中国保险业十大年度人物”、“中国十大创业领袖”、“亚洲品牌十大最具影响力人物”、“中国品牌建设优秀企业家”、“新中国60年中国保险60人”、“新中国60年中国金融60人”、“全国优秀企业家”等称号。

阳光人寿保险，成立于2007年12月17日，是主要经营人寿保险、健康保险和意外伤害保险等一切

阳光保险代表队

阳光人寿保险股份有限公司

Sunshine Life Insurance Corporation Limited

襄阳中心支公司

人身险业务的全国性专业寿险公司，注册资本金16.5亿元。2009年，阳光人寿年度保费突破40亿元，其中期交标准保费累计突破9亿元。至2010年6月，规模保费和期交保费同时跃居59家寿险公司第八位。已有20家分公司开业，三、四级分支机构近300家。

阳光人寿襄阳中心支公司于2008年11月成立，已开设枣阳、南漳两个支公司及城区本部三家四级机构。中心支公司成立后即参与襄阳市的各项社会活动，如开业之际向市环卫工人赠送总保额1 230万元的意外伤害保险；2009年9月，为襄阳市“十万老人颂祖国”活动提供志原者服务，并组织保险业代表队参加表演；2010年1月起，承接襄阳市城镇居民大病医疗项目，为全市30万城镇居民提供大病医疗保障。

东风襄阳置业

东风襄阳置业有限责任公司成立庆典

东风襄阳置业有限责任公司隶属于东风汽车公司襄阳管理部，前身为东风汽车公司襄樊行政处（1986年成立），1999年8月改制为东风襄阳物业公司；2009年7月转换为东风汽车公司子公司，国有独资，法人资格。公司位于湖北省襄阳市高新技术开发区东风基地。主要职能是为东风襄阳基地范围内各单位和职工提供生产、生活后勤服务保障，主要业务有：房地产开发、物业管理、资产经营、绿化工程、宾馆和幼儿教育，具有房地产开发二级企业资质、物业管理三级企业资质。

风锦园小区

公司依托东风襄阳基地的快速发展，完成东风公司襄阳基地生活后勤服务保障的各项任务。累计为东风职工开发住宅24万多平方米；管辖物业管理面积49万平方米，5个小区被评为省级以上的优质服务品牌，其中车城一区、车城二区属于“全国城市物业管理示范住宅小区”；所辖两所幼儿园均为东风公司“示范幼儿园所”；开设有东风宾馆，建成商业门面房1.77万平方米，居民用租房1.4万平方米。

下一步，公司将坚持实施“以房地产开发为龙头，物业服务为基础，多种经营为补充，努力做强做大”的经营发展战略，打造东风襄阳置业优质服务品牌，致力于东风襄阳基地整体生活环境设施的全面改善，在职工住房、购物休闲、文化体育等方面，尽力满足广大东风员工及周边居民的生活需

有限责任公司

要，全力打造东风汽车“双宜居”新城区。

在建项目：东风佳园是公司房地产精品工程，一期工程位于东风襄阳基地中心位置，于2009年7月开工，占地面积为1万平方米，建筑面积为3.42万平方米，计划于2010年底竣工。

东风佳园开工典礼

发展项目：根据2010年4月市人民政府与东风汽车公司签订的《促进襄樊汽车产业发展战略合作框架协议书》和2010年5月4日市人民政府《关于高新区重点项目建设及加快千亿级国家高新区建设步伐专题会议纪要》精神，2010年5月市城市建设规划委员会批准的《襄樊市东风基地生活用地规划咨询》，对东风基地生活用地进行整体规划，总占地面积153.33余公顷（其中待开发面积53.33余公顷）；公司将力争用五到八年的时间完成东风襄阳基地整体生活环境设施的改善工作，其中开发职工住宅60万平方米，提升服务功能，创建“双宜居”新城区。

公司总经理兼党委书记、法人代表：何志伟

公司电话：3393106

传真：3392102

E-mail: dfxfzygs@126.com

车城一区

襄阳东风隆诚机

领导班子

襄阳东风隆诚机械有限责任公司隶属于东风汽车公司，是在原东风襄樊实业公司基础上组建成立的具有独立法人资格的汽车零部件企业，承接原东风襄樊实业公司的全部业务。公司位于襄阳市高新技术产业开发区东风汽车大道3号，专业从事汽车零部件制造与销售20余年，有员工500多人，是华中地区汽车零部件生产的主要厂家之一。

公司设有制造技术部及市场部等5个职能部门，下辖轧板件车间、管件车间、附件车间及柴发分公司等经营实体，同时出资组建襄阳荣力汽车部件有限公司。公司主要产品有：车厢零部件及总成、车身覆盖件、汽车管件及消声器、发动机零部件、化工产品。公司长期为东风汽车集团内公司提供配套服务，通过近4年的试制，国家专利产品“变矩器”即将投放市场。

械有限责任公司

2001年，公司通过ISO9001质量体系认证，2006年通过TS16949质量管理体系认证。

至2010年，襄阳东风隆诚机械有限责任公司产值连续4年突破亿元，经营利润逐年增长，连续获东风公司“最佳文明单位”、“四好班子”五星级称号。多次被客户评为“优秀供应商”、“零缺陷供应商”。

地址：襄阳高新技术开发区东风汽车大道3号

Email:xfdflc@163.com

邮政编码：441004

电话：0710-3397756

FAX: 0710-3392772

襄阳宇清电动

董事长宋惠民（左一）向副省长郭生练汇报产品情况

襄阳宇清电动汽车有限公司于2009年3月25日由襄阳生产力促进中心、襄阳特种电机有限公司、襄阳江山汽车变速箱有限公司、宋惠民等共同出资组建，注册资本2 000万元。

公司位于襄阳市高新区追日路2号高新创新园，主要从事电动汽车电机自动变速驱动系统及其零部件的设计、开发与销售。为了适应新能源汽车产品市场化、产业化的要求，公司与武汉理工大学搭建产学研技术平台，成立襄阳宇清电动车有限公司-武汉理工大学驱动系统研发中心。研发的电动汽车电机自动变速驱动系统（EMT）是一种最大限度优化电动汽车驱动系统效率的新兴高效节能产品，系统实现一体化设计，具有集成度高、机械装置结构简单、故障率低、

科技型中小企业技术创新基金

立项证书

承担单位：襄樊宇清电动汽车有限公司
项目名称：电动汽车电机自动变速驱动系统
项目类别：创业项目
立项代码：09C26214204865
批准文号：国科发计字[2009]579号
执行期限：2009.05.12 至 2010.05.12

INNOFUND
创新基金支持项目

2009年11月12日

The Administration Centre of Innovation Fund for Technology Based SMEs

省、市领导在公司听取产业化汇报

汽车有限公司

可靠性高、寿命长、适用面广、性价比高等优点，适用于10～12米的纯电动及插电式混合动力城市公交车的电机自动变速驱动系统中，具有完全的自主知识产权，其关键技术达到国际先进水平，填补国内空白。

目前，产品通过国家试验室的权威验证，获得国家机动车质量监督检验中心（重庆）分别就两大类型电机、电机及变速箱系统进行检测。公司成功为国内多家企业（上汽集团、北京航空航天、洛阳中集淩宇、东风旅行车、郑州宇通、厦门金龙等）提供汽车电机或系统总成，合作方襄阳特种电机有限公司成为世博会新能源汽车的配套电机供应企业。世博园区运行的152台上海申沃混合动力客车全部采用该公司系统，另选用60台纯电动汽车电机，占纯电动车投用量的50%，成为国内新能源汽车电机最大订单的供应商。占国内市场的35%，占省内市场的90%。

网址：http：//www.yqps.net
邮箱：yqps@yqps.net
邮编：441003
电话：0710-3332464　3752129
传真：0710-3752127　3333290
地址：襄阳高新技术开发区

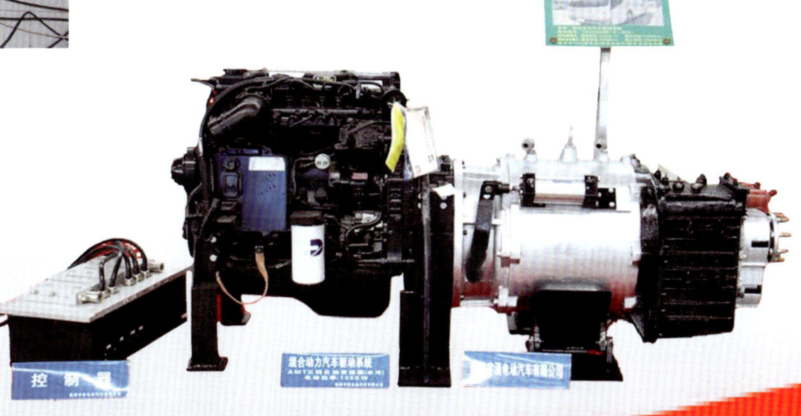

襄阳市参果生物

襄阳市参果生物科技有限责任公司是集科研、生产、销售为一体的科技型创新企业，为湖北巨正集团旗下子公司。公司主营露酒系列产品，主要生产以国家新资源食品、墨西哥优质仙人掌米邦塔和各种新鲜水果和蔬菜为原料的系列健康养生酒和多种露酒。

公司在襄阳国有清河农场建造大型生产基地，总投资6 000万元，拥有多项自主知识产权专利产品，有目前国内最先进的自动化水处理、控温、发酵、杀菌、消毒与全自动无菌灌装设备，年产量5 000吨，产值10亿元,利税5亿元。

公司坚持实施品牌战略，走精品之路，欢迎有实力的商家考察合作，共同打造中国一流的健康养生酒和保健功能露酒。

董事长：徐茂平

科技有限责任公司

白狐金钻——女士养颜酒

"仙人醉"植物露酒主要原材料：选自国家新资源食品、墨西哥米邦塔优质仙人掌，利用现代生物科技萃取原汁、低温发酵，保持其原有的营养成分，是传统酿酒技术与现代生物科技的结合。

襄阳市市场

襄阳市市场开发服务中心成立于1996年6月，副县级事业单位，现有干部职工183人，下辖新华市场、中原市场、光明市场、襄阳大市场四个市场和一个家政服务网络中心，主管单位为市商务局。

新华市场地处新华路，1992年12月建成开业，总占地面积1公顷。市场主体建筑为一栋五层商业用楼，总建筑面积25 000平方米，摊位2 300多个，从业人员5 000多名，日人流量8万余人次。市场1-3楼经营服装，4楼经营百货，5楼经营鞋帽。市场商品辐射5个省、20多个地区、70多个县（市），年成交额12亿元，开业至今上缴税费2亿多

行政办公会

家政服务网络中心办公现场

中原市场

光明市场

开发服务中心

元。新华市场的发展带动周边的房地产、饮食、客货运输、纺织业的快速发展，新华市场四次获省级文明市场，两次获国家级文明市场，1999年被国家经贸委列为全国百强市场（商场）。

中原市场位于樊城中原路与云集路之间，1987年11月兴建。市场占地面积1.4万平方米，主要经营布匹和百货，从业人员2 000余人，日人流量1.5万人次，年成交额1.5亿元，开业至今上缴税费5 000多万元。1988年、1990年、1992年、1995年先后被评为“市级文明市场”，1993年至1996年被评为“省级文明市场”，1994年被市工商局评为“个体私营经济规范化达标单位”。

光明市场位于大庆东路、红光路交叉路口，1996年建成开业。市场占地面积超过5 000平方米，属大棚顶式农贸市场，市场从业人员2 000多人，主要经营蔬菜、水产、干鲜等农副土特产品7大类、150多个品种，年成交额5 000多万元，日人流量达万人。1997年先后被襄阳市和湖北省授予市级、省级“文明集贸市场”称号。

2009年11月，为贯彻落实《省商务厅、省财政厅关于认真做好家政服务网络体系建设试点工作的通知》精神，市市场开发服务中心组织筹建襄阳市家政服务网络中心。网络中心办公运营场所设在长庆花园二楼（原长庆摩托车配件市场旁），面积510平方米，主要经营家庭服务、维修服务、医疗健康、物业管理、教育培训、庆典服务、消费娱乐、中介服务、法律服务、金融保险、殡葬服务、其他服务等项目。该中心主要通过三种服务方式免费为市民提供服务信息及加盟企业的匹配：1.拨打电话“96580”求助服务。2.通过www.071096580.com提供网上查询服务。3.通过手机发送至96580短信订单服务。

新华市场

新华市场鞋类精品商铺

新华市场服装精品商铺

襄州区

局长：胡启敏

1979年襄州区工商行政管理局恢复建制，工商部门1998年12月实行省以下垂直管理，2001年底实行机构改革。局机关内设机构有办公室（含信息中心），人事教育科（与机关党委办公室合署办公）、监察室、法制科。直属机构有登记注册分局（与商标广告合同科、个私协会合署办公）、公平交易分局（与食品办公室、打击传销办公室、消费者委员会合署办公）、市场分局。对口管理指导襄州区消费者委员会、襄州区个体劳动者协会工作。下属15个基层分局（工作站）。全区工商系统干部职工307人，其中大专以上学历的有268人，占87%。共产党员242人，占79%。

1979年，襄阳县工商科成立，从初期偏重于工商登记和集镇市场监管，到现在全面履行全区市场监管和行政执法，襄州工商由小变大，由弱变强，全面贯彻落实国家、省、市有关工商行政管理的方针、政策和法律、法规、规章，服务地方经济发展，先后被授予全国红盾护农先进单位、全省食品安全监管先进单位、市级文明单位、全市平安创建先进单位、全市卷烟市场整治先进单位、市级一流服务窗口、区级文明系统、区十佳人民群众满意单位等称号。全系统先后

工 商 局

涌现出省、市级劳模3人，国家、省、市、区先进个人60多名。

近几年，襄州区工商局立足本职，服务大局，坚持加强日常监管与开展集中整治相结合，始终把整顿规范市场秩序作为监管执法的重之中重。坚持不懈地加强广告管理，商标专用权保护，反不正当竞争执法，重要商品市场监管等工作。先后集中开展维护领域食品安全，保护注册商标专用权，查处虚假违法广告，打击传销,治理商业贿赂等专项整治行动。

全区工商系统坚持支持鼓励与依法登记相结合，支持国有集体企业改革发展，促进个体私营经济和外商投资企业健康发展。促进社会新农村建设，开展“红盾护农”行动，创新服务“三农”工作机制，加强农资市场监管，促进农村经纪人、农村个体经济、农民专业合作社和各农村市场体系发展，引导农民和涉农企业注册农产品商标，增强市场竞争力，促进农业增效，农民增收，引导、支持各类市场主体运用商标战略加快发展，加大行政执法力度，打击商标侵权假冒行为。

谷城农

全国人大常委会副委员长桑国卫（左一）在谷城视察农业农村工作

谷城县农业局是县政府所属的农业与农村经济行政主管部门，主要承担全县农业和农村经济的参谋、调研、技术培训、技术推广、农业执法、农产品质量安全监管等工作。内设15个业务科室（办），下辖17个二级单位和10个乡镇农技服务中心、10个农机服务中心，现有干部职工337人，其中农业专业技术人员167名。

近年，农业局全体干部职工坚持以做好“三农”工作为职责，围绕中央、省、市、

县委、县政府领导检查指导贡品农业生产

业　　局

县关于做好农业农村工作的总体部署，化挑战为机遇，变压力为动力，完成各项工作目标任务，推动部门工作提档升级，提升农业局系统整体形象和综合实力。先后被授予“全国农业综合执法先进单位”、“全国基本农田保护先进单位”、“全省农资打假先进集体”、“全省农村人才开发先进集体”、“全省测土配方施肥先进单位”等称号。2008—2009年，农业局连续两年被评县委、县政府评为“全县年度工作先进单位”和“实绩考核先进单位”。

县委办副主任、县委农工委书记、农业局党委书记、局长：许安会

全国基本农田保护工作

先进单位

中华人民共和国国土资源部
中华人民共和国农业部
二〇〇九年十二月

南

原市委副书记李文烈关注“引漳入东”工程

东巩镇位于荆山山脉东端，地处襄阳、荆门、宜昌三市交界地，属南漳县西南山区乡镇。地理坐标跨东经111° 43′ ～111° 56′ ，北纬31° 13′ ～31° 26′ 。版图面积431.4平方千米，现有人口39 084人，辖22个行政村，84个村民小组，耕地2 666.67公顷。2008年先后被省委授予农村党的建设“三级联创”“五好乡镇党委”称号；被中华人民共和国文化部表彰为“中国民间文化艺术之乡（高跷）”。2009年先后被中央精神文明建设指导委员会办公室授予“全国创建文明村镇工作先进村镇”；襄阳市委、襄阳市人民政府授予“食用菌生产大镇”； 2010年被襄阳市人民政府第二次经济普查领导小组授予“第二次经济普查先进单位”；中共南漳县委授予“2009年度宣传思想文化工作先进单位”；2009年全镇生产总值为8.92亿元，综合财政收入1 156.18万元，农民人均纯收入5 013元。

“引漳入东”工程开工仪式

东巩镇境内土地肥沃，林木茂密，泉眼密布，河道如网，林间菇耳香，水中鱼虾荡，田里稻麦香，地下尽宝藏。东巩镇历史悠久。高耸山顶的古寨群簇拥着在荆山东端的华夏第一大寨——卧牛山寨是跻身春秋五霸战国七强的楚先人遗址；“夏禹铸镛钟”是先人创建历

昌集鸳鸯

巩　镇

史文明的起源，古徐王建旗之所的东岳记录着魏晋创禅林的如珠寺饱经的历史沧桑，浸蚀着铜锈的铜孔和残垣断壁的冶炼炉是古楚山人“劈于荆山、荜路蓝缕”的历史见证。

东巩煤炭资源位居全省之首，目前已经探明的煤炭储量8 750万吨；是全省马尾松采育种基地，现有活立木蓄积量76万立方米，森林覆盖率达82%；有荆楚极品之称的“苍坪官米”；清澈见底的河水中生长有珍稀桂花鱼。

东巩镇交通有250省道联通南北，251省道横贯东西，是连接襄阳、荆门、宜昌三市的连接点。中国电信、中国移动、中国联通已形成无缝隙通讯网络覆盖。

东巩镇城镇建设硬化街道3 000多米，新建和扩建四座跨河大桥，街道1 200盏形态各异的路灯，把山区小镇装扮成山区现代不夜城。

东巩镇旅游资源有日本的释氏佛教文化的发祥地、中国净土宗第一代宗师慧远大师的成道地“真如珠禅林”；天然的“十姑洞”；华夏第一大寨卧牛山寨以及春秋寨，中国最早的山寨黄林寨；峨眉山，漳河风光，盛产苍坪官米的田园风光，盘龙有机茶园，更有华中野生鸳鸯保护基地昌集鸳鸯湖等；民俗文化有踩高跷、划旱船、赶春牛、穿地波笼子、跳打夯舞等。

春秋寨旅游开发项目开工仪式

春秋寨旅游开发项目开工奠基

食用菌产业

南漳九集镇

书记：高本定

马家洲村位于305省道以南，由原马家洲村、涌泉街道、何冲村合并而成，有七个村民小组，1 123户，4 127人，党员116名，现有耕地面积265公顷，山林面积66.67公顷，养殖水面23.33公顷。2009年全村经济总收入5 100多万元，人均纯收入5 600元。村年集体经济收入 31.5万元。其中湖北马家洲新型建筑材料有限公司，年交租赁费5万元；南漳县马家洲文涛装饰有限责任公司，年交租赁费2万元；堰塘承包费3.2万元；山林租赁费11万元；其他收入10.3万元。现建明瑞电子有限公司、万只养鸡场3户。按照四年翻一番的要求，经济社会发展主要预期目标是：粮食总产增长10%，100万斤；生猪出栏增长20%；出售商品猪1.5万头；家禽出笼增长40%；出售商品鸡40万只；出售商品鱼40万斤，发展百头以上猪场10户，1 000只鸡以上10户，养兔100只以上10户，100家商店和餐馆，人平纯收入增长600元（2009年人均收入5 500元），劳务输出收入1 500万，村集体收入超过5万元。2008年马家洲村被湖北省爱卫会评为"湖北省卫生

南漳县明瑞电子材料有限公司奠基

全县水稻病虫害防治现场会

马家洲村

村”，被襄阳市委评为农村党的建设“三级联创”村级党组织十面红旗称号，被县委、镇委评为“实绩考核优胜单位”、“十佳产业大村”、“先进妇女组织”等称号。

书记高本定（右二）带领村两委班子人员检查水稻病虫害防治情况

千家万户的发展思路
一队拎桶子、养鸡子
二队搞园子、养虾子
三队收猪子、下濠子
四队拿刀子、扛包子
五队建房子、办厂子
六队掏漕子、养猪子
七队挖窝子、养羊子
街道开馆子、摆摊子

警区安全防盗工作会

村委会办公室

高新区 米庄

何庄村位于高新区米庄镇东南部，与襄州区张湾镇接壤，西与东风公司相邻，南靠316国道，襄新公路沿村而过，是汉十高速公路襄北路口必经之处。全村总面积6平方千米，耕地面积约533.33公顷，附近有东风风神公司、铸造三厂、轻型车厂、神龙襄阳总厂、康明斯公司等大中型企业，辖区内有东风公司试车场及众多物流公司。该村辖6个村民小组3 800多人，劳动力2 500人，中共党员71

支部书记：张贵涵

何庄村村委会

何

镇 何 庄 村

名。何庄村属于典型的鄂西北岗地村，以种植、养殖业为主，村民兼在高新区内企业就业，人均收入达6 000余元。全村现有工程车、小汽车等各种车辆90余台，村民自办企业10余家。目前襄阳深圳工业园开发建设已达该村，高新区的发展和深圳工业园的建设，给何庄村带来快速发展的机遇。

梦里水乡

拆迁前的何庄村

高新区 团山

领导班子

余岗社区位于襄阳市北大门，辖区版图面积12平方千米，内有长虹北路、邓城大道和汉江北路三条主干道，支干道10余条，并有多路公交车站点，又是高新技术开发区开发的中心，入驻有襄重、华光、江山、追日电气、冠良、东湖高新等几十家企业。襄阳五中、高客站、农科院、食品新城、千菜城等商业服务机构多家，商贾云集。社区有8个居民小组、1 336户、4 025人、 4个小区，资产1.6亿，人均年收入6 100元。

余岗社区属典型的“三村”（城中村、园中村、城郊村），仅有耕地26.67公顷。2004年推行资产统一管理核算，集中财力、物力发展集体经济，成立余岗实业总公司，2008年成立余岗股份合作社。近年，依托辖区大企业，发展主导产业，现有村办企业8家，即万联汽车轴承、中康汽车配件、长虹职校、凯瑞电力科技、九鼎昊天环保设备、迈格建材、余岗集贸市场、食品新城，社区年收入800万元，基本解决失地与发展稳定的矛盾。

社区坚持以人为本，突出解决、改善居民居住环境，落实各项惠民福利待

镇余岗社区

遇，对大病救助达到条件的一次补2 000元，丧葬补助1 000元，录取大学生奖励金分4 000元、3 000元、2 000元奖励。对独生子女父母双方奖4 000元，待业青年免费培训，60岁以上的免费办理城市医保、新农合；18岁以上居民每年发放失地居民生活补助费1 200元，30岁以上的每年发放2 400元。成立18人的治安巡逻专班，年投入经费30万元。全年社区为上述项目支出500多万元。

施营社区
SHIYING SHEQU

樊城王

2010年1月22日中共中央政治局常委、书记处书记、国家副主席习近平在社区视察

樊城王寨办事处施营社区地处樊城工业区人民西路，辖区面积2.1平方千米，是典型的“村改居”社区。社区驻有企事业单位43家，总户数4 319户，总人口15 419人。社区党委下设7个党支部，辖区共建单位党组织8个、党员290人。居委会经济实体襄阳市新华实业公司，拥有20余家企业，职工875人，固定资产5 000多万元。2009年，社区企业工业总产值30 180万元，三产营业总收入30 178万元，集

社区环境

机电工业园

寨施营社区

体纯收入800多万元。

近几年，施营社区党委以健全基本组织、建强基本队伍、开展基本活动、完善基本制度、落实基本保障为重点，坚持“心系老百姓，说一句算一句，句句算数；服务千万家，办一件成一件，件件落实”的服务理念，走“抓社区党建促进经济发展、以发展成果反哺社区建设、以实干精神服务社区居民、以全面发展推进社区和谐”的路子，实施富民、利民、育民、平安、靓化“五大工程”，建设便民服务、教育培训、文体活动、安全防范、医疗健康、养老服务“六大中心”，使社区群众享受到发展的实惠和成果。社区先后获“全国和谐社区建设示范社区”、“全国敬老模范社区”、“全国平安家庭创建优秀示范社区”、“湖北省先进基层党组织”、“湖北省城市社区党建工作示范区”、“湖北省文明社区”、“湖北省和谐社区”、“湖北省先进治安防范组织”、“襄樊市先进基层党组织”、“襄樊市十佳和谐社区”、“襄樊市最佳文明单位”等称号。

地址：襄阳市樊城工业区人民西路58号

电话：0710-3155878

传真：0710-3155868

网址：www.HXshiying.cn

邮箱：xfxh9988@163.com

党委书记韩开洪在全国和谐社区建设会上领奖

社区组织“和谐向上共建共享”签名活动

樊城 屏襄门红光社区

樊城区委书记杨述明（右一）陪同市委领导施真强（右二）、夏先禄（左二）视察社区工作

党委书记、主任——孟建玲（湖北省模范“爱心妈妈”称号获得者）

屏襄门办事处红光社区地处襄阳市樊城区中心，辖区单位27个、居民小区5个、面积1.5平方千米、居民3 168户、10 048人，有9个基层党支部、党员486名，其中有直管党员247名。

近几年，社区采取自筹、建筑方垫资等渠道，投资300多万元，新建一栋2 400多平方米的三层办公楼，设立“一校”（市民学校）、“两厅”（一站式服务大厅、民情维权及议事厅）、“三站”（劳动保障服务站、计划生育服务站、好姐妹家政服务站）、“五室”（社区电教室、党员活动室、图书阅览室、文体活动室、警务室），并建造多功能大会议室，为居民提供“网络化”、“一站式”、“快车道”服务。2008年底，国家民政部基层政权处领导到社区视察时说：“一个小小的基层社区做的这么好，了不起，真是了不起！”

近年，红光社区先后被授予“全国和谐社区建设示范社区”、“全国计生协会先进单位”、“湖北省文明社区”、“全省民调先进基层组织”、“湖北省模范人民调解委员会”、“襄樊市十大和谐社区”等称号。《求是》杂志社、《光明日报》社、湖北电视台、《襄阳日报》社、襄阳电视台等媒体对社区工作做了多次报道，中央、省、市领导曾多次到社区视察指导工作，社区先后接待100多批次全国各地的参观学习人员。

领导班子

司、银基纺织棉业有限公司。

2009年度樊城开发区综合考评见表70。

（彭　燕）

【襄阳区经济技术开发区】 襄阳经济开发区于1992年7月经襄樊市人民政府批准成立（襄政函[1992]30号），1996年12月省开发区管理办公室鄂开文 [1996]36号文件决定将襄阳经济开发区批准列为省管开发区，1998年8月襄机编[1998]75号文《关于襄阳经济技术开发区管委会机构级别的批复》同意襄阳经济技术开发区管理委员会为县政府派出机构、副县（处）级，人员编制在县行政总编制内调剂。2006年5月，按照国务院批准的《清理整顿开发区的审核原则和标准》，襄阳经济技术开发区通过国家发改委审核并公告（国发委[2006]37号公告）。由省管开发区升为省级开发区。设立襄阳经济开发区一级财政，2008年起实行“划分税种、核定收支、定额上缴、超收全留”的体制。1998年，襄樊市人民政府批准襄阳城关镇总体规划（襄政函[1998]04号），到2010年，城区常住人口控制在15万~17万人，用地规划远期建设用地控制在1 655.2公顷。襄阳经济技术开发区规划范围在县城总体规划范围内。2004年3月，省政府在开发区清理整顿检查验收后，核准襄阳经济技术开发区为全省保留的140家开发区内。开发区规模按照省发改委鄂发改开发[2004]388号文件核减后总面积为334公顷。(东起内燃厂，西至张湾云湾村，南起航空路，北与东风公司襄樊基地相连)。其中自然村、行政单位占地1.5平方千米，工业用地占地2.2平方千米，商业用地占地1.2平方千米，公共设施占地0.44平方千米。

开发区按照“一区多园”的发展模式，把开发区分为商贸区、汽车配件加工区、汽车展销区（荣华工业加工区）。其中商贸区面积58.88188公顷、汽车配件加工区面积256.94712公顷、汽车展销区(荣华工业加工区) 面积18.22922公顷。至2009年底，已开发面积334公顷。以汽车及其零部件生产、加工、仓储、展销等为主导产业集群分为四大区域，即从清河二桥到襄新路的汽车及零部件展销区，从襄新路到交通路的商贸区和汽车零部件仓储区，从交通路到肖湾火车站的汽车及零部件加工区，从清河三桥到新世纪建材市场的现代物流区。

区内企业情况：

1. 荣华工业园占地43.87公顷，计划投资2.8亿元，年税收1亿元。

2. 襄阳好吉利食品加工项目占地46.67公顷，计划投资1.5亿元。

3. 长汀天乐卫生巾厂占地2公顷，投资3 000万元，年税收650万元。

4. 华中光彩大市场占地66.67公顷，投资7.5亿元。

5. 襄阳新世纪建材市场占地64公顷，投资1亿元。

6. 襄阳车城国贸中心占地面积3.5公顷，投资2亿元。

7. 襄樊民晟公司占地2.67公顷，投资1亿元。

8. 襄阳中兴有限责任公司占地3.67公顷，投资800万元。

9. 襄阳红桦集团占地2.33公顷，投资5 000万元。

10. 中国襄樊国际汽车城占地66.67公顷，投资5亿元。

11. 襄阳天和机电设备有限公司占地1.67公顷，投资3 800万元，年创利1 000万元。

12. 襄阳京泰汽车配件有限责任公司占地3.2公顷，投资3 000万元，年创利400万元。

13. 襄阳三依专用汽车有限公司占地2公顷，投资5 000万元，年创利800万元。

14. 襄阳三珍食品有限公司占地1.33公顷，投资100万元，年创汇20万~40万美元。

15. 襄阳精鑫电子设备有限公司占地0.87公顷，投资100万元，年创利120万元。

16. 襄樊康晨机电工程公司占地0.67公顷，投资200万元，年创利350万元。

17. 襄阳四方联汽车零部件有限公司占地5.33公顷，投资300万元，年创利100万元。

18. 中盛佳德集团占地12公顷，投资1亿元。

19. 广东川惠科技集团占地53.33公顷，投资9亿元。

20. 浙江义乌小商品襄阳批发市场占地12 139平方米，投资2 300多万元。

21. 山东鲁花集团规划占地13.33~20公顷，总投资1.5亿~2亿元，年生产规模15万~20万吨，销售收入20亿元。

22. 东风康安汽车部件有限公司协议投资7 500万元。

23. 成都国弘装饰有限公司协议投资5 000万元。

24. 中南天润国际汽车城占地53.33公顷，总投资4.8亿元。

25. 襄樊三禾齿轮有限公司投资2 800万元，年产汽车变速箱10万台。

26. 襄樊邦乐车桥有限公司主要生产汽车轻型车桥，总投资1亿元。

27. 襄樊荣力汽车部件有限公司注册资金1 500万元。

28. 襄阳鹰牌（荣华）轴承有限公司注册资金2 500万元，项目新建厂房6 500平方米，年产各类轴承300万套，产值8 000万元。

29. 兴利荣经贸有限公司，总投资4 000万元，占地3.33公顷。

30. 长源东谷(襄阳)实业有限公司项目总投资1.5亿元,占地20公顷。

31. 襄樊重冶宇龙特钢有限公司总投资3.5亿元。

2009年,区内完成规模以上工业总产值实现56.78亿元,同比增长66.51%,增速已连续3年居全省前3位,完成固定资产投资36.06亿元,同比增长105.7%,完成税收28 716万元,同比增长25.46%。

工业园:

1. 荣华工业园:襄阳荣华工业园是由湖北荣华集团于2003年与襄阳区政府签订协议,征地43.87公顷,分三年投资建设的一个高标准汽车零部件加工园区。园区的整体规划已由新加坡SGP建筑事务所设计完成,园区位于荣华路与卧龙路交汇处西北端,计划投资3.5亿元,拟建成标准化工业厂房12万平方米,办公及职工住房4万平方米。

2. 乾昌工业园:该项目由上海乾昌家纺有限公司独立投资,位于襄阳区云湾村,占地6.67公顷,总投资5 000万元人民币(其中外资375万美元),兴建5万平方米标准化厂房及配套设施。工业园区主要配套服务东风公司汽车零部件生产厂家,计划入驻此类项目5~8家。

3. 创新工业园:襄阳创新工业园位于邓城大道以南、中国南车集团襄樊内燃机车厂铁路专用线以东,规划面积约23.33公顷,拟入驻汽配、电子电器、机械加工企业约10家。合众电气、伟丰机械、固鑫机械等5个项目已开工建设。

4. 光彩工业园:位于邓城大道与春园东路交汇处北端,是全国光彩事业重点项目、湖北省政府重点项目,规划面积74.67公顷,项目总投资15亿元。其中一期投资1.8亿元,占地面积11.33公顷,已引进光彩建材、业成车配、东力机电等17家企业,合同投资额4亿多元。

5. 机械加工园:位于老316国道以北,汉十铁路以西,航空路洪山头以东三角夹地,园区规划面积40公顷,拟入驻汽配、电子电器、化工机械加工企业17家。

6. 襄阳食品工业园:襄阳食品工业园位于湖北深圳工业园东10千米处,占地3平方千米。目前,投资2亿元的基础设施建设正在进行。襄阳食品工业园尚有150公顷的建设预留地,适宜的项目可直接摆放。已入驻食品加工企业20多家。

7. 湖北深圳工业园:湖北深圳工业园是襄樊市和襄阳区两级政府采取市区共建的形式,打造的高标准综合园区。园区规划面积8.59平方千米,2008年4月20日开园奠基,并有36家深圳企业现场签约,拟入驻该园,协议投资额达152亿元。

深圳工业园的东侧是襄樊飞机场和汉十高速公路出口,南侧是汉丹铁路和襄樊火车站东站、西侧是新东风公司襄樊基地和襄阳城区、北侧是汉十高速,316国道从园区中心穿过,襄樊城市快速干道位于园区西端。规划分四大功能区:316国道以北的东部区域为电子电器产业区(130.29公顷),西部区域为汽配产业区(129.08公顷),中心区域为综合服务区,316国道以南的区域为机械加工区(214.06公顷)。2008年8月,深圳工业园主干路网全部竣工,首批项目入驻。

襄樊食品工业园 位于襄阳双沟镇城建规划区域内,2002年8月26日被省企业局、省建设厅、省国土资源厅确认的全省第一批38家重点乡镇工业园区之一,是2004年国务院清理整顿现有各类开发(园)区保留的全省140家开发(园)区之一。园区傍316国道双沟段,东起大岗坡电管站主干渠,西至福银(孝襄)高速公路襄樊东站,规划面积300公顷,已开发95公顷,园内注册企业39家,其中规模以上企业18家,从业人员5 596人。2009年园区固定资产投资2.5亿元,规模以上工业总产值26.5亿元,利税8 980万元。

2009年,编制《襄樊食品工业园控制性详规》,完成园区《战略发展规划》、《产业发展规划》、《区域环评》的编制评审。道路建设投资80万元,给排水设施投资25万元,干道两旁绿化投资6万元,“亮化工程”投资20万元。组织并参加江苏、浙江、广州、中博会等招商引资,引进规模以上企业4家。园区内老企业襄樊万宝粮油公司通过扩大规模、技术攻关、生产线改造,实现万宝粮油系列在全省的名牌产品效应;运德粮油公司投资300多万元升级改造菜籽油、色拉油生产技术并扩大规模,通过专家组的考核验收。

(张建成)

【南漳经济开发区】 南漳经济开发区是2006年被省政府以鄂政函[2006]34号文件批准设立、国家发改委审核的省级开发区。规划面积8.34平方千米,由华新建材工业园、青龙湾农产品加工园、涌泉工业园三部分组成,为磷化工、森工、建材、纺织、农产品加工、机电六大特色工业园。有规模以上工业企业48家。2009年,开发区基础设施建设列入国家开发银行贷款扶持项目,争取3 000万元的国家开发银行贷款,作为涌泉工业园基础设施建设的启动资金。年底,青龙湾工业园和华新工业园实现通水、通电、通路、通讯、通排水和场地平整,涌泉工业园总长2 015米的威利邦大道已建成投入使用,排水、通讯等管网已经配套。投资25亿的龙蟒50万吨磷酸盐、投资5 000万的明瑞电子二期、投资4个亿的陶瓷加工、投资8 000万的石材加工、投资3 500万的汽车内饰生产、投资5 000万的裕国菇业、投资1个亿的邓村茶叶园、投资1.2亿的利美紧密纺、投资2 300万的华新编织袋等项目相继入驻。全年新入驻项目13个,引资38.57亿元。华新水泥二期(3月28日,日产4 000吨熟料生产线投产,为南漳首个固定资产投资10亿元企业)、华新余热发电、隆泰混凝土搅拌站(4月29日,投资4 350万元的隆泰混凝土搅拌站项目竣工投产,投产后年可产60万立方米混凝土,实现产值8 000万元、利税1 600万元)、湖北红农福化复合肥一期、明瑞电子一期5个项目投产;中药饮片加工、荆楚源色拉油2个项目建成待投产;龙蟒公司50万吨磷酸盐、南新汽车内饰、珍珠液扩能、太阳能热水器、华新纺织袋、明瑞二期、陶瓷加工、大理石加工、茶叶工业园、利美紧密纺、纸品工业园、食用菌加工、恒达机械等14个项目在建;开发区规模以上工业总产值22.04亿元,比上年增长76.32%;工业增加值7.44亿元,比上年增长82.8%;固定资产投资额11.58亿元,比上年增长65.67%;税收收入4 996万元,比上年增长51.7%。

(李光辉)

【谷城经济园区】

1.汉江国家湿地公园:位于谷城城关镇,地处汉江与南、北二河交汇区域,三面环水,西偎县城,属典型的河流湿地,规划面积21.88平方千米。

2007年,谷城城关镇注册"汉江湿地"商标,组建湖北楚汉江湿地开发有限公司。2009年4月底,国务院发展研究中心党组成员、农村部部长韩俊率国家林业局、水利部、中国农业大学等专家学者到谷城,参加谷城汉江湿地保护开发高端论坛,明确兴建国家湿地公园的工作思路。国家林业局调查规划设计院编制的汉江国家湿地公园总体规划,分别通过省级和国家级专家评审。2009年12月23日,谷城汉江国家湿地公园获国家湿地管理中心批准,成为汉江流域可持续发展实验区的示范区。

汉江国家湿地公园植被茂盛,规划"六大功能区",即湿地管理服务区、科普宣教区、生态保育区、汉江文化展示区、湿地生境游赏区、神农农耕体验区。开发湿地八大景:神农五谷、后湖夜月、曲水荷香、粉水澄清、仙人古渡、青洲放歌、土木造化、水石前盟。湿地公园管委会初步确立5大类19项建设任务,即公园设施配套建设项目、生态农业开发类项目、湿地水生态修复类项目、湿地植被修复类项目、湿地旅游开发类项目,同时拉动湿地周边地产开发项目。汉江国家湿地公园总体规划建设期限10年(2010年至2019年),总投资20.66亿元,项目建成后可形成年综合经济效益百亿元的生态经济园区。

2.城西纺织服装园:位于县城西郊,规划区面积66.67公顷。围绕打造湖北纺织服装大镇目标,以襄樊富仕为龙头,以冯氏纺织、金晖制衣、久发织造等为依托,已建成纺织服装企业80家,完成投资4.6亿元。现有织机7 000台、纺纱10万锭、成衣100万件,年产值7.5亿元,初步形成肖家营、三里桥、黄康、东升、皮家洼5个纺织小区。2009年12月18日,襄樊富仕公司又与浙江宏源公司共同投资1.2亿元,新增年产4万锭纺纱规模,将新增产值1.6亿元。

园区计划五年内,以富仕服饰为主体,完成投资30亿元,建成拥有纺织企业100家、织机1万台、纺纱20万锭、成衣300万件、年产值50亿元的纺织服装产业集群。

3.城南洪胜工业园:位于南河以南,南河大桥至拟建中三桥交汇的区域内,规划面积200公顷。园区以宏宇纸业、天诚置业、卓力半轴、汉诚机械、湖北亿洋机械等为依托,已入驻项目20个,累计完成投资2.5亿元。计划五年内,完成投资15亿元,形成以制浆造纸、汽车配件、精密铸造、电子科技为主,年产值30亿元、功能齐全的综合性工业园。

4.城北"贡品农业"园:位于银成大道以东、沿北河堤以南的区域内,规划面积66.67公顷。园区以天谷粮油精米加工、湖北正全茶油、城北农贸大市场、永进绿色食品等项目为依托,形成一批具有汉江特色的"野生橡子面"、"茶树油"、汉氏刘家茶、"北河蔬菜"、"黄氏椿芽"等优质无公害绿色食品,已完成投资3亿元。计划五年内,完成投资10亿元,形成年产值30亿元的精品农产食品加工工业园。

5.石花经济开发区:于1994年1月被湖北省开发区管理办公室列为省管经济开发区,2000年被重新确认为省管经济开发区,但不是国家发改委[2006]23号公告确认保留的省级经济开发区。石花经济开发区2000年11月被省科技厅评为"星火示范乡镇",2001年被省委、省政府授予"湖北乡镇企业2000年度十强乡镇"称号,2002年被省委、省政府授予"省级文明乡镇"称号,2009年被中央精神文明建设指导委员会评为"全国文明村镇"。

至2009年底,入驻到园区工业企业总数达135家,2009年新增加工业企业10家,同比增长9%,规模企业总数达37家,新增10家,同比增长37%,其中产值过10亿元2家,产值过亿元4家,产值过1 000万元10家;园区工业总产值57.3亿元,营业收入55.3亿元,工业增加值17.1亿元,利税5.3亿元,同比增长26%、27.6%、28%、35%;37家规模以上企业产值53亿元,比同期增长23.5%。园区内个体工商企业和私营企业年内新注册达2 000多家。在135家工业企业中,土生土长的本土企业108家,在全镇37家年产值过500万的企业中,本土企业32家。骆蓄公司是全国最大车用蓄电池生产企业,2009年,骆蓄公司产值25亿、税收近亿元,形成以骆蓄公司为龙头的汽车配件产业;金洋公司保持全国最大的合金铅和出口企业,金洋公司产值11亿元;以恒立公司为龙头的铸造产业获得快速发展,通过裂变效应,铸造企业达17家,铸造产品形成铸钢—铸不锈钢—铸合金钢的产业梯队;石纺公司生产的"仙石牌"绦细布在国内具有较高的知名度,高档服装面料在中国纺织面料行业排名前进入10名。与此同时,金石花包装公司、聚力公司、东华公司、锐丰公司、友谊化工、钜沣公司、奥西达等企业产值利税增长较快。

6.谷城县经济开发区:2002年12月由湖北省科技厅批准设立(副县级)。2004年3月,被省人民政府认定为保留科技园区。园区位于城关镇过山口,建成面积180公顷,基础设施建设投资5 000万元,建成产业生产区、园区中心区、科研开发区、居住生活区、服务区、物流区等6个功能区及配套设施。产业园区内有汽车配件、新型建材、纺织、医药化工4个工业小区,形成四大产业板块的雏形行业。2005年,园区有企业25家,完成工业增加值1.25亿元,税收2 000万元。至2009年,开发区初步形成四个主导产业集群:以美亚达公司、南沣瓷业为代表的新型建材产业群,以三环、金耐特为代表的汽车配件产业群,以银纺为代表的纺织工业产业群,以金洋和凯迪公司为代表的循环经济产业群。其中,汽车配件产业群被列为全国47家汽车产业集群之一。谷城经济开发区循环经济园区是经湖北省政府批准的全省唯一一家循环经济试点园区。开发区内有大小企业140家。2009年底,开发区工业企业产值42亿元,完成固定资产投资9亿元,税收1 000万元,同比分别增长69%、100%和59%。

(张海军)

【保康县经济开发区】 2008年6月,省政府以鄂政办函[2008]45号文批准筹建保康县经济开发区。2010年4月,省编办以鄂编办文[2010]69号文件批复保康县成立经济开发区管委会机构。6月在政府机构改革中,将保康县经济开发区确定为县政府副县级派出机构。保康县经济开发区,辖城区精细磷化工业园、周湾磷化工业园、横溪矿化工业园、农产品工业园、余家湖保康工业园,即"一区五园"。

保康县经济开发区("一区五园")规划面积约1 000公顷,产业以磷化工为主,以农产品加工为辅,先后引进湖北兴发、上海大山合、万宝粮油等18家知名企业入驻发展,现有年产黄磷2.75万吨、六偏2万吨、食品级五钠3万吨、采矿145万吨、车桥1万台套、食用菌加工2 500吨、茶叶加工2 000吨、纺纱2万锭的产能。2009年底,园区内工业企业产值7.55亿元,增加值2.64亿元,投资8.66亿元,税收6 810万元。

1.城区精细磷化工业园:位于城关镇北部,占地面积约33.33公顷。其前身为成立于1992年的县清溪河磷化工开发区,县国有企业黄磷厂、康兴化工厂、康达化工厂等均建于此。国有企业改制后,先后引进湖北兴发集团、襄樊巨力公司等企业,投资组建楚烽公司、巨力公司等磷化工企业,以黄磷为基础原材料,生产食品级磷酸盐等系列精细化工产品。园区有工业企业6家。

2.周湾磷化工业园:周湾磷化工业园位于马桥镇周湾村,距马桥镇区2千米,占地面积约66.67公顷,重点以黄磷为基础原材料,发展食品级磷酸盐系列产品。2007年开工,完成全长2.3千米的防洪堤和桥梁、入园公路及电力等基础设施建设。尧治河集团投资5 000万元兴建的年产1万吨黄磷项目已建成,5万吨窑法磷酸项目完成前期筹备。

3.横溪矿化工业园:横溪矿化工业园位于马桥镇横溪村,紧靠白竹矿区和209国道,东至保康县城88千米,西临神农架松柏镇29千米,南接兴山县城58千米,北到马桥镇13千米,占地约133.33公顷。2007年5月30日,横溪磷化工业园暨年产100万吨磷矿选矿项目奠基,至2009年底建成,投资1.96亿元。

4.保康农产品工业园:位于保康县城关镇牌坊湾,占地面积约33.33公顷,以食用菌、茶叶加工出口及魔芋加工、核桃油加工、纺纱等为产业发展重点,已引进香港炜鹏、上海大山合、台湾威杰、万宝粮油等企业入园,食用菌加工、茶叶加工、纺纱、太空食品及光电子项目建成投产。

5.襄樊余家湖保康工业园:位于襄城经济开发区内,为襄樊市"一区四园"总体规划的组成部分,以磷化工为主,兼顾煤化工、盐化工和物流业,规划面积6.9平方千米,归口保康县管理。至2009年底,园区前期筹建工作进行中,土地四界和基本地价基本确定,第一期194.13公顷建设用地勘测到位,开始附着物调查,水、电、路等基础设施建设全面铺开,先后与湖北楚磷公司、天一公司、万丰公司等5家企业达成入园协议。计划五年完成投资100亿元、产值200亿元、税收10亿元。

(贺保峰)

【枣阳经济开发区】 枣阳经济开发区于1992年6月经湖北省襄樊市人民政府批准成立,1995年1月被湖北省开发区管理办公室批准为省管开发区,1998年8月经襄樊市编委批准升格为副县级单位,2006年3月,被省政府批准晋升为省级开发区。该开发区位于枣阳城区西南部,总控制面积6.53平方千米。下辖西园、靳庄、茶棚3个居委会,24个居民小组,人口近3万人。区内建有日供水4万吨自来水厂1座,110千伏变电站3座,有汽车客运站、邮件分检中心和两个大型批发市场;区内交通便捷,三纵四横的交通网络基本形成,通讯、教育、医疗、文化、体育等设施齐全。2009年,入驻枣阳经济开发区的大小企业236家,其中工业企业126家,规模以上工业企业68家,高新技术企业6家,外商投资企业6家。按照"一区多园"的思路,开发区开辟汽车及零部件、精细化工、轻工纺织、农副纺织品4个特色产业园区。企业产品涵盖汽车及零部件、轻工、纺织、食品、冶金、化工、建材等门类。2009年,规模以上工业总产值88.66亿元。

枣阳吴店工业园:位于枣阳吴店镇,"汉十"高速公路枣阳连接线与省道寺沙路并行纵贯南北，在园区中部形成十字交叉。2002年8月26日经省企业局、省建设厅、省国土资源厅(鄂企企指字[2002]46号)批准为全省第一批重点乡村工业园，2005年7月经襄樊市编委批准升格为副县级单位，8月经湖北省开发区管理办公室批准为省管工业园区。区内建有日供水2万吨自来水厂1座，110千伏变电站1座，国家AAA级旅游风景名胜区1处。通讯、教育、医疗、文化、体育等设施齐全。2009年，入驻枣阳吴店工业园的工业企业98家，其中产值过亿元企业2家，产值过千万元的企业12家，"三资"企业两家。开辟机械铸造、轻工纺织、食品罐头等3个特色产业园区，企业产品68类800多个品种。2009年生产总值23.5亿元，税收和固定资产投资增幅双双进入全省县级经济开发区20强。

（蒋宇航）

【宜城经济开发区】 宜城经济开发区组建于2004年2月，2006年4月经省政府批准，报国家发改委审核公告为省级开发区。开发区位于宜城西郊，东临汉江，西接襄荆高速和焦柳铁路，207国道、306和205省道穿区而过，总体规划面积38平方千米，起步区6.5平方千米，由白庙机械化工工业园、铁湖农副产品加工园、燕京食品工业园和鲤鱼湖科技文化产业园4个园区组成，是湖北省政府重点扶持的16个特色工业园之一。

开发区有规模以上企业80家，2009年规模以上工业总产值80.5亿元，同比增长165%；增加值28.1亿元，同比增长167%；税收1.28亿元，同比增长54%；出口创汇5742万美元，同比增长13%；固定资产投资17.8亿元，同比增长128%；新增规模以上企业40个，产值过亿元的企业23个。在全省省级开发区年度综合考核中排名第九位。

为开发区建设，宜城成立建设投资经营有限公司，向省开发银行融资1.2亿元；通过经营城市、经营土地，筹资2 000多万元；鼓励有实力的企业和个人采取"垫资建设、分期付款、以地抵付"的方式筹资近千万元；由电力、电信、林业、水务等部门出资1 000万元，进行亮化、绿化、美化和通信管网工程建设；由交通、财政和国土部门出资1 200万元，进行道路工程共建；市政府每年挤出近千万元用于征地、附着物、拆迁补偿。补偿拆迁房屋55间，鱼塘、藕塘85口，迁坟135座。5年间，开发区先后筹资3亿多元，实施楚都大道、随南大道、燕京大道延伸段、楚源大道、中华西路、宋玉一路、宋玉二路、宋玉三路、宋玉四路、七里岗一路的兴建改造，建成和开工的道路10条、长25千米，兴建改造上下水管网42千米，核心区的水、电、气、路、讯、亮化和绿化等基础设施逐步配套。至2009年底，引进项目63个，开工建设项目55个，已投产项目45个，投资过亿元的项目16个，签约资金48.8亿元，累计完成固定资产投资45亿元。铁湖农副产品加工园和燕京食品工业园已初具规模，白庙机械化工工业园和鲤鱼湖科技文化产业园在建中。

（余　飞）

【老河口经济开发区】 老河口经济开发区是经国家发改委审核(国家发改委公告2006年第八批)，湖北省人民政府批准（湖北省机构编制委员会鄂编函[2007]16号)成立的省级经济开发区，规划面积38平方千米。东连老河口机场，西临316国道和汉十高速公路，北接302省道，南处襄渝铁路和汉丹铁路交叉口。中共老河口市委经济开发区工作委员会和湖北老河口经济开发区管理委员会，作为市委、市政府副处级派出机构，代表市委、市政府对开发区实行领导和管理。开发区对项目建设实行封闭式管理方式，入区企业所有事务一律与所涉及部门隔离，与涉及村(社区)、村(居)民隔离，涉及事务均由开发区管委会统一管理并协调相关部门组织实施。2006年4月开始实施基础设施建设，新建、改扩建主干道20千米，配套建设供电、通讯、给水、排水、天然气、宽带网、有线电视畅通和平整土地工程，形成纵横贯通的路网格局。

至2009年，有规模以上企业87家，固定资产投资3 000万元以上项目48个，投资过亿元项目16个，协议总投资86亿元。2009年工业总产值65.5亿元，规模以上工业增加值26.8亿元，税收总额19 131万元，占老河口工业经济一半。

开发区按照"一区多园"的模式进行规模和建设，主要包括：

1.农产品加工示范园：规划面积3平方千米。龙头企业有湖北奥星、华松科技、湖北香园、湖北梨花湖、回天油脂、湖北丰园、湖北诺科等。

2.汽车机电产业园：规划面积2平方千米。龙头企业有东风创普、湖北楚润、湖北东沃、诚泰车桥、万盟数控、双华数控、湖北汇科、湖北飞源、湖北新昇等。

3.高新产业园：规划面积2平方千米。龙头企业有瑞亚科技、创富电子、盛普电子等。

4.中小企业孵化园：规划面积1平方千米。

5.新型建材产业园：规划面积10平方千米。位于洪山嘴镇区域。龙头企业有葛洲坝水泥集团、湖北陶金瓷业等。

6.科技产业园：规划面积7.27平方千米。位于316国道西侧区域。

7.冶金工业园：规划面积：3.33平方千米。位于李楼镇。

（曹金成）

表 69 2009 年度襄城开发区考核指标

考核指标		年份	填报数据	核实数据
经济增长	开发区生产总值(亿元)	2008 年	14.83	14.83
		2009 年	29.35	29.35
	规模以上工业增加值(亿元)	2008 年	12.13	12.13
		2009 年	24.11	24.11
	规模以上工业主营业务收入(万元)	2008 年	243 200	243 200
		2009 年	536 600	536 600
	税收总额(万元)	2008 年	13 670	13 670
		2009 年	42 707	42 707
	规模以上工业企业数(家)	2008 年末数	10	10
		2009 年末数	25	25
	规模以上工业企业利润(万元)	2008 年	-49 193	-49 193
		2009 年	3 046	3 046
	规模以上工业企业万元增加值耗标煤(吨/万元)	2008 年	2.26	2.26
		2009 年	2.11	2.11
投资建设	固定资产投资(万元)	2008 年	36 000	36 000
		2009 年	115 100	115 100
	基础设施建设投入	2008 年	9 300	9 300
		2009 年	41 200	41 200
	总投资3 000 万元以上工业项目施工个数	2008 年	2	2
		2009 年	19	19
		其中亿元以上项目数	10	10
	招商引资项目签约额(万元)	2008 年	285 000	285 000
		2009 年	96.4	96.4
	外商投资金额(万美元)	2009 年	708	708
土地利用	在建工业项目占地面积(亩)	2009 年	1 200	1 200
	在建工业项目投资额(万元)	2009 年	203 000	203 000
	在建工业项目投资强度(万元/亩)	2009 年	169	169
出口创汇	出口创汇额(万美元)	2009 年	722	722
高新技术	高新技术产业增加值(亿元)	2009 年	0.34	0.34
	高新技术企业数(个)	2009 年末数	2	2
		2009 年新增数	2	2
环境保护	开发区总体环境评价是否完成	是(√)否( )	——	——
	进区项目是否符合开发区总体规划	是(√)否( )		
	进区项目是否通过环境评价	是(√)否( )		

表 70 2009 年度樊城开发区综合考评

	类别	考评指标	单位	累计数(开发区创建以来)	2009 年数	2008 年数	增幅(%)
经济指标	C	规划面积(含新规划修编面积)	公顷		528	528	
	A	实际开发面积	公顷		213	197	9
	C	其中:项目已入区并投产面积	公顷		208	193	8
	C	其中:工业项目用地面积	公顷		207	192	8
	C	第三产业项目用地面积	公顷		1	1	
	A	区内企业数	个	170	170	121	41
	A	其中:工业企业	个	138	138	96	44
	A	规模以上工业	个	106	106	71	50
	A	高新技术企业	个	16	16	10	60
	A	外商投资企业	个	1	1	1	
	A	第三产业企业	个	15	15	14	8
	A	从业人员	万人	1.7	1.7	0.98	74
	A	其中:工业企业	万人	1	1	0.9	12
	A	规模以上工业企业	万人	0.9	0.9	0.87	4
	A	生产总值	亿元		41	28.9	42
	A	规模以上工业总产值	亿元	250	89	63.5	41
	A	其中:高新技术产业	亿元	68	32	23	40
	A	规模以上工业增加值	亿元	70	28.4	20.3	40
	A	其中:高新技术产业	亿元	22	9.7	6.9	41
	A	(规模以上工业)主营业务收入	亿元	248	89.3	63.6	41
	A	其中:高新技术产业	亿元	65	26.4	18.7	42

续表

	类别	考评指标	单位	累计数(开发区创建以来)	2009年数	2008年数	增幅(%)
经济指标(续前页)	A	固定资产投资总额	亿元	36	16.04	8.62	86
	A	其中:基础设施建设投资	亿元	5	2.5	0.45	456
	A	施工(在建)项目数	个		53	33	61
	A	其中:亿元以上项目数	个		4	2	100
	A	新开工项目数	个		41	25	64
	A	外商投资项目数	个		1	1	
	A	省外内资项目数	个		28	9	212
	A	税收总额	万元	78 600	38 900	14 900	161
	A	招商引资总额	万元	312 000	168 860	92 163	84
	A	其中:外商投资金额	万美元	10 000	4 570	3 208	43
	A	省外境内投资额	万元	285 600	164 290	88 955	85
	A	出口总额	万美元	18 300	8 200	5 800	42
	C	其中:高新技术产品出口总额	万美元	13 000	5 330	3 596	49
	C	拥有知名品牌(商标)数	个	70	37	26	43
	C	企业专利授权数	个	20	6	4	50
	C	企业技改投入资金额	万元	60 000	28 000	17 000	65
	B	工业用地固定资产投资强度	万元/公顷		3 125	2 950	
	B	工业用地产出强度	万元/公顷		4 200	4 100	
	C	污水集中处理率	%		100		

统 计 资 料

责任编辑
责任校对 吴忠秀

表 71 国民经济主要指标

主要指标	单位	2009 年	比上年增减(±%)
人口			
总户数	万户	204.03	1.6
总人口	万人	588.88	0.8
非农业人口	万人	257	32
国内生产总值(现价)	亿元	1 201.01	15
农村经济			
农林牧渔业总产值(现价)	亿元	366	13.9
农业	亿元	180.91	6.7
林业	亿元	5.21	9.4
牧业	亿元	154.7	21.4
渔业	亿元	15.36	37.2
农林牧渔业总产值(可比价)	亿元	376.98	17.3
农业	亿元	176.01	3.8
林业	亿元	5.17	7.7
牧业	亿元	172.56	35.4
渔业	亿元	16.07	18.5
粮食播种面积	千公顷	645.52	3.22
夏粮播种面积	千公顷	326.61	4.17
棉花播种面积	千公顷	38.9	0.86
油料播种面积	千公顷	105.16	-1.07
粮食总产量	万吨	433.25	4.87
棉花总产量	万吨	4.54	6.57
油料总产量	万吨	32.69	5.11
水果产量	万吨	51.34	8.04
肉类总产量	万吨	65.54	15.9
猪	万吨	41.42	21
牛	万吨	6.33	9.7
羊	万吨	2.12	6.6

续表

主要指标	单位	2009年	比上年增减(±%)
禽蛋产量	万吨	20.31	5.95
大牲畜存栏			
猪存栏	万头	420.08	6.1
牛存栏	万头	95.68	7.71
羊存栏	万只	107.74	16.02
耕地面积	千公顷	433.72	4.87
化肥施用量	万吨	52.07	7.8
农村用电量	万千瓦时	61 677.4	14.9
工业			
工业增加值(现价)	亿元	461.49	27.6
国有	亿元	46.73	-1.7
集体	亿元	3.85	90.9
其他	亿元	14.26	118.9
按轻重工业分			
轻工业	亿元	160.56	47.1
重工业	亿元	300.93	32.6
规模以上工业企业效益指标			
产品销售收入	亿元	1 278.61	35.3
亏损企业个数	个	168	-1.8
亏损企业亏损额	亿元	3.63	-58.1
利税总额	亿元	116.79	49.4
利润总额	亿元	62.32	60
工业总产值	亿元	1 528.49	40.2
全社会固定资产投资额	万元	5 747 851	53.8
城镇以上固定资产投资	万元	5 199 322	53.6
其中:50万元以上项目	万元	464 571	58.9
房地产	万元	553 851	19.9
农村项目投资	万元	548 529	55.9
农村私人	万元	292 841	37.3
农村非农户	万元	255 688	84.7
社会消费品零售额	万元	5 005 574	21.1
按销售地区分			
市	万元	3 870 017	21.6
县	万元	310 959	21.6
县(市)以下	万元	824 598	18.7

续表

主要指标	单位	2009 年	比上年增减(±%)
按行业分			
批发	万元	823 233	20.8
零售	万元	2 972 439	21.7
住宿和餐饮业	万元	565 384	26.8
其他	元	644 518	14.4
劳动工资			
职工人数(在岗)	万人	33.56	-1.18
国有	万人	24.91	0.81
集体	万人	0.92	6.98
其他	万人	7.73	-7.87
职工工资总额(在岗)	亿元	68.09	11.94
国有	亿元	53.85	12.75
集体	亿元	1.33	10.17
其他	亿元	12.91	8.85
财税·金融·保险			
财政收入(一般预算收入)	亿元	37.02	23.2
财政支出	亿元	148.16	53.37
金融机构存款余额	亿元	1 051.83	26.5
金融机构贷款余额	亿元	518.26	38.8
直接利用外资	万美元	25 073	48.1
人民生活			
城市居民人均可支配收入	元	13 408.68	9.1
城市居民人均消费性支出	元	10 144.8	7.3
农村居民人均纯收入	元	5 440	11.5
居民消费价格指数	%	98.7	-6.5
教育文化			
高等学校数	所	4	0
中等专业学校数	所	44	0
中等专业在校学生数	万人	83 295	6.4
普通中学在校学生数	万人	316 941	-6.15
小学在校学生数	万人	332 240	0.52
卫生			
卫生机构数	个	3 181	-1.34
床位	张	17 016	7.6
卫生技术人员	人	24 989	-1

表 72 生产总值、民营经济增加值、规模以上工业增加值、高新技术产业增加值

	生产总值		民营经济增加值		规模以上工业增加值		高新技术产业增加值	
	完成数(亿元)	比上年增减(±%)	完成数(亿元)	比上年增减(±%)	完成数(亿元)	比上年增减(±%)	完成数(万元)	比上年增减(±%)
全 市	1 201.01	15	495.6	29	461.49	27.6	1 847 002	33.8
枣 阳	153.92	16	91.67	32.2	43.14	61.25	15 944	76.7
宜 城	85	16.5	54.55	36.5	30	51.8	11 002	38.2
南 漳	62.06	16	26.35	18	10.08	53.8	706	-46.3
谷 城	85.41	16	51.25	42	37.11	55.49	168 702	28.7
保 康	29.66	16	14.5	25.6	5.61	37.91		
老河口	84.98	15.8	49.35	55.7	32.07	53.8	23 279	58.1
襄 阳	175.88	16.5	118	31.67	40.8	62.04	3 208	154.2
襄 城	134.23	15.1			35.3	38.78	8 420	45.1
樊 城	392.02	14.5			227.38	32	51 111	19.7
高新区					179.87	48.19	1 564 630	34.2

表 73 农业总产值、粮棉油产量

	粮食产量		棉花产量		油料产量	
	完成数(万吨)	比上年增长(±%)	完成数(万吨)	比上年增长(±%)	完成数(万吨)	比上年增长(±%)
全 市	433.25	4.9	45 446	6.7	32.69	5.1
枣 阳	120.01	3.9	14 290	0.4	4.87	-4.1
宜 城	55.67	4.8	9 474	18.6	7.48	14.2
南 漳	37.71	2.9	455	28.9	1.81	-0.6
谷 城	25.71	0.8	15	-78.6	1.10	-10.6
保 康	11.64	1.2			1.35	2.3
老河口	32.46	1.1	6 313	-3.1	2.75	0.01
襄阳区	115	4.5	13 207	15.4	10.27	12
襄城区	16.82	22.6	581	-16.3	1.26	1.6
樊城区	16.51	20.1	1 061	-14.2	1.51	-6.2
高新区	1.72	45.4	50	-23.1	0.29	11.5

表 74 职工人数、职工工资总额

	全部职工人数		职工工资总额	
	2009 年(人)	比上年增减(±%)	2009 年(万元)	比上年增减(±%)
全 市	421 491	-1.7	7 794 707	12.7
枣 阳	47 396	1.86	685 860	19.8
宜 城	32 358	5.29	514 677	19.93
南 漳	29 078	13.9	471 124	0.2
谷 城	41 586	3.58	654 073	20.19
保 康	14 224	-0.3	223 746	13.81
老河口	45 583	-21.6	663 371	14.13
市 区	211 266	2.46	4 561 856	15.59
襄阳区	46 112	4.51	769 675	16.24
襄城区	12 236		211 352	10.4
樊城区	29 786	38.1	530 429	47.8
市直(含高新区)	123 132	0.86	3 050 400	11.57

表 75 **土地面积与行政区划**

	户籍人口（万人）	土地面积（平方千米）	耕地面积（千公顷）	乡镇办事处个数(个)				村民委员会（个）	居民委员会（个）
				合计	乡政府	镇政府	办事处		
全　市	588.88	19 727.68	442.92	98	4	75	23	2 410	364
枣　阳	111.86	3 276.01	109.65	15		12	3	521	48
宜　城	56.35	2 113.86	59.46	10		8	2	178	37
南　漳	59.18	3 852.89	42.82	10		10		281	31
谷　城	57.83	2 540.97	29.23	10	1	9		284	39
保　康	28.75	3 221.53	23.97	11	1	10		261	19
老河口	53.18	1 051.68	43.58	10	1	7	2	219	34
市　区	221.75	3 670.74	134.21	32	1	19	16	666	156
襄阳区	103.74	2 466.54	97.49	13		14		442	34
襄城区	46.39	642.39	18.4	7	1	2	6	125	42
樊城区	71.61	561.81	18.32	12		4	10	99	80

表 76 **户数、人口**

单位：户、人

	总户数	总人口			总人口中	
		合计	男	女	非农业人口	未落常住户口人员
全　市	2 040 305	5 888 786	3 021 344	2 867 442	2 569 989	9 360
枣　阳	413 140	1 118 562	574 575	543 987	503 356	
宜　城	188 572	563 460	285 110	278 350	222 042	3 295
南　漳	193 155	591 754	307 421	284 333	113 841	
谷　城	210 266	578 295	298 454	279 841	221 055	
保　康	108 064	287 465	152 991	134 474	53 280	
老河口	183 362	531 788	269 308	262 480	243 525	
市　区	743 746	2 217 462	1 133 485	1 083 977	1 212 890	6065
襄阳区	332 636	1 037 444	532 627	504 817	454 828	3 399
襄城区	157 718	463 880	237 592	226 288	250 145	1 757
樊城区	253 392	716 138	363 266	352 872	507 917	909

表 77 人口变动情况

单位:人

	出生			死亡			迁入		迁出	
	合计	男	女	合计	男	女	省内迁入	省外迁入	迁往省内	迁往省外
全　市	65 171	34 395	30 776	29 670	17 224	12 446	14 379	10 442	14 422	17 636
枣　阳	11 340	6 044	5 296	1 929	1 197	732	2 356	1 784	1 749	3 299
宜　城	6 892	3 486	3 406	6 841	3 546	3 295	2 104	983	2 196	2 021
南　漳	6 276	3 252	3 024	2 669	1 548	1 121	556	684	1 088	1 370
谷　城	6 651	3 460	3 191	4 607	2 754	1 853	1 417	790	829	1 296
保　康	2 568	1 291	1 277	1 851	1 159	692	325	270	541	610
老河口	6 126	3 186	2 940	2 844	1 618	1 226	856	1 028	893	1 787
市　区	25 318	13 676	11 642	8 929	5 402	3 527	6 765	4 903	7 126	7 253
襄阳区	13 558	7 484	6 074	4 185	2 637	1 548	1 742	1 591	1 952	2 186
襄城区	4 715	2 466	2 249	1 868	1 074	794	2 097	1 608	2 620	2 810
樊城区	7 045	3 726	3 319	2 876	1 691	1 185	2 926	1 704	2 554	2 257

表 78 县域经济主要指标

	地区生产总值(亿元)		规模以上工业增加值(亿元)		全社会固定资产投资(万元)	
	总量	增长速度(%)	总量	增长速度(%)	总量	增长速度(%)
襄　阳	175.88	16.5	40.8	62.04	1 023 787	75.6
枣　阳	153.92	16	43.14	61.25	667 767	75.6
宜　城	85	16.5	30	51.8	441 900	74.2
南　漳	62.06	16	10.08	53.8	337 104	53.3
谷　城	85.41	16	37.11	55.49	369 866	75.7
保　康	29.66	16	5.61	37.91	255 890	61
老河口	84.98	15.8	32.07	53.8	400 649	74.2
襄城区	134.23	15.1	35.3	38.78	451 877	40.9
樊城区	392.02	14.5	227.38	32	1 799 011	30.3
高新区			179.87	48.19	1 244 566	56.6
	社会消费品零售总额(亿元)		地方财政一般预算收入(亿元)		直接利用外资额(万元)	
	总量	增长速度(%)	总量	增长速度(%)	总量	增长速度(%)
襄　阳	55.1670	24.9	30 002	33.4	2 229	48.3
枣　阳	71.2884	24.9	36 447	25.3	1 067	4.1
宜　城	42.0215	23.8	27 811	28.2	4 401	45.83
南　漳	23.7767	23.9	12 979	28.9	1 210	34
谷　城	25.0012	24.6	20 289	27.8	719	60.49
保　康	14.1661	21.3	14 002	31.8	513	63.9
老河口	45.4670	21.8	28 596	25.8	1 807	87.84
襄城区	74.1599	19	23 567	25.8	1 258	100.32
樊城区	149.5096	17.2	45 911	22.9	1 860	55.78
高新区					10 008	44.33

注:1.襄城区和樊城区数据为在地统计口径

2.上表数据为初步预计数,以省局反馈数为准

续表

	新增就业人员(人)	城镇登记失业率(%)	人口出生率(‰)
	总量	总量	总量
襄　阳	6 871	4.13	13.22
枣　阳	7 280	4.06	10.74
宜　城	6 643	4.00	10.33
南　漳	4 800	4.23	10.41
谷　城	5 516	4.12	12.48
保　康	3 985	4.33	9.72
老河口	6 893	4.34	12.27
襄城区	4 340	4.17	10.61
樊城区	3 892	4.11	12.17
高新区	2 811		

	外贸出口额(万美元)		农民人均纯收入(元)		城镇居民人均可支配收入(元)	
	总量	增长速度(±%)	总量	增长速度(±%)	总量	增长速度(±%)
襄　阳	1 550	-26.75	6 153.9	11.81	9 934.5	9.47
枣　阳	1 628	29.62	5 794.9	11.44	10 392.3	9.16
宜　城	5 742	9.23	6 062.6	11.2	10 268.7	9.47
南　漳	772	51.67	5 011.4	11.4	10 540	9.3
谷　城	495	-37.26	5 106.1	11.66	9 578.3	9.48
保　康	676	472.88	3 425.3	11.82	8 409.8	9.51
老河口	1 752	105.63	6 059	11.26	1 1044.1	9.18
襄城区	1 659	-46.4	5 930.4	12	13 408.7	9.08
樊城区	1 520	-24.53	5 958.8	11.4	13 408.7	9.08
高新区	8 579	-42.91	5 580.2	11.16		

表 79 金融机构存贷款余额

	存款余额(亿元)		贷款余额(亿元)	
	2009 年	比上年增减(±%)	2009 年	比上年增减(±%)
全　市	1 051.83	26.47	518.26	38.81
枣　阳	126.93	16.96	35.69	30.68
宜　城	65.29	23.98	32	40.85
南　漳	55.99	19.23	22.41	22.86
谷　城	78.9	26.02	25.63	37.8
保　康	29.34	27.73	11.74	38.93
老河口	67.52	15.4	39.52	22.31
市　区	627.88	30.96	351.26	42.91

(统计局综合科)

索　　引

责任编辑
责任校对　张　俭　胡广海

说　明

一、本索引采用主题词索引法，索引条目按1980年版《辞海》（缩印本）“汉语拼音索引”顺序排列，第一个字相同的，则按第二个字的音序编排，依次类推。

二、类目、分目、人名用黑体字标明。标引词后的阿拉伯数字表示内容所在页码，数字后的拉丁字母（a、b、c）分别表示从左至右第一、二、三栏。

三、附见条目缩后两格置于相关分目和条目之下。条目后第二个页码，表示该条目参见内容所在位置。

四、本年鉴的“大事记”未作索引。

主题索引

A

艾格公司援建南漳小学　73b
艾滋病防治　192c
爱国卫生　195c
　　概况　195c
爱心包裹　119c 172b
爱心互助奖学金　195c
安邦财保襄樊中心支公司　173b
安全生产　35c 41a 87a 105a 147
安全生产监管　146c
　　概况　146c
安全正规管理　62b
奥星粮油工业有限公司　130a

B

百年襄樊老照片展　203b
百日禁毒　65a
百日三无　62b
百万家庭知识竞赛　61b
百亿园区　132c
板块农业　84b
板龙灯　198c
版图面积　25a
帮扶活动　52b
帮扶困难党员　77c
保费收入　172a 173a
保康八斗食品　54c
保康楚峰公司　99a
保康林业局　88b
保康马桥变增容工程　104b
保康文化馆　197b
保康五道峡自然保护区　33a
保康县　249b
　　概况　249b
　　基本情况表　252
　　领导机构负责人　252c
　　特色产业　249b
　　工业企业　249c
　　非物质文化遗产　251b
　　三联三建　251c
　　城关镇　252c
　　黄堡镇　253b
　　后坪镇　253c
　　过渡湾镇　254a
　　寺坪镇　254b
　　歇马镇　254c
　　一主四铺　255a
　　两峪乡　255a
　　马桥镇　255b
　　马良镇　255c
　　龙坪镇　256a
　　店垭镇　256b
　　三叶一畜一菌一果　256c
保康县经济开发区　288a
保险风险　172c
保增长促发展竞赛　59a
保障过境部队　62c
保障监察　69c
保障性安居工程　45a
保障性住房建设　42a
报业　204a
　　概况　204a
报纸　205a
报装业务　105b
暴雨　28a
本地电话用户　34c
毕业生见习基地　55a
编研成果　203c
编制规划　101c
编制与管理　101c
编钟奖　72c
编组站2.0系统　114a
便民服务　67a
变更登记　149a
标准化菜市场　126c
标准化工作　145a
标准化企业　147b
殡葬服务收费调整　135b
炳先珍珠班开班　73c
玻璃纤维产品　99b
博士后科研工作站　54c

博物馆 35b
博亚机械公司 95b
渤海财保襄樊中心支公司 173b

C

财产保险 172c
财产性收入 76b
财政·税务·审计 151
财政 151a
概况 151a
财政审计 165a
采购接洽会 128a
蔡志强 189a
参展产品 127b
餐饮业食品安全 146a
残疾人事业 74c
残疾人维权法律援助 75b
残疾人文体活动 75a
藏书量 35b
查处违法建筑 102b
查处职务犯罪 66c
查缴政治性违禁出版物 205b
茶叶面积 84a
拆除违章建筑 42b
产地证签证 150c
产品创新 171a
产品研发 98a
产权制度 83b
产学研 180b
产业产值 175a
产业结构 90b
产业增加值 175a
产值 10 亿元以上企业 95（表）
长江证券襄樊营业部 172a
偿债能力 149c
场地建设工程 200b
成品油管理 126b
承办全省比赛 201a
城关处罚 102c
城建档案 203c
城建资金 100a
城区·开发区 211
城区园林绿化面积 105c
城市低保 47c
城市规划与管理 101c
城市居民生活 75b
城市内涝 45a
城市排水体系建设 48a
城市排污管网建设 48b
城市森林生态工程 89a
城市商业银行 165a
城市污水处理 100b
城西输变电工程 104b
城乡基础建设 100a
概况 100a
城乡建设·环境保护 100
城乡救助体系 69a
城乡就业 38c
城乡文化体育设施建设 45b
城镇居民人均居住面积 35b
城镇居民人均可支配收入 35b 45c
城镇居民人均消费性支出 35b
城镇职工医保 138a
惩治和预防腐败体系建设 50b
抽样检品 146b
筹资筹劳 83b
出版 205a
概况 205a
出版物市场 205a
出版物印刷企业 205a
出口回暖 121a
出口龙头 121a
出口贸易伙伴 122a
出口退税权利质押贷款 169c
出入境货物 150a
出入境检验检疫 150a
概况 150a
出入境水量 29c
出生人口 68a
除五霸 64a
储备猪肉 126b
储蓄存款余额 35a
楚天学者 187c
传染病疫情 192b
船工号子 198c
创建全国文明城市 76c
创刊 60 周年 204c
春运 108c 116b
崔家营电站 48a
崔家营航电枢纽工程 44c
村官进大学 188a
村级综合服务社 129a
村卫生室 190c
村庄环境整治 100b
存款本外币余额 166a
存款余额 169a 167b

D

搭建政银企合作平台 166a
搭桥贷款 169c
打春牛 197c
打击违法犯罪 65a
打击制售假发票 162c
大案要案查处 205c
大地财保襄樊中心支公司 173c
大风冰雹 27c
大力工业控制有限公司 55a
贷款农户会员制 168c
党报热线进社区 204c
党风政风建设 49b
党内基本建设 51a
党员电化和远程教育 54a
党员队伍管理 52b
党员总数 51b
档案 202b
概况 202b
档案馆晋级 203b
档案目录 203a
档案信息化建设 203a
导游大赛 131c
道路客运线路班次 113（表）
道路主要干线客运票价 136c
德勤希望小学 60a
等级公路 108a
低保对象 68c
堤防标准化 41c
地表水资源量 29c
地方财政总收入 35a
地方一般性预算收入 151a
地方一般预算收入 33c 35a 45c
地理 25a
地理位置 25a
地貌特征 25b
地税 162b
概况 162b
地税收入 162b
地税收入分产业分行业分单位 163（表）
地下水资源量 29c
地形地貌 25b
地灾防治规划 143b
地震 182c
地震安全示范社区 183b
地震目录表 183
地震学会 183b
地震应急预案 183c
第 105 届广交会 122b
第 106 届广交会 122b

第二次土地调查 142a
第二届襄樊优秀人才评选 53b
第十八届中国食品博览会 127a
第十三届西洽会 124c
第十一届人代会第二次会议 39b
第四届旅游商品大赛 131a
电动汽车产业 176a
电力线路检修 114c
电气化复线开通 115c
电气化县(市)验收 105c
电网 103c 104a
电信 118c
　概况 118c
电信业务总量 34c
电子超生内镜研讨会 192a
电子监察建设 50c
电子渠道 170
电子信息产业 90c
电子银行 170
调研 189b
调整民兵组织 62c
东风第一百万辆商用车下线 96c
东风汽车股份有限公司 96c
东津–邓林线路工程 104c
东外环高速公路 108c
冬旱 27c
董治平 197c
动物防疫资金 85a
动物疫病防控 84c
都邦财保襄樊中心支公司 173c
读书教育活动 210c
杜申奎 278a
段子高 279c
对口援建 281
对外经济贸易 120a
　概况 120a
对外委托鉴定 67b

E

鄂西北人才市场深圳工业园市场 55c
鄂西生态文化旅游圈 44a
儿童下肢骨折弹性钉内固定术 194c
二次土地调查 142c
二等功臣 63b
二回路重建工程 116b
二级公路停止收费 109a
二类调查 89a
EMS 限时承诺服务 119c

F

发展学会组织 201c
法律服务 67c
法律援助 45b 67c
法院 67a
　概况 67a
樊城区 215c
　基本情况 215c
　版图面积 215c
　樊城基本情况 217(表)
　太平店镇 217b
　牛首镇 218a
　中原街道办事处 218b
　屏襄门街道办事处 218c
　定中门街道办事处 218c
　清河口街道办事处 219a
　梨园大厦 219a
　米公办事处 219b
　汉江街道办事处 219b
　王寨街道办事处 219c
　柿铺街道办事处 219c
　经济开发区 284a
樊魏高速公路 48b
防洪法 40a 42b
防控工作 189c
防控金融风险 166c
防震减灾 182c
　概况 182c
防震减灾科普示范学校 183c
房地产交易市场 103a
房地产开发 102c
房地产与住房保障 102c
　概况 102c
房屋建筑面积 102c
纺织 98a
　概况 98a
纺织产业产值 90c
飞行事故征候 116a
非公经济人事参政议政 58c
非税收入征缴情况 161a(表)
非物质文化遗产保护 198b
非职务发明 182a
分行业产值 91(表)
汾洪西洪线路改造 105a
福卡发行 171c
妇女创业就业 61a
妇女儿童权益 60c
妇女儿童维权工作 61b
妇女乳腺普查工程 191b
妇幼保健 190c
妇幼卫生机构 190c
附录 281
富民兴社诚信创业计划 168c

G

改造薄弱学校 185c
改制后再生企业 97a
干部工作 53c
干部监督工作 52c
干部教育培训 53a 77b
甘家庄堤防 41c
甘蔗总产 84a
感动襄樊十大人物 189a
钢材 99b
港航建设 110b 109c
港口起运量 109c
高等教育 187c
高公喜神 199a
高跤花鼓 198b
高考成绩创新高 186c
高科技人才 53b
高校毕业生就业 55b
高新技术 175b
高新技术产业开发区 230a
　基本概况 230a
　高新技术企业认定 230c
　党工委管委员会领导人 231c
　团山镇 232a
　米庄镇 232a
　紫贞街道办事处 232b
　七里河街道办事处 233a
高新技术产业增加值 35a
高新区邓城城址 200a
高职教育联盟成立 201c
歌舞剧团 197a
个体工商户 133a 134a
各级各类学校 35b
各项税费收入 162b
耕地 142a
耕地面积 35c
工程承包项目 125a
工程监理 100c 283a
工会会员 59a
工商联 58c
　概况 58c
工商行政管理 133a
　概况 133a
工业 90a
　概况 90a

工业企业 90a
工业投资 94a
工业园 286a
工业园区基础设施建设 100b
工业增加值
34a 45c 90a 90b 97a 98c 99b 117a
工资性收入 76b
公安 65a
概况 65a
公安信息化 65c
公安行政管理 65b
公共厕所管理 48b
公共广播节目 206a
公共事业 39a
公共图书 197a
公共图书馆 35b
公共卫生事件 193a
公开选拔 53c
公路 108a
概况 108a
公路货物营运车辆拥有量
112(表)
公路客货运输量 110(表)
公路里程 34c
公路旅客营运车辆拥有量
111(表)
公路通车里程 108a
公路养护 109b
公路运输枢纽规划 109b
公民道德建设 76c
公务员范围 51b
公务员管理 54a
公务员情况 51b
公益行动 196b
供电 103b
概况 103b
供电公司 103b
供电网覆盖 103b
供港活猪牛 150b
供水量 29c
供销合作 129a
概况 129a
共青团襄樊市委员会 60a
概况 60a
购销总额 129b
谷城汉江国家湿地公园 33b
谷城经济园区 287a
谷城南河 198b
谷城县 241c
概况 241c
基本情况 243(表)
领导机构负责人 244
城关镇 244a
汉江国家湿地公园 244c
石花镇 245a
冷集镇 245b
五山镇 107b 246a
鄂西北茶王赛 246a
紫金镇 246b
关山云峰 246b
赵湾乡 246c
南河镇 107b 247a
盛康镇 247b
庙滩镇 247c
南川贡芋 248a
茨河镇 248b
薤山旅游度假区 248c
经济开发区 249a
谷竹高速开工 109a
骨髓捐献者 196c
固定资产 118b 189a
固定资产投入 117c
固定资产投资 33c 34b 45c 94a
固定资产投资审计 165b
挂职锻炼 50c 53c
关爱青少年 60b
馆藏档案 202c
光缆铺设 117c
广播电视 206a
概况 206a
广播直通车 209a
广播综合覆盖人口 206b
归捷 280b
规范出版行为 205c
规范流通领域税收秩序 161b
规范少数民族村(社区)名称 71c
规范用地 142b
规范游散摊点 102a
规划空间结构 284a
规划面积 284b 286b
贵宾理财中心投产 167c
滚灯舞 198c
国道改建 109a
国防动员工作 62b
国防之星 63a
国际工程承包 125a
国际经济技术合作 125a
概况 125a
国际旅游商品博览会 131a
国际贸易与流通 125c
概况 125c
国际业务 169
国际医学检验 192b
国家百千万 56a
国家惠民政策 76b
国家级园林城市 106a
国家粮食收购惠农政策 43c
国民经济主要指标 293(表)
国民体质监测 200b
国企改革 97c 99c 149b
国庆六十周年 106a
国税 161b
概况 161b
国税收入 161b
国泰君安襄樊营业部 172a
国土资源 138b
概况 138b
国务院特殊津贴 54b
国营公益性企业 109c
国有产权管理 149a
国有林场 89b
国有外企改制 120c
国有资产监管 149a
国有资产营运效率 149b
国有资产运营效益 150a
国有资产总量 148 149c 150(表)
国资监管体系 147c
国资监管与国企改革 147c
概况 147c

H

海内外联谊 73b
韩岗遗址 200a
汉江崔家营航电枢纽 110a
汉江干流水质 30b 106 106b
汉江借记卡 170c
汉江禁鱼 85c
汉江信托理财 170c
汉江支流 106b 107
汉江专项整治 86b
航空航天工业园 284b
航天四十二所 54c
航宇救生装备有限公司 55a
耗水量 30a
合同外资 122c
合众人寿襄樊中心支公司 174c
合作共建 142b
合作协议书 184b
和谐家庭 61a
和谐企业 59b
和谐盛世 47b
河道堤防管理局 86a

红豆杉 31c
侯军军 63b
后备干部 53c
后勤综合保障 62b
湖北环宇汽车灯具 55a
湖北旅游名镇 107b
湖北名牌产品 95c 145
湖北三九酿酒厂 98c
湖北深圳工业园 286a
湖北省劳动模范 278a
湖北省旅游条例 40a
湖北省实施妇女权益保障法办法 40b
湖北省最佳文明单位 209a
湖北台基半导体股份有限公司 97b
湖北著名商标 96a
互动活动 209b
互联网宽带用户 34c
户外广告设置 102b
护理工作奖励 189b
护蛙行动 88a
花生总产 84a
华安保险襄樊中心支公司 173b
华创会 53b
华康保险代理 172b
华夏第一马 199c
化工医药产业 90c
化学减排 107a
化妆品专项整治 193c
画展 47b
环保专项行动 107b
环境保护 106a
概况 106a
环境监测 106b
环境监管 107c
黄万峰 184c
黄金被盗案 66a
黄金业务 169a
黄杨木雕 199a
回民仪地 48a
回天胶业 132b
会计核算备案检查 162a
惠农补贴 129c

J

机场 116a
概况 116a
机场公路 116a
机场进场路建设 116c
机车转产换型 114b
机电产品出口 122a
机关“两评”活动 77c
机关党组织建设 77c
机关档案执法检查 202c
机械 97a
概况 97a
机械系统 97c
机械制造企业 97a
积分选岗 54a
基本无辍学乡镇 184b
基层工会组织 59a
基层基础建设 67c
基层及妇幼卫生 190c
概况 190c
基层综治建设 64a
基层组织建设 51c
基础测绘 102a
基干民兵 62c
基建程序 283a
基站总数 117c
稽查打假 146c
疾病预防控制 192b
概况 192b
疾病预防控制机构 192b
集体林权制度改革 89c
计划免疫 193a
计划生育 68a
概况 68a
计生优惠政策 68b
纪检监察·组织人事 49
纪检监察 49a
概况 49a
技改和研发 97b
技改项目 98b
技术发明奖 176c
技术改造 98c
际华三五四二 95b 98a
加工贸易 121a
加拿大安大略省 72c
加油站 130b
家电下乡 125c 134c
家庭经营收入 76b
家政服务 61a 128a
甲型 H1N1 流感 40c 189bc 192c 193a
价格水平 135a
监测 134c
检察 66b
概况 66b
检修接触网设备 114c
检验检疫 150a
检疫性害虫 150b
见义勇为 64c
建材·冶金 99b
概况 99b
建材冶金产业 90c 99b
建设用地控制 285a
建筑安全生产管理 101a
建筑工程质量管理 100c
建筑工人 101b
建筑管理 100c
建筑企业资质监督检查 100c
健康 66 条 196a
健康促进生活 196a
健康教育 196a
降尘 106c
降水量及雨日 27a
降雨量 29b
降雨特点 29a
交换机总容量 117c
交通 108
交通基础设施 108a
交通建设 108b
交通银行股份有限公司襄樊分行 170(表)
焦柳铁路线电力机车 116a
教育管理 184a
概况 184a
教职工 194b
接管电影职能 210b
接受市人大专项评议 184c
节目来源 206a
节目内型 206a
节能减排 99b 151c
节能降耗 133a
节能汽车灯具 53b
结核病防治 192cb
巾帼示范村 61a
金飞环希望小学 60a
金红石 31a
金融创新 167a
金融存贷款 35a 299
金融扶弱工程 166b
金融服务 167a
金融生态环境 166b
金融外资审计 165a
进出口贸易 121a
概况 121a
进出口总额 120a 121a
进修费标准 135c
禁烧区 107c

京剧团 197a
经济管理 132
经济和社会发展 33b 37a
经济效益 96b
经济责任审计 165b
经济作物 84a
经贸代表团 72b
经皮穿刺胃造瘘手术 194c
经营总收入 204b
荆山楚源 197b
精神文明建设 76c
精细管理 161b
警备工作 63a
净化社会文化环境 205b
竞争上岗 53c
敬老感恩主题教育 74b
境外投资企业 125b
纠正不正之风 50a
九三学社襄樊市委员会 58b
九里山秦石墓 199c
酒类流通登记 126b
就业再就业优惠政策 134a
居民人均可支配收入 75b
居民人均消费性支出 75c
居民消费价格 33c
居民住房保障 103a
居住人口 102c
居住消费支出 75c
捐书活动 60a
捐助希望小学 60a
卷烟销售 130a
军事·政法 62
军事斗争准备 62a
军事训练 62c
军转 54a 56ab

K

开发区建设 132c
开展"三个一"活动 58a
康达医院更名 190a
康复治疗温暖行动 74c
抗灾救灾 84b
抗震救灾 58b 281
科技 175a
　概况 175a
科技城 43c
科技创新 95b
科技发展计划 175a
科技孵化器 176b
科技工作者调查 181c
科技馆 181b
科技活动周 180c
科技奖励 88a
科技进步奖 176c
科技外事 176b
科技信息 180c
　概况 180c
科技与节能 101a
科普画廊 181a
科普惠农兴村 181b
科普活动 181c
科普示范学校 181a
科学技术 175
科学技术成果推广奖 179c
科学技术奖励项目 176c
科学技术进步奖 177a
科学技术突出贡献奖 176c
科学普及与协作 181a
　概况 181a
科研课题及成果 194b
可再生资源建筑应用示范城市 101a
空气粉尘排放量 99b
空气质量 106a
控新降旧 171c
口岸协会成立 120c
口岸医学媒介生物疫情监测 150b
库区船舶管理 44c
库区管理 44c
跨国零售集团采购 129a
宽带提速 118c
宽带用户 118b
矿产资源 31a 138b 143a
矿山企业 143a
矿业权核查 143a
矿种保有资源储量 31(表)
昆明市襄樊商会成立 59a
扩大内需 151a 190c

L

篮球 200a
劳动关系调整 69c
劳动和社会保障 69c
　概况 69c
劳动模范 278a
劳务经济 76b
劳务输出 125a
老干部 73c 74a
老河口(市) 271b
　概况 271b
　机构负责人 273a
　老河口基本情况 273(表)
　袁冲乡 274a
　仙人渡镇 274b
　李楼镇 274c
　张集镇 275b
　竹林桥镇 275c
　薛集镇 276b
　孟楼镇 276b
　洪山嘴镇 276c
　酂阳办事处 277b
　光化办事处 277c
　经济开发区 289b
九里山秦汉墓 199c
老河口木雕 199a
农村改厕项目验收 196a
市梨花湖市级湿地自然保护区 33a
老河口榆树沟工程 104b
老年大学 74a
老年人工作 73c
老年优待工作 74b
李大庆 197c
李凤祥 280a
李伟 54c
李新华 40c 43a 45b
李泽贵 184c 278a
理赔查勘定损管理 172c
利润 97a 129b
利用境外资金 122c
　概况 122c
连阴雨 28c
联通3G商用 118b
联通襄樊分公司 118b
廉租房 45a 161a 42a
鲢鱼桥水库 41b
粮棉油生产 83c
粮食仓储建设 129c
粮食流通 129b
　概况 129b
粮食种植面积 33c
粮食总产量 33c 83c
两网建设 146b
林地面积 31b
林地专项清理 88a
林副产品 88c
林权制度改革档案 203a
林业 87b
　概况 87b
林业产业化龙头企业 88c
林业合作备忘录 88b

林业投资 87b
林业志愿服务队 89c
林业重点工程 87c
林业专业合作组织 89b
林业总产值 87b
临床输血技术 195c
磷矿 143b
零售额 131b
刘舜荪 280b
刘文峰 278a
刘小旋 196c
硫酸盐化速率 106c
隆中学者 187c
垄上行 209b
鹿门山 202b
旅客吞吐量 116a
旅游 130c
概况 130c
铝土矿 31a
绿化覆盖 105c
绿化进社区 106a
绿色审批通道 133a
绿色通道 150c

M

马树忠 279b
贸易反倾销 122c
煤矿 143b
米庄镇 114b
棉花总产 83c
棉花总产量 33c
面试考官人才 56a
灭山林火灾 63b
民革 57a
民建 57b
民进 57c
民盟 57a
民生工程建设 46a
民生问题 38c
民营企业招聘会 58c
民政 68c
概况 68c
民主党派·工商联·群众团体 57
民主党派 57a
民族 25c
民族团结示范区（村）建设 71b
民族宗教 71a
概况 71a
名特优产品养殖 85b
摩擦材料 99b

N

内地肺棘球蚴病 194c
内外环线工程 108b
耐用消费品 76a
南河白水峪 44b
南河套曲 198b
南渠清淤 86b
南远台 116b
南漳长坪 198b
南漳九集变扩建工程 104b
南漳历史文化遗产上央视 202a
南漳县 235a
概况 235a
领导机构负责人 235c
城关镇 235c
基本情况 236（表）
武安镇 237b
九集镇 237c
李庙镇 238a
长坪镇 238c
薛坪镇 239b
板桥镇 239c
巡检镇 240a
东巩镇 240b
肖堰镇 241a
清河管理区 241b
经济开发区 286b
能源产业 90c
年度国家司法考试 67c
年度酸雨监测 107（表）
年检 123c
农产品加工 78b
农产品进超市对接 128c
农产品质量安全 84b
农场经营 83b
农超对接工程试点 128c
农村“三资” 50b 83a
农村拔尖人才选拔 54c
农村道路客运 110（表）
农村渡口达标改造 109c
农村妇女招聘会 61b
农村改厕 196a
农村改革 37c
农村经营管理 78a
概况 78a
农村社会事业发展 37c
农村市场食品安全保障 134c
农村信息服务站 117b
农村饮水 48a
农工党襄樊市委员会 58a
农机服务 87a
农机购置补贴政策 87a
农机固定资产原值 86c
农机机构 86c
农机科技推广 87a
农机跨区作业 87a
农家档案 203b
农家书屋 45b 161b 210c
农民工创业就业 78c 133b
农民人均纯收入 45c
农民人均总收入 76a
农民生活 76a
农民土地承包经营权流转 83a
农民专业合作社 83a
农牧产品 76b
农业 78
农业机械 86c
概况 86c
农业科技 84a 180b
农业项目建设 84b
农业总产值 296
农资市场监管 133c
农作物 82
农作物生产 83c
女大学生村官成才行动 61b
女职工组织建设 59c

P

拍卖行业基本情况 127（表）
拍卖行业监管 126c
排除无线电干扰 117b
跑道边灯系统 116c
跑道道肩工程 116b
培训城乡劳力 45a
赔款和给付支出 172a
配套专项资金 282a
贫困生资助 186a
品牌建设 130a
平安财保襄樊中心支公司 173b
平安人寿襄樊中心支公司 174b
破裂型腹主动脉瘤切除手术 195a
普及文化遗产保护活动 201c
普通公路清障施救标准 136a

Q

七夕文化研讨会 201c
期刊 205a

其他商品和服务消费支出 76a
企事业单位档案 202c
企业成长工程 96b
企业改制 98c
企业基层党组织 51b
企业类型分类产值 94(表)
企业利润 96b
企业评机关 49a
企业破产 97c 99c
企业上市 132b
企业审计 165b
企业总数 284b
启动互动平台建设项目 210a
启动甲流应急预案 193b
气候特征 26b
气温 27a
汽车 96b
　概况 96b
汽车产业总产值 90b
汽车电机产品配套世博交通 96c
汽车工业产值 96b
汽车零部件产业 175c
汽车下乡 97a
汽车主要产品产量 96b
铅及铅合金 99b
签署合作备忘录 190a
侨务 73a
　概况 73a
桥梁 108a
青年就业创业 60a
青年志愿者活动 60ab
青少年科技创新大赛 181c
轻工·食品 98c
　概况 98c
轻工食品行业 98c
轻工业增加值 90b
清仓查库 129c
清洁能源 107c
清理和规范法制程序 101b
清理库区内的垃圾 48b
清理整顿农资市场 78a
清算终结 99c
秋播油菜品种布局 79(表)
秋粮收购 43c
求职热线 118b
区内企业 285a
区域行业性工会组织 59c
取缔无证无照网吧 134b
全程管控风险 167b
全国版权管理先进集体 205b
全国第八次侨代会 73c
全国电力行业优秀企业 105c
全国工人先锋号获得者 278a
全国环境优美之镇 107b
全国急救中心驾驶员技能大赛 190b
全国民族团结进步模范集体 71c
全国男子篮球附加赛 201a
全国森林公安机关 88a
全国五一劳动奖 278a
全国医院感染监测先进单位 189a
全国征兵先进单位 63b
全年装车 114a
全省档案完全检查 203b
全市 GDP 翻番目标的宣传报道 204a
全市出口商品结构分析 121(表)
全市国际劳务合作 125(表)
全市国税收入完成情况 162(表)
全市经济工作会议 45b
全市外商直接投资 124(表)
全市新批外商投资企业 123(表)
全市学校基本情况 185(表)
全自动细菌培养仪 195b
群团机关工作人员 51c
群众评科长 49a
群众体育 200a
群众体育比赛 200b
群众文化精品 198b
群众信访举报 49a

R

燃化·医药 99a
　概况 99a
燃化医药行业 99a
燃油税 130b
人才工作 53b
人才市场 55c 56b
人才资源供给信息 55(表)
人均生活消费支出 76b
人口 25c 298
人民调解工作 67b
人民生活 75b
人事 54b
人事人才合作 56b
人事人才网络互通机制 56b
人寿保险 174a
人文事业情况 35b
人物 278
认证认可 150c
日常监管 146a
日照时数 27b
软质耐火软土 31a
弱势群体子女 186b

S

三村 83b
三对接一贯穿 188b
三环集团 149b
三农东风 48a
三三制 38a 50c 51c
3G 网络运行 119a
三网养鱼 85c
森林生态旅游 89a
森林食品科技产业园 89a
森林资源 87c 89a
杀人碎尸案 66a
山区面积 31b
山野秀才 198a
商会建设也发展 59a
商贸·饮食服务·旅游 120
商品交易市场信用分类监管 133c
商品零售所限塑整治 133c
商品市场 128b
商品住宅 103a
商务事业合作 120a
商务综合行政执法试点城市 129a
上市创业板 97b
社保基金 161a
社会保障 39a 76a
社会保障基金征管 161a
社会科学 201b
　概况 201b
社会事务·人民生活 68
社会体育培训 200b
社会消费品零售总额 34c 45c 120a 125c 126 128b
社会治安防控 64a
社会治安综合治理 63c
　概况 63c
社情民意 48a
社区党建 52a
社区矫正帮教安置 67b
社区流动图书站 45b
社区卫生 191a
申诉上访案件 67a
深圳工业园区 100b
神秘人制度 167c
审查规划 101c

审查立案 46b
审计 162c
概况 162c
审计调查 165c
审计项目 165a
审结案件 67a
审批建设用地 31a 142a
审批流程改革 101c
生产许可 143c
生产总值 33b 45c 151a 296
生活垃圾处理发电工程 45b
生命人寿襄樊中心支公司 174c
生态公益林建设 87c
生态环境保护 43c
生态甲鱼专业合作社 86b
生态农业 84c
生态示范区 107b
生猪定点屠宰 126c
声乐艺术研究会 198a
省工人先锋号获得者 278b
省级(省管)经济开发区 284
省级名录 198b
省劳动模范 184c
省五一劳动奖章获得者 278b
省新世纪高层次人才 56a
圣安德烈 72c
失业率 69c
施真强 189c
湿地资源 33a
十大经济人物 204c
十佳和谐家庭 61b
十件实事 161a
十万老人颂祖国歌咏大赛 74b
十一五项目建设 183a
石花什样锦 198c
石化奎面制作技艺 198c
石榴子石 31a
石油供应 130b
概况 130b
实际使用外资 120a
实现工业增加值 117a
实现利润 129b
实现利润总额 150a
实现销售收入 99b
实现营业收入 125a
实蝇监测 150c
实用技术培训 181b
食品产业产值 90c
食品检验工职业技能大赛 145c
食品卫生量化分级管理 194a
食品消费支出 75c
食品药品监管 145c
概况 145c
食品质量 134c
市场份额 209a 170a
市场供应 126b
市场监测体系 126b
市场监管 199b
市场体系建设 128b
概况 128b
市场主体大普查 134a
市传染病医院隶属关系变更 190b
GDMA 手机单向收费 119a
市红十字会 196b
概况 196b
市红十字应急救援队 196c
市护士学校 187c
市级出线名额比赛 201a
市级领导机构 36a
市级领导机构负责人 48c
市级名录 198c
市级示范中等职业学校 187c
市急救中心挂牌 189b
市侨联 73b
市区标准化菜市场示范工程 128(表)
市区停车秩序 102b
市人事局 56a
市社科联 201b
市天主教第三次代表会议 72a
市铁路中心医院 194c
市厅共建 46a 73a 172c
市委十一届十次全会 36a
市政府常务会议 40b
市政府全体扩大会议 45b
市政府十件实事 45a
市政协常委会议 46c
市政协十二届二次会议 46b
市职业病防治院 194a
市志愿者协会成立 196b
示范中等职业学校创建标准 187b
事业单位工作人员 51c
试点单病种限价收费 192b
逝世人物 279a
收购非现金结算 167b
收购粮食 129b
首起银行团贷款 169c
寿险保费收入 35a
兽医管理体制 85a
枢纽工程 110a
蔬菜及特种作物生产情况 81(表)
数字电视节目 206c 210a
水产 85b
概况 85b
水产品产量 85b
水稻品种布局 80(表)
水果面积 84a
水环境 30b
水环境质量 106b
水库除险加固 86c
水库水质 30b
水利·防汛抗旱 85c
概况 85c
水路规费 109c
水泥 99b
水情 29b
水上运动训练基地 44c
水文 29a
水运 109c
概况 109c
水资源 29b 86
水资源开发利用 29c
水资源总量 29c
税费代理服务 169b
司法 67b
概况 67b
思想政治建设 62a
四年翻番 46b 47a
松材线虫病 88b
宋进潮 197b
送戏下乡 197b
酸雨 106c

T

台机半导体股份有限公司 117a
台基半导体 132b
台州 56b
太平洋财保襄樊中心支公司 174a
太平洋人寿襄樊中心支公司 174a
太平镇协作医院 192b
泰康人寿襄樊中心支公司 174b
唐良智 48c 124a
特殊教育学校 185b
特种邮票 119c
提案 46b 47c 131b
体育 200a
概况 200a
天安保险襄樊中心支公司 173a

贴花验照 134a
贴心服务建家行动 75a
铁路 113a
概况 113a
铁路联防 64c
厅市合作 176b
通村公路 45b
统筹城乡发展 37b
统计资料 293
投资建污水处理厂 100b
投资结构 34b
投资总额 122c
图书发行 210b
概况 210b
土地开发复垦整理项目 142a
土地利用面积 30(表)
土地利用总体规划 138b
土地面积与行政区划 297(表)
土地资源 30c
土纸制作技艺 199b
团员 60a
团组织 60a
推介会 53b 120c
推行网上办税 162c

W

外包产业园协议 123c
外国专家获奖 72c
外汇管理服务体系 166b
外贸进出口总额 34c
外派劳务服务 125b
外商出资 123a
外商投资企业 122c 123c
外事 72a
概况 72a
外资逆势增长 123a
外资项目 122c
万村千乡市场工程 128c
王瑞国 197c
网点二代转型 169c
网点建设 170 171c
网络覆盖率 117c
网络整合 209c
危险品安全检查 64b
违法犯罪嫌疑人 65a
卫生 189
卫生服务机构 191a
卫生机构 35b
卫生监督 193
概况 193
卫生监督机构 193b
卫生监督检测 193c
卫生科教 194b
概况 194b
卫生事业经费 189a
卫生学校 194b
卫生执法整治检查 193c
未成年人思想道德建设 77b
慰问归侨侨眷 73a
文博 199b
文化·体育·社会科学 197
文化 197a
概况 197a
文化发展合作备忘录 197a
文化馆 35b
文化惠民 198a
文化事业 161b
文化襄樊编辑 202b
文化遗产日 201c
文明诚信市场 133c
文明单位创建 77a
文艺创作研究 197c
汶川特大地震 281a
卧龙氏舞狮 199a
污染减排 107a
污水处理费标准 136a
污水排放 30c
无偿献血 195b
概况 195b
无偿献血 195bc
无线电 117b
概况 117b
无线覆盖村村通工程 210a
五基 38a
五四运动90周年 60c
五条禁令 118b
五五普法 189a
五一劳动奖章 184c
伍子胥 198b 198c
武汉国际会展中心 127b
武汉铁路局 113a
武警襄樊市支队 63b
概况 63b
武康二线动车组 115c
武襄电铁简坡牵引站 104c
物价 135a
概况 135a
物业管理 40a 103b

X

系统素质建设 77b
下岗失业人员再就业 69c
县域工业经济 90b
县域经济主要指标 298(表)
县域义务教育均衡发展 186a
线路维修 115a
限额以上零售额 126a
限额以上贸易企业 126a
乡镇综合文化站 45b 199b
香港投资 123b
襄北机务段 114b
襄北枢纽 114a
襄城区 211a
主要工业产品产量 211b(表)
尹集乡 212c
基本情况 212(表)
卧龙镇 213a
生态文化旅游度假区 213b
欧庙镇 213c
王府街道办事处 214a
真武工业园区 214a
昭明街道办事处 214a
檀溪街道办事处 214b
隆中街道办事处 214c
古隆中 214c
黄家湾 214c
庞公街道办事处 215a
余家湖街道办事处 215a
经济开发区 284a
襄樊北车站 113c
襄樊北至重庆西货物列车 115c
襄樊殡葬即被服务项目标准 136
襄樊参加省年度竞赛成绩 200c(表)
襄樊车站 113b
襄樊电务段 115b
襄樊工务段 115a
襄樊供电段 114b
襄樊广播电视报更名 209c
襄樊航空航天工业园建设 43b
襄樊宏枫事业有限公司 88c
襄樊军分区 62a
概况 62a
襄樊粮油仓储 129c
襄樊旅游产业 44a
襄樊汽车电台 209b
襄樊日报 204a 204c
襄樊食品工业园 286b
襄樊市保险同行业协会 172a
概况 172a

襄樊市第五次侨代会 73a
襄樊市妇女联合会 60c
　概况 60c
襄樊市工人先锋号获得者 278c
襄樊市内部资料 206
襄樊市区面积 25a
襄樊市全国统一刊号报型 207
襄樊市人大常委会 39b 48c
襄樊市人民政府 40b 48c
襄樊市商业银行 170b
　概况 170b
襄樊市社保基金收支情况 71
襄樊市总工会 59a
　概况 59a
襄樊特种电机有限公司 96c
襄樊五中新校区落成 187a
襄樊新港 110c
襄樊新型工业城建 43c
襄樊烟厂 94b
襄樊有线广播电视网络中心 206c
襄樊至北京航班 116b
襄樊至昆明增开旅客列车 113c
襄樊至武汉航班开通 116c
襄南示范区 83a
襄南新农村示范区建设 87b
襄石电铁王树岗牵引站 104c
襄阳大头菜 198c
襄阳好风日 184c
襄阳面塑 199a
襄阳汽车轴承集团 97c
襄阳区 220a
　基本情况 220a
　省烟草示范村 221a
　崔家营水电枢纽 222a
　领导机构负责人 223b
　张湾镇 223c
　基本情况 224(表)
　龙王镇 224c
　石桥镇 225a
　黄集镇 225b
　伙牌镇 226a
　古驿镇 226b
　朱集镇 227a
　双沟镇 227c
　张家集镇 228a
　黄龙镇 228b
　峪山镇 228c
　东津镇 229a
襄阳区经济技术开发区 285a
襄阳轴承股份有限公司 94b
项目促进年 132a
项目建设 117a 204a
项目审批 133a
项目推进和项目库建设 43b
消费发票摇奖 161b
消费者投诉 134a
销售粮食 129b
销售收入 90a 117a
小勾儿茶 32c
小金库治理 161b
小麦购销工作 42c 129c
校企合作 187b
协作医院挂牌 192a
新产品组合 169b
新课程培训 186c
新媒体建设 205a
新能源产业发展 151c
新农村建设 37c 73c
新农村示范区建设 83a
新企业拉动出口 121c
新签合同额 125a
新闻出版·广播电视 204
新型流通业态 128c
新型农村合作医疗 191a
新一代客户呼叫中心系统 209c
信贷产品创新 169c
信贷工厂 169c
信贷授信 171a
信息产业 117
信息管理 117a
　概况 117a
信息化服务 78b
信息化合作协议 118a
信息化建设 117a
信息资源共享工程 199b
星级饭店 131c
刑事案件 64a 65a 67a
行业管理 113a
行业类别 90b
行政区划 25b
行政审批流程改革 49a
行政事业单位收入 159
行政事业单位支出 160
休闲渔业 85c
畜牧 84c
　概况 84c
畜禽产品产量 33c
学会活动 201b
学术交流 182a
学习实践科学发展观活动 204a
学校改造 161a
学校硬件改造 45b
血吸虫病防治 193a
血液储存远程温度监控 195c

Y

压缩一般性支出 161b
烟草专卖 130a
　概况 130a
烟叶生产 130a
沿江大道建设提案 47c
研究报告 183c
杨绪春 124c
养殖小区 85a
尧治河 49c
尧治河杯 47b
药品安全责任体系 146a
药品检测 146b 146c
药品经营企业 146a
野生动物资源 32c
野生腊梅 32a
野生兰科植物 32b
野生牡丹 32a
野生植物 31c
野生植物资源 31b
野生紫薇 32b
业绩考核 167b
业务经营收入 118c
业务品牌 171b
业务收入 118b
12135 执法体系建设 134c
一报告两评议 50c 52c
一城通 162c
一级监控平台 64b
19 界华交会 122b
一江两河 41c
一区多园 289b
一事一议 83b
衣着消费支出 75c
医疗 191c
　概况 191a
医疗保健支出 76a
医疗保险 45a
医疗保险制度 47c
医疗废物集中收集处置 190c
医疗服务项目价格 136c
医疗机构 146a 189a
医疗急救 192a
医药卫生体制改革 190b
宜城(市) 264c
　概况 264c
　科技项目 265b

领导机构负责人 266c
郑集镇 266c
基本情况 267(表)
小河镇 267c
主要工业产品产量 268(表)
刘猴镇 269a
流水镇 269b
板桥店镇 269c
王集镇 270a
雷河镇 270b
孔湾镇 270b
鄢城街道办事处 270c
南营街道办事处 270c
宜城经济开发区 289a
宜城生物发电上网线路工程 105a
移动电话用户总数 34c
移动警务系统应用 119a
移动通讯 117c
移动网上用户 117c
移动襄樊分公司 117c
移动用户 118b
移民安置 69b
义务教育 186b
义务植树 106a
艺术教育 198b
艺术精品 197b
异常染色体核型 191c
益龙畜禽有限公司 150b
阴锣鼓 198b
银河证券襄樊营业部 171c
银行·证券·保险 166
银行业改革 166c
银邮合作 168c
银证银企合作 171a
引进埠外资金 125a
引进境外人才 72c
饮食服务 131b
概况 131b
饮食规范管理街 194a
饮水安全问题 45b
饮用水 106c
印刷企业 205a
印刷业管理 205c
英语十六级考试收费 136b
营销 105b
营院建设 63a
永安财保襄樊分公司 173a
永诚财保襄樊中心支公司 173a
用水量 30a
用水指标 30a
优抚政策 69a
优化高中教育资源 186b
优化经济发展环境 46b
幽门支架置入术 195a
邮政 119b
概况 119b
邮政储蓄 119b
邮政速递物流公司 119c
邮政业务总量 34c
邮资明信片型门票价格 135c
油料总产 83c
友好城市交往 72c
友好市区红十字会 196c
有线电视用户 35b
幼儿教育 185a
概况 185a
幼儿园 185a
余岭变电站 104a
鱼梁洲经济开发区 233a
基本情况 233a
管委会负责人 233a
土地所有权 233b
实施洲滩整治 233b
招商引资 233b
责任能力建设 233c
渔业污染 44b
羽毛球 200a
雨情 29a
预售商品房面积 103a
豫剧团 197b
园林绿化 105c
概况 105c
援建班子主要负责人员情况 281(表)
援建具体项目 282a
援建灾区公路 109a
援建资金投入 282a
院上服务中心 181b
院士专家服务中心 53c
云湾输变电工程 104a
运输安全 109b

Z

再就业培训 70 71a
再生资源回收利用试点城市 129a
早期楚文化研究 201a
枣阳(市) 256c
概况 256c
领导机构负责人 258b
北城街道办事处 258b
南城街道办事处 258c
枣阳基本情况 259(表)
环城街道办事处 259b
经济开发区 259c
鹿头镇 260a
新市镇 260a
太平镇 260b
杨当镇 260c
七方镇 261b
琚湾镇 261c
熊集镇 262a
吴店镇 262b
平林镇 262c
王城镇 263a
兴隆镇 263b
刘升镇 264a
车河管理区 264a
随阳管理区 264b
枣阳经济开发区 288b
枣阳牵引站 104c
枣阳市熊河省级湿地公园 33b
枣阳市熊河水系湿地自然保护区 33b
枣阳优质水蜜桃 180b
增值税行业 161b
增资扩股 171a
占有登记 149a
战略合作框架 118c
战略合作协议 130b
张岱梨 189b
张明树 280c
招商 124a
招商引资 38b 72b 97c 98b 98c 99a 130a 151b 204a 284b
招投标服务项目 136
招投标中心服务项目 135c
沼液沼渣抽排机 43a
征兵 63a
征地补偿 142c
整合城区网点 168b
整合港口资源 110c
整治汉江大道环境 45a
整治酒后驾驶 65c

整治涉铁治安 64c
整治食品市场 133c
整治食品添加剂 134b 145c
整治无照经营 134a
整治药品安全 146a
证券营业部 171c
政风行风热线 50a
政府还贷 109a
政府投资项目 43b
政协论坛 46b
政协委员试点 46b
政协襄樊市常委会 48c
政协襄樊市委员会 46a
概况 46a
政银合作 168a
民族用品定点企业发展 71c
农村青年创业 168c
支农补贴 161a
支农工程 171b
芝麻总产 84a
知识产权培训 182c
知识产权维权援助中心 182b
肢体动脉支架植入术 195a
执行案件 67a
职工 192b 296
职工帮扶工程 59b
职务犯罪案件 66b 67a
职业病防治 194a
职业病防治院 192b
职业技能培训 71a 101b
职业与成人教育 187a
概况 187a
职院教改试点专业 188a
植树造林项目 165a
志愿服务活动 77a
制造业 123b
小金库 49c
质量技术监管 143b
概况 143b
致公党襄樊市支部委员会 58b
中巴经济合作 120c
中等职业学校 184a
中等职业学校技能大赛 187b
中共襄樊市委员会 36a
中国百强中学 187a
中国财保襄樊分公司 172c
中国地市报报业发展50强 204a
中国工商银行股份有限公司襄樊分行 167b
概况 167b
中国化学工程第六建设公司 125a
中国建设银行股份有限公司襄樊分行 169b
概况 169b
中国农业发展银行襄樊市分行 167a
概况 167a
中国农业银行股份有限公司襄樊分行 168a
概况 168a
中国企业公民道德论坛 76c
中国汽车知识产权信息平台 182b
中国人民解放军5713工厂 278a
中国人民银行襄樊市中心支行 166a
概况 166a
中国人寿襄樊分公司 174a
中国银行襄樊分行 169a
概况 169a
中国银行业监管会襄樊监管分局 166b
概况 166b
中和管理运营支撑系统 210a
中华卡 172b
中华联合财保襄樊中心支公司 173c
中考改革 186b
中青年专家 54c
中石化襄樊分公司 130b
中小河流水质 30b
中小学教育 185b
概况 185b
中信建投襄樊营业部 172a
中信银行襄樊分行 171a
概况 171a
中修换算道岔组数 115c
中药材出口 150b
中职教师培训 187b
肿瘤专科医院 192a
种植烤烟 130a
重大犯罪嫌疑人 66b
重点工程档案服务 203c
重点企业 90c
重点项目建设 96b 99a
重工业增加值 34a 90b
重温入党誓词 77c
重要考古发现 200a
朱慧 63a
朱前非 279a
主导地位 123b
住房公积金 103b
住房类商品消费 126a
住房销售 126a
苎麻总产 84a
专家选拔 54b
专利 182a
专利管理 182a
概况 182a
专利权质押贷款 167c
专利质押贷款 182b
专卖换证 130b
专题会议纪要 41b
专项活动 66c
专项社会事务管理 69b
专项视察 47c
专项资金 165c
专业艺术表演团体10个 197a
转变农业发展方式 37c
转变生产管理方式 105a
装备制造业 90c 97a 97b
卓越人生终身寿险 174b
资产运用 149c
资金数额 133a
资助凭困中职生 187c
紫金山歌 198c
自然保护区 33a 89b
自然科学论文评选 182a
宗教 26a
宗教团体帮扶济困 72a
综合管理 132a
概况 132a
综合管理 189a
概况 189a
综合情况 33b
综合治理 64c
综治责任制 63c
总产值 90c
总人口 25c
总体规划面积 284a
总投资 38b 96c 132b
广播电视台 210b
人力资源和社会保障局 56c
襄樊日报报业集团 204b
组织 50c
概况 50c
最大粮食储备库 129c

鄂新登字 01 号

图书在版编目(CIP)数据

襄阳年鉴. 2010/中共襄阳市委,襄阳市人民政府主管,襄阳市地方志编纂委员会编.
武汉:湖北人民出版社,2010.12

ISBN 978-7-216-06589-4

Ⅰ. 襄…
Ⅱ. ①中…②襄…③襄…
Ⅲ. 襄阳市—2010—年鉴
Ⅳ. Z526.33

中国版本图书馆 CIP 数据核字(2010)第 206987 号

襄阳年鉴
2010

中共襄阳市委　襄阳市人民政府主管
襄阳市地方志编纂委员会 编

出版发行:湖北长江出版集团
湖北人民出版社

地址:武汉市雄楚大街 268 号
邮编:430070

责任编辑:尚晓梅　甘九林

印刷:武汉新鸿业印务有限公司
经销:湖北省新华书店
开本:889 毫米×1194 毫米 1/16
印张:21
字数:700 千字
插页:57
版次:2010 年 12 月第 1 版
印次:2010 年 12 月第 1 次印刷
书号:ISBN 978-7-216-06589-4
定价:260.00 元

本社网址:http:// www.hbpp.com.cn

湖北百盟投资集团有限公司

HUBEI BAIMENG INVESTMENT GROUP

湖北百盟投资集团有限公司投资有限公司是一家大型商贸市场、城市综合体、专业市场、房地产开发的投资集团，是全国光彩事业促进会理事单位、中国最大的民营企业联盟中国光彩四十九集团股东单位，成立于2004年5月，公司法人代表是李家俊（湖北百盟集团总裁，兼安徽国邦集团董事长、湖北省安徽企业联合会会长）。

目前，集团在湖北襄阳开发的项目主要有华中光彩大市场、中国光彩事业襄阳工业园、光彩国邦物流园及在建设的宜城光彩物流园和光彩城市广场，截止目前，公司在襄阳地区投资额达30亿元，几大项目吸引经营商户2 600余家，吸收2万余人就业，年交易额达100多亿元，年上缴税收5 000多万元。

集团坚持高举光彩事业“义利兼顾、回馈社会”的精神旗帜，明确“建设大市场、发展大商贸、促进大流通”的发展举措，把社会公益性与商业性、自身实际与中央号召做到结合和统一，承担社会责任，争做民营企业典范。

Social Responsibility 社会责任

集团公司秉承光彩精神，发展企业的同时不忘回馈社会，先后援建17所光彩希望小学，帮扶300多名中小学生实现上学梦想，救助20多名大学生，参与3个社会主义新农村建设示范村，帮扶6个村级党支部项目建设等，累计捐款捐物达2 000多万元。

2010年9月25日，百盟集团协办诸葛亮旅游文化节，并在晚会现场捐赠1000万元